Anotações de Direito Empresarial

Diretora de Conteúdo e Operações Editoriais
JULIANA MAYUMI ONO

Gerente de Conteúdo
MILISA CRISTINE ROMERA

Editorial: Aline Marchesi da Silva, Diego Garcia Mendonça, Karolina de Albuquerque Araújo Martino e Quenia Becker

Gerente de Conteúdo Tax: Vanessa Miranda de M. Pereira

Direitos Autorais: Viviane M. C. Carmezim

Assistente de Conteúdo Editorial: Juliana Menezes Drumond

Analista de Projetos: Camilla Dantara Ventura

Estagiárias: Ana Amalia Strojnowski, Bárbara Baraldi, Bruna Mestriner e Mirna Adel Nasser

Produção Editorial
Coordenação
ANDRÉIA R. SCHNEIDER NUNES CARVALHAES

Especialistas Editoriais: Gabriele Lais Sant'Anna dos Santos e Maria Angélica Leite

Analista de Projetos: Larissa Gonçalves de Moura

Analistas de Operações Editoriais: Alana Fagundes Valério, Caroline Vieira, Danielle Castro de Morais, Mariana Plastino Andrade, Mayara Macioni Pinto, Patrícia Melhado Navarra e Vanessa Mafra

Analistas de Qualidade Editorial: Ana Paula Cavalcanti, Fernanda Lessa, Thaís Pereira e Victória Menezes Pereira

Designer Editorial: Lucas Kfouri

Estagiárias: Bianca Satie Abduch, Maria Carolina Ferreira, Sofia Mattos e Tainá Luz Carvalho

Capa: Linotec

Líder de Inovações de Conteúdo para Print
CAMILLA FUREGATO DA SILVA

Visual Law: Evelyn Lucas, Maria Carolina Ferreira, Rodrigo Barcellos

Equipe de Conteúdo Digital
Coordenação
MARCELLO ANTONIO MASTROROSA PEDRO

Analistas: Gabriel George Martins, Jonatan Souza, Maria Cristina Lopes Araujo e Rodrigo Araujo

Gerente de Operações e Produção Gráfica
MAURICIO ALVES MONTE

Analistas de Produção Gráfica: Aline Ferrarezi Regis e Jéssica Maria Ferreira Bueno

Assistente de Produção Gráfica: Ana Paula Evangelista

Dados Internacionais de Catalogação na Publicação (CIP)
(Câmara Brasileira do Livro, SP, Brasil)

Iacomini, Marcello Pietro
Anotações de direito empresarial / Marcello Pietro Iacomini. -- São Paulo: Thomson Reuters Brasil, 2021.

Bibliografia.
ISBN 978-65-5614-724-6

1. Direito empresarial 2. Direito empresarial - Brasil I. Título.

21-59264 CDU-34:338.93)

Índices para catálogo sistemático:
1. Direito empresarial 34:338.93

Cibele Maria Dias - Bibliotecária - CRB-8/9427

MARCELLO PIETRO IACOMINI

Anotações de Direito Empresarial

Atualizada de acordo com a Lei nº 14.112/2020

PARA POTENCIALIZAR OS ESTUDOS:

- Checklist para monitoramento dos estudos
- Questões também disponíveis *on-line*
- Infográficos

THOMSON REUTERS
REVISTA DOS TRIBUNAIS™

ANOTAÇÕES DE DIREITO EMPRESARIAL

MARCELLO PIETRO IACOMINI

THOMSON REUTERS BRASIL CONTEÚDO E TECNOLOGIA LTDA.

JULIANA MAYUMI ONO

Diretora Responsável

Av. Dr. Cardoso de Melo, 1855 – 13º andar – Vila Olímpia
CEP 04548-005, São Paulo, SP, Brasil

CENTRAL DE RELACIONAMENTO THOMSON REUTERS SELO REVISTA DOS TRIBUNAIS

(atendimento, em dias úteis, das 09h às 18h)

Tel. 0800-702-2433

e-mail de atendimento ao consumidor: sacrt@thomsonreuters.com

e-mail para submissão dos originais: aval.livro@thomsonreuters.com

Conheça mais sobre Thomson Reuters: www.thomsonreuters.com.br

Acesse o nosso *eComm*

www.livrariart.com.br

Impresso no Brasil [05-2021]

Universitário Complementar

Fechamento desta edição [15.03.2021]

ISBN 978-65-5614-724-6

PREFÁCIO

"A ordem é a desordem que não nos convém."
Gofredo da Silva Teles

Este[1] livro surgiu das anotações realizadas pelos nossos alunos em cursos preparatórios pelo Brasil. Foram mais de 15 anos ministrando aulas e contribuindo para a formação de juízes de direito, promotores de justiça, procuradores e outros profissionais das carreiras jurídicas. Sem falsa modéstia, podemos afirmar, com muito orgulho, que contribuímos de maneira essencial para a aprovação de muitos dos nossos alunos. Muitas vezes, ao final de uma aula, ouvimos de alunos que nossa aula havia mudado o conceito que ele tinha do Direito Comercial.

Pudemos perceber, durante as aulas ministradas, mormente em cursos preparatórios, em que há uma grande quantidade de informações que precisa ser captada rapidamente pelo chamado "concurseiro", o quão importante é para o aluno realizar anotações em sala de aula. Essas anotações, que são realizadas durante as aulas, enquanto o professor explica, pausadamente, para que o aluno possa anotar, tornam-se o primeiro contato do aluno com a matéria. Nesse momento, já se inicia o processo de aprendizado e a sua compreensão.

Posteriormente, com a compreensão da matéria e com as anotações que foram feitas em aula, o aluno irá reler esse material e realizar a memorização de todo esse conteúdo. Esse processo de memorização será realizado em várias etapas, sendo que o aluno, para facilitar esse processo de cognição, deverá utilizar gráficos, esquemas didáticos e outros métodos que tiver conhecimento. Nós, quando estávamos nos preparando para concursos públicos, confeccionávamos gráficos, fazíamos resumos sucintos das nossas anotações e de livros que complementassem nosso processo de aprendizado. Nesse momento de preparação para ingressar em uma carreira pública, não deve o aluno enveredar para grandes leituras como,

1. O conteúdo deste livro foi extraído das nossas aulas ministradas em cursos preparatórios. Logo, nosso objetivo principal é fornecer ao candidato informações necessárias para que ele possa alcançar a aprovação nos concursos públicos. Portanto, este livro não abordará teorias ou informações que julgamos supérfluas, mas aquelas informações essenciais para a compreensão da matéria.

por exemplo, de tratados ou obras extensas, que certamente irão prejudicar mais do que auxiliar o candidato. Nesse momento de preparação, o concurseiro deve se dedicar à leitura das suas anotações e de obras sucintas, que forneçam apenas informações essenciais e pontuais.

É importante mencionar que cada aluno possui características próprias que lhe permitem compreender e assimilar melhor a matéria. Por isso, estudar é uma tarefa solitária, que cada estudante deve realizar individualmente. Estudar em grupo pode servir apenas para revisar a matéria ou quando estamos exaustos, assim como realizar exercícios ou responder questões. Essas são atividades que devem ser realizadas após o estudo e estando a matéria já assimilada pelo aluno.

O estudo, para ser eficaz e produzir o resultado desejado, deve ser realizado em um ambiente isolado e sem barulho. Os cursos preparatórios dispõem de cabines de estudo, que são uma boa opção; outra opção ideal é, se for possível, estudar em casa, em total silêncio. Os aparelhos eletrônicos devem permanecer desligados durante esse ritual, caso contrário, o concurseiro só gastará tempo e energia, e certamente não obterá a aprovação desejada. Conhecemos alunos brilhantes, mas que, por não possuírem organização, se perderam e estão há anos buscando uma aprovação que certamente nunca virá. Muita gente boa perde precioso tempo perambulando pelos cursinhos sem que obtenham a desejada aprovação.

O estudo pode ser realizado em qualquer período, desde que as informações anteriores sejam observadas. Há pessoas que possuem um rendimento melhor de manhã; outras rendem melhor de madrugada. O horário não interessa, apenas a dedicação despendida em relação ao processo de aprendizagem. Outro ponto importante: o tempo dedicado ao estudo depende de cada indivíduo; é melhor quatro horas de estudo por dia com qualidade do que oito horas de estudo por dia sem concentração ou desmotivado.

Para o concurseiro com dedicação exclusiva, que se dedica de oito a doze horas por dia, haverá certamente dias em que o estudo irá se tornar tarefa assaz tormentosa. Haverá dias em que você irá se sentar em seu local de estudo e irá ler várias páginas sem que consiga assimilar nada. Vai parecer que você voltou à estaca zero e não sabe nada. Isso, meu caro, chama-se exaustão. Atinge todo concurseiro e é perfeitamente normal. Quando isso acontecer, o concurseiro deve largar os estudos e simplesmente fazer algo que gosta. Pode dormir, ir ao cinema, andar de bicicleta, ou seja, fazer algo que possa afastar a exaustão, restabelecendo, assim, as suas forças e, com isso, retornar aos estudos. Não se preocupe, em alguns dias você retomará as suas atividades. Como é sabido e consabido, o estudo vicia e torna-se uma tarefa prazerosa após um certo período. Por isso que, após um tempo de estudo, o aluno não desistirá mais até que obtenha a aprovação.

Aproveite o livro, pois foi redigido em uma linguagem didática e simples para que o aluno possa aproveitá-lo e compreender a matéria. Abordamos todo o conteúdo programático relacionado à carreira da Magistratura e do Ministério Público. Certamente, o conteúdo deste livro contribuirá para a sua aprovação e irá auxiliá-lo durante o exercício da profissão que você escolheu. Trata-se de um simples manual, mas que contém todo o material necessário.

O livro seguirá o roteiro de um curso preparatório, portanto, será o mais amplo possível. Contudo, incluímos, na última parte deste trabalho, um tópico referente aos contratos mercantis. Essa matéria não é de incidência costumeira nos concursos públicos, mormente na parte de direito empresarial, mas, não obstante isso, resolvemos cuidar dos contratos que não são abordados pelo direito civil. Utilizaremos, sempre, uma linguagem técnico-científica para que não haja dúvidas no tocante ao significado das palavras.

Embora o livro tenha sido concebido inicialmente para as carreiras jurídicas, nada obsta que o aluno que esteja se preparando para o exame da OAB não possa, também, se beneficiar das informações que foram inseridas neste manual. Aliás, como já salientamos, a linguagem é simples e de fácil assimilação. O conteúdo programático utilizado nos exames da OAB também foi por nós abordado neste manual.

SUMÁRIO

PREFÁCIO 5

PARTE I
TEORIA GERAL DO DIREITO COMERCIAL

1. EVOLUÇÃO HISTÓRICA DO DIREITO COMERCIAL 17
   1.1. Características do direito comercial 24

2. DO EMPRESÁRIO *LATO SENSU* 29

3. DAS ESPÉCIES DE EMPRESÁRIOS 41
   3.1. Empresário 42
   3.2. A empresa individual de responsabilidade limitada 55

4. DO NOME EMPRESARIAL 63
   4.1. Conceito de nome empresarial 64
   4.2. Espécies de nomes empresariais 64
   4.3. Princípios que regem o nome empresarial 68
      4.3.1. Princípio da novidade 68
      4.3.2. Princípio da veracidade 71
      4.3.3. Considerações finais 73

5. ESTABELECIMENTO EMPRESARIAL 75
   5.1. Conceito 75
   5.2. Natureza jurídica do estabelecimento empresarial 78
   5.3. Disciplina legal do estabelecimento 79
      5.3.1. O art. 1143 do Código Civil (negócios jurídicos) 79
      5.3.2. Art. 1145 do Código Civil (eficácia da alienação) 81
      5.3.3. Art. 1146 do Código Civil (débitos do estabelecimento) 82
      5.3.4. Art. 1147 do Código Civil (cláusula de não restabelecimento) 86
      5.3.5. Art. 1148 do Código Civil (sub-rogação contratual) 90
      5.3.6. Art. 1149 do Código Civil (créditos do estabelecimento) 94

5.4. Elementos do estabelecimento empresarial 94
5.4.1. Nome empresarial 95
5.4.2. Título de estabelecimento 95
5.4.3. O ponto empresarial 100
5.4.4. Bens da propriedade industrial 107
5.4.4.1. Invenção 109
5.4.4.2. Modelo de utilidade 116
5.4.4.3. Desenho industrial 118
5.4.4.4. Marca 119
5.4.5. Da licença compulsória 132

6. AVIAMENTO E CLIENTELA 135

7. DA ESCRITURAÇÃO MERCANTIL 137

8. CONSIDERAÇÕES FINAIS 143

9. QUESTÕES OBJETIVAS 145

PARTE II
DIREITO SOCIETÁRIO

1. NOÇÕES GERAIS 151

2. AQUISIÇÃO E EFEITOS DA PERSONALIDADE JURÍDICA (AUTONOMIA PATRIMONIAL E RESPONSABILIDADE SUBSIDIÁRIA DOS SÓCIOS) 155

3. CLASSIFICAÇÃO DAS SOCIEDADES EMPRESÁRIAS 161

4. NATUREZA JURÍDICA DO ATO CONSTITUTIVO SOCIETÁRIO 167

5. REQUISITOS GERAIS E ESPECÍFICOS DO CONTRATO PLURILATERAL 173
5.1. Requisitos gerais 173
5.2. Requisitos específicos 175
5.2.1. Pluralidade de partes 175
5.2.2. Constituição do capital social 178
5.2.3. *Affectio societatis* 180
5.2.4. Coparticipação nos lucros e nas perdas 182

6. SOCIEDADES EM ESPÉCIES 185
6.1. Sociedade em comum 186
6.2. Sociedade em conta de participação 189

6.3. Sociedade em nome coletivo 191
6.4. Sociedade em comandita simples 193
6.5. Sociedade limitada ou Ltda. 194
6.5.1. Conceito e responsabilidade dos sócios 194
6.5.2. Exceções à limitação da responsabilidade dos sócios 197
6.5.3. Regência supletiva da sociedade limitada 206
6.5.3.1. A teoria *ultra vires societatis* 207
6.5.4. Da administração 210
6.5.4.1. Natureza jurídica do administrador 211
6.5.4.2. Nomeação do administrador 212
6.5.5. Das cotas sociais 214
6.5.6. Das deliberações 215
6.5.7. Direito de recesso 218
6.5.8. Exclusão extrajudicial de sócio 223
6.5.8.1. Do sócio remisso 223
6.5.8.2. Exclusão por justa causa 224
6.5.9. Conselho fiscal 227
6.6. Da sociedade anônima 228
6.6.1. Noções iniciais 228
6.6.2. Companhias abertas e fechadas 230
6.6.3. Subscrição pública e subscrição particular (etapas de constituição das companhias) 234
6.6.4. Natureza jurídica do estatuto social 239
6.6.5. Valores mobiliários 240
6.6.5.1. Da ação 241
6.6.5.2. Debêntures 256
6.6.5.3. Partes beneficiárias 259
6.6.5.4. Bônus de subscrição 260
6.6.5.5. *Commercial paper* 260
6.6.5.6. ADR e BDR 261
6.6.6. Órgãos da companhia 262
6.6.6.1. Assembleia geral 263
6.6.6.2. Conselho de administração 267
6.6.6.3. Diretoria 268
6.6.6.4. Conselho Fiscal 268
6.6.7. Deveres do administrador 269
6.6.8. Responsabilidade dos administradores 272
6.6.9. Da sociedade de economia mista 276
6.7. Da sociedade em comandita por ações 279

7. DA SOCIEDADE SIMPLES (ARTS. 997 A 1.038 DO CÓDIGO CIVIL) ... 281

8. QUESTÕES OBJETIVAS ... 285

PARTE III
TÍTULOS DE CRÉDITO

1. CONCEITO E CARACTERÍSTICAS ... 291

2. PRINCÍPIOS CAMBIÁRIOS ... 295

3. TÍTULOS TÍPICOS E ATÍPICOS ... 301

4. CLASSIFICAÇÃO DOS TÍTULOS DE CRÉDITO ... 305

5. TÍTULOS EM ESPÉCIE ... 309
5.1. Letra de câmbio ... 309
5.1.1. Do aceite ... 313
5.1.2. Do endosso ... 316
5.1.3. Do aval ... 322
5.1.4. Do vencimento ... 329
5.1.5. Do pagamento ... 330
5.1.6. Do protesto ... 333
5.1.7. Da prescrição ... 336
5.2. Da nota promissória ... 338
5.2.1. Atos cambiários ... 341
5.3. Do cheque (Lei 7.357/85) ... 342
5.3.1. Dos prazos do cheque ... 345
5.3.2. Da sustação ... 350
5.3.3. Do protesto do cheque ... 352
5.4. Da duplicata mercantil (Lei 5.474/68) ... 353
5.4.1. Noções gerais ... 354
5.4.2. Do aceite ... 358
5.4.3. Do protesto ... 360
5.4.4. Da ação cambial ... 362
5.4.5. Dos atos cambiários ... 363
5.5. Do conhecimento de depósito e *warrant* (Dec. nº 1.102, de 1903) ... 364

6. QUESTÕES OBJETIVAS A RESPEITO DO DIREITO CAMBIÁRIO ... 369

PARTE IV
FALÊNCIA E RECUPERAÇÃO JUDICIAL

1. DA FALÊNCIA ... 375
   1.1. Conceito e finalidade da falência ... 375

2. PRESSUPOSTOS DA FALÊNCIA ... 379
   2.1. Empresário ou sociedade empresária ... 380
   2.2. Da insolvência ... 382
      2.2.1. Da impontualidade ... 383
      2.2.2. Da execução frustrada ... 385
      2.2.3. Dos atos de falência ... 386
   2.3. Da sentença que decreta a falência ... 388

3. DO DEPÓSITO ELISIVO ... 393

4. DA LEGITIMIDADE ATIVA ... 395

5. DA COMPETÊNCIA ... 399
   5.1. Exceções ao juízo universal da falência ... 400
      5.1.1. Das ações trabalhistas ... 400
      5.1.2. Execução fiscais ... 401
      5.1.3. Ações que demandam quantia ilíquidas ... 402
      5.1.4. Ações em que a massa falida seja autora ou litisconsorte ativa ... 402
      5.1.5. Ações em a União for parte ... 402

6. ADMINISTRAÇÃO DA FALÊNCIA ... 403
   6.1. Do administrador judicial ... 404
   6.2. Do comitê de credores ... 408
   6.3. Da assembleia geral de credores ... 409

7. DO PEDIDO DE RESTITUIÇÃO ... 411
   7.1. Do pedido ordinário e dos embargos de terceiros ... 411
   7.2. Do pedido de restituição extraordinário (excepcional) ... 412
   7.3. Outras hipóteses de restituição ... 413

8. DA INEFICÁCIA E DA REVOGAÇÃO DOS ATOS NA FALÊNCIA ... 415
   8.1. Da ineficácia objetiva ... 415
   8.2. Ineficácia subjetiva ... 419

9. DOS CONTRATOS DO FALIDO ... 421

10. DOS CRÉDITOS CONCURSAIS E DOS CRÉDITOS EXTRACONCURSAIS 427

11. DA RECUPERAÇÃO JUDICIAL 437
11.1. Do conceito 437
11.2. Da legitimidade ativa e passiva 439
11.3. Dos requisitos legais 440
11.4. Da competência 442
11.5. Do processamento do pedido de recuperação judicial 446
11.6. Do plano especial de recuperação judicial 458
11.7. Alterações introduzidas pela Lei 14.112 de dezembro de 2020 460

12. QUESTÕES OBJETIVAS REFERENTES À FALÊNCIA E RECUPERAÇÃO JUDICIAL..... 473

PARTE V
CONTRATOS MERCANTIS

1. NOÇÕES GERAIS 479

2. PRINCÍPIOS CONTRATUAIS 481

3. CLASSIFICAÇÃO DOS CONTRATOS 483
3.1. Momento de formação do contrato 483
3.2. Obrigações das partes após o aperfeiçoamento do contrato 484
3.3. Contratos a título gratuito e oneroso 484
3.4. Contratos principais e acessórios 485
3.5. Outros contratos 486

4. CONTRATOS EM ESPÉCIES 487
4.1. Contrato de compra e venda empresarial 487
4.2. Contrato de franquia 490
4.3. Contrato de alienação fiduciária em garantia 492
4.4. Contrato de arrendamento mercantil (*leasing*) 496
4.5. Contrato de desconto bancário 498
4.6. Contrato de fomento mercantil (*factoring*) 500
4.7. Contrato de locação empresarial 501
4.8. Contrato de trespasse 503
4.9. Contrato de representação comercial 507
4.10. Contrato de comissão mercantil 510

5. QUESTÕES A RESPEITO DOS CONTRATOS MERCANTIS 513

BIBLIOGRAFIA 517

PARTE I

TEORIA GERAL DO DIREITO COMERCIAL

1
EVOLUÇÃO HISTÓRICA DO DIREITO COMERCIAL

Item do Capítulo	Teoria	Revisão	Questões
1.1. Características do direito comercial	☐	☐	☐

Alguns doutrinadores costumam afirmar, de modo contundente, que o legislador romano não deu importância ao direito comercial, pois não havia atividade comercial em Roma. Logo, o legislador romano não disciplinou a atividade mercantil no *jus civile* romano. Contudo, sabemos que a atividade mercantil é inerente ao ser humano. Havia, nessa época, significativa atividade comercial, mas esta atividade não era considerada importante, talvez por ser ela desenvolvida pelos escravos; os cidadãos romanos não se dedicavam ao comércio, considerada, por eles, atividade de segunda classe em cotejo com a atividade intelectual que era considerada atividade nobre pela coletividade romana[1].

Em suma, a atividade mercantil era considerada uma atividade secundária e era relegada àqueles que não tinham o status de cidadãos romanos. Porquanto, o legislador romano não se preocupou em disciplinar essa atividade como deveria.

É cediço de todos que militam na seara do direito privado, que a nossa doutrina bebericou nas fontes do direito romano-germânico. O festejado Clóvis Beviláqua, que organizou o Código Civil de 1916, bem como o não menos festejado Miguel Reale, que organizou o atual Código Civil sofreram influências diretas do direito romano e do direito tedesco.

A prova disso é o disposto no art. 966, parágrafo único, do Código Civil que, de modo claro, separa as <u>atividades intelectuais da atividade empresarial</u>. Segundo este dispositivo, não se considera atividade empresarial, a atividade intelectual,

1. Costumo dar o seguinte exemplo em aula, a aluna leva o namorado para que os pais o conheçam, apresentando o como comerciante bem-sucedido. Exalta que possui inúmeros bens, como carro importado, apartamentos etc. Após a apologia realizada pela filha, a mãe diz: mas ele é comerciante. No dia seguinte, a filha aparece com outro pretendente, apresentando o como médico recém-formado pela USP. Este, por sua vez, não possui os mesmos recursos econômicos do primeiro pretendente, mas a mãe ressalta para a filha: ele é médico. Essa pequena anedota demonstra claramente que a atividade intelectual exige predicados específicos do sujeito enquanto a atividade comercial pode ser desenvolvida por qualquer um.

de natureza cientifica, artística ou literária, ainda que haja colaboradores, salvo se o exercício da profissão for um elemento da empresa. Esse dispositivo provoca grandes discussão doutrinárias, tendo em vista a sua complexidade e expressões técnicas que, muitas vezes, são interpretadas de modo vulgar. Iremos analisar esse dispositivo no momento correto, por hora basta apenas entender que a atividade intelectual não é considerada empresarial e que este entendimento adveio do direito romano.

Enfim, podemos afirmar com segurança, que o direito comercial, como conjunto codificado de normas, surge na Idade Média, devido ao aumento e intensidade do tráfico mercantil. Nessa época, as trocas de bens móveis se intensificaram entre as cidades e surgiu a figura do mercador. Este, por sua vez, era o sujeito que intermediava as trocas entre os feudos. O mercador era o responsável pela circulação de bens móveis e pela venda de semoventes nessa época.

A literatura jurídica propaga que o direito comercial, como conjunto de normas organizadas, somente tomou feição na Idade Média. Conquanto isso seja verdade, pode-se afirmar que havia resquícios de regras mercantis no direito romano e, segundo alguns autores, até no Código de Hamurabi. No entanto, é sabido de todos que naquele momento histórico não se podia ainda falar em um ramo específico do direito privado, conhecido posteriormente como direito comercial, pois, segundo se depreende, não havia uma ordenação sistemática e principiológica dessas normas. Tratavam-se, na verdade, de normas esparsas regulando situações fáticas aleatórias. Foi somente na Idade Média, por volta do século XII ao XVI, que o direito comercial surgiu como um conjunto de normas ordenadas e específicas.

Importante deixar consignado, que nessa época não se conhecia ainda o fenômeno da pessoa jurídica capaz de agregar várias pessoas em um único sujeito de direito para o exercício da atividade comercial. Esse fenômeno é de extrema importância para o direito comercial, pois permite que os indivíduos possam agregar esforços e por meio de um ente, que possui personalidade jurídica própria, exercer atividade econômica organizada, com todo o conhecimento e recursos necessários para a consecução do fim social. É verdade que nosso ordenamento jurídico também conhece as chamadas pessoas jurídicas despersonalizadas como, por exemplo, a sociedade em comum e a sociedade em conta de participação. Esse assunto será desenvolvido no capítulo pertinente ao direito societário. Por hora, retomemos a questão da evolução histórica do direito comercial.

A doutrina comercialista divide o direito comercial em três fases históricas. Importante ressaltar, que no edital do concurso de ingresso para carreiras da Magistratura e do Ministério Público, as fases do direito comercial constam do edital. Ademais, para a exata compreensão da matéria, a análise das fases é essencial.

Eis, em seguida, as principais características das três fases em que se subdivide o direito comercial:

1ª) Fase subjetiva: o direito comercial era classista, coorporativo e fechado[2]. Nessa fase, era considerado comerciante quem estivesse inscrito em uma corporação de ofício. Portanto, era o critério da inscrição que determinava quem era ou não comerciante. Se estivéssemos, hoje em dia, na fase subjetiva, bastaria perguntar ao exercente da atividade mercantil se ele está inscrito na Junta Comercial. Se a resposta fosse positiva, ele deveria ser considerado comerciante. Ou seja, era o critério da inscrição o fator determinante para se avaliar quem era ou não comerciante. Portanto, só podia usufruir das prerrogativas do incipiente direito comercial, aquele que fizesse parte de uma corporação de ofício ou de uma determinada classe.

Essa fase é conhecida por subjetiva, pois o que interessava era o sujeito que exercia a mercancia.

Nesse momento, surgem alguns institutos mercantis que são utilizados até os dias atuais. A letra de câmbio foi um instrumento que surgiu nessa época e é utilizada até os dias atuais pelo direito cambiário.

Não devemos olvidar que o direito comercial tem como principal fonte os usos e costumes mercantis. A prática reiterada de certos atos, por parte dos comerciantes, torna-se norma implícita para o direito comercial, auxiliando, o operador do direito na interpretação das normas explicitas.

Os usos e costumes assumem importância significativa para o direito comercial, pois, como é cediço, o direito mercantil é constituído pelo método indutivo, ou seja, boa parte de suas regras são formadas ou constituídas pela atividade fática e reiterada, e, a partir desta análise, as normas comerciais são codificadas e tornam-se obrigatórias.

Contudo em 1789, um acontecimento histórico desponta na Europa e propala novas ideias que vão influenciar diretamente o direito mercantil. Os iluministas Diderot e D'Alembert combatiam o regime absolutista até então vigente e com advento da revolução francesa surgem as ideias da liberdade, igualdade e fraternidade. É claro que essa nova ordem mundial não poderia conviver com um regime individualista que centrava a análise do direito comercial na pessoa do comerciante. Diante disso, surge a segunda fase do direito comercial conhecida como etapa objetiva, calcada nos ideais revolucionários.

Comerciante = inscrição em uma corporação de ofício.

2ª) Fase objetiva do direito comercial é também chamada de fase dos atos do comércio ou fase francesa. Esse momento foi profundamente influenciado pelo

2. V. H. M. FRANCO, Manual de Direito Comercial, vol. I, São Paulo, RT, 2001, p. 19. A autora doutrina que, nesta primeira fase evolutiva, o direito comercial tinha uma concepção subjetiva, pois era a qualidade do sujeito que determinava a competência do tribunal especial.

Direito Gaulês e pela revolução francesa. Era considerado comerciante quem com habitualidade e, com o intuito de lucro, praticasse atos do comércio. O critério utilizado, na fase objetiva, não é o da inscrição, como na fase anterior, mas sim, a prática de atos considerados comercias. Portanto, desloca-se o elemento caracterizador da inscrição para a prática dos atos. Logo, quem praticasse certos atos de maneira habitual e visando obter vantagem econômica (lucro) era considerado comerciante, independentemente de estar inscrito na junta comercial.

O código comercial francês de 1807 marca o início dessa fase na Europa e, consequentemente, o Código Comercial Brasileiro de 1850 marca o início dessa fase no Brasil. O professor português Jorge Manuel Coutinho de Abreu, em seu Curso de Direito Comercial comenta que os Códigos Comerciais Portugueses de 1833 e o de 1888 também bebericaram na fonte gaulesa.

A teoria dos atos do comércio pode ser descrita como a sistematização de um elenco de atividades econômicas que eram consideradas mercantis por força de lei. Pode-se afirmar que era comerciante quem com habitualidade, mais o intuito de lucro, praticasse atos do comércio. Em nosso país, o elenco de atos do comércio estava descrito no art. 19 do Regulamento nº 737 de 1850. Esse dispositivo considerava como atividade comercial ou mercancia: a compra e venda ou troca de efeitos móveis ou semoventes, para vender por grosso ou a retalha, na mesma espécie ou manufaturadas, ou para alugar o seu uso; as operações de câmbio, banco e corretagem; as empresas de fábrica de comissões, de depósito, de expedição, de consignação e transporte de mercadorias, de espetáculos públicos; os seguros, fretamentos, riscos e quaisquer contratos relativos ao comércio marítimo; a armação e expedição de navios. Esse era o rol de atividades consideradas comerciais pelo sobredito regulamento.

Nota-se que, com a adoção da teoria dos atos do comércio pelo legislador colonial, o direito comercial brasileiro aproximou-se do direito comercial francês, sendo influenciado sobremaneira por este último. A nosso ver, este período histórico pode ser concebido como a fase gaulesa do direito mercantil nacional. Na Argentina não foi diferente, como comenta J. R. Garrone. A doutrina comercialista sempre acoimou o sistema objetivo de inapropriado e o censurou pela sua falta de técnica. Não havia um elemento de conexão comum a todos os atos considerados comerciais. Tratava-se, segundo alguns autores de uma lista casuística sem critério lógico ou científico que pudesse justificar a inclusão ou não de certos atos.

É verdade que alguns autores se propuseram a tentar elaborar uma classificação científica dos atos de comércio, como, o festejado José Xavier Carvalho de Mendonça. Este, após avaliar o regulamento nº 737 de 1850, dividiu os atos do comércio em: atos de comércio por natureza ou por profissionais, atos do comércio por dependência da conexão e atos do comércio por força ou autoridade da lei.

Por sua vez, Octávio Mendes, lente de direito comercial na Faculdade de Direito de São Paulo, assim se manifestou: "A classificação, portanto, apresentada pelo ilustre jurisconsulto, nada tem de nova, como ele mesmo reconhece, quando diz: esta classificação não é criada pela fantasia, mas corresponde a letra e espírito da nossa lei, informa-se no direito positivo."

Conforme já assinalamos, os atos do comércio estavam descritos em uma lista taxativa, prevista no regulamento 737 de novembro de 1850. O nosso Código Comercial de 1850, que não está revogado na parte que cuida do comércio marítimo, filiou-se à teoria dos atos do comércio, que teve aplicação no Brasil até a entrada em vigor do Código Civil de 2002.

Importante observar, que o prestador de serviços e a compra e a venda de bens de imóveis **não** eram consideradas atividades mercantis. Aqui surge um aspecto interessante, pois se uma sociedade, que ofertasse determinados serviços para a coletividade e necessitasse do auxílio da vetusta concordata, não poderia se beneficiar desse instituto protetivo, pois essa sociedade não era considerada comercial. Ademais, aquele que se dedicasse a compra e venda de imóveis também não era considerado comerciante. Nesse caso, entendia-se que imóveis eram bens de raiz e não poderiam ser objeto de negociações mercantis.

Comerciante = Lucro + Habitualidade + Atos do Comércio.

3ª) **Fase da empresa:** Esta fase surge na Itália, no ano de 1942, quando o regime fascista era a ideologia reinante. Esse terceiro período ficou conhecido como a fase da empresa. Essa fase teve início no Brasil com a entrada em vigor do atual Código Civil de 2002. Portanto, adotou-se o chamado modelo italiano em que se estabeleceu uma unificação legislativa do direito privado, inserindo a matéria comercial (empresarial) no Livro II da Parte Especial do Código Civil. Contudo, não se trata de uma unificação científica, apenas de uma unificação legislativa, que a nosso ver não trouxe nenhum benefício para o ordenamento jurídico pátrio. Aliás, somente criou incertezas e insegurança jurídica para a matéria empresarial, pois como iremos verificar, durante o nosso estudo, alguns institutos regulados no Código Civil, não se aplicam *in totum* ao direito comercial. Por exemplo, o incapaz nunca poderá iniciar a atividade como empresário, por força do art. 972 do Código Civil, sendo que nesse caso, não se aplica o instituto da representação para suprir a incapacidade e assim permitir que o incapaz pudesse iniciar a atividade empresarial. Nesta hipótese, o instituto da representação não tem aplicação em virtude de peculiaridades que iremos estudar mais adiante. Durante o decorrer dos nossos estudos, abordaremos esse tema bem como outras peculiaridades.

É importante deixarmos consignado que, embora tenha havido a unificação do direito empresarial, foi apenas legislativa, pois ontologicamente são ramos do ordenamento jurídico que não se confundem. A própria Constituição Federal reconhece essa autonomia, haja vista o disposto no art. 22, inciso I que cuida da competência legislativa, mencionando o direito comercial separadamente do direito civil.

Posto essas ideias iniciais, é importante observar que o Código Civil não conceituou o termo empresa, tarefa essa que ficou delegada à doutrina como é de rigor. Contudo, para iniciarmos o estudo desta fase do direito comercial moderno, precisamos entender o que seja empresa. Podemos afirmar que esse termo empresa é a atividade econômica organizada para a produção ou circulação de bens ou serviços. Logo, a empresa é atividade desenvolvida pelo empresário ou pela sociedade empresária[3].

É de rigor, que o concurseiro compreenda o significado deste termo empresa. O festejado lente Alberto Asquini[4], jurista italiano, estudando o conceito de empresa em seu país verificou que a empresa é fenômeno jurídico poliédrico, ou seja, pode apresentar vários significados. Isto não é o ideal e pode apresentar algumas dificuldades para o estudioso. No entanto, vamos elucidar essa questão, apresentando todos os significados para o termo empresa:

a) Em seu sentido funcional, a empresa pode ser entendida como a atividade desenvolvida pelo empresário para a produção ou circulação de bens ou serviços. É nesse sentido que devemos entender a empresa, segundo a teoria da empresa. Portanto, a teoria da empresa é, na verdade, a teoria da atividade empresarial. Entendendo, a empresa dessa maneira, a aluno irá visualizar e entender o direito empresarial de uma outra maneira. Logo, o direito empresarial é o direito da atividade empresarial.

Uma questão de ordem se faz necessária, como se trata de um manual desenvolvido para um determinado objetivo, aproveitamos o ensejo para apontar um ponto relevante para o concursando.

Toda vez que o aluno se deparar com um dispositivo legal que pertença ao direito empresarial, ele deve lembrar que a *mens legis* é sempre a preservação da atividade empresarial. Enfim, o direito empresarial é essencialmente um ramo do direito privado que possui normas que tutelam a empresa (atividade).

---

3. O próprio anteprojeto do Código Civil se preocupou com essa questão. Veja o que disse o professor Miguel Reale: "Não será demais advertir, para dissipar dúvidas e ter-se melhor entendimento da matéria, que, na sistemática do Anteprojeto, empresa e estabelecimento são dois conceitos diversos, embora essencialmente vinculados, distinguindo-se ambos do empresário ou sociedade empresária que são 'os titulares da empresa'. Em linhas gerais, pode dizer-se que a empresa é, consoante acepção dominante na doutrina, 'a unidade econômica de produção', ou 'a atividade econômica unitariamente estruturada para a produção ou a circulação de bens ou serviços'. A empresa, desse modo conceituada, abrange, para a consecução de seus fins, um ou mais 'estabelecimentos', os quais são complexos de bens ou 'bens coletivos' que se caracterizam por sua unidade de destinação, podendo, de per si, ser objeto unitário de direitos e de negócios jurídicos".
4. Para aqueles que irão prestar concurso para a magistratura, a leitura do texto perfis da empresa, escrito por Alberto Asquini e traduzido por Fabio Konder Comparato, RDM 104/110, é de rigor.

b) Em seu sentido subjetivo, o termo empresa é utilizado para identificar a sociedade empresária, ou seja, o sujeito de direto. Foi nesse sentido que a Lei 8.934/94 (Lei de Registro de Empresas Mercantis) assim entendeu a empresa. A Lei é denominada de Registro Público de Empresas Mercantis e atividades afins e outras providências. Na verdade, a legislação cuida do registro público das sociedades empresárias ou do empresário. Não se pode registrar uma atividade, mas sim aquele que irá desenvolver essa atividade. Andou mal o legislador que deveria ter sido mais técnico no momento da confecção dessa legislação.[5]

Por sua vez, no mundo fático, ou seja, no dia a dia, nos utilizamos a palavra empresa nesse sentido. É muito comum, as pessoas formularem a seguinte frase: eu trabalho naquela empresa, significando que a pessoa exerce o seu ofício em determinada sociedade empresária. Na verdade, a frase deveria ter sido elaborada da seguinte maneira: eu trabalho naquela sociedade empresária, sendo que a empresa daquela sociedade, da qual eu trabalho, é a oferta ou circulação de bens para a coletividade ou a prestação de serviços.

c) Já a empresa, em seu sentido objetivo, pode ser entendida como sinônimo de estabelecimento empresarial. Quando o Código de Processo Civil se refere a penhora da empresa, na subseção VIII, arts. 862 ao 865, o legislador está utilizando o termo empresa em seu sentido objetivo.

A penhora é uma constrição judicial realizada sobre bens tangíveis ou bens corpóreos. Não se pode conceber que a penhora seja realizada sobre uma atividade ou mesmo sobre uma sociedade empresária que são institutos intangíveis no mundo fático. O Código de Processo Civil estabelece uma ordem dos bens que devem ser penhorados, como dinheiro, veículos, bens móveis, bens imóveis etc.

Contudo, o termo empresa, segundo o legislador processualista, é utilizado como um conjunto de bens, ou seja, como sinônimo de estabelecimento empresarial.[6] Em outras palavras, um conjunto de bens, corpóreos ou incorpóreos, utilizados pelo empresário ou sociedade empresária para a realização da atividade empresarial. Portanto, sendo utilizada nesse sentido, a penhora torna-se possível.

d) Por fim, Alberto Asquini entendeu, no direito italiano, que a empresa podia ser utilizada também em sentido corporativo. Neste caso, a empresa deveria ser entendida como instituição, ou seja, um complexo de pessoas unidas para a realização de um fim comum. A nosso ver, nosso ordenamento jurídico não utilizou a empresa nesse sentido.

---

5. O exemplo fornecido foi elaborado pelo prof. Erasmo Valadão Azevedo e Novaes França na aula de pós-graduação na USP.
6. Art. 1142 do Código Civil. Considera-se estabelecimento todo complexo de bens organizado, para exercício da empresa, por empresário, ou por sociedade empresária.

Empresário = profissionalismo + lucro + empresa (atividade) + organização

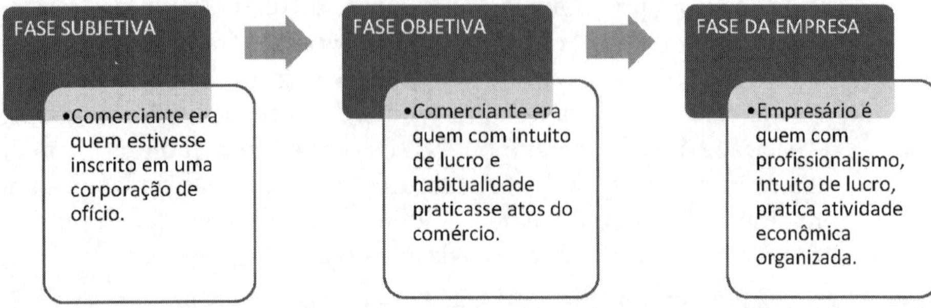

Fonte: elaborado pelo autor.

1.1. Características do direito comercial

A doutrina costuma elencar algumas características do direito comercial, que, a nosso ver, merecem ser citadas, pois em uma prova discursiva essas características poderão auxiliar o concurseiro, fornecendo-lhe instrumentos importantes. Vamos, de modo perfunctório, analisar algumas das características do direito comercial moderno que, hoje em dia, passou a se chamar de direito empresarial.

Onerosidade

Bom, o direito comercial é permeado pela chamada onerosidade. Dificilmente, atos de natureza gratuitos são adequadamente recepcionados pelo direito comercial. O legislador comercialista sempre edita normas que tratam com desconfiança os atos de natureza gratuitos. Por exemplo, não se admite que o credor, que possui crédito avindo de uma obrigação de natureza gratuita, possa-se habilitar no processo concursal. O art. 5º, inciso I, da Lei 11.101/05 assim preceitua: "não são exigíveis do devedor, na recuperação judicial ou na falência: I – as obrigações a título gratuito." Ou, ainda, o art. 129, inciso IV, da mesma legislação que declara a prática de atos gratuitos, desde dois anos antes da decretação da falência como ineficazes.

Imaginemos um certo credor que deseja habilitar uma grande soma na falência de um suposto devedor, sendo que este crédito teve origem em uma doação feita pelo empresário. Se admitido esse crédito, certamente, daria ensejo a falcatruas e simulações. A verdade é que o empresário não pratica atos de liberalidade no exercício da atividade empresarial. Estes atos não se coadunam com a mercancia.

Enfim, o proveito econômico é uma das principais características desse ramo do direito. Não se pode conceber o direito empresarial moderno despido dessa característica. Aliás, o art. 981 do Código Civil só reforça essa característica quando conceitua o contrato social da seguinte maneira: "Celebram contrato de sociedade as pessoas que reciprocamente se obrigam a contribuir, com bens ou serviços, para o exercício de atividade econômica e a partilha, entre si, dos resultados." Nos parece que o legislador foi de uma clareza cristalina ao salientar que só pode ser considerada como empresária aquela sociedade que tem por objetivo a partilha dos resultados entre os sócios. Pode se, portanto, enfatizar que a distribuição dos dividendos entre os sócios é elemento caracterizador da sociedade empresária.

Por isso, discordamos da posição adotada pelo professor João Eunápio Borges quando este sustentou, em sua tese de doutorado na Universidade Federal de Minas Gerais, que o aval é um ato de natureza gratuita efetuado por mera liberalidade. Não podemos concordar com esse posicionamento diante da onerosidade inerente ao direito comercial. Dificilmente, o avalista se comprometeria sem que lhe fosse ofertado algum benefício em contrapartida.

Aliás, o professor Trajano de Miranda Valverde comunga do mesmo entendimento, pois ao analisar as características da sociedade anônima, que é uma espécie societária sempre de natureza empresarial, independentemente do seu objeto, assim se manifestou: "as sociedades anônimas entram na primeira categoria, porque se não compreende uma sociedade de capitais sem o espirito do lucro."

Informalismo

Também não devemos nos olvidar do informalismo no direto empresarial. O direito comercial, diferentemente do direito civil, propala a orientação de impor a celeridade que a atividade empresária comporta. Há que se facilitar o tráfico mercantil, pois essa atividade não comporta procrastinações, sob pena de impor graves prejuízos ao empresário. A atividade empresarial é dinâmica e continua ou não é nada.

Essa característica pode ser notada em vários dispositivos. Por exemplo, no direito cambiário, a transferência do crédito se opera por meio do chamado endosso, sendo esse ato retratado por meio de uma simples assinatura lançada no verso do título. O credor lança a sua assinatura no verso da cambial, assina e transfere o crédito. No direito civil, o crédito é transmitido por meio da cessão de crédito que se opera formal, exigindo-se a notificação do devedor.

Um outro exemplo importante ocorre no direito societário, quando o legislador estabelece um prazo de trinta dias, contados da elaboração do contrato social, para o arquivamento do ato constitutivo na junta comercial e, se observado esse prazo, a personificação retroagirá à data da elaboração do contrato. Logo após a elaboração do contrato social, a sociedade estará apta a entabular negócios jurídicos que forem do seu interesse. A sociedade será contemplada pela personificação desde que realize o arquivamento do contrato social dentro do prazo de 30 (trinta) dias contados da confecção do contrato social.

Por exemplo, os sócios de uma sociedade limitada, denominado Bom Jesus Ltda. elaboram um contrato social, no dia 01 (primeiro) de janeiro, mas realiza uma venda de mercadorias no dia 3 (três) do mesmo mês, se o contrato social for registrado até o dia 31 de janeiro, a venda teria sido realizada pela sociedade Bom Jesus Ltda. Ou seja, o legislador permite a realização de negócios jurídicos pela sociedade, antes mesmo da sua personificação, pois sabe que o dinamismo da atividade empresarial não pode ser obstado pelo formalismo jurídico.

Enfim, o legislador tem ciência de que a atividade empresarial não comporta interrupções e que se a atividade empresarial não for perene e contínua, o empresário terá dessabores no desempenho do seu mister. O informalismo do direito comercial contribui para manter a atividade em pleno desenvolvimento e não proporciona insegurança jurídica. Pelo contrário, o informalismo permite que o ordenamento jurídico possa-se harmonizar com essa atividade que é essencial ao desenvolvimento econômico.

Cosmopolitismo

Pode-se verificar que, desde a idade média, quando a atividade comercial se intensifica, o comércio desconhece jurisdições, ultrapassando fronteiras. Aliás, o comércio ganha importância quando as trocas se operam entre cidades distantes. É nesse momento que o direito comercial adquire pujança e passa a desprezar as fronteiras geográficas.

Um exemplo dessa característica no direito empresarial é o Dec. 57.663/66, conhecido como Lei Uniforme de Genebra, que é um tratado internacional, elaborado por vários países, no intuito de uniformizar as regras cambiárias, permitindo-se, assim, que um título de crédito emitido na Inglaterra, por exemplo, na Inglaterra pudesse produzir efeitos na Argentina e vice-versa. Essa internacionalização do direito cambiário é o mais puro exemplo de cosmopolitismo mercantil.

O cosmopolitismo também influenciou o legislador ao editar a Lei 9.279/96 (Lei de Propriedade Industrial). Quando o legislador, em seu art. 126, reconhece a marca notória e irradia a sua proteção para todos os países membros da convenção de Paris, independentemente de registro. Nota-se, claramente, os efeitos cosmopolitista da norma em comento. Ademais, essa característica também aparece quando a legislação reconhece e protege as patentes de medicamentos ou quando a legislação reconhece o direito de prioridade.[7]

O reconhecimento da notoriedade de certas marcas é, sem dúvida, uma demonstração do cosmopolitismo que permeia as normas que disciplinam a propriedade industrial. Veja o teor da apelação civil nº 70025105867 oriunda do TJRJ.

> Caso em que a parte autora pretende que a ré se abstenha de utilizar a marca ESADE ou qualquer outra que possa com ela se confundir, bem como seja condenada ao pagamento de indenização por danos morais e patrimoniais em razão do uso indevido daquela. Nenhuma das partes detém a propriedade

7. Art. 127 da LPI. Ao pedido de registro de marca depositado em país que mantenha acordo com o Brasil ou em organização internacional, que produza efeito de depósito nacional, será assegurado direito de prioridade, nos prazos estabelecidos no acordo, não sendo o depósito invalidado nem prejudicado por fatos ocorridos nesses prazos.

da marca no Brasil. O primeiro pedido de registro foi realizado pela ré, inexistindo registro anterior no Brasil, pela parte autora, de modo que não há se falar, a princípio, em uso indevido de marca, nos termos do artigo 129 da Lei 9.279/96. Contudo, as marcas notoriamente conhecidas em seu ramo de atividade são protegidas independentemente de registro, afastando o princípio da territorialidade. Inteligência do artigo 126 da menciona lei. A notoriedade deve ser aferida no país em que se pretende a proteção, não se questionando se a marca é reconhecida em países alienígenas. Inteligência do artigo 6º bis da Convenção da União de Paris. O escopo da norma é impedir que terceiro aproveite indevidamente uma marca já consagrada, confundindo os consumidores.

Como bem observado pelo desembargador-relator do sobredito acordão, o princípio da territorialidade é mitigado diante do cosmopolitismo do direito empresarial. Essa mitigação propicia que o direito empresarial possa-se sobrepor à rigidez dos ordenamentos jurídicos locais, permitindo o pleno desenvolvimento da atividade empresarial.

Essa característica outrossim se mostrará presente em várias outras normas e leis empresárias, conforme veremos no decorrer do nosso estudo.

Fragmentarismo

O direito comercial é fragmentário. O professor Alfredo Rocco, ao analisar as regras mercantis, sustenta que o direito comercial é composto por um complexo e normas fragmentadas que, por sua natureza, não formam um complexo unitário. Não concordamos com essa característica, pois mesmo que se considere o direito comercial fragmentário haverá princípios normativos que darão unidade para o sistema.

Método indutivo

O direito comercial utiliza o método indutivo, diferentemente do direito civil que se vale do método dedutivo. O conhecimento dessa característica é de suma importância para o concurseiro.

As regras de direto comercial surgem dos acontecimentos fáticos, ou melhor, da prática reiterada da atividade empresarial realizada pelo empresário e, verificando a importância disso, o legislador normatiza esses atos, transformando-os em regras jurídicas. Isso ocorreu com a letra de câmbio e com a duplicata mercantil, além de outros institutos, como em vários contratos mercantis.

É cediço de todos aqueles que militam na seara empresarial que a atividade empresarial é dinâmica e constante e, mais do que isso, o empresário é o principal elaborador das regras empresariais. A letra de câmbio foi idealizada para que os mercadores pudessem adquirir mercadorias em cidades distantes sem a necessidade de transportar dinheiro e serem assaltados.

A duplicata mercantil foi idealizada pelo comerciante brasileiro que criou uma maneira de vender mercadorias a prazo e, ao mesmo tempo, receber o seu crédito imediatamente, sacando um título que foi chamado por Cesare Vivante de "título príncipe do direito brasileiro".

Em síntese, pode-se afirmar, com toda a certeza, que o legislador empresarial nada cria apenas copia.

2
DO EMPRESÁRIO *LATO SENSU*

Considera-se empresário aquele que, com profissionalismo, exerça atividade econômica organizada para a produção ou circulação de bens ou serviços. Importante que se diga, estamos utilizando o conceito de empresário *lato sensu,* ou seja, o art. 966[1], do Código Civil, nos oferece um conceito amplo de empresário, sendo que, desse conceito amplo, podemos extrair algumas espécies. Logo, nesse momento, iremos analisar o empresário como gênero e posteriormente iremos cuidar das espécies.

É oportuno deixar consignado que o próprio Código Civil Italiano, assim como o nosso, resolveu estabelecer um conceito de empresário em seu art. 2082. O legislador italiano assim preceituou:

> **È imprenditore chi esercita professionalmente una attività economica organizzata al fine della produzione o dello scambio di beni o di servizi.**

Percebe-se que esse conceito utilizado pelo legislador italiano foi adotado quase que literalmente pelo legislador brasileiro.

Posto isso, podemos utilizar o seguinte esquema:

Empresário = profissionalismo + lucro + atividade econômica (empresa) + organização. Em síntese, podemos assim entender: E=PLEO.

Vamos analisar esses quatro elementos que configuram o empresário:

1

O primeiro elemento é o profissionalismo. O profissionalismo pode ser entendido como a atividade exercida reiteradamente, constantemente, e em nome próprio. Logo, para ser considerado empresário, segundo nosso ordenamento jurídico, há que haver atividade. Em outras palavras, a prática reiterada de atos.

Portanto, se um advogado resolver adquirir um veículo automotor de um outro advogado, mesmo sabendo que a venda de veículos é uma atividade empresarial,

1. Art. 966 do Código Civil assim dispõe: "Considera-se empresário quem exerce profissionalmente atividade econômica organizada para a produção ou a circulação de bens ou de serviços".

isso não transformaria o advogado em empresário, pois, nesse caso, houve a prática de apenas um ato. Não se podendo, portanto, falar em atividade. Para que surja a figura do empresário, deve haver atividade e não a prática de atos isolados.

Quando o Código de Defesa do Consumidor, em seu art. 3º, define a figura do fornecedor, o legislador utiliza a expressão aqueles que "desenvolvam atividade"[2]. Enfim, só se pode falar em fornecedor e utilizar as regras do CDC se houver a prática reiterada de atos. Aliás, outra não poderia ser a regra. Imagina, aplicar-se as regras do CDC, que na sua maioria são normas cogentes, à venda de um automóvel realizada por um particular para outro particular.

Em suma, podemos afirmar que a prática de atos isolados não irá caracterizar a figura do empresário.

Contudo, há um outro aspecto a ser considerado no conceito de profissionalismo. A atividade deve ser realizada em nome próprio. Nesse momento, cabe uma explicação mais detalhada do problema: o direito empresarial apresenta um problema relacionado à semântica das palavras, o que produz consequências sérias para o aluno ou para aquele que se prepara para concurso público.

O mundo fático não pode produzir conceitos capazes de superar termos técnicos utilizados no mundo jurídico. O concursando deve ter em mente que, embora não usuais, os termos técnico-científicos devem ser absorvidos e apreendidos pelo candidato para serem utilizados no dia da prova. Esperando, é claro, que o examinador de direito empresarial seja um conhecedor da matéria.

Logo, o conceito de empresário não pode ser utilizado como sinônimo de sócio ou de acionista, pois se o aluno não souber diferenciar esses conceitos, problemas sérios surgirão no dia da prova.

Empresário, nós iremos ver mais adiante, é uma pessoa física que se dedica à atividade empresarial. Não pode ser confundido com sócio, que é uma figura própria do direito societário. Aliás, o sócio não exerce atividade nenhuma; sócio não exerce atividade empresarial.

Um exemplo disso é a Lei 11.101/05, que cuida da falência e da recuperação judicial e extrajudicial. Segundo o art. 1º dessa legislação, a falência é um instituto que só se aplica ao empresário e à sociedade empresarial. Portanto, utilizando esse raciocínio, não se pode falar em falência de sócio, ou seja, o sócio não pode ter seus bens arrecadados em processo de falência decretada em face de sociedade da qual ele está associado.

---

2. Art. 3º da Lei 8078/90. "Fornecedor é toda pessoa física ou jurídica, pública ou privada, nacional ou estrangeira, bem como os entes despersonalizados, *que desenvolvem atividade* de produção, montagem, criação, construção, transformação, importação, exportação, distribuição ou comercialização de produtos ou prestação de serviços. (Grifo nosso).

Apenas um pequeno adendo a essa sobredita observação: o sócio não é empresário muito menos sociedade empresária, portanto, não pode falir. Contudo, nas sociedades que possuem sócios de responsabilidade ilimitada, como, por exemplo, na sociedade em nome coletivo ou sociedade em comum, a falência da sociedade acarretará também a falência dos sócios de acordo com o art. 81[3] da Lei 11.101/05.

Retornando à questão do profissionalismo, para ser considerado empresário, a pessoa precisa exercer a atividade em nome próprio; o sócio nunca pode ser considerado empresário, pois ele não pratica atividade em nome próprio. Nesse caso, quem pratica atividade em nome próprio é a sociedade da qual o sócio faz parte.

2 Posto isso, o segundo elemento caracterizador do empresário é a busca do lucro, que pode ser entendido como o elemento econômico. Toda a atividade empresarial deve visar à obtenção do lucro. O lucro em si não é um elemento, mas a recompensa econômica, é um elemento que faz parte da atividade empresarial. Não se pode negar que a obtenção do proveito econômico é mola propulsora do empresário. Negar isso é negar a realidade das coisas.

3 O terceiro elemento é a atividade empresarial. Segundo o art. 966, do Código Civil, a atividade empresarial é toda aquela que visa à produção ou circulação de bens ou serviços. Podemos, portanto, usar uma analogia advinda do direito penal, o nosso tipo empresarial é a produção ou circulaçao de bens ou serviços. É um tipo aberto, pois esse tipo abrange quase toda atividade relevante à atividade de mercado.

Esse tipo aberto foi proposital. O sistema italiano não quis repetir os mesmos erros do sistema francês. Não se desejou estabelecer um rol de atos que poderiam ser considerados empresariais como no sistema anterior. Esse sistema já havia se mostrado inadequado, pois era casuístico e incapaz de disciplinar toda a atividade empresarial. Como já dissemos, a teoria dos atos do comércio não estava apta para recepcionar novas atividades empresariais que, porventura, surgissem. Carecíamos de um sistema que pudesse recepcionar toda atividade

3. Art. 81 da Lei 11.101/05. "A decisão que decreta a falência da sociedade com sócios ilimitadamente responsáveis também acarreta a falência destes, que ficam sujeitos aos mesmos efeitos jurídicos produzidos em relação à sociedade falida e, por isso, deverão ser citados para apresentar contestação, se assim o desejarem".

que necessitasse da proteção do direito empresarial e esse sistema era justamente a teoria da empresa.

Não podemos olvidar que, diferentemente do direito civil, o direito empresarial utiliza o método indutivo, ou seja, o direito empresarial surge da prática reiterada de atos pelo empresário para que, dessa atividade, sejam produzidas normas jurídicas. As normas empresariais advêm da atividade do empresário e não de conceitos abstratos elaborados pelos legisladores. Desse modo, novas atividades que irão surgir resultantes da conduta do empresário serão recepcionadas pela teoria da empresa.

O sistema aberto, estabelecido pela teoria da empresa, permitia a recepção de novas atividades sem que o sistema fosse alterado. Logo, tínhamos um sistema que permitia recepcionar novas atividades sem alterar o sistema posto. Ou seja, o sistema aberto trazia algo positivo, mas também trazia um problema para o concursando: o que não pode ser considerado empresarial?

Enfim, utilizando uma linguagem técnico-científica, o terceiro elemento seria a empresa.

Diante desse sistema, o prestador de serviços é aquele que compra e vende bens imóveis, que pode ser considerado empresário sem que haja necessidade dessa atividade estar expressamente discriminada como exigia a teoria dos atos do comércio.

4 O quarto elemento configurador do empresário é a organização. Pode-se afirmar que a atividade é considerada organizada quando nela estiverem reunidos alguns dos seguintes elementos: *mão de obra, capital, tecnologia e insumos*.

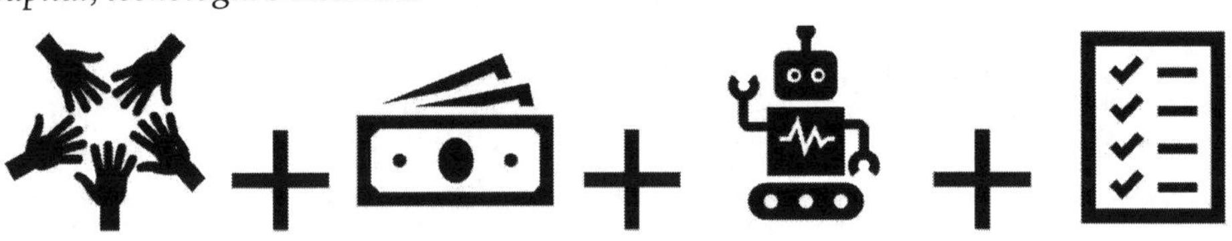

Fonte: elaborado pelo autor.

A nosso ver, não há necessidade da presença desses quatro elementos para que a atividade seja considerada organizada. Esses elementos, postos pela doutrina, servem apenas de parâmetro para se estabelecer quando a atividade é organizada, mas não se trata de um preceito mandatório.

Logo, pode-se afirmar que algumas atividades podem ser consideradas organizadas sem que haja a necessidade da presença desses quatro elementos; contudo, em regra, a presença desses quatro elementos caracteriza a atividade como organizada.

Importante observar que o ambulante, que era considerado comerciante[4] diante da teoria dos atos do comércio, hoje não mais pode ser considerado empresário. Em regra, o ambulante possui os três primeiros elementos (profissionalismo, econômico e empresa), contudo lhe falta organização.

Uma questão indagada recentemente em concurso público foi a seguinte: o registro na Junta Comercial é requisito necessário para ser considerado empresário, segundo o que determina o art. 967 do Código Civil?[5]

Para responder essa questão, devemos cotejar o art. 966 com o art. 967, ambos do Código Civil. Primeiro, não há contradição entre os dispositivos; pelo contrário, um, na verdade, complementa o outro. O art. 966 do Código Civil estabelece quem é considerado empresário de acordo com o nosso ordenamento. Segundo essa regra, é considerado empresário aquele que exerce uma atividade empresarial, independentemente do registro na Junta Comercial. Já o art. 967 do Código Civil, preceitua que é necessário o registro antes do início da atividade empresarial. Uma análise apressada pode levar o aluno a acreditar que o registro na Junta Comercial é requisito para que o sujeito possa ser considerado empresário.

O art. 967 do Código Civil não estabelece um requisito para que o sujeito possa ser considerado empresário. Esse dispositivo apenas estabelece uma obrigação imposta a todo empresário; obrigação essa que, se descumprida, sujeita o infrator a graves sanções. Se o empresário não se registrar no órgão competente, ele ficará privado de obter ou de usufruir das prerrogativas que o ordenamento jurídico oferece aos membros dessa categoria. Por exemplo, o empresário sem registro não terá direito à recuperação judicial de acordo com o art. 48 da Lei 11.101/05[6].

Pode-se dizer que o registro na Junta Comercial possui natureza meramente declaratória. Portanto, o registro apenas declara quem já é empresário ou quem será empresário. No Brasil, o registro não possui natureza constitutiva. O registro não é requisito para que o sujeito se torne empresário.

Estabelecidas essas premissas iniciais, passaremos a analisar quem não é empresário ou quais as atividades não são consideradas como empresariais. Criamos uma lista que, a nosso ver, irá auxiliar o aluno e concurseiro diante desse tipo aberto estabelecido pela teoria da empresa. Eis a lista:

---

4. O ambulante era considerado comerciante, até porque, a lei 7661/45 estabelecia que a falência do ambulante seria decretada no que este fosse encontrado e, como é cediço, somente poderia falir quem fosse comerciante ou sociedade empresária.
5. O art. 967 do Código Civil assim determina: "É obrigatória a inscrição do empresário no Registro Público de Empresas Mercantis da respectiva sede, antes do início de sua atividade."
6. Art. 48 da Lei 11.101/05 assim dispõe: "Poderá requerer recuperação judicial o devedor que, no momento do pedido, exerça regularmente suas atividades há mais de 2 (dois) anos e que atenda aos seguintes requisitos, cumulativamente: [...]".

a) Toda atividade que não tenha como fim a obtenção de lucro. Aqui podemos citar as associações, as fundações, as organizações não governamentais (ONG) etc.

b) As cooperativas não são consideradas sociedades empresariais. No tocante às cooperativas, o concurseiro deve ter muito cuidado, pois o contrato social da cooperativa deve ser arquivado na Junta Comercial; contudo, as cooperativas não possuem natureza empresarial. É verdade que o art. 32, inciso II, letra a, da Lei 8934/94[7], estabelece que o arquivamento do ato constitutivo da cooperativa deve ser realizado na Junta Comercial, mas como visto anteriormente, o registro não tem o condão de atribuir a condição de empresário aos sujeitos de direito. Em suma, muito cuidado com essa questão do registro na Junta Comercial para as cooperativas.

   Nesse mesmo sentido, a jurisprudência do Superior Tribunal de Justiça encontra-se pacificada, confira a seguinte agravo regimental nº 1109103 SP 2008/0278860-6.

   A jurisprudência desta Corte Superior tem entendimento pacífico no sentido da inaplicabilidade da legislação falimentar às cooperativas em liquidação, *pois estas não possuem características empresariais*, sendo a elas aplicáveis as disposições previstas na Lei 5.764/71. Precedentes: AgRg no Ag 1.385.428/MG, Rel. Ministro Teori Albino Zavascki, Primeira Turma, DJe 13/09/2011; AgRg no REsp 999.134/PR, Rel. Ministro Luiz Fux, Primeira Turma, DJe 21/09/2009; REsp 1.202.225/SP, Rel. Ministro Mauro Campbell Marques, Segunda Turma, DJe 06/10/2010. (Grifo nosso).

c) *As sociedades simples não são consideradas sociedades empresárias*. Aqui peço muita atenção ao estudioso, pois o arcabouço jurídico pertinente a essa sociedade encontra-se no Livro II, que cuida do Direito de Empresa. Logo, o aluno desatento chegaria à conclusão de que essa sociedade possui a natureza de uma sociedade empresarial, já que está disciplinada sob o tópico que cuida da atividade empresarial. Ledo engano. A sociedade empresária é nossa *válvula de escape*. Toda vez que estivermos diante de uma sociedade, que visa ao lucro, mas exerce uma atividade *não empresarial*, utilizaremos a sociedade simples. A sociedade simples seria resquício da vetusta sociedade civil que hoje não existe mais. Em apertada síntese, a sociedade simples, além de válvula de escape, possui a função de fornecer normas, de caráter subsidiário, para as sociedades

7. Art. 32. "O registro compreende: II – O arquivamento: a) dos documentos relativos à constituição, alteração, dissolução e extinção de firmas mercantis individuais, sociedades mercantis e *cooperativas*". (Grifo nosso).

empresárias. Por exemplo, se o contrato social da sociedade limitada for omisso no tocante ao tema falecimento de sócio; não há, nas normas que cuidam da sociedade limitada, regras disciplinando o evento morte de sócio. Como devemos proceder nesse caso? Devemos aplicar o disposto no art. 1028, do Código Civil, que, subsidiariamente, determina que, no caso de morte de sócio, se liquidarão as suas cotas. Logo, a princípio, o valor das cotas deve ser pago aos herdeiros, mas estes não possuem o direito de ingressar livremente na sociedade. Há, evidentemente, outras situações que estudaremos no decorrer das nossas aulas.

d) As atividades rurais não são consideradas empresariais. Sejam estas atividades exercidas individualmente (art. 971 CC)[8] ou por meio de sociedade empresária (art. 984 CC)[9]. É considerada rural toda atividade realizada fora do perímetro urbano. Logo, toda atividade realizada no campo é considerada rural e, portanto, não é empresarial.

   *Há, contudo, uma ressalva importante no tocante à atividade rural que precisa ser explicitada. O Código Reale estabeleceu uma presunção *juris tantum* de que a atividade rural seria uma atividade de subsistência e, portanto, não deveria ser disciplinada como empresarial. Embora, a nosso ver, essa ideia esteja correta levando em conta a realidade brasileira, essa afirmação não pode ser entendida como uma verdade absoluta, pois, como é cediço, há atividades rurais que possuem uma natureza empresarial e necessitam da proteção do escudo empresarial.

   O festejado Sylvio Marcondes, professor do Largo São Francisco, que participou da elaboração do Código Civil, manifestou-se a respeito do exercente da atividade rural, estabelecendo que, para aquele que exerce atividade de agricultor, pecuarista etc., o critério foi o do registro. Esse pode ou não se tornar empresário, conforme o seu interesse. Se quiser receber a tutela do direito empresarial e a proteção de seus institutos, deverá se registrar na Junta Comercial; assumindo, em contrapartida, as obrigações impostas a todos os empresários.

---

8. Art. 971 do Código Civil. "O empresário, cuja atividade rural constitua sua principal profissão, pode, observadas as formalidades de que tratam o art. 968 e seus parágrafos, requerer inscrição no Registro Público de Empresas Mercantis da respectiva sede, caso em que, depois de inscrito, ficará equiparado, para todos os efeitos, ao empresário sujeito a registro".
9. Art. 984 do Código Civil: "A sociedade que tenha por objeto o exercício de atividade própria de empresário rural e seja constituída, ou transformada, de acordo com um dos tipos de sociedade empresária, pode, com as formalidades do art. 968, requerer inscrição no Registro Público de Empresas Mercantis da sua sede, caso em que, depois de inscrita, ficará equiparada, para todos os efeitos, à sociedade empresaria".

De acordo com o renomado comercialista, essa técnica foi a mesma adotada pelo direito tedesco, que estabeleceu o mesmo critério, permitindo que algumas sociedades não empresariais, se assim desejassem, pudessem se transformar em sociedades empresariais, desde que realizassem o seu registro na junta comercial.

Enfim, no intuito de solucionar esse problema da atividade rural, a regra adotada foi a seguinte:

A atividade rural não é empresarial, salvo se o exercente dessa atividade realizar o seu registro na Junta Comercial. A aquisição da qualidade de empresários é optativa.

Uma observação importante que o aluno não pode olvidar. Nesse caso específico, o registro na Junta Comercial possui *natureza constitutiva*, pois é o registro que atribuirá a condição de empresário para aqueles que exercem atividade rural. Essa regra também se aplica à sociedade rural.

e) Conforme explicamos anteriormente, a oferta de serviços, hoje em dia, pode ser considerada uma atividade empresarial. Contudo, no parágrafo único do art. 966 do Código Civil, o legislador adotou uma regra advinda do direito romano-germânico. De acordo com a tradição romana, as atividades intelectuais, de natureza científica, artística ou literária, ainda que haja colaboradores, não são consideradas empresariais, salvo se o exercício dessa atividade for um elemento de empresa[10].

Não devemos olvidar do que fora dito no início da nossa obra a respeito da ambiguidade de alguns conceitos utilizados na seara empresarial.

Toda vez que encontramos a palavra "*empresa*" devemos substituí-la pelo termo "*atividade empresarial*".

Isso nos ajudará a interpretar melhor o dispositivo. Veja como é importante utilizarmos os significados corretos, pois, do contrário, chegaríamos a resultados diversos.

Imagine se o termo "empresa" for entendido como sinônimo de "sociedade"? Chegaríamos à conclusão de que se a atividade intelectual for oferecida por meio de uma pessoa jurídica, essa atividade seria sempre considerada empresarial. Não é essa a interpretação que se deve dar ao dispositivo.

Esse dispositivo provocou muita discussão na doutrina nacional, mormente para aqueles que não possuem o hábito ou o costume de consultar a

10. Enunciado 193 da III Jornada de Direito Civil, realizada pela Justiça Federal, foi assim redigido: "O exercício das atividades de natureza exclusivamente intelectual está excluído do conceito de empresa".

doutrina italiana. O Código Civil italiano possui uma regra similar e essas discussões já foram realizadas pelos italianos. Portanto, vamos explicar esse dispositivo com um exemplo ofertado pela doutrina peninsular.

Segundo o direito romano, a atividade intelectual era considerada uma atividade nobre e, portanto, reservada apenas aos cidadãos romanos. Por sua vez, a mercancia era considerada uma atividade rudimentar, completamente distinta da atividade intelectual, e, portanto, relegada a uma classe menos nobre. Quem exercia o comércio, nessa época, eram os escravos. Por isso, o legislador romano não editou regras para disciplinar o comércio. O comércio era intenso na sociedade romana; contudo, por se tratar de uma atividade rudimentar, não havia a preocupação do legislador romano em disciplinar essa atividade.

O Prof. Miguel Reale, quando da elaboração do atual Código Civil, bebericou na fonte do direito peninsular e estabeleceu um tratamento diferenciado para as atividades intelectuais. Logo, as atividades intelectuais seriam regidas pelo Código Civil, enquanto as atividades empresariais receberiam a tutela das normas empresariais.

Por exemplo, um consultório médico que oferece apenas serviços de natureza intelectual, prescrevendo medicamentos, realizando diagnósticos, ou seja, oferecendo serviços privativos dessa categoria de profissionais, não é uma atividade empresarial. Logo, de acordo com o parágrafo único do art. 996, do Código Civil, esse consultório deveria ser constituído sob a forma de sociedade simples, ou seja, uma sociedade de natureza não empresarial.

Portanto, quem exerce atividade intelectual não é considerado empresário. Podemos, assim, afirmar que essa é a regra geral adotada pela nossa legislação.

Contudo, o parágrafo único do art. 966, do Código Civil, estabelece a seguinte ressalva: "***salvo se o exercício da profissão constituir elemento de empresa***".

Vamos *entender* qual foi a intenção do legislador com essa ressalva inserida nesse dispositivo.

Como é cediço, as regras de direito comercial são regras protetivas, diferentemente das regras pertencentes ao direito civil. As regras empresariais têm, por escopo, proteger a atividade empresarial. Portanto, o legislador não quis excluir, por completo, da seara do direito empresarial, as atividades intelectuais.

Enfim, o Código Reale estabeleceu a seguinte ressalva: se o exercício da profissão intelectual for um elemento da atividade empresarial, a atividade intelectual poderá ser considerada empresarial e assim receber a proteção necessária. Vamos dar um exemplo para sedimentar essa ideia.

Em uma fase escrita do concurso da magistratura, o examinador indagou se um hospital que se encontra em crise econômico-financeira poderia se beneficiar da recuperação judicial. Na verdade, a pergunta seria se o hospital é considerado uma sociedade empresarial ou não.

Bom, a nosso ver, o hospital exerce, precipuamente, uma atividade intelectual. O hospital, por meio de seus médicos, oferece diagnósticos, prescreve medicamentos, realiza cirurgias etc. Quando procuramos um hospital, procuramos um que seja capaz de curar nossa enfermidade. Se o hospital é perto ou longe da nossa residência, isso não nos interessa. Queremos um hospital que ofereça um serviço especializado, capaz de solucionar os nossos problemas.

É diferente, v.g., de simplesmente ir ao shopping em que procuramos aquele que mais comodidade nos oferece. Logo, o hospital oferece atividade intelectual, mas tem direito a recuperação judicial, pois o hospital, além da atividade intelectual, oferece outros serviços de natureza empresarial. Ou seja, quando a atividade intelectual for oferecida com outros serviços, como, por exemplo, a venda de medicamentos, exames de sangue, realização de raio x, serviços de restaurante e serviços de estacionamento, a atividade intelectual passa a ser protegida pelo direito empresarial.

Enfim, quando a atividade intelectual for oferecida juntamente com outros serviços, esses eminentemente de índole não intelectual, a atividade intelectual será tutelada pelo direito empresarial, mesmo que a atividade intelectual seja considerada a principal, como acontece no hospital. Assim sendo, atividade intelectual poderá ser tutelada pelas regras de direito empresarial.

Duas questões de suma importância devem ficar assentadas nesse momento:

a) primeiro, a única atividade intelectual que não pode ser oferecida com outros serviços é o exercício da advocacia.[11] Portanto, a advocacia nunca poderá ser considerada uma atividade empresarial;

11. Art. 16 da Lei 8906/94. "Não são admitidas a registro nem podem funcionar todas as espécies de sociedades de advogados que apresentem forma ou características de sociedade empresária, que adotem denominação de fantasia, que realizem atividades estranhas à advocacia, que incluam como sócio ou titular de sociedade unipessoal de advocacia pessoa não inscrita como advogado ou totalmente proibida de advogar". (Redação dada pela Lei nº 13.247, de 2016).

b) a outra questão que merece atenção do leitor, decorre do art. 2º, parágrafo primeiro, da Lei 6404/76[12]. De acordo com esse dispositivo, qualquer que seja o objeto da companhia, essa sociedade será sempre considerada empresarial e será regida pelos usos e costumes mercantis. Consequentemente, se uma companhia oferecer serviços exclusivamente de natureza intelectual, por exemplo, uma clínica médica, constituída sob a forma de uma companhia fechada, por força de lei especial, essa atividade deve ser considerada sempre empresarial.

Em uma certa ocasião, durante uma aula para as turmas da Magistratura e Ministério Público, um aluno me indagou o seguinte: se o direito societário brasileiro admitiria a constituição de uma sociedade de advogados sob a forma de sociedade anônima, pois, caso isso fosse possível, a sociedade de advogados poderia se beneficiar dos institutos protetivos próprios do direito empresarial. Logo, o escritório de advocacia poderia, diante de uma eventual crise econômico-financeira, apresentar um plano de recuperação judicial perante os seus credores. A indagação foi, sem dúvida, inteligente.

Sem dúvida, muitos escritórios que conhecemos possuem profissionalismo, intuito de obter proveito econômico, atividade de prestador de serviços e organização. A nosso ver, muitos escritórios, pela quantidade de funcionários que possuem, por pagar tributos ao Estado e pelos benefícios que proporcionam para os seus clientes, até poderiam ser merecedores dos institutos protetivos do direito empresarial. Contudo, diante da atual estrutura jurídica adotada em face do escritório de advocacia pelo nosso legislador, não se poderia admitir que o escritório de advocacia fosse constituído sob a forma de sociedade anônima, mesmo que essa companhia seja fechada, e possa, portanto, se registrar na Junta Comercial e, consequentemente, receber o status de sociedade empresária. O escritório de advocacia, quando constituído sob a forma de sociedade, adotará inevitavelmente a forma de sociedade simples e o seu registro será efetuado no órgão de classe, ou seja, na OAB.

Apenas a título de curiosidade, não devemos olvidar que a Lei 8.078/90, que cuida das relações de consumo, em seu art. 14, parágrafo quarto[13], quando se cuida da responsabilidade pelo fato do produto ou serviço do fornecedor, estabelece a regra da responsabilidade objetiva com o intuito de permitir que o consumidor

12. Art. 2º da Lei 6404/76. "Pode ser objeto da companhia qualquer empresa de fim lucrativo, não contrário à lei, à ordem pública e aos bons costumes. § 1º Qualquer que seja o objeto, a companhia é mercantil e se rege pelas leis e usos do comércio".

13. Art. 14. "O fornecedor de serviços responde, independentemente da existência de culpa, pela reparação dos danos causados aos consumidores por defeitos relativos à prestação dos serviços, bem como por informações insuficientes ou inadequadas sobre sua fruição e riscos. § 4º *A responsabilidade pessoal dos profissionais liberais será apurada mediante a verificação de culpa*". (Grifo nosso).

possa ser indenizado sem a necessidade de provar a culpa do fornecedor. Essa regra, no entanto, é excepcionada quando se refere à responsabilidade do profissional liberal. O legislador determina que, quando se trata de profissional liberal, o consumidor deve provar a culpa, entende-se que a responsabilidade do profissional liberal é subjetiva, pois exige a presença da conduta, do nexo causal, do resultado e da culpa.

Pode-se facilmente verificar que o exercente de atividade intelectual não pode ser responsabilizado, salvo se tiver agido com culpa. Logo, para que o advogado responda por danos causados em face do cliente, o consumidor deverá provar que o causídico, por exemplo, perdeu prazo ou deixou de praticar um ato essencial no processo. Imaginem se a simples sucumbência processual pudesse ensejar o dever de indenizar, o advogado e o médico estariam sujeitos ao pagamento de indenizações toda vez que o cliente perdesse a demanda ou que o paciente falecesse.

Por derradeiro, a atividade intelectual não se equipara à atividade empresarial. Por isso da existência do parágrafo único, do art. 966, do Código Civil, e do art. 14, parágrafo quarto, da Código de Defesa do consumidor.

Há outras leis que estabelecem um tratamento diferenciado entre a atividade intelectual e a atividade empresarial. Podemos citar a Lei 9610/98, que cuida do direito autoral, e a Lei 9279/96 que, por sua vez, cuida do direito industrial. Como é cediço, o registro de uma obra literária tem natureza apenas declaratória. Quando um autor registra o seu livro na Biblioteca Nacional, esse registro apenas dá ciência a todos de que a obra pertence a alguém específico. O seu direito de autor é precedente ao registro realizado no órgão competente. Diferentemente do que ocorre com o inventor, que só pode estabelecer o seu domínio sobre o invento se houver o registro prévio. Esse registro possui natureza constitutiva, pois o inventor só pode ser assim considerado após o registro.

3
DAS ESPÉCIES DE EMPRESÁRIOS

Itens do Capítulo	Teoria	Revisão	Questões
3.1. Empresário	☐	☐	☐
3.2. A empresa individual de responsabilidade limitada	☐	☐	☐

Conforme já dissemos anteriormente, estamos até o momento analisando o termo empresário em seu sentido amplo. Podemos dizer que estudamos apenas o gênero. Devemos agora abordar as espécies de empresários, pois, nos concursos públicos, o conceito de empresário *lato sensu* não é utilizado. Contudo, para que pudéssemos estudar as espécies era de rigor abordar primeiro o gênero.

O empresário *lato sensu* pode ser dividido em três espécies:

a) empresário *stricto sensu* ou empresário individual, disposto no art. 972 do CC. Nos concursos públicos, o examinador utiliza apenas o termo empresário;

b) as sociedades empresárias, previstas no art. 981 e segs. do CC;

c) a empresa individual de responsabilidade limitada, prevista no art. 980-A do Código Civil.

Por uma questão meramente didática, iremos analisar, dentro da teoria geral do direito comercial, apenas o empresário e o empresário individual de responsabilidade limitada, sendo que a sociedade empresária será abordada em um capítulo próprio denominado direito societário.

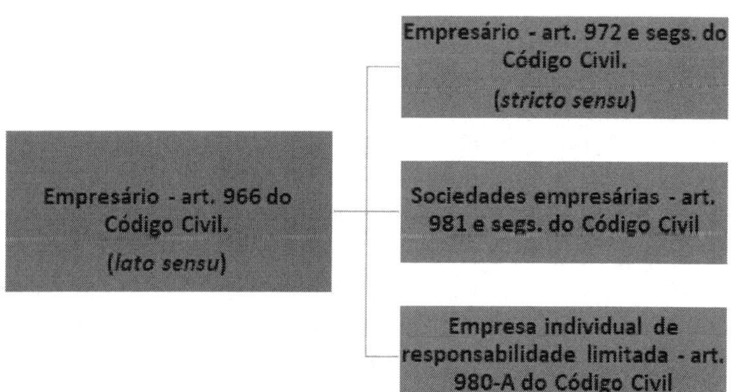

Fonte: elaborado pelo autor.

3.1. Empresário

Fonte: depositphotos.com.

O patrimônio do empresário responderá perante os credores pelas obrigações contraídas.

O empresário é uma pessoa física ou natural que exerce atividade empresarial em nome próprio, respondendo com todo o seu patrimônio pelas obrigações que vier a contrair.

O registro na Junta Comercial não o transforma em pessoa jurídica. Logo, quando o empresário realizar o seu registro na Junta Comercial, não surge uma outra personalidade jurídica.

No Brasil, não conhecemos o fenômeno da dupla personificação do empresário. Em outras palavras, a personalidade do empresário foi adquirida quando ele nasceu com vida e ele não adquirirá outra personalidade com o seu registro na Junta comercial.

Não se deve confundir o instituto da personalidade com o conceito de pessoa jurídica.

A personalidade jurídica é aptidão para adquirir direitos e obrigações na órbita civil. Todas as pessoas, sejam elas físicas ou jurídicas devem possuir personalidade jurídica para poder exercer os seus direitos em toda a sua plenitude na órbita civil.

Por outro lado, como iremos verificar no decorrer deste estudo, a sociedade empresária, esta sim é pessoa jurídica, adquirirá personalidade jurídica com o registro de seu ato constitutivo no órgão competente, de acordo com o art. 985 do Código Civil. Com o registro na Junta Comercial, a sociedade se torna personificada.

Outro ponto importante que devemos esclarecer diz respeito ao cadastro nacional de pessoa jurídica relacionada ao empresário.

Se o empresário possui um CNPJ, como entendê-lo como pessoa física?

O prof. Rubens Requião, de modo professoral, nos oferece uma explicação capaz de dirimir essa questão. De acordo com o catedrático, o direito tributário criou uma ficção[1], no intuito de preservar o recolhimento de tributos pelo poder estatal. Atribuindo se um cadastro nacional de pessoa jurídica ao empresário, que é pessoa física, o direito tributário obrigou o empresário a fazer duas declarações.

Portanto, ele deve declarar o quanto auferiu em relação à sua atividade empresarial, bem como ele deve fazer uma declaração como pessoa física.

Esta ficção pode funcionar para o direito tributário, mas não adequa ao direito privado.

Em suma, no tocante a essa questão, nos parece que não há dissenso nem na doutrina nem na jurisprudência. O empresário é pessoa física e, portanto, responde com todo o seu patrimônio pelas obrigações que vier a contrair.

Cuidado com esta informação, pois há bens consideráveis inalienáveis, estes estão protegidos por força de lei, por exemplo, o bem de família é considerável inalienável. Não se poderia colocar em risco o bem-estar da família, arriscando a entidade familiar para a satisfação do crédito do credor. Os direitos são escalonados conforme a importância que o legislador atribui para cada um.

Em concurso recente da magistratura, fora indagado ao candidato se a teoria da desconsideração da personalidade jurídica poderia ser utilizada em face do empresário?

A resposta só poderia ser negativa, não há personalidade jurídica a ser desconsiderada, pois, conforme dissemos, no Brasil não reconhecemos o fenômeno da dupla personificação do empresário. O empresário exerce atividade em seu próprio nome, este não constitui uma sociedade para exerce a atividade por ele.

Portanto, não há personalidade jurídica para ser desconsiderada. Imaginemos o seguinte absurdo, a confusão patrimonial do empresário. Como entender confusão se só há um patrimônio.

Esse aspecto foi bem analisado no aresto nº 0719366 85.2018.8.07.0000 DF, oriundo do Tribunal de Justiça do Distrito Federal. Vejam a ementa:

> **Agravo De Instrumento. Cumprimento de sentença. Empresário individual. Desconsideração de personalidade jurídica. Desnecessidade. Inexistência de distinção entre o empresário individual e a pessoa física que exerce a atividade empresarial. Recurso conhecido e provido.**

1. Segundo o prof. Rubens Requião, a transformação do empresário em pessoa jurídica é uma ficção do direito tributário, serve apenas para que o Fisco possa tributar o empresário em sua atividade empresarial, bem como na sua atividade não empresarial. Mas repetimos mais uma vez o empresário é PESSOA NATURAL.

1. Tratando-se de empresário individual, não é possível a aplicação da desconsideração da personalidade jurídica, uma vez que os bens da pessoa jurídica e pessoa física se confundem.

2. Na empresa individual, a responsabilidade é ilimitada, sendo o empreendedor sujeito das obrigações contraídas pela empresa, razão pela qual é possível a incidência de constrição judicial sobre seus bens para garantir o pagamento de débito contraído pela empresa.

3. Recurso conhecido e provido.

Art. 972 CC

Posto isto, vamos analisar os dispositivos que disciplinam a figura do empresário. A primeira regra que cuida do empresário está esculpida no art. 972[2] do Código Civil. Segundo esse dispositivo, podem exercer a atividade de empresário os que estiverem em pleno gozo da capacidade civil e não forem legalmente impedidos. Novamente reafirmamos, para que fique sedimentado na mente do aluno, este dispositivo cuida do empresário pessoa física e não do sócio de sociedade empresária.

Esse dispositivo apresenta duas determinações impostas ao empresário.

Primeiro, exige que o empresário tenha capacidade plena para o exercício da atividade empresarial. Aliás outra não poderia ser a exigência, pois a atividade empresarial, por si só, já é uma atividade que pode sujeitar o seu exercente a comprometer todo o seu patrimônio caso venha a sucumbir.

Não seria razoável permitir que o incapaz pudesse exercer essa atividade e, com isso, vir a comprometer todo o seu patrimônio em um processo falimentar. Logo, há que haver capacidade plena para se admitir que a pessoa possa iniciar a atividade empresarial.

Portanto a incapacidade impedirá o registro na Junta Comercial, seja essa incapacidade em virtude da idade, seja essa incapacidade resultante de uma doença mental que comprometa a capacidade do intelectiva do sujeito. Se a pessoa não tiver capacidade plena seria temerário admitir que ele pudesse exercer uma atividade que possa comprometer todo o seu patrimônio. Entendimento em sentido contrário poderia levar terceiros a se aproveitarem da incapacidade do empresário para obter vantagem ilícita.

Observação importante, não nos cabe enveredar em discussões doutrinárias que já foram sedimentadas pela doutrina e jurisprudência civilista. Estamos nos referindo ao Estatuto da Pessoa com Deficiência, regulado pela Lei 13.146/15[3].

---

2. Art. 972 do Código Civil. Podem exercer a atividade de empresário os que estiverem em pleno gozo da capacidade civil e não forem legalmente impedidos.
3. Art. 1º É instituída a Lei Brasileira de Inclusão da Pessoa com Deficiência (Estatuto da Pessoa com Deficiência), destinada a assegurar e a promover, em condições de igualdade, o exercício dos direitos e das liberdades fundamentais por pessoa com deficiência, visando à sua inclusão social e cidadania.

De acordo com esse diploma legal, não existe mais pessoa absolutamente incapaz, que tenha mais de 18 (dezoito) anos. Portanto, esse estatuto do incapaz acabou com a incapacidade em virtude de doença mental para os maiores de dezoito anos. Consequentemente, a pessoa que tenha mais de 18 anos, independentemente da sua saúde mental poderia ser inscrito como empresário.[4]

A nosso ver, tal raciocínio é absurdo e esdrúxulo e certamente contribuirá para que o incapaz seja utilizado como instrumento para o cometimento de fraudes e ilícitos que irão repercutir em seu patrimônio. Na ânsia incontrolável do legislativo, que sem conhecimento técnico-científico edita regras de tal teor, com a justificativa de trazer dignidade à pessoa do deficiente; cria se, com isso, regras que irão repercutir negativamente em face do deficiente. Em lugar nenhum do mundo temos regras semelhantes a estas, que colocam a ovelha solta com os leões com o argumento de que as ovelhas precisam pastar. O deficiente precisa de proteção e não de uma suposta liberdade que, certamente, irá contribuir para fraudes em detrimento do patrimônio do incapaz.

De modo algum, podemos admitir que o incapaz possa iniciar a atividade empresarial mesmo que por meio de curador, a não ser que o patrimônio do curador responda perante os credores.

Ademais, somente possuindo capacidade plena a pessoa física poderá iniciar a atividade como empresário de acordo com o art. 972 do Código Civil. Essa incapacidade não poderá ser suprida pelo instituto da representação. Em outras palavras, não se pode iniciar a atividade empresarial sendo representado, pois se isso fosse possível, o risco da atividade empresarial seria suportado pelo representado (incapaz) e não pelo representante.

Imagine a seguinte situação, eu tenho uma filha que herdou um vasto patrimônio de seu avô. Esse patrimônio pertence a ela. Eu inscrevo a minha filha, que é incapaz em virtude da idade, como empresária e passo a representá-la. A minha filha é a empresária, contudo os negócios são realizados por mim que sou o representante. Em virtude da má administração, a minha filha tem a sua falência decretada. O juízo concursal arrecada todo o patrimônio da falida para pagar os credores. Quando ela completa a maioridade, desejando estudar no exterior, ela percebe que o patrimônio que herdara de seu avô foi todo dilapidado em virtude da irresponsabilidade de seu genitor.

Portanto, para evitar essa situação teratológica, só a pessoa possuidora de capacidade plena pode iniciar a atividade empresarial como empresário. Trata-se de regra de conteúdo protetivo.

---

4. Art. 84. A pessoa com deficiência tem assegurado o direito ao exercício de sua capacidade legal em igualdade de condições com as demais pessoas. § 1º Quando necessário, a pessoa com deficiência será submetida à curatela, conforme a lei. § 2º É facultado à pessoa com deficiência a adoção de processo de tomada de decisão apoiada.

Nesse mesmo sentido foi exarado o Enunciado 203 da III Jornada de Direito Civil que assim estabelece:

> "O exercício da empresa por empresário incapaz, representado ou assistido, somente é possível nos casos de incapacidade superveniente ou incapacidade do sucessor na sucessão por morte."

Em outras palavras somente será possível nas hipóteses previstas no art. 974 do Código Civil como veremos no decorrer das nossas aulas.

Contudo, não é só a capacidade plena que o sujeito deve possuir para se inscrever como empresário. Exige-se, também, que não haja nenhum impedimento legal para o exercício da atividade. Os impedimentos legais podem ser de duas naturezas. Pode haver impedimento em razão da função ou impedimento em razão de determinação legal.

Os impedimentos em razão da função ocorrem porque algumas funções ou cargos são incompatíveis com a atividade desenvolvida pelo empresário, mormente aquelas funções que exigem dedicação exclusivas. Não podem ser empresários, por exemplo, juiz de direito, promotor de justiça, delegado de polícia, funcionários públicos com dedicação exclusiva, os militares que estejam no exercício da função etc. A atividade desses indivíduos não permite o acumulo com a função de empresário.

Por sua vez, existem aqueles que estão impedidos em virtude de uma sentença judicial. Podemos citar, como exemplo, o empresário declarado falido, enquanto não reabilitado. Importante esclarecer que esse impedimento não atinge o sócio ou o acionista de sociedade empresária declarada falida. Neste caso, conforme iremos estudar mais adiante, a falência da sociedade não acarreta a falência do sócio ou acionista.

Uma questão indagada recentemente na prova oral da magistratura de São Paulo, diz respeito ao art. 5°, parágrafo único, inciso V, do atual Código Civil que determina a cessação da incapacidade pela organização de estabelecimento empresarial com economia própria, desde que incapaz tenha mais de 16 (dezesseis) anos de idade.

Trata-se, segundo Valdemar Ferreira, de uma situação de fato em que a lei regulariza, transformando-a em uma situação de direito. O vetusto Código Comercial já normatizava a mesma situação. Portanto, um rapaz com 16 anos de idade que organiza um estabelecimento empresarial, uma padaria por exemplo, com economia própria passa a ser considerado, por força de lei, capaz para os atos civis e comerciais, não havendo necessidade de assistência.

Hipótese esta muito difícil de ocorrer na atualidade, em que um relativamente incapaz tenha habilidade para organizar um estabelecimento empresarial com economia própria. Contudo, o legislador entendeu que se o incapaz tiver aptidão para organizar um estabelecimento empresarial para o exercício da empresa, este incapaz deverá ser considerado plenamente capaz.

Razão assiste ao festejado professor de direito comercial da Universidade de Minas Gerais, João Eunápio Borges, quando assim se manifestou a respeito do tema: "Desde que o menor, com economia própria, com produto do seu próprio esforço, do seu trabalho, de sua inteligência, consegue montar um estabelecimento civil ou comercial, ele, à sua própria custa, por si mesmo, independentemente de concessão ou autorização, conquista a sua independência cívica, fazendo cessara a sua incapacidade."

Enfim, se o incapaz for detentor de um estabelecimento empresarial, constituído com economia própria, este poderá iniciar a atividade como empresário e assim exigir a sua inscrição no órgão competente.

Art. 973 CC

O art. 973 do Código Civil, estabelece regra já conhecida de todos, preceituando que se o empresário for impedido, mas mesmo assim exercer a atividade empresarial, ele responderá pelas obrigações que vier a contrair. Ou seja, conforme o adagio romano, ninguém pode-se beneficiar da própria torpeza (*nemo auditur propriam turpitudinem allegans*).

Pense na seguinte situação hipotética: um juiz de direito, guarda consigo um desejo incontrolável de exercer a atividade empresarial como empresário, mas em virtude do cargo encontra-se impedido do exercício da empresa, mesmo assim resolve exercer atividade empresarial. O magistrado não pode alegar que não podia exercer a atividade empresarial em virtude do cargo e assim deixar de cumprir as obrigações porventura contraídas.

Uma questão posta em aula por uma aluna, se o incapaz, mesmo estando proibido de exercer atividade empresarial, resolver exercê-la, as obrigações que vier a contrair serão de sua responsabilidade; contudo, não possuindo este patrimônio, os pais poderiam ser responsabilizados por estas obrigações? A nosso ver, os pais são responsabilizados por atos ilícitos praticados pelos incapazes mantidos sob a sua guarda de acordo com o Código Civil.

Não há como responsabilizar os pais por obrigações contraídas pelo incapaz no exercício da atividade empresarial. Não há como imputar responsabilidade solidária ou mesmo subsidiária aos genitores em virtude de obrigações contraídas pelo incapaz.

Art. 974 CC

Vamos, neste momento, analisar o art. 974 do Código Civil[5] de extrema importância para aqueles que se dedicam aos concursos públicos, ou seja, os chamados concurseiros, denominação esta já enraizada em nosso vernáculo.

---

5. Art. 974. Poderá o incapaz, por meio de representante ou devidamente assistido, continuar a empresa antes exercida por ele enquanto capaz, por seus pais ou pelo autor de herança.

O art. 974 do Código Civil cuida da possibilidade de se permitir que o incapaz possa continuar a exercer a atividade empresarial em duas situações e desde que estejam presentes certos requisitos. Nota se, *incontinenti*, que este dispositivo cuida da continuidade da atividade empresarial, enquanto o art. 972 do CC cuida do início da atividade pelo incapaz. Situações completamente diferentes. Vejamos essas duas situações.

Primeiramente, se um empresário está exercendo regularmente a sua atividade empresarial como proprietário de uma padaria, de um lava-rápido ou de uma mercearia. Um certo dia, locomove-se até um município próximo para adquirir insumos para a sua atividade empresarial. No trajeto, o seu veículo colide com um caminhão que manobrava na pista e em virtude desse acidente este empresário sofre um impacto na região cerebral, causando-lhe sequelas que comprometem o seu raciocínio e o seu discernimento mental. Este empresário torna-se incapaz. Esta incapacidade denomina-se incapacidade superveniente, pois é uma incapacidade que surgiu após um período de capacidade plena.

Neste caso, poder-se-ia permitir que o incapaz continuasse a desenvolver a sua atividade empresarial, levando em conta interesses de terceiros que gravitam em torno deste empresário?

Este empresário possui empregados vinculados a sua atividade. Pessoas que dependem dessa atividade para sobreviver, pois alienam a sua força de trabalho para o empresário. Ademais, este empresário recolhe tributos que abastecem os cofres públicos, recolhendo impostos e taxas relacionados à sua atividade de produção ou circulação de bens ou de serviços. Por fim, o empresário, também, oferece produtos ou serviços para a comunidade onde ele atua.

Portanto, pode-se afirmar que a manutenção da atividade empresarial favorece o chamado tripé econômico necessário para o desenvolvimento do capitalismo. A preservação da atividade empresarial favorece os trabalhadores, Estado e a coletividade.

Uma outra situação está prevista no caput do art. 974 do Código Civil. É o caso do empresário que vem a falecer, deixando herdeiros ou sucessores incapazes. Neste caso, os herdeiros ou sucessores incapazes poderiam continuar o exercício da atividade empresarial que o *de cujos* exercia? Percebam que aqui também podem estar presentes interesses de terceiros.

---

§ 1º Nos casos deste artigo, precederá autorização judicial, após exame das circunstâncias e dos riscos da empresa, bem como da conveniência em continuá-la, podendo a autorização ser revogada pelo juiz, ouvidos os pais, tutores ou representantes legais do menor ou do interdito, sem prejuízo dos direitos adquiridos por terceiros.

§ 2º Não ficam sujeitos ao resultado da empresa os bens que o incapaz já possuía, ao tempo da sucessão ou da interdição, desde que estranhos ao acervo daquela, devendo tais fatos constar do alvará que conceder a autorização. [...]

Nessas duas situações anteriormente previstas, poderíamos deixar que o incapaz continue o exercício da atividade empresarial por meio de um representante em face dos interesses de terceiros?

O festejado professor Rubens Requião, antes da vigência do atual Código Civil, respondia negativamente. Sustentava o eminente catedrático que ao se permitir a continuidade da atividade pelo incapaz ainda que por meio de um representante legal, caso advenha a falência, qual o patrimônio que será arrecadado pelo juízo falimentar? E Rubens Requião respondia com toda a propriedade que seria arrecadado o patrimônio do incapaz.

Como permitir que o incapaz, que agora não tem mais discernimento mental acerca da realidade, possa continuar uma atividade de risco, como é a atividade empresarial, no intuito de atender interesse coletivos, e, se vier a falir, ele perderá todo o seu patrimônio. De acordo com Rubens Requião, isso não seria plausível e nem razoável. Portanto, deveríamos criar um sistema capaz de atender, ao mesmo tempo, os interesses coletivos e tutelar os interesses do incapaz. Mas como atender interesses tão dispares?

Embora de difícil solução, o legislador conseguiu estabelecer um ponto de equilíbrio e, a nosso ver, introduziu uma regra lapidar em nosso ordenamento privado. Regra essa que foi capaz de atendeu aos interesses coletivos e, concomitantemente, os interesses individuais do incapaz.

Vamos analisar o disposto no art. 974 do Código Civil. A sobredita norma estabeleceu que será possível a continuidade da atividade empresarial pelo incapaz, mediante representação, desde que estejam presentes três requisitos:

a) primeiramente, o representante do incapaz deverá solicitar ao juiz competente uma autorização judicial;

b) o juiz deverá avaliar os riscos da atividade par o incapaz. Ocorre que a atividade empresarial, conforme nós já mencionamos alhures é, por si só, uma atividade de risco. Portanto, caberá ao juiz verificar o passivo do incapaz, mormente passivo trabalhista e fiscal e verificar os livros contábeis do empresário, podendo contar com o auxílio de um perito contador para formar a sua convicção. Essa autorização poderá ser revogada havendo alteração nas circunstâncias que justificaram a sua concessão (parágrafo primeiro do art. 974 CC)

c) no parágrafo segundo do art. 974 do CC, notamos a genialidade da lavra de Sylvio Marcondes, professor de direito comercial da Faculdade de São Paulo, que estabeleceu de forma peremptória a necessidade de o juiz separar os bens do empresário, no intuito de protegê-lo, caso tenha sido concedida a autorização de continuidade. Veja, não se trata de faculdade concedida ao magistrado, mas de um dever que deve ser atendido pelo juiz. Ou seja, o juiz deve separar todos os bens que não estiverem vinculados ao exercício da atividade de empresário. Estes bens não responderão pelas obrigações contraídas pelo empresário.

Com esse mecanismo adotado pelo legislador, o juiz poderá autorizar a continuidade da atividade empresarial pelo incapaz, atendendo aos interesses deste e de terceiros, bem como proporcionar a devida segurança ao incapaz que, na hipótese de insucesso no exercício da empresa, não terá todo o seu patrimônio comprometido junto aos credores.

Importante deixar consignado, que o parágrafo terceiro da art. 974 do Código Civil está situado topograficamente em Título e Capítulo errados. O Título cuida da figura do empresário e o Capítulo cuida é da capacidade do empresário. Não estamos tratando da possibilidade do incapaz se tornar sócio de uma sociedade empresária, assunto este totalmente distinto do tema ora posto. Percebam que este parágrafo em comento foi inserido pela Lei 12399/11, ou seja, após a promulgação do Código Reale. Este dispositivo deveria ter sido inserido após o art. 981 do CC, que cuida das sociedades empresárias. Erro crasso do legislador que confundiu a capacidade para ser sócio com a capacidade para ser empresário.

Art. 975 CC

Outro dispositivo que merece nossa atenção diz respeito ao art. 975[6] do Código Civil. Segundo esta norma, se o representante legal do incapaz tiver impedimentos que o impeçam de exercer a atividade empresarial, o representante nomeará, com a aprovação do juiz, um ou mais gerentes para exercer a atividade da qual o representante está impedido. Deve-se entender como gerente, o administrador. Ou seja, mesmo estando impedido, por força de lei ou por determinação judicial, de exercer a atividade empresarial, isto não será motivo de impedir que o incapaz possa auferir as vantagens da empresa (empresa sempre no sentido de produção ou circulação de bens ou serviços).

O aspecto mais importante desta norma está no parágrafo segundo deste dispositivo, em que o legislador sujeita o representante a indenizar o incapaz por danos causados pelo gerente. Se o gerente causar danos ao incapaz, em virtude da má administração, o representante que o escolhera deverá ser responsabilizado. Pode-se dizer que cuida se de culpa *in elegendo* do representante que escolheu mal a pessoa que o deveria representar.

6. Art. 975. Se o representante ou assistente do incapaz for pessoa que, por disposição de lei, não puder exercer atividade de empresário, nomeará, com a aprovação do juiz, um ou mais gerentes.

§ 1º Do mesmo modo será nomeado gerente em todos os casos em que o juiz entender ser conveniente.

§ 2º A aprovação do juiz não exime o representante ou assistente do menor ou do interdito da responsabilidade pelos atos dos gerentes nomeados.

Art. 976 CC

No art. 976 do Código Civil, o legislador determina que a prova da emancipação do empresário maior de 16 anos e menor de 18 anos, e da autorização do incapaz, nas hipóteses de incapacidade superveniente ou no caso morte do empresário que deixa herdeiros ou sucessores incapazes, serão averbadas na junta comercial, bem como a eventual revogação dessa autorização. Esse dispositivo visa dar publicidade a terceiros a respeito da situação do incapaz nas hipóteses do art. 974 do Código Civil.

Art. 977 CC

Neste dispositivo, mais uma vez faltou técnica ao legislador, pois no capítulo que cuida da capacidade para ser empresário, foi inserido um dispositivo a respeito do regime matrimonial dos sócios na sociedade. Esse dispositivo, além de estar inserido em localidade imprópria, poderá provocar dúvidas ao concurseiro, pois poderá levá-lo a acreditar que estamos cuidado de sociedade empresária. Isso, certamente, provocará confusão no dispositivo subsequente.

Embora não estejamos cuidando de sócio nem das sociedades empresárias neste momento, é importante já deixarmos assentados que o art. 977 do Código Civil não se aplica às sociedades anônimas. Assim, também, entendeu o Enunciado 94 da III Jornada de Direito Comercial, quando estabeleceu:

> **"A vedação da sociedade entre cônjuges contida no art. 977 do Código Civil não se aplica às sociedades anônimas, em comandita por ações e cooperativa."**

Art. 978 CC

Este dispositivo tem proporcionado acaloradas discussões doutrinárias e, desse modo, provocado controvérsias interpretativas no tocante ao destinatário do art. 978 do Código Civil. O dispositivo reza:

> **"o empresário casado pode, sem necessidade de outorga conjugal, qualquer que seja o regime de bens, alienar os imóveis que integrem o patrimônio da empresa ou gravá-los de ônus real."**

Nesse momento, peço vênia aos leitores para relatar um acontecimento que merece ser retratado, que ocorreu durante uma prova oral da magistratura de São Paulo.

Se não me engano isso ocorreu no ano de 2015/16. Era uma tarde muito quente e o ar-condicionado não dava conta de esfriar o recinto. Todos os lugares reservados aos alunos e público estavam ocupados. Os candidatos e o público encontravam-se em silêncio sepulcral.

Exatamente às 13h10min, a banca chamou o primeiro candidato, era um aluno do nosso curso. Eu, de imediato, o reconheci. Aluno muito bem preparado e com amplo domínio na seara mercantil.

Senti-me apreensivo, pois sabemos do esforço para se chegar ao exame oral da Magistratura e do Ministério Público.

O primeiro a indagar foi o desembargador responsável pela cadeira de direito comercial; após realizá-la, a pergunta ecoou pelos corredores do fórum João Mendes Jr., causando desmaios e apneia em vários dos alunos presentes.

Transcrevo a pergunta do eminente desembargador:

> – Boa tarde doutor, primeiramente quero parabenizá-lo por ter obtido êxito e ter alcançado esta fase do certame. Quantas horas o senhor estuda por dia?

O candidato, sem hesitar, respondeu:

> – Em torno de 12 horas, Excelência.
>
> – Muito bem respondeu o desembargador.

Que, em seguida, indagou:

> – O senhor pode me dizer quem é o destinatário da regra esculpida no art. 978 do Código Civil Brasileiro? Se assim desejar pode consultar o Código que se encontra a sua frente.

A plateia silenciou ainda mais, se isso é possível. O candidato suando muito, abriu o Código e nada respondeu.

Quando abruptamente respondeu:

> – Não me recordo excelência.

Essa resposta é, na verdade, um eufemismo para: não sei.

Essa é uma técnica que ensinamos aos alunos para que estes não respondam “eu não sei”.

O candidato ao cargo de juiz de direito e a promotor de justiça sempre sabe as respostas. O que pode ocorrer é eles não se lembrarem naquele no momento.

Pois bem, a resposta que deveria ter sido ofertada pelo aluno ao desembargador era: <u>o empresário</u>. Sim, esta seria a resposta correta.

A norma tem como destinatário a pessoa física do empresário, até porque a norma se refere ao instituto do casamento que só se aplica à pessoa física.

Pasmem, essa pergunta foi feita para quase todos os candidatos naquele mesmo dia e nenhum deles respondeu corretamente.

Vamos analisar o dispositivo para que não reste dúvidas ao nosso leitor. Nunca mais!

Vamos esclarecer o conteúdo do dispositivo, a maioria dos candidatos entendeu que o termo empresa estava sendo utilizado como sinônimo de sociedade empresária como é usualmente feito, e a conclusão foi catastrófica.

Antes de mais nada, o dispositivo encontra se no Título I, que cuida da figura do empresário, e não no Título II, que cuida das sociedades empresárias. Portanto, com essa simples análise perfunctória já se poderia saber que não se cuida de sociedade, de sócio ou outras figuras afins do direito societário.

Mas, como entender esse dispositivo?

Bom, após analisar a localização topográfica do dispositivo, o candidato deve utilizar os conceitos técnicos para cada instituto.

É verdade que o legislador, às vezes, por absoluta falta de técnica, insere dispositivos em localidade indevida, causando, com isso, dúvidas interpretativas, como nas hipóteses do art. 974, parágrafo terceiro e no art. 977 ambos do Código Civil, que cuidam de sociedade empresária; não obstante estarem no Título que cuida do empresário. Contudo, isso é exceção e não a regra.

Pois bem, o destinatário do preceito é o empresário, pessoa física que exerce atividade empresarial em nome próprio. A *mens legis* visa dar celeridade ao tráfico mercantil, permitindo que o empresário casado, sob qualquer regime de casamento, possa alienar bens imóveis sem a necessidade da autorização do cônjuge, desde que estes imóveis integrem o patrimônio da empresa[7], ou, em outras palavras, desde que o imóvel esteja sendo utilizado para a realização da atividade empresarial.

Vamos oferecer um exemplo prático, pois por meio dos exemplos a assimilação funciona melhor.

Essa é uma técnica que pode ser utilizada pelo concurseiro. Lembre-se do professor em aula, do exemplo que ele deu para explicar a matéria. Lembre-se até da piada, muitas vezes sem graça, que o professor contou em aula. O importante é responder corretamente à questão e obter aprovação. Por isso, que os cursos preparatórios são de suma importância para o aluno obter aprovação.

Chega de enrolação, vamos lá:

Um empresário, casado, devidamente inscrito na junta comercial de São Paulo, resolve montar uma loja para a compra e venda de veículos automotores. Para tanto, adquire um imóvel para que possa alojar os veículos e comercializá-los. Não temos dúvida em afirmar que esse imóvel é um bem que integra, ou melhor, possibilita o desenvolvimento da empresa (atividade empresarial), pois sem o imóvel, o empresário não poderá oferecer publicamente os veículos para os interessados.

Vamos supor que ele queira vender esse imóvel e adquirir um maior, pois adquiriu mais veículos. Pensem, também, que a sua esposa esteja na Itália cuidando

7. Mais uma vez vamos insistir nisso, pois muitos alunos nossos, com o estresse da prova, esquecem a questão da terminologia. A expressão "integrem o patrimônio da empresa" não quer dizer que os bens fazem parte do patrimônio da sociedade empresária, mas sim, que os bens estão vinculados à atividade empresarial de produção ou circulação de bens ou de serviços.

de sua genitora que está enferma. De acordo com o art. 978 do Código Civil, como este imóvel é um elemento da atividade empresarial, mesmo casado, ele poderia aliená-lo e adquirir um maior, sem a anuência de sua esposa, para que não seja interrompida a atividade por ele desenvolvida. É, justamente, para prestigiar essa celeridade e garantir a continuidade da atividade empresarial que o legislador editou a sobredita norma. Essa norma, portanto, prestigia a empresa.

Ocorre que, há uma outra norma que, procurando proteger o patrimônio familiar, exige a anuência de ambos os cônjuges para que a alienação de imóvel possa ser realizada.

A questão que se discute é como harmonizar o disposto no art. 1647, inciso I[8], com o art. 978 ambos do Código Civil, pois o primeiro dispositivo não permite que pessoas casadas possam alienar bens imóveis sem o consentimento do cônjuge, salvo no regime da separação absoluta de bens. Esse dispositivo tem por fim proteger o patrimônio familiar, exigindo que ambos os cônjuges estejam de acordo com alienação do imóvel. Por outro lado, o objetivo do art. 978 CC é dar celeridade a venda de imóveis pelo empresário casado. Há um evidente conflito entre essas duas regras.

A nosso ver, o problema não é quanto à validade do art. 978 do CC, mas quanto à eficácia deste dispositivo, pois na prática, os Cartórios de Registro de Imóveis não permitem a alienação de imóveis ou mesmo dá-los em garantia, sem que ambos os cônjuges estejam presentes e consintam na realização do negócio. O empresário teria que ingressar em juízo e solicitar uma medida judicial para obrigar o cartório a realizar o ato negado pela serventia. Ademais, o empresário teria que provar que o imóvel é um elemento da empresa (atividade empresarial). Às vezes essa prova demanda tempo e esforço para ser produzida. Percebam, neste momento, a pretendida celeridade já não existe mais.

Enfim, nos parece que a intenção do legislador e a eficácia do art. 978 do Código Civil ficaram frustrada, diante da regra esculpida no art. 1647, inciso I, do mesmo diploma legal. O desembargador somente queria saber se a norma dizia respeito ao empresário, pessoa física, ou da sociedade empresária. Conforme dissemos é o empresário o destinatário do art. 978 do Código Civil.

Nesse momento vamos dar uma informação para o concurseiro. É deveras importante ter ciência de que a Justiça Federal organiza grupos de estudos sobre diversas questões e temas controvertidos, sendo que um desses temas abordados é justamente o direito comercial ou empresarial.

Dessas reuniões surgem ideias que, depois de sedimentadas, são transformadas em enunciados. Esses enunciados estão inseridos na parte final de todos os

8. Art. 1.647 do Código Civil Ressalvado o disposto no art. 1.648, nenhum dos cônjuges pode, sem autorização do outro, exceto no regime da separação absoluta: I **– alienar ou gravar de ônus real os bens imóveis**. (Grifo nosso).

Códigos e, em alguns concursos, podem ser consultados, assim como a exposição de motivos do Código Civil ou a exposição de motivos do Código Penal. São considerados doutrina e se não houver restrição por parte da banca, podem e devem ser consultados pelo candidato, no dia da prova, mormente nas provas discursivas.

Logo, se o nosso aluno tivesse tido calma e consultado os Enunciados da I Jornada de Direito Comercial, ele teria se deparado com o enunciado número 06 que possui o seguinte teor:

> "*O empresário individual regularmente inscrito <u>é o destinatário da norma do art. 978 do Código Civil, que permite</u> alienar ou gravar de ônus real o imóvel incorporado à empresa, desde de que exista, se for o caso, prévio registro de autorização conjugal no Cartório de Imóveis, devendo tais requisitos constar do instrumento de alienação ou de instituição do ônus real, com a consequente averbação do ato à margem de sua inscrição no Registro Público de Empresas Mercantis.*" (Grifo nosso)

Data máxima vênia, o enunciado nada resolve, pelo contrário, introduz mais embaraços burocráticos e de nada agiliza o exercício da atividade mercantil. A ideia do legislador foi agilizar, informalizar, dinamizar o tráfico mercantil e não engessar a atividade empresarial com procedimentos burocráticos. Nos parece que a intenção do legislador foi a de permitir que o empresário pudesse, incontinenti, alienar ou gravar de ônus real o imóvel que estivesse relacionado com a atividade empresarial e não exigir uma previa autorização para que esses atos pudessem ser realizados.

Por fim, se o nosso candidato lembrasse da existência desses enunciados e tivesse calma, ao consultar o Código Civil, ele poderia ter respondido à questão, utilizando esse subterfúgio. Guardem essa informação que pode ser útil nas provas onde-se permite a consulta à legislação.

3.2. A empresa individual de responsabilidade limitada

Antes de mais nada é importante deixar consignado que a empresa individual de responsabilidade limitada não foi criação do legislador pátrio. O professor do Largo de São Francisco Sylvio Marcondes Machado, em seu livro intitulado Limitação da Responsabilidade de Comerciante Individual, já mencionava o instituto quando do Primeiro Congresso Nacional de Direito Comercial realizado na cidade de Buenos Aires na Argentina em 1940.

Discutia se a necessidade de limitar a responsabilidade do comerciante individual por meio da empresa individual de responsabilidade individual. O festejado lente de direito comercial assim se manifestava na ocasião: "É de observação corrente de que o princípio da responsabilidade patrimonial ilimitada, especialmente no caso das pessoas físicas, não se coaduna com os caracteres da atividade econômica moderna. A extensão e o complicado entrelaçamento dos negócios, a enorme dificuldade de previsão nas operações comerciais e industriais, os riscos e perigos que as circundam na interdependência, frequentemente mundial, dos fatos econômicos, impõem a limitação dos riscos patrimoniais, e com o impulso irresistível, que se desafoga no ludibrio à lei, quando não encontra nesta a formula correspondente."

O pensamento exposto pelo professor não merece reproche. É verdade que a responsabilidade ilimitada do empresário individual não se coaduna com o modelo econômico atual; contudo, como veremos a seguir, a criação da empresa individual de responsabilidade limitada não solucionou esse problema. Pelo contrário, inseriu, no ordenamento jurídico, um instituto repleto de incertezas e que trouxe insegurança jurídica àqueles que exercem atividade empresarial por meio da empresa individual. Vamos analisar a empresa individual de responsabilidade em seguida.

De acordo com ao art. 980-A, do Código Civil Brasileiro, a empresa individual de responsabilidade limitada será constituída por uma única pessoa titular da totalidade do capital social, devidamente integralizado, que não será inferior a (100) cem vezes o maior salário-mínimo vigente no país.

A empresa individual de responsabilidade limitada foi instituída pela Lei 12.441/11, que acrescentou o inciso VI ao art. 44 e também o art. 980-A ao Código Civil.

Como é cediço, a empresa individual de responsabilidade limitada pode ter natureza simples ou pode ter natureza empresarial, dependendo do seu objeto.

Antes de mais nada, nos cabe, de modo peremptório, apontar uma impropriedade técnica no tocante ao nome empresarial da empresa individual de responsabilidade limitada. O legislador, mais uma vez contribui para esse banzé legislativo que foi instituído em nosso ordenamento jurídico. Andou mal em utilizar o termo empresa totalmente fora do contexto da teoria vigente no direito empresarial. Não se ateve aos ensinamentos do renomado jurista italiano Alberto Asquini. Portanto, a nosso ver, esse ente já nasceu detentor de um vício de origem.

Para compreender a empresa individual de responsabilidade individual precisamos, primeiramente, entender quem é o empresário e como ele opera no mercado. Depois disso, precisamos entender como a sociedade empresária realiza a sua atividade empresarial. Posto isto, poderemos visualizar o que deveria ter sido a EIRELI. Contudo, como veremos, essa fórmula não trouxe os resultados desejados.

Como já estudamos, o empresário é uma pessoa física que sozinho organiza a atividade empresarial; contudo, esse empresário responde com todo o seu patrimônio pelo resultado da empresa. Há um elemento positivo, ou seja, ele conduz a atividade sem a interferência de uma outra pessoa. Há, também, um elemento negativo, qual seja, a responsabilidade ilimitada. A responsabilidade ilimitada do empresário já fora estudada no capítulo anterior.

Por sua vez, a sociedade empresária, que será objeto de uma análise posterior, realiza a atividade empresarial de uma outra maneira.

Neste caso, quem realiza a atividade empresarial é a sociedade e não os sócios que a constituíram. Aliás, pode-se dizer que a sociedade é constituída para exercer a empresa, sendo que os sócios são apenas elementos necessários para a constituição desse ente.

Por conseguinte, quem responde pelos resultados da empresa é a sociedade constituída e não os sócios que a constituíram. Logo, há um elemento positivo que podemos extrair dessa maneira de exercer a atividade: os sócios podem limitar as suas responsabilidades.

É bom deixar assentado, desde já, que esse mecanismo da limitação da responsabilidade dos sócios foi elaborado pelo direito comercial, não com o intuito de excluir o sócio de suas responsabilidades, mas sim, para que as pessoas, neste caso os sócios, se sintam mais seguros e, com isso, aplicassem seus recursos no capital social das sociedades empresárias e fomentassem a atividade econômica. Oferecendo segurança jurídica, as pessoas se sentem mais confortáveis em destinarem os seus recursos mesmo que seja para uma atividade de risco como é a empresarial.

Contudo, não existe no direito societário brasileiro, sociedade unipessoal originária, salvo uma única exceção[9]. Portanto, para alguns essa pluralidade de sócios poderia ser um ponto negativo, pois as decisões somente poderão ser tomadas mediante o conclave dos sócios.

Feitas essas observações, qual foi o proposito almejado pelo legislador quando esculpiu a regra disposta no art. 980-A do CC. Parece nos que a intenção almejada foi permitir que o empresário (pessoa física) pudesse continuar o exercício da atividade empresarial sem o concurso de outros sócios e, ao mesmo tempo, limitar a sua responsabilidade patrimonial.

Não entendemos, como propalam alguns arautos do conhecimento jurídico, que o legislador teve a intenção de criar uma terceira espécie de empresário[10]. Aliás,

---

9. A única sociedade unipessoal originária no direito brasileiro é a sociedade subsidiária integral, prevista no art. 251 da Lei 6404/76. Hoje, contudo, temos a sociedade limitada unipessoal, instituída pela recente Lei nº 13.874, de 20 de setembro de 2019, que alterou o art. 1052, parágrafo primeiro, do Código Civil.

10. Enunciado nº 3 da I Jornada de Direito Comercial: a empresa individual de responsabilidade limitada, não é sociedade unipessoal, mas um novo ente, distinto da pessoa de empresário ou da sociedade empresária. Esse enunciado, também, não auxilia o concurseiro, pois quando se está buscando a natureza jurídica de um instituto deve-se tentar adequá-lo a um instituto já disciplinado pelo ordenamento jurídico, desse modo podemos resolver as questões que porventura surjam. A questão é saber, já que só existem duas espécies de empresários. A empresa individual de responsabilidade limitada é o empresário ou uma sociedade empresária? Dizer que é uma terceira espécie, data maxima venia, nada auxilia o exegeta.

entendendo-se a empresa individual, como uma espécie *sui generis*, isto, na verdade, em nada contribuirá para solucionar as questões que gravitam em torno da empresa.

Os problemas em que surgiram em torno da empresa individual de responsabilidade limitada podem ser solucionados desde que se saiba qual a natureza jurídica deste ente. Em outras palavras, a empresa individual de responsabilidade limitada é o empresário que, hoje em dia, pode limitar a sua responsabilidade a cem salários-mínimos ou se trata da introdução da sociedade unipessoal originária no direito societário pátrio? Conforme a posição adotada chegar-se- á a conclusões diferentes. Vamos analisar cada um desses entendimentos.

1

A primeira corrente tem como arauto o prof. Rubens Requião, o departamento de direito comercial da USP e predominava também no Tribunal de Justiça de São Paulo. Segundo essa corrente, a empresa individual é nada mais que o empresário individual que pode limitar a sua responsabilidade, até o limite mínimo de cem (100) salários-mínimos vigentes no país, e assim exercer a sua atividade empresarial, limitando o seu risco. O fundamento utilizado por essa corrente consiste na localização topográfica do dispositivo. O art. 980-A do Código Civil encontra-se no Título I-A do Livro II, na parte especial do Código Civil, título este que cuida da figura empresário individual de responsabilidade limitada. Portanto, parece nos acertada esse entendimento, pois, se não fosse a figura do empresário, por que disciplina-lo sob esse título.

Adotando-se essa primeira corrente, todas as regras que cuidam do empresário deverão disciplinar a figura do único titular da EIRELI. Por exemplo, uma questão que vem sendo discutida nos tribunais, por meio de consecutivos mandados de segurança, diz respeito à possibilidade de uma pessoa jurídica ser titular de uma empresa individual. De acordo com essa primeira corrente, não há que se permitir esta possibilidade, pois se o empresário é pessoa física e considerando a empresa individual como empresário, só pessoas físicas poderão figurar como titulares da EIRELI.

2

A segunda corrente, capitaneada pelo prof. Fabio Ulhôa Coelho, bem como pelo Departamento de Registro Empresarial e Integração (DREI), entende que a empresa individual de responsabilidade limitada é a criação da sociedade unipessoal originária[11] no direito nacional. Essa

11. De acordo com o professor Fabio Ulhôa Coelho, "juridicamente, a empresa individual de responsabilidade limitada" (EIRELI) não é um empresário individual. Trata-se da

corrente fundamenta essa assertiva em uma interpretação literal ou gramatical do art. 980, letra a, do Código Civil, pois de acordo com os seus adeptos, basta uma simples leitura do dispositivo para perceber que se cuida de sociedade empresária. Os institutos mencionados no dispositivo são todos pertencentes ao direito societário, por exemplo, integralização do capital social, sócio, pessoa jurídica etc. Ademais, as normas que cuidam da sociedade limitada servirão como regência supletiva para a empresa individual. Em outras palavras, aplicam se, no que couber, as regras que cuidam da sociedade limitada, segundo o art. 980-A, parágrafo sexto c/c art. 1052 e segs. todos do Código Civil vigente.

Entendendo-se como correto esse pensamento, todas as regras que cuidam do sócio nas sociedades empresárias deverão disciplinar o titular da EIRELI. Desse modo, não se pode negar a possibilidade de uma pessoa jurídica ser titular de uma empresa individual de responsabilidade limitada. Aliás, o Tribunal de Justiça do Rio de Janeiro já concedeu vários mandados de segurança admitindo a possibilidade de uma pessoa jurídica ser titular da empresa individual[12]. Nesse mesmo sentido se posicionou o DREI, quando expediu o ato normativo 38, entendendo que a pessoa jurídica poderá titularizar uma EIRELI.

Nota-se que conforme a corrente adotada, o aluno oferecerá respostas completamente diferentes. Portanto, se houver questões no tocante à empresa individual, estas questões deverão ocorrer em sede de segunda fase para que o aluno possa fundamentar a sua resposta em uma das correntes anteriormente expostas.

Por derradeiro, vamos analisar algumas questões controvertidas acerca da empresa individual de responsabilidade limitada que tem sido alvo de perguntas em concursos públicos.

A primeira questão, refere-se a um tema já abordado por nós, mas que merece aprofundamento:

A pessoa jurídica poderia ser titular de uma EIRELI?

---

denominação que a lei brasileira adotou para introduzir, entre nós, a figura da *sociedade limitada unipessoal*, isto é, a sociedade limitada constituída por apenas um sócio." O festejado professor acrescenta: "Embora não tenha-se valido da melhor técnica, a Lei 12.441/2011, ao alterar disposições do Código Civil para instituir a EIRELI, tinha em vista, inegavelmente, trazer para o direito brasileiro o instituto da sociedade limitada unipessoal. Apesar de ter definido a nova figura como uma pessoa jurídica diferente das sociedades (CC, art. 44, VI), e discipliná-la num Título próprio, *entre* os dedicados, de um lado, ao empresário individual e, de outro, às sociedades, ao dispor detalhadamente sobre a EIRELI a lei valeu-se de conceitos e dispositivos legais próprios da sociedade limitada."

12. A juíza da nona vara da Fazenda Pública do Rio de Janeiro admitiu que uma sociedade norte-americana pudesse ser transformada em uma EIRELI, estabelecendo que não há impedimento para que uma empresa individual seja titularizada por uma pessoa jurídica.

A resposta, conforme vimos, depende da corrente adotada. Para a primeira corrente, a resposta é pela não admissão; para a segunda corrente, há que se admitir.

No entanto, a discussão surge diante da regra prevista no parágrafo segundo do art. 980-A do Código Civil, que preceitua que a pessoa natural somente poderá constituir uma única EIRELI. Esse parágrafo somente faz sentido caso tenha sido adotado a primeira corrente, pois, caso tenha sido adotado a segunda corrente surgirá uma pergunta irrespondível, ou seja, quantas empresas individuais a pessoa jurídica pode constituir?

A nosso ver, esse parágrafo segundo reforça nosso entendimento de que a primeira corrente é a mais acertada. Aliás, esse parágrafo em comento, somente faz sentido diante da primeira corrente, pois sendo a empresa individual nada mais do que o empresário, pessoa física, que pode limitar a sua responsabilidade a um valor que não poderá ser inferior a cem vezes o maior salário-mínimo vigente no país, o legislador só permite que o empresário constituía uma EIRELI.

Nada mais coerente, o empresário poderá então eleger apenas uma atividade em que sua responsabilidade será limitada. Se o empresário quiser exercer outra atividade, com responsabilidade limitada, ele deverá constituir uma sociedade limitada ou, se for o caso, uma companhia. Não se poderia admitir que o empresário pudesse constituir várias empresas individuais e pudesse limitar a sua responsabilidade em todas. Isso certamente desvirtuaria todo o sistema adotado pelo legislador.

Adotando se, contudo, a segunda corrente, que considera a empresa individual como uma sociedade empresária e o seu titular como sócio, há que se indagar quantas empresas individuais poderia a pessoa jurídica constituir? Os adeptos dessa corrente respondem, utilizando as ferramentas fornecidas pela hermenêutica, que se a lei não restringiu, não cabe ao intérprete estabelecer restrições. Logo, a pessoa jurídica estaria livre para constituir quantas empresas individuais assim desejar. A nosso ver, esse resultado é teratológico.

Há outras incertezas que surgem diante da mal concepção desse instituto, por exemplo, tramitou junto ao Supremo Tribunal Federal a ação direta de inconstitucionalidade nº 4637 intentada pelo Partido Popular Socialista, em que se discute várias supostas inconstitucionalidades a respeito do art. 980-A do Código Reale. Essa ação discute vários aspectos a respeito do citado dispositivo.

A primeira inconstitucionalidade diz respeito à vinculação do salário-mínimo ao capital social da empresa individual, sendo que o art. 7º, inciso IV, da Constituição Federal impede que se utilize o salário-mínimo como fator de indexação. Ademais, segundo os autores desta ADIM, haveria também uma ofensa ao art. 170, *caput*, da Constituição, que regula o princípio da livre concorrência, pois a exigência compulsória de um valor exorbitante para a constituição da empresa individual cerceia a livre concorrência estabelecida na Carta Magna.

Mas não é só, a questão mais polêmica a respeito da empresa individual foi o veto do parágrafo quarto do art. 980-A do Código Civil que preceituava o seguinte: "*somente o patrimônio social da empresa responderá pelas dívidas da empresa individual de responsabilidade limitada, não se confundindo em nenhuma situação com o patrimônio da pessoa natural que a constituiu*".

A nosso ver, este ente foi instituído justamente para permitir que a pessoa física, e somente ela, pudesse exercer a atividade empresarial em toda a sua plenitude e, ao mesmo tempo, sem a necessidade de se constituir uma sociedade limitada ou uma companhia, para limitar a sua responsabilidade. Esse parágrafo quarto era o fundamento de existência da empresa individual de responsabilidade limitada. Com a revogação desse parágrafo ficou instituído um *nonesense* jurídico em nosso sistema que para nada serve.

Por outro lado, não menos verdade é de que o parágrafo quarto do mencionado dispositivo continha um grave defeito técnico quando afirmava que em nenhuma situação o patrimônio do titular da empresa individual pudesse ser atingido. Olvidou-se o iluminado criador da empresa individual das hipóteses da desconsideração da personalidade jurídica, prevista no art. 50 do Código Civil, que servem justamente para corrigir desvios praticados por aquele que se valem de uma pessoa jurídica para exercer a atividade empresarial.

Ocorre que nenhum outro dispositivo foi inserido no lugar do parágrafo quarto da art. 980-A do Código Civil. Diante disso, alguns magistrados passaram a entender que a responsabilidade do titular da empresa individual seria subsidiária[13] ou até solidária criando-se assim essa aberração jurídica que só pode atrair os incautos.

A recente Lei nº 13.874, de 20 de setembro de 2019, procurou solucionar toda essa discussão a respeito da responsabilidade do titular da EIRELI por dívidas contraídas pela empresa individual de responsabilidade limitada com a inserção de um parágrafo sétimo que possui a seguinte dicção: "**somente o patrimônio social da empresa responderá pelas dívidas da empresa individual de responsabilidade limitada, hipótese em que não se confundirá, em qualquer situação, com o patrimônio do titular que a constitui, ressalvados os casos de fraude**".

O dispositivo está mal redigido, o que poderá resultar em interpretações defeituosas. Primeiro, o legislador não mantém um critério sistemático no tocante ao significado da palavra empresa. Este termo foi utilizado em seu perfil subjetivo, quando deveria somente ser utilizado em seu sentido funcional para que fosse dado unidade ao sistema. Logo, o legislador dispõe que somente o patrimônio da sociedade responderá pelas dívidas da empresa individual. Ademais, parece que

13. Na apelação civil nº 1000395-15.2018.8.26.0011-TJSP, entendeu que não existe separação patrimonial entre a empresa individual e seu titular.

o legislador entendeu que a empresa individual de responsabilidade limitada é realmente uma espécie societária.

Outro defeito, esse talvez mais grave, foi mencionar que o patrimônio do titular desse ente, não responderá por dívidas contraídas pela empresa individual, salvo no caso de fraude. E na hipótese de confusão patrimonial? Não teria sido melhor mencionar que o titular da empresa individual assumiria responsabilidade patrimonial nas hipóteses do art. 50 do Código Civil? Novamente a insegurança jurídica se apresenta nesse ente denominado empresa individual.

Assim já entendia o Enunciado nº 470 da V Jornada de Direito Civil do CJF/STJ: ***"O patrimônio da empresa individual de responsabilidade limitada responderá pelas dívidas da pessoa jurídica, não se confundindo com o patrimônio da pessoa natural que a constitui, sem prejuízo da aplicação do instituto da desconsideração da personalidade jurídica."***

A nosso ver, este monstrengo jurídico está com os dias contados diante da possibilidade da constituição da sociedade limitada individual, introduzida no parágrafo primeiro, do art. 1052 do Código Civil, pela Lei 13874/19.

Não só a empresa individual de responsabilidade limitada deverá desaparecer do nosso ordenamento jurídico, mas, também, a figura do empresário está com os dias contados.

Ambas essas espécies de empresário (lato sensu) trazem em seus bojos a insegurança jurídica, que não contribui em nada para o fomento e desenvolvimento da atividade empresarial.

A única maneira para se fomentar a atividade empresarial é limitando os riscos da atividade para o empresário e com a diminuição dos encargos tributários e trabalhistas para àquele que se propõe a oferecer bens ou serviços para a coletividade. Quando a classe política começar a entender que fomentando a atividade econômica, haverá certamente uma maior arrecadação, talvez, neste momento, a reforma tributária e trabalhista ocorra.

4
DO NOME EMPRESARIAL

Itens do Capítulo	**Teoria**	**Revisão**	**Questões**
4.1. Conceito de nome empresarial	☐	☐	☐
4.2. Espécies de nomes empresariais	☐	☐	☐
4.3. Princípios que regem o nome empresarial	☐	☐	☐
4.3.1. Princípio da novidade	☐	☐	☐
4.3.2. Princípio da veracidade	☐	☐	☐
4.3.3. Considerações finais	☐	☐	☐

Inicialmente nos compete deixar anotado que este é um tema de incidência usual nas primeiras fases dos concursos públicos. Não devemos olvidar, também, que o direito empresarial é matéria obrigatória nos concursos da magistratura, ministério público, procuradorias municipais, estaduais e na procuradoria da Fazenda Nacional. Até nos concursos para delegado de polícia estadual e, mormente, federal a matéria é requisitada pela banca examinadora.

Posto isto, é importante também deixar assentado que o nome empresarial é uma espécie de sinal distintivo e que há outros sinais distintivos que o candidato deve ter conhecimento, tais como marca, título de estabelecimento, nome de domínio etc. São todas espécies de sinais distintivos, mas sinais que identificam coisas diversas.

Nessa parte dedicada à teoria geral do direito empresarial, vamos abordar todos esses sinais e explicá-los dentro de um contexto didático e não apenas elencá-los de maneira aleatória como é feito na doutrina.

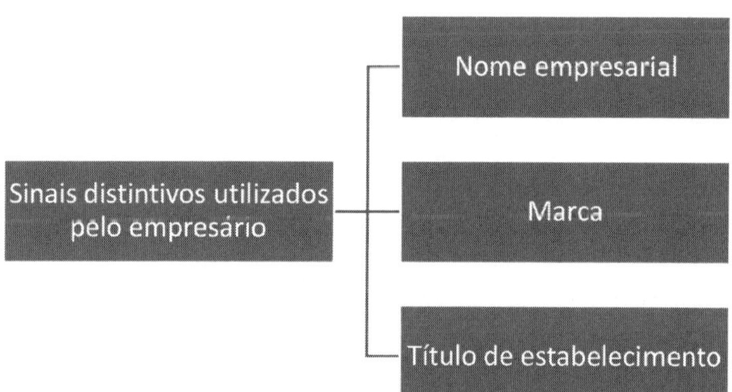

Fonte: elaborado pelo autor.

4.1. Conceito de nome empresarial

O nome empresarial identifica o sujeito de direito. Em outras palavras, o nome empresarial identifica aqueles que exercem uma atividade empresarial, ou seja, o empresário ou a sociedade empresária, podendo ainda identificar a empresa individual de responsabilidade limitada, a chamada EIRELI, quando esta se dedicar à atividade empresarial.

O nome está disciplinado no art. 1155 do Código Civil que preceitua o seguinte: "*considera-se nome empresarial a firma ou a denominação adotada, de conformidade com este capítulo, para o exercício da empresa.*"

A proteção do nome empresarial decorre da inscrição do empresário ou da sociedade empresária na Junta Comercial, ou seja, o nome recebe proteção quando houver o registro daquele que vai exercer a atividade empresarial; não se pode simplesmente comparecer à Junta Comercial e realizar o registro do nome empresarial, por exemplo, se faz com a marca.

Enfim, pode-se dizer que a proteção do nome é uma decorrência do registro do empresário ou sociedade empresária no órgão competente.

Ademais, três observações se fazem necessárias para os menos avisados.

Primeiro, o termo empresa significa "atividade empresarial" neste dispositivo anteriormente mencionado; e a segunda observação, a chamada razão social não é sinônimo de nome empresarial como utilizamos no dia a dia.

A razão social, conforme veremos a seguir, é uma espécie do gênero nome empresarial.

O aluno deve ter muita atenção com os termos utilizados no direito empresarial pelo examinador, pois se houver dúvidas, quanto ao significado de uma palavra, isso poderá levar o candidato a enveredar por caminhos tortuosos.

E a última observação, também em relação a terminologia, diz respeito ao significado da palavra firma.

Também aqui esse termo é utilizado de modo equivocado no mundo fático. A firma não é sinônimo de sociedade empresária; a firma é espécie de nome empresarial. E é muito usual ouvirmos, a expressão: eu trabalho naquela firma, querendo significar eu trabalho naquela sociedade empresária.

4.2. Espécies de nomes empresariais

Posto isto, vamos analisar quais as espécies de nomes empresariais existentes no direito brasileiro.

Podemos dividir os nomes em três espécies, ou seja, o nome pode ser firma individual, firma social ou, se quiserem, razão social e denominação.

Há, portanto, três espécies de nomes que precisamos analisar.

Inicialmente, é importante deixar assentado que de rigor as perguntas sobre nome empresarial são de maior incidência na primeira fase, geralmente na chamada fase objetiva dos concursos públicos.

O Código Civil estabelece como espécies de nomes empresariais apenas a firma e a denominação.

Nós resolvemos dividir o nome empresarial em três espécies apenas para fins didáticos; contudo, nenhum prejuízo trará ao aluno a nossa abordagem, pelo contrário, a matéria fluirá mais tranquilamente. Eis as espécies de nomes.

A primeira espécie de nome empresarial é a chamada firma individual. Nos utilizamos individual somente para distingui-la da firma social.

A firma individual está disciplinada no art. 1155[1] do Código Civil. De acordo com esse dispositivo, a firma identifica o empresário que deverá exercer a atividade empresarial obrigatoriamente com seu nome civil, por extenso ou abreviado, acrescentando, se quiser, o seu apelido ou o ramo de sua atividade.

Em suma, a firma identifica o empresário que, como vimos, vai exercer a atividade empresarial em nome próprio, ou seja, com seu nome civil.

Aliás, não poderia ser de outra maneira. Se o empresário é pessoa física nada mais lógico de que ele exerça a empresa (atividade empresarial) em seu nome próprio. Contudo, o que se pode admitir é que o empresário utilize uma designação, podemos chamar de apelido, para individualizá-lo diante de terceiros. Por exemplo, Pelé ou Xuxa. Esse apelido ou designação não precisar constar da certidão de nascimento do empresário.

O empresário também pode acrescentar, se quiser, o ramo da atividade que irá desenvolver, como Marcos Alexandre Trevisan Comércio de Produtos Eletrônicos. Isso é muito comum para comunicar a sua atividade à sua clientela e para atrair a freguesia.

É vedado ao empresário realizar qualquer espécie de alteração em seu patronímico (sobrenome). Não se admite nem mesmo que o patronímico possa ser abreviado.

No exemplo anteriormente exposto, o empresário de nome Marcos Alexandre Trevisan pode abreviar o prenome Marcos Alexandre, contudo o patronímico Trevisan não comporta alteração. Logo, o nome deste empresário pode ser M.A Trevisan, Comercio de Produtos Eletrônicos. Esta seria uma possibilidade.

---

1. Art. 1.155 do Código Civil. Considera-se nome empresarial a firma ou a denominação adotada, de conformidade com este Capítulo, para o exercício de empresa.

   Parágrafo único. Equipara-se ao nome empresarial, para os efeitos da proteção da lei, a denominação das sociedades simples, associações e fundações.

A segunda espécie de nome empresarial é a firma social ou razão social.

A firma social está regulada no art. 1157[2] do Código Civil e de acordo com esse dispositivo a firma social identifica algumas espécies societárias em que o patronímico dos sócios deve obrigatoriamente identificar a sociedade.

Em regra, as sociedades em que houver sócios de responsabilidade ilimitada devem adotar compulsoriamente firma social.

Portanto, se a sociedade denominada em nome coletivo, prevista no art. 1039 do Código Civil tiver como sócios Marcelo Salles, Ricardo Lima e Marcos Alexandre Trevisan, o nome empresarial desta sociedade, que deve adotar firma por força de lei, deverá ser Salles, Lima e Trevisan, comércio e Indústria. O nome dos sócios deverá compor o nome empresarial.

Caso a sociedade, que deve adotar firma, tenha em seus quadros muitos sócios e não quiser citar o nome de todos, o sobredito dispositivo admite que a sociedade escolha o nome de apenas um dos sócios seguido da palavra companhia por extenso ou abreviado. Podemos citar o seguinte exemplo, Salles e Cia Comércio e Indústria.

O nome dos sócios que aparecerá na firma pode ser escolhido livremente, não há necessidade de se escolher o sócio-administrador ou, ainda, o sócio que subscreveu a maior quantidade de capital social.

De acordo com o intuito primordial desse livro vamos citar uma questão que foi indagada na magistratura de São Paulo.

Em uma prova objetiva, o examinador criou um determinado nome empresarial e indagou do candidato qual seria a espécie de nome. Alguns sinais distintivos são muito difíceis de identificar, pois não sabemos do que se trata, podem ser nome empresarial, marca, título de estabelecimento, mas alguns sinais distintivos denunciam a sua natureza jurídica.

Na questão ofertada pela magistratura bandeirante, a indagação era: Toledo & Freitas e Cia Ltda. seria que espécie de nome? A resposta não poderia ser outra, esse sinal distintivo é firma social. Ou seja, toda vez que ao final do nome empresarial aparecer a palavra companhia, por extenso ou abreviado, o nome é firma.

Aliás uma questão semelhante foi encontrada no exame da OAB, quando o examinador indagou, primeiramente, como deveria ser composta a firma social e posteriormente, em outra questão, indagou de que espécie seria o nome empresarial que, ao seu final, tivesse a abreviatura cia.

2. Art. 1.157 do Código Civil. A sociedade em que houver sócios de responsabilidade ilimitada operará sob firma, na qual somente os nomes daqueles poderão figurar, bastando para formá-la aditar ao nome de um deles a expressão "e companhia" ou sua abreviatura.

A firma social não é uma espécie de nome empresarial muito usual nos atuais dias, diante do disposto no art. 1165[3] do Código Civil. Segundo esta norma toda vez que um sócio falecer, for excluído ou se retirar da sociedade, o seu nome não pode ser conservado na firma. Com efeito, essa regra traz muitos inconvenientes para aqueles que operam no mercado, pois essa necessidade de alterar o nome, quando houver uma das hipóteses previstas na lei, dificulta que terceiros reconheçam a nova nomenclatura utilizada pela sociedade.

Imagina uma sociedade conhecida como Freitas e Camargo, em este último se retira, e ingressa o sócio de patronímico Sales. Essa sociedade passaria a ser chamada de Freitas e Salles, ou seja, um nome completamente diferente do primeiro.

Ademais, muitos contratos teriam que ser aditados com a nova nomenclatura utilizada pela sociedade.

Há que se indagar, se o art. 1165 do Código Civil, não poderia ser afastado em virtude de uma cláusula contratual em sentido contrário, fosse inserida no contrato social.

Em outras palavras, seria válida uma cláusula contratual que permitisse que o nome do sócio que viesse a falecer pudesse continuar da firma?

A resposta só poderia ser pela impossibilidade da inserção dessa cláusula no contrato social. Essa cláusula seria inválida, diante do conteúdo da norma em comento. Trata-se de uma norma cogente ou de ordem pública que não pode ser afastada pelas partes. Ademais, em se admitindo, essa cláusula estaria em total desarmonia com o princípio da veracidade, que iremos analisar posteriormente.

A terceira espécie de nome empresarial é a denominação. A denominação é a espécie de nome empresarial que pode ser constituída livremente criada pelos constituintes da sociedade. Os sócios ou acionistas podem escolher um nome qualquer e, assim, denominar a sociedade. Podemos citar, por exemplo, a sociedade empresária denominada Avon Ltda. ou, anda, a Drogasil, Bradesco etc. todos esses nomes foram livremente constituídos sem precisar guardar uma relação direta com o patronímico dos sócios ou acionistas.

A denominação é, na verdade, o devemos chamar de nome fantasia, pois, como dissemos, esse nome pode ser livremente constituído pelos componentes da sociedade sem a necessidade de guardar uma relação direta com os componentes da sociedade. Contudo, aqui surge novamente uma divergência que ocorre no mudo do ser e no mundo do dever ser.

De acordo com a realidade fática, o termo nome fantasia é utilizado para designar o que, no mundo jurídico, chamamos de título de estabelecimento. Explicando

3. Art. 1.165 do Código Civil. O nome de sócio que vier a falecer, for excluído ou se retirar, não pode ser conservado na firma social.

com mais vagar, no dia a dia, quando falamos em nome fantasia estamos nos referindo, na verdade, ao sinal distintivo que identifica o estabelecimento empresarial e não ao nome livremente elaborado que identifica a sociedade empresária.

No decorrer da nossa obra essa questão será mais bem apreciada por nós, e, certamente, mais bem compreendida pelo aluno.

A sociedade anônima, também conhecida por companhia, deve, segundo o art. 1160 do Código Civil adotar denominação, ou seja, as companhias devem criar um nome fantasia para que sejam identificadas quando exercerem a atividade empresarial. Enfim, as companhias sempre adotarão denominação. Logo, toda vez que o nome empresarial iniciar, com a palavra companhia, por extenso ou abreviado, estaremos diante da sociedade anônima e, consequentemente, o nome será da espécie denominação.

Vamos a um exemplo prático, no nome empresarial:

Companhia Brasileira de Distribuição de Alimentos

Podemos entender que se trata de uma sociedade anônima, e por conseguinte, o nome é da espécie denominação.

Enfim, uma regra que deve ser memorizada pelo aluno referente ao nome empresarial é esta: **a palavra companhia, por extenso ou abreviada, inserida no início do nome é denominação; a palavra companhia, por extenso ou abreviada, inserida na parte final do nome é firma social.**

4.3. Princípios que regem o nome empresarial

4.3.1. Princípio da novidade

Como é cediço, os princípios funcionam como vetores, que auxiliam o exegeta na interpretação das normas jurídicas, permitindo adequá-las à realidade fática. Utilizando uma analogia interessante, os princípios funcionam com as placas de sinalização no trânsito, sendo que as ruas seriam as normas jurídicas. Se o motorista simplesmente andar pelas ruas, sem prestar atenção nas placas, este motorista certamente ficará dando voltas sem alcançar o objeto desejado.

Pois bem, se o aluno apenas fizer uma leitura do dispositivo, fatalmente o real alcance do dispositivo nunca será alcançado, mas, se após a leitura do dispositivo, o aluno for auxiliado por um princípio, este vetor orientará o aluno na direção correta.

Os princípios que regem o nome empresarial são dois:

a) o princípio da novidade

b) o princípio da veracidade

Esses dois princípios serão o nosso vetor no tocante as regras que cuidam do nome empresarial.

O princípio da novidade está explicitado no art. 1.163[4] do Código Civil, sendo que de acordo com esse vetor, o nome empresarial deve distinguir-se de qualquer outro já inscrito no mesmo registro.

Em outras palavras, não se admite nomes empresarias iguais inscritos no mesmo registro. Deve-se entender por mesmo registro, a mesma Junta Comercial.

Se houver duplicidade de nomes empresariais na mesma Junta Comercial, o primeiro que efetuou o registro poderá exigir que o segundo deixe de utilizar o seu nome. Esse sistema denomina-se em inglês *first come, first served system*.

Nesse sentido foi o julgado colecionado no Tribunal de Justiça de Minas Gerais no Agravo de Instrumento nº 0913242-32.2012.8.13.0000 MG:

> AGRAVO DE INSTRUMENTO – AÇÃO CONDENATÓRIA DE OBRIGAÇÃO DE FAZER – RAZÃO SOCIAL SEMELHANTE – RISCO DE LESÃO – APLICAÇÃO DO PRINCÍPIO DA VERACIDADE E NOVIDADE. A semelhança das denominações entre empresas do mesmo ramo de atividade gera confusão. A lei assegura proteção aos nomes comerciais, tendo em vista o interesse social, não podendo ser arquivados na junta comercial contratos de sociedades mercantis sob firma ou denominação idêntica ou semelhante a outra já existente e que atuem no mesmo ramo de atividade.

Aliás outra não poderia ser a regra, não se poderia admitir que pessoas que operam no mercado possam exercer uma atividade com nomes iguais. Imagina a balbúrdia processual que isto geraria tendo dois empresários com a mesma identificação. Se o primeiro causasse danos a terceiros, a má conduta do primeira poderia repercutir na esfera jurídica do segunda causando lhe prejuízos irreversíveis.

Vejam o exemplo que colacionamos a seguir:

Uma determinada sociedade empresária, de origem norte-americana, mantinha funcionários no Brasil que lhe executavam serviços de alta qualidade. Os salários desses funcionários estrangeiros eram equiparados aos seus colegas norte-americanos, ou seja, eram salários altos, além de uma gama de benefícios.

Em contra partida, os funcionários se comprometiam a cumprir determinadas regras, dentre essas regras contava o dever de informar semestralmente à companhia qualquer alteração no estado de saúde do funcionário, sob pena de demissão por justa causa, além do pagamento de uma multa.

Pois bem, um determinado funcionário, chamemo-lo de Mike, no intuito de cumprir a sua obrigação frente ao seu empregador, foi até o Laboratório de Análises

4. Art. 1.163 do Código Civil assim dispõe: "O nome de empresário deve distinguir-se de qualquer outro já inscrito no mesmo registro". O seu parágrafo único completa o caput do dispositivo dispondo que: "Se o empresário tiver nome idêntico ao de outros já inscritos, deverá acrescentar designação que o distinga."

Clínicas Alvorada Ltda. e realizou os exames semestrais. Após alguns dias, o laboratório informou o funcionário de que ele era HIV positivo. O laboratório realizou um segundo exame para confirmar o resultado e, novamente, o exame foi positivo. O funcionário comunicou à sociedade e esta, conforme estava previsto no contrato, demitiu Mike e ele retornou para os Estados Unidos.

Chegando aos nos Estados Unidos, após comunicar a sua esposa do resultado do exame, a sua esposa ingressou com o pedido de divórcio. Mike, arrasado financeiramente e moralmente, começou o tratamento contra a sua doença. Após alguns meses, Mike foi informado pelo seu médico de que estava curado da doença e que a cura foi resultado do tratamento. Mike achou estranho o diagnóstico porque não tinha tomado os remédios para combater a doença. Após outros exames, o Mike ficou sabendo que nunca foi HIV positivo. Inconformado, contratou um advogado no Brasil e acionou o Hospital Alvorada Ltda.

Somente com a distribuição da inicial, o hospital já suportou um significante prejuízo financeiro e moral, pois várias cirurgias que estavam marcadas para aquela semana foram canceladas em virtude da notícia de que o hospital havia emitido um diagnóstico errado.

Por sua vez, o hospital tentou legalizar os exames laboratoriais de Mike, mas não encontrou. Posteriormente, descobriu-se que o erro fora cometido não pelo hospital, mas sim, por um laboratório que prestava serviços com o mesmo nome do hospital, ou seja, alvorada. O hospital foi excluído do polo passivo da demanda intentada por Mike e notificou o laboratório para retirar a designação alvorada de seu nome empresarial. A ação para a proteção do nome empresarial é imprescritível.

Diante desse episódio, percebe-se o dano que nomes iguais podem causar a um dos envolvidos, neste caso, ao hospital que sofrera prejuízos materiais, com o cancelamento de cirurgias e outros procedimentos, bem como suportou danos morais devido a ineficiência e desídia do laboratório alvorada.

Posto isto, cabe nos esclarecer, ainda, quais os limites de autuação das Juntas Comerciais para que possamos entender o alcance do princípio da novidade.

Em outras palavras, não pode haver duplicidade de nomes na mesma Junta Comercial, porém as Juntas possuem circunscrição (poder de atuação) dentro dos limites do respectivo estado.

Cada estado da federação possui uma Junta Comercial, sendo que os seus atos administrativos produzirão efeitos somente nos limites do estado onde a Junta Comercial mantém a sua respectiva sede.

Por conseguinte, a Junta Comercial de São Paulo tem circunscrição nos limites do estado de São Paulo. Por sua vez, a Junta do Rio de Janeiro atua nos limites daquele estado. A Junta Comercial de Minas Gerais tem atuação naquele estado e assim por diante.

Trago à colação interessante decisão do STJ que diz respeito ao âmbito de proteção do nome empresarial e da possibilidade de se estender essa proteção para todo o território nacional.

> A tutela ao nome comercial se circunscreve à unidade federativa de competência da junta comercial em que registrados os atos constitutivos da empresa, podendo ser estendida a todo o território nacional desde que seja feito pedido complementar de arquivamento nas demais juntas comerciais. Por sua vez, a proteção à marca obedece ao sistema atributivo, sendo adquirida pelo registro validamente expedido pelo Instituto Nacional da Propriedade Industrial – INPI, que assegura ao titular seu uso exclusivo em todo o território nacional, nos termos do art. 129, caput, e § 1º da Lei n. 9.279/1996. (REsp 1.190.341/RJ, Rel. Ministro Luis Felipe Salomão, Quarta Turma, Julgado Em 05/12/2013, *Dje* 28/02/2014 e Resp 899.839/RJ, Rel. Ministro Massami Uyeda, Terceira Turma, Julgado em 17/08/2010, *DJe* 01/10/2010).

Logo, de acordo com a sistemática adotada pelo legislador brasileiro, pode haver nomes iguais desde que registrados em estados diferentes da federação. Não haveria desrespeito ao princípio da novidade, se a sociedade empresária denomina Drogaria Cisne Dourado, devidamente registrada na Junta Comercial de São Paulo, fosse registrada em outra Junta Comercial por outro titular em virtude do art. 1166 do Código Civil.

O legislador ciente dessa distorção legislativa editou o disposto no parágrafo único do sobredito dispositivo, estabelecendo que uma lei especial, que ainda não fora publicada, iria estender os efeitos do registro efetuado em um estado para todos os demais estados da federação. Aliás, outra não poderia ser a regra. O atual sistema, para dizer ao menos, carece de coerência.

Nesse ponto andou mal o legislador, pois se tivesse adotado a orientação disposta no art. 1º, nº 2 da Convenção de Paris[5], da qual o Brasil foi um dos primeiros signatários, que incluiu o nome empresarial dentre os bens da propriedade industrial esse problema estaria solucionado, pois o registro do nome empresarial no INPI, daria a este sinal distintivo proteção em todo território nacional.

4.3.2. Princípio da veracidade

De acordo com este princípio, o nome deve representar uma realidade fática do empresário ou da sociedade empresária. Em outras palavras, o nome deve

5. A Convenção de Paris assim dispõe: "A proteção da propriedade industrial tem por objeto as patentes de invenção, os modelos de utilidade, os desenhos ou modelos industriais, as marcas de fábrica ou de comércio, as marcas de serviço, o nome comercial e as indicações de proveniência ou denominações de origem, bem como a repressão da concorrência desleal."

demonstrar uma situação verdadeira do empresário ou da sociedade empresária perante terceiros. Se o nome induzir terceiros em erro; neste caso, este sinal distintivo está em desacordo com o princípio da veracidade. Em suma, pode-se dizer que este princípio procura prestigiar a boa-fé na atividade empresarial.

Diferentemente do princípio da novidade, que está explicito no Código Civil, este princípio está explicito em uma lei especial, no art. 34[6] da Lei 8934/94 (Lei de registro dos empresários e de empresas mercantis).

Contudo, o princípio da veracidade influenciou diretamente o legislador na confecção do art. 1164 do Código Civil, dispositivo este reiteradamente solicitado nos concursos da magistratura de São Paulo.

Segundo a norma mencionada, o nome empresarial não pode ser objeto de alienação. Em outras palavras, o nome não pode ser vendido nem cedido a terceiros.

A nosso ver, negócio jurídico que tenha por objeto a alienação de nome empresarial é inexistente. Não estamos no mundo da validade ou no mundo da eficácia, mas sim, no mundo da existência. Este negócio jurídico não chega a ingressar no mundo jurídico por ser inconcebível de acordo com nosso ordenamento jurídico.

Em virtude desse princípio, comungamos com o entendimento de Pontes de Miranda, de que o direito ao nome empresarial é uma consequência do direito da personalidade, porquanto não se admite a alienação do nome empresarial. Ademais, não devemos olvidar que o art. 52 do Código Civil atribui às pessoas jurídicas os direitos da personalidade.

Portanto, não se pode entender que o direito ao nome empresarial deriva do direito de propriedade e, portanto, que o nome empresarial seria passível de alienação assim como a marca ou o título de estabelecimento.

Espécies de empresários	Nomes empresariais
1. Empresário	**Firma**
2. Empresa individual de responsabilidade limitada	**Firma ou denominação**
3. Sociedade em comum	**Não tem**
4. Sociedade em conta de participação	**Não tem**
5. Sociedade em nome coletivo	**Firma**
6. Sociedade em comandita simples	**Firma**
7. Sociedade limitada	**Firma ou denominação**
8. Sociedade anônima	**Denominação**

6. O art. 34 da Lei 8934/94 assim dispõe sobre o nome empresarial: "O nome empresarial obedecerá aos princípios da veracidade e da novidade."

Espécies de empresários	Nomes empresariais
9. Sociedade em comandita por ações	**Firma ou denominação**
10. Sociedade simples	**Firma ou denominação**

Fonte: elaborado pelo autor.

4.3.3. Considerações finais

A pessoa tem o direito de escolher qual a espécie de empresário deseja constituir. Pode, se quiser, exercer a atividade por meio do empresário, pessoa física, ou por meio da sociedade empresária, em regra pessoa jurídica. Podendo, ainda, exercer a atividade empresarial por meio da empresa individual de responsabilidade limitada. Ou seja, existe a mais ampla liberdade para o exercício da produção ou circulação de bens ou serviços, conforme determina o princípio da livre-iniciativa, prevista no art. 170 da Constituição Federal[7].

Embora a escolha da espécie de empresário seja livre, a escolha do nome empresarial é previamente determinada pelo legislador.

Explicando melhor, a escolha da espécie de nome não é livre. Portanto, conforme a espécie de empresário escolhido, haverá um nome previamente determinado pelo legislador.

Uma observação importante se faz necessária, mesmo não sendo empresária, a sociedade simples tem importância para o direito empresarial, por essa razão a incluímos na lista. Posteriormente, quando analisarmos as sociedades empresárias trataremos dos motivos que levaram o legislador a incluir a sociedade simples dentre as sociedades empresárias.

Algumas considerações finais que são usuais em questões objetivas:

– as únicas duas sociedades empresárias que podem livremente escolher entre firma ou denominação são as sociedades limitadas e as sociedades em comandita simples.

Já as únicas sociedades que não tem nome são as sociedades em comum e a sociedades em conta de participação.

A única sociedade que só pode adotar denominação é a sociedade anônima, também conhecida como companhia.

---

7. Art. 170 da Constituição Federal. "A ordem econômica, fundada na valorização do trabalho humano e na livre iniciativa, tem por fim assegurar a todos existência digna, conforme os ditames da justiça social, observados os seguintes princípios". No inciso quarto da Carta Magna, o legislador elenca o princípio da livre concorrência.

Caso o aluno entenda que a empresa individual tenha a natureza de sociedade, esta poderia adotar firma ou denominação.

Observação final que merece ser mencionada:

- pode haver conflito entre o nome empresarial e a marca. Quando houver colidência entre estes sinais distintivos, a jurisprudência tem utilizado o critério da anterioridade. Nesse sentido o recurso especial nº 1357912-SP 2012/0258134-STJ[8]:

  Direito empresarial. Ação pelo rito ordinário em que se pretende a abstenção de uso de marca, troca de nome empresarial e perdas e danos. Colidência entre nome empresarial e marca. Prescrição. Anterioridade Do Registro. Perdas e Danos. Recurso Especial Provido. 1.– Conforme recente jurisprudência da Terceira Turma deste Tribunal, havendo colidência entre marca e nome comercial, a questão não deve analisada apenas sob a ótica da anterioridade do registro, mas também pelos princípios da territorialidade e da especialidade. 2.– Hipótese em que o Acórdão recorrido reconhece, diante das peculiaridades fáticas do caso concreto, a anterioridade do registro da marca efetuado 11.9.1948, junto ao INPI, não obstante ter se efetivado em subclasse diversa daquela referente ao produto efetivamente comercializado pelas partes do processo. 3.– Prazo prescricional que não se conta da data da aquisição da marca, mas, dado o princípio da *accessio temporis*, desde a data em que o antecessor tinha conhecimento da alegada violação, que, no caso, deu-se pelo registro do nome na Junta Comercial.

8. STJ, REsp 1357912/SP, Rel. Ministro SIDNEI BENETI, 3ª T., j. 18/03/2014, *DJe* 10/04/2014.

5
ESTABELECIMENTO EMPRESARIAL

Itens do Capítulo	Teoria	Revisão	Questões
5.1. Conceito	☐	☐	☐
5.2. Natureza jurídica do estabelecimento empresarial	☐	☐	☐
5.3. Disciplina legal do estabelecimento	☐	☐	☐
5.3.1. O art. 1143 do Código Civil (negócios jurídicos)	☐	☐	☐
5.3.2. Art. 1145 do Código Civil (eficácia da alienação)	☐	☐	☐
5.3.3. Art. 1146 do Código Civil (débitos do estabelecimento)	☐	☐	☐
5.3.4. Art. 1147 do Código Civil (cláusula de não restabelecimento)	☐	☐	☐
5.3.5. Art. 1148 do Código Civil (sub-rogação contratual)	☐	☐	☐
5.3.6. Art. 1149 do Código Civil (créditos do estabelecimento)	☐	☐	☐
5.4. Elementos do estabelecimento empresarial	☐	☐	☐
5.4.1. Nome empresarial	☐	☐	☐
5.4.2. Título de estabelecimento	☐	☐	☐
5.4.3. O ponto empresarial	☐	☐	☐
5.4.4. Bens da propriedade industrial	☐	☐	☐
5.4.4.1. Invenção	☐	☐	☐
5.4.4.2. Modelo de utilidade	☐	☐	☐
5.4.4.3. Desenho industrial	☐	☐	☐
5.4.4.4. Marca	☐	☐	☐
5.4.5. Da licença compulsória	☐	☐	☐

5.1. Conceito

Embora não caiba ao legislador estabelecer conceitos ou definições, entendemos que foi oportuno o conceito ofertado pelo legislador no art. 1142[1] do Código Civil, pois trata-se de uma matéria até então desconhecida pelo legislador civil e inserida em um diploma legal que também não cuidava da matéria.

Por seu turno, de acordo com o art. 1142 do Código Civil, o estabelecimento empresarial é todo complexo de bens organizado, para o exercício da empresa, por empresário ou sociedade empresária. Novamente pedimos vênia para chamar a atenção do aluno para que os termos técnicos sejam empregados na análise desse dispositivo.

Destrinchando o sobredito dispositivo podemos dizer que as pessoas, físicas ou jurídicas, necessitam de bens materiais ou imateriais para poderem produzir ou

1. Art. 1.142. Considera-se estabelecimento todo complexo de bens organizado, para exercício da empresa, por empresário, ou por sociedade empresária.

fazerem circular bens ou serviços. Nada mais lógico de que essa assertiva, pois sem ferramentas, o empresário não realiza a sua atividade. Pode-se concluir, com acerto, que o estabelecimento empresarial é justamente esse conjunto de ferramentas que o empresário organiza para o exercício de sua atividade.

Logo, a drogaria para poder circular bens necessita de um local, remédios, balcão, veículo para fazer a entrega de medicamentos etc. Além desses bens materiais, muitas vezes, a drogaria necessita de bens imateriais ou incorpóreos tais como marca, ponto empresarial, título de estabelecimento, só para mencionar alguns.

É fácil perceber que esse conjunto de bens, que são organizados de maneira detalhada e pormenorizada pelo empresário, adquirirá um valor superior a simples soma de todos os bens que integram a azienda.

No momento em que o empresário quiser alienar o seu estabelecimento empresarial, o alienante exigirá um sobrevalor pelo estabelecimento empresarial. Por exemplo, uma drogaria funcionando com a presença de clientes, de funcionários e de contratos certamente valerá muito mais do que simplesmente um aglomerado de bens estaticamente considerados.

Esse sobrevalor é chamado pela doutrina comercialista de *Goodwill of a Trade*. A doutrina pátria utiliza o termo aviamento para designar esse sobrevalor do estabelecimento empresarial.

A valoração do estabelecimento empresarial é matéria assaz complicada e que envolve vários critérios utilizados pelos peritos contábeis.

A avaliação do estabelecimento empresarial é tarefa deveras complexa. A professora Paula Castelo Miguel propõe dois métodos para realizar esta tarefa: "Destacam-se dois métodos de avaliação muito utilizados para determinar o valor de um investimento, que pode ser tanto um determinado estabelecimento empresarial quanto o valor da participação societária da sociedade que o detém. O primeiro e mais difundido modelo de avaliação é o fluxo de caixa descontado. A avaliação por fluxo de caixa descontado reflete o valor de todos os ativos que produzam lucros, ou seja, a avaliação do ativo é feita com base numa projeção de lucros que esse ativo é capaz de gerar. Essa projeção é baseada nos fluxos de caixa da empresa. Sobre essa projeção dos lucros que o ativo é capaz de gerar, dá-se um desconto em função do grau de risco inerente aos fluxos de caixas estimados. O grau de risco do negócio deve ser abatido do valor dos lucros estimados.

Há, também, a avaliação relativa. Nesse modelo de avaliação, o valor do ativo é obtido por meio do valor de ativos já valorados pelo mercado de empresas similares. Para identificar a similaridade entre as empresas, a fim de poderem fazer comparações entre os seus valores, os avaliadores utilizam-se de variáveis comuns que essas empresas apresentam, como valor contábil, vendas médias, fluxos de caixas, lucros ou outros. "Na avaliação relativa, o valor de um ativo deriva da precificação de ativos comparáveis padronizados pelo uso de uma variável comum, como lucros, fluxos de caixa, valores contábeis ou receitas."

É interessante observar que embora tenham sido desenvolvidos diferentes métodos para se avaliar o valor do estabelecimento empresarial, encontra-se referência à chamada avaliação intuitiva que é aquela realizada pelo dono do empreendimento no caso de venda, denominada de preço do vendedor ou *askin price*. É muito usual que este método prevalece sobre todos os outros métodos científicos no momento da avaliação da aziendal.

Portanto, o estabelecimento empresarial não é somente valorado pela soma de todos os seus bens. Existe agregado a esses bens um sobrevalor que iremos denominar de aviamento ou também chamado de *goodwill of trade*.[2]

Utilizando um exemplo da doutrina, se, no meu escritório, eu quiser montar uma biblioteca e, para tanto, eu saio comprado aleatoriamente livros e colocá-los em uma estante até que ela fique cheia; essa minha biblioteca vai me custar X, que equivale a soma de todos os livros. No entanto, se eu contrato uma equipe de profissionais, que vai adquirir os livros para mim, de maneira organizada, etiquetar os livros e, por fim, catalogá-los em minha estante. Nessa hipótese, eu vou pagar o mesmo X (soma dos bens individualmente considerados) mais Y (sobrevalor pela organização da biblioteca). Esta última biblioteca representada por X+Y= $, vale mais do que a biblioteca anterior representada somente por X=$. Neste exemplo, por nos ofertado, demonstra facilmente que a organização agrega um sobrevalor ao estabelecimento.

Resumindo, o estabelecimento empresarial pode ser organizado pelo próprio empresário se ele possuir know-how para tanto. Neste caso, ela assume demasiado, contudo, gasta menos.

Ademais, ele pode adquirir um estabelecimento de terceiros. Neste caso, o risco diminui, mas ele pagará mais pelo estabelecimento adquirido e organizado por outrem. Ou, ainda, ele poderá pedir para alguém com know-how que organize os bens do estabelecimento, escolha um local apropriado, ensine como captar a clientela e, ainda, ceda a sua marca. Neste caso, os valores dispendidos pelo adquirente podem chegar a cifras elevadas dependendo de quem está organizando o estabelecimento e cedendo o uso de sua marca. Aqui, o risco é diminuto, mas os valores pagos são altos. Esse último modelo de organização empresarial denomina-se contrato de franquia. Esse contrato será estudando na última parte da obra.

Uma última observação, não menos importante, se faz necessária.

Na doutrina nacional, às vezes, encontramos expressões que são utilizadas como sinônimos. O estabelecimento empresarial é o termo correto para o conjunto

2. Goodwill is an intangible asset that is associated with the purchase of one company by another. Specifically, goodwill is the portion of the purchase price that is higher than the sum of the net fair value of all of the assets purchased in the acquisition and the liabilities assumed in the process. The value of a company's brand name, solid customer base, good customer relations, good employee relations, proprietary technology represent some examples of goodwill.

de bens utilizados pelo empresário para o exercício da empresa, mas, às vezes, encontramos outros termos como azienda, casa comercial e, principalmente, fundo de comércio. Aliás, esta expressão fundo de comércio é utilizada no art. 52[3], parágrafo primeiro, da Lei de locações (Lei 8245/91).

5.2. Natureza jurídica do estabelecimento empresarial

Não nos cabe neste momento, diante da proposta oferecida por este manual, elencar e discorrer sobre todas as correntes que cuidam da natureza jurídica do estabelecimento empresarial. Vamos abordar apenas as questões solicitadas, mormente em concursos públicos e, como também fora a nossa proposta inicial, questões observadas nos exames da OAB, que tenham relevância.

A doutrina de modo quase unânime[4], entende que o estabelecimento empresarial é uma universalidade de fato. A ideia de universalidade está prevista no art. 90 do Código Civil. Seguindo disposto neste dispositivo constitui universalidade de fato a pluralidade de bens singulares que, pertinentes à mesma pessoa, tenham destinação unitária. Em outras palavras, a universalidade de fato é considerada um bem unitário e recebera a tutela do ordenamento como se fosse um bem só, embora essa universalidade seja composta de vários outros bens, sendo que estes podem ser incorpóreos ou corpóreos.

Podemos dizer que o estabelecimento é considerado uma universalidade de fato (*universitas facti*), pois é tido como um conjunto de bens, organizados por uma pessoa, física ou jurídica, sendo que esse conjunto receberá uma tutela unitária elaborada pelo ordenamento jurídico, sem, contudo, desconsiderar a tutela individual de cada bem que compõe o todo pelo ordenamento jurídico. Logo, o nome empresarial não perderá a sua proteção individual só porque agora este bem está inserido em um conjunto de bens. A pessoa não perde os seus direitos individuais porque passou a pertencer a uma sociedade, mas a sociedade também tem proteção oferecida pelo direito.

Apenas para aclarar uma questão que veio à tona recentemente em uma prova objetiva da magistratura de São Paulo. O examinador indagou do candidato qual seria a natureza jurídica do estabelecimento empresarial e citou o art. 1.143 do Código Civil, sendo que a resposta oferecida pela banca como correta era aquela que considerava o estabelecimento empresarial como uma universalidade de direito. Ledo engano perpetrado por aquele que confeccionou a questão. O estabelecimento

3. No art. 52, parágrafo primeiro, da Lei 8245/91 assim dispõe: "Na hipótese do inciso II, o imóvel não poderá ser destinado ao uso do mesmo ramo do locatário, salvo se a locação também envolvia o fundo de comércio, com as instalações e pertences." Grifo nosso.

4. O professor de direito comercial do Largo de São Francisco Octavio Mendes outrora entendia que o estabelecimento comercial tinha a natureza jurídica de uma universalidade de direito.

nunca foi considerado uma universalidade de direito e não adquiriu, por forca do dispositivo citado, hoje em dia, essa natureza jurídica. Essa questão deveria ter sido anulada pela banca, mas, às vezes, a vaidade nos leva por estradas tortuosas em que não há via inversa.

Uma universalidade de direito, de acordo com o art. 91 do Código Civil, é um complexo de relações jurídicas, de uma pessoa, dotadas de valor econômico. Em outras palavras, a universalidade de direito é composta por relações jurídicas que podem ser valoradas economicamente. De acordo com essa definição, integra a universalidade de direito, todo o ativo e passivo.

Já o art. 1143[5] do Código Civil preceitua que o estabelecimento pode ser objeto unitário de direitos e de negócios jurídicos, translativos ou constitutivos, que sejam compatíveis com a sua natureza. Data máxima vênia, esse dispositivo não transforma a natureza jurídica do estabelecimento de universalidade de fato em universalidade de direito. Esse dispositivo somente deixo claro que o estabelecimento pode ser objeto de eventuais negociações realizadas pelo empresário e de terceiros. Sabedor de que o estabelecimento possui um valor econômico considerável, o legislador somente estabeleceu a possibilidade de sua transferência, de seu arrendamento e, ainda, da possibilidade de o estabelecimento ser objeto de usufruto. Esse último negócio jurídico de mais rara incidência no mundo fático.

Ademais, como já nos ensinara Oscar Barreto Filho, os débitos não fazem parte do estabelecimento. Como seria possível considerar o estabelecimento uma universalidade de direito sem a presença do passivo, tendo em vista que o passivo há que ser considerado uma relação jurídica e, portanto, elemento integrante da universalidade de direito.

Para finalizar, a universalidade é constituída e determinada por força de lei, como, v.g., o patrimônio, a massa falida, o espólio para citar algumas; já a universalidade de fato é livremente constituída por aquele que a organiza, em nosso caso, pelo empresário ou pela sociedade empresária. Não há, mesmo com supedâneo no art. 1143 do diploma privado, como entender o estabelecimento como uma universalidade de direito.

5.3. Disciplina legal do estabelecimento

5.3.1. O art. 1143 do Código Civil (negócios jurídicos)

Conforme já salientamos anteriormente, o estabelecimento pode ser objeto em negócios jurídicos, mormente negócios jurídicos translativos e constitutivos. Os negócios jurídicos translativos são aqueles que tem por finalidade transferir a

---

5. 1.143 do Código Civil estabelece que: "Pode o estabelecimento ser objeto unitário de direitos e de negócios jurídicos, translativos ou constitutivos, que sejam compatíveis com a sua natureza."

titularidade do estabelecimento empresarial. Neste momento, podemos citar um contrato, que possui singular apreço das bancas da magistratura se São Paulo, que é o contrato de trespasse. Este negócio jurídico merece uma análise pormenorizada por nossa parte e pelo concurseiro.

Apenas para não interromper nossa exposição, o estabelecimento empresarial pode também ser objeto de negócios jurídicos constitutivos. Estes negócios jurídicos não possuíam o objetivo de transferir a titularidade do estabelecimento de uma pessoa para outra. Estes negócios têm por finalidade legitimar um terceiro na posse do estabelecimento empresarial para que este possa obter os benefícios oferecidos pela azienda. São dois os negócios jurídicos constitutivos elencados pelo legislador: o arrendamento e o usufruto.

Questão controvertida e debatida na doutrina diz respeito à possibilidade ou não do estabelecimento empresarial ser objeto de penhor. O contrato de penhor, de acordo com o art. 1431 do Código Civil[6], é aquele pelo qual o uma pessoa, denominado devedor, transfere a posse de um bem móvel para outra chamada de credor, em garantia de uma dívida. Se considerarmos, com faz a maior parte da doutrina, o estabelecimento como um bem móvel, não vemos motivo para não se admitir o estabelecimento empresarial como objeto de penhor. Contudo, surge uma questão pratica, se dentre os bens que integram o estabelecimento empresarial estiver um imóvel, neste caso, não se poderia admitir a constituição do penhor sobre o estabelecimento.

Os dispositivos a seguir serão analisados levando em conta o negócio jurídico translativo, ou seja, o contrato de trespasse. Pode-se conceituar o contrato de trespasse como o negócio jurídico translativo, inter vivos, por meio do qual uma pessoa denominada trespassante, compromete-se a transferir a titularidade de um estabelecimento empresarial à outra, denominada de trespassário, sendo que esta se obriga a desembolsar certa quantia.

Segundo Oscar Barreto Filho[7] somente deve-se falar em trespasse quando o negócio jurídico translativo se referir ao complemento unitário de bens instrumentais, aptos ao exercício da empresa, caracterizado pela existência do aviamento objetivo. Esse conceito oferecido pelo professor é, a nosso ver, lapidar e valor inestimável para se diferenciar o estabelecimento de um conjunto de bens. Logo, se houver a alienação de um conjunto de bens, desprovido de instrumentalidade,

---

6. O art. 1431 do Código Civil assim dispõe: "Constitui-se o penhor pela transferência efetiva da posse que, em garantia do débito ao credor ou a quem o represente, faz o devedor, ou alguém por ele, de uma coisa móvel, suscetível de alienação."
7. Teoria do Estabelecimento Comercial, 2ª ed. São Paulo, Saraiva, 1988, p. 208. O autor foi um dedicado estudioso desse instituto e um livro a ser consultado caso o aluno queira-se aprofundar a respeito do assunto.

neste caso, não se pode dizer que houve trespasse. Não se há de aplicar as regras que se seguem à essa venda.

Na última parte desse compendio, vamos cuidar do contrato de trespasse e de questões que se fazem necessárias para galgar os obstáculos que aparecem em concursos públicos.

5.3.2. Art. 1145 do Código Civil (eficácia da alienação)

O legislador estabeleceu algumas regras no tocante a eficácia da alienação do estabelecimento empresarial. Segundo o art. 1145 do Código Civil, se o alienante do estabelecimento não restarem bens suficientes para solver o seu passivo, a eficácia da alienação dependerá do pagamento de todos os credores, ou do consentimento de todos os credores, quanto à venda, de modo expresso ou tácito, dentro do prazo de trinta dias, contados da notificação destes.

A alienação é válida; contudo, se o alienante não tiver bens para liquidar o seu passivo, a alienação poderá ser considerada ineficaz. Essa ineficácia poderá ser sanada com anuência dos credores de modo expresso ou tácito. É importante observar que o legislador estabeleceu uma vinculação direta entre o estabelecimento empresarial e o crédito dos credores. a vinculação é legal, ou seja, estabelecida por força de lei.

Por outro lado, não são todos os bens do devedor que estão vinculados a esses credores, somente os que integrarem o estabelecimento empresarial. Essa observação é de suma importância, porque a alienação de bens isoladamente considerados, mesmo que o alienante não possua bens suficientes para solver o seu passivo, não seria considerado ineficaz por força deste dispositivo.

Aliás, no concurso de nº 88 para ingresso na carreira do ministério público de São Paulo, o examinador indagou se a venda de bens que compõem o estoque da sociedade empresária pode ser considerado como alienação do estabelecimento empresarial, para fins de considerar essa venda ineficaz, se ao alienante não restarem bens suficientes para solver o seu passivo. Nós modificamos a questão para inseri-la no contexto do art. 1145[8] do Código Civil.

A questão elaborada pelo ministério público era em sede de falência. A resposta só pode ser pela negativa. Por tudo que expusemos não se pode considerar o estoque de uma sociedade empresária como estabelecimento empresarial. Mesmo em sede de falência, não há como entender como estabelecimento bens isoladamente

---

8. Art. 1145. Se ao alienante não restarem bens suficientes para solver o seu passivo, a eficácia da alienação do estabelecimento depende do pagamento de todos os credores, ou do consentimento destes, de modo expresso ou tácito, em trinta dias a partir de sua notificação.

considerados para fins do art. 129, inciso VI, da Lei 11.101/05 e considerar essa venda ineficaz. Essa situação especifica indagada na segunda fase do MPSP, poderia ser, a nosso ver, atacada por meio da ação revocatória desde que houvesse prova do conluio das partes e efetivo prejuízo para a massa falida.[9]

5.3.3. Art. 1146 do Código Civil (débitos do estabelecimento)

Havendo a alienação do estabelecimento empresarial, a adquirente responderia pelo passivo?

Essa questão é muito usual na seara dos concursos públicos. Parafraseando Oscar Barreto Filho, o estabelecimento empresarial é composto um conjunto de bens corpóreos e incorpóreos. Não se pode considerar os débitos como bens. Os débitos, por sua vez, não se encontram elencados no Livro II da Parte Geral do Código Civil, há bens considerados em si mesmos, há bens moveis, há bens imóveis, bens reciprocamente considerados, bens públicos etc. Contudo, não encontramos os débitos dentre os bens. Em suma, os débitos não fazem parte do estabelecimento empresarial; portanto, não são transmitidos ao adquirente do estabelecimento.

Muita atenção ao entrar em contato com o art. 1146 do Código Civil, pois, o leitor menos avisado pode enveredar por caminhos tortuosos se a leitura for realizada apressadamente.

O dispositivo enuncia, de modo enfático: que **o alienante do estabelecimento responde pelo pagamento dos débitos anteriores à transferência, desde que regularmente contabilizado.** O início desse dispositivo parece contradizer tudo o que até então dissemos em relação a este dispositivo.

Continuemos a leitura do dispositivo de onde paramos: **desde que regularmente contabilizados, continuando o devedor primitivo solidariamente obrigado pelo prazo de um ano, a partir, quanto aos créditos vencidos, da publicação, e, quanto aos outros, da data de vencimento.**

---

9. Concurso de ingresso nº 88º/MP SP Uma sociedade empresária, encontrando-se em dificuldades financeiras e antevendo eventual decretação de sua quebra, passa a alienar bens móveis, máquinas e mercadorias a terceiros, inclusive aquelas que compõem o seu estoque. Após a decretação de sua falência, o administrador judicial dá início à ação revocatória, pleiteando a declaração de ineficácia em relação à massa falida dos atos de alienação acima mencionados.

   Considerando a questão acima, indique a natureza jurídica do estabelecimento empresarial e especifique como é composto tal estabelecimento, esclarecendo-se a venda dos bens que compõem o estoque da empresa pode ser considerada como venda do estabelecimento empresarial e por quê. Informar se além das hipóteses de ineficácia de atos em relação à massa e revogabilidade de atos praticados em prejuízo de credores, previstos nos artigos 129 e 130, ambos da Lei 11.101/05, há alguma outra previsão legal de cabimento de ação revocatória. Em caso positivo, identificar a norma e a hipótese fática.

Dispositivo mal redigido e péssima técnica legislativa, pois invés de elaborar uma linguagem clara, sucinta e direta, o legislador elabora um texto obscuro, prolixo e indireto. Não há necessidade da utilização dessa rebuscada e permite interpretações diversas, trazendo insegurança jurídica aos seus destinatários.

Terminado o desabafo, voltemos ao que nos interessa, o legislador usou uma linguagem indireta, pois na verdade a norma preconiza que o adquirente só responde pelos débitos regularmente contabilizados. Se o adquirente respondesse por todo o passivo, não teria por que limitar. Ou seja, o débito regularmente contabilizado, e somente este, será da responsabilidade do adquirente.

De acordo com a doutrina italiana, os débitos regularmente contabilizados são aqueles que constarem da escrituração comercial obrigatória mantida pelo empresário alienante. Enfim, o adquirente reponde pelo passivo que estiver documentado na escrituração ou que estiver expresso no contrato de traspasse.

Entretanto, haverá uma solidariedade entre o adquirente e o alienante pelo prazo de um ano por esses débitos regulamente contabilizados.

Essa é a regra geral, contudo há regra especiais que excepcionam a regra geral. De acordo com as da hermenêutica: *Lex especiais derroga generais*. Havendo normas especiais, essas normas afastam a incidência da norma geral. A norma desenhada para o caso concreto deve prevalecer sobre a normas que cuidam de hipóteses mais abrangentes. Neste caso específico, o art. 1146 do Código Civil é afastado por força do art. 448[10] da Consolidação das Leis do Trabalho e do art. 133[11] do Código Tributário Nacional.

Analisaremos, primeiramente, o art. 448 da legislação trabalhista. Ocorrendo a alienação do estabelecimento empresarial, o passivo trabalhista será da

---

10. Art. 448 da CLT. A mudança na propriedade ou na estrutura jurídica da empresa não afetará os contratos de trabalho dos respectivos empregados.

    Art. 448-A. Caracterizada a sucessão empresarial ou de empregadores prevista nos arts. 10 e 448 desta Consolidação, as obrigações trabalhistas, inclusive as contraídas à época em que os empregados trabalhavam para a empresa sucedida, são de responsabilidade do sucessor. (Incluído pela Lei nº 13.467, de 2017).

    Parágrafo único. A empresa sucedida responderá solidariamente com a sucessora quando ficar comprovada fraude na transferência. (Incluído pela Lei nº 13.467, de 2017).

11. Art. 133 do CTN. A pessoa natural ou jurídica de direito privado que adquirir de outra, por qualquer título, fundo de comércio ou estabelecimento comercial, industrial ou profissional, e continuar a respectiva exploração, sob a mesma ou outra razão social ou sob firma ou nome individual, responde pelos tributos, relativos ao fundo ou estabelecimento adquirido, devidos até à data do ato:

    I – integralmente, se o alienante cessar a exploração do comércio, indústria ou atividade;

    II – subsidiariamente com o alienante, se este prosseguir na exploração ou iniciar dentro de seis meses a contar da data da alienação, nova atividade no mesmo ou em outro ramo de comércio, indústria ou profissão.

responsabilidade do adquirente exclusivamente; no entanto, se for comprovado fraude na transferência de estabelecimento, haverá solidariedade entre o alienante e adquirente. Ou seja, se o alienante utilizar-se da transferência para afastar a sua responsabilidade ou qualquer outro subterfúgio, o empregado terá o direito de acionar qualquer um dos coobrigados.

A outra exceção caracterizada em lei especial está prevista no art. 133 do Código Tributário Nacional. Segundo esse dispositivo, haverá duas regras, caso haja, a transferência do estabelecimento empresarial. a primeira regra, se o alienante do estabelecimento empresarial não mais exercer atividade empresarial, após a alienação, a responsabilidade será exclusivamente do adquirente. O alienante não poderá mais ser responsabilizado por este passivo. Contudo, se o alienante continuar a exercer atividade empresarial, ou se iniciar qualquer outra atividade empresarial, dentro de seis meses a contar da alienação, a responsabilidade do adquirente será, neste caso, subsidiária.

Outra questão interessante que devemos abordar, neste momento, diz respeito à transferência de estabelecimento empresarial em sede de falência e de recuperação judicial. Não devemos olvidar que o direito empresarial é composto, na sua essência, de normas protetivas. Como dissemos alhures, as normas de direito empresarial procuram proteger a atividade empresarial, independentemente da proteção do sujeito que realiza essa atividade empresarial. A teoria vigente denomina-se teoria da empresa, ou, em outras palavras, a teoria da atividade empresarial. Em síntese, protegendo-se a atividade empresarial, tutela-se interesses coletivos, que, a sociedade moderna elegeu como essências à dignidade da pessoa humana.

A atual legislação, que cuida da falência e da recuperação judicial, a Lei 11.101/05, adequou-se à teoria da empresa, prestigiando a atividade empresarial. Essa lei, nitidamente inspirada na legislação norte-americana[12], procura mecanismo para preservar a continuidade da atividade empresarial, mesmo nas hipóteses em que o empresário ou sociedade empresária venha, a desaparecer. Exemplo disso encontramos no art. 139 e segs. da mencionada lei que cuida da realização do ativo. Em outras palavras, a maneira pela qual o patrimônio do falido deve ser alienado. No art. 141[13], *caput*, e inciso II, da lei em comento, o legislador preceituou que

---

12. A nossa recuperação judicial é, sem demérito ao legislador, uma adequação do Capítulo 11 da legislação norte-americana. "Chapter 11 is a form of bankruptcy that involves a reorganization of a debtor's business affairs, debts, and assets. Named after the U.S. bankruptcy code 11, corporations generally file Chapter 11 if they require time to restructure their debts. This version of bankruptcy gives the debtor a fresh start."

13. Art. 141. Na alienação conjunta ou separada de ativos, inclusive da empresa ou de suas filiais, promovida sob qualquer das modalidades de que trata o art. 142:

    I – todos os credores, observada a ordem de preferência definida no art. 83 desta Lei, sub-rogam-se no produto da realização do ativo;

na alienação conjunta ou separada de ativos, inclusive da empresa[14] ou de suas filiais, o objeto da alienação estará livre de qualquer ônus e não haverá sucessão do arrematante nas obrigações do devedor, inclusive as de natureza acidentárias, trabalhista e tributárias. Pode-se dizer que o arrematante adquirirá o estabelecimento empresarial purificado sem o resquício de passivo.

O objetivo foi manter a continuidade da atividade empresarial, preservando o estabelecimento intacto, substituindo apenas o exercente da atividade. Desse modo, o legislador preservou o tripé da economia moderna: o trabalhador, o Estado arrecadador e o consumidor. Na verdade, entendemos que, o trabalhador foi duplamente tutelado, pois além de possibilitar que este receba seu crédito mais rapidamente com o valor pago pelo arrematante, tendo em vista a posição privilegiada que o crédito trabalhista ocupa, o legislador, ainda, manteve o seu emprego junto ao novo empregador.

Caso haja alienação de estabelecimento empresarial, agora em sede recuperação judicial, o art. 60, parágrafo único[15], da mencionada legislação também determinou que o arrematante estará livre de qualquer ônus, inclusive tributário, esquecendo-se de mencionar que o passivo trabalhista não seria suportado pelo arrematante. A justiça do trabalho que, por sua vez, já não andava satisfeita com a dicção do art. 141, inciso II, da sobredita legislação especial, manifestou-se no sentido de que, na recuperação judicial ocorreria a sucessão do passivo trabalhista, pois a legislação não excluía estes débitos da sucessão.

Essa discussão perdurou por alguns anos, sendo que foi preciso o pronunciamento do Supremo Tribunal Federal, por meio do ministro Ricardo Lewandowski, na ADIN nº 3934-2[16], para pôr fim a essa polêmica. Entendeu o ministro que a nova legislação foi inspirada em dogmas tais como, a função social da empresa, o princípio da preservação da empresa, só para citar alguns. Logo, a alienação de estabelecimento empresarial deve-se adequar a esses dogmas.

II – o objeto da alienação estará livre de qualquer ônus e não haverá sucessão do arrematante nas obrigações do devedor, inclusive as de natureza tributária, as derivadas da legislação do trabalho e as decorrentes de acidentes de trabalho.

14. Andou mal o legislador, pois a expressão alienação da empresa deve ser substituída pela alienação do estabelecimento empresarial para se adequar ao contexto terminológico adotado pela teoria da empresa.

15. Art. 60, parágrafo único da Lei 11.101/05. "Se o plano de recuperação judicial aprovado envolver alienação judicial de filiais ou de unidades produtivas isoladas do devedor, o juiz ordenará a sua realização, observado o disposto no art. 142 desta Lei". O seu parágrafo único assim dispõe: "O objeto da alienação estará livre de qualquer ônus e não haverá sucessão do arrematante nas obrigações do devedor, inclusive as de natureza tributária, observado o disposto no § 1º do art. 141 desta Lei."

16. STF, ADI 3934, Tribunal Pleno, Rel. Min. RICARDO LEWANDOWSKI, j. 27/05/2009, pub. 06/11/2009.

O ministro Ricardo Lewandowski expôs o seguinte argumento para sustentar o motivo pelo qual entende que, em sede de recuperação judicial, não haveria a sucessão do passivo fiscal e, muito menos, a sucessão do passivo trabalhista. Segundo o ministro, a nova legislação tem como escopo primordial a preservação da atividade empresarial, mediante os mecanismos da recuperação judicial e extrajudicial. Ademais, tutelando a atividade, por meio desses mencionados mecanismos, tutela-se interesses da coletivos. E, por fim, entendeu pala ausência de inconstitucionalidade do art. 141, II e do parágrafo único do art. 60, ambos da Lei 11.101/05, no tocante a ausência de sucessão trabalhista, tanto na hipótese da falência como na da recuperação judicial.

Hoje em dia, a Justiça do Trabalho, que advogava a inconstitucionalidade dos dispositivos anteriormente mencionados, entendeu que os benefícios advindos desses dispositivos são maiores do que os prejuízos produzidos pela ausência de sucessão do passivo trabalhista na alienação do estabelecimento empresarial em sede de falência ou de recuperação judicial.

5.3.4. Art. 1147 do Código Civil (cláusula de não restabelecimento)

Esse dispositivo tem raízes em uma demanda travada entre J. X. Carvalho de Mendonça, representando a Companhia Nacional de Tecido de Juta de um lado e Rui Barbosa, representando o Conde Alvares Penteado e a Companhia Paulista Aniagem.

Em apertada síntese, o Conde Alvares Penteado e outros acionistas da Companhia Nacional de Tecidos de Juta alienaram as suas ações para terceiros. Após um ano da transferência das ações, o Conde Alvares Penteado, por meio de uma nova sociedade denominada Companhia Paulista de Aniagem, organizou um estabelecimento empresarial, no mesmo ramo daquele estabelecimento que fora alienado e, também, no mesmo bairro. Sentindo-se prejudicado pela perda da clientela, a Companhia Nacional de Tecidos Juta ingressou em juízo em face do Conde e da sociedade constituída por ele.

J. X. Carvalho de Mendonça alegou que era obrigação do alienante fazer boa a coisa vendida, não podendo inquietar a posse ou o domínio do adquirente, segundo o art. 214 Código Comercial[17]. Que isso era uma garantia do adquirente e não havia necessidade de pacto expresso nesse sentido.

17. Art. 214 do Código Comercial de 1850 assim prescrevia: "O vendedor é obrigado a fazer boa ao comprador a coisa vendida, ainda que no contrato se estipule que não fica sujeito a responsabilidade alguma; salvo se o comprador, conhecendo o perigo ao tempo da compra, declarar expressamente no instrumento do contrato, que toma sobre si o risco; devendo entender-se que esta cláusula não compreende o risco da coisa vendida, que, por algum título, possa pertencer a terceiro."

Por sua vez, Rui Barbosa sustentou que a clientela não podia ser considerado um elemento do estabelecimento; portanto, não se haveria em falar em transferência da clientela com a alienação do estabelecimento. Ademais, sustentou Barbosa que, só se poderia aventar na transferência da clientela, mediante pacto expresso inserido no contrato de trespasse. Por derradeiro finalizou, mesmo que a clientela fosse considerada um elemento da azienda e tivesse sido transferida para o adquirente, haveria necessidade de uma cláusula expressa determinando a não concorrência por parte do alienante, caso contrário, estar-se-ia violando o princípio da livre concorrência estabelecida na Constituição Federal.

Talvez pelo prestígio que detinha na época, o Supremo Tribunal Federal deu ganho de causa ao Águia de Haia. O único voto divergente foi do ministro Pedro Lessa. Logo depois, talvez em virtude das críticas que recebera da doutrina comercialista, o Supremo Tribunal Federal iria alterar esse entendimento. Aliás, não poderia ser diferente, pois os argumentos ofertados por Rui Barbosa, talvez tenham impressionado mais pela sua fama e prestígio do que pelos fundamentos jurídicos utilizados pelo jurista.

Como é cediço, a alienação do estabelecimento envolve um conjunto de bens que estão em sinergia e que apresentam um resultado específico denominado aviamento. O aviamento, por sua vez, é o potencial de lucro produzido pelo estabelecimento. Não é simplesmente um amontoado de bens sem uma finalidade específica. O aviamento, por sua vez, está diretamente vinculado à clientela. Esta pode ser entendida como o conjunto de pessoas que comparecem ao estabelecimento do empresário para adquirirem os seus produtos ou usufruir de seus serviços. A doutrina costuma dizer que o aviamento e a clientela são faces da mesma moeda.

Rui Barbosa tinha razão quando afirmou que não se podia considerar a clientela como um elemento incorpóreo do estabelecimento empresarial. Eu acrescentaria que nem o aviamento pode ser considerado um elemento incorpóreo do estabelecimento. Na verdade, tanto a clientela como o aviamento podem ser considerados características do estabelecimento empresarial. Contudo, andou mal o conceituado jurista, talvez por estar na posição de advogado do Conde Alvares Penteado, ao afirmar que se a clientela não era um elemento do estabelecimento e só poderia ser transferida mediante um pacto expresso e, como isso não ocorrera, o alienante teria o direito de retomá-la em virtude do princípio da livre concorrência, prevista na Constituição Federal.

O contrato de trespasse é o negócio jurídico que tem por objeto a transferência do estabelecimento empresarial. Como muito bem salientou J. X. Carvalho de Mendonça, o alienante tem que fazer boa a coisa vendida, ou em outras palavras, o vendedor tem a obrigação de tomar todas as cautelas necessárias para que o comprador possa utilizar o bem adquirido em toda a sua plenitude. E, no contrato de trespasse, especificamente, uma das maneiras de garantir que o adquirente possa utilizar e usufruir do estabelecimento é justamente a não ocorrência por parte do alienante. Caso contrário, seria como vender um carro e tirar o motor.

A cláusula de não concorrência é elemento essencial que deve estar presente no contrato de trespasse. Sem esta cláusula, o contrato de trespasse se descaracteriza, pois, este negócio jurídico, para que se torne eficaz, o alienante tem o dever de não fazer concorrência em face do adquirente. Somente dessa maneira é que o alienante pode fazer boa a coisa, conforme palavras do saudoso comercialista.

O art. 1147[18] do Código Civil positivou esse entendimento preceituando que, salvo cláusula expressa em sentido contrário, o alienante não pode fazer concorrência em face do adquirente por um prazo de cinco anos subsequentes à transferência.

A doutrina de modo unânime e os poucos casos que chegaram ao judiciário entende que a vedação temporal não pode ser majorada. Ou seja, não se pode estipular um prazo maior de não concorrência do que os cinco anos; um prazo maior implicaria em cerceamento da atividade empresarial e feriria liberdades individuais do alienante esbarrando na inconstitucionalidade. Aliás essa é justamente a opinião de Oscar Barreto Filho que entendeu que na falta de lei expressa, em nosso país, não há que se admitir a majoração da vedação temporal.

Ademais, segundo as regras da boa hermenêutica, normas que restrinjam direitos devem ser interpretadas restritivamente, não se permitindo uma exegese ampliativa.[19]

No tocante à vedação espacial, o legislador pátrio adotou regra interessante, prevendo a regra geral de não fazer concorrência ao adquirente. Portanto, qualquer conduta praticada pelo alienante que perturbe a atividade desenvolvida pelo adquirente pode-se caracterizar em concorrência desleal. Se *ad cautelam*, as partes quiserem limitar uma certa localidade onde o alienante estaria proibido de atuar, seria possível a inserção de uma cláusula de raio. Essa cláusula poderia evitar futuras discussões judiciais a respeito da área de atuação do alienante.

Questão controversa na doutrina e na jurisprudência diz respeito da possibilidade de se estender a incidência do art. 1147 do Código Civil para a figura dos sócios quando a alienante for a sociedade empresária, pois, neste caso, os sócios não seriam os alienantes. A nosso ver, e diga-se de passagem a doutrina italiana caminha nesse sentido, não se pode automaticamente estender a vedação de não concorrência aos sócios da sociedade alienante. Imagina o absurdo de se estender

18. Art. 1.147 CC Não havendo autorização expressa, o alienante do estabelecimento não pode fazer concorrência ao adquirente, nos cinco anos subsequentes à transferência. Parágrafo único. No caso de arrendamento ou usufruto do estabelecimento, a proibição prevista neste artigo persistirá durante o prazo do contrato.
19. C. Maximiliano, Hermenêutica e Aplicação do Direito, Rio de Janeiro, Forense, 2002, p. 223.

a não concorrência a todos os acionistas de companhia aberta. Contudo, há que traçar limites para possa ser vedada a má-fé dos sócios que possam comprometer a completa exploração do estabelecimento por parte dos adquirentes.

A nosso ver, se o alienante é uma sociedade empresária há que se indagar quais sócios detêm o domínio da técnica. Em outras palavras, que sócios detêm conhecimento suficiente para organizar o estabelecimento alienado? Quais os sócios que efetivamente contribuíram para a constituição do estabelecimento cedido?

Em regra, pode-se afirmar que os sócios, que de fato exercem a administração, são aqueles que detêm o know-how e conhecimento da organização aziendal e, portanto, a estes poder-se-ia estender a proibição prevista no art. 1147 do Código Civil. Contudo, há que se verificar *in loco* para que se possa estender a proibição de não concorrência ao sócio.

Importante anotar que no tocante às sociedades personificadas, mormente à sociedade limitada e à sociedade anônima, não observamos nenhum impedimento legal para que no pacto societário possa ser incluída cláusula que estenda aos sócios o dever de não concorrência. Aliás, neste sentido Marcelo Feres colacionou o seguinte acórdão:

> **Concorrência desleal – oficina gráfica em pequena cidade – Sociedade formada por dois sócios – Desavença entre eles – Cota de um alienada a terceiro com o objetivo de não ser liquidada a oficina – Novo estabelecimento montado pelo ex-sócio nas proximidades do antigo – circunstâncias que demonstram malícia no negócio – Ação de indenização procedente – Apelação provida. Não é da liberdade de comerciar que nasce a concorrência desleal mas da má-fé alimentada pelo alienante. No caso de alienação do fundo de comércio, o contrato pode ser omisso quanto à vedação do alienante de regressar ao mesmo ramo, sob as mesmas condições (TJSP Apelação Civil 110.957, Rel. Henaclides Batalha de Camargo, 2-10-1961, RT. 325/226).**

Tema não menos interessante é o chamado dever de não concorrência em cascata. Em outros termos, havendo negócios jurídicos sucessivos de transferência do estabelecimento, o dever de não concorrência não se extingue. Exemplificando, se A transmite a azienda para B e, em seguida, este último transmite para C, o segundo negócio jurídico não libera A de não concorrer com C, o novo adquirente. O primeiro alienante A só estaria liberado pelo decurso do limite temporal dos cinco anos ou se tivesse sido excluído o dever de não concorrência, mediante pacto expresso no contrato.

A respeito do dever de não concorrência em cascata, veja interessante acórdão do TJSP AP. nº **372.207.4/9-00**. Transcrevo parte da decisão que nos interessa:

> **Eliana Conesa e Conesa & Barros Ltda. ME. Ajuizaram ação de indenização em face de Zilda Aparecida Roberto Signorette. Em síntese, alegaram**

que em 10 de setembro de 1999 adquiriram de Cristian Nogueira Monaco estabelecimento comercial 'com o fundo de comércio varejista de produtos alimentícios, rações para animais domésticos, artigos de couro e produtos veterinários' (fl.03). Esclareceram que a ré, alienante anterior do estabelecimento comercial, violou a cláusula quinta do compromisso de compra e venda originário, que a proíbe de se estabelecer no mesmo ramo de atividade na cidade de Jundiaí pelo prazo de três anos. Afirmaram que em novembro de 2001 a requerida abriu negócio nas proximidades do estabelecimento dos autores e sob o mesmo ramo de atividade. Com isto, incidiu a ré na prática de concorrência desleal e lhes causou prejuízos. Assim, pleitearam a sua condenação no pagamento de indenização por danos materiais – perda de receita do estabelecimento a partir de novembro de 2001 e desvalorização do fundo de comércio – e morais.

5.3.5. Art. 1148 do Código Civil (sub-rogação contratual)

No art. 1148[20] do Código Civil, encontramos uma regra essencial para que o adquirente possa utilizar o estabelecimento empresarial em toda a sua plenitude sem que haja fissuras no exercício dessa atividade. Como é sabido e consabido, a atividade empresarial deve ser perene e ininterrupta sob pena de comprometer todo o aparato logístico destinado para a produção ou circulação de bens ou serviços. Para tanto, o legislador estabeleceu a sub-rogação do adquirente nos contratos do alienante, desde que estes contratos sejam necessários para que o adquirente. O dispositivo em análise dispõe:

> "Salvo ***disposição em contrário, a transferência importa a sub-rogação do adquirente nos contratos estipulados para exploração do estabelecimento, se não tiverem caráter pessoal, podendo os terceiros rescindir o contrato em noventa dias a contar da publicação da transferência, se ocorrer justa causa, ressalvada, neste caso, a responsabilidade do alienante***".

Desse dispositivo podemos apontar quatro regras de importância para aqueles que estão se preparando para concurso públicos.

a) A norma possui natureza dispositiva, ou seja, as partes podem livremente afastar a sua incidência se assim desejarem. Portanto, se as partes não quiserem que algum contrato seja sub-rogado pelo adquirente podem excluí-lo, mediante ressalva expressa no contrato.

20. Art. 1148 do Código Civil Salvo disposição em contrário, a transferência importa a sub-rogação do adquirente nos contratos estipulados para exploração do estabelecimento, se não tiverem caráter pessoal, podendo os terceiros rescindir o contrato em noventa dias a contar da publicação da transferência, se ocorrer justa causa, ressalvada, neste caso, a responsabilidade do alienante.

b) Os contratos necessários para que o adquirente possa continuar a explorar o estabelecimento empresarial adquirido lhe são transferidos por força de lei. Não haverá, portanto, necessidade da alterá-los com a inclusão do nome do adquirente. Uma vez registrado o contrato e publicado, a sub-rogação se opera.

c) Aqueles que mantinham negócios jurídicos com a alienante, chamados de terceiros, terão o prazo de 90 (noventa) dias para rescindirem o contrato, agora com o adquirente, desde haja justa causa. Para que os terceiros possam-se liberar do vínculo negocial, sem que tenham que indenizar o adquirente da azienda, eles precisam apresentar uma justa causa, ou seja, algum motivo relevante que justifique o rompimento do contrato, por exemplo, há várias demandas judicias ente o terceiro e o adquirente ou, ainda, este foi condenado por crime falimentar.

d) Os contratos de caráter personalíssimo não serão transferidos ao adquirente, mesmo que estes sejam essenciais para a continuidade da atividade empresarial. Os contratos personalíssimos são aqueles estabelecidos pelas partes, levando em conta, primordialmente, aspectos subjetivos uns dos outros. No direito empresarial a existência desses contratos é rara. Esses contratos são mais comuns no direito civil. Podemos citar, como exemplo de contratos personalíssimo empresárias, o contrato de franquia e o de concessão mercantil. Este último é aquele estabelecido entre a concessionária e a montadora de automóveis.

Estabelecidas estas quatro premissas é necessário fazer uma abordagem no tocante ao contrato de locação devido à discussão doutrinária a respeito desse negócio jurídico e a sua incidência constante em concursos públicos.

O contrato de locação comercial é aquele em uma das partes, chamada de locador, mediante remuneração paga pela outra, esta denominada locatária, se compromete a fornecer-lhe, durante um certo lapso temporal, o uso e gozo de um imóvel destinado ao exercício da atividade empresarial.

Trata-se de um contrato bilateral, consensual, de duração e, mais importante, impessoal. Sendo, portanto, um contrato impessoal necessário para o desenvolvimento da atividade empresarial, e não havendo estipulação em sentido contrário, quando da alienação do estabelecimento, este contrato, por força do art. 1148 do Código Civil, será sub-rogado pelo adquirente, para que este possa continuar o exercício da empresa. Ocorre que, na lei de locações, Lei 8245/91, em seu art. 13 encontramos o seguinte preceito:

> **"a cessão da locação, a sublocação e o empréstimo do imóvel, total ou parcialmente, dependem do consentimento prévio e escrito do locador."**

Diante desse dispositivo, previsto na Lei de Locações, a discórdia foi iniciada. De um lado, a doutrina civilista entendeu que, sendo o art. 13 da Lei de Locações uma regra de natureza especial, este dispositivo prevaleceria diante da regra geral prevista no art. 1148 do Código Civil. A regra especial teria o condão de afastar a aplicação da regra geral. Portanto, mesmo havendo a alienação do estabelecimento empresarial, o contrato de locação não seria transferido automaticamente para o adquirente, sem anuência expressa do locador.

A nosso ver, prevalecendo este entendimento, de cunho nitidamente civilista, isto, certamente, proporcionaria um ganho econômico indevido ao locador, que estaria se locupletado injustamente diante do esforço alheio, propiciando ao locador um enriquecimento sem causa. O locador, como é sabido de todos que militam na seara mercantil, iria vincular a sua anuência a um proveito econômico. Em outras palavras, o locador iria exigir uma certa quantia para conceder a sua anuência.

A segunda corrente, esta de cunho nitidamente comercialista, talvez por estar mais próxima da realidade mercantil, entende que o art. 1148 do Código Civil, embora esteja topograficamente localizada no Código Civil, é de natureza especial, haja vista, cuidar especificamente da alienação do estabelecimento empresarial. Por sua vez, o art. 13 da Lei 8245/91, embora esteja inserida em uma legislação especial, pois cuida especificamente da locação, não cuida especificamente da alienação da azienda. Este dispositivo regula, de maneira geral, as hipóteses de cessão da locação, da sublocação e do empréstimo do imóvel locado, exigindo, para tanto, a anuência do locador. Ademais, esse dispositivo, previsto na Lei de Locações, somente se aplicaria as locações não empresárias. Enfim, quando houver trepasse, aplica-se o art. 1148 do Código Civil por se tratar de uma regra destinada especificamente a regular este negócio jurídico.

Adotando se essa segunda corrente, afastamos a possibilidade do locador vincular a sua anuência a um eventual proveito econômico e, com isso, se locupletar do esforço daquele que organizou a azienda. Ademais, nos parece tecnicamente o melhor entendimento.

Esse entendimento foi esposado pela Primeira Jornada de Direito Comercial, que, em seu enunciado de nº 8 entendeu que a sub-rogação do adquirente nos contratos de exploração atinentes ao estabelecimento adquirido, desde que não possuam caráter pessoal, é a regra, incluindo o contrato de locação.

Na legislação alienígena questão semelhante foi produto de discussão acalorada. A doutrina italiana se debruçou sobre a mesma questão, pois o do art. 2558 do Código Civil italiano, que possuía redação semelhante ao nosso art. 1148 do Código Civil brasileiro, determinava a sub-rogação contratual no caso de trespasse. Por outro lado, havia, também, na legislação italiana, o art. 1594[21] em seu Código Civil que, por sua vez, se assemelhava ao nosso art. 13 da Lei das locações.

21. Articolo 1594. Il conduttore, salvo patto contrario, ha facolt di sublocare la cosa locatagli, ma non pu cedere il contratto senza il consenso del locatore (1406).

A doutrina comercialista italiana entendia que, se prevalecesse a redação do art. 1594 do *Codice Civile* em detrimento do art. 2558[22] do mesmo diploma, isto iria propiciar em um enriquecimento indevido por parte do locador, pois este certamente iria vincular a sua anuência a um retorno econômico.

A Lei Italiana de nº 392 de 27 de julho de 1978, sensível aos argumentos expostos pela doutrina comercialista pôs fim a essa celeuma, não exigindo mais a anuência do locador quando houver a alienação do estabelecimento empresarial. Aliás, a nosso ver, medida semelhante já deveria ter sido adotada pelo legislador pátrio no intuito de pacificar essa questão.

Não devemos olvidar que, se houver justa causa, o locador terá o prazo de 90 dias para rescindir o contrato. Portanto, o locador não se encontra desamparado diante da redação do art. 1148 do Código Reale.

Por fim, poderíamos, ainda, adotar, se entendermos que o art. 1148 do Código Civil é norma da mesma natureza do art. 13 da Lei de 8.245/91, o critério cronológico para sustentar que deverá prevalecer o primeiro dispositivo em detrimento do segundo. De acordo com Norberto Bobbio[23] há três regras para a solução de antinomias: "A primeira é o cronológico em que a regra posterior derroga a anterior. Manifesta-se o autor: o critério cronológico, chamado também de lex posterior, é aquele com base no qual, entre duas normas incompatíveis prevalece a norma posterior, lex posterior derogat priori. Esse critério não necessita de comentário particular. Existe uma regra geral no direito em que a vontade posterior revoga a precedente e que de dois atos de vontade da mesma pessoa vale o último no tempo. Imagine-se a Lei como expressão de vontade do legislador e não haverá dificuldade em justificar a regra. A regra contrária obstaria o progresso jurídico, adaptação gradual do direito às exigências sociais, por absurdo, nas consequências que derivam da regra que prescrevesse ater-se à norma precedente. Além disso, presume-se que o legislador não queria fazer coisa inútil sem finalidade: se deve prevalecer norma precedente, a lei sucessiva seria um ato inútil e sem finalidade. No ordenamento positivo italiano, o princípio da lex posterior é claramente enumerado pelo art. 15 das disposições preliminares, nas quais entre as causas de ab-rogação, enumera-se

22. Articolo 2558 Successione nei contratti. Se non è pattuito diversamente, l'acquirente dell'azienda subentra nei contratti stipulati per l'esercizio dell'azienda stessa che non abbiano carattere personale (2112, 2610).

    Il terzo contraente può tuttavia recedere dal contratto entro tre mesi dalla notizia del trasferimento, se sussiste una giusta causa, salvo in questo caso la responsabilità dell'alienante. Le stesse disposizioni si applicano anche nei confronti dell'usufruttuario e dell'affittuario per la durata dell'usufrutto e dell'affitto.

23. Nesse momento gostaríamos de abordar uma questão, o livro de Norberto Bobbio denominado de Teoria do Ordenamento Jurídico é de leitura obrigatória para aquele que pretende obter aprovação em concurso público, pois este livro fornecerá informações importantes para o aluno.

também aquela que deriva da formulação de uma lei incompatível com a lei precedente. Textualmente: as leis não são revogadas a não ser por incompatibilidade entre as novas disposições e as precedentes."

5.3.6. Art. 1149 do Código Civil (créditos do estabelecimento)

Havendo a alienação do estabelecimento empresarial, a cessão dos créditos ocorre automaticamente ao adquirente e produzirá efeitos em relação aos devedores, desde o momento da publicação da transferência, de acordo com o art. 1149 do Código Civil.

Conforme nos manifestamos alhures, os débitos não podem ser considerados bens e, consequentemente, não fazem parte do estabelecimento empresarial. Logo, o passivo não pode ser transferido automaticamente ao adquirente do estabelecimento. Se os débitos não fazem parte do estabelecimento empresarial, os créditos também não podem ser considerados um elemento da azienda. Portanto, não seriam transferidos automaticamente ao adquirente. O raciocínio nos apresenta com coerência.

Contudo, o legislador adotou um outro critério em relação aos créditos do estabelecimento empresarial, entendendo que, em virtude dos débitos que são carreados ao adquirente em virtude de cláusulas contratuais e de normas especiais, mormente os débitos trabalhistas e tributários; os créditos também devem ser transferidos ao adquirente como uma maneira de balancear o passivo e o ativo.

Importante relembrar que pelos débitos regularmente contabilizados, haverá uma solidariedade entre o alienante e adquirente pelo prazo de um ano, de acordo com o art. 1146 do Código Civil.

Enfim, os créditos do estabelecimento empresarial serão transferidos ao adquirente do estabelecimento empresarial, sem a necessidade de cláusula determinando essa transferência.

5.4. Elementos do estabelecimento empresarial

Neste tópico iremos abordar os elementos que integram o estabelecimento empresarial. Não existe uma lista de quais elementos necessariamente deverão integrar determinados estabelecimentos. Conforme dissemos anteriormente, como se trata de uma universalidade de fato, o empresário ou a sociedade empresária irão, livremente, organizar e selecionar quais elementos deverão compor essa universalidade. Portanto, iremos abordar alguns elementos essenciais, levando em conta as questões mais solicitadas nos concursos públicos.

Os elementos que compõem o estabelecimento podem ser corpóreos e incorpóreos. o direito comercial tutela apenas os bens incorpóreos, ou seja, aqueles que não possuem existência física, mas podem ser valorados economicamente.

Os bens corpóreos são tutelados por outros ramos do direito, como o direito penal, que tutela o patrimônio, estabelecendo sanções para aquele, por exemplo, que subtrai um maquinário de um estabelecimento. Ou o direito civil que também tutela o domínio e posse de bens móveis ou imóveis por meio das ações possessórias. Enfim, não obstante, a importância desses bens corpóreos para a azienda, vamos analisar apenas os bens incorpóreos que integram a maior parte dos estabelecimentos.

5.4.1. Nome empresarial

Este sinal distintivo, já fora por nos analisado anteriormente, no entanto, cabe aqui alguns comentários específicos em relacionando o nome empresarial com casa comercial. O nome é sinal distintivo que identifica o empresário ou a sociedade empresária. Trata-se, conforme sustentamos, de uma vertente do direito da personalidade, porquanto não pode ser objeto de alienação, conforme preceitua o art. 1164 do Código Civil.

Ocorre que, no parágrafo único do sobredito dispositivo, encontramos a seguinte regra: "o adquirente de estabelecimento, por ato entre vivos, pode, se o contrato permitir, usar o nome do alienante, precedido de seu próprio, com a qualificação de sucessor." Importante destacar, que o referido dispositivo permite a utilização do nome, ou seja, somente **usar** e desde que isto ocorre com a alienação do estabelecimento. Não se trata de alienação do nome, aliás vedada pelo caput do dispositivo.

Este dispositivo acabou por perder a eficácia no mundo fático, pois, em primeiro lugar, o alienante não tem interesse em permitir que o adquirente utilize seu nome, pois qualquer conduta danosa praticada pelo adquirente poderá macular a reputação da alienante; em segundo lugar, o adquirente também não tem interesse em usar o nome do alienante, já que a clientela não conhece o nome empresarial, mas sim, o título de estabelecimento ou a marca. Para o adquirente é muito mais vantajoso, do ponto de vista econômico, obter o uso da marca ou do título de estabelecimento do alienante, estes sim, amplamente conhecido pelos consumidores. Por exemplo, todos conhecemos a marca Coca-Cola, mas poucos têm conhecimento de como se denomina a sociedade que produz esse produto.

Em suma, esse parágrafo único do art. 1164 do Código Civil apenas nos interessa para fins acadêmicos e para as questões elaboradas em concursos públicos, pois é um dispositivo que, no mundo fático, tem pouca, ou quase nenhuma, utilidade nos dias de hoje.

5.4.2. Título de estabelecimento

O título de estabelecimento é o sinal distintivo que identifica o próprio estabelecimento empresarial. Para sermos mais precisos, o título de estabelecimento identifica o local onde o empresário oferece seus produtos ou serviços para a sua clientela. É, justamente, neste local, onde a clientela localiza determinado empresário para que possa adquirir os bens ou serviços que este oferece.

O renomado comercialista, J. X. Carvalho de Mendonça conceituou o título de estabelecimento como o nome da loja, da oficina ou da casa comercial no restrito sentido; é a designação emblemática que as individualiza ou especializa, distinguindo-as claramente das outras do mesmo ou diversos gêneros. Em outras palavras, o título de estabelecimento, segundo a doutrina italiana, é o sinal distintivo que aparece na tabuleta do estabelecimento ou, se quiserem, no local de entrada da casa comercial.

Segundo o festejado Pontes de Miranda, o título de estabelecimento é nome de coisa e não de pessoas e, muito menos, para designar produtos ou serviços. Bastante elucidativa essa abordagem a respeito desse sinal distintivo. Portanto, o título do estabelecimento identifica esse complexo de coisas, que reunidas denomina-se estabelecimento empresarial.

Já o professor italiano e talvez o maior dos comercialistas italianos Alfredo Rocco conceituou o título de estabelecimento como o sinal distintivo expresso na tabuleta. É o sinal distintivo que individualiza o negócio, isto é, o local onde o comerciante exerce a sua atividade e assim encontra a sua clientela.

Uma observação importante, o título de estabelecimento é, muitas vezes, chamado de nome fantasia. Não se trata de nome. As espécies de nome são: firma, firma social ou razão social e denominação. Não se pode chamar o título de estabelecimento de nome fantasia. Nome fantasia, ou seja, aquele criado livremente por aqueles que organizam a companhia é a denominação. Portanto, vamos extirpar esses conceitos das nossas mentes, pois, do contrário, encontraremos dificuldade no momento da prova.

É interessante observar que o título de estabelecimento, em muitos casos, surge de designações oferecidas e criadas pela própria clientela. Na época da ditadura militar, na cidade de São Paulo, havia um bar que oferecia um determinado prato composto de bisteca de porco. Esse prato, pelo seu sabor peculiar e preço acessível, passou a atrair uma certa clientela, mormente estudantes de direito do Largo de São Francisco e da Pontifícia Universidade Católica. Como a maioria desses estudantes tinha ligação com os partidos de esquerda, os frequentadores desse local começaram a chamar o restaurante de sujinho, pois o local era perigoso em virtude da clientela de esquerda que lá frequentava. Era comum, nessa época, a presença dos órgãos de repressão no local e a apreensão de estudantes. Não obstante esse fato, o local ficou conhecido, em todo o Brasil, como sujinho, sendo que essa nomenclatura passou a atrair muitos clientes e proporcionar um ganho econômico considerável aos proprietários do restaurante.

Há, certamente, inúmeros casos como este, onde a clientela começa a denominar uma certa localidade, em virtude de algum fato ou acontecimento peculiar, e o estabelecimento empresarial se torna popular, sendo que a clientela é atraída pelo apelido que a azienda recebeu dos clientes. Esse fato não é de rara incidência na atividade comercial.

Em outros casos, o próprio proprietário do estabelecimento empresarial pode criar o seu título, por exemplo, Casas Bahia, Pernambucanas etc. Nestes exemplos, o próprio titular do estabelecimento, talvez querendo prestigiar uma certa localidade de onde vieram, criaram esses títulos que atraem uma vasta clientela em virtude de certas características.

Certamente, conforme dissemos anteriormente, a clientela conhece o título de estabelecimento ou a marca, mas dificilmente conhece o nome empresarial. Este último, é mais conhecido entre os empresários que atuam no mercado entre estes e seus fornecedores. Os consumidores têm conhecimento apenas do título de estabelecimento e da marca.

Certamente, esse sinal distintivo agrega um valor considerável ao estabelecimento empresarial, aumentando consideravelmente o aviamento proporcionado pela azienda. Contudo, não existe, atualmente, um órgão próprio para que o título de estabelecimento possa ser registrado. Este sinal distintivo não pode ser registrado na Junta Comercial, muito menos no Instituto Nacional da Propriedade Industrial (INPI) e, também, não cabe registro do título de estabelecimento, no Registro Civil de Pessoas Jurídicas. Com isso surge a questão, como proteger esse bem incorpóreo, que agrega um valor considerável à azienda, se um terceiro de má-fé utilizar um título de estabelecimento alheio?

Bom, primeiramente, embora não tenha um órgão próprio para o registro do título de estabelecimento, o art. 195 da Lei 9279/96, que cuida dos bens da propriedade industrial, considera crime de concorrência desleal, a utilização de título de estabelecimento alheio. Ou seja, é considerado infração penal a utilização de título de estabelecimento alheio. Logo, o legislador tem ciência da importância deste sinal distintivo para o empresário e necessidade de tutelá-lo.

A nosso ver, pelo valor econômico representado pelo título de estabelecimento, deveria haver um órgão próprio para o seu registro. Com isso, a tutela desse bem seria mais efetiva e mais fácil de ser constituída pelo seu titular, caso haja necessidade de apresentá-la em juízo. Hoje em dia, a prova da titularidade desse bem deve ser feita mediante todas as possibilidades ofertadas pelo ordenamento jurídico, ou seja, o seu titular pode provar o seu domínio com prova documental testemunhal etc.

Ademais, por não possuir um órgão próprio para o registro do título de estabelecimento, a simples utilização desse sinal pelo seu titular não teria o condão de impedir que uma outra pessoa pudesse registrá-lo como marca. Não menos verdade é que, desde que possua provas previamente constituídas, o detentor da título de estabelecimento poderia solicitar, junto ao INPI, o cancelamento desse registro, provando que a marca já era utilizada por ele como título de estabelecimento, conforme o dispõe o art. 124, V, da Lei 9279/96.[24] Segundo esse dispositivo, não são registráveis como marca, a reprodução ou imitação de elemento característico ou diferenciador de título de estabelecimento ou nome de empresa de terceiros, suscetível de causar confusão ou associação com estes sinais distintivos.

Toda essa problemática poderia ser solucionada se o registro do título de estabelecimento pudesse ser efetuado naquele órgão federal. Até que isto ocorra, essas discussões continuarão a desaguar no Judiciário e, pior, criando dificuldades para o pleno desenvolvimento da nossa economia. Não conseguimos entender o motivo pelo qual o legislador excluiu o registro do título de estabelecimento no INPI.

Para finalizar, trazemos à colação, o agravo de instrumento nº 2006.02.01.009831-6 oriundo do TRF-2. A discussão diz respeito, em síntese, sobre uma marca nominativa denominada **Dacolonia**, que, segundo a agravada teria reproduzido o seu título de estabelecimento denominado **Rapadura da Colônia**. Ademais, a marca e o título atuam no mesmo ramo de atividade. O tribunal *ad cautelam* suspendeu a utilização da marca por parte da agravante até que no processo de cognição exauriente as partes possam demonstrar as provas. Tendo em vista o valor didático dessa decisão reproduzo um trecho do agravo de instrumento da lavra da relatora Liliane Roriz:

> A antecipação de tutela é provimento jurisdicional de caráter provisório, cuja concessão encontra-se vinculada ao preenchimento de determinados requisitos, elencados no art. 273, *caput* e incisos, do Código de Processo Civil. Em primeiro lugar, o juiz deve, em mero juízo de probabilidade, convencer-se da verossimilhança das alegações do postulante.
>
> Além disso, para a concessão da medida, é imprescindível que haja fundado receio de dano irreparável ou de difícil reparação ou que fique caracterizado o abuso de direito de defesa ou o manifesto propósito protelatório do réu. Ao julgar o agravo de instrumento, cabe ao órgão colegiado perquirir se estão presentes os mesmos requisitos necessários para a antecipação do pleito autoral, evitando imiscuir-se no mérito da ação principal, pendente de julgamento na instância inferior. Insurge-se a agravante contra decisão que deferiu a antecipação dos efeitos da tutela, para suspender os efeitos do registro nº 817.459.332, relativo à marca "DACOLONIA", até o julgamento definitivo do mérito da demanda. Nos termos do art. 124, inciso V, da LPI, preceitua que não podem obter registro como marca "*reprodução ou imitação de elemento característico ou diferenciador de título de estabelecimento ou nome de empresa de terceiros, suscetível de causar confusão ou associação com estes*

24. Art. 124 da LPI Não são registráveis como marca: "a reprodução ou imitação de elemento característico ou diferenciador de título de estabelecimento ou nome de empresa de terceiros, suscetível de causar confusão ou associação com estes sinais distintivos." Grifo nosso.

> *sinais distintivos*". O suporte fático da norma proibitiva compõe-se, pois, de três elementos: o sinal definidor de nome de empresa ou título de estabelecimento; ilegitimidade do pretendente ao registro, por não lhe pertencer o nome e não lhe ter sido concedido o direito de explorá-lo; e possibilidade de confusão.
>
> Na hipótese vertente, constata-se a similitude gráfica e fonética existente entre a marca em discussão – "DACOLONIA" – e o título de estabelecimento da autora – "RAPADURA DA COLÔNIA" – bem como o fato de que ambas as empresas atuam no mesmo setor mercadológico (doces), configurando-se a possibilidade de erro ou confusão por parte do consumidor. Acrescente-se a tal conjuntura o fato de que, além de se dedicarem ao mesmo ramo de mercado, localizam-se ambas na mesma cidade, qual seja, Santo Antônio da Patrulha, no Rio Grande do Sul, o que torna mais restrito o público consumidor diretamente atingido, aumentando o risco de associação equivocada quanto à origem dos produtos. Além disso, o conjunto probatório demonstra que os atos constitutivos da autora datam de 1981 (fls.103), utilizando-se desde então do título de estabelecimento mencionado (fls. 113/158), e a concessão do registro da marca ora em análise se deu em 26/07/2005 (fls. 47), militando em favor daquela o privilégio da anterioridade. Desta forma, há verossimilhança nas alegações da autora, cujo alegado direito exsurge da mera análise preliminar da questão. Verifica-se igualmente a existência de perigo de dano irreparável ou de difícil reparação, na medida em que a revogação da antecipação dos efeitos da tutela implicará na possibilidade de a empresa ré continuar explorando os produtos assinalados pelo signo em questão, daí decorrendo prejuízos à autora sob o aspecto da captação de clientela. Por último, ressalte-se que as decisões monocráticas proferidas pelos Juízes singulares devem ser, sempre que possível, prestigiadas, seja em virtude do poder geral de cautela inerente ao magistrado, seja em decorrência do fato de a eles incumbir a condução do processo de conhecimento, somente devendo ser reformadas quando houver manifesto abuso de poder ou se eivadas de ilegalidade, o que não se verifica *in casu*. Ante o exposto, NEGO PROVIMENTO ao presente agravo de instrumento.

Pelo aresto colacionado, é possível verificar que à semelhança da marca e do nome empresarial, o título de estabelecimento é merecedor de tutela jurisdicional adequada devido a sua importância econômica para o empresário ou sociedade empresária. Fica, também, evidente que a clientela ou consumidores se identificam mais com a marca e com o título de estabelecimento do que com o nome empresarial. Outrossim, a utilização de título de estabelecimento alheio provoca grandes prejuízos econômicos ao seu detentor.

Por derradeiro, o título de estabelecimento, diferentemente do que ocorre com o nome empresarial, pode ser objeto de alienação em virtude de seu valor econômico. Na maioria das vezes, o título é alienado juntamente com o estabelecimento empresarial, mas nada obsta que este sinal distintivo possa ser alienado sem a azienda.

Conforme dissemos anteriormente, o estabelecimento empresarial não recebeu a devida tutela legislativa adequada por parte do nosso legislador. Na verdade, a Lei 9279/96 deveria disciplinar entre os bens da propriedade industrial o nome empresarial e o título de estabelecimento; isto, certamente, contribuiria para uniformizar a matéria, bem como evitar situações como esta descrita no supracitado acórdão.

5.4.3. O ponto empresarial

Iniciamos este tópico afirmando que este assunto merece atenção especial por parte daqueles que pretendem obter aprovação em concursos públicos. Assunto de grande incidência e que se desenvolverá em vários outros subtemas, sendo que alguns desses subtemas extrapolarão a nossa competência didática, mas, certamente, terão uma melhor compreensão por parte do aluno analisados neste tópico.

O ponto empresarial pode ser conceituado como o lugar onde o empresário ou sociedade empresária desenvolvem a sua atividade de produção ou circulação de bens ou serviços, a chamada empresa. Pode-se dizer que o ponto é o local onde a clientela encontra o empresário.

O ponto é um bem incorpóreo do estabelecimento empresarial. Importante que se diga que ponto pertence àquele que organizou a azienda. Na verdade, o ponto como um bem, acrescido de um valor econômico, só existe quando integrado a um bem maior que é o estabelecimento empresarial. Ou seja, o ponto somente poderá ser valorado quando este local estiver vinculado a um conjunto de bens organizado e dinâmico, e que, consequentemente, apresente aviamento, ou seja, um potencial para produzir lucro. O local, por si só, não necessita da proteção específica que ordenamento jurídico oferta ao ponto.

O ponto, como dissemos, é um bem incorpóreo que não se confunde com o bem corpóreo onde ele se insere. Em regra, o empresário não detém o domínio do imóvel onde ele irá organizar o seu estabelecimento empresarial. Em regra, o empresário irá locar um determinado imóvel para que possa, neste imóvel locado, organizar a sua azienda. Quando isto acontece, o estabelecimento pertencerá ao locatário, que o organizou; contudo, o domínio continua pertencendo ao locador, proprietário do imóvel. Neste caso, teremos que tutelar a azienda, mormente o ponto, mas também, não podemos olvidar da tutela da propriedade. São dois bens, que podem ser valorados economicamente, e ambos precisam ser tutelados.

Neste momento, o estudante pode ser induzido em erro, achando que a tutela primordial deva ser ofertada àquele que detém o domínio, tendo em vista o valor superior que o imóvel alcança em relação ao ponto. Ledo engano, muitas vezes, o ponto alcança valores muito superiores aos valores alcançados pelo imóvel. Não estamos sustentando que a tutela do ponto deva prevalecer sobre a tutela do imóvel, apenas entendemos que ambos os bens possuem valores distintos e, a tutela ofertada a deles não pode aniquilar o outro.

A propriedade recebe tutela constitucional e tutela infraconstitucional. Por exemplo, no art. 5º, XXII, da Constituição Federal, o legislador constitucional elegeu o direito de propriedade como uma garantia fundamental, assim como a vida e a liberdade individual. Por sua vez, o Código Civil e o Código de Processo Civil, também oferecem proteção à propriedade. No art. 1.228 do Código Civil, o legislador assegura ao proprietário o direito de usar, gozar e dispor da sua propriedade e o Código de Processo Civil oferece proteção da posse, por meio das ações possessórias, e proteção da propriedade, por meio da ação reivindicatória.

Já a tutela do ponto empresarial é ofertada por meio da ação renovatória, prevista no art. 51 da Lei 8245/91, conhecida como Lei de Locações. A ação renovatória é o meio legal da proteção do ponto empresarial, obrigando o locador a renovar o contrato de locação, desde que atendidos certos requisitos previstos em lei, ou permitindo, em certas hipóteses, que o locatário seja indenizado pela perda do ponto.

É importante ter em mente que, a ação renovatória tutela, não o local ou o locatário, mas sim, o estabelecimento, empresarial, ou seja, protegendo as ferramentas utilizadas pelo empresário, estamos protegendo o tripé economia moderna. Estamos, portanto, protegendo:

a) os que lá oferecem a sua força de trabalho;
b) os interesses do Estado que aufere vantagem econômica com o pagamento de tributos realizada pela atividade econômica;
c) e os consumidores, que se beneficiarão dos produtos oferecidos pelo empresário.

Quanto mais empresários estiverem operando no mercado, os produtos melhorem de qualidade e os preços tornam-se mais acessíveis.

Para que o locatário-empresário possa manejar a ação renovatória e, com isso, proteger o seu estabelecimento empresarial, o art. 51 da Lei 8245/91[25] exige três requisitos, são eles:

---

25. Art. 51 da Lei 8254/91 estabelece os requisitos para a ação renovatória. Nas locações de imóveis destinados ao comércio, o locatário terá direito a renovação do contrato, por igual prazo, desde que, cumulativamente:
I – o contrato a renovar tenha sido celebrado por escrito e com prazo determinado;
II – o prazo mínimo do contrato a renovar ou a soma dos prazos ininterruptos dos contratos escritos seja de cinco anos;

a) primeiramente, o contrato a renovar deve ter sido elaborado por escrito e com o prazo determinado;

b) o prazo mínimo do contrato a renovar deve ser de 5 (cinco) anos, admitindo-se, desde que não haja interrupção temporal, a soma de contratos anteriores para atingir o prazo mínimo mencionado. Admite-se, contudo, a soma de contratos anteriores, inclusive na hipótese de sucessão. Essa possibilidade de somar-se os prazos dos contratos anteriores podem ser representados pela expressão latina *acessio temporis*.

É importante observar que no inciso II do art. 51 da Lei 8.245/91 é enfático quando determina que não pode haver interrupção temporal entre os contratos a serem somados. Se houver interrupção temporal entre os contratos, não se pode admitir a soma.

O Superior Tribunal de Justiça, por sua vez, passou a entender que, mesmo que tenha havido lapso temporal entre os contratos há que se admitir o *acessio temporis*, quando essa interrupção foi causada exclusivamente pelo locador como subterfúgio para que o locatário não possa-se utilizar da ação renovatória. Se houver provas nos autos de que o locatário encetou todos os esforços para que a renovação contratual ocorresse, mas houve procrastinação por parte do locador, há que se admitir a soma dos contratos. Na verdade, a posição adotada pelo STJ surgiu para coibir uma prática usual e maliciosa por parte de alguns locadores, que utilizam de subterfúgios para que ocorra uma interrupção temporal entre os contratos e, assim, não ocorra o *acessio temporis*. Com essa posição adotada pelo Superior Tribunal de Justiça, coibisse a má-fé do locador e prestigia-se o esforço do locatário que organizou a azienda e procura-se manter no local para o exercício da empresa.

Nessa toada podemos citar o recurso especial nº 150183-SP 1997/0069995-1 STJ[26] da lavra do ministro Vicente Leal.

> PROCESSUAL CIVIL. LOCAÇÃO. AÇÃO RENOVATÓRIA. "ACCESSIO TEMPORIS". SOMA DOS PRAZOS CONTRATUAIS. INTERRUPÇÃO MÍNIMA. VIABILIDADE. – Em sede de ação renovatória de locação comercial, se o período de interrupção entre a celebração dos contratos escritos não é significativo, é de se admitir o "accessio temporis" pela soma de seus prazos, a fim de viabilizar a pretensão renovatória pelo perfazimento do qüinqüídio legal exigido. – Precedentes desta Corte. – Recurso conhecido e provido.

c) que o locatário esteja explorando a mesma atividade empresarial por um prazo mínimo e ininterrupto de 3 (três) anos. Deve-se entender que a proteção não é ofertada ao locatário, seja este pessoa física ou

III – o locatário esteja explorando seu comércio, no mesmo ramo, pelo prazo mínimo e ininterrupto de três anos.

26. STJ, REsp 150183/SP, Rel. Ministro VICENTE LEAL, 6ª T., j. 09/03/1999, DJ 05/04/1999.

mesmo pessoa jurídica, mas sim, para proteger e conservar o estabelecimento empresarial. Se a *mens legis* é no sentido da proteção do estabelecimento e, para se caracterizar o estabelecimento há necessidade de aviamento e consequentemente da clientela. Porquanto, o legislador entendeu que é preciso estar há pelo menos três anos, no exercício da mesma atividade, para que haja uma clientela consolidada e, consequentemente, incidir a proteção legal. Sem que haja uma clientela consolidada não há por que incidir a proteção dispensada pela ação renovatória. Lembremos, a proteção é ofertada para a azienda e para a preservação da atividade empresarial.

Por exemplo, o empresário que possui um mercadinho por dois anos; depois, transforma o mercadinho em um lava-rápido por mais dois anos e no último ano organiza uma farmácia. Esse indivíduo não possui uma clientela consolidada e logo não terá direito à ação renovatória.

O prazo dessa ação é de natureza decadencial, ou seja, não se interrompe e nem se suspende; o locatário deverá ingressar com esta ação nos primeiros seis meses do último ano de vigência do contrato, conforme previsto no art. 51, parágrafo quinto [27], da lei do inquilinato. Muita atenção no tocante a esse prazo, pois o prazo termina sempre seis meses antes do término da locação. Então, se a locação teve início em janeiro de 2010, o último ano do contrato será em 2015, sendo que o locatário decairá de seu direito, no dia 30 de junho de 2015, embora o contrato tenha vigência até o dia 31 de dezembro de 2015.

Uma outra questão que merece especial atenção do aluno diz respeito ao prazo previsto no caput do art. 51 da lei em comento. Neste dispositivo, o legislador preceitua que o locatário terá direito a renovação do contrato por prazo igual. Este prazo igual mencionado neste dispositivo é de cinco anos, ou seja, sendo procedente a ação renovatória, independentemente, do prazo do contrato anterior, o locatário terá direito a um novo contrato de cinco anos.

Atendido os requisitos previstos no art. 51 da lei especial, o locatário, se não tiver acordo com o locador, terá que intentar a competente ação renovatória para que possa permanecer por mais cinco anos no local. Neste momento teremos, segundo Francesco Carnelutti, um conflito de interesses resistido. De um lado temos o dono do imóvel, detentor do direito real de propriedade e de outro temos o empresário, aquele que com seu esforço próprio organizou a azienda, bem este tão precioso para a coletividade. Como cotejar esses dois interesses? Bom o legislador, como é da tradição do nosso ordenamento, pendeu por proteger, de maneira

27. Do direito a renovação decai aquele que não propuser a ação no interregno de um ano, no máximo, até seis meses, no mínimo, anteriores à data da finalização do prazo do contrato em vigor.

exagerada, a propriedade em detrimento do complexo aziendal. Não levando em conta, os interesses diretamente vinculados a este complexo de bens, tais como trabalho, Estado e consumidor.

O locador possui a sua disposição as chamadas exceções de retomada, que são possibilidades legais, que lhe são conferidas pelo legislador, para que este possa obstar as pretensões do locatário, e com isso, retomar o seu imóvel. As exceções de retomada são essas:

a) Para realização de obra, de caráter substancial, por determinação do Poder Público. As obras devem ser, de acordo com o dispositivo, obras que importem na sua radical transformação, ou seja, devem ser modificações estruturais no imóvel. A nosso ver, obras que, por sua vez, não podem ser realizadas com o locatário no imóvel, como o recuo do imóvel por determinação da prefeitura.

b) Para a realização de obras que tenham por objeto aumentar o valor do imóvel. Neste caso, as obras também devem ser de caráter substancial, ou seja, de tal amplitude que não possam ser realizadas com o locatário no imóvel. Por exemplo, a construção de um pavimento superior para que o imóvel obtenha um valor maior em futuras locações.

c) Se a proposta do locatário não atende ao valor locativo real do imóvel na época da locação, sem, contudo, considerar o valor acrescido ao imóvel pela valorização do ponto.

d) Para transferência de estabelecimento empresarial, que o legislador chamou de fundo de comercio, existente há mais de um ano, sendo detentor da maioria do capital social o locador, seu cônjuge, ascendente ou descendente.

   Portanto, se o cônjuge do locador detiver a maioria das cotas de uma sociedade limitada, que tem por objeto a atividade de estética corporal, existente há mais de um ano, o locador poderia se recusar a renovar a locação sob a alegação de que iria transferir este empreendimento para o seu imóvel.

e) O locador poderá solicitar a devolução do imóvel, recusando se a renovar a locação quando a exceção de retomada for para uso próprio. O locador, como proprietário que é, pode simplesmente solicitar a devolução do imóvel para que a sua utilização.

Pode-se notar, que o legislador ampliou demasiadamente as exceções de retomada por parte do locador, privilegiando aquele que detém o domínio em detrimento daquele que organizou o estabelecimento empresarial. Cabe nos, neste momento, verificar em que hipóteses ocorreu a efetiva tutela do locatário por parte do legislador.

Bom, a primeira preocupação do legislador foi evitar que o locador pudesse se beneficiar indevidamente do esforço encetado pelo locatário. Encontramos essa preocupação no parágrafo primeiro do art. 52 da lei do inquilinato. Neste parágrafo, o legislador determina que, se a exceção de retomada tiver por fundamento a transferência de estabelecimento existente há mais de um ano (letra d) ou se for para uso próprio (letra e), o locador, cônjuge, ascendente ou descendente não poderão, mesmo por meio de sociedade da qual sejam sócios, exercer a mesma atividade que era exercida pelo locatário.

Antes de continuarmos, não incide a proibição, na chamada locação-gerência, ou, em outras palavras, quando no contrato de locação houver, além da propriedade, o arrendamento do estabelecimento empresarial, que o legislador chamou de fundo de comércio. Nesta hipótese, o domínio do imóvel e a titularidade do estabelecimento pertencem ao locador-proprietário. Portanto, neste caso, o locador poderá solicitar o imóvel para uso próprio e manter a atividade empresarial exercida pelo locatário, pois a atividade foi organizada pelo locador.

Como estávamos dizendo, o legislador se preocupou em evitar o enriquecimento sem causa por parte do locador, ou de seus agregados, que certamente se beneficiaria da clientela formada pelo locatário se pudesse exercer a mesma atividade deste último. Dessa maneira, estabeleceu-se a vedação legal.

O fundamento da proibição merece aplausos e seu fundamento encontra-se enraizado nos princípios gerais do direito. Não obstante isso, alguns autores tingiram o art. 52, parágrafo primeiro[28], da Lei 8245/91 de inconstitucional, pois, este dispositivo estaria privando o proprietário de utilizar a sua propriedade em toda a sua plenitude. O detentor do domínio não poderia usar, gozar e dispor da sua propriedade, conforme determina o Código Civil e a Constituição Federal. Essa vedação estaria limitando os poderes do proprietário e desse modo violando os ditames constitucional.

Não podemos deixar de concordar, de certo modo, com os argumentos expostos pelos defensores da inconstitucionalidade do mencionado dispositivo. Não há como negar que a vedação limitaria os poderes naturalmente concedidos ao proprietário. Ocorre que, de acordo com nosso pensamento, somente se poderia falar em inconstitucionalidade, desde que a vedação não tivesse limite temporal. Em outras palavras, a inconstitucionalidade estaria patente, desde que a vedação fosse for *ad aeternum*. Se entendêssemos que nunca mais o proprietário pudesse exercer determinada atividade em seu imóvel, neste caso, flagrante a violação do preceito constitucional.

---

28. Art. 52, parágrafo primeiro da Lei 8245/91. Na hipótese do inciso II, o imóvel não poderá ser destinado ao uso do mesmo ramo do locatário, salvo se a locação também envolvia o fundo de comércio, com as instalações e pertences.

Contudo, a suposta inconstitucionalidade pode facilmente ser sanada. Podemos utilizar uma regra auxiliar para corrigir este dispositivo. Pode se, com fundamento no art. 1147 do Código Civil, entender que a vedação temporal necessária para que o locador não se beneficie do esforço do locatário deveria ser o mesmo prazo estipulado para que o alienante não faça concorrência desleal em face do adquirente da azienda. Logo, o locador estaria por um prazo de cinco anos, contados da retomada do imóvel, proibido de exercer a mesma atividade exercida pelo locatário. Após este lapso temporal, o locador estaria livre para utilizar o seu imóvel da melhor maneira que quiser. Portanto estaria sanada a suposta inconstitucionalidade do dispositivo e, ao mesmo tempo, estaria se prestigiando o respeito pela clientela alheia.

Sem dúvida esse dispositivo procurou equilibrar o pêndulo da balança que, por uma opção legislativa, beneficiou àquele que detém o domínio da coisa em detrimento daquele que organizou a estrutura empresarial. Contudo, podemos mencionar alguns outros dispositivos, ainda que tímidos, que procuraram prestigiar o esforço do empresário. Podemos elencar, por exemplo, algumas situações em que o locatário deverá ser indenizado pela perda do ponto empresarial, ou melhor, pelo desmantelamento de seu estabelecimento empresarial.

A primeira hipótese visa coibir a má-fé do locador, pois, de acordo com o art. 52, parágrafo terceiro[29], da legislação em comento, se este não der o destino alegado na exceção, dentro do prazo de três meses, contados da entrega do imóvel, ou não realizar as obras determinadas pelo Poder Público ou as que declarou pretender realizar, o locatário deverá ser indenizado. Entende-se inverídica a exceção e sujeita o locador a indenizar o locatário.

A outra hipótese em que o locatário deverá ser indenizado pelo locador ocorrerá na chamada proposta melhor de terceiro, prevista no art. 52, parágrafo terceiro c/c o art. 72, III[30], da mesma legislação. Se o locador receber de um terceiro uma oferta em melhores condições do que aquela apresentada pelo locatário, sendo aceita essa proposta pelo locador, o locatário deverá ser indenizado pelos prejuízos sofridos pelos lucros cessantes, pelas despesas com a mudança, pela perda do local e, ainda, pela desvalorização do estabelecimento empresarial.

---

29. Parágrafo terceiro do art. 52 da Lei 8245/91 assim dispõe: "O locatário terá direito a indenização para ressarcimento dos prejuízos e dos lucros cessantes que tiver que arcar com mudança, perda do lugar e desvalorização do fundo de comércio, se a renovação não ocorrer em razão de proposta de terceiro, em melhores condições, ou se o locador, no prazo de três meses da entrega do imóvel, não der o destino alegado ou não iniciar as obras determinadas pelo Poder Público ou que declarou pretender realizar." Grifo nosso.
30. Art. 72. da Lei de Locações assim estabelece que a contestação do locador, além da defesa de direito que possa caber, ficará adstrita a determinada matérias, sendo uma delas ao fato de ter havido proposta de terceiro para a locação, em condições melhores.

Contudo, o legislador exige que a proposta ofertada pelo terceiro seja reduzida a escrito e assinada pelo terceiro e por duas testemunhas[31] e com a clara indicação do ramo de atividade que o terceiro irá explorar, não podendo ser a mesma atividade que o locatário explorava. Esse documento deverá ser juntado na exceção de retomada apresentada pelo locador. Se o locatário, em replica, ofertar o mesmo valor oferecido pelo terceiro, o locatário terá direito de ser mantido no imóvel.

Antes, porém, de finalizar esse tópico queremos apenas chamar a atenção do estudioso para o fato de que, mesmo tendo indenizado o locatário pela perda do ponto, o terceiro não pode exercer a mesma atividade que o locatário exercia no local. O legislador mostra-se extremamente preocupado com o enriquecimento sem causa por parte do terceiro e com a questão da apropriação da clientela alheia.

Um último detalhe mais prático do que na verdade acadêmico, nesse valor pago a mais pelo terceiro para a aquisição do ponto, em regra, o locador já embute o valor da indenização que terá de pagar para o locatário. Esse valor a mais pago pelo terceiro para poder se beneficiar do imóvel do locador recebe o nome de luvas. Portanto, pode-se dizer que as luvas correspondem a um valor pago por uma pessoa, para que esta possa ter o direito de preferência e, ainda, para que possa usufruir de características peculiares daquele imóvel.

5.4.4. Bens da propriedade industrial

Os chamados bens da propriedade industrial estão disciplinados na Lei 9279, de maio de 1996 (Lei da Propriedade Industrial). Esses bens são considerados elementos incorpóreos do estabelecimento empresarial. Por uma questão didática, vamos abordar esses bens dentro do tópico estabelecimento empresarial, pois devido aos anos dedicados à atividade acadêmica, entendemos que a matéria será mais bem assimilada pelo aluno quando este visualizar uma função desempenhada por esses elementos e não, simplesmente, decorando conceitos inúteis e desconexos. Esses bens fazem parte de um todo e assim que serão compreendidos e estudados.

Antes, contudo, de abordamos os bens da propriedade industrial, é conveniente mencionar que estes bens recebem uma tutela constitucional. No art. 5º, XXIX, que cuida dos direitos e garantias fundamentais, o legislador preceituou o seguinte: "***lei assegurará aos autores de inventos industriais privilégio temporário para sua utilização, bem como proteção às criações industriais, à propriedade das marcas, aos nomes de empresas e a outros signos distintivos***".

---

31. O parágrafo segundo do art. 72 assim estabelece: "o locador deverá juntar prova documental da proposta do terceiro, subscrita por este e por duas testemunhas, com clara indicação do ramo a ser explorado, que não poderá ser o mesmo do locatário. Nessa hipótese, o locatário poderá, em réplica, aceitar tais condições para obter a renovação pretendida."

O direito norte-americano também atribui um status constitucional ao direito industrial. Veja o que dizem os professores Roger Leroy Miller e William Eric Holloweli em seu manual de Business Law: "*The need to protect this property is recognized in the Constitution. Article I, Section 8, authorizes Congress to promote the progress of the science and useful arts, by securing for limited times to authors and inventors the exclusive right their respective writings and discoveries*".

Vislumbra se, diante da inserção da matéria no rol dos direitos e garantias fundamentais constitucionais, o quão importante é esse tema para o nosso ordenamento jurídico. Aliás, é bom que se diga, o Brasil foi o quarto país no mundo a legislar sobre o direito industrial; logo depois da Inglaterra, Estados Unidos e França respectivamente.

A Lei 9279/96 cuida da invenção, modelo de utilidade, desenho industrial, marca indicações geográficas e da concorrência desleal, mas, por uma má escolha legislativa, não cuidou do nome empresarial, que ficou relegado à Lei de nº 8934/94, que cuida do registro do empresário e da sociedade empresária. Se tivesse seguido as orientações da Convenção de Paris, da qual o Brasil é signatário desde 1883, hoje em dia, o nome empresarial encontraria proteção em todo território nacional e não apenas nos limites do estado onda o empresário ou sociedade empresária realizaram sua inscrição, de acordo com o art. 1166 do Código Civil. Com isso, teríamos resolvido uma serie discussões que aportam todos os dias no Judiciário. Mais não foi só isso, se o legislador tivesse determinado que o registro do título de estabelecimento fosse efetuado no Instituto Nacional da Propriedade Industrial teríamos solucionado, também aqui, uma serie de discussões no tocante a prova da titularidade desse sinal distintivo. Enfim, o nome empresarial, o título de estabelecimento e, quiçá, até o nome de domínio mereciam a mesma tutela oferecida às marcas e patentes.

Uma questão muito usual em concurso público diz respeito às diferenças entre o direito industrial e o direito autoral. Contudo, precisamos, inicialmente, conceituar o direito autoral para, depois, estabelecer uma diferença entre ambos. O direito autoral pertence ao direito civil, sendo que este ramo do ordenamento jurídico visa proteger a obra intelectual, de natureza cientifica, artística ou literária e, também, o programa de computadores. Muito cuidado com este último, mesmo sendo registrado no INPI, o programa de computador pertence ao direito autoral.

A principal diferença entre o direito industrial e o direito autoral diz respeito a natureza jurídica do registro. O direito industrial possui natureza constitutiva, ou seja, é o registro no Instituto Nacional de Propriedade Industrial que transforma aquele que criou determinado maquinário em inventor e lhe concede exclusividade na exploração desse invento. Portanto, pode-se dizer que o primeiro que depositou ou registrou o invento no órgão competente será considerado o inventor, mesmo que não tenha sido ele o primeiro que de fato tenha criado esse invento. Logo, o registro dos bens da propriedade industrial possui natureza constitutiva, ou seja, é titular do direito industrial o primeiro que efetuou o registro; este sistema pode ser representado pela expressão advinda do direito norte-americano: ***First-Come, First – Served.***

Por sua vez, o direito autoral possui natureza jurídica completamente distinta. Por exemplo, o escritor de uma obra literária se torna detentor daquela obra literária quando terminou a confecção do seu livro. Findo o livro, pode-se dizer que o escritor é o legítimo detentor dessa obra com direito à exclusividade, podendo impedir que uma outra pessoa venha a publicar essa obra. O mesmo acontece com o pintor; terminada a confecção do quadro, o artista que detentor dessa pintura. Por conseguinte, pode-se afirmar que o registro dessas obras intelectuais tem natureza declaratória. O registro some atesta algo que já ocorrera, prova da anterioridade, e da publicidade.

5.4.4.1. Invenção

Posto essa ideia que era de rigor, passamos a analisar individualmente cada um dos bens da propriedade industrial. Iniciamos com a invenção, conceituando a como uma criação advinda do espírito empreendedor do inventor que possua uma finalidade para a indústria. Não estamos falando de qualquer criação, mas somente daquela que tenha por objetivo a produção ou circulação de bens ou serviços.

É verdade que a Lei 9.279/96, que cuida dos bens da propriedade industrial, não nos ofereceu um conceito jurídico da invenção; contudo o legislador estabeleceu alguns requisitos necessários para a obtenção da patente de invenção. O legislador elencou quatro requisitos:

a) O primeiro requisito chama-se da **novidade**. Para atender a esse requisito o invento não pode estar compreendido no estado da técnica. É o que se denomina nos Estados Unidos de *state of the art*. O nosso legislador, contudo, definiu o estado da técnica, no art. 11, parágrafo primeiro da LPI, assim: "*o estado da técnica é constituído por tudo aquilo tornado acessível ao público antes da data de depósito do pedido de patente, por descrição escrita ou oral, por uso ou qualquer outro meio, no Brasil ou no exterior, ressalvado o disposto nos arts. 12, 16 e 17*". Pode-se, desse modo, dizer que o estado da técnica é tudo aquilo que não está acessível à coletividade. É invento será considerado novo quando não estiver acessível, de maneira fácil, à coletividade. É novo o que não for conhecido.

b) A **atividade inventiva** é o segundo requisito exigido pelo legislador. Para atender a este requisito o invento não pode redundar do obvio. Exige-se que o invento tenha sido resultado de uma atividade intelectual intensa por parte do inventor; em outras palavras, há que estar presente uma certa genialidade neste invento. O art. 13[32] da LPI, define a atividade inventiva como aquela que, para um técnico no assunto, não derive de maneira evidente ou obvio do estado da técnica. Em suma, não pode ser um invento que, para um expert no assunto, o resultado seria o esperado por todos que detém aquele conhecimento. A discussão a respeito desse requisito, em regra, surge no tocante as patentes de medicamentos, em que um laboratório faz pequena alterações em medicamentos, já patenteado por outro laboratório, e, com essas pequenas alterações busca patentear o seu medicamento. Diante disso, surgem impugnações discutindo se essas alterações poderiam ser consideradas atividade inventiva.

c) No art. 15[33] da LPI, o legislador elencou o terceiro requisito denominado de industriabilidade. Esse terceiro requisito seria a possibilidade de produção ou utilização do invento apresento junto ao INPI. Se não houver, no momento do depósito da patente, a possibilidade de produção, não há por que se conceder uma patente que não poderá ser utilizada pelo inventor. Apenas uma informação importante, a fabricação precisar ser possível por alguma indústria no momento do depósito, isto não significa que o inventor precisa ter recursos necessários para produzir esse invento.

d) O quarto requisito necessário para a obtenção da patente de invenção é o do desimpedimento legal. Se houver algum impedimento legal a patente não poderá ser concedida. No art. 18[34] da LPI, o legislador estabeleceu alguns impedimentos, tais como os inventos que contrariarem à moral, os bons costumes ou à segurança, à ordem ou à saúde pública. Nosso legislador tomou o cuidado de não proibir a patente de organismos vivos transgênicos.

---

32. Art. 13. A invenção é dotada de atividade inventiva sempre que, para um técnico no assunto, não decorra de maneira evidente ou óbvia do estado da técnica.

33. Art. 15. A invenção e o modelo de utilidade são considerados suscetíveis de aplicação industrial quando possam ser utilizados ou produzidos em qualquer tipo de indústria.

34. Art. 18. Não são patenteáveis:

I – o que for contrário à moral, aos bons costumes e à segurança, à ordem e à saúde públicas;

II – as substâncias, matérias, misturas, elementos ou produtos de qualquer espécie, bem como a modificação de suas propriedades físico-químicas e os respectivos processos de obtenção ou modificação, quando resultantes de transformação do núcleo atômico; e

III – o todo ou parte dos seres vivos, exceto os microrganismos transgênicos que atendam aos três requisitos de patenteabilidade – novidade, atividade inventiva e aplicação industrial – previstos no art. 8º e que não sejam mera descoberta.

Estando presentes estes quatro requisitos, o INPI concederá a patente de invenção àquele que primeiro realizou o depósito, desde que sejam atendidos certos requisitos. Sem a intenção de percorrer todas as fases do processo administrativo, que tramitará junto ao INPI, mas é necessário, para a exata compreensão da matéria, que se mencione o seguinte: o depósito é o primeiro momento de análise. Para que possa ser depositada, a invenção deverá descrever de maneira detalhada as informações exigidas no art. 19 da Lei 9279/96,

O pedido de patente, nas condições estabelecidas pelo INPI, conterá:

I – requerimento;

II – relatório descritivo;

III – reivindicações;

IV – desenhos, se for o caso;

V – resumo; e

VI – comprovante do pagamento da retribuição relativa ao depósito.

Após o depósito do pedido ingressamos na chamada fase da publicação. Este momento é de suma importância, pois, o INPI dará ciência a todos os eventuais interessados do conteúdo da invenção. Logo, se alguém se sentiu prejudicado poderá ingressar com um pedido impugnação; ademais, o terceiro de boa-fé poderá reivindicar o seu direito de explorar a patente, conforme veremos mais adiante. Essa fase está prevista no art. 30[35] da LPI, que assim dispõe: "o pedido de patente será mantido em sigilo durante 18 (dezoito) meses contados da data de depósito ou da prioridade mais antiga, quando houver, após o que será publicado, à exceção do caso previsto no art. 75.[36]"

Em virtude dessa determinação legal, imposta ao Instituto da Propriedade Industrial, de compulsoriamente realizar a publicação do depósito, após dezoito meses contados do depósito, alguns inventores preferem manter os seus inventos em sigilo. Diante disso, surgiu um outro bem da propriedade industrial denominado de segredo de empresa.

35. Art. 30. O pedido de patente será mantido em sigilo durante 18 (dezoito) meses contados da data de depósito ou da prioridade mais antiga, quando houver, após o que será publicado, à exceção do caso previsto no art. 75.

§ 1º A publicação do pedido poderá ser antecipada a requerimento do depositante.

§ 2º Da publicação deverão constar dados identificadores do pedido de patente, ficando cópia do relatório descritivo, das reivindicações, do resumo e dos desenhos à disposição do público no INPI.

§ 3º No caso previsto no parágrafo único do art. 24, o material biológico tornar-se-á acessível ao público com a publicação de que trata este artigo.

36. Art. 75. O pedido de patente originário do Brasil cujo objeto interesse à defesa nacional será processado em caráter sigiloso e não estará sujeito às publicações previstas nesta Lei. (Regulamento)

O segredo de indústria foi tutelado pela Lei 9.279/96, mesmo não tendo sido depositado no INPI. A tutela desse bem é ofertada pelas regras que compõem a chamada legislação concorrencial. De acordo com o art. 195, XI e XII da LPI, considera-se crime a usurpação de segredo de industrial alheia.

O único complicador que poderá surgir para o detentor do segredo de indústria é a questão a respeito da prova da titularidade desse bem, pois, havendo uma disputa judicial a respeito de quem é o proprietário do bem e quem seria o usurpador, a balança certamente penderá para aquele que conseguir apresentar as provas mais contundentes da titularidade em juízo. Portanto, pela manutenção do sigilo e, ainda, para que este bem não caia em domínio público, onde todos terão direito de utilizá-lo, corre-se um certo perigo por conta do sigilo.

Não obstante o perigo que está exposto o titular do segredo de indústria, há inventores que, mesmo possuindo inventos notórios e conhecidos em vários países, por não desejarem divulgar a sua fórmula, eles mantem estes inventos em segredo por muitos anos. E pasmem, mesmo diante do avanço tecnológico alcançado, hoje em dia, ninguém foi capaz de reproduzi-los. Podemos citar o famoso caso da Coca-Cola, que há anos nenhum concorrente foi capaz de reproduzi-lo. Não estamos nos referindo à marca Coca-Cola, mas sim, ao seu conteúdo, ou seja, o refrigerante em si. Por nunca ter sido depositada a sua composição, ninguém até hoje conseguiu reproduzir um refrigerante igual. Os detentores dos refrigerantes Pepsi e Dr. Pepper chegaram perto, mas não conseguiram reproduzir o conteúdo da Coca-Cola.

Curiosamente, a fórmula da Coca-Cola foi, inicialmente, patenteada em 1893, porém, com a mudança de seus ingredientes, os inventores preferiram mantê-la em segredo. Portanto, até os dias de hoje a bebida mais famosa do mundo nunca divulgou a seu segredo. Veja a explicação a seguir:

> The original formula for making Coca-Cola was patented in 1893. But when the formula changed, the company did not choose to patent the formula again. The reason for this is simple: if Coca-Cola were to patent its formula, the formula would become known to others, and once the patent expired, anyone could use it. It is possible to copyright a formula, but that would also make it known to the public. And in any case, copyright would only protect the formula as a piece of literary expression; it would not protect the basic ideas that make the formula unique. By keeping the formula a secret, Coca-Cola can protect the formula and keep it to itself indefinitely.

Por sua vez, a terceira fase é a do exame do pedido. Neste momento, a autarquia, por meio de seu pessoal especializado, irá verificar se estão presentes os requisitos para a concessão da patente de invenção. Esta fase, pode-se assim dizer, é a fase do mérito, ou seja, se o depositante atende aos requisitos legais e, portanto, tem direito à patente, que lhe garantirá o direito de explorar o invento com exclusividade.

A última é a fase da decisão, em que poderá ser concedida a carta patente, bem como o pedido poderá ser negado. Da decisão que venha a indeferir o pedido de patente caberá recurso interposto para o presidente do INPI, de acordo com o arts. 171[37] e 212[38] da Lei de Propriedade Industrial. Após a decisão do presidente o INPI, encerra-se a fase administrativa. Esse recurso possui efeito devolutivo pleno, devolvendo ao presidente do órgão a faculdade reexaminar todas as questões postas na primeira instancia administrativas. Futuras discussões deverão ser deduzidas em juízo. A justiça competente para discutir essa matéria é a federal.

O legislador latino possui um protecionismo exacerbado em todos os ramos do ordenamento jurídico, denota-se esse apadrinhamento jurídico em várias ocasiões. Aliás, a justiça do trabalho é o exemplo clássico de sistema jurídicos protetivo. Há, também, microssistemas que possuem nítido caráter protetivo, como o Código de Defesa do Consumidor, que elegeu o consumidor com hipossuficiente para protegê-lo diante do fornecedor. Na Lei 9279/96, o legislador sem dúvida bem-intencionado, inseriu um dispositivo tutelando os interesses do inventor de boa-fé.

Contudo, quando se insere um dispositivo esparso em um sistema fechado deve-se ter muita cautela e um estudo prévio das consequências que poderão advir dessa alteração, pois, essa alteração poderá trazer contradições, conflitos e dúvidas para o exegeta. O nosso legislador, preocupado com o inventor de boa-fé, inseriu o art. 45 da LPI, com a seguinte redação:

> *"À pessoa de boa-fé que, antes da data de depósito ou de prioridade de pedido de patente, explorava seu objeto no País, será assegurado o direito de continuar a exploração, sem ônus, na forma e condição anteriores."*

Nesse dispositivo, o legislador procurou recompensar aquele inventor que se dedicou à pesquisa cientifica, durante anos e muitas vezes com recursos próprios, mas não foi hábil o suficiente para realizar o depósito com precedência, vamos chamá-lo de terceiro de boa-fé. Por sua vez, o inventor sênior, vamos assim denominá-lo, fora aquele que procurou o INPI e efetivou o depósito da sua invenção antes do terceiro de boa-fé.

---

37. Art. 171. Decorrido o prazo fixado no artigo anterior, mesmo que não apresentada a manifestação, o processo será decidido pelo Presidente do INPI, encerrando-se a instância administrativa.
38. Art. 212. Salvo expressa disposição em contrário, das decisões de que trata esta Lei cabe recurso, que será interposto no prazo de 60 (sessenta) dias.

    § 1º Os recursos serão recebidos nos efeitos suspensivo e devolutivo pleno, aplicando-se todos os dispositivos pertinentes ao exame de primeira instância, no que couber.

    § 2º Não cabe recurso da decisão que determinar o arquivamento definitivo de pedido de patente ou de registro e da que deferir pedido de patente, de certificado de adição ou de registro de marca.

Posto isto, de acordo com a sistemática adotada pelo legislador, somente pode ser considerado titular de um direito industrial aquele que primeiro realizou o registro. Esse foi sistema adotado em todos os países que fazem parte da Convenção de Paris e nos parece o mais justo. Logo, o terceiro de boa-fé teria a sua pretensão frustrada de acordo com a nossa legislação; contudo, nosso legislador entendeu que essa regra seria injusta e penalizava demasiadamente aquele que por anos se dedicou a pesquisa e, por algum infortúnio, não conseguiu efetivar o depósito. Não obstante, esse argumento paternalista, a regra adotada em quase todos os países nos parece justa, somente considerando titular da patente aquele que primeiro a requereu.

Diante dessa considerada injustiça, o nosso legislador resolveu atribuir ao terceiro de boa-fé, o direito de continuar a exploração da invenção que fora depositada pelo inventor sênior, desde que o terceiro de boa-fé demostre que já fazia uso desse invento, em data anterior, ao depósito realizado pelo inventor sénior. Esse suposto direito de uso seria ofertado ao terceiro de boa-fé como uma forma de retribuição pelo esforço empreendido no desenvolvimento do invento. Portanto, o terceiro poderá utilizar o invento sem a necessidade de pagar os chamados *royalties* ao titular da patente. Não haverá ônus para o terceiro na exploração do invento.

Mas não foi só, o legislador concedeu, ainda, ao terceiro de boa-fé, a prerrogativa de ceder a invenção no caso de trespasse. Não pode ceder o invento isoladamente, mas se o invento for um elemento essencial para que o adquirente possa continuar a explorar o estabelecimento empresarial, a cessão do invento será permitida.

Contudo, essa regra do legislador samaritano criou, a nosso ver, um conflito insolúvel de regras em nossa legislação industrial nacional. Parece nos haver um conflito entre o art. 45[39], caput, e do art. 11, parágrafo primeiro[40], pois este último dispositivo exige, para a concessão da patente que o invento não esteja compreendido no estado da técnica, em outras palavras, que o invento não seja do conhecimento do público. Ocorre que, a nosso ver, se existe um terceiro de boa-fé, que já utiliza o invento antes da data do depósito realizado pelo inventor sênior, não se pode afirmar que o invento atenda ao requisito da novidade.

---

§ 3º Os recursos serão decididos pelo Presidente do INPI, encerrando-se a instância administrativa.

39. Art. 45. À pessoa de boa-fé que, antes da data de depósito ou de prioridade de pedido de patente, explorava seu objeto no País, será assegurado o direito de continuar a exploração, sem ônus, na forma e condição anteriores.

40. **§ 1ºdo art. 11 da LPI:** "O estado da técnica é constituído por tudo aquilo tornado acessível ao público antes da data de depósito do pedido de patente, por descrição escrita ou oral, por uso ou qualquer outro meio, no Brasil ou no exterior, ressalvado o disposto nos arts. 12, 16 e 17."

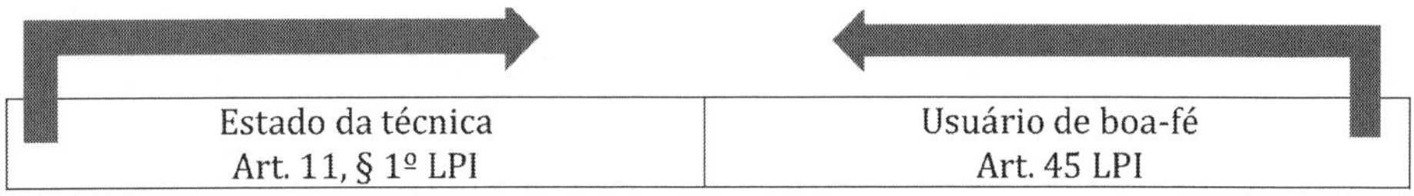

Fonte: elaborado pelo autor.

Em suma, se houver a presença de um terceiro de boa-fé, a existência deste, tornaria inviável o atendimento ao requisito da novidade por parte do inventor sênior e, consequentemente, não se poderia lhe conceder a carta patente. Logo, nos parece que um direito aniquila o outro. Não haveria como conceber um terceiro de boa-fé com o titular de uma patente.

Essa discussão dificilmente deságua no judiciário que, até hoje em dia, não se debruçou sobre essa questão. As poucas decisões que encontramos nos tribunais locais reconheceram a possibilidade da coexistência entre o direito do terceiro de boa-fé e o reconhecimento da patente do inventor sênior. Aliás, as discussões tinham como tema central as provas apresentas pelos terceiros que demonstrariam o uso precedente por parte deste.[41]

Uma vez concedida a patente de invenção ao inventor este terá o direito de explorar o seu invento pelo prazo de vinte anos, contados do depósito, de acordo com o art. 40[42] da LPI.

Entendeu-se que este prazo seria suficiente para que o inventor se veja recompensado economicamente. Este prazo também se aplica as patentes de medicamentos.

Esse prazo de vinte anos será contado do momento do depósito; contudo, há, no parágrafo único[43] do art. 40 da LPI, uma regra que protege o inventor. Ou

---

41. Segundo o STJ ao discutir sobre a patente de invenção que diz respeito ao sistema de abertura e fechamento de latas metálicas (PI 9408643 5) "Ninguém está obrigado a requerer patente para proteger as invenções que utiliza em atividade industrial. Se um empresário obtém proteção para invenção que já era utilizada por seus concorrentes, abrem-se duas possibilidades aos prejudicados: (i) impugnar a patente, mediante a comprovação de ausência de novidade; ou (ii) valer-se do 'direito consuetudinário' assegurado pelo art. 45 da Lei 9.279/96. A simples prova testemunhal não é idônea para que se reconheça incidentalmente a nulidade; e o tema tampouco foi objeto do recurso especial. A aplicação do art. 45 da Lei 9.279/96 requer que a invenção tenha sido utilizada pela própria parte prejudicada, mas a prova testemunhal produzida só aponta, com segurança, o uso por terceiros".
42. Art. 40. A patente de invenção vigorará pelo prazo de 20 (vinte) anos e a de modelo de utilidade pelo prazo 15 (quinze) anos contados da data de depósito. (AC 4257732 PR)
43. Parágrafo único. O prazo de vigência não será inferior a 10 (dez) anos para a patente de invenção e a 7 (sete) anos para a patente de modelo de utilidade, a contar da data de concessão, ressalvada a hipótese de o INPI estar impedido de proceder ao exame de mérito do pedido, por pendência judicial comprovada ou por motivo de força maior. O STF declarou o parágrafo único do art. 40 da Lei 9.279/96 (Lei de Propriedade Industrial) inconstitucional por falta de limitação temporal.

o prazo de exploração será de 20, contados da data do depósito, ou haverá um prazo mínimo de 10, contados da concessão. Aquele prazo que se apresentar mais benéfico para o inventor lhe será aplicado.

Decorridos os prazos anteriormente mencionados, o invento cairá em domínio público; em outros termos, a coletividade terá acesso a esses bens e poderão utilizá-los sem a necessidade do pagamento de royalties. O prazo concedido ao inventor é improrrogável.

5.4.4.2. Modelo de utilidade

O modelo de utilidade foi conceituado pela lei da propriedade industrial, em seu art. 9º, como o objeto de uso prático, ou parte deste, suscetível de aplicação industrial, que apresente novas formas ou disposições, envolvendo ato inventivo, que resulte em melhoria funcional no seu uso ou em sua fabricação. A doutrina costuma denominar o modelo de utilidade de pequena invenção. Não pelo seu tamanho, mas porque o modelo irá adicionar uma melhoria a um invento já existente. Somente se pode falar em modelo de utilidade se houver um invento anterior, pois o modelo se adere ao invento trazendo uma mais valia a este objeto.

O exemplo clássico de modelo de utilidade utilizado pela doutrina comercialista é o controle remoto da televisão. Este modelo traz uma melhoria funcional ao aparelho de televisão aumentando a utilidade da televisão. O controle remoto, como mencionamos anteriormente, não existiria sem que houvesse a televisão.

Certa vez, após uma aula sobre o tema, um aluno nos procurou e nos relatou o seguinte episódio. Ele nos contou que, nos anos cinquenta, o seu pai trabalhava em uma fábrica que produzia fogões. Um dia o seu pai chegou em casa e contou que tivera uma ideia genial. Segundo o seu pai, ele pensou em incluir um acendedor automático no próprio fogão. Naquela época os fogões eram acesos mediante uma faísca produzida por um aparelho externo ou até por um isqueiro. Diante disso, o seu pai criou um dispositivo que era acionado no próprio fogão quando a pessoa acionava o gás.

Como se pode verificar esse aparelho confeccionado por seu pai era um modelo de utilidade, pois este aparelho melhorava a utilidade do fogão, permitindo que as pessoas pudessem acionar a chama sem a necessidade de um aparelho externo.

Após me contar esse fato, aluno me confidenciou que o seu pai não obteve nenhuma recompensa financeira com esta "pequena invenção", pois ele ficou aguardando muitos anos, esperando obter uma vantagem econômica mais vantajosa, e quando foi negociar já haviam-se passados mais de 10 anos e nenhum empresário teve interesse em adquirir um modelo que estava prestes a cair em domínio público.

Não se pode afirmar que o modelo de utilidade seja um bem acessório. Trata se, na verdade, de um bem incorpóreo distinto da invenção, que muitas vezes pertence a um titular diferente daquela que criou a invenção. Logo, são bens distintos que possuem regras próprias para a sua proteção e prazos de exploração diferentes. Contudo, no mundo fático, o modelo de utilidade depende da invenção para ele existir. Trata-se de uma dependência funcional e não jurídica. Não se pode falar em modelo de utilidade sem que exista uma invenção prévia.

O modelo de utilidade é, como a invenção, protegido por meio de uma carta patente obtida junto ao Instituto Nacional da Propriedade Industrial. Os requisitos para a concessão da patente de modelo de utilidade são os mesmos exigidos para a concessão da patente de invenção, ou seja, devem estar presentes a novidade, a atividade inventiva, a industriabilidade e não pode haver impedimento legal.

Por seu turno, no art. 10[44] da Lei 9279/96, o legislador determinou que não podem ser objeto de patente de invenção ou de modelo de utilidade, por exemplo, as obras literárias, cientificas ou artísticas, os programas de computador, as regras de jogos, teorias cientificas e métodos matemáticos, concepções puramente abstratas etc.

Peço muita atenção no tocante aos programas de computador, pois o seu registro é efetuado no INPI, mas não se trata de um que pertence ao direito industrial. Os programas de computador fazem parte do chamado direito autoral. O direito autoral pertence ao direito civil.

O prazo de vigência da patente de modelo de utilidade é de 15 anos, contados da data do depósito, ou de 7 anos contados da concessão. Após decorridos estes prazos, extingue-se a patente de acordo com o art. 78[45] da lei em comento e o bem

---

44. Art. 10. Não se considera invenção nem modelo de utilidade:
    I – descobertas, teorias científicas e métodos matemáticos;
    II – concepções puramente abstratas;
    III – esquemas, planos, princípios ou métodos comerciais, contábeis, financeiros, educativos, publicitários, de sorteio e de fiscalização;
    IV – as obras literárias, arquitetônicas, artísticas e científicas ou qualquer criação estética;
    V – programas de computador em si;
    VI – apresentação de informações;
    VII – regras de jogo;
    VIII – técnicas e métodos operatórios ou cirúrgicos, bem como métodos terapêuticos ou de diagnóstico, para aplicação no corpo humano ou animal; e
    IX – o todo ou parte de seres vivos naturais e materiais biológicos encontrados na natureza, ou ainda que dela isolados, inclusive o genoma ou germoplasma de qualquer ser vivo natural e os processos biológicos naturais.
45. Art. 78. A patente extingue-se:
    I – pela expiração do prazo de vigência;
    II – pela renúncia de seu titular, ressalvado o direito de terceiros;
    III – pela caducidade;
    IV – pela falta de pagamento da retribuição anual, nos prazos previstos no § 2º do art. 84 e no art. 87; e

cairá em domínio público, sendo livre a sua utilização por quem assim desejar. O prazo do modelo de utilidade não comporta prorrogação.

Importante deixar assentado, quando o examinador mencionar a palavra patente está se referindo à invenção e ao modelo de utilidade, pois os próximos bens da propriedade industrial são registrados no INPI.

5.4.4.3. Desenho industrial

O desenho industrial, também conhecido por design encontra-se disciplinado no art. 95 da LPI.

Segundo o legislador, considera-se o "desenho industrial a forma plástica ornamental de um objeto ou o conjunto ornamental de linhas e cores que possa ser aplicado a um produto, proporcionando resultado visual novo e original na sua configuração externa e que possa servir de tipo de fabricação industrial".

Vamos resumir esse dispositivo a uma linguagem mais com concisa e didática.

O desenho industrial é uma mudança estética realizada em objetos. É uma alteração nas formas ornamentais dos objetos que não tem por objetivo melhorar o seu funcionamento. A finalidade precípua do desenho industrial é tornar o objeto mais atrativo para o consumidor.

Diferentemente da obra de arte que tem por escopo acariciar a alma e os sentimentos das pessoas, tornando a vida mais bela, sem a intenção de obter um proveito econômico com o resultado dessa obra; o desenho industrial busca tornar os produtos mais atraentes para que os consumidores os adquiram, ou seja, o embelezamento ocasionado pelo desenho industrial busca obter um proveito econômico imediato. Portanto, quando a montadora de automóveis lança um modelo de automóvel novo, alterando as formas, busca-se, com isso, tornar o carro mais desejado para que o consumidor o adquira e a montadora aumentar as suas vendas.

O desenho industrial é protegido por meio de um registro. Não se trata de patente, mas sim, de registro. Para obter o registro do desenho industrial, o legislador exigiu a presença de três requisitos:

a) *O primeiro requisito exigido para o registro do desenho industrial é o da novidade. O desenho industrial é considerado novo quando não compreendido no estado da técnica, sendo que o estado da técnica é tudo aquilo tornado acessível ao público antes da data de depósito.*

b) *Exige-se, também, que o desenho seja considerado original, sendo que a originalidade encontra-se presente quando do desenho industrial resulte uma configuração visual distinta em relação a outros objetos já existentes.*

V – pela inobservância do disposto no art. 217. Parágrafo único. Extinta a patente, o seu objeto cai em domínio público.

c) *O último requisito é o da industriabilidade, ou seja, alguma indústria deve ser capaz de produzir o desenho industrial para que o seu criador possa obter o seu registro.*

Importante frisar, que não se considera desenho industrial qualquer obra de caráter puramente artístico. Como dissemos anteriormente, não se confunde o desenho industrial com as obras de arte; as primeiras sempre possuem uma finalidade industrial, enquanto, as outras buscam sensibilizar o espírito humano e contemplar a beleza.

O titular do desenho industrial terá direito de exclusividade por um período de 10 anos, sendo admitida três prorrogações de 5 anos cada uma, totalizando, se for do interesse do titular o prazo de 25 anos. Então pode-se dizer que o prazo concedido ao titular de desenho industrial é prorrogável. Diferentemente dos bens industriais vistos anteriormente que são improrrogáveis. Enfatizamos essa questão por ser uma temática sempre solicitada nas primeiras fases de concursos públicos.

No mundo fático, muitas vezes não é fácil determinar o que pode ser registrado como desenho industrial ou o que pode ser patenteado como modelo de utilidade. Na prática essas diferenças podem ser tênues e levar, o próprio INPI, em avaliações errôneas. No passado, o INPI tinha entendido que as ranhuras encravadas nos pneumáticos deviam ser consideradas como um desenho industrial; após uma análise mais acurada, a autarquia federal percebeu que essas ranhuras, não eram apenas uma mudança estética, mas as ranhuras traziam uma melhoria funcional ao pneu, melhorando a sua aderência. Diante desse fato, o INPI alterou a classificação para modelo de utilidade.

Para fins de concurso público, o candidato deve prestar muita atenção ao enunciado. Se o enunciado mencionar apenas mudanças nas formas dos objetos, no visual dos produtos, neste caso, é de desenho industrial que se cuida; se, no entanto, no enunciado aparecer as expressões melhoria nas funções do produto, é de modelo de utilidade que o enunciado está tratando.

5.4.4.4. Marca

Inicialmente, a marca é um sinal distintivo, juntamente com o nome empresarial, o título de estabelecimento e o nome de domínio. Embora todos sejam sinais distintivos, eles não se confundem e as regras que disciplinam estes bens são distintas; e não podemos confundi-las.

A marca é o sinal distintivo que identifica os produtos ou serviços do empresário ou sociedade empresária. Na verdade, é por meio da marca que o empresário mantém uma relação direta com a sua clientela. As pessoas conhecem a marca, o nome empresarial não identifica o empresário diante dos consumidores. Por isso que, para o empresário, é mais importante preservar a marca do que o próprio nome empresarial.

A marca acresce uma mais-valia para o estabelecimento empresarial muito superior ao do nome empresarial, e, em muitas situações, maior até do que o do título de estabelecimento. A marca, em muitos casos, pode ser o fator determinante da aquisição do estabelecimento por parte de um terceiro interessado. A marca está diretamente ligada à clientela e, por conseguinte, a clientela está diretamente vinculada ao aviamento. Três elementos diretamente vinculados entre si.

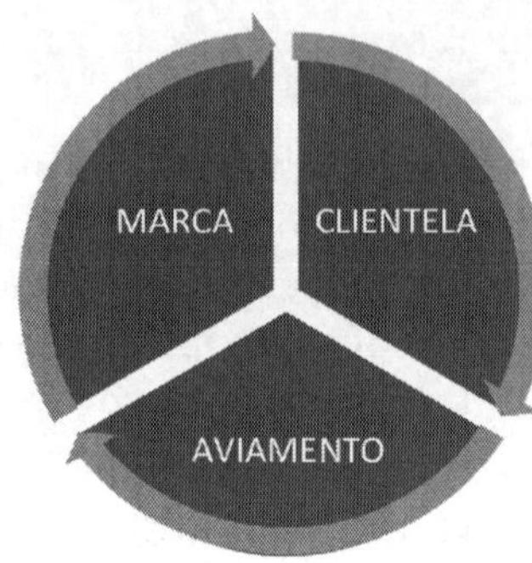

Fonte: elaborado pelo autor.

É interessante notar que a marca pode não estar diretamente vinculada ao sujeito de direito, ou seja, ao empresário ou à sociedade empresária. Às vezes, a marca pode assumir um status desvinculado da sociedade que a detém; às vezes, mesmo falindo a sociedade empresária, pode haver interessados em adquirirem a marca.

Havia, na cidade de São Paulo, um grande magazine denominado Casa Anglo Brasileira, fundada em 1913. Esta sociedade empresária, de origem inglesa, detinha a marca denominada Mappin. Nos anos oitenta, essa sociedade entrou em crise, tendo sido declarada a sua falência logo depois. Mesmo após ter sido decretada a sua quebra a marca Mappin foi avaliada em 5 (cinco) milhões. A marca voltará a ser utilizada, de acordo com o empresário que a adquiriu.

Por sua vez, a marca é o sinal visualmente perceptível que identifica produtos ou serviços. Ou seja, para que se possa registrar um sinal como marca, este sinal deve ser possível de visualização, tais como nomes, letras, logotipos etc. Portanto, não há como se admitir o registro de sinais sonoros, olfativos ou gustativos como marcas no INPI; mesmo que estes sinais distintivos possam identificar produtos ou serviços de alto valor econômico para o empresário, não serão passiveis de registro no Brasil.

Logo, o famoso sinal sonoro da Rede Globo de Televisão, o plim-plim que é ouvido entre os intervalos. Ele serve para comunicar que o intervalo está se iniciando e terminando, mas, também, tem a finalidade de identificar a emissora diante da sua clientela. Este sinal, segundo nosso ordenamento jurídico, não pode ser registrado como marca, mas ele possui a mesma função da marca, informando a sua clientela de que esta programação é da Rede Globo. O plim-plim está identificando um determinado serviço oferecido por uma determinada emissora.

Embora não possa ser considerada uma marca registrada, o sinal sonoro da Globo recebe proteção por meio das normas que disciplinam a concorrência desleal. O art. 195, III[46], da LPI, considera crime empregar meio fraudulento para desviar, em proveito próprio, clientela alheia.

As marcas podem ser classificadas, quanto à forma de sua composição, em nominativa, figurativa, mista e tridimensional.

As marcas nominativas são aquelas formadas palavras, letras, algarismos ou a combinação destes sinais. Podemos citar como exemplo, a marca Nike, Lacoste, Rolex etc.

As marcas chamadas figurativas são aquelas formadas por desenhos ou imagens, por exemplo, a maçã que representa a marca Apple.

Já as marcas mistas são aquelas formadas por desenhos e palavras, mas revestidos de uma forma peculiar, por exemplo, a marca Coca-Cola que possui uma forma gráfica peculiar.

E, por fim, a marca tridimensional. Esta é constituída por uma forma característica gravada em um determinado produto, sendo que este produto torna-se conhecido por meio de sua forma característica, por exemplo, a garrafa da Coca-Cola, a embalagem do Yakult. Essas embalagens adquirem uma forma peculiar que irá identificá-las em face de seus consumidores.

Marcas tridimensionais

Fonte: Depositphotos.

46. Art. 195. Comete crime de concorrência desleal quem: III – emprega meio fraudulento, para desviar, em proveito próprio ou alheio, clientela de outrem.

A marca é protegida por meio de um registro obtido junto ao INPI. É muito comum, logo após o sinal distintivo, aparecer o símbolo ®, designando que a marca se encontra registrada no INPI ou o símbolo™, designando que a marca encontra-se registrada nos Estados Unidos.[47]

A marca é protegida por um período de 10 anos, contados da data da concessão do registro, prorrogável por períodos iguais ou sucessivos, enquanto for de interesse do deu titular. O registro da marca poderá ser prorrogado sucessivamente e, diferentemente dos outros bens da propriedade industrial, poderá permanecer sob o domínio de seu titular enquanto lhe interessar.

Para a concessão da marca, o postulante deverá atender a três requisitos:

- novidade relativa
- a não colidência com a marca notória
- e o não impedimento

Vamos analisar cada um desses requisitos legais.

a) *O primeiro requisito iremos denominá-lo de novidade relativa. Trata-se de uma novidade, que chamamos de relativa, pois o postulante não precisa criar algo novo, basta, no entanto, que utilize esse sinal distintivo para identificar algo, que até então, não era identificado pela marca que pretende registrar. Então, por exemplo, se eu quiser utilizar, as primeiras letras do alfabeto "ABC", para identificar um determinado chocolate. É verdade que não existe nada de novo nas primeiras três letra do alfabeto, mas se não existir um chocolate identificado com essas três letras, esse produto poderia ser identificado por este sinal distintivo. O que é novo, neste caso, é denominar o chocolate de "ABC". Neste caso, o sinal distintivo "ABC" atenderia ao requisito da novidade relativa e poderia ser registrado. Em suma, não se exige, para a concessão da marca, que a novidade seja absoluta como se exige nos outros bens da propriedade industrial.*

   Ademais, além de não haver a necessidade de se criar um sinal que seja desconhecido do público, o criador do sinal distintivo só precisa atender ao princípio de especificidade (também conhecido como princípio da especialidade). Ou seja, a marca só produz efeito protetivo dentro de sua classe de registro. A proteção da marca é específica dentro da respectiva classe de produtos ou serviços. Portanto, o requisito da novidade relativa só se aplica dentro da respectiva classe. Utilizando o mesmo exemplo exposto acima do chocolate" ABC", basta que dentro da classe de chocolates não exista a marca "ABC" para que seja possível o registro desse sinal distintivo. Mesmo o haja a presença de um sinal distintivo idêntico, mas registrado em

47. A Trade Mark is a type of intellectual property that identifies goods and services.

classe diferente, isto não impediria o registro da marca. Em outras palavras, pode haver duplicidade de marcas, desde que identifique produtos ou serviços diferentes.[48]

Contudo, existem marcas que possuem um prestígio, notoriedade e fama incontestáveis, sendo que essas marcas necessitam de uma proteção especial, pois se pudessem ser utilizadas por outras pessoas, mesmo em classes diferentes, haveria, sem dúvida, um enriquecimento ilícito. Quem utilizasse essa marca, iria se beneficiar da clientela formada por aquele que criou este prestigioso sinal distintivo. Em virtude disso, e, no intuito de evitar um enriquecimento ilícito por parte de quem viesse a fazer uso dessa marca, o legislador lhe atribuiu proteção especial. Essa marca, então, seria uma exceção ao princípio da especificidade[49], estendendo sua proteção para todas as classes de registro.

Essa marca é denominada de marca de alto renome e está prevista no art. 125[50] da LPI. De acordo com esse dispositivo, a marca de alto renome é aquela possui proteção especial em todos os ramos de atividade, quando registrada no Brasil, desde que assim seja declarada pelo INPI. Então, para que a marca seja considerada de alto renome, o titular da marca terá que solicitar ao INPI que assim conceitue a sua marca. O INPI possui uma lista de marcas que foram consideradas de alto renome, tais como as marcas: Nike, Natura, Red Bull, Wallmart, Rolex etc.

Para que uma marca possa ser considerada de alto renome, o titular deverá, segundo a resolução 172, de 07 de outubro 2016 do INPI (que alterou a Resolução INPI/PR nº 107/2013), solicitar, por meio de um

48. Apelação Cível. Direito Privado Não Especificado. Propriedade Industrial. Registro De Marcas. Sinais E Classes, Distintas. Princípio Da Especificidade. Inexistência De Concorrência Desleal. Pelo Princípio Da Especificidade, A Proteção Da Marca registrada é limitada aos produtos e serviços da mesma classe, salvo quando o INPI a declara ¿marca de alto renome. No caso, os sinais distintivos Santa Maria e Maria Santa, bem como as marcas figurativas registradas no INPI pelas partes, são absolutamente diferentes, não havendo semelhanças capazes de ensejar confusão, porquanto a primeira, atua no ramo de confecções -classe 25 (artigos do vestuário, prática de esportes em geral, tais como camisetas, calças, shorts, bermudas, meias, calçados e bonés, masculinos e infantis), já a segunda, na confecção de bijuterias (classe 14). Logo, não há falar em violação, pela ré, do direito de uso exclusivo da marca da autora, tampouco em concorrência desleal. APELO DESPROVIDO. (Apelação Cível Nº 70025428798, Décima Sexta Câmara Cível, Tribunal de Justiça do RS, Relator: Marco Aurélio dos Santos Caminha, Julgado em 09/04/2009) (grifei) POSSE E PROPRIEDADE. PROPRIEDADE INDUSTRIAL. MARCA. REGISTRO.
49. Também chamado de especialidade em alguns concursos públicos.
50. Art. 125. À marca registrada no Brasil considerada de alto renome será assegurada proteção especial, em todos os ramos de atividade.

processo administrativo, que a sua marca assim seja considerada. Para tanto, o solicitante deverá juntar os documentos necessários para comprovar a qualidade, reputação e prestígio da sua marca. O solicitante deverá, ainda, comprovar o reconhecimento da marca por ampla parcela do público consumidor brasileiro.

O art. 3º da Resolução 107 de 2013 expedida pelo Instituto Nacional de Propriedade Industrial (INPI), no intuito de regulamentar o art. 125 da Lei 9279/96 estabeleceu que, para a comprovação da marca de alto renome devem estar presentes três requisitos:

a) que a marca seja reconhecida por uma ampla parcela do público brasileiro em geral;

b) necessidade que a marca possua qualidade, reputação e prestígio em relação à comunidade;

c) o grau de distintividade e exclusividade do sinal marcário.

É importante deixar consignado que compete exclusivamente ao INPI, que possui a natureza de uma autarquia federal, o reconhecimento da designação de alto renome para as marcas. Se porventura o INPI indeferir o pedido elaborado pelo titular da marca, entendendo que não estão presentes os requisitos necessários para o reconhecimento do alto renome, essa discussão não pode ser transportada para o judiciário. Trata-se de ato discricionário que envolve o chamado mérito administrativo e, como é cediço, não comporta discussão judicial a esse respeito, salvo no tocante à legalidade do ato discricionário[51].

Se for deferido a solicitação de alto renome pelo INPI, o titular da marca gozará, por um período de cinco anos, de uma proteção específica que se estenderá a todas as classes, independentemente dos produtos ou serviços. Por exemplo, declarada a marca Red Bull, como de alto renome, esta marca não poderá ser utilizada em nenhuma outra classe de produtos ou serviços, a não ser que o próprio titular pretenda utilizar a sua marca para identificar outros produtos ou serviços.

O reconhecimento da marca como sendo de alto renome produz efeitos ex nunc, ou seja, os efeitos serão projetados para frente. Nessa toada foi o entendimento do STJ:

---

51. De acordo com o festejado administrativista Seabra Fagundes, o ato discricionário é aquele em que o administrador é livre para praticá-lo no tocante a escolha dos motivos (oportunidade e conveniência) e do objeto (conteúdo). O mérito administrativo é da competência exclusiva do administrador e não pode ser delegada ao poder judiciário. Em outras palavras, é da competência exclusiva do INPI dizer se a marca atende ou não aos requisitos para ser considerada de alto renome.

"O Superior Tribunal de Justiça decidiu que, a partir do momento que o INPI reconhece uma marca como sendo de alto renome, a sua proteção se dará com efeitos prospectivos (ex nunc). Assim, a marca igual ou parecida que já estava registrada de boa-fé anteriormente não será atingida pelo registro daquela de alto renome, como no caso em apreço."

b) O segundo requisito para a obtenção da marca é a necessidade de que a marca, que se pretenda registrar, não seja uma marca notória em seu país de origem. Em outras palavras, não pode haver colidência com uma marca notória para que se possa obter o registro.

A marca notória está disciplinada no art. 126[52] da LPI. De acordo com este dispositivo, considera-se marca notória aquela que goza de notoriedade em seu ramo de atividade, de acordo com as regras previstas pela Convenção da União de Paris para a propriedade industrial e, portanto, goza de proteção especial, independentemente de estar previamente depositada ou registrada no Brasil.

Essa regra, introduzida pela atual Lei 9279/96, teve por finalidade acabar com a chamada pirataria de marcas. As vetustas legislações que cuidavam da propriedade industrial no Brasil não tiveram essa técnica necessária para impedir essa prática criminosa. A já revogada Lei 5772/71, não impedia o registro de marcas notórias em território nacional. Na verdade, essa legislação não estabelecia uma diferença entre a marca notória e a marca do alto renome, chamando de marca notória aquilo que hoje denominamos de alto renome. A atual legislação resolveu essa questão, diferenciando, com rigor técnico, a marca de alto renome, prevista no art. 125 da LPI da marca notória, regulada no art. 126 também da LPI.

Hoje, as marcas notórias são protegidas, independentemente de registro prévio, em todos os países que fazem parte da Convenção da União de Paris. Logo, se uma marca possui uma fama, prestígio, ou melhor, notoriedade em seu país de origem, a sua proteção se propagará para todos os pais membros da Convenção de Paris. Para ser considerada notória, o primeiro critério é a de que a marca possua uma preeminente notoriedade, ou seja, a marca deve ser conhecida, não somente em relação aos profissionais do ramo, mas, também, em relação ao público em geral. Ademais, a marca notória deve ser singular, ela deve destacar-se

52. Art. 126. A marca notoriamente conhecida em seu ramo de atividade nos termos do art. 6º bis (I), da Convenção da União de Paris para Proteção da Propriedade Industrial, goza de proteção especial, independentemente de estar previamente depositada ou registrada no Brasil.

em relação a outras marcas semelhantes. Mais não é só, a marca notória deve possuir um prestígio internacional, a notoriedade dessa marca deve transcender os limites territoriais do Estado onde ela foi concebida. Pode se, por fim, analisar a notoriedade, levando em conta a quantidade de produtos vendidos pelo mundo e da importância de seu produto para a coletividade. Esses são alguns critérios estabelecidos para se averiguar a notoriedade de uma marca. Não acreditamos que a antiguidade seja um critério seguro nos dias de hoje, devido a rapidez que as informações circulam no mundo virtual. Uma marca pode-se tornar notória em alguns anos de uso.

A notoriedade é inerente ao prestígio e fama que a marca notória possui em seu país de origem. A marca notória é uma exceção ao princípio da territorialidade, pois esta marca estará protegida além das fronteiras do país onde a marca surgiu.

Enfim, hoje em dia, já não mais se admite o registro de marcas que sejam consideradas notórias em seu país de origem, pois havendo colidência entre a marca que se pretende registrar e a marca notória, não haverá mais a possibilidade de se admitir o registro como ocorrera outrora. Casos como o do chamado Burger King não serão mais possíveis. Vamos narrar sucintamente este episódio. Nos anos oitenta, um empresário norte-americano se estabeleceu no Brasil e montou uma loja de fast-food com a sua marca (Mc Donald's). Esta loja estava localizada na avenida paulista, região nobre da capital Bandeirante. Tomando ciência dessa loja, um outro empresário norte-americano também quis se estabelecer no Brasil na mesma região. Para tanto, procurou um escritório de advocacia especializado em direito empresarial e solicitou que providenciasse toda a documentação necessária para que pudesse operar no território brasileiro. Ademais, solicitou, que o escritório registrasse a sua marca Burger King no INPI.

Quando ingressaram com a solicitação junto ao INPI, a autarquia lhes informou que esta marca já pertencia a outro indivíduo que a registrara anteriormente. Inconformado, este empresário deixou de operar no Brasil, pois a marca que era sua, desde os anos cinquenta nos Estados Unidos, lhe fora usurpada por um outro indivíduo, que exigia o pagamento de uma certa quantia para lhe devolver a sua marca.

O Brasil era muito criticado por não reconhecer e atribuir proteção às marcas notórias, mesmo sendo signatário da Convenção de Paris, pois no Brasil aplicava-se a revisão de Haia, de 6 de novembro de 1925, em que só se reconheciam as marcas notórias de sociedades empresárias que estivessem registradas no Brasil. Com a adoção desse sistema, essa prática criminosa era incentivada, pois bastava registrar uma marca notória, aqui no Brasil, e aguardar até o momento que esse empresário resolvesse operar no Brasil para lhe exigir uma certa quantia em dinheiro para lhe devolver a sua marca. Uma espécie de sequestro da marca.

Hodiernamente, diante da redação do art. 126 da LPI, esta prática está vedada. Havendo colidência entre a marca que se pretende registrar e uma marca notória estrangeira, não se admite o registro. De acordo com o parágrafo segundo desse dispositivo, o INPI poderá indeferir de ofício pedido de registro de marca que reproduza ou imite, no todo ou em parte, marca notoriamente conhecida.

Apenas a título de curiosidade, elencamos as dez marcas mais valiosas do mundo e que podem ser consideradas como marcas notórias e porventura estariam protegidas por sua notoriedade. São elas:

1	Apple	Valor: US$ 205,5 bilhões	Variação em um ano: 12%
			Receita: US$ 265,8 bilhões
			Indústria: Tecnologia
2	Google	Valor: US$ 167,7 bilhões	Variação em um ano: 27%
			Receita: US$ 136,2 bilhões
			Investimento em publicidade: US$ 6,4 bilhões
			Indústria: Tecnologia
3	Microsoft	Valor: US$ 125,3 bilhões	Variação em um ano: 20%
			Receita: US$ 110,2 bilhões
			Investimento em publicidade: US$ 1,6 bilhão
			Indústria: Tecnologia
4	Amazon	Valor: US$ 97 bilhões	Variação em um ano: 37%
			Receita: US$ 211,4 bilhões
			Investimento em publicidade: US$ 8,2 bilhões
			Indústria: Tecnologia
5	Facebook	Valor: US$ 88,9 bilhões	Variação em um ano: – 6%
			Receita: US$ 48,8 bilhões
			Investimento em publicidade: US$ 1,1 bilhão
			Indústria: Tecnologia

6	Coca-Cola	Valor: US$ 59,2 bilhões	Variação em um ano: 3%
			Receita: US$ 23,8 bilhões
			Investimento em publicidade: US$ 4,1 bilhões
			Indústria: Bebidas
7	Samsung	Valor: US$ 53,1 bilhões	Variação em um ano: 11%
			Receita: US$ 221,6 bilhões
			Investimento em publicidade: US$ 3,6 bilhões
			Indústria: Tecnologia
8	Disney	Valor: US$ 52,2 bilhões	Variação em um ano: 10%
			Receita: US$ 33,8 bilhões
			Investimento em publicidade: US$ 2,8 bilhões
			Indústria: Lazer
9	Toyota	Valor: US$ 44,6 bilhões	Variação em um ano: 0%
			Receita: US$ 190,8 bilhões
			Investimento em publicidade: US$ 4,6 bilhões
			Indústria: Automotiva
10	McDonald's	Valor: US$ 43,8 bilhões	Variação em um ano: 6%
			Receita: US$ 96,1 bilhões
			Investimento em publicidade: US$ 389 milhões
			Indústria: Restaurantes[53]

Fonte: elaborado pelo autor.

c) *O terceiro requisito exigido para o registro da marca é o desimpedimento. Não pode haver vedação legal que impeça o registro da marca. No art. 124 da LPI, há uma lista de proibições, tais como: a bandeira nacional, o brasão da república, emblemas públicos, patronímico de terceiros, apelido ou pseudônimos notoriamente conhecidos de terceiros etc. Enfim, há uma lista extensa de proibições nos vinte três incisos.*[54]

---

53. Disponível em: https://forbes.com.br/principal/2019/05/as-100-marcas-mais-valiosas-do-mundo-em-2019/.

54. As principais são:

I – brasão, armas, medalha, bandeira, emblema, distintivo e monumento oficiais, públicos, nacionais, estrangeiros ou internacionais, bem como a respectiva designação, figura ou imitação;

Importante deixar bem assentado as diferenças entre a marca notória e a marca de alto renome.

Essa questão foi indagada em uma prova discursiva da magistratura paulista. O candidato poderia ter respondido que a marca de alto renome é aquela que se encontra registrada no Brasil e assim reconhecida pelo INPI. Trata-se, portanto, de uma exceção ao princípio da especificidade, pois a sua proteção se estende a todas as classes de produtos ou serviços. Já a marca notória é aquela que não possui registro no Brasil, mas, devido a sua notoriedade em seu país de origem, a sua proteção se irradia para todos os países membros da Convenção de Paris. É uma exceção ao princípio da territorialidade. Contudo, a sua proteção somente ocorrerá em seu ramo de atividade. Em outras palavras, a sua proteção ocorre somente em uma determinada classe de produtos ou serviços.

Uma outra questão que precisamos cuidar é do direito de precedência, previsto no art. 129, parágrafo primeiro, da LPI. Esse dispositivo reza: "**toda pessoa que, de boa-fé, na data da prioridade ou depósito, usava no país, há pelo menos 6 meses, marca idêntica ou semelhante, para distinguir ou certificar produto ou serviço idêntico, semelhante ou afim, terá direito de precedência ao registro**".

Novamente percebemos uma regra surgida nas raízes do paternalismo latino-americano, que procura proteger o hipossuficiente, partindo, contudo, da presunção de que todos devem ser considerados hipossuficientes até prova em contrário. Não comungamos desse entendimento e, como nos manifestamos anteriormente, vemos uma ruptura no sistema adotado pela nossa legislação.

Se o modelo adotado foi o de garantir o direito de exclusividade para àquele que foi o mais diligente e primeiro realizou o depósito da marca, não vemos motivo para se alterar o modelo atributivo, o qual foi adotado por todos ao membros da Convenção de Paris, para se atribuir o direito de exclusividade justamente para aquele que deixou de cumprir o que a legislação determinava. Estaríamos prestigiando o indolente e nos esquecendo de uma das regras prestigiadas pelo nosso ordenamento jurídico, ou seja, *dormientibus non socorrit jus*.

Além desse nonsense jurídico adotado pelo legislador pátrio em atribuir o direito de exclusividade àquele que usava a marca, mas não a registrara, o legislador, no parágrafo primeiro[55] do art. 129 da lei em comento, permitiu a cessão do direito

---

II – letra, algarismo e data, isoladamente, salvo quando revestidos de suficiente forma distintiva;

XV – nome civil ou sua assinatura, nome de família ou patronímico e imagem de terceiros, salvo com consentimento do titular, herdeiros ou sucessores;

XVI – pseudônimo ou apelido notoriamente conhecidos, nome artístico singular ou coletivo, salvo com consentimento do titular, herdeiros ou sucessores.

55. § 1º Toda pessoa que, de boa-fé, na data da prioridade ou depósito, usava no País, há pelo menos 6 (seis) meses, marca idêntica ou semelhante, para distinguir ou certificar produto ou serviço idêntico, semelhante ou afim, tera direito de precedência ao registro.

de precedência, quando houver alienação do estabelecimento empresarial. Ou seja, o alienante da azienda poderá ceder esse direito, de primeiro registrar, ao adquirente.

Importante deixar consignado, que esse direito de precedência da marca difere do direito de utilização concedido ao terceiro de boa-fé da invenção. Neste último, o terceiro de boa-fé terá somente a possibilidade de utilizar o invento, sem, contudo, deter o direito de exploração. A patente pertence àquele que primeiro efetuou o depósito. Neste caso da marca, o direito de exclusividade pertence àquele que provar a utilização previa do sinal distintivo.

Ademais, o Superior Tribunal de Justiça já se manifestou no sentido de que esse direito de precedência pode servir de fundamento para a ação que visa a declaração da nulidade da marca pela via judicial.[56] *Portanto, segundo entendimento dessa corte, se o terceiro de boa-fé, a qualquer momento ingressar com uma ação de nulidade, provando que já utilizava a marca, há pelo menos seis meses antes daquele que efetuara o registro, o registro das marca poderá ser cancelada junto ao INPI. Admite-se, portanto, a declaração da nulidade da marca pela, pela via judicial, e não somente, pela vai administrativa, como sustentava o INPI.*

Andou mal o STJ com esse entendimento supracitado, pois atribui-se ao utente a possibilidade pleitear a nulidade de uma marca, que já fora concedida pelo INPI a outrem, é, para dizer o menos, desrespeitar o direito constitucional de propriedade da marca. Ademais, nos parece que o STJ entendeu que não há prazo para o manejo dessa demanda, ou seja, o usuário de boa-fé poderá pleitear a nulidade da marca ad aeternum.

Data vênia, em primeiro lugar, o direito de preferência nos parece totalmente divorciado do sistema atributivo adotado pelo legislador brasileiro, prestigiando justamente aquele que não cumpriu as obrigações impostas por lei. Ademais, permitir que o utente possa, a qualquer momento, questionar uma marca que já fora atribuída a outrem nos parece absurdo. Parece nos, que o legislador e a Corte Superior partem da presunção de que aquele indivíduo que primeiro realizou o depósito da marca está sempre de má-fé quando existir um usuário anterior.

Por derradeiro, recentemente um aluno nosso foi prestar concurso para ingresso na carreira da magistratura em um estado do nordeste do País. É sabido e consabido que no Norte e no Nordeste as decisões do STJ e dos tribunais federais têm grande prestígio e, portanto, o examinador muitas vezes, se sente inclinado a

---

56. O STJ possui entendimento firmado no sentido de que é plenamente viável a decretação, por via judicial, de nulidade de registro de marca, ainda que em decorrência de direito de precedência. Nesse sentido: REsp 1.184.867/SC, Rel. Min. Luis Felipe Salomão, **Quarta Turma**, j. 15/05/2014, Dje 06/06/2014; Resp 1.582.179/PR, Rel. Min. Ricardo Villas Bôas Cueva, **Terceira Turma**, j. 09/08/2016, Dje 19/8/2016 e Resp 1.189.022/SP, Rel. Min. Luis Felipe Salomão, **Quarta Turma**, j. 25/02/2014, Dje 02/04/2014.

adotar questões abordadas nas decisões destes tribunais. Por exemplo, o mencionado aluno nos indagou o que seriam os princípios da distância e da diluição da marca.

A teoria da distância, com supedâneo nos princípios da equidade e da igualdade, busca harmonizar a existência de marcas semelhantes, desde que atuem em mercados distantes e não provoque confusão entre os consumidores. Essa teoria, na verdade, busca oferecer uma solução equitativa que não prejudique nenhum dos detentores da marca. Embora de legalidade questionável, a teoria merece prestígio desde que não provoque a diluição da marca (teoria da diluição).

Por sua vez, a teoria da diluição da marca busca proteger este sinal distintivo contra eventual enfraquecimento diante da utilização concomitante por vários titulares. Acompanhe brilhante decisão oriunda do Tribunal Regional Federal da Segunda Região aonde foram abordadas as teorias da distância e da diluição pelo relator de forma técnica.

> Colidência entre os sinais distintivos Dell e DELL DO BRASIL. Aplicação da teoria da distância e da teoria da diluição.
>
> 1. No exame de eventual colidência, doutrina e jurisprudência têm tradicionalmente se utilizado da teoria da distância, que, fundamentando-se nos princípios da eqüidade e da igualdade, sustenta a coexistência de marcas quando a situação fática atual possibilite o convívio harmônico de signos semelhantes ou afins. 2. Embora muito eficaz na maioria dos casos, tal critério não é capaz de abarcar hipóteses especialíssimas, onde a infringência de direitos pode ganhar matizes diversos, que exigem uma análise mais profunda e sob outro enfoque, o da teoria da diluição. 3. A idéia principal da teoria da diluição é a de proteger o titular contra o enfraquecimento progressivo do poder distintivo de sua marca, mormente em casos de marcas que ostentam alto grau de reconhecimento ou que sejam muito criativas, sendo o paradigma para a decisão entre aplicar a teoria da distância ou a teoria da diluição a fama e a criatividade do sinal. 4. O signo DELL DO BRASIL traduz uma idéia equivocada de que a titularidade deste pertence a uma empresa subsidiária da norte-americana, ainda que atuante em segmento diverso. Ora, a empresa-autora foi fundada em 1984, recebendo desde então grandes investimentos em marketing, o que reverteu numa imagem de forte fixação no imaginário do público-consumidor, alçando-a, a toda evidência, a um alto grau de reconhecimento. Não seria irrazoável imaginar que uma empresa internacional do porte da autora resolvesse diversificar os seus negócios, lançando-se também em outro segmento, qual seja, o de serviços relacionados à área de comunicação, publicidade e propaganda, daí se podendo extrair a real possibilidade de confusão no público consumidor quanto à origem destes. Acrescente-se a tal conjuntura um dado primordial, qual seja, o elemento característico DELL tem sua origem no patronímico do sócio fundador Michael Dell. 5. Apelação desprovida.

5.4.5. Da licença compulsória

O instituto da licença compulsória está prevista no art. 68 da Lei 9279/96 com a seguinte dicção: "O titular ficará sujeito a ter a patente licenciada compulsoriamente se exercer os direitos dela decorrentes de forma abusiva, ou por meio dela praticar abuso de poder econômico, comprovado nos termos da lei, por decisão administrativa ou judicial."

Como é cediço, nenhum direito é absoluto. No estado democrático de direito deve-se sempre contemporizar os direitos individuais para que se possa, com isso, atingir um sistema harmônico em que o direito de uma pessoa não inviabilize o exercício de outros direitos.

Porquanto, o detentor de uma patente possui direito exclusivo de uso por um certo lapso temporal; contudo, não se poderá admitir que esse direito cause danos à coletividade. O dispositivo em comento, tem por objetivo impedir que a exploração da patente seja exercida de modo abusivo.

Constatando o exercício abusivo da patente, o seu titular é obrigado a ceder o uso da patente para que outrem possa explorar o invento que está sendo utilizado de forma abusiva. Isto ocorrerá por meio da licença compulsória, também conhecido como quebra de patente. É a suspensão temporária do direito de exclusividade que será delegada a outrem, sendo que este terceiro terá direito de produção, uso, venda, importação ou exportação do invento.

É importante deixar consignado que concedida a licença compulsória a outrem, esta licença compulsória não impede que o seu titular da patente possa continuar a explorar o seu invento.

Ademais, o abuso do poder econômico, conhecido como domínio do mercado, também poderá ensejar a concessão da licença compulsória. Para explicar em que consiste o abuso de poder econômico, podemos utilizar um exemplo norte-americano.

Na década de oitenta, várias empresas farmacêuticas decidiram-se reorganizar por meio de fusões. Preocupado que essas fusões pudessem monopolizar o mercado farmacêutico norte-americano, o governo, para garantir o preço de alguns medicamentos básicos, licenciou várias patentes de medicamentos.

Entretanto, o abuso do poder econômico, que poderá ensejar a licença compulsória, deve estar devidamente comprovado por uma decisão administrativa ou por sentença judicial.

Uma terceira causa é conhecida como insuficiência na exploração do invento. Essa causa, também, poderá dar ensejo a licença compulsória integral. É dever do titular do invento permitir que a coletividade tenha acesso ao seu invento. Se o titular da patente não for capaz de atender as demandas proporcionadas pela sua invenção, não restará alternativa do que permitir que uma outra possa, também, possa explorar esse invento.

A chamada dependência de patentes, prevista no art. 70 da Lei 9279/96, também, poderá motivar a concessão da licença compulsória. Essa ocorre quando o titular da patente inviabiliza ou dificulta a exploração de outra patente. Hipótese que ensejará uma análise em cada caso específico.

A última hipótese é a situação de emergência nacional ou do interesse público declarado pelo Poder Público Federal, desde que o titular da patente não seja capaz de atender as necessidades decorrentes do interesse público ou da emergência nacional. Essa licença poderá ser concedida de ofício pelo Poder Público e sempre será temporária e não exclusiva. Em outras palavras, se o Poder Público não puder explorar a patente, a licença compulsória será concedida a quem tiver capacidade técnica e financeira e atender ao edital.

O art. 73 da Lei 9279/96 concede legitimidade ativa para pessoas que tenham legítimo interesse e possuam capacidade técnica e econômica para explorar a patente com eficiência, mormente no mercado interno. Portanto, o legislador, buscando atender os interesses da coletividade atribuiu uma legitimidade concorrente ampla a qualquer pessoa que atenda aos requisitos legais.

6
AVIAMENTO E CLIENTELA

O aviamento é o potencial para produzir lucro que o estabelecimento empresarial apresenta no mundo fático.

O aviamento só surge quando esse complexo de bens está organizado por aquele que constituiu a azienda. Se, porventura, for inexistente o aviamento, ou seja, se estivermos diante de um complexo de bens sem aviamento, não poderemos afirmar que se trata de estabelecimento empresarial, mas sim de, simplesmente, um complexo de bens sem um resultado finalístico, como é característico da azienda.

A doutrina comercialista divide o aviamento em:

- objetivo

e

- subjetivo,

sendo o primeiro a aptidão de produzir lucro em razão de fatores ligados ao próprio estabelecimento e o segundo, a contribuição pessoal do empresário para que o estabelecimento empresarial produza esse resultado desejado.

Quando da alienação do estabelecimento empresarial transfere-se ao adquirente somente o aviamento objetivo.

Contudo, quando o parágrafo único, do art. 1164, do Código Civil, permite que o adquirente possa usar o nome do alienante, quando houver a transferência do estabelecimento empresarial, procura-se, com isso, garantir a transferência do aviamento subjetivo ao adquirente. Ao se permitir que o adquirente possa usar o nome do alienante, desde que precedido do seu próprio seguido da expressão sucessor, a intenção é de informar a clientela de que os serviços ou produtos aten derão aos mesmos padrões que o alienante utilizava e, assim, preservar o lucro produzido pelo estabelecimento em razão do empresário.

Embora seja um fator determinante para que se possa avaliar o estabelecimento empresarial, não se pode dizer que o aviamento é um elemento da azienda, pois o seu titular não possui o seu domínio. Se fosse um elemento do estabelecimento, o alienante teria que garantir a sua transferência ao adquirente. Havendo queda ou desaparecimento do aviamento após a alienação, o adquirente poderia pleitear uma indenização frente ao alienante pela não transferência desse elemento.

A nosso ver, melhor seria considerar o aviamento como uma característica do estabelecimento e não um elemento pertencente ao estabelecimento. Desse modo, qualquer mudança que ocorra no aviamento, sem a contribuição do alienante, não será da responsabilidade deste, mas deve ser visto como risco advindo da atividade empresarial. Por conseguinte, o aviamento não poderia ser considerado um elemento do estabelecimento, mesmo que as partes insiram uma cláusula resolutiva expressa, no sentido de que, se o aviamento não se mantiver estável por um certo prazo, o contrato estaria resolvido.

Por sua vez, a clientela é o conjunto de pessoas que comparecem à casa comercial do empresário no intuito de adquirir os seus produtos ou usufruir de seus serviços. Conforme já se manifestara Oscar Barreto Filho, "é o conjunto de pessoa que de fato mantém com o estabelecimento relações continuadas de procura de bens ou de serviços".

A nosso ver, também não se pode considerar a clientela com um bem incorpóreo do estabelecimento empresarial. O empresário não possui disponibilidade sobre esse conjunto de pessoas, não existe nenhum vínculo entre o titular da azienda e o conjunto de pessoas para que pudéssemos afirmar que a clientela poderia ser considerada um elemento.

É verdade que, em algumas legislações, como, por exemplo, a da Argentina, a clientela está elencada dentre os bens do estabelecimento empresarial. No art. 1°, da Lei 11.867/1914, o legislador portenho elencou uma série de elementos que fazem parte do estabelecimento, tais como: nome empresarial, mercadorias, instalações e a clientela. Nesse caso, portanto, a clientela é um elemento integrante da azienda e várias consequências jurídicas poderão advir da inclusão da clientela como um bem do estabelecimento. Por exemplo, se após a alienação do estabelecimento empresarial houver uma disseminação parcial ou total da clientela, sem culpa do adquirente, o alienante deveria indenizar o adquirente do estabelecimento pela não transferência desse elemento incorpóreo. Ou seja, um dos elementos do estabelecimento empresarial não lhe fora entregue como deveria ter sido, ensejando o pagamento de uma indenização por parte do alienante.

7
DA ESCRITURAÇÃO MERCANTIL

Nas palavras do professor Rubens Requião, a consciência do comerciante está inserida na sua escrituração.

Na verdade, a escrituração é o registro cronológico e sistemático das operações realizadas pelo empresário. É por meio da escrituração que o empresário ou mesmo a sociedade empresária mantém registro de seus principais negócios.

O Código Civil, em seu art. 1179, preceitua que o exercício da atividade empresarial obriga o seu exercente à escrituração de seus negócios, da sua correspondência e da respectiva documentação.

O empresário possui várias obrigações relacionadas ao exercício da sua atividade como, por exemplo, o seu registro na junta comercial, a manutenção de sua escrituração mercantil, bem como o registro de marca ou de patentes no Instituto Nacional da Propriedade Industrial (INPI). O eventual descumprimento dessas obrigações acarretará as respectivas sanções. Por exemplo, a falta de escrituração mercantil poderá acarretar eventual sanção penal em caso de falência.[1] Ademais, não faz prova a favor do empresário, a escrituração empresarial elaborada sem os devidos requisitos legais.[2]

A escrituração mercantil pode ser dividida em escrituração obrigatória ou facultativa.

A primeira é aquela escrituração de natureza compulsória, que todos os empresários, independentemente das espécies ou das atividades que exercem deverão escriturar.

1. Art. 178 da Lei 11.101/05 Deixar de elaborar, escriturar ou autenticar, antes ou depois da sentença que decretar a falência, conceder a recuperação judicial ou homologar o plano de recuperação extrajudicial, os documentos de escrituração contábil obrigatórios: Pena – detenção, de 1 (um) a 2 (dois) anos, e multa, se o fato não constitui crime mais grave.
2. Art. 226 do Código Civil. Os livros e fichas dos empresários e sociedades provam contra as pessoas a que pertencem, e, em seu favor, quando, escriturados sem vício extrínseco ou intrínseco, forem confirmados por outros subsídios. Parágrafo único. A prova resultante dos livros e fichas não é bastante nos casos em que a lei exige escritura pública, ou escrito particular revestido de requisitos especiais, e pode ser ilidida pela comprovação da falsidade ou inexatidão dos lançamentos.

São chamados de livros obrigatórios comuns. Hoje em dia, há somente um livro obrigatório comum que é o diário, previsto no art. 1180[3] do Código Civil.

Há, contudo, os chamados livros obrigatórios especiais que são livros compulsórios relacionados a certas categorias de empresários ou a certas atividades desenvolvidas por estes empresários.

Por exemplo, o empresário que sacar duplicatas mercantis é obrigado a escriturar o chamado Livro de Registro de Duplicatas Mercantis, previsto na Lei 5.474/68. As sociedades anônimas são obrigadas a escriturar livros sociais, elencados no art. 100 da Lei 6.404/76 como os Livro das Ações Nominativas da companhia, o Livro de Atas das Assembleias Gerais, o Livro de Presença dos acionistas etc.

Além da escrituração compulsória, o empresário está autorizado a escriturar livros facultativos como o Livro Caixa ou o Livro de Entrada e Saída de Mercadorias. Estes livros terão eficácia meramente gerencial e mesmo que autenticados pela junta comercial não terão a mesma força probatória que a legislação confere aos livros obrigatórios, mas poderão servir como prova indiciaria para corroborar outros elementos probatórios. Em outras palavras, os livros gerenciais poderão auxiliar o empresário a provar determinado fato, desde que haja outros elementos, além dos livros facultativos.

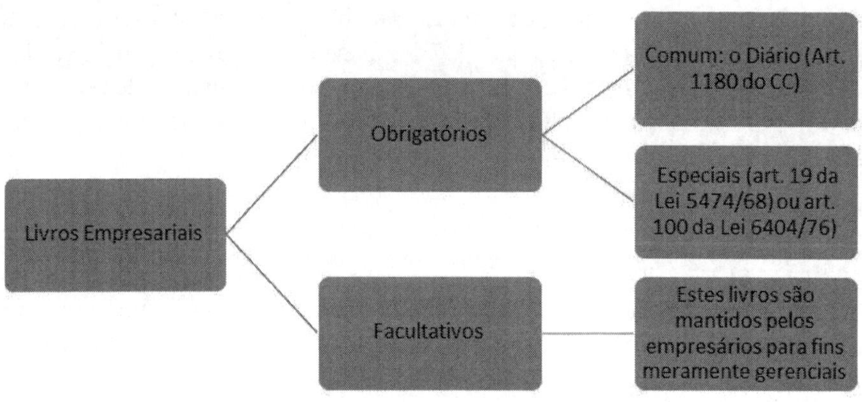

Fonte: elaborado pelo autor.

Conforme determinava a exposição de motivos inserida no Código Comercial Napoleônico de 1807, a consciência do comerciante está escrita em seus livros; neles é que o comerciante registra todas as suas ações; são para ele, uma espécie de garantia. Tendo em vista a necessidade de resguardar o sigilo dos livros do empresário,

3. Art. 1.180 do Código Civil. Além dos demais livros exigidos por lei, é indispensável o Diário, que pode ser substituído por fichas no caso de escrituração mecanizada ou eletrônica. Parágrafo único. A adoção de fichas não dispensa o uso de livro apropriado para o lançamento do balanço patrimonial e do de resultado econômico.

o legislador do atual Código Civil, sensível a esse ditame, editou o art. 1190, que normatizou o princípio do sigilo da escrituração mercantil. o dispositivo reza:

> Ressalvados os casos previstos em lei, nenhuma autoridade, juiz ou tribunal, sob qualquer pretexto, poderá fazer ou ordenar diligência para verificar se o empresário ou a sociedade empresária observam, ou não, em seus livros e fichas, as formalidades prescritas em lei.

Importante consignar, que esse sigilo sofreu algumas mitigações em virtude da legislação tributária. Na atualidade, o empresário não poderá se opor a fiscalização por parte das autoridades fazendárias[4] ou quando determinada pelo juiz de direito competente.[5] Nesse sentido foi editada a súmula 439 do Supremo Tribunal Federal que assim foi redigida:

> Estão sujeitos à fiscalização tributária ou previdenciária quaisquer livros comerciais, limitado o exame aos pontos objeto da investigação.

Essa súmula mitiga, para fins fiscais ou previdenciárias, o princípio do sigilo dos livros empresariais. Ademais o próprio art. 195[6] do Código Tributário Nacional excepcional o mencionado princípio, determinando que as regras que limitam o poder de fiscalização não terão eficácia em face das autoridades fazendárias.

Nesse mesmo sentido entendeu o Tribunal Regional Federal da 3ª Região na Apelação Civil nº 23862-SP 0023862-67.20º7.4.03.6100.

> Os **livros comerciais** comportam exibição administrativa apenas em duas situações: **fiscalização** tributária (artigo 195 do CTN) e **fiscalização** da seguridade social (artigo 33, § 1º, Lei 8.212/91). VII – A Resolução CFC nº 803/96, que aprovou o Código de Ética Profissional do Contador, não tem o condão de obrigar o profissional a violar o dever de **sigilo** de documentos

---

4. Art. 1193 do Código Civil. As restrições estabelecidas neste Capítulo ao exame da escrituração, em parte ou por inteiro, não se aplicam às autoridades fazendárias, no exercício da fiscalização do pagamento de impostos, nos termos estritos das respectivas leis especiais.
5. Art. 1.191 do Código Civil O juiz só poderá autorizar a exibição integral dos livros e papéis de escrituração quando necessária para resolver questões relativas à sucessão, comunhão ou sociedade, administração ou gestão à conta de outrem, ou em caso de falência.
6. Art. 195 do Código Tributário Nacional Para os efeitos da legislação tributária, não têm aplicação quaisquer disposições legais excludentes ou limitativas do direito de examinar mercadorias, livros, arquivos, documentos, papéis e efeitos comerciais ou fiscais, dos comerciantes industriais ou produtores, ou da obrigação destes de exibi-los.

   Parágrafo único. Os livros obrigatórios de escrituração comercial e fiscal e os comprovantes dos lançamentos neles efetuados serão conservados até que ocorra a prescrição dos créditos tributários decorrentes das operações a que se refiram.

> que lhe foram conferidos pelos seus clientes porque não se trata de lei formal. VIII – O Decreto-Lei nº 9.295/46 não veicula dispositivo que socorra a pretensão do Conselho, inexistindo previsão de exibição de documentos de clientes. IX – Não sendo caso de condenação, o juiz não está vinculado ao percentual entre 10% e 20% estabelecidos no artigo 20, § 3º, do CPC. Porém, considerando o alto valor de honorários decorrentes da sucumbência fixados em sentença, mostra-se cabível a sua redução para valor mais condizente com a natureza da causa (R$ 1.000,00). X – Apelação parcialmente provida.

Portanto, é assente na jurisprudência pátria e de acordo com a Súmula 439 do Supremo Tribunal Federal de que não há necessidade de autorização judicial para que as autoridades fiscais possam examinar os livros do empresário, bem como outros papéis e documentos que julguem imprescindíveis para a verificação da ocorrência de crime tributário.

Contudo, em virtude da importância atribuída aos livros escriturados pelo empresário, o legislador prestigia o princípio do sigilo da escrituração mercantil, não permitindo que os livros possam ser devassados por qualquer pessoa em qualquer situação. A exibição desnecessária dos livros mercantis pode revelar segredos do empresário que poderão colocar em risco a sua atividade empresarial.

Por essa razão, a exibição integral dos livros comerciais, com o depósito da escrituração em cartório para que o solicitante tenha acesso integral aos livros somente será admitida em casos específicos previstos pelo legislador. O art. 1.191 do Código Civil preceitua que juiz só poderá autorizar a exibição integral dos livros e papéis de escrituração quando necessária para resolver questões relativas à sucessão, comunhão ou sociedade, administração ou gestão à conta de outrem, ou em caso de falência. Não será permitida a exibição integral dos livros fora dos casos mencionados neste dispositivo.

Nesse mesmo sentido entendeu o Tribunal de Justiça do Paraná, no agravo de instrumento nº AI 6792198-PR 679219-8 da lavra do desembargador Arquelau Araujo Ribas:

> Por primeiro, a exibição dos livros comerciais e documentos pode ser requerida como medida preventiva (Súmula 390 do STF) ou como procedimento cautelar específico (art. 844, III do Código de Processo Civil). Contudo, considerando que a escrituração dos livros de uma empresa contém todo o balanço patrimonial desta e, inclusive, seu resultado econômico, tais dados, muitas vezes, são sigilosos, razão da exibição desta documentação ficar restrita àqueles que possuem o dever de exibi-los ou aos interessados. Veja-se a Súmula 260 do STJ: "O exame de livros comerciais, em ação judicial, fica limitado às transações entre os litigantes". Assim, a fim de resguardar o princípio do sigilo dos livros comerciais, o ordenamento jurídico limitou as hipóteses de exibição total dos livros obrigatórios, sendo elas: sucessão, comunhão ou sociedade, administração ou gestão à conta de outrem ou em

> caso de falência. Confira-se o art. 1.191 CC. O juiz só poderá autorizar a exibição integral dos livros e papéis de escrituração quando necessária para resolver questões relativas a sucessão, comunhão ou sociedade, administração ou gestão à conta de outrem, ou em caso de falência. § 1º O juiz ou tribunal que conhecer de medida cautelar ou de ação pode, a requerimento ou de ofício, ordenar que os livros de qualquer das partes, ou de ambas, sejam examinados na presença do empresário ou da sociedade empresária a que pertencerem, ou de pessoas por estes nomeadas, para deles se extrair o que interessar à questão. § 2º Achando-se os livros em outra jurisdição, nela se fará o exame, perante o respectivo juiz". Da mesma forma, é, também, taxativo, o Código de Processo Civil quanto às hipóteses de exibição integral dos livros contábeis. Confira-se o artigo 381 do diploma referido: "Art. 381. O juiz pode ordenar, a requerimento da parte, a exibição integral dos livros comerciais e dos documentos do arquivo: I – na liquidação de sociedade; II – na sucessão por morte de sócio; III – quando como determinar a lei". É de se destacar a possibilidade de exibição parcial dos livros e documentos por determinação do juízo, nos termos do artigo 382 do Código de Processo Civil: "Art. 382. O juiz pode, de ofício, ordenar à parte a exibição parcial dos livros e documentos, extraindo-se deles a suma que interessar ao litígio, bem como reproduções autenticadas". Por fim, a aplicabilidade do princípio de proteção ao sigilo não é absoluta porque inaplicável aos casos de fiscalização tributária (artigo 195 do Código Tributário Nacional) e de seguridade tributária (artigo 33, § 1º da Lei 8.212/91).

No tocante à exibição parcial, o juiz competente pode, ainda que em sede de procedimento cautelar ou por meio de ação própria de cognição exauriente, determinar a exibição dos livros de qualquer dos litigantes ou de ambos, desde que essa exibição seja efetuada em cartório com a presença do empresário a quem pertencerem, com o intuito extrair cópia restrita ao litigio[7]. Ademais, sendo a exibição parcial um procedimento menos invasivo, o juiz pode, ainda, determiná-lo de ofício.

7. Art. 1191, parágrafo primeiro, do Código Civil. O juiz ou tribunal que conhecer de medida cautelar ou de ação pode, a requerimento ou de ofício, ordenar que os livros de qualquer das partes, ou de ambas, sejam examinados na presença do empresário ou da sociedade empresária a que pertencerem, ou de pessoas por estes nomeadas, para deles se extrair o que interessar à questão.

Acesse Visual Law

8
CONSIDERAÇÕES FINAIS

Podemos encerrar a Teoria Geral do Direito Comercial com as seguintes considerações finais:

A primeira parte dos nossos estudos podem ser resumidos em um tripé, composto de três letras:

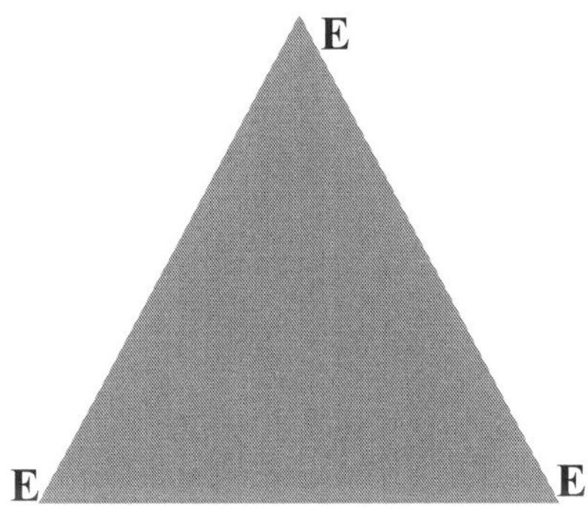

Fonte: elaborado pelo autor.

Esse tripé é composto pelo *Empresário*, pelo *Estabelecimento* empresarial e pela *Empresa*.

Esses três conceitos precisam estar bem sedimentados na mente do estudioso e não pode haver confusão quanto ao sentido desses termos.

Veja o infográfico apresentado a seguir.

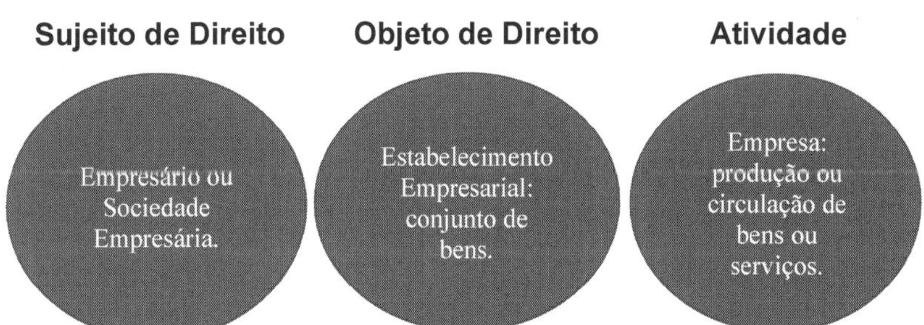

Fonte: elaborado pelo autor.

Em suma, o empresário ou a sociedade empresária são aqueles que desenvolvem a atividade empresarial, a qual se denomina empresa, que é a produção ou circulação de bens ou serviços. Contudo, para que possa haver empresa, há a necessidade de que o empresário ou a sociedade empresária organizem o estabelecimento empresarial, que, por sua vez, pode ser entendido como o complexo de bens essenciais para a realização da atividade empresarial. Se essas ideias estiverem bem assentadas, pode-se dizer que a estrutura do direito empresarial se encontra resumida nesse tripé.

Posto isso, vamos no próximo tópico estudar um dos sujeitos de direito, ou seja, as sociedades empresárias que também desenvolvem atividade empresarial.

Acesse as questões on-line

9
QUESTÕES OBJETIVAS

1. – MAG/SP 188º A filial de uma sociedade anônima tem a natureza de uma:

a) de sociedade coligada;

b) subsidiária integral;

c) universalidade de fato;

d) pessoa jurídica autônoma.

Esta questão é de relativa facilidade para aqueles que conhecem a estrutura do estabelecimento empresarial. não se trata de uma sociedade coligada. A sociedade coligada é aquela em que o seu capital social participa de outra sociedade. pode ser controlada, filiada, simples participação ou de participação recíproca. Também não pode ser subsidiária integral que é uma sociedade unipessoal. Também, não é uma pessoa jurídica autônoma. A resposta correta é a C, a filial é um estabelecimento empresarial que tem natureza jurídica de uma universalidade de fato.

2. – MAG/SP 171º Assinale a alternativa incorreta.

a) A empresa tem natureza jurídica de sujeito de direito.

b) A empresa é a atividade econômica organizada para a produção ou circulação de bens ou serviços.

c) Sujeito de direito na empresa é o empresário.

d) O estabelecimento empresarial não se confunde com a empresa.

Esta questão foi muito bem elaborada pela banca paulista. O candidato precisava conhecer os conceitos de empresário, empresa e estabelecimento. Essas questões são muito comuns no concurso da magistratura. Fique atento, pois o examinador está solicitando a questão errada. A letra a está incorreta, como vimos, a empresa é a atividade e não sujeito de direito. Sujeito de direito é o empresário e a sociedade empresária. As demais assertivas estão todas corretas.

3. – MAG/171º Assinale a alternativa incorreta.

a) A proteção ao nome empresarial decorre automaticamente do arquivamento dos atos constitutivos de firma individual e de sociedades, ou de suas alterações.

b) O nome empresarial obedecerá aos princípios da veracidade e da novidade.

c) A alienação da firma individual pode ocorrer independentemente do estabelecimento a que se refere.

d) O princípio da novidade impede a adoção de nome igual ou semelhante ao de outro empresário.

Novamente a questão indaga a alternativa incorreta. Antes de responder à questão passe um traço embaixo da palavra incorreta para lembrar que você está assinalando a alternativa incorreta. Nossa tendência é sempre assinalar a resposta correta.

A resposta a está correta. Conforme estudamos o nome empresarial não comporta registro na junta comercial como se faz com a marca no INPI. A proteção ao nome decorre do arquivamento do contrato social na junta comercial ou do ato constitutivo do empresário. A letra b também está correta, os princípios da novidade e veracidade regem o nome empresarial. A Lei 8.934/94 em seu art. 34 assim determina: "o nome empresarial obedecerá aos princípios da veracidade e da novidade." A resposta incorreta é a letra c, pois a firma individual não pode ser alienada de acordo com o art. 1.164 do Código Civil. Digo mais, não se admite a alienação da firma nem no caso de alienação do estabelecimento empresarial. O que se admite, no caso de trespasse, é a possibilidade de o adquirente usar o nome do alienante.[1] A letra d está, por sua vez, correta também. O princípio da novidade impede que outra pessoa, seja física ou jurídica, adote o mesmo nome já utilizado por empresário ou por sociedade empresária.

4. – (TJ/PA) Magistratura.

Assinale a opção que indica a denominação dada ao elemento incorpóreo do estabelecimento empresarial pertencente ao empresário e que concerne à localização do imóvel onde é exercida a mercancia ou atividade industrial, que não se confunde com o imóvel propriamente dito e que muitas vezes assume papel preponderante para o sucesso da empresa, seja pela relação com os clientes, seja pela relação com os fornecedores, e que é protegido pela lei de locações.

a) clientela;

b) aviamento;

c) trespasse;

d) fundo mercantil;

e) ponto empresarial.

1. Art. 1164 do CC. O nome empresarial não pode ser objeto de alienação. Parágrafo único. O adquirente de estabelecimento, por ato entre vivos, pode, se o contrato o permitir, usar o nome do alienante, precedido do seu próprio, com a qualificação de sucessor (Grifo nosso).

Questão interessante elaborada pela banca da magistratura do Pará. O examinador indaga qual elemento do estabelecimento concerne à localização do estabelecimento empresarial e que assume papel preponderante na sucessão empresarial. A clientela é o conjunto de pessoas que adquirem bens ou utilizam os serviços do empresário. A clientela, portanto, não está relacionada com a localização do imóvel. Já na letra b, o aviamento é o potencial de lucro produzido pelo estabelecimento. Esse, também não tem vínculo direto com a localização da azienda. O trespasse é o contrato que tem por fim alienar o estabelecimento empresarial. O fundo mercantil é sinônimo de azienda. A resposta correta é o ponto empresarial. O ponto é justamente o local onde empresário exerce a sua atividade empresarial. Este elemento tem papel de destaque na sucessão do estabelecimento empresarial.

5. – (TJ/GO) Magistratura.

Thiago, titular de uma empresa individual do ramo de padaria, veio ser interditado judicialmente e declarado absolutamente incapaz para os atos da vida civil por conta de uma doença mental que lhe sobreveio. A Thiago, nesse caso, é

a) permitido continuar a empresa por meio de representante, mediante prévia autorização judicial, que não é passível de revogação;
b) vedado continuar a empresa, ainda que por meio de representante;
c) permitido continuar a empresa por meio de representante, mediante prévia autorização judicial, que poderá ser revogada, também judicialmente, sem prejuízo dos direitos de terceiros.
d) permitido continuar a empresa por meio de representante, independentemente de prévia autorização judicial.
e) permitido continuar a empresa por meio de representante, caso em que todos os bens que já possuía ao tempo da sua interdição ficarão sujeitos ao resultado da empresa, ainda que estranhos ao acervo desta.

A questão cuida da chamada incapacidade superveniente, ou seja, Thiago era capaz e depois de contrair uma doença mental torna-se incapaz. A incapacidade lhe sobreveio após um período de capacidade plena. Aplica-se, nesse caso, a regra insculpida no art. 974 do Código Civil. A letra a está errada, pois a autorização concedida pelo juiz é passível de revogação a qualquer momento. A letra b está incorreta tendo em vista ser possível a continuidade da empresa. A letra c está correta, pois permite-se a continuidade da atividade empresarial, desde que haja autorização judicial. Por sua vez, a letra d também está incorreta pois a continuidade só será possível mediante autorização judicial. Por fim, a letra e está incorreta, pois quando o juiz autoriza a continuidade da empresa (atividade) deve haver, obrigatoriamente, separação de bens.

PARTE II
DIREITO SOCIETÁRIO

1
NOÇÕES GERAIS

Infográfico das sociedades empresárias existentes no Brasil

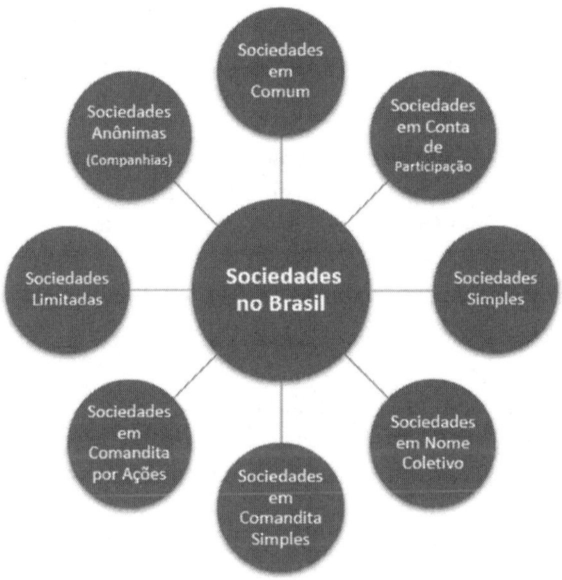

Fonte: elaborado pelo autor.

Neste tópico abordaremos as chamadas sociedades empresárias. Trata-se de uma maneira mais técnica e sofisticada para o exercício da atividade empresarial.

Podemos atribuir ao direito comercial o surgimento e a evolução do direito societário brasileiro. Foram as sociedades, na época chamadas de comerciais, que aperfeiçoaram os institutos e traçaram os paradigmas do atual direito societário brasileiro.

Vimos, no capítulo anterior, que a atividade empresarial pode ser desenvolvida por uma pessoa física, denominada empresária ou, ainda, por meio de uma pessoa jurídica, que é conhecida como sociedade empresária. Apenas uma observação, a maioria das sociedades empresárias são pessoas jurídicas; no entanto, há duas sociedades que não são tidas como pessoas jurídicas, pois não são personificas.

Durante nossos estudos desenvolveremos melhor essa questão.

Antes de mais nada, convém elucidar, ao mesmo tempo, uma questão sociológica e jurídica. Por uma perspectiva sociológica, as pessoas se associam no intuito de realizarem empreendimentos os quais não conseguiriam desenvolver individualmente ou, ainda, para reunirem capital suficiente para desenvolver algumas atividades que requerem quantias vultosas. Ademais, algumas atividades demandam uma estrutura agigantada e necessitam do concurso de várias pessoas para realizarem essa empreitada. Já do ponto de vista jurídico, as pessoas constituem sociedades para que esses entes possam assumir os riscos inerentes à atividade empresarial em nome próprio e, ainda, aquelas pessoas que constituíram a sociedade podem limitar as suas responsabilidades. Logo, se a atividade malograr e houver a decretação da falência da sociedade, com a respectiva arrecadação do patrimônio societário, os bens dos sócios estarão salvos de qualquer constrição judicial pelo juízo concursal.

O surgimento das sociedades empresárias tem a sua origem na Idade Média, mormente durante a fase conhecida como mercantilista. Nesse período, a atividade comercial torna-se intensa e o tráfego mercantil transcende as fronteiras dos Estados. Nesse momento, devido ao surgimento da burguesia e a importância que o comércio assume, o Estado-Legislador inicia a codificação do direito comercial. As sociedades de pessoas, com a presença do elemento conhecido como *affectio societatis*, recebem as primeiras regras disciplinadoras. Era a época do auge do liberalismo econômico do Adam Smith, em que se prestigiava a liberdade individual e a economia de mercado. Campo fértil para a proliferação das sociedades empresárias.

Por sua vez, as sociedades de capital já eram conhecidas desde o renascimento. Contudo, os primeiros antecedentes das companhias podem ser encontrados nas sociedades coloniais do início do século XVII, nas conhecidas Companhia das Índias Orientais. Essas companhias eram formadas por recursos públicos e particulares e tinham por objeto a colonização do novo mundo. Podemos dizer que era uma espécie de sociedade de economia mista.

O nosso legislador, a nosso ver, foi sábio em nos oferecer um conceito de sociedade empresária no art. 981[1] do Código Civil, de acordo com o qual as sociedades são formadas por meio de contratos, sendo que são celebrados por pessoas que reciprocamente se obrigam a contribuir com bens ou serviços, para o exercício de atividade econômica e a partilhar, entre si, dos resultados. Importante destacar desde já que as sociedades, para serem consideradas empresarias, devem visar à obtenção do lucro, mas esse lucro precisar ser distribuído entre os sócios. Logo, quando uma associação resolve vender rifas para aumentar o seu campo esportivo, isso não transformaria a associação em uma sociedade empresária. A distribuição do lucro entre os sócios é elemento caracterizador das sociedades empresariais.

1. Celebram contrato de sociedade as pessoas que reciprocamente se obrigam a contribuir, com bens ou serviços, para o exercício de atividade econômica e a partilha, entre si, dos resultados.

Novamente apenas um lembrete aos menos avisados: não vamos denominar de empresa as sociedades empresárias. A empresa é o que a sociedade realiza, ou seja, a produção ou a circulação de bens ou serviços. Empresa é a atividade. Ademais, não vamos também chamar de firma as sociedades empresárias. Firma, como já analisamos, é uma espécie de nome empresarial. E, por fim, não podemos entender que os sócios sejam considerados empresários. Os sócios são elementos essenciais para a constituição das sociedades, mas os sócios não desenvolvem atividade empresarial, quem irá desenvolver uma atividade econômica serão as sociedades. Portanto, embora os sócios sejam elemento essencial para o surgimento da sociedade, o nosso enfoque primordial, neste tópico, serão as sociedades. Postas essas ideias iniciais, vamos abordar a classificação das sociedades no próximo tópico.

2

AQUISIÇÃO E EFEITOS DA PERSONALIDADE JURÍDICA (AUTONOMIA PATRIMONIAL E RESPONSABILIDADE SUBSIDIÁRIA DOS SÓCIOS)

Primeiramente, não podemos confundir personalidade jurídica com o conceito de pessoa jurídica.

A personalidade é a aptidão para contrair direitos e obrigações na órbita civil. Toda pessoa, seja ela física, seja jurídica, possui personalidade. Sem personalidade o convívio social seria impossível. Portanto, a personalidade é, se assim podemos afirmar, um atributo inerente às pessoas.

A personalidade da pessoa física advém quando essa nascer com vida. Portanto, com o nascimento, a pessoa física já pode exercer todos os direitos e as obrigações ligados à personalidade. É verdade que, nesse momento, ainda lhe falta capacidade, que é a aptidão de exercer, por si só, os direitos advindos da personalidade. Para que esse indivíduo, por exemplo, possa adquirir um imóvel haverá necessidade de um representante legal.

Contudo, a aquisição da personalidade da pessoa física é um fenômeno diferente, pois não se pode falar em nascimento da pessoa jurídica assim como ocorre com a pessoa física. A pessoa jurídica não nasce; a pessoa jurídica é constituída por meio de um ato constitutivo. Portanto, a aquisição da personalidade pela pessoa jurídica decorre do registro de seu ato construtivo no órgão competente que, para nós, é a junta comercial. O art. 985[1] do Código Civil é claro no tocante a essa questão, estabelecendo que a sociedade adquire personalidade jurídica com a inscrição, no registro próprio e na forma da lei, de seus atos constitutivos.

Consequentemente, é correto afirmar que aquisição da personalidade jurídica advém com o registro do ato constitutivo no órgão competente, mas é incorreto se afirmar que o surgimento da sociedade também ocorre nesse momento. O surgimento da sociedade empresária é fenômeno que precede o registro da sociedade empresária no órgão competente. A sociedade empresária surge quando os sócios entram em consenso, ou seja, no momento em que surge o consenso entre

---

1. Art. 985 do Código Civil é claro ao preceituar que: "a sociedade adquire personalidade jurídica com a inscrição, no registro próprio e na forma da lei, dos seus atos constitutivos (arts. 45 e 1.150)." Grifo nosso.

os pactuantes. A partir desse momento podemos afirmar que já estamos diante de uma sociedade. A instrumentalização do contrato social é apenas a externalização dessa vontade.

Faltou técnica ao legislador quando editou o art. 45 do Código Civil. Esse dispositivo preceitua o seguinte: "Começa a existência legal das pessoas jurídicas de direito privado com a inscrição do ato constitutivo no respectivo registro, precedida, quando necessário, de autorização ou aprovação do Poder Executivo, averbando-se no registro todas as alterações por que passar o ato constitutivo". Essa norma contém um grave vício de origem, talvez pelo fato de o legislador civilista não possuir muita familiaridade com as sociedades, cuidando mais das associações e das fundações.

Contudo, se o art. 45 do Código Civil for levado a sério, como explicar a existência da sociedade de fato ou mesmo da sociedade em comum, sendo que essas existem, mas não possuem registro no órgão competente. Aliás, a jurisprudência pátria, mesmo diante da dicção do sobredito dispositivo, reconhece a existência da sociedade de fato.

As sociedades, sejam de natureza civil, sejam de natureza empresarial, surgem, não no momento do registro, mas quando ocorre o acordo de vontade entre os sócios. Nesse moimento, já se pode falar em sociedade. Aliás, é bom que se diga, não há necessidade da confecção de um contrato escrito para que a sociedade tenha a sua existência identificada no mundo jurídico. Por exemplo, a sociedade de fato, que é uma realidade entre nós, não possuem nem contrato social que possa comprovar a sua existência, mas não há como negar a sua existência. Enfim, pode haver sociedade mesmo que não haja contrato social.

É verdade que para ser considerada uma sociedade em comum haverá necessidade de um contrato elaborado por um instrumento escrito, por força do art. 986[2] do Código Civil. Não menos verdade é que, mesmo sem um contrato escrito, estaremos diante de uma sociedade; contudo, esse ente deve ser considerada uma sociedade de fato. Ou seja, uma sociedade de existência real, mas que não possui nenhuma documentação para comprovar a sua existência legal.

Em suma, o registro atribui a personificação societária, mas não lhe atribui existência.

Posto isso, convém verificarmos os efeitos advindos da personificação. Podemos apontar um efeito de natureza processual e um efeito de natureza material. O

---

2. Art. 986 do Código Civil definiu a sociedade em comum da seguinte maneira: "Enquanto não inscritos os atos constitutivos, reger-se-á a sociedade, exceto por ações em organização, pelo disposto neste Capítulo, observadas, subsidiariamente e no que com ele forem compatíveis, as normas da sociedade simples. Grifo nosso. Portanto, o contrato social é requisito de existência dessa sociedade. Sem esse documento, não se pode falar em sociedade em comum.

efeito de natureza processual que desponta da personificação é o de que, a partir do registro, a sociedade passa a ser considerada sujeito de direito. Logo, a sociedade poderá estar em juízo, bem como poderá entabular negócios jurídicos. Por conseguinte, se a sociedade necessitar de um aporte de capital para realizar uma determinada obra, poderá, por meio de um contrato de mútuo com uma instituição financeira, receber esse numerário. Quem será considerada a mutuaria é a sociedade e não os sócios. Se a sociedade causar danos a outrem, ela será posta no polo passivo da demanda e não os sócios.

Convém, no entanto, esclarecer uma questão de relevo: o legislador processualista permitiu que alguns entes, mesmo sem personalidade, e, portanto, sem serem considerados pessoas jurídicas, possam estar ativa ou passivamente em juízo. No art. 75, IX[3], do Código de Processo Civil, o legislador permite que as sociedades, sem personalidade jurídica, estejam em juízo, representadas pela pessoa a quem couber administrar os seus bens. Há outros entes despersonificados que também podem acionar ou serem acionados como, v.g., a massa falida, o espólio, o condomínio.

Mencionamos essa questão, pois a sociedade em comum pode ter natureza empresarial ou não, dependendo do seu objeto. Deve ser acionada pelas obrigações que vier a contrair, mesmo não sendo personificada. Ademais, é a sociedade que deverá demandar os seus devedores em virtude de obrigações não cumpridas. Quando cuidarmos das sociedades em espécie, abordaremos, de maneira mais específica, essa questão. O importante é saber que a sociedade em comum, mesmo despersonificada, pode estar em juízo.

Por sua vez, o efeito de natureza material é um dos alicerces do direito societário moderno. Esse efeito pode ser representado por duas assertivas: primeiro, com a personificação a sociedade não se confunde com os sócios. O revogado Código Civil de 1916 prescrevia, em seu art. 20[4], que as pessoas jurídicas tinham existência distinta de seus membros; o segundo efeito é que o patrimônio da sociedade não se confunde com o patrimônio individual dos sócios

Esses dois efeitos de natureza material podem ser sintetizados no primeiro alicerce do direito societário brasileiro, que é o princípio da separação patrimonial existente no moderno direito societário ou também chamado de princípio da autonomia patrimonial. Segundo essa diretriz, os riscos da atividade devem ser

3. Art. 75 do Código de Processo Civil assim dispõe: "Serão representados em juízo, ativa e passivamente", e no inciso IX, dispõe, "a sociedade e a associação irregulares e outros entes organizados sem personalidade jurídica, pela pessoa a quem couber a administração de seus bens". As sociedades irregulares eram aqueles que não possuíam registro no órgão competente. O legislador permite que elas possam acionar, se sofrerem danos ou, ainda, serem acionadas se causarem danos a outrem.

4. Art. 20 do Código Civil de 1916, conhecido como Código Beviláqua, assim prescrevia: "As pessoas jurídicas têm existência distinta da dos seus membros."

suportados por aquele que assume o risco e por terceiros. O patrimônio da sociedade, que é aquela que exerce a atividade empresarial, responderá perante os credores pelas obrigações contraídas, sendo que o patrimônio societário será a garantia dos credores. O patrimônio dos sócios, que não são empresários, não responderá, nem subsidiariamente, pelas obrigações contraídas pela sociedade.

O princípio da separação patrimonial existente no direito societário é a mola propulsora da atividade econômica, pois permite aos sócios dimensionarem os riscos da empresa (atividade de produção ou circulação de bens ou serviços); ademais, por meio desse mecanismo, o ordenamento jurídico oferece a segurança jurídica necessária para que os sócios possam cotejar os riscos da atividade com as suas responsabilidades. Sem esse mecanismo, a atividade empresarial sofreria um forte desalento e provavelmente muitos recursos seriam desviados para outros setores, prejudicando o tripé econômico: os consumidores, o Estado-Fisco e o trabalhadores.

Portanto, com a relativização desse princípio por outros seguimentos do ordenamento jurídico talvez não tão evoluídos, permitindo que a desconsideração da personalidade jurídica se torne a regra do sistema e não mais a exceção, estamos descaracterizando um instituto fundamental do direito empresarial, que somente deveria ser utilizado quando houvesse evidências claras de abuso por parte dos sócios ou manipulação fraudulenta da entidade legal, salvo nessas hipóteses estar-se-á criando um precedente perigoso. No momento em que os riscos derivados da atividade empresarial forem demasiadamente altos para os agentes que atuam no mercado, poderemos apontar duas consequências:

a) muitas agentes irão aportar os seus recursos em outros investimentos, talvez menos vantajosos, mas mais seguros;
b) a atividade empresarial, devido aos riscos que o investidor deve suportar, certamente será oferecida por valores mais altos para os consumidores. É a chamada socialização dos riscos entre os agentes do mercado.

Como é cediço, o direito gera custos e encarece produtos e serviços que são oferecidos para a coletividade. A famosa Escola de Chicago nos Estados Unidos elaborou vários estudos a respeito desse tema: o custo do direito. É de conhecimento público e notório que, no momento em que uma legislação de cunho protetivo estabelece que a responsabilidade do fabricante do pneu é objetiva, essa responsabilidade somente poderá ser afastada por culpa exclusiva da vítima. A fabricante desse bem já estabelece um aumento automático, por exemplo, 5 (cinco) reais em relação a cada pneu, para, com isso, já ter caixa suficiente para indenizar as eventuais vítimas que acionarão o produtor. Logo, o direito gera um custo para a coletividade.

O princípio da autonomia patrimonial é instrumento capaz de proporcionar a segregação dos riscos e, também, funciona como mecanismo de atração de investimentos que se coaduna com a economia globalizada. Desprezar esse importante mecanismo, sob a alegação de proteger os interesses de supostos, hipossuficientes é cometer um suicídio econômico que, com o tempo, causará prejuízos irreversíveis para a atividade econômica.

Andou bem o atual legislador ao editar a recente Lei 13.874, de 20 de setembro de 2019, que inseriu o art. 49-A no atual Código Civil, estabelecendo: "a pessoa jurídica não se confunde com os seus sócios, associados, instituidores ou administradores". Na verdade, não havia necessidade de se inserir, na atual legislação, tal preceito, pois se tratar de um dos dogmas do direito societário, denominado princípio da separação patrimonial. Esse, a nosso ver, é uma das características essenciais das sociedades empresárias, juntamente com a responsabilidade limitada dos sócios.

A sobredita legislação teve por objetivo reforçar essa diretriz, que não pode ser olvidado nem relegado a segundo plano por microssistemas que possuem outros escopos. Por exemplo, o art. 29[5], § 5º, do Código de Defesa do Consumidor, além de ineficaz, possui regra que, para dizer o menos, tem conteúdo teratológico, determinando que a desconsideração da personalidade jurídica poderá ser decretada toda vez que o consumidor for prejudicado. Esse dispositivo é um anacronismo legislativo e em nada beneficia o consumidor, causando o aumento do valor de produtos ou serviços. O legislador deveria ter se acautelado antes de simplesmente ter editado legislação que veio de encontro à atividade empresarial.

Sem falar do art. 4º da Lei 9.605/98, legislação que cuida do meio ambiente, que determinou a desconsideração da personalidade jurídica sempre que essa for obstáculo ao ressarcimento dos danos causados ao meio ambiente.

Não estamos elegendo prioridades que devem ser normatizadas pelo legislador, mas sem atividade econômica organizada, gerando receitas para vários setores da economia, não haverá consumidor, pois não há fornecedor; ademais, a proteção

5. Art. 28. O juiz poderá desconsiderar a personalidade jurídica da sociedade quando, em detrimento do consumidor, houver abuso de direito, excesso de poder, infração da lei, fato ou ato ilícito ou violação dos estatutos ou contrato social. A desconsideração também será efetivada quando houver falência, estado de insolvência, encerramento ou inatividade da pessoa jurídica provocados por má-administração.

§ 1º (Vetado).

§ 2º As sociedades integrantes dos grupos societários e as sociedades controladas, são subsidiariamente responsáveis pelas obrigações decorrentes deste código.

§ 3º As sociedades consorciadas são solidariamente responsáveis pelas obrigações decorrentes deste código.

§ 4º As sociedades coligadas só responderão por culpa.

§ 5º Também poderá ser desconsiderada a pessoa jurídica sempre que sua personalidade for, de alguma forma, obstáculo ao ressarcimento de prejuízos causados aos consumidores.

ao meio ambiente decorrerá automaticamente da atividade econômica. De acordo com o nosso entendimento, há claramente uma inversão de valores que resultará em prejuízos graves para a atividade econômica.

Ademais, no mesmo dispositivo foi inserido um parágrafo único, que foi assim redigido: "A autonomia patrimonial das pessoas jurídicas é um instrumento lícito de alocação e segregação de riscos, estabelecido pela lei com a finalidade de estimular empreendimentos, para a geração de empregos, tributo, renda e inovação em benefício de todos". Andou bem o legislador em reproduzir o presente postulado que, além de servir de advertência para os menos avisados, enraíza e solidifica que a autonomia patrimonial deve ser respeitada, pois é uma das molas propulsoras do capitalismo moderno. Ademais, respeitada a autonomia patrimonial haverá seguramente um forte incentivo à atividade empresarial, pois, havendo segurança jurídica, os agentes se sentirão mais seguros em alocar os seus recursos para integrar o capital social das sociedades que operam no mercado.

Nos Estados Unidos é uma prática muito comum que a classe média aloque recursos para o mercado mobiliário por meio das sociedades em que trabalham. O trabalhador norte-americano confia e prestigia o seu mercado de ações. Essa prática traz benefícios para toda a coletividade, para o Estado e, também, para os próprios trabalhadores, além de aumentar a concorrência entre aqueles que fornecem bens ou serviços.

Por fim, o princípio da autonomia patrimonial, alicerce do direito societário, é também prestigiado pelo princípio da subsidiariedade da responsabilidade dos sócios, que enfatiza que os negócios jurídicos obrigam sempre a sociedade empresária. Os credores poderão exigir o cumprimento da obrigação em face da sociedade; eventualmente não cumprindo a obrigação, caberá a responsabilidade dos sócios se a espécie societária assim permitir. Esse fenômeno é denominado de princípio da subsidiariedade dos sócios no direito societário.

Esse princípio da subsidiariedade, que permite que os credores possam responsabilizar os sócios caso a sociedade não cumpra a obrigação pactuada, só se aplica às sociedades que tenham sócios de responsabilidade ilimitada, pois nas sociedades limitadas os sócios não respondem subsidiariamente pelas obrigações sócias. Logo, não há que se falar no princípio da subsidiariedade na sociedade limitada e na sociedade anônima.

Enfim, o princípio da autonomia patrimonial e da subsidiariedade dos sócios auxiliam na segregação dos riscos, fomentando a atividade empresarial. Poderíamos dizer que são faces da mesma moeda. Há outros princípios que também auxiliam nessa tarefa, mas esse dois exercem uma função precípua para o desenvolvimento econômico e, portanto, precisam ser prestigiados.

3
CLASSIFICAÇÃO DAS SOCIEDADES EMPRESÁRIAS

Somente duas classificações nos trazem interesse, a primeira é a que leva em conta a responsabilidade dos sócios quando a sociedade não consegue cumprir as responsabilidades por ela assumidas.

Essa classificação divide as sociedades em limitadas, ilimitadas e mistas. As primeiras são aquelas em que os sócios respondem até o limite de sua participação no capital social. Nessas sociedades, os sócios possuem a possibilidade de antever o montante de eventuais prejuízos econômicos que deverão suportar caso a sociedade não consiga honrar os seus pagamentos. Há duas sociedades desse tipo em nosso ordenamento pátrio. São elas: a sociedade limitada (Ltda.), prevista no art. 1.052 do Código Civil, e a companhias (S/A), disciplinadas pela Lei 6.404/76. Já as sociedades de responsabilidade ilimitada são aquelas em que os sócios suportam as dívidas da sociedade caso a sociedade não consiga cumprir essas obrigações. Em outras palavras, os sócios respondem, perante os credores, pelas dívidas da sociedade. São duas as sociedades de responsabilidade ilimitada: a sociedade em comum, prevista no art. 986 do Código Civil, e a sociedade em nome coletivo, regulada no art. 1.039 do Código Civil. Importante, não podemos olvidar que a responsabilidade dos sócios é sempre subsidiária. Por derradeiro, as sociedades mistas são aquelas que possuem sócios de responsabilidade limitada e sócios que possuem responsabilidade ilimitada. São elas: as sociedades em comandita simples, regulada no art. 1.045 do CC, e a sociedade em comandita por ações, prevista no art. 1.090 do Código Civil.

Importante observar que a sociedade em conta de participação, prevista no art. 991 do Código Civil, não ingressou nessa classificação, pois nessa sociedade um dos sócios não assume nenhuma responsabilidade perante terceiros. Essa sociedade é de suma importância para o concurseiro. A sua incidência é usual nos concursos públicos. Quando formos abordar as sociedades em espécie, analisaremos todas os tópicos pertinentes a essa sociedade.

A sociedade simples também não foi abordada, tendo em vista tratar-se de uma sociedade não empresarial. Contudo, como essa sociedade possui uma importância peculiar para o direito societário, iremos abordá-la após a análise das sociedades empresárias. Esse estudo específico da sociedade simples não impedirá a sua análise quando estivermos cuidando das sociedades empresárias.

Abaixo apresentamos um gráfico para uma visualização mais detalhada da responsabilidade dos sócios diante de dívidas contraídas pela sociedade:

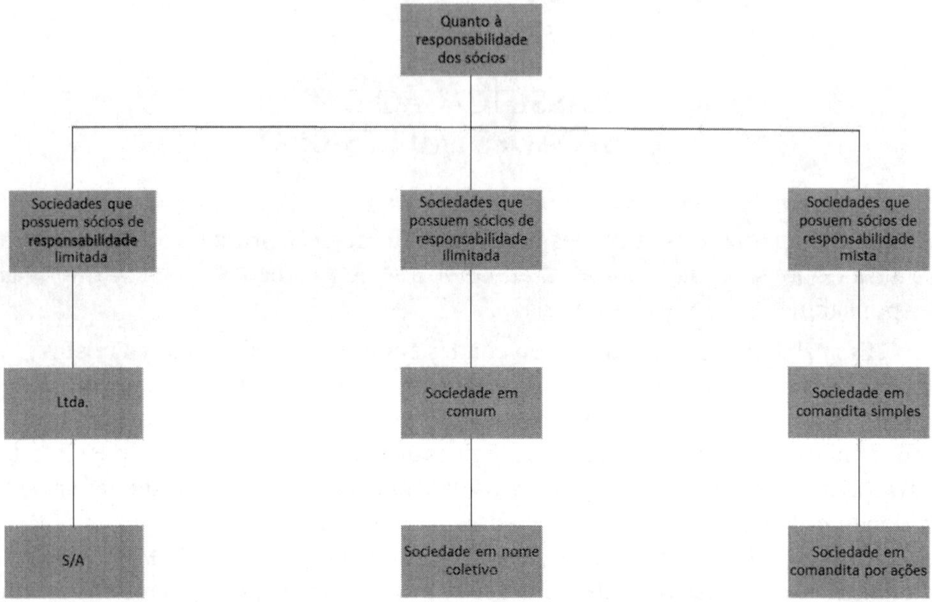

Fonte: elaborado pelo autor.

A outra classificação de suma importância para o concurseiro e que merece atenção é aquela que leva em conta o elemento essencial para a constituição das sociedades. Em outras palavras, qual foi o motivo primordial que levou os sócios a constituir a sociedade. Utilizando esse critério, as sociedades podem ser de pessoas ou de capital.

As sociedades de pessoas são aquelas que, no momento da constituição da sociedade, os sócios levaram em conta elementos pessoais uns dos outros. Nessa espécie societária o motivo preponderante para a formação da sociedade é o liame subjetivo que os une entre si. Por exemplo, o Marcos conhece o Pedro, ambos conhecem e aprovam o ingresso de Guilherme e vice-versa. Nessas sociedades, o número de sócios, em regra, é diminuto, por exigir a presença do vínculo subjetivo com elemento formador. As sociedades de pessoas estão reguladas no Código Civil, são elas: a sociedade em comum, a sociedade em conta de participação, a sociedade em nome coletivo, a sociedade em comandita simples e a sociedade limitada.

Analisando as primeiras fases de concursos públicos e, também, alguns exames da OAB, verificamos que as questões a respeito de direito societário seguem um padrão. As questões objetivas versam sobre a possibilidade de um sócio alienar as suas cotas ou se no caso da morte de um sócio os herdeiros teriam o direito de ingressarem na sociedade e participarem das deliberações. Essas e outra questões podem ser respondidas simplesmente se o aluno conseguir responder se a sociedade é de pessoas ou de capital. Podemos dizer, sem medo de errar, que essa classificação é, para fins de concurso, a mais importante.

Vamos analisar esse tema com mais vagar.

Se a sociedade for considerada de pessoas, podemos ressaltar quatro características:

A primeira característica refere-se à possibilidade de um dos sócios alienar as suas cotas para um estranho, sem a anuência dos demais. Se a sociedade for de pessoas, a resposta seria não. Se a sociedade foi constituída levando em conta característica pessoais de um dos sócios pelos demais, não seria razoável que esse sócio pudesse alienar as suas cotas para alguém que não seja sócio sem a anuência dos demais. Podemos citar como paradigma o art. 1.057 do Código Civil que reza o seguinte: **"na omissão do contrato, o sócio pode ceder sua quota, total ou parcialmente, a quem seja sócio, independentemente de audiência dos outros, ou a estranho, se não houver oposição de titulares de mais de** 1/4 (um quarto) **do capital social"**.

O sobredito dispositivo permite a cessão de cotas para quem já possui o *status* de sócio, sem a necessidade da manifestação dos demais, pois já existe *affectio societatis* entre eles; contudo, para que possa haver a cessão para alguém que não seja sócio, não pode haver a oposição de mais de 1/4 do capital social. A nosso ver, isso é uma demonstração clara de que a sociedade limitada é, a princípio, uma sociedade de pessoas.

Uma outra característica das sociedades personalíssimas é a de que, ocorrendo a morte de um dos sócios, as cotas são liquidadas. Em outras palavras, apura-se o valor das cotas, conforme o valor patrimonial, e paga-se ao herdeiro esse valor, mas o seu ingresso só será admitido com a concordância dos demais, conforme determina o art. 1.028 do Código Civil.

A terceira característica das sociedades de pessoas é a de que as cotas são impenhoráveis por dívidas pessoais dos sócios. De acordo com o art. 1.026 do Código Civil, o credor pode fazer recair a execução sobre os lucros que couberem ao sócio. A nosso ver, trata se de um poder-dever, determinando que a execução deva incidir sobre os dividendos do devedor, sendo a penhora das suas cotas a última possibilidade possível, sob pena de comprometer a continuidade sociedade. Não se poderia simplesmente deixar que as cotas pudessem ser arrematadas por um terceiro, admitindo o arrematante como sócio, sob pena de comprometer o funcionamento da sociedade.

Há uma ordem a ser seguida pelo credor. Primeiro promover a execução sobre bens estranhos ao acervo societário. Não encontrando bens possíveis de serem penhorados, deve se promover a penhora sobre a parte dos lucros que couber ao sócio devedor. Pode-se, ainda, permitir o usufruto das cotas por parte do credor como uma alternativa menos gravosa. A nosso ver, permitir se a penhora sobre as cotas do devedor, com o ingresso do arrematante, acarretaria uma consequência desastrosa para a coletividade.

Aliás, nos parece claro e coaduno com o art. 1.026 do Código Civil o art. 833, I, do Código de Processo Civil, que determina que são impenhoráveis os bens inalienáveis e os declarados, por ato voluntario, não sujeitos à execução. Logo, se no contrato social houver cláusula, ainda que implícita, de que a intenção dos sócios foi a de não permitir o ingresso de terceiros no âmbito da sociedade, há que se dar eficácia a essa cláusula, sob pena de desrespeito ao art. 833 do Código de Processo Civil e, o que é pior, colocar-se em risco um instituto essencial, a vida econômica nacional.

O anteprojeto do novo Código Comercial, que fora arquivado pela Câmara dos Deputados, PL nº 1.572/11, mereceu aplausos no tocante a esse tema, pois, em seu art. 180, preceituava que as cotas são penhoráveis por dívida dos sócios, salvo se o contrato social as gravar de impenhorabilidade. Esse dispositivo, a nosso ver, estaria coadunado com aspectos da nova ordem econômica mundial.

Não estamos advogando em prol de uma impenhorabilidade elaborada por indivíduos inescrupulosos e de má-fé, que utilizam de institutos modernos e eficazes na ordem jurídica mundial para corromperem e deturparem o nosso sistema jurídico. Esses indivíduos merecem sanções rigorosas, impostas pela legislação civil e penal, com o confisco de bens e penas restritivas de liberdade. Uma vez verificada que a cláusula de impenhorabilidade foi inserida com objetivo de fraudar terceiros, essa cláusula é inexistente e os sócios devem ser penalizados.

Não se pode desprestigiar a cláusula de impenhorabilidade em virtude de uma eventual presunção de má-fé por parte daqueles que irão convencionar essa cláusula contratuais. Não podemos inverter a ordem jurídica, que foi estabelecida e fundamentada na presunção da boa-fé, segurança jurídica e no Estado Democrático de Direito.

A quarta característica presente na sociedade de pessoas é a possibilidade de exclusão de um sócio por quebra da *affectio societatis*. Segundo o jurista romano Ulpiano[1], a *affectio societatis* é o vínculo subjetivo que une os sócios entre si para a consecução do objeto social. É composto por vários sentimentos como a amizade, a admiração, o respeito e a convivência. Todos esses sentimentos compõem a *affectio societatis*.

Nas sociedades de pessoas, havendo o rompimento da *affectio societatis* em relação a um ou alguns dos sócios, os demais sócios poderão, pela vai judicial,

1. Eneu Domício Ulpiano foi um jurista romano. Sua obra influenciou fundamentalmente a evolução dos direitos romano e bizantino.

solicitar a dissolução parcial da sociedade, alegando o rompimento da *affectio societatis*. Como se trata de um elemento essencial para a constituição das sociedades de pessoas, havendo o seu desaparecimento ou rompimento em relação a um dos sócios, isso, por si só, dará ensejo à expulsão desse sócio.

Nas sociedades de capital, o elemento essencial para a sua constituição é a contribuição dos sócios para a formação do capital social. Nessas sociedades, o elemento subjetivo é dispensável, havendo apenas o interesse de se manter associado para a distribuição dos dividendos. Em muitos casos, a maioria dos sócios desconhecem os demais. Há duas sociedades de capital em nosso ordenamento jurídico. São elas: a sociedade anônima, também conhecida por companhia e a sociedade comandita por ações.

Nas sociedades de capital podemos, como fizemos com as sociedades de pessoas, apontar quatro características importantes. A primeira característica seria a possibilidade de o acionista ceder livremente as suas ações, mesmo para quem não seja acionista, sem que haja necessidade de o cedente obter anuência dos demais. Em outras palavras, é livre a cessão das ações. Como não se vislumbra o elemento subjetivo nessa espécie, a cessão de ações pode ser feita a quem interessar a aquisição.

Ocorrendo a morte de um acionista, o herdeiro ingressará automaticamente na companhia como possuidor das ações. Aplica se, nesse caso, o Princípio de Saisine em que, ocorrendo a morte do *de cujus*, transmitem-se, imediatamente, na data do falecimento, a posse dos bens aos herdeiros. Não se aplica a regra do art. 1.028 do Código Civil às sociedades de capital.

Outra característica é a possibilidade de se efetuar a penhora das ações em relação ao acionista devedor. Nesse caso, não vemos a possibilidade dos acionistas, por ato voluntário, decretarem a impenhorabilidade das ações da companhia. Para que isso fosse possível deveria haver um liame entre o substrato jurídico ensejador da impenhorabilidade e o ato declaratório voluntário efetuado pelos acionistas. Sem estabelecer essa vinculação, a impenhorabilidade torna-se sem efeito.

Por fim, na sociedade de capital não se pode admitir a dissolução parcial da companhia por quebra da *affectio societatis*. Como visto anteriormente, esse elemento é inexistente nas sociedades de capital. Alguns professores da Faculdade de Direito de São Paulo entendem que o conceito de *affectio societatis* foi abandonado na maioria dos países e que se trata um critério ultrapassado.

Contudo, ainda entre nós, a *affectio societatis* continua permeando o nosso direito societário como um elemento essencial e presente nas sociedades de pessoas, pois cuida-se de um elemento capaz de ensejar o rompimento do vínculo societário nas sociedades de pessoas.

Uma observação final de suma importância: há duas sociedades que podem adotar livremente a forma de uma sociedade de pessoas ou a forma de uma sociedade de capital, conforme seja do interesse dos sócios ou dos acionistas. Essas sociedades são chamadas, pela doutrina, de híbridas, podendo adotar a forma que melhor lhes convier. Sabendo, contudo, que, conforme a espécie adotada, as consequências jurídicas serão completamente diferentes.

O infográfico abaixo descreve quais sociedade são consideradas de pessoas e quais são de capitais:

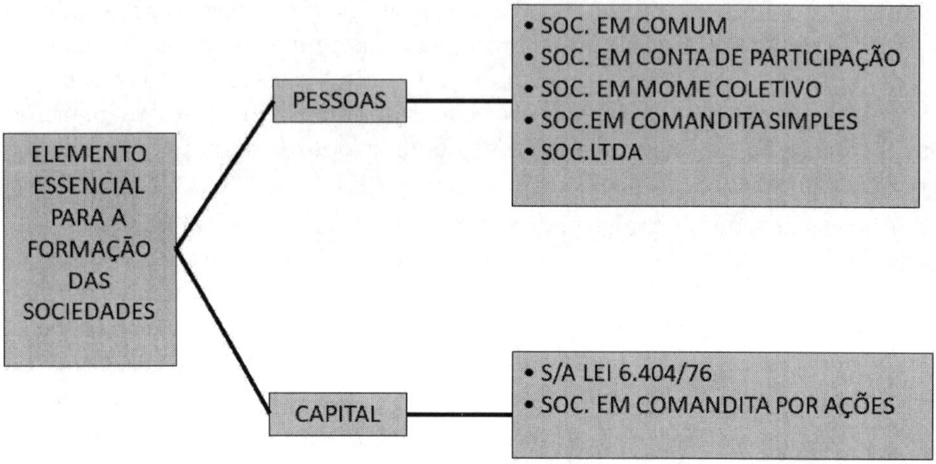

Fonte: elaborado pelo autor.

4
NATUREZA JURÍDICA DO ATO CONSTITUTIVO SOCIETÁRIO

Não é objetivo desse manual discutir ou explorar temas que não digam respeito aos concursos públicos. Portanto, nosso intuito é fornecer, de maneira clara, concisa e precisa, todas as informações necessárias para que o aluno possa ser aprovado na carreira jurídica que escolher. Os temas foram escolhidos levando em conta a sua incidência nos concursos públicos da magistratura, da promotoria e das procuradorias.

Posto isso, várias teorias procuram discutir a natureza jurídica do ato que constitui as sociedades empresárias.

De um lado, temos teorias chamadas de anticontratualistas, da qual se destaca a teoria da instituição de Hauriou[1]. Essa teoria, segundo a doutrina moderna, é aquela utilizada para explicar o estatuto social das companhias e foi adotada pela nossa Lei 6.404/76 como paradigma.

Para aqueles que irão prestar a prova de Procurador do Estado de São Paulo, em que se exige um conhecimento aprofundado do chamado direito empresarial público; a teoria institucional de Hauriou é tema que precisa ser estudado de maneira aprofundada.

Há, por sua vez, de outro lado, as teorias contratualistas, da qual se destaca a teoria do contrato plurilateral de Tulio Ascarelli.

Inicialmente, vamos abordar a teoria contratualista de Tulio Ascarelli[2], a qual foi adotada pelo nosso Código Civil atual. De acordo com Ascarelli, o ato constitutivo societário é de natureza contratual. Não se trata de um contrato bilateral, como a compra e venda, o mútuo, em que há a presença de apenas duas partes. Aliás, é

1. Maurice Hauriou, professor de direito em Toulouse, Franca. Criador da teoria da instituição. Para esse autor, a pessoa jurídica possuía uma realidade jurídica que dependia da manifestação de vontade de uma outra pessoa para existir e para alcançar fins comuns ou de interesse social. Essa teoria recebeu o nome de teoria da realidade técnica. O nosso Código Civil adotou essa teoria.
2. O professor Tullio Ascasrelli jurista italiano que viveu no Brasil, lecionando na Faculdade de Direito de São Paulo. Foi o elaborador da teoria plurilateral de cunho contratualista adotada pelo nosso legislador no art. 981 do atual Código Civil.

bom que se diga, todos os contratos são bilaterais no sentido de que sempre haverá duas partes nos contratos. Mesmo que haja, na compra e venda, dez vendedores e dez compradores, há apenas duas partes, ou seja, dois centros de interesses. Há de um lado, o centro de interesses daqueles que desejam a transferência do bem em troca do pagamento e, de outro lado, há um centro de interesse daqueles que desejam a obtenção do bem.

O professor peninsular entendeu que o ato constitutivo societário seria um contrato, mas um contrato que preferiu denominar de plurilateral, pois nesse contrato poderão figurar mais de duas partes. Haverá nesse contrato a possibilidade da pluralidade de partes, ou seja, não se leva em conta o número de participantes, mas a possibilidade da participação de um número variável de partes. Por isso, chamou esse contrato plurilateral. Esse negócio jurídico pode ser conceituado como o contrato com mais de duas partes, cuja prestação de cada uma das partes é dirigida à consecução de um fim comum.

Ademais, Ascarelli, ainda, apontou uma outra característica importante no contrato plurilateral. Segundo o professor, o interesse das partes é sempre convergente, ou seja, todos os interesses são no mesmo sentido. Pode-se dizer que nesse negócio jurídico todos os sócios são titulares de direitos e obrigações, não uns com os outros, mas para com todos e todos são titulares de direitos.

Fonte: elaborado pelo autor.

Diferentemente do que ocorre com os contratos bilaterais, em que as partes estão uma diante da outra, em posições antagônicas, nesses negócios jurídicos os interesses das partes são divergentes. No contrato de compra e venda, por exemplo, o vendedor deseja alcançar o maior valor possível pela venda e o comprador quer pagar o menor valor possível. É claro que deve haver um mínimo de consenso para que esse contrato se aperfeiçoe, mas, mesmo após a conclusão do contrato os interesses nunca convergem como acontece no contrato plurilateral.

Acompanhe o infográfico abaixo:

Contrato de compra e venda

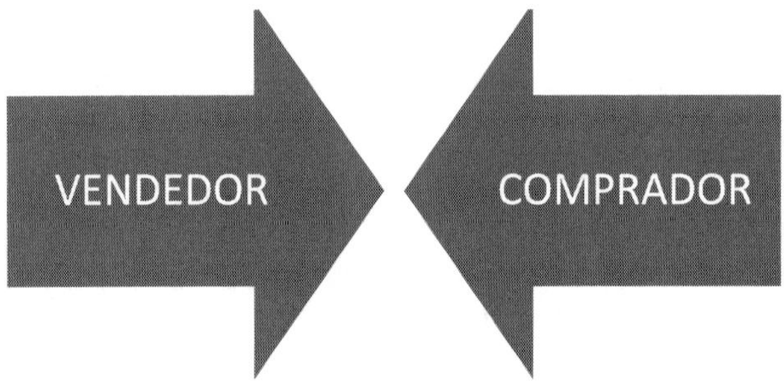

Fonte: elaborado pelo autor.

Outrossim, nos contratos plurilaterais, como bem observou Tulio Ascarelli, todos os sócios são titulares de direitos e obrigações semelhantes; não há diferenças qualitativas entre os sócios, mas apenas quantitativas. Por exemplo, todos os sócios têm direito a distribuição de dividendos; contudo, nem todos os sócios terão direito de receber os mesmos valores. Já nos contratos bilaterais, o vendedor possui direitos e obrigações que diferem do comprador. A diferença não é apenas quantitativa, mas também qualitativa.

O nosso Código Civil, também conhecido de Código Reale, esposou a ideia ofertada por Tulio Ascarelli e, em seu art. 981,[3] ofereceu-nos um conceito de contrato societário, estabelecendo que celebram contrato de sociedade as pessoas que reciprocamente se obrigam a contribuir, com bens ou serviços, para o exercício da atividade econômica e a partilha, entre si, dos resultados. Conceito lapidar que explica sucintamente como se deve caracterizar a sociedade empresarial. A sociedade empresarial é aquela que deve visar ao lucro, sendo que esse lucro deve ser distribuído entre os sócios. Portanto, é possível estabelecer a seguinte equação matemática:

> **Sociedade = busca do lucro + prática da atividade empresarial + distribuição obrigatória dos resultados entre os sócios.**

O nosso legislador não utilizou a expressão plurilateral; no entanto, deve se entender que esse contrato descrito no art. 981 do Código Civil é o contrato plurilateral por elaborado por Tulio Ascarelli.

3. Nesse dispositivo encontramos a explicitação da teoria plurilateral de Tulio Ascarelli. Vejam a perfeição do conceito de sociedades empresárias: **Celebram contrato de sociedade as pessoas que reciprocamente se obrigam a contribuir, com bens ou serviços, para o exercício de atividade econômica e a partilha, entre si, dos resultados.**
Em seu parágrafo único do art. 981 do Código Civil encontramos: A atividade pode restringir-se à realização de um ou mais negócios determinados.

Peço atenção redobrada do aluno para uma consequência prática que resulta da adoção da teoria contratual pluralista por nos adotada. No contrato bilateral, se uma das partes não conseguir cumprir a sua obrigação, o contrato não poderá ser executado; já, no contrato plurilateral, se uma das partes deixar de cumprir a sua obrigação, o contrato se resolve em relação a esse, permanecendo intacto em relação aos demais sócios.

Ademais, adotando-se a teoria do contrato plurilateral, a morte de um dos sócios, mesmo sendo uma sociedade com apenas dois componentes, não se resolve pela unipessoalidade. Essa sociedade poderá permanecer com um único componente por um prazo de 180 dias. Hoje em dia, a unipessoalidade já é admitida pelo nosso ordenamento haja vista a Lei 13.874/19.

No tocante às companhias, parte da doutrina comercialista entende que a teoria institucional melhor explicaria a teoria elaborada por Hauriou. O conhecido professor Georges Renard, ao analisar a teoria institucional, confessou que via essa teoria entre as brumas e que, em certos momentos, lhe dava vertigens. Interessante essa análise, pois a teoria institucional é deveras abstrata e pode causar vertigens em certos momentos. Vamos tentar simplificar a compreensão dessa teoria.

Segundo os institucionalistas, a natureza jurídica do ato constitutivo das companhias deve ser entendido com um ato de natureza institucional. Os asseclas dessa teoria entendem a instituição como uma organização social, estável em relação à ordem geral das coisas, cuja permanência é assegurada por um equilíbrio de forças ou por uma separação de poderes, e que constitui, por si mesma, um estado de direito. A nosso ver, muitas palavras para nada explicar.

Não conseguimos entender todo esse alvoroço em torno da chamada teoria institucionalista quando procura explicar a natureza jurídica do ato constitutivo das companhias. É verdade que as companhias passam por um procedimento diferenciado de constituição, mormente quando se cuida da companhia aberta; contudo, não nos parece que o ato constitutivo assuma natureza jurídica diversa das sociedades contratuais somente porque o estatuto social contenha alguns aspectos peculiares, diferentes do contrato plurilateral elaborado por Tulio Ascarelli.

Ademais, a ideia de ato institucional, de origem tedesca, nos parece que traz, em seu bojo, ideias difíceis de serem aplicadas ou até compreendidas no ordenamento jurídico nacional. Vamos, então, expor algumas ideias para tentar explicar a teoria institucional. De acordo com os institucionalistas, a companhia constitui uma instituição que tutela um grande número de interesses que gravitam em torno da companhia, como os interesses dos empregados, dos acionistas, dos consumidores e, também, do Estado. A companhia possui, com isso, uma responsabilidade social que se sobrepõe a esses interesses, sendo que a companhia possui uma função social a ser atendida pelos órgãos de administração. A companhia, portanto, teria uma obra social a realizar, que se sobrepõe aos interesses individualistas dos acionistas.

No intuito de demonstrar que a nossa companhia adotou a teoria institucional, os adeptos dessa teria citam o art. 116, parágrafo único, da Lei 6.404/76, que dispõe: "**o acionista controlador deve usar o poder com o fim de fazer a companhia realizar o seu objeto e cumprir sua função social, e tem deveres e responsabilidades para com os demais acionistas da empresa, os que nela trabalham e para com a comunidade em que atua, cujos direitos e interesses deve lealmente respeitar e atender**". Em outras palavras, a companhia tem um dever para com a coletividade em que ela atua e, para tanto, deve cumprir certas obrigações metaindividuais. Esse é o pensamento de Calixto Salomão Filho.[4]

A nosso ver, esse dever imposto ao acionista controlador deve ser buscado por qualquer administrador ou controlador, seja de uma companhia, seja de uma sociedade contratual, por exemplo, uma sociedade limitada. É verdade que as companhias são, em regra, compostas por grandes aglomerados econômicos que devem possuir obrigações diferenciadas em relação à comunidade em que atuam e, também, em contrapartida, aos danos que muitas dessas companhias causam a essas comunidades. Contudo, não vemos como essa obrigação social imposta às companhias pode ter o condão de modificar a natureza jurídica de seu ato constitutivo.

Comungamos com o pensamento exposto pelo renomado professor João Eunápio Borges[5] de que a teoria contratualista se aplica tanto para as sociedades de pessoas como para as sociedades de capital, da qual a S/A é sua expressão maior. A nosso ver, o contrato de adesão explicaria a maneira pela qual os acionistas ingressam na companhia. Contudo, parece-nos que esse não é o entendimento da doutrina contemporânea.

---

4. O Novo Direito Societário da Editora Malheiros é um livro que pode ser utilizado por aqueles que pretendem prestar o concurso para procurador do Estado de São Paulo. Nesse livro o autor cuida, em detalhes, das teorias contratualistas e institucionalistas.
5. Professor Catedrático da Faculdade de Direito de Minas Gerais. Escreveu várias obras importantes para o direito Comercial. Possui uma obra interessante e prestigiada para o direito cambiário denominada Do Aval.

5
REQUISITOS GERAIS E ESPECÍFICOS DO CONTRATO PLURILATERAL

Itens do Capítulo	Teoria	Revisão	Questões
5.1. Requisitos gerais	☐	☐	☐
5.2. Requisitos específicos	☐	☐	☐
5.2.1. Pluralidade de partes	☐	☐	☐
5.2.2. Constituição do capital social	☐	☐	☐
5.2.3. *Affectio societatis*	☐	☐	☐
5.2.4. Coparticipação nos lucros e nas perdas	☐	☐	☐

O contrato plurilateral de Tulio Ascarelli possui alguns requisitos, que dividimos em dois grupos: os requisitos gerais e os essenciais. Os requisitos gerais são aqueles necessários para a validade de todos os negócios jurídicos, sendo que esses requisitos estão previstos no art. 104 do Código Civil[1]. Por sua vez, os requisitos específicos são aqueles necessários para a validade do contrato plurilateral.

5.1. Requisitos gerais

Os requisitos gerais são três:

- agente capaz
- objeto lícito
- forma prescrita ou não defesa em lei

Logo, para ser sócio de uma sociedade empresária, exige-se capacidade plena; contudo, admite-se que, em certas sociedades empresárias, o incapaz possa assumir a condição de sócio, conforma autoriza o art. 974, § 3º[2], do Código Civil.

---

1. Art. 104. A validade do negócio jurídico requer: I – agente capaz; II – objeto lícito, possível, determinado ou determinável; III – forma prescrita ou não defesa em lei.
2. Art. 974. Poderá o incapaz, por meio de representante ou devidamente assistido, continuar a empresa antes exercida por ele enquanto capaz, por seus pais ou pelo autor de herança. [...]

   § 3º O Registro Público de Empresas Mercantis a cargo das Juntas Comerciais deverá registrar contratos ou alterações contratuais de sociedade que envolva sócio incapaz, desde que atendidos, de forma conjunta, os seguintes pressupostos: (Incluído pela Lei nº 12.399, de 2011).

O despreparo e a falta de técnica do legislador brasileiro merecem aplausos. O § 3º do art. 974 foi inserido pela Lei 12.399/11, ou seja, após a promulgação do Código Civil. Esse parágrafo é, para dizer o menos, teratológico. Primeiro, está topograficamente inserido em um capítulo que não cuida do sócio, mas sim do empresário. Figuras completamente distintas para o direito empresarial. O art. 974 cuida da capacidade do empresário, que é uma pessoa física que exerce atividade econômica organizada. Já o sócio é aquele que constitui um ente, para que esse ente passe a desenvolver uma atividade empresarial em nome próprio.

Mas não é só, o incapaz não pode ser sócio de qualquer sociedade, sob pena de responder ilimitadamente pelas obrigações sociais. Nunca se poderia admitir que um incapaz pudesse ser sócio de uma sociedade em nome coletivo, em que todos os sócios respondem solidária e ilimitadamente. Logo, andou mal o legislador em permitir que o incapaz pudesse ocupar a condição de sócio sem, no entanto, especificar em que espécie societária o incapaz poderia ingressar.

Tendo em vista a má redação do dispositivo, vamos aclarar alguns pontos obscuros. Admite-se que o incapaz possa ser sócio de sociedades de responsabilidade limitada, pois nessas sociedades o patrimônio do incapaz estaria, de certo modo, protegido. Poderíamos, portanto, admitir que o incapaz pudesse ocupar a condição de sócio em duas espécies societárias: a sociedade limitada (Ltda.) e a sociedade anônima (S/A), pois nessas duas somente há sócios de responsabilidade limitada. Poderíamos, ainda, admitir que o incapaz pudesse participar da sociedade em comandita simples como sócio comanditário ou da sociedade em comandita por ações como acionista sem cargo de diretor.

No entanto, para poder ocupar a condição de sócio, o incapaz precisa estar representado. Entretanto, para participar da sociedade limitada (Ltda.), haverá necessidade de o capital social estar devidamente integralizado e o incapaz não pode exercer o cargo de administrador. Abordaremos, quando do estudo da sociedade limitada, a questão da necessidade de o capital social estar devidamente integralizado.

O objeto a ser desenvolvido pela sociedade deve ser lícito. A sociedade deve desenvolver uma atividade que não viole a lei ou os bons costumes.[3]

I – o sócio incapaz não pode exercer a administração da sociedade; (Incluído pela Lei nº 12.399, de 2011)

II – o capital social deve ser totalmente integralizado; (Incluído pela Lei nº 12.399, de 2011)

III – o sócio relativamente incapaz deve ser assistido e o absolutamente incapaz deve ser representado por seus representantes legais. (Incluído pela Lei nº 12.399, de 2011)

3. Art. 35 da Lei 8.934/94. Não podem ser arquivados: I – os documentos que não obedecerem às prescrições legais ou regulamentares ou que contiverem matéria contrária aos bons costumes ou à ordem pública, bem como os que colidirem com o respectivo estatuto ou contrato não modificado anteriormente.

Por fim, a forma deve estar prescrita ou não defesa em lei. Ocorre que o contato social é de forma livre. O legislador não determinou uma forma específica para a confecção do contrato plurilateral. Portanto, os sócios poderão escolher a melhor forma que lhes convier. Pode ser por instrumento público ou particular, escrito ou até efetuado verbalmente. Aliás, outra não é a determinação exposta no art. 107 do Código Civil quando preceitua que a "validade da declaração de vontade não dependerá de forma especial, senão quando a lei expressamente a exigir". Ou seja, adotou-se o princípio da liberdade das formas.

Contudo, se o contrato social não for elaborado por escrito, não haverá com efetuar o seu registro na junta comercial. Nesse caso, não se trata de uma forma prescrita em lei, apenas de uma exigência para que o registro do contrato possa ser efetuado. Assim entende o art. 32, II, *a*, da Lei 8.934/94 quando menciona o arquivamento dos documentos relativos à constituição das sociedades empresárias.

Logo, se o contrato não for realizado por escrito, a sociedade não poderá ser registrada e, consequentemente, ela não adquirirá personalidade jurídica. Será tida com uma sociedade despersonificada. A sociedade existe e é legal, embora careça de personificação. A propósito, o nosso atual Código Civil dividiu as sociedades em personificadas e não personificadas, sendo que estas últimas são a sociedade em comum e a sociedade em conta de participação. Esta última poderá exercer atividade empresarial, por meio do sócio chamado ostensivo, e o seu contrato social, mesmo que registrado em qualquer órgão, não lhe atribuirá personalidade jurídica, de acordo com o art. 993 do Código Civil. Tendo em vista essa peculiaridade, essa seria a única espécie societária que poderia entabular um contrato verbal sem interferir em sua estrutura jurídica.

5.2. Requisitos específicos

5.2.1. Pluralidade de partes

A doutrina costuma elencar quatro requisitos específicos para a formação do contrato plurilateral concebido por Tulio Ascarelli e encampado pela nossa legislação privada. O primeiro requisito é, diríamos nós, o requisito basilar para a constituição das sociedades, ou melhor, a pluralidade de partes. Para se formar uma sociedade exige-se, pelo menos, dois sócios. Em outras palavras, não admitimos a chamada sociedade unipessoal originária, salvo duas exceções. A primeira está prevista no art. 251 da Lei 6.404/76, também conhecida como subsidiaria integral. Essa companhia é aquela constituída por meio de escritura pública, tendo como único acionista sociedade brasileira.[4]

4. Art. 251 da Lei 6.404/76. A companhia pode ser constituída, mediante escritura pública, tendo como único acionista sociedade brasileira.

Na verdade, a subsidiaria pública é uma espécie de sociedade anônima em que todas as ações foram compradas por uma outra sociedade, sendo que essa sociedade que adquiriu todas as ações da subsidiária integral poderá ser uma Ltda ou uma outra S/A. Analisando com vagar, é uma unipessoalidade disfarçada, pois a controladora da subsidiária tem, pelo menos, dois sócios. A controladora precisa ser uma sociedade de nacionalidade brasileira. A sociedade brasileira é aquela constituída de acordo com as leis do país e que tenha a sua administração no território nacional.

Com o advento da recente Lei nº 13.874, de 20 de setembro de 2019, o legislador inseriu no art. 1.052 do Código Civil dois parágrafos que inovaram algumas regras que já estavam consolidadas no nosso direito societário brasileiro. No § 1º permitiu que a sociedade limitada fosse constituída por apenas (1) um sócio, estabelecendo a segunda sociedade unipessoal existente no direito brasileiro. E, no § 2º, determinou que no documento de constituição da sociedade unipessoal fossem utilizadas, no que couber, as regras do contrato social.

Essa modificação introduzida em nosso ordenamento trará consequências positivas e negativas em nosso sistema. Por exemplo, como consequência positiva enterraremos a malfadada empresa individual de responsabilidade limitada, prevista no art. 980-A, do Código Civil, que não terá mais motivo para existir. Pois, além de toda a insegurança jurídica em torno da empresa individual de responsabilidade limitada há, também, a exigência do elevado capital social necessário para a sua constituição; o que certamente não ocorre na sociedade limitada.

Como consequência negativa podemos prever a extinção da figura do empresário individual em nosso sistema jurídico, pois todos deverão optar pela constituição da sociedade limitada unipessoal em vez de optar pela figura do empresário, que, como sabemos, responde com todo o seu patrimônio pelas obrigações que vier a contrair. Ademais, a constituição do capital social da sociedade limitada pode ser constituída com um capital diminuto.

Outra observação: como a sociedade limitada poderá ser constituída com apenas um integrante, não se pode mais falar em contrato social, pois, como é cediço, contrato é sempre estabelecido entre duas partes, ou seja, dois centros de interesses. Logo, a sociedade limitada unipessoal tem como ato constitutivo uma declaração unilateral de constituição ou, se quiserem, um ato unilateral de constituição de sociedade, que deverá se assemelhar ao contrato social, contendo os requisitos desse para poder ser arquivado. As Juntas Comerciais deverão elaborar um modelo e os requisitos dessa declaração.

Primeiramente, a sociedade unipessoal é uma contradição em si própria. A sociedade pressupõe a existência de pelo menos duas pessoas. Não se pode conceber uma sociedade com uma só pessoa. Portanto, a sociedade unipessoal fere a semântica.

Segundo ponto, porque não limitar a responsabilidade do empresário, este sim uma só pessoa, dando-se mais coerência ao ordenamento jurídico.

Terceiro, não basta apenas inserir dois parágrafos em um conjunto de normas que estão ordenadas sistematicamente. A inclusão desses parágrafos certamente trará problemas ao direito societário. Por exemplo, admitindo-se a unipessoalidade para a sociedade limitada poder-se-ia admitir a unipessoalidade para as outras sociedades contratuais? Haveria a possibilidade da sociedade anônima também se beneficiar da unipessoalidade? Certamente, essas questões terão que ser respondidas pela jurisprudência.

Por fim, a maioria dos dispositivos que regulam a sociedade limitada pressupõem a presença de vários integrantes; portanto, serão afastados quando a sociedade for unipessoal. Não se aplicam as regras do contrato social, da administração, do aumento ou da diminuição do capital social, da exclusão extrajudicial de sócio, do direito de recesso etc.

Em suma, para que o sistema se mantivesse coerente, bastaria limitar a responsabilidade do empresário individual e não criar mais um monstrengo em nosso ordenamento jurídico.

Uma observação importante se faz necessária a respeito da chamada sociedade unipessoal originária. Hoje podemos afirmar que o nosso ordenamento jurídico admite duas sociedades constituídas com a presença de apenas um sócio: a sociedade limitada unipessoal por força do art. 1.052, § 1º, Código Civil e a sociedade subsidiária integral, prevista no art. 251 da Lei 6.404/76. Para aqueles que entendem que a empresa individual de responsabilidade limitada é uma espécie societária, essa seria a terceira exceção.

Contudo, não devemos confundir a unipessoalidade originária com a chamada unipessoalidade derivada. Esta última é aquela unipessoalidade que ocorre após a regular constituição da sociedade. O exemplo clássico de unipessoalidade derivada é da sociedade limitada que possui dois sócios, sendo que um dos sócios falece, sem a possibilidade de os herdeiros ingressarem na sociedade, momento em que a pessoa jurídica se torna unipessoal. Nesse caso, aplicando se a teria pluralista do contrato societário, o art. 1.033, IV, do Código Civil, permite que a sociedade permaneça com um único sócio, por um prazo de 180 dias. Após decorrido esse prazo, sem que o sócio remanescente admita um outro sócio, a sociedade será considerada irregular.

No decorrer das nossas exposições, vamos diferenciar: as sociedades irregulares, da sociedade em comum e, também, da sociedade de fato. Conforme ensinamentos ministrados pelo professor Erasmo Valladão Azevedo e Novais França[5], na pós-graduação da Faculdade de Direito da USP, esses não se confundem; são

5. Professor Doutor na Faculdade de Direito da USP. Possui várias obras cuidando do Direito Societário, mormente das companhias e da sociedade em comum. Tenho a honra de dizer que participou da minha banca de mestrado na USP.

entidades regulas de maneira totalmente diferente e que, se forem confundidas, graves transtornos irão ocorrer.

Apenas para finalizar este tópico, não podemos olvidar do parágrafo único do art. 1.033 da legislação em comento. Esse dispositivo permite que o sócio remanescente, se assim desejar, requeira na Junta Comercial, mediante simples petição, que a sociedade seja transformada em empresária ou em uma empresa individual de responsabilidade limitada. A nova redação desse dispositivo foi inserida pela Lei 12.441/11.

5.2.2. Constituição do capital social

Assuntos dos mais tormentosos para a doutrina é esse que cuida do capital social. O capital social pode ser conceituado como a primeira contribuição que os sócios fazem para que a sociedade possa iniciar as suas atividades ou, como querem uns, o chamado patrimônio originário. É esse patrimônio originário que viabilizará a atividade pela sociedade. Contudo, é bom deixar claro que o capital social não se confunde com o patrimônio da sociedade empresária. O patrimônio será composto pelo que a sociedade vier a adquirir posteriormente, podendo ser positivo ou negativo. Ademais, o patrimônio pode ser disposto da melhor maneira que os sócios deliberarem. Por exemplo, se os sócios deliberarem que irão destinar todo o patrimônio para a construção de uma subsidiária, não há vedação legal para tanto. Contudo, se a distribuição dos lucros for em prejuízo do capital social, os sócios serão obrigados a devolver os valores distribuídos, conforme expõe o art. 1.059[6] do Código Civil.

Por sua vez, o capital social é regido pelo princípio da intangibilidade. Em outras palavras, o capital social não comporta majoração nem pode ser minorada sem autorização legal. Essa regra decorre de uma das funções essenciais do capital social, qual seja, o capital social é a garantia dos credores. Assim, o capital social deverá permanecer intangível no âmbito social para dar a segurança necessária aos credores. No tocante a essa questão bem se manifestara o professor Rubens Requião, entendendo que havia necessidade de se criar um órgão para efetivamente controlar o capital social das sociedades empresárias. Hoje em dia, os sócios declaram um determinado valor que irá compor o capital social, mas esse valor declarado, na maioria dos casos, não corresponde com a verdade. Por isso, quando uma instituição financeira concede um determinado crédito à sociedade, não se leva em conta o capital social, mas o patrimônio da sociedade.

6. Art. 1.059 do Código Civil. Os sócios serão obrigados à reposição dos lucros e das quantias retiradas, a qualquer título, ainda que autorizados pelo contrato, quando tais lucros ou quantia se distribuírem com prejuízo do capital.

Em vários dispositivos notamos a regência do princípio da intangibilidade. No art. 1.081[7] do Código Civil encontramos regras a respeito do aumento e da diminuição do capital social. Nesse dispositivo, o legislador permite que o capital social seja majorado somente se estiver integralizado. Exige-se que todo o capital social seja integralizado para que possa ser aumentado.

Já no dispositivo subsequente, o legislador permite a diminuição do capital, desde que esteja integralizado e houver perdas irreparáveis ou quando for excessivo em relação ao seu objeto. Como o capital social é, ou deveria ser, a garantia dos credores, o art. 1.084[8], § 1º, estipula o prazo de 90 dias, contados da publicação da ata da assembleia que aprovou a redução, para que o credor quirografário, com crédito consubstanciado em título liquido, anterior a essa data, possa opor-se ao deliberado. Não havendo oposição por parte dos credores quirografários, a redução se tornará eficaz.

A nosso ver, a importância do capital social se destaca no direito societário não somente porque o capital social representa garantia aos credores, mas, também, por que o capital social serve para limitar a responsabilidade dos sócios na sociedade limitada, conforme dispõe o art. 1.052[9] do Código Civil e, outrossim, o capital social determina os poderes dos sócios nas sociedades empresarias, ou seja, o sócio que detiver um montante considerável do capital social terá maior preponderância nos conclaves.

O capital social subscrito é aquele prometido pelos sócios para ser entregue à sociedade empresária; o capital social integralizado é aquele efetivamente entregue para a sociedade. Quando um sócio integraliza as suas cotas perante a sociedade, o domínio desse bem é igualmente transferido, sendo que esse sócio passar a ter direitos pessoais em face da sociedade. Se um determinado sócio resolve integralizar as suas cotas com um imóvel, o domínio desse bem será transferido para a sociedade, que se tornará a proprietária do imóvel, podendo usar, gozar ou dispor desse bem conforme lhe convier.

7. Art. 1.081. Ressalvado o disposto em lei especial, integralizadas as quotas, pode ser o capital aumentado, com a correspondente modificação do contrato.
8. Art. 1.084 do Código Civil. No caso do inciso II do art. 1.082, a redução do capital será feita restituindo-se parte do valor das quotas aos sócios, ou dispensando-se as prestações ainda devidas, com diminuição proporcional, em ambos os casos, do valor nominal das quotas.
   § 1º No prazo de 90 (noventa) dias, contado da data da publicação da ata da assembleia que aprovar a redução, o credor quirografário, por título líquido anterior a essa data, poderá opor-se ao deliberado.
9. Art. 1.052. Na sociedade limitada, a responsabilidade de cada sócio é restrita ao valor de suas quotas, mas todos respondem solidariamente pela integralização do capital social. (Vide Lei nº 13. 784, de 2019).

Por sua vez, o festejado J. X. Carvalho de Mendonça[10] entende que, além do direito pessoal que o sócio possui em face da sociedade, o sócio também seria detentor de um direito patrimonial, consistente na distribuição dos lucros ou no direito de participar do acervo, quando a sociedade fosse liquidada. Veja bem, o direito patrimonial, mencionado por Carvalho de Mendonça, que o sócio possui perante a sociedade, não se confunde com o direito de propriedade que esse sócio detinha sobre o bem que fora transferido para a sociedade. Esse direito patrimonial que o sócio possui perante a sociedade, a nosso ver, pode ser melhor traduzido em um eventual direito de crédito.

O sócio poderá integralizar as suas cotas com tudo aquilo que poderá ser valorado economicamente, tais como dinheiro, bens móveis ou bens imóveis. Não se admite, contudo, que o capital social possa ser integralizado com serviços, salvo na sociedade simples, que é uma sociedade não empresarial.

5.2.3. Affectio societatis

Conforme já analisado alhures, a *affectio societatis* precisa ser entendida não apenas como o vínculo subjetivo que une os sócios para a consecução ou a realização do objeto social, mas esse requisito precisa ser compreendido como a vontade de cooperação ativa entre os sócios, pois, quando não há mais essa cooperação ativa, esse elo se rompe, possibilitando a resolução parcial da sociedade empresária.

Essa resolução parcial só pode ser pleiteada judicialmente, conforme as novas regras expostas no Código Civil. Não se admite mais a exclusão extrajudicial de sócio por quebra da *affectio societatis*. Ou seja, não se admite que um sócio possa ser excluído da sociedade, mediante simples alteração contratual realizada pelos demais, conforme era possível antes da vigência do Código Reale. Discordamos dos autores que sustentam que essa exclusão extrajudicial, motivada pela quebra da *affectio societatis*, ainda seria possível com supedâneo no art. 1.085[11] do Código Civil.

É verdade que o art. 1.085 do Código Civil é uma possibilidade de exclusão extrajudicial; não menos verdade é de que <u>não se cuida da quebra da</u> *affectio societatis*, mas sim da exclusão extrajudicial de um sócio quando houver ato de

10. Um dos mais festejados comercialistas. Possui um vasto número de obras publicadas cuidando do Direito Mercantil Brasileiro. A nosso ver um autor que continua moderno e de leitura indispensável para o estudioso da matéria.
11. Art. 1.085 do Código Civil. Ressalvado o disposto no art. 1.030, quando a maioria dos sócios, representativa de mais da metade do capital social, entender que um ou mais sócios estão pondo em risco a continuidade da empresa, em virtude de atos de inegável gravidade, poderá excluí-los da sociedade, mediante alteração do contrato social, desde que prevista neste a exclusão por justa causa.

    Parágrafo único. Ressalvado o caso em que haja apenas dois sócios na sociedade, a exclusão de um sócio somente poderá ser determinada em reunião ou assembleia especialmente convocada para esse fim, ciente o acusado em tempo hábil para permitir seu comparecimento e o exercício do direito de defesa. (Redação dada pela Lei nº 13.792, de 2019).

inegável gravidade. Nos parece claro que um ato de inegável gravidade não pode ser confundido com a quebra da *affectio societatis*; são situações completamente distintas que não admitem confusão, sob pena comprometerem todo um sistema.

Quando ocorre um ato de inegável gravidade, por exemplo, um sócio desvia a clientela de uma sociedade alpha, da qual é um sócio minoritário, para uma outra sociedade chamada beta, da qual é o sócio majoritário. Está evidente que houve ato de inegável gravidade em relação à sociedade denominada alpha, sendo que, se estiverem presentes os requisitos do art. 1.085 do Código Civil, os demais sócios dessa sociedade podem excluir o sócio faltoso. Houve, nesse caso, um fato que determinou a justa causa e deu ensejo para a exclusão do sócio desleal. A quebra da *affectio societatis* é uma situação completamente diferente, pois, nesse caso, não há um fato que determina a ruptura, apenas inexiste mais vontade de cooperação ativa entre os sócios. Diante disso, o vínculo subjetivo sofre uma ruptura, muitas vezes sem motivação externa nenhuma. A nosso ver, são situações completamente distintas.

A exclusão extrajudicial, permitida pelo art. 1.085 do Código Civil, é somente aquela em que há um determinado fato que tenha ensejado a exclusão do sócio, não cuida da exclusão por simples quebra da *affectio societatis*. Essa última exclusão somente poderá ser pleiteada pela via judicial. Utilizando uma analogia para aclarar essa questão, quando um dos cônjuges solicita a separação por infidelidade, a ruptura do vínculo ocorreu em virtude de um determinado fato (exclusão por justa causa); agora, quando um dos cônjuges solicita a separação por incompatibilidade de gênios, há quebra da *affectio societatis*. Voltaremos a essa questão quando cuidarmos especificamente do art. 1.085 do CC.

Uma questão que deve ser mencionada é aquela que cuida da necessidade ou não da motivação da quebra da *affectio societatis*. Em outras palavras, para que seja julgado procedente o pedido exclusão por quebra da *affectio societatis*, exige se que o autor descreva o motivo que ensejou essa ruptura? A doutrina e a jurisprudência se dividem no tocante a essa questão. A doutrina clássica entende que a alegação, por si só, já seria o bastante para retirar o sócio indesejado da sociedade. Essa é a corrente que predomina no Tribunal de Justiça de São Paulo. Já a segunda corrente entende que permitir a exclusão de um sócio, por quebra da *affectio societatis*, sem uma justa causa, seria arbitrário e não se coaduna com o estado democrático de direito. Essa posição predomina no Superior Tribunal de Justiça.

A nosso ver, razão assiste à primeira corrente, pois, como reiteramos anteriormente, a quebra da *affectio societatis*, que é um vínculo subjetivo, muitas vezes se rompe sem um determinado motivo externo, apenas um dos sócios não é mais desejado pelos demais e, se mantido na sociedade, essa desarmonia poderá causar a interrupção da atividade empresarial e, posteriormente, a sua liquidação. Nesse caso, o valor das cotas será pago ao sócio que foi excluído da sociedade, levando-se em conta o valor patrimonial das cotas, prestigiando-se a continuidade da atividade empresarial. Quem ingressa em uma sociedade de pessoas, assume o risco de ser excluído por quebra da *affectio societatis*, pois se esse foi elemento determinante para o seu ingresso; também poderá servir para a sua retirada. Nada de arbitrário no tocante a essa exclusão.

5.2.4. Coparticipação nos lucros e nas perdas

Todos os sócios que compõem e cooperam para o êxito da sociedade empresária têm direito de participar da distribuição dos lucros, bem como todos possuem o dever de suportar as perdas societárias.

A distribuição dos lucros poderá ser efetuada desproporcionalmente, conforme a participação de cada um no capital social. Aquele que tem mais cotas receberá uma proporção maior dos lucros; aquele que tem menos cotas receberá menos dividendos.

No art. 1.009 do Código Civil o legislador determinou que é nula a estipulação contratual que exclua sócio de participar dos lucros ou de suportar as perdas. Esse dispositivo veda a chamada cláusula leonina ou sociedade leonina. Essa expressão sociedade leonina vem da fábula de Jean de La Fontaine, em que os bichos se reuniam em sociedade, sendo que o proveito advindo dessa união ficava somente com o leão. Com isso, passou-se a denominar de leonina a sociedade em que somente alguns dos sócios participavam da distribuição dos lucros.

Enfim, conforme preceitua o art. 981 do Código Civil, na sociedade empresária todos empreendem esforços e, consequentemente, todos participam dos lucros na proporção de suas cotas.

Requisitos gerais do contrato plurilateral

Fonte: elaborado pelo autor.

Requisitos específicos do contrato plurilateral

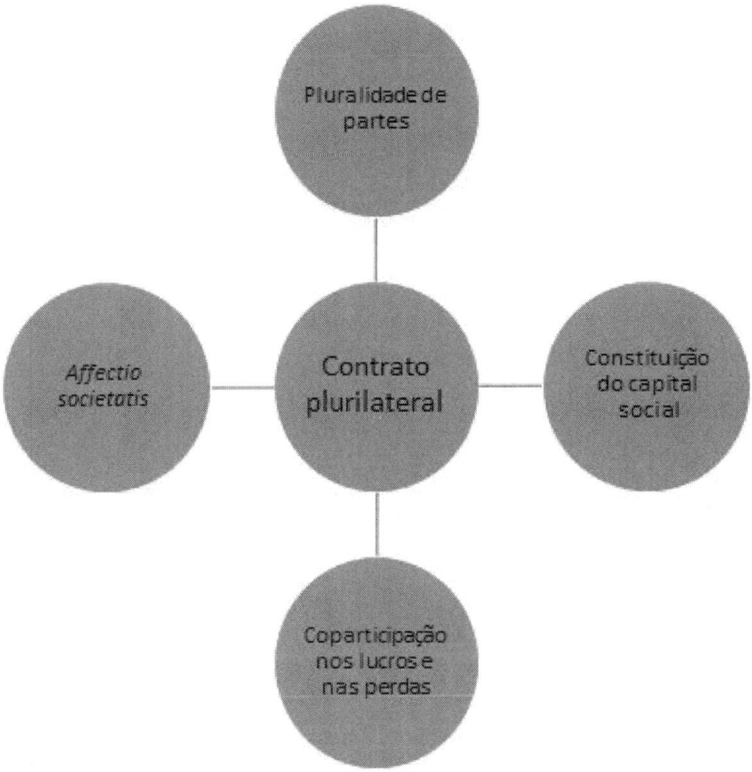

Fonte: elaborado pelo autor.

6
SOCIEDADES EM ESPÉCIES

Itens do Capítulo	Teoria	Revisão	Questões
6.1. Sociedade em comum	☐	☐	☐
6.2. Sociedade em conta de participação	☐	☐	☐
6.3. Sociedade em nome coletivo	☐	☐	☐
6.4. Sociedade em comandita simples	☐	☐	☐
6.5. Sociedade limitada ou Ltda.	☐	☐	☐
6.5.1. Conceito e responsabilidade dos sócios	☐	☐	☐
6.5.2. Exceções à limitação da responsabilidade dos sócios	☐	☐	☐
6.5.3. Regência supletiva da sociedade limitada	☐	☐	☐
6.5.3.1. A teoria *ultra vires societatis*	☐	☐	☐
6.5.4. Da administração	☐	☐	☐
6.5.4.1. Natureza jurídica do administrador	☐	☐	☐
6.5.4.2. Nomeação do administrador	☐	☐	☐
6.5.5. Das cotas sociais	☐	☐	☐
6.5.6. Das deliberações	☐	☐	☐
6.5.7. Direito de recesso	☐	☐	☐
6.5.8. Exclusão extrajudicial de sócio	☐	☐	☐
6.5.8.1. Do sócio remisso	☐	☐	☐
6.5.8.2. Exclusão por justa causa	☐	☐	☐
6.5.9. Conselho fiscal	☐	☐	☐
6.6. Da sociedade anônima	☐	☐	☐
6.6.1. Noções iniciais	☐	☐	☐
6.6.2. Companhias abertas e fechadas	☐	☐	☐
6.6.3. Subscrição pública e subscrição particular (etapas de constituição das companhias)	☐	☐	☐
6.6.4. Natureza jurídica do estatuto social	☐	☐	☐
6.6.5. Valores mobiliários	☐	☐	☐
6.6.5.1. Da ação	☐	☐	☐
6.6.5.2. Debêntures	☐	☐	☐
6.6.5.3. Partes beneficiárias	☐	☐	☐
6.6.5.4. Bônus de subscrição	☐	☐	☐
6.6.5.5. *Commercial paper*	☐	☐	☐
6.6.5.6. ADR e BDR	☐	☐	☐
6.6.6. Órgãos da companhia	☐	☐	☐
6.6.6.1. Assembleia geral	☐	☐	☐
6.6.6.2. Conselho de administração	☐	☐	☐
6.6.6.3. Diretoria	☐	☐	☐
6.6.6.4. Conselho Fiscal	☐	☐	☐
6.6.7. Deveres do administrador	☐	☐	☐
6.6.8. Responsabilidade dos administradores	☐	☐	☐
6.6.9. Da sociedade de economia mista	☐	☐	☐
6.7. Da sociedade em comandita por ações	☐	☐	☐

Neste tópico vamos abordar cada uma das espécies societárias, analisando os principais aspectos relacionados a cada uma das sociedades. Vamos iniciar com as sociedades elencadas no Código Civil, também conhecidas como sociedades de pessoas, para, posteriormente, analisarmos as duas sociedades de capital. No total serão sete sociedades empresárias abordadas e uma sociedade não empresária, que é a sociedade simples. Expô-la-emos em seguida:

6.1. Sociedade em comum

Essa sociedade encontra-se disciplinada no art. 986[1] e segs. do Código Civil. Não possui nome empresarial. Não possui personalidade jurídica, embora possa estar em juízo ativa e passivamente, conforme autoriza o art. 75[2], IX, do Código de Processo Civil. Os bens sociais constituem patrimônio especial, sendo que os sócios são considerados cotitulares. A sociedade deve obrigatoriamente possuir um contrato social por escrito, que embora não tenha sido registrado, provará a existência da sociedade perante terceiros. Por não ter sido registrado o ato constitutivo, a responsabilidade dos sócios será solidária e ilimitada, embora os sócios sejam detentores do chamado benefício de ordem, salvo aquele que contratou em nome da sociedade. Os bens sociais respondem por atos de gestão praticados por qualquer um dos sócios[3].

Como muito bem observado por Marcelo Andrade Féres[4], a sociedade em comum é uma sociedade transitória. Na verdade, é uma sociedade em constituição que tende a ser transformada, posteriormente, em uma sociedade limitada. Note-se a dicção do art. 986 do Código Civil, "enquanto não inscritos os atos constitutivos...", ou seja, o vocábulo enquanto significa durante o tempo em que.

Primeiramente, essa sociedade não é almejada pelos sócios. Ninguém constitui uma sociedade, elabora um contrato social, que não é levado a registro, e com isso torna os sócios ilimitadamente responsáveis. Não faz sentido. Vamos, em seguida, dar um exemplo de como surge, geralmente, a sociedade em comum.

Alberto, Beto e Carlos formam uma sociedade limitada (Ltda). Essa, sem dúvida, é a espécie societária mais usual, oferecendo segurança aos sócios e, ao

---

1. Art. 986. Enquanto não inscritos os atos constitutivos, reger-se-á a sociedade, exceto por ações em organização, pelo disposto neste Capítulo, observadas, subsidiariamente e no que com ele forem compatíveis, as normas da sociedade simples.
2. Art. 75. Serão representados em juízo, ativa e passivamente: [...] IX – a sociedade e a associação irregulares e outros entes organizados sem personalidade jurídica, pela pessoa a quem couber a administração de seus bens.
3. Art. 989. Os bens sociais respondem pelos atos de gestão praticados por qualquer dos sócios, salvo pacto expresso limitativo de poderes, que somente terá eficácia contra o terceiro que o conheça ou deva conhecer.
4. O autor possui uma obra interessante denominada Sociedade em Comum, Ed. Saraiva.

mesmo tempo, não demandando uma quantia vultuosa para a sua constituição. No momento em que os sócios confeccionam o contrato social, o legislador já permite que a sociedade possa operar no mercado, contudo, esse contrato deve ser levado a registro na junta comercial, dentro do prazo de 30 (trinta) dias, contado da elaboração do contrato. Se os sócios registrarem esse contrato, dentro do 30 (trinta) dias, a personificação retroagirá à data que o contrato fora elaborado. Ou seja, essa sociedade será considerada como uma sociedade limitada (personificada), desde a assinatura do contrato pelos sócios, proporcionando a limitação da responsabilidade aos sócios.

Contudo, o sói acontecer, muitas vezes por desídia ou negligência, que os sócios começam a realizar negócios, em nome da sociedade, dentro do prazo de 30 (trinta) dias, após a elaboração do contrato social, mas o registro é efetuado depois de expirado esse prazo. Nesse caso, a personificação não mais retroagirá à data da confecção, mas a aquisição da personificação será a partir do registro. Ou seja, se o registro for efetuado no quadragésimo dia, a sociedade será limitada a partir dessa data, mas, dessa data para trás, a sociedade deverá ser tratada como uma sociedade em comum.

Fonte: elaborado pelo autor.

Portanto, qualquer negócio realizado pela sociedade do quadragésimo dia para trás foi efetuado por uma sociedade simples. Logo, se essa sociedade vendeu produtos eletrônicos, no décimo dia após a elaboração do contrato social, com vício redibitório para uma outra sociedade, no momento em que a sociedade que vendera os produtos for acionada e não conseguir ressarcir a compradora pelos prejuízos sofridos, os sócios da vendedora poderão ser acionados, pois a responsabilidade desses é solidária e ilimitada. Se, no entanto, o contrato tivesse sido registrado dentro do prazo de 30 (trinta) dias, a sociedade que vendera os produtos eletrônicos seria considerada uma sociedade limitada. Nesse caso, uma vez que a sociedade fosse acionada e não conseguisse indenizar a compradora, os sócios não poderiam ser acionados, pois a responsabilidade desses seria limitada ao valor de suas cotas.

É importante observar algumas questões pontuais solicitadas nos concursos públicos. Primeiro, no caso concreto acima exposto, é sempre a sociedade que deverá ser acionada pelos credores, pois se os sócios forem acionados antes da sociedade eles podem opor o chamado benefício de ordem. Como o nome já sugere, os credores devem observar uma ordem da qual os sócios são beneficiários. Somente depois de acionar a sociedade é que haveria a possibilidade de os sócios serem postos no polo passivo das demandas.

Outra questão de interesse é a de que nem todos os sócios possuem o benefício de ordem; aquele que contratava em nome da sociedade, ou melhor, realizava os negócios pela sociedade não possui essa prerrogativa. Portanto, esse sócio poderia ser acionado antes mesmo da sociedade. Em regra, quem tem poderes para assinar pela sociedade é o sócio administrador.

O sócio administrador tem ciência da falta de registro da sociedade quando realiza negócios em nome desta. Porquanto, por ser conhecedor desse fato, o legislador lhe retira o benefício de ordem. Os demais sócios que não possuem poderes para tanto, permanecem com o benefício de ordem.

Há que se indagar como provar a existência da sociedade, que não possui registro e, consequentemente, também não possui personificação perante terceiros? O legislador foi claro ao disciplinar que os sócios, nas relações entre si ou com terceiros, somente provam a existência da sociedade por escrito. Em outras palavras, apresentando o contrato social em juízo. Contudo, os terceiros, aqueles que não possuem vínculos constitutivos com a sociedade, podem provar a existência da sociedade por qualquer meio.[5]

Portanto, se algum dos sócios for acionado por um credor, para poder alegar o benefício de ordem a seu favor e, assim, obrigar o credor a primeiro acionar a sociedade, esse sócio deve provar que a sociedade existe, apresentando, para tanto, uma cópia do contrato social. Já o credor prova que pactuou com a sociedade por qualquer meio admitido no ordenamento jurídico.

O benefício de ordem, na sociedade em comum, gera os mesmos efeitos do princípio da subsidiariedade nas sociedades personificadas. Tanto um como outro obrigam o credor a primeiro responsabilizar a sociedade pelas obrigações contraídas; se a sociedade não puder cumprir a obrigação, os sócios poderão ser responsabilizados se a espécie societária assim permitir. Há algumas espécies de sociedades, conforme estudaremos, em que os sócios não poderão ser responsabilizados por obrigações de natureza empresariais.

Desde logo, é importante estabelecer que, a sociedade em comum é aquela que possui um contrato escrito, mas pendente de registro. Essa sociedade está regulada no atual Código Civil. Já a sociedade de fato é aquela que existe, mas não há prova documental de sua existência. Essa sociedade não recebeu nenhum tratamento específico diante da atual legislação societária. Por sua vez, a sociedade irregular é aquela que possui um contrato escrito, que já fora registrado, mas devido a algum vício ou defeito encontrado no contrato social, ou em muitos casos, devido a acontecimentos supervenientes, esse ente foi posto na irregularidade.

---

5. Art. 987 do Código Civil. Os sócios, nas relações entre si ou com terceiros, somente por escrito podem provar a existência da sociedade, mas os terceiros podem prová-la de qualquer modo.

Veja o infográfico abaixo elaborado por nós:

a) **Sociedade em comum:** possui um contrato social escrito, os sócios possuem benefício de ordem, salvo aquele que contratou em nome da sociedade. A responsabilidade dos sócios é **solidária e ilimitada.**
b) **Sociedade de fato:** **não possui contrato social**, os sócios **não possuem benefício de ordem** e a responsabilidade dos sócios é **solidária e ilimitada.**
c) **Sociedade irregular:** possui contrato social com vício ou defeito, não possuem benefício de ordem e a responsabilidade dos sócios é **solidária e ilimitada.**

Não concordamos com alguns doutrinadores que entendem que a sociedade de fato, a sociedade irregular e a sociedade em comum são equivalentes, e que não haveria diferenças entre esses entes societários, ou que a sociedade em comum seria o gênero da qual a sociedade de fato e a sociedade irregular seriam as espécies. Segundo os que entendem assim, as regras da sociedade em comum regulariam também as sociedades de fato e a irregular[6]. Esse assunto ainda não encontra consenso na doutrina.

6.2. Sociedade em conta de participação

Essa sociedade, como a primeira já examinada, não possui nome empresarial e, também, carece de personificação. Está prevista no art. 991 e segs. do Código Civil. É uma espécie societária que tem existência fática e jurídica somente entre os sócios. A presença dessa espécie societária é muito comum na atividade empresarial brasileira. Poderíamos dizer que notamos a presença de três espécies de sociedades que operam no Brasil: a conta de participação, a sociedade limitada e a sociedade anônima.

Essa sociedade se caracteriza pela presença de duas categorias de sócios. Há, de um lado, os sócios chamados de ostensivo, ou seja, aqueles que, na verdade, exercem a atividade empresarial. Esses obrigatoriamente devem ser empresários, pessoas físicas, ou devem possuir a qualidade de sociedades empresárias. O sócio ostensivo responde exclusivamente e ilimitadamente perante terceiros.

De outro lado, há o sócio denominado de participante, outrora chamado de oculto. Na verdade, a nomenclatura utilizada pelo legislador é inapropriada e não condiz com a realidade fática. O sócio participante, no exato sentido da palavra, não participa da atividade empresarial, que é exercida unicamente pelo sócio ostensivo. Melhor teria sido chamá-lo talvez de sócio investidor. O sócio participante não precisa ter a qualidade de empresário ou de uma sociedade empresária, pois,

6. Enunciado 58 da I Jornada de Direito Civil – Art. 986 e segs. A sociedade em comum compreende as figuras doutrinárias da sociedade de fato e da irregular.

como dissemos, não irá exercer ou participar da atividade empresarial. Como o participante não exerce atividade empresarial, esse sócio não assume nenhuma responsabilidade em face de terceiros, salvo se o participante envolver-se diretamente nos negócios realizados pelo ostensivo, hipótese em que responderá solidariamente com esse, de acordo com o art. 993, parágrafo único, do Código Civil.

Vamos dar um exemplo de sociedade em conta de participação: um indivíduo, presidente de uma multinacional, vamos chamá-lo de Décio, recebe um determinado montante em dinheiro como gratificação pelo seu trabalho. Décio possui interesse em participar de uma sociedade empresária, mas sem, contudo, participar diretamente da administração dessa sociedade. Para tanto, entra em contato com um amigo seu, administrador de uma construtora. A construtora é uma sociedade empresária, em regra uma Ltda., ou uma S/A. Décio indaga se a construtora já possui numerário suficiente para iniciar as obras. O seu amigo responde que ainda não, pois as pré-vendas ainda não começaram. Décio então propõe o seguinte negócio: eu gostaria de formar uma sociedade com a construtora. Eu serei o sócio participante e a construtora a sócia ostensiva. Como sócio participante, eu vou contribuir com dois milhões de reais para a nossa sociedade. Como sócio que serei, a construtora não vai me pagar juros sobre esse valor, pois será a minha contribuição para o capital social. Por sua vez, a construtora, quando terminada a empreitada, me transmitira o domínio de dois apartamentos. Se a construtora verificasse que a contribuição do Décio era menos da metade que ela estava gastando para construir esses dois imóveis, a sociedade era constituída. Esse é um exemplo típico dessa espécie societária.

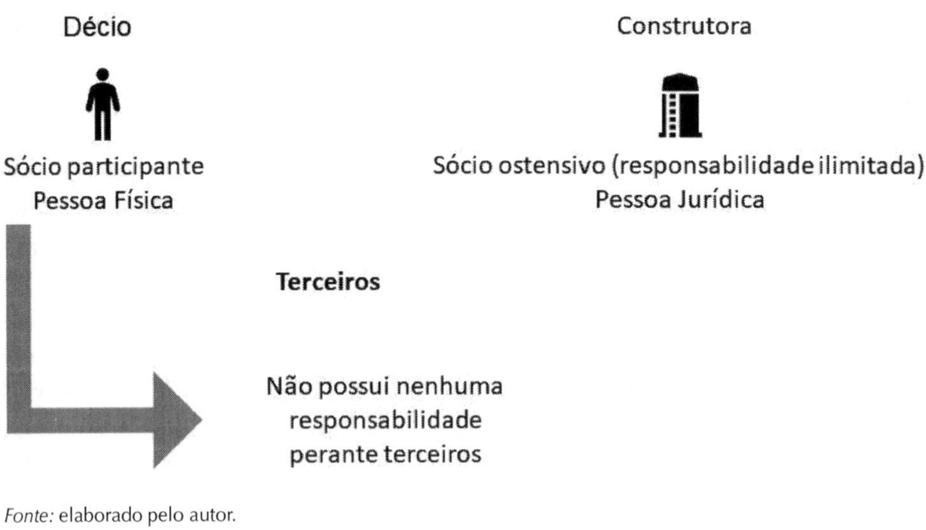

Fonte: elaborado pelo autor.

Como sócio ostensivo, a construtora suportará todo o ônus relacionado à atividade que será desenvolvida. Logo, se houver encargos trabalhistas esses serão suportados pelo sócio ostensivo; se houver passivo fiscal, esse será da responsabilidade exclusiva do sócio ostensivo. Se alguma pessoa vier a falecer durante a empreitada, a indenização deverá ser suportada somente pelo sócio ostensivo. O sócio participante não possui nenhum vínculo negocial com terceiros e, portanto, nenhuma responsabilidade assumirá perante esses. O sócio participante somente possui obrigações com o ostensivo, conforme o art. 991, parágrafo único, do Código Civil.

Essa sociedade é considerada de pessoas, diante do disposto no art. 995 do Código Civil. Segundo esse dispositivo, o sócio ostensivo não pode admitir o ingresso de outro sócio, salvo consentimento expresso dos demais sócios, sejam ostensivos, sejam participantes. Nota-se, com isso, que o elemento subjetivo encontra-se presente nessa espécie societária, que exige a anuência expressa de todos os sócios para que um estranho ingresse. Portanto, nessa espécie societária está presente a *affectio societatis*. Aliás, esse tema foi alvo de questionamento em concurso recente do Ministério Público de São Paulo.

Como o sócio ostensivo deve obrigatoriamente possuir a qualidade de empresário ou de sociedade empresária, caso venha a falir, a sociedade deverá ser dissolvida e as contas liquidadas, e o eventual crédito do participante será considerado como quirografário. Por sua vez, falindo o sócio participante, caso esse possua a qualidade de empresário, aplicar-se-ão as regras que cuidam dos contratos bilaterais na falência.

Como a sociedade em conta de participação não adquire personalidade jurídica, não há que se falar em desconsideração da personalidade jurídica. Contudo, sendo o sócio ostensivo uma sociedade empresária, essa poderia ser alvo de desconsideração se presente uma das hipóteses do art. 50 do Código Civil.

6.3. Sociedade em nome coletivo

A sociedade em nome coletivo é uma sociedade personificada, prevista no art. 1.039[7] e segs. do Código Civil. Essa sociedade tem a sua origem na idade média, nas chamadas sociedades familiares. É considerada uma sociedade de pessoa, em que o laço familiar é um dos elementos primordiais para a sua constituição. Pode-se dizer que é uma sociedade *intuitu personae*. Contudo, é um ente societário que não é muito utilizado atualmente basicamente por duas razões.

---

7. Art. 1.039 do Código Civil. Somente pessoas físicas podem tomar parte na sociedade em nome coletivo, respondendo todos os sócios, solidária e ilimitadamente, pelas obrigações sociais.
   Parágrafo único. Sem prejuízo da responsabilidade perante terceiros, podem os sócios, no ato constitutivo, ou por unânime convenção posterior, limitar entre si a responsabilidade de cada um.

Primeiro, o nome dessa sociedade obrigatoriamente será firma social ou razão social, ou seja, o nome dessa sociedade obrigatoriamente deverá ser composto pelo nome (patronímico) dos sócios. Por exemplo, uma sociedade em nome coletivo possui dois sócios, Marcos Paiva e Guilherme Souza. A sociedade deverá chamar-se Paiva e Souza comércio e indústria. É possível, também, que essa sociedade, se desejar, possa utilizar apenas o nome de um dos sócios acompanhado da expressão companhia, por extenso ou abreviado, por exemplo, Paiva e Companhia ou Cia.

Diante dessa regra, toda vez que um dos sócios vier a falecer, retirar-se ou for excluído da sociedade, o seu nome não poderá ser conservado na firma social. Haverá, consequentemente, alteração do nome empresarial. Como vimos anteriormente, essa regra traz alguns inconvenientes para a sociedade perante terceiros.

Ademais, a responsabilidade dos sócios é solidária e ilimitada. Em outras palavras, caso a sociedade não consiga cumprir as suas obrigações, os sócios responderão com seus patrimônios pessoais. A responsabilidade dos sócios, nesse caso, seria igual à do empresário, que também responde perante os credores com seus bens. A única diferença é a de que a responsabilidade dos sócios é sempre subsidiária; a responsabilidade dos sócios só se apresenta perante os credores depois de exaurido todo o patrimônio societário. Essa regra está prevista no art. 1.024[8] do Código Civil, que preceitua: os bens dos sócios não podem ser executados por dívidas da sociedade, senão depois de executados os bens sociais. Aplica à sociedade em nome coletivo o art. 1.024 do Código Civil, pois essa sociedade será regida subsidiariamente pelas regras da sociedade simples.

Somente pessoas físicas podem fazer parte dessa sociedade, sendo que o administrador obrigatoriamente deverá ser sócio. O uso da firma, conforme previsto no contrato social, é privativo dos que tenham os necessários poderes.

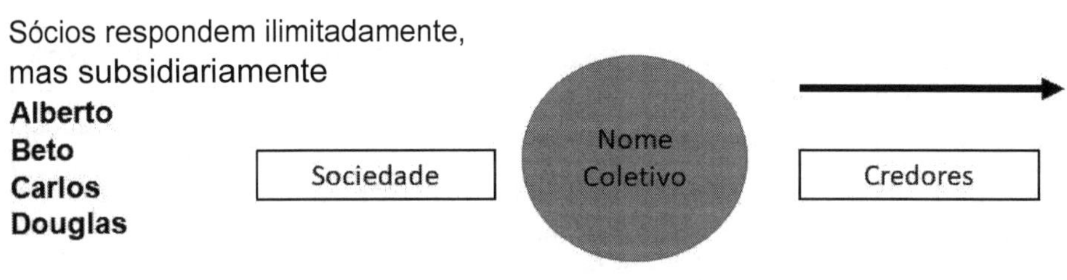

Fonte: elaborado pelo autor.

8. Art. 1.024 do Código Civil. Os bens particulares dos sócios não podem ser executados por dívidas da sociedade, senão depois de executados os bens sociais.

6.4. Sociedade em comandita simples

Essa sociedade é personificada, prevista no art. 1.045[9] e segs. do Código Civil. É, segundo a doutrina comercialista, a mais antiga forma de sociedade conhecida pelo direito. Esse ente societário tem a sua origem no século XI, vinculado ao comércio no mar mediterrâneo. Nessa época, uma pessoa entregava uma certo montante em dinheiro para um capitão de navio, para que esse, em nome próprio, adquirisse mercadorias e, posteriormente, a vendesse em outra localidade. Após a negociação das mercadorias vendidas pelo capitão do navio, o lucro era dividido entre ambos. Aquele que entregava o dinheiro para o capitão do navio não assumia qualquer responsabilidade perante terceiros. Assim, nascia essa espécie societária que fora mantida até os dias de hoje.

Convém, desde já, esclarecer que essa sociedade não encontra boa aceitação nos dias atuais em virtude de dois fatores: o nome empresarial e a responsabilidade dos sócios, além da organização estrutural estar ultrapassada para a atual atividade econômica.

Vamos, primeiramente, cuidar da responsabilidade dos sócios que é da espécie mista, ou seja, haverá sócios que terão responsabilidade limitada e sócios que assumirão responsabilidade ilimitada. Os sócios denominados comanditados precisam ser pessoas físicas e cuidarão da gestão da sociedade. Consequentemente, em virtude disso, assumirão responsabilidade solidária e ilimitada, embora subsidiaria.

Por sua vez, os sócios denominados comanditários podem possuir a qualidade de pessoas físicas ou jurídicas, contudo não poderão participar da gestão da sociedade. Em virtude disso, a responsabilidade deles será limitada ao valor de suas cotas.

Aplicam-se à sociedade em comandita simples, as normas que disciplinam a sociedade em nome coletivo, desde que sejam compatíveis com esta última. Pode-se, portanto, afirmar que sendo a sociedade em nome coletivo de pessoas, a sociedade em comandita simples também assumirá essa característica personalística, ou seja, é uma sociedade *intuitu personae*.

No tocante ao nome empresarial, a sociedade em comandita simples adotará firma social ou razão social composta obrigatoriamente pelo nome dos sócios comanditados. Se a firma social tem por objetivo informar aos credores quem são os sócios que responderão pelas obrigações societárias, caso a sociedade não o faça, a firma deve apenas conter o nome dos sócios comanditados. Contudo, o aluno

---

9. Art. 1.045 do Código Civil assim dispõe: Na sociedade em comandita simples tomam parte sócios de duas categorias: os comanditados, pessoas físicas, responsáveis solidária e ilimitadamente pelas obrigações sociais; e os comanditários, obrigados somente pelo valor de sua quota.
   Parágrafo único. O contrato deve discriminar os comanditados e os comanditários.

deve ter muito cuidado com a redação do art. 1.047[10] do Código Civil, pois nesse dispositivo o legislador determina que o nome do sócio comanditário não poderá figurar na firma, sob pena desse passar a ter responsabilidade ilimitada.

Embora seja uma sociedade de pessoa, que a princípio não admite o ingresso dos herdeiros do sócio falecido sem o consentimento dos demais, no art. 1.050[11] do CC encontramos uma regra de natureza especial, estabelecendo que, em caso de morte de um sócio comanditário, a sociedade continuará com os seus sucessores, que designarão quem os represente. Por outro lado, ocorrendo a morte do sócio comanditado, os comanditários nomearão administrador provisório para praticar os atos de gestão.

Sócios comanditados	Sócios comanditários
fazem parte da administração e responsabilidade ilimitada.	não participam da administração e responsabilidade limitada.

Fonte: elaborado pelo autor.

Obs.: todo contrato tem aqueles que são economicamente mais fortes e aqueles que são economicamente mais fracos. Toda vez que uma das partes rimar com **ario**, essa é a parte mais fraca: locatário, mutuário, comanditário. Essas são as partes mais vulneráveis. Vale essa dica para lembrar no dia da prova. Só tem uma exceção à regra que é o contrato de alienação fiduciária em garantia em que o credor é o fiduciário e o devedor é o fiduciante.

6.5. Sociedade limitada ou Ltda.

6.5.1. Conceito e responsabilidade dos sócios

Importante observar que até o século XIX existiam as sociedades de pessoas de responsabilidade ilimitada, ou seja, os sócios respondiam subsidiariamente pelas obrigações societárias quando a sociedade estava impossibilitada de fazê-lo. Essas sociedades proporcionavam grande preocupação para os seus sócios, trazendo insegurança e desincentivo para que as pessoas constituíssem ou participassem de sociedades empresárias. Não havia um mecanismo eficaz para fomentar a atividade empresarial.

---

10. Art. 1.047. Sem prejuízo da faculdade de participar das deliberações da sociedade e de lhe fiscalizar as operações, não pode o comanditário praticar qualquer ato de gestão, nem ter o nome na firma social, sob pena de ficar sujeito às responsabilidades de sócio comanditado.

    Parágrafo único. Pode o comanditário ser constituído procurador da sociedade, para negócio determinado e com poderes especiais.

11. Art. 1.050. No caso de morte de sócio comanditário, a sociedade, salvo disposição do contrato, continuará com os seus sucessores, que designarão quem os represente.

É claro que, além das sociedades de pessoas, havia a presença de grande número de comerciantes, hoje chamados de empresários, que se dedicavam à atividade comercial em nome próprio. Contudo, como é sabido, esses respondiam com o seu patrimônio, salvo os impenhoráveis, pelas obrigações que viessem a contrair. Ademais, os comerciantes se dedicavam a atividades de pouca monta que, embora importante, não se coadunavam com a grande economia de mercado.

Havia, contudo, de outro lado, as chamadas companhias ou sociedade anônimas. As conhecidas sociedades de capital, que agregam muitos acionistas e, consequentemente, operam com uma grande soma de capital social. Essa oferecia uma responsabilidade limitada aos seus integrantes. Em outras palavras, a obrigações societárias não eram suportadas pelos seus sócios mesmo que, por algum motivo, a sociedade não conseguisse honrar essas obrigações. Embora isso fosse verdade, a companhia era reservada a grandes empreendimentos. A estrutura organizacional dessa espécie é complexa e de difícil constituição por parte do médio empreendedor.

Urgia a necessidade de se criar uma espécie societária que pudesse, ao mesmo tempo, dispor de uma estrutura simplificada para atender a empreendimentos de porte médio e oferecer uma limitação de responsabilidade aos sócios, para, com isso, fomentar a atividade econômica que florescia na época. Diante desse panorama jurídico e econômico que se apresentava, o brilhantismo do legislador alemão mais uma vez teve primazia. Em 1892, o direito alemão apresentou um modelo de sociedade que atendia a esses reclamos: estava criada a sociedade limitada que oferecia responsabilidade limitada aos sócios e, também, possuía estrutura organizacional bastante simplificada capaz de atender aos anseios da comunidade jurídica. Essa espécie chegou ao Brasil em com o Decreto nº 3.708/1919.

Hoje em dia, a sociedade limitada está regulada pelo Código Civil, em seu art. 1.052[12] e segs., e é a espécie societária mais utilizada no Brasil. É uma sociedade personificada. Nessa sociedade a responsabilidade dos sócios é limitada ao valor de suas cotas, mas todos respondem solidariamente pela integralização do capital social. Portanto, pode-se afirmar que nessa sociedade os sócios podem prever o montante de suas perdas caso a sociedade venha a malograr. Logo, é correto afirmar que na sociedade limitada, se o capital social estiver integralizado, os sócios não respondem pelas obrigações sociais.

A despeito disso, há nessa espécie societária uma peculiaridade: se capital social não estiver integralizado, qualquer um dos sócios pode ser acionado pelos credores até o montante que faltou para a integralização. Ou seja, se algum sócio deixou de integralizar as suas cotas, essa responsabilidade agora passa a ser de

12. Esse dispositivo é de extrema importância, pois, por si só, já caracteriza a essa sociedade. Esse dispositivo assim dispõe: "Na sociedade limitada, a responsabilidade de cada sócio é restrita ao valor de suas quotas, mas todos respondem solidariamente pela integralização do capital social". A Lei nº 13. 874, de 2019 inseriu dois parágrafos a esse dispositivo.

todos os sócios. Diante disso, não se pode admitir que um incapaz ingresse em uma sociedade limitada em que o capital social não esteja integralizado, pois, caso contrário, esse incapaz poderia ser chamado a responder pelas cotas não integralizadas de um outro sócio. Nessa esteira, foi editado o art. 974, § 3º, inciso II, do Código Civil que exige, para o ingresso de um incapaz na sociedade limitada, que o capital social esteja totalmente integralizado.

Uma questão interessante ligada à integralização do capital social encontramos no art. 1.055, § 1º[13], do Código Civil, que preceitua o seguinte: pela exata estimação dos bens conferidos ao capital social respondem solidariamente todos os sócios, até o prazo de cinco anos contados do registro da sociedade. Logo, uma sociedade limitada, com quatro sócios, sendo que cada um dos integrantes se compromete a integralizar a quantia de cem mil reais, totaliza um capital social de quatrocentos mil reais. Um dos sócios, vamos chamá-lo de Alberto, transferiu um terreno para sociedade, avaliado em cem mil reais, referente à sua contribuição para o capital social. Os outros três sócios, vamos chamá-los de Barbosa, Carlos e Diogo, integralizaram as suas cotas em dinheiro.

No contrato social, os sócios declaram que o capital social está integralizado. Essa sociedade, então, passa a exercer atividade empresarial. Durante o exercício da atividade empresarial, a sociedade efetua um contrato de mútuo com uma instituição financeira. No dia do vencimento desse contrato, a sociedade alega que não tem recursos suficientes para cumprir a obrigação. A instituição financeira, no entanto, percebe que o bem que fora vertido para a sociedade por Alberto, não possui o valor por esse declarado. O imóvel possuía o valor de cinquenta mil reais. Portanto, está faltando cinquenta mil reais para que o capital social esteja totalmente integralizado. Nesse caso, a instituição financeira poderá acionar qualquer um dos sócios pelo montante faltante, pois existe uma solidariedade entre os sócios na hipótese de sobrevalorização de um bem que fora conferido para o capital social.

Posto isso, não se poderia admitir que um incapaz pudesse ingressar em uma sociedade limitada em que o capital social foi todo ou em parte integralizado com bens, sejam esses corpóreos, sejam incorpóreos, pois havendo uma sobrevalorização desses bens pelo sócio ofertante, o incapaz poderia vir a ser responsabilizado por esse montante. Isso pelo prazo de cinco anos contados do registro da sociedade, pois após esse prazo não haveria mais solidariedade.

---

13. Art. 1.055. O capital social divide-se em quotas, iguais ou desiguais, cabendo uma ou diversas a cada sócio.

    Parágrafo primeiro. Pela exata estimação de bens conferidos ao capital social respondem solidariamente todos os sócios, até o prazo de 5 (cinco) anos da data do registro da sociedade.

6.5.2. *Exceções à limitação da responsabilidade dos sócios*

A regra adotada pelo legislador consiste em limitar a responsabilidade dos sócios ao valor de suas cotas e, estando o capital social integralizado, os sócios não respondem por obrigações sociais contraídas pela sociedade. Contudo, algumas exceções a essa regra foram necessárias e, talvez, outras desnecessárias. Vamos verificar em que situações, mesmo estando o capital social integralizado, os sócios respondem pelas obrigações sociais.

A primeira exceção refere-se às dívidas trabalhistas. Entendeu a jurisprudência trabalhista que, se a sociedade limitada tiver dívidas de natureza trabalhista e não puder suportá-las, os sócios deverão ser responsabilizados por esse passivo. O fundamento utilizado pela corte laboral é a de que, em contrapartida aos benefícios e lucros obtidos pela atividade empresarial, o passivo de natureza trabalhista deve ser suportado pelos sócios, caso a sociedade não consiga efetuar esse pagamento.

No anseio de garantir o crédito trabalhistas, talvez pela sua natureza alimentar, a justiça do trabalho, no momento que vislumbra uma possibilidade de existência de um crédito trabalhista, *incontinenti*, tem determinado a penhora das contas da sociedade, bem como das contas particulares dos sócios, sem ao menos verificar qual é função do sócio na sociedade devedora. Ou seja, a falta de critério tem causado muita insegurança jurídica, criando receio e apreensão em muitas pessoas que desejam investir na atividade empresarial por meio de uma sociedade. Ademais, imagine um juiz de direito que possui cinco por cento de cotas em uma sociedade limitada de natureza familiar e tem a sua conta corrente penhorada durante uma viagem que está fazendo pela Europa. O magistrado não exerce nenhuma função executiva na sociedade; ele é apenas um contribuinte desse ente societário.

Mas não é só, a justiça laboral, de modo abusivo e desrespeitando o princípio da autonomia patrimonial, tem estabelecido uma espécie de solidariedade, criada pelo judiciário, entre a sociedade e os sócios, derrogando assim a regra da subsidiariedade da responsabilidade dos sócios, pois no momento de existência de um crédito trabalhista, a penhora das contas da sociedade e dos sócios é concomitante.

A segunda exceção encontra-se no art. 1.080[14] do Código Civil e cuida da chamada deliberação infringente. Se os sócios, em assembleia ou em reunião, deliberarem matéria que infrinja cláusulas contratuais ou dispositivos legais, os sócios que aprovaram essas matérias passaram a ter responsabilidade ilimitada. A responsabilidade ilimitada do sócio, é bom que se diga, deve estar relacionada a matéria que fora votada, não é uma responsabilidade ilimitada em relação a todos os negócios realizados pela sociedade. Contudo, se a matéria infringente tiver

14. Art. 1.080. As deliberações infringentes do contrato ou da lei tornam ilimitada a responsabilidade dos que expressamente as aprovaram.

relação com todos os credores, qualquer credor que se sentir prejudicado pela votação poderia suscitar a limitação da responsabilidade.

Conforma já expusemos, o capital social é uma garantia dos credores, qualquer votação que possa alterar esse valor, em tese, estaria prejudicando todos os credores. Nesse caso, os sócios que votarem matéria infringente em relação ao capital social estariam prejudicando todos os credores. Logo, qualquer credor poderia requerer ao juiz que, se a sociedade não puder cumprir a obrigação, que os sócios, que aprovaram a matéria, sejam pessoalmente responsabilizados em virtude da responsabilidade ilimitada que adquiriram quando da deliberação. Por exemplo, no art. 1.059 do Código Civil, o legislador determinou que os sócios serão obrigados à reposição dos lucros ou quaisquer quantias retiradas da sociedade, ainda que autorizados pelo contrato social, quando esses valores forem distribuídos com prejuízo do capital social. Nesse caso específico, os sócios que aprovaram a distribuição desses valores ficariam com responsabilidade ilimitada diante de todos os credores, pois o capital social a todos se refere.

Importante mencionar que a responsabilidade ilimitada, em virtude da deliberação infringente, só se aplica aos sócios que expressamente aprovaram a matéria, os sócios que porventura não compareceram à assembleia ou, ainda, votaram contra a matérias posta em pauta, continuaram com as suas responsabilidades limitadas.

Essa exceção não merece reprimenda, mesmos os sócios que votaram matéria infringente, alegando desconhecê-las, passarão a ter as suas responsabilidades ampliadas, pois tinham o dever de conhecer e de se informar a respeito das matérias que iriam ser postas em pauta para votação.

A última exceção é a teoria da desconsideração da personalidade jurídica, também conhecida com *disregard of legal entity*[15] no direito norte-americano. De acordo com essa doutrina, em certos casos, permite-se que a personalidade jurídica da sociedade empresária seja afastada, momentaneamente, para que certos atos possam ser imputados aos sócios. É bom que se diga que se trata de uma exceção que desprestigia, ou melhor, atenua, o princípio da separação patrimonial, chamado por nós de um dos alicerces do direito societário contemporâneo. Não devemos olvidar que é esse princípio que fomenta a atividade empresarial, concedendo aos sócios a segurança jurídica necessária para que ingressem, com seus capitais e trabalho, na atividade econômica. Porquanto, não se pode afastá-lo de maneira casuística e aleatória, sob pena de criar se uma insegurança jurídica capaz de destruir todo um sistema que levou anos para ser construído. Enfim, a teria da desconsideração é uma exceção ao sistema por nós adotado e somente poder ser utilizado de maneira

15. The disregard of the legal entity allows to overcome the separation between the Company's assets and those belonging to their shareholders, in order to settle obligations. It is a very useful legal instrument to prevent shareholders from using the Company to commit fraud against creditors or obtain personal gain.

restritiva. Alguns autores denominam isso de teoria maior da desconsideração da personalidade jurídica. Achamos que a nomenclatura é inadequada.

De acordo com o sobredito princípio, o sócio só poderia ser responsabilizado, dependendo da espécie societária adotada, de forma subsidiária, ou seja, após ter exaurido todo o patrimônio social, como na sociedade em comum, na sociedade em nome coletivo, na sociedade em comandita simples, esta última quando se tratar do sócio comanditado. Entretanto, isso não poderia ser aplicado ao sócio de uma sociedade de responsabilidade limitada, pois, como vimos, esse responde até o limite do valor de suas cotas e, mesmo na hipótese do capital social não estar totalmente integralizado, a responsabilidades dos sócios não pode ultrapassar o montante do capital declarado pelos sócios no contrato social.

É verdade que deveria haver, talvez dentro da estrutura das juntas comerciais, um órgão que controlasse a veracidade do capital social declarado pelos sócios, estabelecendo um tipo penal para a declaração de capital social de sociedade empresária que não corresponda à verdade. Somente desse modo poderia se devolver a esse instituto a importância e o prestígio que ele merece. Ademais, havendo um controle rígido e eficaz do capital social, esse instituto poderia voltar a ser a garantia dos credores, conforme entendem nossos dispositivos legais. Esse órgão, vamos chamá-lo de órgão de controle da atividade empresarial e do capital social, ainda teria o dever de requisitar semestralmente informações e comprovações das sociedades empresárias a respeito de seus capitais sociais. Outra função de suma importância desse órgão seria estabelecer, para certas atividades, um patamar mínimo de capital social necessário, evitando fraudes e desconformidades. Há certas sociedades que, para limitar a responsabilidade de seus sócios a montantes inexpressivos, estabelecem um capital social de quarenta mil reais para quatro sócios, ou seja, cada sócio responderia até esse limite, mas o patrimônio social declarado para a Receita Federal é de 100 milhões de reais. Trata-se de um expediente permitido e que demonstra total desrespeito às funções que elegemos para o capital social. Esses reclamos já foram proclamados por vários comercialistas no passado, mas até o presente momento nada foi feito para corrigir esse defeito.

Portanto, havendo um sistema eficaz de controle do capital social, exigindo-se um capital apropriado para determinadas atividades e um controle eficaz, talvez a utilização da teoria da desconsideração da personalidade jurídica se tornasse, o que deveria ser, uma exceção, pois sabendo que o capital social poderia ser facilmente aprendido pelos credores, eventuais fraudes, praticadas pela pessoa jurídica por meio de sócios inescrupulosos, poderiam ser evitados.

Postas essas ideias a respeito do capital social, vamos contemplar em que situações especais e excepcionais poderíamos nos socorrer da teoria da desconsideração da personalidade jurídica, de acordo com o art. 50 do Código Civil, alterado pela Lei 13.874/2019. Eis a redação do dispositivo: "**em caso de abuso da personalidade jurídica, caracterizado pelo desvio de finalidade ou pela confusão**

patrimonial, pode o juiz, a requerimento da parte, ou do Ministério Público quando lhe couber intervir no processo, desconsiderá-la para que os efeitos de certas e determinadas relações de obrigações sejam estendidos aos bens particulares de administradores ou de sócios da pessoa jurídica beneficiados direta ou indiretamente pelo abuso."

A redação ofertada pela Lei 13.874/2019. andou bem em alterar o dispositivo, estabelecendo que a desconsideração somente será possível em duas situações, ou seja, desvio de finalidade da sociedade pelos sócios e confusão de patrimônios. Ademais, a Lei 13.874/2019, com intuito de limitar a aplicação da teria de exceção, preceituou que a desconsideração somente será permitida para certas e determinadas obrigações. Em outras palavras, não se pode determinar uma desconsideração que atinge uma série de operações realizadas pela sociedade somente no intuito de ressarcir eventuais perdas suportadas por credores que não querem suportar, por si só, os riscos da atividade empresarial.

A desconsideração só será permitida quando a pessoa jurídica estiver sendo utilizada em atividades que não digam respeito ao seu objeto social. Não basta a simples alegação de que uma obrigação não fora cumprida pela sociedade empresaria; há necessidade de que o descumprimento da obrigação esteja vinculado a um desvio de função (fraude ou abuso de direito) da sociedade, por exemplo, a liquidação irregular de uma sociedade com o intuito de frustrar o pagamento de uma verba indenizatória em face de terceiros. Nesse caso, no curso do processo de conhecimento, movido pela vítima de um acidente de trânsito, causado pelo veículo que pertencia á sociedade, os sócios vertem todo o lucro da sociedade ré para uma nova sociedade limitada por eles constituída. Quando a sociedade ré é condenada a pagar a indenização, o seu patrimônio é insuficiente para efetuar o pagamento. Por conseguinte, a vítima poderá solicitar a desconsideração da personalidade jurídica para que os efeitos da sentença sejam aplicados aos sócios que promoveram a fraude.

Os efeitos da desconsideração de personalidade jurídica atingem somente o sócio que praticou a conduta descrita no art. 50 do Código Civil, não pode se estender a todos os sócios, com já entenderam algumas decisões exaradas pela justiça federal. No entendimento de alguns juízes federais, a conduta praticada por um dos sócios o torna alvo da desconsideração; contudo, os outros sócios também deveriam ser responsabilizados, pois tinham o dever de vigilância e negligenciaram nesse dever. Esse entendimento não pode prevalecer até porque muitos sócios nem participam diretamente da administração, e afirmar que tinham o dever de vigilância é desconhecer a prática mercantil societária.

Ademais, o ônus da prova competirá a quem a alega. Portanto, o credor deverá descrever a conduta e quem a praticou para que, somente depois, o juiz possa desconsiderar a personalidade jurídica e invadir o patrimônio do sócio faltoso. Somente depois das provas estarem carreadas aos autos é que essa medida extrema possa ser executada.

Por fim, a desconsideração também pode ser solicitada quando os próprios sócios desrespeitarem o princípio da separação patrimonial. Segundo o prof. Fabio Konder Comparato, a confusão patrimonial, por si só, não autorizaria a desconsideração, mas ela seria um meio para se provar o desvio de finalidade, ou seja, para haver a desconsideração há de estar presentes a confusão de patrimônios com o objetivo de desviar a finalidade da sociedade. Só a confusão de patrimônios não serviria de supedâneo para permitir a desconsideração. *Data maxima venia*, não nos parece essa a posição adotada pela Lei 13.874/2019, definiu o que deve ser entendido com confusão de patrimônios, ou seja, entende-se por confusão patrimonial a ausência de separação de fato entre os patrimônios, caracterizado por: a) cumprimento repetitivo pela sociedade de obrigações do sócio ou do administrador ou vice-versa; b) transferência de ativos ou de passivos sem efetivas contraprestações, exceto o de valor proporcionalmente insignificante; c) outros atos de descumprimento da autonomia patrimonial.

O legislador, por sua vez, também se manifestou a respeito do que deve se entender por desvio de finalidade, pois acrescentou um § 1º ao art. 50 do Código Civil, que preceitua o seguinte: "desvio de finalidade é a utilização da pessoa jurídica com o propósito de lesar credores e para a prática de atos ilícitos de qualquer natureza".

Parece-nos evidente que o legislador quis estabelecer uma nítida distinção entre o que seria desvio de finalidade e confusão de patrimônios. Portanto, o entendimento do eminente professor não deve prevalecer, diante da nova redação do dispositivo.

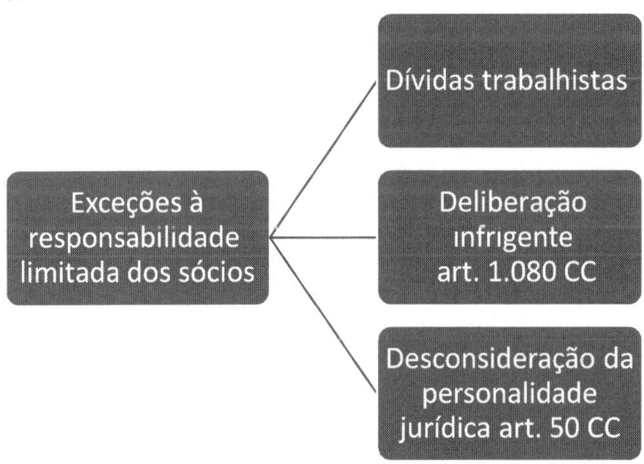

Fonte: elaborado pelo autor.

É de rigor mencionarmos e lançarmos alguns comentários às alterações estabelecidas pela atual **Lei 13.874, de 20 de setembro de 2019**, no tocante ao art. 50 do Código Civil. A nova redação do dispositivo é a seguinte:

> **"Em caso de abuso da personalidade jurídica, caracterizado pelo desvio de finalidade ou pela confusão patrimonial, pode o juiz, a requerimento da**

> **parte, ou do Ministério Público quando lhe couber intervir no processo, desconsiderá-la para que os efeitos de certas e determinadas relações de obrigações sejam estendidos aos bens particulares de administradores ou de sócios da pessoa jurídica beneficiados direta ou indiretamente pelo abuso."**

A alteração inserida na parte final desse dispositivo veio pôr fim a uma antiga discussão doutrinária e jurisprudencial, deixando claro que os efeitos da desconsideração da personalidade atingirão somente os bens do sócio ou do administrador que fora beneficiado direta ou indiretamente com o abuso. Os demais sócios que não se beneficiaram pelo abuso, continuarão respondendo limitadamente. Esses não podem, como já se entendeu, serem responsabilizados por culpa *in vigilando.*

> **§ 1º Para os fins do disposto neste artigo, desvio de finalidade é a utilização da pessoa jurídica com o propósito de lesar credores e para a prática de atos ilícitos de qualquer natureza.**

No intuito de estabelecer um critério objetivo ao que se deve entender por desvio de finalidade, o legislador entendeu que qualquer ato ilícito com o propósito de lesar credores, utilizando como meio da pessoa jurídica, pode ser sancionado com a desconsideração da personalidade jurídica. Não definiu quais atos ilícitos poderiam ensejar a desconsideração da personalidade, até porque se trata de uma hipótese que comporta muitas variantes. Secundado na melhor doutrina, ato ilícito é todo aquele apto a causar prejuízo patrimonial a outrem. O art. 187 do Código Civil entende que também comete ato ilícito aquele que é titular de um direito e, ao exercê-lo, excede os limites impostos pelo seu fim econômico e social e, ainda, pela boa-fé e pelos bons costumes.

> **§ 2º Entende-se por confusão patrimonial a ausência de separação de fato entre os patrimônios, caracterizada por:**
>
> **I – cumprimento repetitivo pela sociedade de obrigações do sócio ou do administrador ou vice-versa;**
>
> **II – transferência de ativos ou de passivos sem efetivas contraprestações, exceto os de valor proporcionalmente insignificante; e**
>
> **III – outros atos de descumprimento da autonomia patrimonial.**

Andou bem o legislador pacificando tormentosa questão que se apresentava na doutrina, deixando claro que a confusão de patrimônio é hipótese distinta do desvio de finalidade, ou seja, não existe, como sustentava Fabio Konder Comparato, a necessidade de a confusão de patrimônios ter como intuito o desvio de finalidade.

A nosso ver, o desrespeito ao princípio da autonomia patrimonial, com condutas que possam ensejar a confusão patrimonial, é, por si só, argumento suficiente para promover o afastamento do véu protetor e, assim, responsabilizar diretamente o sócio que praticou essa conduta. Por conseguinte, se o sócio não respeitou o princípio da autonomia patrimonial, confundindo patrimônio pessoal dos sócios com o patrimônio da sociedade empresária, o credor obviamente, também, não terá que respeitar essa suposta autonomia onde ela já não mais existe. Nesse caso, bastará ao credor apontar qual o sócio que praticou a conduta e qual foi a conduta que produziu a confusão patrimonial.

> **§ 3º O disposto no caput e nos §§ 1º e 2º deste artigo também se aplica à extensão das obrigações de sócios ou de administradores à pessoa jurídica.**
>
> **§ 4º A mera existência de grupo econômico sem a presença dos requisitos de que trata o caput deste artigo não autoriza a desconsideração da personalidade da pessoa jurídica.**

O conceito de grupo econômico pode ser entendido como a reunião de vários entes, todos dotados de personalidade jurídica própria, que se reúnem para que possam realizar determinadas atividades. Para que se possa caracterizar o grupo econômico, a doutrina utiliza vários critérios e a celeuma no tocante a esse assunto parece reinar tanto na doutrina como na jurisprudência.

Podemos estabelecer que o grupo econômico pode ser de direito ou de fato. No primeiro há uma convenção ou um acordo estabelecido entre os participantes do grupo, convenção essa que irá disciplinar as relações entre as sociedades integrantes, que deve ser registrada e atender aos requisitos estabelecidos no art. 269 da LSA. No grupo econômico de fato, não há um acordo previamente estabelecido entre as sociedades participantes do grupo.

O grupo econômico não faz surgir uma nova pessoa jurídica, nem desconstitui a personalidade jurídica das sociedades que fazem parte do grupo. As sociedades que compõem o todo preservam a suas autonomias e, consequentemente, respondem pelas suas obrigações. Essas sociedades que participam do grupo apenas agregam esforços para a consecução de fim comum. Logo, se os sócios, de uma das sociedades participante desse consórcio, realizar uma conduta capaz de produzir o levantamento do véu, não se pode estender ao grupo os efeitos da desconsideração da personalidade jurídica.

Enfim, a mera existência do grupo econômico não permite a desconsideração da personalidade jurídica sem a presença dos requisitos estabelecidos no art. 50 do Código Civil.

> **§ 5º Não constitui desvio de finalidade a mera expansão ou a alteração da finalidade original da atividade econômica específica da pessoa jurídica.**

A simples alteração do objeto social ou, ainda, a ampliação dos escopos societários não são capazes de produzir os efeitos da desconsideração da personalidade jurídica. Ademais, o encerramento, ainda que irregular das atividades da pessoa jurídica, não é, por si só, elemento capaz de produzir os efeitos da desconsideração prevista no art. 50 do Código Civil. Nesse sentido o enunciado nº 282 da IV Jornada de Direito Civil da Justiça Federal.

Antes de encerrarmos esse tópico, precisamos abordar duas questões muito frequentes em concursos públicos. A primeira questão refere-se ao passivo tributário. Os sócios respondem pelo passivo fiscal da sociedade limitada? A resposta é não. O passivo tributário não é uma exceção à regra da responsabilidade limitada dos sócios.

No tocante a essa questão, muitos candidatos ficam indecisos tendo em vista penhoras que são realizadas em bens de sócios por tributos que não foram recolhidos pela sociedade. Na verdade, a penhora ocorreu não porque o indivíduo era sócio, mas porque o indivíduo era administrador. Outrora, para ser administrador de uma sociedade limitada exigia-se que esse tivesse o *status* de sócio. Diante disso adveio a aparente confusão, porque sendo a pessoa sócia e administradora, entendia-se que a penhora ocorrera pelo fato dessa pessoa ser sócia. Não, a constrição judicial, nesse caso, ocorreu por força do art. 135, inciso III, do CTN, que preceitua que são pessoalmente responsáveis pelos créditos correspondentes a obrigações tributárias resultantes de atos praticados com excesso de poderes ou infração de lei, contrato social ou estatutos os diretores, gerentes ou representantes de pessoas jurídicas de direito privado.

O administrador assume essa responsabilidade quando agir com excesso de poderes, infração da lei ou do contato social. Logo, o simples não recolhimento do tributo, segundo jurisprudência pacificada do STJ, não caracteriza, por si só, nem em tese, circunstância que acarreta a responsabilidade do administrador. O que, na verdade, se discute, de maneira acalorada, é qual seria a responsabilidade do administrador, pois o dispositivo em comento apenas menciona, de maneira não técnica, que o administrador seria responsável pessoalmente, dando se a entender que seria uma responsabilidade exclusiva.

A matéria causa celeuma e encontra-se longe de estar pacificada. Alguns julgados do STJ entendem que haveria uma responsabilidade solidária[16] entre o administrador e a sociedade. Essa posição, a nosso ver, é aquela adotada pelos procuradores do Estado, Município e da Fazenda Pública, pois permite que a Fazenda Pública possa direcionar a execução fiscal tanto em face do administrador como em face da sociedade. Na prática, é o que usualmente ocorre, as Fazendas Públicas pedem *ad cautelam* a penhora dos bens do administrador e concomitantemente da sociedade.

O festejado tributarista Hugo de Brito Machado, por sua vez, entende que a responsabilidade do administrador é subsidiária[17]. A sociedade, que se beneficiou do não recolhimento do tributo, deverá, inicialmente, ser posta no polo passivo da demanda, para que, somente depois, se não houver o pagamento, a Fazenda possa acionar o administrador.

16. STJ Recurso especial nº 1017732/RS, Rel. Ministra Eliana Calmon, segunda turma, julgado em 25 de março de 2008.
17. STJ Recurso especial nº 1101728/SP, Rel. Ministro Teori Albino Zavascki, primeira seção, julgado em 11 de março de 2009.

Há, ainda, aqueles que entendem que haveria somente uma responsabilidade exclusiva do administrador, sem que subsista uma responsabilidade da sociedade pelo crédito tributário. Essa é a posição de Sacha Calmon Navarro Coelho, que sustenta que nesse caso a responsabilidade tributária se transfere inteiramente para terceiros, no caso, para o administrador, liberando a sociedade empresária representada. Há julgados do STJ também nesse sentido[18].

Enfim, diante da acalorada discussão podemos dizer que a responsabilidade tributária do administrador deve ser analisada em conformidade com os interesses do candidato. Se for uma prova para procurador, deve se adotar a primeira posição que entende que a responsabilidade é solidária, pois esse entendimento beneficia o Estado nas três esferas da federação.

Tratando-se de uma prova para a magistratura estadual ou federal, deve-se adotar a corrente que melhor se amoldar aos fundamentos que o candidato pretende sustentar. Aquela corrente que lhe ofereça mais argumentos plausíveis para que você possa, por exemplo, elaborar uma boa sentença. Portanto, há três posições sustentáveis que podem ser utilizadas pelo candidato.

A nosso ver, devemos analisar o caso concreto e verificar quem se beneficiou pelo não recolhimento do tributo. Se somente o administrador fora o beneficiado, sendo que a sua conduta extrapolou os seus poderes, acredito que, nesse caso, possa se sustentar que a responsabilidade do administrador seria exclusiva. Agora, se o não pagamento do tributo beneficiou o administrador e a sociedade, nos parece que a responsabilidade deve ser entendida como solidária.

A segunda questão que merece abordagem, e já fora alvo de pergunta em concurso da magistratura de São Paulo, diz respeito à responsabilidade dos administradores quando do uso da firma ou denominação, com a omissão da palavra limitada, em negócios jurídicos realizados pela sociedade. De acordo com o art. 1.158, § 3º, do Código Civil, se os administradores, que possuem poderes para assinar pela sociedade, realizarem negócios com terceiros e não identificarem corretamente a sociedade, incluindo no nome empresarial a palavra limitada, por extenso ou abreviado, terão responsabilidade solidária e ilimitada, de acordo com o supramencionado dispositivo[19].

Portanto, a sociedade limitada denominada Estrela Azul Ltda. realiza uma determinada negociação com uma outra sociedade denominada São Carlos Supermercados Ltda. Nesse negócio jurídico, uma compra e venda de mercadorias,

---

18. STJ Recurso especial nº 1104064/RS, Rel. Ministro Luiz Fux, primeira turma, julgado em 02 de dezembro de 2010.
19. Art. 1.158. Pode a sociedade limitada adotar firma ou denominação, integradas pela palavra final "limitada" ou a sua abreviatura. [...] § 3º A omissão da palavra "limitada" determina a responsabilidade solidária e ilimitada dos administradores que assim empregarem a firma ou a denominação da sociedade.

a sociedade Estrela Azul não menciona que é uma sociedade limitada e, também, não insere ao lado do nome a sigla Ltda. O administrador que assinou esse contrato, representando a sociedade Estrela Azul, assumirá responsabilidade ilimitada com relação a essa negociação.

Importante observar que a responsabilidade ilimitada, nesse caso, não é do sócio, mas apenas do administrador; contudo, nem todos os administradores respondem ilimitadamente, mas somente aqueles que estão autorizados, pelo contrato social, a utilizarem a firma ou denominação. Aliás, nesse sentido, o art. 1.064 do Código Civil estabelece: que "o uso da firma ou denominação social é privativo dos administradores que tenham os necessários poderes".

6.5.3. Regência supletiva da sociedade limitada

A sociedade limitada está disciplinada nos arts. 1.052 ao 1.087 do Código Civil, ou seja, são trinta e cinco dispositivos que cuidam dessa espécie societária. A sociedade empresária é certamente a espécie societária com a maior presença no mercado nacional. Portanto, os conflitos de interesses a respeito dessa sociedade são mais comuns e a legislação precisa açambarcar e encontrar soluções para todos esses litígios. Como é sabido, o Estado-Juiz não pode deixar de conceder a sua prestação jurisdicional alegando ausência de mandamento legal para o caso em concreto.

Diante dessa situação, o legislador resolveu estabelecer que, se as normas que cuidam da sociedade limitada forem omissas em relação a um determinado caso concreto e, sendo omisso o contrato social, a regência supletiva deverá ser efetuada pelas regras que cuidam da sociedade simples, que se encontram nos arts. 997 e segs. do Código Civil. Enfim, as regras que cuidam da sociedade simples serão utilizadas subsidiariamente para completar as eventuais lacunas existentes na legislação que cuida da sociedade limitada. Vamos dar um exemplo: um determinado sócio falece em uma sociedade limitada. No contrato social não encontramos nada a respeito de como proceder nesse caso. Os dispositivos que cuidam dessa espécie societária também são omissos. Se no contrato social não tiver nada a respeito da regência supletiva, o exegeta deverá utilizar as regras que regem a sociedade simples. Nesse caso, o art. 1.028 do Código Civil preceitua que, em caso de morte de sócio, as cotas deverão ser liquidadas. Ou seja, os herdeiros não ingressam na sociedade.

Mas isso não será a única consequência. Quando a regência da sociedade limitada for efetuada pela sociedade simples, a sociedade limitada será considerada uma sociedade de pessoas. Logo, de acordo com o art. 1.053 do Código Civil, quando o contrato social nada dispuser sobre a regência supletiva da sociedade limitada, utilizar-se-ão as regras da sociedade simples.

Entretanto, se os sócios desejaram atribuir uma feição capitalista à sociedade limitada, deverão expressamente estabelecer no contrato social que a regência supletiva da sociedade limitada será efetuada pelas regras da sociedade anônima, prevista na Lei 6.404/76. Essa possibilidade decorre do parágrafo único da art. 1.053 do Código Civil. Nesse caso, o operador do direito, havendo lacunas nas normas que cuidam da sociedade limitada, deverá buscar guarida na Lei das S/As.

Aproveitando o mesmo exemplo exposto acima, omisso o contrato social no tocante à morte de um sócio, havendo a morte de um acionista, os herdeiros ou sucessores, de imediato assumirão a condição de acionista, pois na Lei 6.404/76 não há regra semelhante ao art. 1.028 do Código Civil. Ademais, também, não há que se postular a exclusão de um acionista por quebra da *affectio societatis* nesse caso, pois ausente esse elemento subjetivo nas sociedades de capital.

Em suma, a sociedade limitada é sempre uma sociedade contratual, mas a sua feição poderá ser de uma sociedade de pessoas, quando o contrato social nada dispuser a esse respeito, ou poderá ter feições de uma sociedade capital, quando o contrato social expressamente assim dispuser.

6.5.3.1. A teoria *ultra vires societatis*

Uma questão que merece ser abordada neste momento diz respeito à chamada teoria *ultra vires societatis*, prevista no art. 1.015, parágrafo único, inciso III[20], do Código Civil. Abordaremos a mencionada teoria *ultra vires* neste momento, ou seja, dentro do tópico que cuida da sociedade limitada pois, quando essa sociedade for regida supletivamente pelas regras da sociedade simples, a teoria *ultra vires* regulará a sociedade limitada em seus negócios com terceiros.

Primeiramente, a teoria *ultra vires* não é mais aplicada nem mesmo na Inglaterra onde fora concebida. Essa teoria surgiu em meados do século XIX, nas cortes britânicas, com a nítida intenção de evitar desvios praticados pelos administradores das companhias e, assim, preservar os interesses dos investidores britânicos. De acordo com essa teoria, qualquer ato, vamos usar linguagem do nosso atual legislador, praticado pelo administrador, que seja estranho ao seu objeto social, não vinculará a sociedade perante terceiros, contudo, as pessoas que contrataram com a sociedade limitada terão o direito de responsabilizar pessoalmente o administrador, pois o ato por esse praticado foi *ultra vires*.

Enfim, a teoria *ultra vires* permite que a sociedade limitada se exima do dever de cumprir determinada obrigação, contraída em seu nome, pelo seu administrador,

---

20. Art. 1.015. No silêncio do contrato, os administradores podem praticar todos os atos pertinentes à gestão da sociedade; não constituindo objeto social, a oneração ou a venda de bens imóveis depende do que a maioria dos sócios decidir.

Parágrafo único. O excesso por parte dos administradores somente pode ser oposto a terceiros se ocorrer pelo menos uma das seguintes hipóteses:

I – se a limitação de poderes estiver inscrita ou averbada no registro próprio da sociedade;

II – provando-se que era conhecida do terceiro;

III – tratando-se de operaçao evidentemente estranha aos negócios da sociedade.

quando se tratar de operação evidentemente estranha aos negócios da sociedade. Em outras palavras, se a sociedade empresária entender que o seu administrador, escolhido pelos seus sócios, contraiu determinada obrigação, em nome da sociedade, mas que não mantém nenhum vínculo com o seu objeto social, a sociedade poderá, simplesmente, eximir-se do dever de cumprir essa obrigação suscitando a incidência da teoria *ultra vires*.

Evidentemente a aplicação *in totum* da teoria *ultra vires* tornaria os negócios jurídicos empresariais impraticáveis, mormente quando a sociedade limitada fosse regida supletivamente pelas regras da sociedade simples. Então, antes de realizar qualquer negócio com a sociedade limitada, o contratante teria, primeiramente, que solicitar uma cópia do contrato social para verificar se a regência supletiva é efetuada pelas regras da sociedade simples. Se a regência supletiva for da sociedade simples, o contratante de boa-fé terá que verificar se, no contrato social, há alguma menção no tocante aos limites da gerência. Também será, nesse caso, verifica na junta comercial se existe algum instrumento arquivado limitando os poderes do administrador. E, por fim, verificar se o ato que o administrador realiza é um ato regular de gestão. Depois de todas essas cautelas que, diga-se de passagem, são incompatíveis com a agilidade necessária para o bom desenvolvimento da atividade empresarial, o contratante deve rezar para que a sociedade cumpra a obrigação sem alegar que o ato praticado foi *ultra vires*.

Parece brincadeira, mas não é. Essa teoria engessaria a atividade empresarial de tal maneira que provavelmente iria paralisar toda a economia do país. Ninguém mais poderia operar por meio de uma limitada que fosse regida pela sociedade simples. O tráfego mercantil impõe, para dizer o menos, a mitigação da teoria ultra vires e, para dizer o mais, a completa retirada desse instrumento jurídico ultrapassado do nosso ordenamento jurídico.

A nosso ver, a teoria *ultra vires* deve ser mitigada, para que seja preservada a agilidade necessária ao livre comércio, e será sub-rogada pela teoria da aparência, desde estejam presentes três requisitos: a) o contratante esteja de boa-fé; b) não exista registrado na junta comercial instrumento limitando os poderes do administradores ou, se existir, não seja do conhecimento do contratante, c) que o ato praticado pelo administrador tenha aparência de um ato regular de gestão. Estando presentes esses requisitos, afasta-se a teoria *ultra vires* e aplica-se a teoria da aparência. A sociedade estará vinculada ao ato praticado pelo administrador e, se esse exorbitou dos poderes que lhe foram conferidos, a sociedade poderá acionar o administrador em virtude da má administração e, ainda, pelos danos sofridos.

Aliás, a solução adotada pelo legislador do Código Civil, reanimando a quase morta teoria *ultra vires*, encontra-se na contramão da economia globalizada e, se aplicada na sua pureza, certamente iria paralisar toda a atividade empresarial dedicada à produção ou á circulação de bens ou serviços. Andou bem a jurisprudência em mitigá-la.

Nessa esteira trazemos à colação ementa do Tribunal de Justiça de Minas Gerais que traz lapidar entendimento a respeito da matéria:

> Falha na prestação de serviços de oficina mecânica – extravio do veículo – contratação realizada por pessoa estranha à sociedade empresária – teoria da aparência – boa-fé objetiva – tutela da confiança legítima do consumidor – danos materiais devidos – ressarcimento do montante correspondente ao valor do veículo extraviado – danos morais devidos – *quantum* indenizatório – adequação à extensão do dano – À luz do princípio da boa-fé (boa-fé objetiva), que inspira a denominada teoria da aparência, merece tutela a legítima confiança daquele que, recebendo orçamento e recibos de pessoa que, aparentemente, trabalha na empresa contratada, celebra o contrato de prestação de serviços para a realização de reparos em automóveis, acreditando, justificadamente, lidar com pessoa habilitada a representar a sociedade no negócio – Extraviado o veículo entregue em poder da oficina para a realização de consertos, deverá a empresa ressarcir ao consumidor o valor do bem móvel, tomando por base os parâmetros da tabela FIPE – A frustração da expectativa do consumidor que tem seu veículo extraviado pela oficina mecânica ultrapassa os meros dissabores e atenta contra direito da personalidade – A indenização por danos morais deve ser fixada em patamar que corresponda à lesão sofrida, considerando as peculiaridades do caso concreto, segundo os critérios jurisprudenciais de razoabilidade.[21]

Importante deixar consignado que não se aplica a teoria *ultra vires* à sociedade por ações, regulada na Lei 6.404/76. Esse foi um dos entendimentos do Enunciado 219 da III Jornada Direito Civil do Conselho da Justiça Federal[22].

Podemos mencionar o Enunciado nº 11 da Primeira Jornada de Direito Comercial com o seguinte teor: "A regra do art. 1.015, parágrafo único, do Código Civil deve ser aplicada à luz da teoria da aparência e do primado da boa-fé objetiva, de modo a prestigiar a segurança do tráfego negocial. As sociedades se obrigam perante terceiros de boa-fé."

Por derradeiro, é importante mencionar que antes da revogação completa da teoria *ultra vires*, o legislador inglês, em 1985, editou regra que pendia a favor

---

21. (TJ-MG – AC: 10000181001207001 MG, Relator: Fernando Lins, Data de Julgamento: 27/11/2019, Data de Publicação: 27/11/2019).

22. Enunciado 219 – Art. 1.015: Está positivada a teoria ultra vires no Direito brasileiro, com as seguintes ressalvas: (a) o ato ultra vires não produz efeito apenas em relação à sociedade; (b) sem embargo, a sociedade poderá, por meio de seu órgão deliberativo, ratificá-lo; (c) o Código Civil amenizou o rigor da teoria ultra vires, admitindo os poderes implícitos dos administradores para realizar negócios acessórios ou conexos ao objeto social, os quais não constituem operações evidentemente estranhas aos negócios da sociedade; (d) não se aplica o art. 1.015 às sociedades por ações, em virtude da existência de regra especial de responsabilidade dos administradores (art. 158, II, Lei n. 6.404/76).

do terceiro de boa-fé, estabelecendo que qualquer negócio jurídico realizado pela companhia se presume realizado dentro dos limites de seu objeto social. Portanto, a boa-fé seria presumida na ausência de prova em contrário; com a promulgação da sobredita legislação não competia mais ao terceiro de boa-fé provar que o ato praticado pela companhia excedeu os poderes dos administradores.

6.5.4. Da administração

A sociedade limitada é administrada por uma ou mais pessoas designadas no contrato social ou em ato separado. Essa é a redação do art. 1.060[23] do Código Civil. Desde logo, é importante observar que esse dispositivo permite que o administrador possa ser nomeado no contrato social ou em ato separado, mas estendeu se a possibilidade, antes não admitida, do não sócio ser nomeado administrador. Percebe-se, com isso, que o legislador se preocupou em permitir a contratação de profissionais para o exercício do cargo. Entendemos essa medida como um avanço positivo da legislação nacional.

Essa questão trazia graves problemas fáticos e jurídicos para a sociedade por quotas de responsabilidade limitada, hoje conhecida apenas como sociedade limitada, pois o Dec. nº 3.708/1919 que cuidava dessa sociedade, só permitia que o cargo de administrador fosse ocupado por um sócio. Essa regra trazia dois problemas, um de ordem fática, ou seja, para se nomear um profissional para administrar a sociedade limitada tinha que se atribuir a ele a qualidade de sócio; e o segundo problema era de que esse administrador tinha duas responsabilidades distintas, tinha as responsabilidades de sócio e tinha as responsabilidades como administrador.

Esse administrador deve obrigatoriamente ser pessoa física, não se admite que uma pessoa jurídica possa ocupar esse cargo. Essa afirmação pode ser extraída do art. 997, inciso VI e do art. 1.062, § 2º, ambos de Código Civil. Contudo, há uma corrente minoritária, capitaneada pelo professor Rubens Requião, que entende que o legislador não restringiu a possibilidade de a pessoa jurídica ser nomeada administradora.

É verdade que o legislador não estabeleceu uma vedação expressa no sentido de não permitir que a pessoa física pudesse ser nomeada com administradora, dando a entender, para alguns que, se o legislador não proibiu, não caberia à doutrina estabelecer limitações. Contudo, parece-nos que esse argumento, por si só, não soluciona a questão. A sociedade limitada, em regra, é de pessoas, em que o *affectio societatis* encontra-se presente entre os sócios, consequentemente, o administrador

23. Art. 1.060. A sociedade limitada é administrada por uma ou mais pessoas designadas no contrato social ou em ato separado. Parágrafo único. A administração atribuída no contrato a todos os sócios não se estende de pleno direito aos que posteriormente adquiram essa qualidade.

deve, além de qualidades técnicas para o cargo, possuir um vínculo subjetivo com os demais sócios para ser escolhido para o cargo. Não haveria como estabelecer um vínculo de confiança uma pessoa jurídica. Por isso, entendemos que somente pessoas físicas podem ocupar esse cargo.

Ademais, se a sociedade anônima, que é uma sociedade de capital por excelência, sempre considerada empresarial, independentemente do seu objeto, destituída do elemento subjetivo entre os acionistas, não permite que a pessoa jurídica possa ser nomeada como administradora, por que se admitiria na sociedade limitada.

Uma questão que merece ser explicitada e de importância, não só prática, mas acadêmica também, é a de que, na maioria das vezes, o contrato social atribui a administração a todos os sócios. Se um desses sócios, que possui o *status* de administrador, alienar as suas cotas para um terceiro, esse terceiro não adquirirá os direitos de administrador, por força do parágrafo único do art. 1.060 do Código Civil.

Acompanhando os concursos públicos que são realizados pelo Brasil, nos deparamos, em uma segunda fase do concurso da magistratura, com a seguinte indagação: Por que o legislador exige a aprovação unanime dos sócios para a escolha de um administrador não sócio, se o capital social não estiver integralizado e, se estiver integralizado, o quórum cairá para 2/3 do capital social? A resposta não apresenta grandes dificuldades para o candidato que tiver alguns conhecimentos da estrutura da sociedade limitada.

A exigência do quórum unânime é de rara incidência, pois muito difícil de ser alcançado. No art. 1.061 do Código Civil, o legislador estabeleceu esse quórum elevado em decorrência da responsabilidade solidária entre os sócios quando o capital social não estiver integralizado. Ademais, para se escolher um administrador, que não possui a qualidade de sócio, e, por conseguinte, vai representar a sociedade e realizar negócios em nome dessa, podendo contrair dívidas e obrigações que irão comprometer todos os sócios, o consentimento de todos os sócios é de rigor. Como as dívidas sócias poderão atingir todos os sócios, nada mais justo do que todos os sócios aprovem o nome do administrador não sócio.

No entanto, se o capital social estiver integralizado, não haverá solidariedade entre os sócios, sendo que nesse caso a responsabilidade desses é limitada ao valor de suas cotas, conforme determina o art. 1.052 do Código Civil. Nesse caso, o quórum para a nomeação do administrador não sócio é de apenas 2/3 do capital social.

6.5.4.1. Natureza jurídica do administrador

A doutrina discute sobre qual a relação jurídica estabelecida entre o administrador e a sociedade limitada. Há várias teorias que procuram explicar essa relação. A primeira teoria, capitaneada por Vivante, é conhecida pela teoria do mandato. De acordo com essa teoria, o administrador é um mandatário da sociedade. Portanto, as obrigações assumidas pelo administrador, desde que dentro dos limites estabelecidos pelo mandato, não o comprometem, mas apenas obrigam a sociedade. Essa teria, a nosso ver, não explica a relação do administrador com a sociedade.

A segunda teoria é denominada da representação. O administrador é um representante da sociedade quando manifesta a vontade da sociedade perante terceiros; contudo, quando o administrador pratica atos *interna corporis*, não está representando a sociedade.

Finalmente, temos a denominada teoria do órgão. Essa teoria é a que melhor explica a relação entre o administrador e a sociedade. O administrador é um órgão da sociedade e, portanto, existe uma perfeita sincronia entre o administrador e a sociedade. Assim como os braços ou pernas que executam a perfeita vontade emanada pela pessoa física, o administrador externa a perfeita vontade da pessoa jurídica. Em outras palavras, a sociedade não é representada pelo seu administrador, mas a sociedade se faz presente, por meio de seu órgão, que é o administrador, conforme palavras emanadas por Pontes de Miranda.

Enfim, a sociedades possuem vários órgãos, assim como os órgãos da pessoa física, e esses órgãos irão manifestar a vontade da pessoa jurídica interna e externamente. Por exemplo, a assembleia é órgão de deliberação; o conselho fiscal é órgão de fiscalização e controle; e o administrador é órgão de execução de vontade.

6.5.4.2. Nomeação do administrador

Primeiramente, o administrador pode ter o *status* de sócio como pode ser alguém que não possua essa qualidade. Ainda, o administrador pode ser nomeado para o cargo no contrato social, bem como em ato separado. O legislador não estabeleceu diferenças quanto aos poderes conferidos ao administrador, seja esse nomeado no contrato social, seja em ato separado. Em regra, o administrador possui todos os poderes necessários para que a sociedade possa desenvolver, na sua plenitude, o seu fim social.

Conforme dispõe o art. 1.011 do Código Civil, "o administrador da sociedade deverá ter, no exercício de suas funções, o cuidado e a diligência que todo homem ativo e probo costuma empregar na administração de seus próprios negócios." Logo, deve administrar a sociedade com zelo, conduzindo-se de acordo com os interesses da sociedade. E, no silêncio do contrato social, o administrador pode praticar todos os atos pertinentes à gestão das sociedades; entretanto, se o objeto da sociedade não for a compra e venda de bens imóveis, a alienação dos imóveis dependerá da aprovação da maioria dos sócios.

Não obstante não haver diferenças no tocante aos poderes concedidos ao administrador, seja esse nomeado no contrato social, seja em ato separado, o legislador havia estabelecido uma importante diferença no tocante ao quórum de destituição. A recente Lei nº 13.792/19 veio solucionar alguns pontos polêmicos deixados pelo Código Reale. Em seguida discutiremos as alterações realizadas pela mencionada legislação:

a) Não sócio nomeado administrador no contrato social.

Quando o sócio era nomeado administrador no contrato social, a sua destituição somente se operava mediante a aprovação de, no mínimo, 2/3 do capital social. Parte da doutrina criticava esse quórum majorado, entendendo que isso poderia causar o fenômeno conhecido como a perpetuidade do sócio no cargo de administrador, pois dificilmente os outros sócios conseguiriam alcançar esse quórum para destituir o administrador. Essa regra encontrava-se esculpida no art. 1.063, § 1°, do Código Civil.

Atendendo aos reclamos da doutrina esse quórum de 2/3 foi minorado para apenas mais da metade do capital social para a destituição de sócio que for nomeado administrador no contrato social. Com esse quórum de apenas mais da metade do capital social, havendo qualquer irregularidade por parte do administrador, os demais sócios poderão facilmente destituí-lo do cargo, mediante simples alteração contratual realizada na junta comercial.

Diante desse quórum majorado, que havia sido imposto pelo elaborador do Código Civil, surgia uma outra discussão na doutrina que depois fora transportada para os tribunais. Como o legislador foi omisso, indagava-se se havia possibilidade do não sócio ser nomeado administrador no contrato social. As juntas comerciais não se opunham e forte jurisprudência começou a ser formada no mesmo sentido. Contudo, a questão primordial não era se o não sócio poderia ser admitido como administrador no contrato social, mas se, em se admitindo, qual seria o quórum de destituição? Como dissemos, diante do quórum minorado essa discussão perdeu o seu propósito.

Hoje, não há por que não se permitir que o não sócio seja nomeado administrador no contrato social

b) Não sócio e sócio nomeado administrador em ato separado.

Ademais, a Lei 13.792/19 não alterou o art. 1.071, inciso III[24] e alterou o *caput* do art. 1.076, sem alterar o inciso II[25], ambos do Código Civil, que estabelecem o quórum de mais da metade do capital social para a destituição do sócio ou não sócio que fora nomeado administrador em ato separado.

---

24. Art. 1.071. Dependem da deliberação dos sócios, além de outras matérias indicadas na lei ou no contrato:

    [...]

    III – a destituição dos administradores.

25. Art. 1.076. Ressalvado o disposto no art. 1.061, as deliberações dos sócios serão tomadas (Redação dada pela Lei n° 13.792, de 2019);

    II – pelos votos correspondentes a mais de metade do capital social, nos casos previstos nos incisos II, III, IV e VIII do art. 1.071.

Em síntese, não há mais diferenças entre os quóruns de destituição para o administrador, seja esse nomeado no contrato social, seja em ato separado.

6.5.5. Das cotas sociais

As cotas são parcelas do capital social e atribuem o status de sócio ao seu detentor. Quando os sócios integralizam o capital social, recebem cotas na proporção de suas contribuições. Os sócios que mais contribuem para o capital social recebem em retorno a maior quantidade de cotas. Quanto mais cotas o sócio detiver mais poderes terá durante as deliberações.

As cotas podem ser subscritas e, posteriormente, integralizadas, com dinheiro, bens, títulos de crédito, ou seja, tudo que puder ser valorizado economicamente pode ser ofertado pelo sócio para compor o capital social. Como não se admite mais o chamado sócio de indústria, ou seja, aquele sócio que contribuía apenas com serviços, não é possível integralizar as cotas com serviços.

Na vigência do Decreto 3.708/1919, a legislação somente admitia a chamada cota única. Desse modo, o art. 5º do mencionado decreto somente permitia que cada sócio subscrevesse uma cota. Não havia razoabilidade no tocante a essa exigência e o disposto era desrespeitado pelos sócios quando da constituição da sociedade sem, contudo, gerar nenhuma sanção para eles.

A legislação atual abandonou essa obrigatoriedade e no art. 1.055 do Código Civil assim dispôs: “o capital social divide-se em quotas, iguais ou desiguais, cabendo uma ou diversas a cada sócio”. Abandona-se o regime da cota única.

Esse mencionado dispositivo permite que as cotas sejam divididas em proporções iguais ou desiguais. Ou seja, esse dispositivo, como não poderia deixar de ser, permite que as cotas possam ser distribuídas entre os sócios de maneira igual ou desigual. Discordamos daqueles que entendem que as cotas podem possuir valores diferentes. Não há por que atribuir valores diferentes para as cotas. Não se leva em conta a quantidade de cotas nas deliberações, mas sim o quanto essas cotas representam para o capital social. Logo, se um sócio detém cem (100) cotas no valor de um (1) real cada e um outro sócio detém (2) duas cotas no valor de (100) cem reais cada uma, este último terá menos cotas, mas mais poderes dentro da sociedade.

O nosso legislador manteve, no entanto, a regra da indivisibilidade da cota em relação à sociedade, oriunda do direito italiano. Essa regra não faz nenhum sentido no direito brasileiro, pois, como já dissemos, no Brasil foi afastada o modelo da cota única inicial e de um valor mínimo. Contudo, andou bem em permitir o condômino em relação às cotas

No tocante à cessão de cotas, estabelece o art. 1.057 do Código Civil o seguinte:

> **“Na omissão do contrato, o sócio pode ceder sua quota, total ou parcialmente, a quem seja sócio, independentemente de audiência dos outros,**

ou a estranho, se não houver oposição de titulares de mais de 1/4 (um quarto) **do capital social.**"

Diante da característica personalística da sociedade limitada, esse dispositivo prestigia a livre cessão das cotas entre os sócios, salvo estipulação em sentido contrário. É verdade que essa regra poderá alterar a estrutura de poder no âmbito interno da sociedade, por conseguinte, talvez o contrato social deva disciplinar essa questão de outro modo. Contudo, essa livre cessão de cotas *interna corporis* se coaduna com a sociedade de pessoas que a limitada é.

Mas não foi essa a regra adotada no tocante à cessão de cotas para estranhos. Quando a alienação for efetuada para alguém fora do âmbito interno da sociedade, para que essa alienação seja possível, não poderá haver a oposição de mais de ¼ do capital social. Havendo a oposição, a alienação não poderá ser realizada. Nos parece que essa regra se amolda à feição personalística da sociedade limitada e prestigia a manutenção da *affectio societatis* no âmago da sociedade.

Discordamos da opinião de alguns autores, como a do professor Arnoldo Wald, que entende que a oposição dos sócios em desfavor da alienação deve ser justificada. A nosso ver, primeiro, o legislador não exige que a discordância seja acompanhada de justificativa; segundo, trata-se da rejeição de um ingressante que, segundo os demais sócios, não possui liame subjetivo necessário para se tornar sócio. Não há como justificar esse elemento, que é intrínseco à alma humana, de maneira objetiva. Entendemos que a simples oposição, sem justificativa, é o suficiente para não permitir a entrada de estranhos no quadro social.

A nossa legislação não mencionou se a sociedade poderia adquirir a suas próprias cotas. A doutrina discute acaloradamente esse tema, não se chegando a um consenso. No regime da Decreto 3.708/1919 admitia-se que a sociedade pudesse adquirir as suas próprias cotas. O saudoso professor Nelson Abrão, secundado por Modesto Carvalhosa, entendia que isso seria possível desde que essa aquisição estivesse prevista no contrato social. A nosso ver, a permissão para que a própria sociedade possa adquirir as suas cotas muitas vezes redunda em fraude. Ademais, qual seria a utilidade fática dessa aquisição?

6.5.6. *Das deliberações*

Costuma-se afirmar que a assembleia é o órgão deliberativo máximo. É por meio dela que a sociedade externa a sua vontade, sendo que essa vontade é formada pela conjugação de vontade dos sócios. Essa comunhão de manifestações representa a vontade sociedade. A assembleia somente irá ser convocada para tratar das matérias que exigem o consentimento dos sócios, ou, em outras, as matérias que o legislador elegeu como de importância, tais como as elencadas no art. 1.071 do Código Civil. Portanto, dependem da deliberação dos sócios, além de outras matérias indicadas na lei ou no contrato social: a aprovação das contas da administração;

a designação dos administradores, quando feita em ato separado; a destituição dos administradores; o modo de sua remuneração, quando não estabelecido no contrato; a modificação do contrato social; a incorporação, a fusão e a dissolução da sociedade, ou a cessação do estado de liquidação; a nomeação e a destituição dos liquidantes e o julgamento das suas contas; e o pedido de recuperação judicial.

No tocante às sobreditas matérias, apontadas como essenciais pelo legislador, consequentemente, devem ser discutidas e aprovadas no conclave, para que, somente depois, possam ser executadas pelo órgão de execução e administração. É importante que se diga que o legislador estabeleceu um quórum mínimo de aprovação. Esse quórum se encontra no art. 1.076, I, II e III, do Código Civil[26]. Nesses incisos, o legislador estabeleceu quóruns mínimo, que só admite majoração, porquanto cuida da proteção dos sócios minoritários. Por exemplo, para que possa ser modificado o contrato social, exige-se o quórum mínimo, de ¾ do capital social. Um quórum elevado para cuidar de modificação essencial na vida da sociedade. Esse quórum também é exigido para a incorporação, a fusão ou a dissolução da sociedade, ou a cessação do estado de liquidação. Já o quórum de mais da metade do capital social é exigido para a aprovação de matérias menos importante, como a nomeação ou a destituição dos administradores ou, ainda, para a remuneração dos administradores.

Por sua vez, o legislador estabeleceu duas formas de deliberações. A primeira é denominada de assembleia. É formal, solene e muitas vezes custosa para as sociedades de pequeno porte ou de porte médio, pois o legislador exige que o anúncio de convocação da assembleia deverá ser publicado por três vezes, no mínimo, em jornal de grande circulação e no diário oficial do Estado onde estiver localizado a junta comercial que efetuou o registro da sociedade. Exige-se, ainda, o prazo mínimo de oito dias entre a data da inserção e da convocação da assembleia

Contudo, a assembleia somente será obrigatória se a sociedade for composta por mais de 10 (dez) sócios. Isso dificilmente ocorrerá, pois sendo a sociedade limitada uma sociedade de pessoas, em que o número de integrantes é, em regra, de dois a quatro sócios, dificilmente essa sociedade alcançará esse número tão elevado de integrantes. Esse grande contingente de sócios é usual nas sociedades de capital (art. 1.072, § 1º, do Código Civil).

---

26. Art. 1.076 da Código Civil assim dispõe: "Ressalvado o disposto no art. 1.061, as deliberações dos sócios serão tomadas (Redação dada pela Lei nº 13.792, de 2019)

I – pelos votos correspondentes, no mínimo, a 3/4 (três quartos) do capital social, nos casos previstos nos incisos V e VI do art. 1.071;

II – pelos votos correspondentes a mais de metade do capital social, nos casos previstos nos incisos II, III, IV e VIII do art. 1.071;

III – pela maioria de votos dos presentes, nos demais casos previstos na lei ou no contrato, se este não exigir maioria mais elevada."

A segunda maneira prevista para as deliberações é a reunião. A maior parte das sociedades limitadas opta por essa forma de deliberação, tendo em a sua maior eficácia. A reunião, podemos assim dizer, é de forma livre. Poderá ser amoldada conforme o interesse e a necessidade dos sócios. Será o contrato social que fixará os seus parâmetros e a adequará à sociedade. A reunião pode dispensar, e muitas vezes o faz, a necessidade das publicações em jornais de grande circulação ou edital na imprensa oficial, medidas essas de alto custo e burocráticas. Logo, a convocação da reunião do ser efetuada por aviso postal ou até por *e-mail* com aviso de recebimento. O mais importante é que todos tenham ciência do dia, da hora e da matéria que será posta em pauta no conclave.

O que se procura proteger, tanto na assembleia com na reunião, é a publicidade das deliberações por parte de todos os sócios. O formalismo exagerado da assembleia procura garantir que todos os sócios tenham ciência das votações que serão realizadas e, se assim desejarem, compareçam para exercer os seus direitos de sócio. Tanto isso é verdade que, se todos os sócios decidirem, por escrito, a respeito da matéria que deveria ser tratada na assembleia ou na reunião, dispensa-se a realização do conclave. Essa é regra prevista no art. 1.072, § 3º, do Código Civil.[27]

A convocação da assembleia ou da reunião deverá ser efetuada pelos administradores e, subsidiariamente, pelos sócios, podendo, ainda, ser convocada pelo conselho fiscal quando existente esse órgão. Inicialmente, a convocação para as deliberações é de competência do administrador, pois a esse cabe direcionar o bom andamento das atividades desenvolvida pela sociedade. Contudo, não se poderia privar, em um segundo momento, o sócio desse direito de convocar a assembleias, pois esse também possui interesse no bom andamento das atividades empresárias pela sociedade. No art. 1.073, inciso I, do Código Civil, o legislador estabeleceu que a reunião ou a assembleia podem também ser convocada, quando os administradores retardarem a convocação, por mais de sessenta dias, nos casos previstos em lei ou no contrato social, ou, ainda, por titulares de mais de 1/5 um quinto do capital, quando não atendido, no prazo de oito dias, pedido de convocação fundamentado, com indicação das matérias a serem tratadas.

No art. 1.073, inciso II, do mesmo diploma, o legislador, ainda, legitimou o conselho fiscal, quando a diretoria retardar, por mais de trinta dias, a convocação anual da assembleia ou da reunião, e, ainda, quando houver urgência ou motivos graves que justifiquem essa convocação, conforme permitido no inciso V do art. 1.069 do CC.

---

27. Art. 1.072 do Código Civil dispõe: "As deliberações dos sócios, obedecido o disposto no art. 1.010, serão tomadas em reunião ou em assembleia, conforme previsto no contrato social, devendo ser convocadas pelos administradores nos casos previstos em lei ou no contrato". No § 3º desse dispositivo temos o seguinte a seguinte regra: "quando todos os sócios comparecerem ou se declararem, por escrito, cientes do local, data, hora e ordem do dia."

6.5.7. Direito de recesso

Primeiramente, é de rigor esclarecer que o direito de recesso é, a nosso ver, distinto do direito de retirada da sociedade. Parece-nos que são situações completamente distintas e que não podem ser confundidas. O direito de recesso é a possibilidade do sócio se retirar da sociedade, diante de determinadas deliberações, da qual é discordante. O direito de recesso é oponível em face da sociedade, que, nesse caso, deverá reembolsar o sócio do valor patrimonial de suas cotas. O direito de recesso é uma prerrogativa conferida ao sócio, que faz parte dos chamados direitos essenciais. É um ato jurídico unilateral oposto em face da sociedade nas hipóteses do art. 1.077 do Código Civil.

Já o direito de retirada é a possiblidade de o sócio se retirar da sociedade mediante a alienação de suas cotas. É um negócio jurídico bilateral em que devem fazer parte a figura do cedente e do cessionário.

O direito de retirada deve seguir as disposições estabelecidas no contrato social ou, se omisso esse, ao disposto no art. 1.029[28] do Código Civil. Esse dispositivo, corolário explicito do direito à livre associação, além de garantir o direito de livremente se associar, também garante o direito de não ser obrigado a permanecer associado quando não mais se deseja, se a sociedade for por prazo indeterminado. Ou seja, o sócio pode se retirar a qualquer momento, mediante notificação aos demais, com antecedência mínima de (60) sessenta dias. No entanto, quando a sociedade for por prazo determinado, a retirada dependerá de justa causa, que deverá ser provada judicialmente.

Esse direito de retirada concedido ao sócio que, por algum motivo, não mais deseja permanecer na sociedade, deve ser exercido de acordo com as regras previstas no contrato social. Ademais, esse direito de retirada não obriga a sociedade a adquirir as cotas do sócio retirante, salvo se houver algo a respeito no contrato. As decisões que obrigam a sociedade a reembolsar o valor das cotas ao sócio retirante partem de uma premissa errada e nociva ao direito societário. Se a sociedade for obrigada, toda vez que algum sócio quiser se retirar, a reembolsar o valor das cotas, certamente será uma séria candidata a recuperação judicial ou, o que é pior, a falência.

Não estamos apregoando a teoria do calote em relação ao sócio que deseja se retirar da sociedade. Apenas, com supedâneo no princípio da preservação da empresa, a sociedade não pode ser compelida a realizar, *incontinenti*, a devolução do valor das cotas ao sócio que, simplesmente se cansou da mercancia e deseja sair da sociedade.

---

28. Art. 1.029 do Código Civil. Além dos casos previstos na lei ou no contrato, qualquer sócio pode retirar-se da sociedade; se de prazo indeterminado, mediante notificação aos demais sócios, com antecedência mínima de 60 (sessenta) dias; se de prazo determinado, provando judicialmente justa causa.

Por sua vez, o direito de recesso se sustenta em outra premissa. Nesse caso, o sócio deseja se retirar devido a deliberações que modificaram ou podem modificar a estrutura jurídica da sociedade empresária. Quando essas deliberações são aprovadas, diante da grave alteração no *status quo*, o sócio poder exercer seu direito de recesso. Nessa hipótese, que em nada se assemelha com o direito de retirada, há a ocorrência de um fato extraordinário e atípico que não se amolda às decisões rotineiras que são efetuadas durante a regular administração da sociedade.

O direito de recesso tem como suporte fático as situações previstas no art. 1.077[29] do Código Civil, são elas: modificação do contrato social, fusão da sociedade, incorporação de outra, ou dela por outra. O mencionado dispositivo estabelece que o sócio dissidente terá o prazo de (30) trinta dias, contados da reunião, para exercer seu direito de recesso.

A jurisprudência do Superior Tribunal de Justiça já entendeu que o direito de recesso é um direito potestativo, oponível pelo sócio, perante a sociedade, obrigando essa a realizar o reembolso do valor das cotas ao sócio dissidente.[30] O preço das cotas deverá ser estimada de acordo o seu valor patrimonial, sendo esse valor determinado pelo valor total do patrimônio social (patrimônio líquido) dividido pelo número de cotas existentes na sociedade no momento da retirada do sócio. Essa regra encontra-se esculpida no art. 1.031[31] do Código Civil. Esse valor levará em conta a data da resolução. A data da resolução é o dia em que o sócio se desligar da sociedade.

Uma observação importante: por não diferenciar entre o direito de recesso, previsto no art. 1.077 do Código Civil, e o direito de retirada, disposto no art. 1.029 do Código Civil, surge a discussão a respeito do alcance do art. 1.077 do Código Civil. Vejamos.

Postas essas ideias iniciais, temos que abordar um assunto polêmico, debatido tanto na doutrina como na jurisprudência, e alvo de questões em concursos públicos. O direito de recesso, previsto no art. 1.077 do Código Civil, é amplo ou restrito? Em outras palavras, só é possível exercer o direito de recesso nas hipóteses

29. Art. 1.077 do Código Civil. Quando houver modificação do contrato, fusão da sociedade, incorporação de outra, ou dela por outra, terá o sócio que dissentiu o direito de retirar-se da sociedade, nos trinta dias subsequentes à reunião, aplicando-se, no silêncio do contrato social antes vigente, o disposto no art. 1.031.

30. Recurso Especial nº 1.602.240 – MG (2016/0123465-4), rel. Min. Marco Aurélio Belizze, 3ª T., j. 06.12.2016. O direito de retirada de sociedade constituída por tempo indeterminado, a partir do Código Civil de 2002, é direito potestativo que pode ser exercido mediante a simples notificação com antecedência mínima de sessenta dias (art. 1.209), dispensando a propositura de ação de dissolução parcial para tal finalidade.

31. Art. 1.031 do Código Civil. Nos casos em que a sociedade se resolver em relação a um sócio, o valor da sua quota, considerada pelo montante efetivamente realizado, liquidar-se-á, salvo disposição contratual em contrário, com base na situação patrimonial da sociedade, à data da resolução, verificada em balanço especialmente levantado.

previstas no mencionado dispositivo, ou, pode-se, com base no art. 1.029 do Código Civil, exercer esse direito em qualquer situação, sendo, portanto, amplo o direito de recesso.

No gráfico abaixo expusemos as duas correntes: a corrente que sustenta que o direito de recesso é amplo e a corrente que entende que o direito de recesso só é permitido nas hipóteses legais, portanto, restrito.

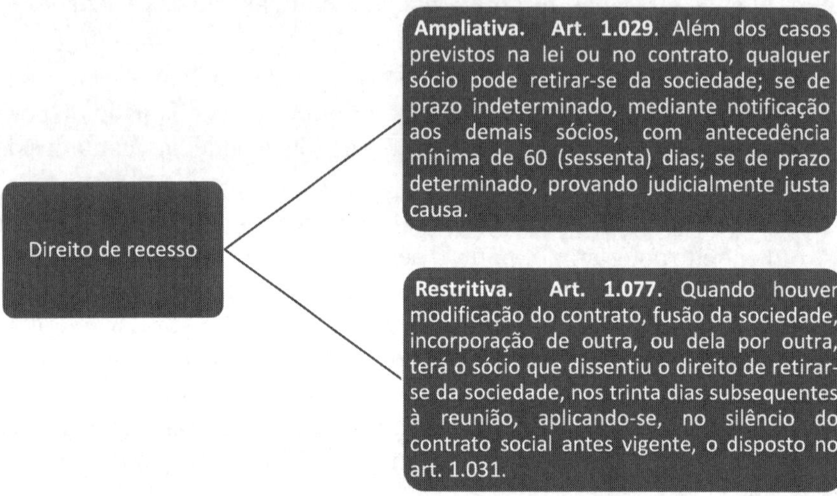

Fonte: elaborado pelo autor.

A primeira corrente, vamos chamá-la de corrente restritiva, entende que o sócio somente terá o direito de recesso nas hipóteses previstas no art. 1.077 do Código Civil, pois o legislador foi taxativo ao elencar as hipóteses que isso seria possível. Portanto, o mencionado dispositivo elenca taxativamente as hipóteses de recesso. Comungam desse pensamento o prof. Manoel de Queiroz Pereira Calças[32] e José Edwaldo Tavares Borba.

Logo, somente nas hipóteses elencadas no art. 1.077 do Código Civil o sócio terá direito de exercer o seu direito de recesso. E não é só isso, quando o legislador menciona, nesse mesmo dispositivo, que a modificação do contrato social ensejará o direito de recesso, somente a modificação contratual que causar prejuízos ao sócio poderá ser utilizada como suporte fático para ensejar o rompimento do vínculo associativo. Não basta alterar, por exemplo, um pequeno detalhe no contrato social para possibilitar o exercício de direito por parte do sócio.

A professora de direito comercial do Largo de São Francisco, Priscila M. P. Corrêa da Fonseca, em seu livro Dissolução Parcial, Retirada e Exclusão de Sócio,

32. Professor de Direito Comercial e jurista de escol possui uma obra excelente a respeito sociedade limitada.

advoga o contrário, entendendo que o mero dissenso, no tocante à modificação do contrato social, é o bastante para ensejar o direito de recesso. Data máxima vênia, razão não assiste à renomada professora, pois se assim fosse, o legislador teria simplesmente adotado a teoria ampliativa, não prevendo nenhuma hipótese legal para o direito de recesso. Se o legislador elencou as hipóteses legais é porque pretendeu limitar o direito de retirada.

Não podemos olvidar que o direito de recesso traz um ônus econômico para a sociedade e, consequentemente, para os demais sócios remanescentes; ônus esse que terá, para que a sociedade posso continuar a operar no mercado, que ser socializado entre os agentes econômicos e, também, pelos consumidores. Nessa linha de pensamento, os produtos e os serviços desse empresário suportarão um acréscimo em seus valores. O direito não está, como pensam alguns, imune às intempéries da vida econômica.

Ademais, imagine uma sociedade limitada, por prazo indeterminado, com quatro sócios, cada um detendo ¼ do capital social, sendo esse capital social avaliado em 10 (dez) milhões de reais. Imaginemos, também, que um desses sócios, com base no art. 1.029 do Código Civil, por razões de foro íntimo, resolva se retirar da sociedade e, para tanto comunique os demais sócios dentro do prazo de 60 (sessenta) dias. A sociedade, nesse caso, terá que efetuar o pagamento, de imediato, de 2,5 milhões e meio de reais para o sócio que, por questões pessoais, quer se retirar. Situação absurda e inadmissível que provavelmente conduzirá a sociedade para a seara da recuperação judicial ou quiçá para a falência.

Para aqueles que militam, ou ao menos têm contato com o direito societário, provavelmente já presenciaram uma situação dessa, em que os sócios precisam urgentemente contrair empréstimos bancários para pagar o valor das cotas do sócio que quer se retirar da sociedade. Imagine, no sobredito exemplo, se dois sócios quiserem se retirar. A sociedade teria que desembolsar a quantia de 5 (cinco) milhões de reais.

No direito italiano o direito de recesso, também, encontra-se limitado às hipóteses legais. É verdade que o direito peninsular ampliou o rol de possibilidades se comparado com o direito brasileiro, mas manteve a lista taxativa, pois, não podemos olvidar que o direito de recesso dará ao sócio o direito de se desligar da sociedade, bem como o direito de receber o valor patrimonial de suas cotas.

A nosso ver, andou bem em limitar o direito de recesso, evitando-se que a sociedade tenha que reembolsar o sócio em qualquer situação, comprometendo a estrutura financeira da sociedade. Em quase todos os países, que fazem parte do chamado tronco romano-germânico, o direito de recesso assume um viés restritivo.

Contudo, a corrente ampliativa tem os seus simpatizantes, mormente aqui no Brasil. De acordo com essa corrente, o art. 1.077 do Código Civil apresenta um rol meramente exemplificativo, que serve apenas de orientação ao exegeta. Ademais, segundo essa corrente, o princípio da liberdade da livre associação não poderia limitar o direito de retirada.

Conforme dissemos alhures, o direito de retirada não pode, sob pena de comprometer todo o sistema, se confundir se com o direito de recesso. O princípio da livre associação, analisado sob uma vertente oposta, que garante o direito de se desassociar quando da vontade do indivíduo, concede suporte jurídico ao direto de retirada. O direito de retirada não poderia sofrer limitações quanto ao seu exercício, sob pena de ser contaminado pela inconstitucionalidade. Qualquer limitação imposta pelo legislador infraconstitucional a esse direito deve ser extirpada do sistema, sob pena de violar direitos e garantias do indivíduo.

Por outro lado, o direito de recesso possui um outro fundamento e as limitações impostas para que o sócio possa utilizá-lo não ferem o direito à livre associação. O direito de recesso tem como suporte fático e jurídico o dissenso, que fora proporcionado pela sociedade em face do sócio, por isso que a sociedade deve, de imediato, pagar o valor ao dissidente o valor patrimonial de suas cotas.

Por derradeiro, podemos dizer que há uma terceira corrente, ou uma corrente intermediária, que sustenta que, se a sociedade limitada for regida supletivamente pelas regras da sociedade simples, teria incidência o art. 1.029 do Código Civil, e o direito de recesso seria amplo; no entanto, quando a regência supletiva da sociedade limitada fosse efetuada pela Lei 6.404/76, o direito de recesso seria limitado, tendo em vista a impossibilidade de se aplicar o mencionado dispositivo.

A nosso ver, essa corrente intermediária parte de um pequeno equívoco. Quando o art. 1.053 do Código Civil determina que se aplique à sociedade limitada as regras da sociedade simples supletivamente, isso permite que se utilizem as regras da sociedade simples somente quando na sociedade limitada não houver normas próprias cuidando do caso. Nesse caso, o art. 1.077 do Código Civil já disciplina o direito de dissenso. Não se pode afastar essa regra especial e, por conveniência e oportunismo, socorrer-se de uma outra norma para fundamentar um outro ponto de vista. Enfim, não é o caso de se aplicar supletivamente uma norma quando já se tem uma norma especial regulando uma determinada matéria.

Uma última questão que merece ser abordada diz respeito ao momento em que o dissidente deixa de possuir a condição de sócio. Após a deliberação social, o sócio terá o prazo de 30 (trinta) dias para manifestar o seu desejo de se retirar da sociedade.

A nosso ver, externado o desejo de se retirar da sociedade, rompe-se o vínculo contratual e, a partir desse momento, o sócio torna-se credor da sociedade. A simples manifestação de vontade é suficiente para romper o vínculo contratual e excluir o sócio da sociedade. Logo, eventuais dívidas contraídas pela sociedade, a partir da manifestação de vontade do sócio, não lhe podem ser imputadas. Por exemplo, se um empregado for contratado pela sociedade, após a manifestação do dissidente, esse crédito de natureza trabalhista, caso não seja pago pela sociedade, não pode ser imputado ao dissidente.

Semelhantemente ao que ocorre no direito peninsular, o legislador do atual Código de Processo Civil editou a inovadora norma prevista no art. 605, III, estabelecendo que, no caso de recesso, a data da resolução será o dia em que a sociedade for notificada pelo sócio dissidente. Portanto, nos parece que cotejando o art. 1.077 do Código Civil com o art. 605, III, do Código de Processo Civil essa questão encontra-se pacificada, devendo se entender que, no momento em que a sociedade for notificada pelo sócio, ocorrerá o rompimento do vínculo societário.

Contudo, esse entendimento não está pacificado, e o professor Modesto Carvalhosa tem entendimento em sentido contrário. Sustenta o festejado autor que o dissidente somente deixa de ser considerado sócio no momento em que o valor de suas cotas lhe fore pago. Trago à colação as palavras do professor:

> **"o sócio retirante permanece como tal até o pagamento do valor do reembolso, continuando com todos os seus direitos patrimoniais e sociais, que são, assim, plenamente oponíveis à sociedade e aos demais sócios."**

E arremata o festejado professor:

> **"será inteiramente abusivo e ilícito a sociedade negar tais direitos, sob a alegação de que a retirada do quadro social opera se a partir da manifestação do sócio dissidente."**

Entendendo-se assim, o sócio dissidente, que já manifestou o seu desejo de se retirar, continuaria vinculado a eventuais dívidas contraídas pela sociedade e que lhe pudessem ser imputadas.

6.5.8. *Exclusão extrajudicial de sócio*

O atual Código Civil estabeleceu algumas regras novas no tocante à possibilidade de se excluir extrajudicialmente um sócio. A exclusão extrajudicial é aquela que ocorre sem que haja necessidade de um pleito judicial e um provimento jurisdicional para que o sócio possa ser excluído; a exclusão do sócio ocorrerá mediante simples alteração do contrato social na junta comercial.

6.5.8.1. Do sócio remisso

Hoje, permite-se somente duas situações em que o sócio poderá ser expelido da sociedade sem que haja um processo judicial. A primeira situação é do chamado sócio remisso. A principal obrigação pertinente aos sócios, talvez também uma das mais importantes é, após ter subscrito o capital social, integralizá-lo. O sócio remisso é aquele sócio que não integralizou as suas cotas sociais.

Por sua vez, o art. 1.004 do Código Civil estabelece o seguinte "**Os sócios são obrigados, na forma e prazo previstos, às contribuições estabelecidas no contrato**

social, e aquele que deixar de fazê-lo, nos 30 (trinta) **dias seguintes ao da notificação pela sociedade, responderá perante esta pelo dano emergente da mora".**

Se a obrigação se vencer sem que o sócio efetue o devido pagamento, a sociedade deverá notificá-lo para que, no prazo de em 30 dias, cumpra a obrigação. O aluno não deve esquecer que a mora, no direito comercial, não decorre do vencimento, mas sim a partir da interpelação. Já no direito civil, a mora decorre do simples vencimento da obrigação.

Não podemos esquecer que, se o capital social não estiver integralizado, haverá solidariedade entre os sócios na sociedade limitada. Capital social não integralizado implicará responsabilidades adicionais a todos os sócios. Portanto, havendo sócio remisso nessa espécie societária, torna-se mais grave que, por exemplo, na sociedade anônima. Em virtude disso, essa situação deve ser solucionada com rapidez e eficiência. O legislador estabeleceu algumas medidas urgentes que podem ser tomadas pela sociedade, são elas:

a) a primeira medida, talvez a mais drástica, é excluir o sócio remisso, transferindo as suas cotas para terceiros ou transferindo-as para os outros sócios, conforme a proporção que cada um já detém na sociedade;
b) a sociedade poderá cobrar o sócio remisso, incluindo perdas e danos, advindos do inadimplemento;
c) a sociedade pode, ainda, reduzir a participação do sócio ao montante que este já integralizou;

6.5.8.2. Exclusão por justa causa

A exclusão extrajudicial por justa causa é um instituto que tem por objetivo apaziguar conflitos de interesses entre os sócios que porventura possam conturbar a harmonia societária e causar consequências danosas para a sociedade. É um mecanismo eficaz que permite excluir, de imediato e sem demora, um sócio por praticou um ato de inegável gravidade e não mais pode permanecer na sociedade, sob pena de comprometer a estrutura societária.

Esse mecanismo encontra-se no art. 1.085 do Código Civil com a seguinte redação: "Ressalvado o disposto no art. 1.030, quando a maioria dos sócios, representativa de mais da metade do capital social, entender que um ou mais sócios estão pondo em risco a continuidade da empresa, em virtude de atos de inegável gravidade, poderá excluí-los da sociedade, mediante alteração do contrato social, desde que prevista neste a exclusão por justa causa".

A utilização desse mecanismo exige a presença de quatro requisitos:

a) maioria dos sócios;
b) representação de mais da metade do capital social;

c) atos de inegável gravidade, denominada de justa causa;

d) expressa previsão no contrato social.

O legislador foi perspicaz na confecção do mencionado dispositivo, exigindo, para que um sócio possa ser excluído extrajudicialmente, além de um número considerável de sócios opinando a favor da exclusão, a presença de sócios que representem mais da metade do capital social. Em outras palavras, exige-se uma quantidade de sócios (pessoas) e, também, uma quantidade de capital social (capital) para que a exclusão possa ocorrer. Ademais, o sócio deve ser acusado de um fato objetivo, que possa ser entendido como ato de inegável gravidade e, por fim, o contrato social deve prever a possibilidade do sócio ser excluído.

Ademais, o legislador, no intuito prestigiar o contraditório e a ampla defesa, determinou que a exclusão só poderá ser determinada, desde que haja uma assembleia ou reunião, previamente convocada para tanto, dando-se ciência ao sócio acusado, em tempo hábil, para que compareça e possa oferecer a sua defesa. Podemos citar como tempo hábil o prazo de oito (8) dias entre a convocação e a realização da assembleia ou a reunião. Esse é o prazo estabelecido para a convocação das assembleias, prevista no art. 1.152, § 3º, do Código Civil.

A recente Lei 13.792/19 harmonizou o parágrafo único do art. 1.085[33], estabelecendo que, quando a sociedade limitada tiver apenas dois sócios, dispensa-se a convocação prévia de uma assembleia ou de uma reunião. Realmente, faz sentido, se houver apenas dois sócios torna-se desnecessária a convocação de um conclave, sabendo se, de antemão, o resultado.

Contudo, esse parágrafo único, pôs fim a uma discussão que havia se estabelecido na doutrina, bem como na jurisprudência a respeito da possibilidade de se utilizar o art. 1.085 do Código Civil quando a sociedade tivesse apenas dois sócios. Essa discussão foi iniciada, uma vez que esse dispositivo exigia, para que um sócio

---

33. Dispositivo importante que foi alterado pela Lei nº 13.792, de 2019. Veja o texto em vigor. Art. 1.085. Ressalvado o disposto no art. 1.030, quando a maioria dos sócios, representativa de mais da metade do capital social, entender que um ou mais sócios estão pondo em risco a continuidade da empresa, em virtude de atos de inegável gravidade, poderá excluí-los da sociedade, mediante alteração do contrato social, desde que prevista neste a exclusão por justa causa.

~~Parágrafo único. A exclusão somente poderá ser determinada em reunião ou assembléia especialmente convocada para esse fim, ciente o acusado em tempo hábil para permitir seu comparecimento e o exercício do direito de defesa.~~

(Revogado)

Parágrafo único. Ressalvado o caso em que haja apenas dois sócios na sociedade, a exclusão de um sócio somente poderá ser determinada em reunião ou assembleia especialmente convocada para esse fim, ciente o acusado em tempo hábil para permitir seu comparecimento e o exercício do direito.

pudesse ser excluído, a anuência da maioria dos sócios, ou seja, como atender a esse requisito quando há apenas dois integrantes. Nunca se poderia falar em maioria.

Entendia-se, e deve prevalecer esse entendimento com a nova redação desse parágrafo, que, quando a sociedade tiver a presença de apenas dois sócios, o requisito da maioria deve ser desconsiderado, exigindo-se apenas mais da metade do capital social, o ato de inegável gravidade praticado pelo sócio e, por fim, que a possibilidade da exclusão extrajudicial tenha sido previsto no contrato social.

Antes de finalizarmos este tópico, é importante observar que, a despeito de algumas opiniões contrarias, o dispositivo em comento não permite a exclusão extrajudicial de sócio por quebra da *affectio societatis*. Aliás, o dispositivo não cuida da quebra da *affectio societatis*, mas sim da exclusão por justa causa, que tem como suporte fático, um determinado acontecimento grave que possa comprometer a continuidade da sociedade empresária. Não é qualquer fato, mas um fato capaz de pôr fim à sociedade empresária, por exemplo, um sócio minoritário, percebendo que a sociedade da qual ele faz parte está obtendo lucros extraordinários, devido a um determinado produto, constitui uma outra sociedade, no mesmo ramo de atividade, em que são sócios seus dois primos. Após a constituição dessa sociedade concorrente, esse sócio começa a desviar clientes para a sociedade constituída, comprometendo a continuidade da sociedade da qual ele faz parte.

Veja bem, esse é um fato preciso, determinado e grave que pode comprometer a estrutura, bem com a continuidade da sociedade. Esse sócio precisa, de maneira rápida, ser expelido do quadro de associados antes que possa causar mais danos à sociedade e, consequentemente, aos demais sócios. Esse sócio desleal deve ser sancionado com a pena de exclusão. O fato acima descrito em nada se assemelha à resolução parcial quando houver a quebra da *affectio societatis*. Esse é um fato interno, subjetivo que, embora possa comprometer a estrutura social, pode decorrer de um simples desentendimento pessoal entre os sócios, que, a nosso ver, não pode ser sancionado como uma exclusão por justa causa.

Essas são hipóteses de exclusão extrajudicial, mas quando a sociedade limitada for regida subsidiariamente pelas regras da sociedade simples, o art. 1.030 do Código Civil permite que sócio seja excluído judicialmente por falta grave no cumprimento de suas obrigações ou por incapacidade superveniente. Logo, quando não se puder aplicar o art. 1.085 do Código Civil, pode-se utilizar o art. 1.030 para excluir sócio quando houver justa causa.[34]

---

34. Art. 1.030. Ressalvado o disposto no art. 1.004 e seu parágrafo único, pode o sócio ser excluído judicialmente, mediante iniciativa da maioria dos demais sócios, por falta grave no cumprimento de suas obrigações, ou, ainda, por incapacidade superveniente.
Parágrafo único. Será de pleno direito excluído da sociedade o sócio declarado falido, ou aquele cuja quota tenha sido liquidada nos termos do parágrafo único do art. 1.026.

6.5.9. *Conselho fiscal*

O atual Código Civil resolveu disciplinar a existência de um conselho fiscal em relação às sociedades limitadas, o que só ocorria em relação às companhias. Esse órgão dificilmente é estabelecido pelos sócios, talvez pelo seu alto custo e comprovada ineficiência no tocante à fiscalização dos administradores. Está previsto no art. 1.066[35] e segs. do Código Civil.

Para fins de concurso público é importante observar que o conselho fiscal é um órgão facultativo. Não precisa nem estrar disciplinado, o que é a regra, no contrato social, muito menos estar em funcionamento. Essa questão assume demasiada importância quando comparada com o conselho fiscal nas sociedades anônimas. O conselho fiscal nas companhias é um órgão obrigatório, pois deve estar disciplinado no estatuto social, mas o seu efetivo funcionamento somente ocorrerá se houver deliberação por parte da assembleia geral.

O conselho fiscal será composto por três ou mais membros, podendo ser sócios ou não, mas devem ser residentes no país, para que possam fiscalizar de fato a gestão, eleitos pela assembleia de sócios. Os sócios minoritários, que representem pelo menos 1/5 do capital social, podem eleger, em separado, um membro do conselho fiscal. No art. 1.069 do Código Civil o legislador elencou uma série de matérias de competência desse órgão, as principais são: convocar a assembleia dos sócios se os administradores retardarem, por mais de 30 dias, a convocação anual ou sempre que ocorram motivos graves que a justifiquem; examinar a escrituração mercantil obrigatória, devendo os administradores prestar-lhes as informações solicitadas.

O legislador adotou a regra da indelegabilidade das atribuições entre os órgãos da sociedade. Uma vez constituído o conselho fiscal, as suas funções não podem ser delegadas para outro órgão, conforme prevê o art. 1.070[36] do Código Civil.

35. Art. 1.066. Sem prejuízo dos poderes da assembleia dos sócios, pode o contrato instituir conselho fiscal composto de 3 (três) ou mais membros e respectivos suplentes, sócios ou não, residentes no País, eleitos na assembleia anual prevista no art. 1.078.
§ 1º Não podem fazer parte do conselho fiscal, além dos inelegíveis enumerados no § 1º do art. 1.011, os membros dos demais órgãos da sociedade ou de outra por ela controlada, os empregados de quaisquer delas ou dos respectivos administradores, o cônjuge ou parente destes até o terceiro grau.
§ 2º É assegurado aos sócios minoritários, que representarem pelo menos 1/5 (um quinto) do capital social, o direito de eleger, separadamente, um dos membros do conselho fiscal e o respectivo suplente.

36. Art. 1.070. As atribuições e poderes conferidos pela lei ao conselho fiscal não podem ser outorgados a outro órgão da sociedade, e a responsabilidade de seus membros obedece à regra que define a dos administradores (art. 1.016).
Parágrafo único. O conselho fiscal poderá escolher para assisti-lo no exame dos livros, dos balanços e das contas, contabilista legalmente habilitado, mediante remuneração aprovada pela assembleia dos sócios.

6.6. Da sociedade anônima

Fonte: Depositphotos.

Essa espécie de societária costuma abrigar empreendimentos que necessitam captar grande quantidade de recursos no mercado. Na sua grande maioria as montadoras de automóveis são constituídas utilizando essa espécie de sociedade.

A sociedade anônima, também conhecida como companhia, está regulada na Lei 6.404/76 (LSA). No intuito de abordar essa espécie societária de maneira mais didática e, assim, facilitar o seu estudo, vamos analisar essa sociedade levando em conta a sequência adotada pelo legislador. Devido a extensão da legislação, abordaremos apenas as questões de maior incidência nos cursos públicos.

6.6.1. Noções iniciais

No art. 1º da Lei 6.404/76[37], o legislador estabelece que a companhia terá seu capital social dividido em ações, o integrante dessa sociedade é denominado de acionista e a responsabilidade deste é limitada ao preço de emissão das ações subscritas ou adquiridas.

Esse dispositivo nos oferece três informações importantes. Primeiro, a sociedade anônima é conhecida como companhia. Nos concursos públicos é utilizada essa nomenclatura. O capital social é dividido em ações, que não se confunde com as cotas da sociedade limitada. E, por fim, a responsabilidade dos acionistas é limitada ao valor das ações subscritas ou adquiridas.

37. Art. 1º A companhia ou sociedade anônima terá o capital dividido em ações, e a responsabilidade dos sócios ou acionistas será limitada ao preço de emissão das ações subscritas ou adquiridas.

É importante mencionar que apenas duas sociedades, no direito brasileiro, oferecem responsabilidade limitada para todos os sócios. Essas sociedades são a sociedade limitada e a anônima. Nenhuma outra espécie societária possibilita que todos os sócios consigam limitar as suas responsabilidades. E, no sistema adotado pelo direito societário brasileiro, que é o modelo da tipicidade estrita, para a constituição de uma sociedade empresária, os sócios devem obrigatoriamente adotar um dos modelos previstos na legislação. Não se admite a constituição de sociedades atípicas, ou seja, estruturas sociais que possam ser criadas livremente pelos sócios. Essa determinação encontra-se expressa no art. 983 do Código Civil.

A responsabilidade limitada do acionista difere da responsabilidade limitada do cotas. Nas companhias, não existe a regra da solidariedade entre os acionistas, caso o capital social não esteja integralizado. Ou seja, se algum acionista não integralizar as suas ações, o credor não poderá responsabilizar um outro acionista pelo montante faltante para a integralização. No decorrer dessa obra, iremos abordar outras diferenças no tocante à responsabilidade do acionista e do cotista.

Embora já tratado anteriormente, é importante recordar que, devido a sua estrutura complexa e agigantada, independentemente do seu objeto, a companhia será sempre considerada uma sociedade empresária. Portanto, muito cuidado com perguntas que possam envolver o objeto desenvolvido pela companhia. Em outras palavras, mesmo que a sociedade anônima seja constituída para desenvolver uma atividade intelectual, que, como sabemos, possui natureza de atividade não empresarial, a sociedade será considerada empresarial por força do art. 2º, § 1º[38], da Lei 6.404/76. Por exemplo, uma sociedade limitada que tem por atividade essencial a elaboração de projetos de engenharia será considerada não empresarial pelo objeto desenvolvido. Deve, na verdade, ser considerada uma sociedade limitada simples que deverá ser registrada no Cartório de Registro de Pessoas Jurídicas. No entanto, se essa mesma atividade for desenvolvida pela sociedade anônima, essa atividade será empresarial e a sociedade também.

O nome empresarial adotado pela companhia será sempre da espécie denominação. Os acionistas podem livremente idealizar um nome para identificar a sociedade, sem a preocupação de identificar os acionistas, como ocorre na firma social. Essa regra, encontra-se descrita no art. 3º[39] da lei especial. Não devemos olvidar que a

38. Art. 2º Pode ser objeto da companhia qualquer empresa de fim lucrativo, não contrário à lei, à ordem pública e aos bons costumes. § 1º Qualquer que seja o objeto, a companhia é mercantil e se rege pelas leis e usos do comércio.

39. Art. 3º A sociedade será designada por denominação acompanhada das expressões "companhia" ou "sociedade anônima", expressas por extenso ou abreviadamente mas vedada a utilização da primeira ao final.

§ 1º O nome do fundador, acionista, ou pessoa que, por qualquer outro modo tenha concorrido para o êxito da empresa, poderá figurar na denominação.

denominação poderá ser formada pelo nome do fundador, acionista ou pessoa que tenha contribuído para o êxito da sociedade, conforme autoriza o § 1º do mencionado dispositivo.

6.6.2. *Companhias abertas e fechadas*

No art. 4º[40], o legislador classificou as companhias em abertas e fechadas. De acordo com a lei especial, a companhia é considerada aberta quando, após ter obtido aprovação pela CVM (autarquia federal), está autorizada a negociar os seus valores mobiliários tanto na bolsa de valores quanto no mercado de balcão. Por sua vez, a companhia fechada é aquela que não foi autorizada pela CVM e, portanto, não pode negociar os seus valores mobiliários no mercado.

A Comissão de Valores Mobiliários (CVM) é uma autarquia federal, vinculada ao Ministério da Economia, encarregada de disciplinar e fiscalizar o mercado mobiliário brasileiro, e, assim, fomentar o mercado de ações no Brasil. A CVM possui cinco funções essenciais: a consultiva, a fiscalizadora, a registraria, a função de fomento e a função denominada de regulamentar. Essas funções encontram-se descritas no art. 8º da Lei 6.385/76, da qual podemos destacar a função de fiscalizar e inspecionar as companhias abertas, dando-se prioridade para as companhias que não apresentarem lucro em seus balanços e as que não efetuarem o pagamento dos dividendos obrigatórios, previstos no art. 202 da lei que cuida das companhias.

A Comissão de Valores Mobiliários, de acordo com o art. 8º, inciso I, da Lei 6.385/76[41], possui uma função regulamentar e, no intuito de exercer esse poder,

---

§ 2º Se a denominação for idêntica ou semelhante a de companhia já existente assistirá à prejudicada o direito de requerer a modificação, por via administrativa (artigo 97) ou em juízo, e demandar as perdas e danos resultantes

40. Art. 4º da Lei 6404/76. Para os efeitos desta Lei, a companhia é aberta ou fechada conforme os valores mobiliários de sua emissão estejam ou não admitidos à negociação no mercado de valores mobiliários. (Redação dada pela Lei nº 10.303, de 2001).

41. Lei nº 6.385/76 art. 8º Compete à Comissão de Valores Mobiliários: I – regulamentar, com observância da política definida pelo Conselho Monetário Nacional, as matérias expressamente previstas nesta Lei e na lei de sociedades por ações; II – administrar os registros instituídos por esta Lei; III – fiscalizar permanentemente as atividades e os serviços do mercado de valores mobiliários, de que trata o art. 1º, bem como a veiculação de informações relativas ao mercado, às pessoas que dele participem, e aos valores nele negociados; IV – propor ao Conselho Monetário Nacional a eventual fixação de limites máximos de preço, comissões, emolumentos e quaisquer outras vantagens cobradas pelos intermediários do mercado; V – fiscalizar e inspecionar as companhias abertas, dada prioridade às que não apresentem lucro em balanço ou às que deixem de pagar o dividendo mínimo obrigatório. § 1º O disposto neste artigo não exclui a competência

a autarquia emite instruções normativas, regulamentando vários aspectos ligados ao mercado mobiliário. Esse poder normativo concedido à CVM vem sendo questionado por alguns autores, que sustentam que tal atribuição seria inconstitucional. A nosso ver, a presente discussão a respeito dos poderes regulamentares concedido à essa autarquia extrapola a razoabilidade e torna-se inútil, tendo em vista que esse poder regulamentar for atribuído, por lei, à CVM e, até que seja declarada a inconstitucionalidade desse dispositivo, encontra-se vigente em nosso ordenamento jurídico.

As companhias foram classificadas em abertas e fechadas. As companhias abertas são aquelas que estão autorizadas a negociar ações e outros valores mobiliários na bolsa de valores e no mercado de balcão. A doutrina e os agentes que operam no mercado elencam uma série de diferenças entre a bolsa de valores e mercado de balcão. Pode-se dizer que o mercado de balcão é conhecido como mercado primário, onde as ações são postas à venda pela própria companhia. Os conhecidos IPOs (*initial public offering*)[42] ou ofertas públicas iniciais realizados pelas companhias devem ser realizadas no mercado de balcão. Por sua vez, a bolsa de valores é conhecida como mercado secundário. Nesse mercado ocorrem as vendas de ações de acionistas para os interessados. Denomina-se de mercado secundário porque a venda é realizada por um acionista e não pela sociedade empresária, como ocorre no mercado primário.

Em síntese, as companhias abertas podem negociar seus valores mediante oferta pública. Essa é a única espécie societária que está autorizada a realizar esse procedimento; nenhuma outra sociedade pode ofertar publicamente os seus títulos, sob pena de estar sujeita a sanções administrativas e penais. A Lei 6.404/76 (LSA) cuida basicamente das companhias abertas. São poucos os dispositivos dedicados às companhias fechadas.

---

das bolsas de valores, das Bolsas de Mercadorias e Futuros, e das entidades de compensação e liquidação com relação aos seus membros e aos valores mobiliários nelas negociados.§ 1º com redação determinada por Art. 1 Decreto 3.995/2001. § 2º Serão de acesso público todos os documentos e autos de processos administrativos, ressalvados aqueles cujo sigilo seja imprescindível para a defesa da intimidade ou do interesse social, ou cujo sigilo esteja assegurado por expressa disposição legal. § 2º com redação determinada por Art. 1 Decreto 3.995/2001. § 3º Em conformidade com o que dispuser seu regimento, a Comissão de Valores Mobiliários poderá: I – publicar projeto de ato normativo para receber sugestões de interessados; II – convocar, a seu juízo, qualquer pessoa que possa contribuir com informações ou opiniões para o aperfeiçoamento das normas a serem promulgadas.

42. Initial public offering or stock market launch is a type of public offering in which shares of a company are sold to institutional investors and usually also retail investors. An IPO is underwritten by one or more investment banks, who also arrange for the shares to be listed on one or more stock exchanges (Wikipedia).

As companhias abertas podem negociar seus títulos na bolsa de valores ou no mercado de balcão

Fonte: Depositphotos.

As companhias fechadas são denominadas pela doutrina como entidades familiares. Em regra, são sociedades formadas por membros de uma mesma família que, no lugar de constituírem uma sociedade limitada, optam por constituírem uma companhia fechada. Essas companhias fechadas, muitas vezes, possuem a chamada *affectio societatis*, que é característico das sociedades de pessoas. Ademais, nessas companhias, devido à presença da *affectio societatis*, os acionistas desejam controlar a circulação das ações, impedindo que estranhos ingressem sem o consentimento dos demais.

A companhia fechada não pode negociar os seus títulos no mercado. As negociações são efetuadas em negócios jurídicos privados

Fonte: Depositphotos.

O art. 36[43] da Lei 6.404/76 permite que o estatuto da sociedade anônima fechada, se os acionistas assim desejarem, limite a circulação das ações nominativas,

43. Art. 36. O estatuto da companhia fechada pode impor limitações à circulação das ações nominativas, contanto que regule minuciosamente tais limitações e não impeça

sem, contudo, impedir a sua negociação e nem sujeita o acionista às arbitrariedades por parte dos órgãos da administração ou por parte da maioria dos acionistas. Logo, o estatuto social pode estabelecer uma cláusula com o seguinte teor: é livre a alienação das ações entre os acionistas, mas para que o acionista possa aliená-la a estranhos, não poderá haver a oposição de mais de ¼ do capital social ou, ainda, antes do acionista alienar suas cotas a estranhos, deverá oferecê-las aos acionista, de acordo com a mesma proporção que esses já possuem do capital social.

Nota-se que, quando os sócios optam por limitar a circulação das ações, o liame subjetivo permeia a sociedade, concedendo a essa uma roupagem típica de uma sociedade de pessoas. A doutrina já reconhecia esse aspecto, afirmando que a sociedade anônima fechada pode assumir características personalísticas. Assim, deve se permitir que um acionista seja excluído quando houver quebra da *affectio societatis*, bem como deve se admitir a possibilidade da impenhorabilidade das ações por dívidas pessoais do acionista.

A jurisprudência do Superior Tribunal de Justiça reconheceu a possibilidade jurídica da dissolução parcial na sociedade anônima fechada, em que prepondere o liame subjetivo entre os sócios, ao fundamento de quebra da *affectio societatis* (Recurso especial nº 1.400.264-RS- 2013/02840036-0). Aliás, o próprio STJ já entendeu que a sociedade tem direito à remição das ações na execução proposta em face do acionista na companhia fechada que, por força de limitações no tocante à circulação, adquire características de uma sociedade de pessoas. A corte superior utilizou os princípios da menor onerosidade da execução e da preservação da empresa para fundamentar esse entendimento.

O Tribunal de Justiça de São Paulo também já assim entendeu, conforme se denota da apelação nº 1037919-41.2016.8.26.0100., da lavra do Des. Cesar Ciampolini, da Primeira Câmara de Direito Empresarial:

> SOCIEDADE ANÔNIMA FECHADA. DISSOLUÇÃO PARCIAL. ADMISSÃO NA DOUTRINA E NA JURISPRUDÊNCIA. SOCIEDADE *INTITUI PERSONAE*. PRESERVAÇÃO DA EMPRESA. SOCIEDADE ANÔNIMA. FECHADA. QUEBRA DA *AFFECTIO SOCIETAIS*. AUSÊNCIA DE OBJETIVA IMPUGNAÇÃO DO RÉU. DECRETO DE DISSOLUÇÃO COM APURAÇÃO DE SEUS HAVERES. *PRO LABORE* DEVIDO AO SÓCIO/ACIONSITA QUE TRABALHA PELA SOCIEDADE. AUSÊNCIA DE COMPROVAÇÃO NOS AUTOS. RECURSO DA AUTORA PROVIDO. APELO DO RÉU NÃO PROVIDO. Sociedade anônima fechada. Dissolução parcial. Possibilidade. Doutrina e jurisprudência favoráveis. Sociedade intuito personae. Sociedade anônima fechada. Exclusão do acionista minoritário. Quebra da *affectio societatis*. Alegação da autora quanto à perda de confiança. Em que pese a vagueza do argumento, não houve defesa objetiva e

---

a negociação, nem sujeite o acionista ao arbítrio dos órgãos de administração da companhia ou da maioria dos acionistas.

definitiva do réu quanto à sua saída da companhia. Pretensão reconvencional apenas quanto ao pagamento de seu *pro labore*, o que é inviável pela ausência de comprovação de que trabalhou para a sociedade. Procedência do pedido de dissolução parcial da sociedade anônima fechada. Apuração dos haveres do réu em liquidação. Balanço especial. Improcedência da reconvenção. [...] **Demanda de dissolução parcial de sociedade, com pedido cumulado de apuração de haveres. Sociedade anônima de capital fechado. Cunho familiar. Alegação de quebra de *affectio societatis*. Sentença que julgou extinta a demanda, sem exame do mérito, com fundamento no art. 267, VI, do C.P.C. de 1.973, por reconhecer a impossibilidade jurídica do pedido. Decisão alterada, visto que não há, no ordenamento, nenhuma expressa vedação a pedido de dissolução parcial na sociedade anônima fechada.**

No tocante a esse tema, a magistratura paulista indagou do candidato se a sociedade anônima poderia impor limites no tocante à circulação de suas ações? Muitos candidatos, acredito eu, devem ter raciocinado da seguinte maneira: se a sociedade anônima é uma sociedade de capital, não haveria por que impor limites à circulação das ações. A premissa é verdade quando se pensa na companhia aberta. Essa, sem dúvida, é sempre de capital, mas a companhia fechada pode impor essa limitação, por força do art. 36 da lei especial. O candidato teria que conhecer as duas espécies de companhias para responder essa pergunta.

Por derradeiro, uma última questão que fora indagada recentemente no concurso de ingresso na carreira da magistratura relacionada às companhias abertas e fechadas foi a seguinte: Existe alguma possibilidade em que a companhia fechada poderia negociar as suas ações na bolsa de valores? Sim, existe uma única possibilidade, encontra-se descritas no art. 107, inciso II,[44] da Lei 6.404/76. De acordo com esse dispositivo, verificada a mora do acionista remisso, a sociedade poderá mandar vender essas ações na bolsa de valores por conta e risco do acionista. Esse dispositivo, segundo entendimento unânime da doutrina, cuida tanto das companhias abertas como das fechadas.

6.6.3. *Subscrição pública e subscrição particular (etapas de constituição das companhias)*

A sociedade anônima passa por um processo complexo de constituição em relação à sociedade limitada. A sociedade limitada tem um processo relativamente

---

Parágrafo único. A limitação à circulação criada por alteração estatutária somente se aplicará às ações cujos titulares com ela expressamente concordarem, mediante pedido de averbação no livro de "Registro de Ações Nominativas.

44. Art. 107 da LSA. Verificada a mora do acionista, a companhia pode, à sua escolha: [...]
II – mandar vender as ações em bolsa de valores, por conta e risco do acionista.

simples de constituição, ou seja, os sócios discutem as cláusulas contratuais, chegando a um acordo, reduzem esse acordo a escrito e, posteriormente, levam esse negócio jurídico para que seja registrado na junta comercial. Com o registro do contrato social na junta comercial, a sociedade se personifica e estará apta a realizar atividade empresarial.

A companhia, por sua vez, possui um modo de constituição mais complexo. A constituição poderá variar conforme a companhia. Se a companhia for aberta, a sua constituição será mais complexa, pois essa sociedade negocia ações na bolsa de valores e no mercado de balcão. Logo, essa sociedade terá que passar por um processo mais rigoroso de controle, realizado pela CVM. No entanto, se a companhia for fechada, a sua constituição terá um processo simplificada, tendo em vista que essa sociedade não negocia seus valores mobiliários no mercado.

Posto isso, vamos dividir a constituição das companhias em etapas, para que o processo de entendimento se torne mais simplificado. Vamos, portanto, dividir a constituição das companhias em três etapas, conforme o gráfico abaixo:

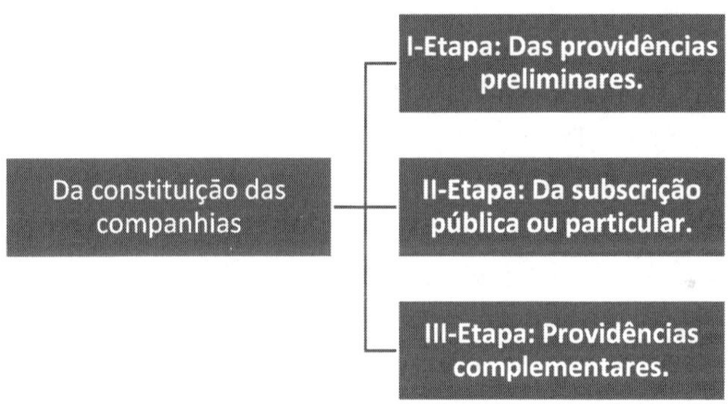

Fonte: elaborado pelo autor.

I – Etapa de constituição. Providências preliminares

Primeira etapa, vamos chamar de providências preliminares e estão previstas nos arts. 80 e 81 da LSA[45]. Essa etapa também pode ser dividida em três requisitos.

---

45. Art. 80 da LSA. A constituição da companhia depende do cumprimento dos seguintes requisitos preliminares:

I – subscrição, pelo menos por duas pessoas, de todas as ações em que se divide o capital social fixado no estatuto;

II – realização, como entrada, de 10% (dez por cento), no mínimo, do preço de emissão das ações subscritas em dinheiro;

III – depósito, no Banco do Brasil S.A., ou em outro estabelecimento bancário autorizado pela Comissão de Valores Mobiliários, da parte do capital realizado em dinheiro.

Parágrafo único. O disposto no n. II não se aplica às companhias para as quais a lei exige realização inicial de parte maior do capital social.

Primeiramente, as ações devem ser subscritas por pelo menos dois acionistas. É a chamada pluralidade de partes. Para constituição das sociedades há necessidade de pelo menos dois acionistas. A única exceção é a chamada subsidiária integral, prevista no art. 251 da LSA. Essa, conforme visto, é uma companhia em que todas as ações foram subscritas por uma outra companhia.

O segundo requisito preliminar exige que, se as ações forem realizadas em dinheiro, dez por cento de integralizadas de imediato. Ou seja, se o acionista adquirir cem mil reais em ações, dez mil devem ser entregues à sociedade de imediato. Se todo o capital social, e geralmente o é, for subscrito em dinheiro, cada um dos acionistas deverá entregar dez por cento para a companhia.

Se a companhia for uma instituição financeira, cinquenta por cento do valor subscrito em dinheiro deve ser integralizado de imediato, conforme determina o art. 27 da Lei nº 4.595 de 31 de dezembro de 1964[46].

Por fim, os valores subscritos em dinheiro deverão permanecer depositados em uma instituição financeira reconhecida pela Comissão de Valores Mobiliários. Os valores serão entregues pelos subscritores ao fundador, não devemos esquecer que não existe sociedade constituída ainda, e esse terá o prazo de cinco dias para depositar as quantias no banco, em nome do subscritor e a favor da sociedade em organização.

II – Etapa de constituição. A chamada subscrição

A segunda etapa de constituição é denominada de subscrição. Essa pode ser dividida em subscrição pública e subscrição particular. A subscrição é o compromisso assumido pelo acionista, por escrito, de contribuir com dinheiro, títulos ou bens para a constituição do capital social.

II-a) Subscrição pública ou sucessiva.

A subscrição pública, também chamada de sucessiva porque se realiza em várias fases, refere-se à constituição da companhia aberta. Está prevista nos arts. 82 e segs. da LSA. Como esta companhia busca obter autorização para poder negociar seus valores mobiliários no mercado, os fundadores deverão atender a uma série de requisitos legais. Primeiramente, os fundadores deverão providenciar um estudo da viabilidade econômica e financeira do empreendimento. Esse estudo deve ser

---

Art. 81. O depósito referido no n. III do art. 80 deverá ser feito pelo fundador no prazo de 5 (cinco) dias contados do recebimento das quantias, em nome do subscritor e a favor da sociedade em organização, que só poderá levantá-lo após haver adquirido personalidade jurídica.

Parágrafo único. Caso a companhia não se constitua dentro de 6 (seis) meses da data do depósito, o banco restituirá as quantias depositadas diretamente aos subscritores.

46. Na subscrição do capital inicial e na de seus aumentos em moeda corrente, será exigida no ato a realização de, pelo menos 50% (cinquenta por cento) do montante subscrito. Lei nº 4.595 de 31 de dezembro de 1964.

confeccionado por técnicos que possam dar credibilidade a esse laudo. Nesse estudo os técnicos devem demonstrar se o que eles pretendem realizar, com dinheiro de terceiros, é viável economicamente.

A CVM pode denegar o pedido entendendo que o negócio é temerário ou, ainda, que fundadores inidôneos, conforme possibilita o art. 82, § 2°, da LSA. Como se trata de um ato administrativo discricionário, não caberá a reanálise, quanto ao mérito, pelo Poder Judiciário. Contudo, o prejudicado poderá buscar guarida judicial se houver alguma ilegalidade por parte do agente público.

Além desse documento, deverá ser encaminhado à CVM um prospecto com informações de interesse dos subscritores. De acordo com o art. 84 da lei especial, os fundadores devem informar, por exemplo, o valor do capital social a ser subscrito; o número de ações e de que espécies são essas ações; a instituição financeira intermediaria responsável pelo lançamento das ações. Essa instituição financeira é conhecida como *underwriting*. O prospecto deve ser organizado e assinado pelos fundadores e pela instituição intermediária.

O contrato de *underwriting* deve atender a uma série de requisitos exigidos pela CVM. Esse contrato deverá determinar quais as responsabilidades assumidas pela instituição financeira. Nesse contrato, a instituição financeira pode assumir o risco de subscrever todas as ações que não forem subscritas por terceiros para que o processo de constituição não se inviabilize. Conforme veremos mais adiante, nessa etapa de constituição a CVM exige que todas as ações sejam subscritas para que o processo de constituição possa ser ultimado.

Além do estudo da viabilidade econômica e financeira e do prospecto, deve ser encaminhado para a CVM o projeto de estatuto social. O projeto do estatuto social é o contrato social na sociedade de pessoas. O estatuto social irá determinar as regras gerais que deverão nortear a conduta de todos os participantes da companhia.

Enfim, o pedido de registro, acompanhado desses três documentos, será analisado pela autarquia responsável. Estando em ordem essa documentação, a CVM autoriza a subscrição pública por meio da instituição financeira. Importante observar que é necessário a subscrição de todo o capital social. Se parcela do capital social permanecer sem subscrição, o processo de constituição será inviabilizado, conforme o art. 86[47] da LSA.

---

47. Art. 86 da Lei 6404/76. Encerrada a subscrição e <u>havendo sido subscrito todo o capital social</u>, os fundadores convocarão a assembléia geral que deverá:

I – promover a avaliação dos bens, se for o caso (artigo 8°);

II – deliberar sobre a constituição da companhia.

Parágrafo único. Os anúncios de convocação mencionarão hora, dia e local da reunião e serão inseridos nos jornais em que houver sido feita a publicidade da oferta de subscrição. (grifo nosso).

Tendo sido subscrito todo o capital social, os fundadores deverão convocar uma assembleia de constituição, que deverá promover a avaliação dos bens e deliberar sobre a constituição da companhia. Há necessidade de se eleger os membros da diretoria e do conselho fiscal, além de outros órgãos necessários para o funcionamento da companhia.

Importante questão pode surgir na assembleia de constituição. Conforme estudaremos mais adiante, as companhias podem emitir ações que não tenham direito de voto. As ações preferências, em regra, não atribuem o direito de voto. Ocorre que, na assembleia de constituição todos os acionistas, independentemente da espécie de ação, têm direito de voto. Essa regara encontra-se no art. 87, § 2º, da LSA[48]. Essa é uma questão frequente nas primeiras fases de concurso público.

Esse mencionado dispositivo também nos oferece uma outra indagação. Em sua parte final, após anunciar que todas as ações têm direito de voto, independentemente de sua classe ou espécie, o legislador conclui: **a maioria não tem poder para alterar o estatuto.** Como devemos interpretar esse enunciado?

Duas correntes se formaram diante desse enunciado:

A primeira corrente, que obteve grande aceitação na doutrina comercialista, entende que o projeto de estatuto social não comporta alteração. Quando o legislador estabeleceu que a maioria não pode alterar o estatuto social, estabeleceu-se uma blindagem em relação ao estatuto social, não permitindo que nenhum quórum obtido pudesse modificar o estatuto social. Essa corrente prevalece na maioria dos tribunais estaduais.

Já a segunda corrente, capitaneada pelo nada menos Trajano de Miranda Valverde, entende que a unanimidade dos acionistas teria poderes para alterar o projeto do estatuto social. A nosso ver, se a assembleia é o órgão deliberativo máximo entre todos os órgãos que compõem a estrutura interna da companhia, não há como limitar a atuação desse órgão. Ademais, se logo após a constituição da companhia, a assembleia entender que a pessoa jurídica deva ser liquidada, a companhia entrará em um processo de liquidação. Se isso é um procedimento possível, qual seria o motivo em se impedir que a assembleia pudesse modificar o estatuto social, durante a assembleia de constituição.

II-b) Subscrição particular ou simultânea.

A subscrição particular ou simultânea é aquela que se concretiza em um único ato e cuida da constituição da companhia fechada. A subscrição particular está regulada nos arts. 88 e segs. da LSA. O procedimento é bem mais simplificado

48. Esse § 2º tem sido alvo de muitas questões em concursos públicos. O dispositivo assim dispõe: "Cada ação, independentemente de sua espécie ou classe, dá direito a um voto; a maioria não tem poder para alterar o projeto de estatuto."

do que ocorre na subscrição pública. A subscrição particular pode se realizar em um único ato, ou seja, por meio de uma assembleia de constituição, nos mesmos moldes da subscrição pública, ou por meio de escritura pública lavrada em cartório de notas, assinada por todos os que subscrevem as ações.

Não há necessidade de encaminhar nenhum documento para a CVM, tendo em vista que essa sociedade não irá negociar os seus valores mobiliários no mercado.

III – Etapa de constituição. Providências complementares

As providências complementares fazem parte da última etapa de constituição da companhia. Podemos dizer que essa etapa se divide em arquivamento e publicação. O arquivamento é o procedimento que atribuirá personalidade à companhia. Devem ser arquivados o estatuto social, bem como demais documentos que possam interessar à constituição da companhia, tais como ata da assembleia de constituição e certidão do cartório de notas quando a constituição for realizada por escritura pública.

Depois de arquivados os atos constitutivos, os administradores, dentro do prazo de 30 dias, deverão publicar em jornal de grande circulação os atos constitutivos. Após essa publicação, deverão arquivar, também, na junta comercial, um exemplar do jornal.

Feito isso, a sociedade adquirirá personalidade jurídica e poderá levantar os valores que forma depositados na instituição financeira relativo às subscrições, de acordo com art. 81 da LSA.

6.6.4. *Natureza jurídica do estatuto social*

O ato constitutivo que dá origem às sociedades de pessoas é, segundo Tulio Ascarelli, um contrato de natureza plurilateral. Essa teoria contratualista foi adotada pelo nosso legislador no art. 981 do Código Civil. Embora essa concepção tenha aceitação da doutrina de modo unanime, a teria institucional, por sua vez, explica a natureza jurídica do estatuto social.

A teoria institucional prega que a companhia, devido a sua estrutura e complexidade, é um ente destinado a atender um interesse social, que, muitas vezes, extrapola os interesses individualistas de seus membros. A teoria institucional entende que a megaestrutura societária que compõem a companhia, e os recursos por ela obtida junto ao público, justificam a sua busca para atender os interesses coletivos e sociais, que devem prevalecer mesmo diante dos interesses individuais dos acionistas. Logo, adotando a teoria institucional, a sociedade anônima possui uma obra a ser realizada que extrapola o seu objeto social. As companhias possuem uma gama de interesses que gravitam em torno de seu eixo estrutural e, esses interesses, devem ser atendidos pelo acionista controlador, bem como pelos órgãos de administração.

Essa teoria foi recepcionada pela Lei 6.404/76, que em seu art. 116, parágrafo único, retrata a posição institucional da nossa legislação. O dispositivo preceitua: "**O acionista controlador deve usar o poder com o fim de fazer a companhia realizar o seu objeto e cumprir sua função social, e tem deveres e responsabilidades para com os demais acionistas da empresa, os que nela trabalham e para com a comunidade em que atua, cujos direitos e interesses deve lealmente respeitar e atender.**"

De acordo com os simpatizantes dessa teoria, esse dispositivo demonstra a adoção da teoria institucionalista pela nossa legislação. Enfim, a instituição é a organização de todos os interesses que compõem a estrutura interna e externa da companhia, empregados, acionistas, coletividade e o estado, em um único feixe de interesses que passará a integrar o objeto social a ser alcançado pela companhia.

Enfim, resumindo, as sociedades de pessoas são constituídas por meio de um contrato plurilateral; as sociedades de capital são originadas em virtude do ato institucional. As diferenças entre as sociedades de pessoas e de capital já foram estabelecidas quando cuidamos da classificação das sociedades.

6.6.5. *Valores mobiliários*

Os valores mobiliários são títulos emitidos pela companhia com a finalidade de captar recursos no mercado. Tratando-se de companhia fechada, a emissão desses títulos também possui o mesmo objetivo, mas essa não pode emiti-los por meio de subscrição pública como faz a companhia aberta. Logo, podemos estabelecer um elemento comum a todos os valores mobiliários; todos esses títulos são instrumentos de captação de recursos para que a sociedade possa desenvolver alguma atividade.

Durante algum tempo, os valores mobiliários foram considerados espécies de títulos de crédito. O festejado professor Rubens Requião, bem como o não menos festejado professor da Universidade do Ceará Fran Martins, assim os considerou por algum tempo. Contudo, analisando com mais vagar, percebeu-se que os valores mobiliários não se amoldavam aos princípios cambiários e, portanto, essa ideia foi abandonada pela doutrina. Apenas para dar dois exemplos, as cambiais são títulos executivos extrajudiciais, sendo que nem todos os valores mobiliários possuem esse atributo. Ademais, os títulos de crédito representam sempre uma relação de crédito e débito entre duas ou mais pessoas. Nem todos os valores mobiliários representam um crédito em relação à pessoa que o detém, v.g., o bônus de subscrição, previsto no art. 75 da LSA. Este título atribui a seu titular um direito de preferência e não um crédito ao seu favor.

Postas essas ideias iniciais, antes de analisarmos os principais valores mobiliários, vamos elencá-los para que não termos uma visão do todo.

6.6.5.1. Da ação

Modelo de uma ação da Ford Motor Company (certificate of stock)

Fonte: Depositphotos.

A ação é parcela do capital social e, consequentemente, atribui a condição de acionista ao seu detentor. A ação da companhia aberta, diferentemente da cota da sociedade limitada, possui uma significativa liquidez no mercado. Em outras palavras, o acionista negocia esse título com relativa facilidade na bolsa de valores. Devido à liquidez da ação no mercado mobiliário surge uma primeira questão a respeito do valor desse título, e a resposta dependerá da finalidade da avaliação, pois o critério desta está intimamente vinculado ao objetivo dessa apreciação. Podemos apontar cinco valores diferentes que são atribuídos para a mesma ação.

O valor nominal da ação é o resultado da totalidade do capital social dividido pelo número de ações existentes. O valor nominal pode estar expresso ou não, dependendo do que dispuser o estatuto social. Costuma-se aduzir que o valor nominal expresso atribuído à ação é uma garantia contra a diluição injustificada do patrimônio acionário do acionista, pois, uma vez atribuído um determinado valor à ação, havendo aumento do capital social, as ações não poderão ser distribuídas por um valor menor do que aquele valor previamente fixado no título. Nesse sentido é o teor do art. 13[49] da LSA, que expressamente determina que não será admitida a emissão de ações por preço inferior ao nominal.

---

49. Art. 13. É vedada a emissão de ações por preço inferior ao seu valor nominal.

§ 1º A infração do disposto neste artigo importará nulidade do ato ou operação e responsabilidade dos infratores, sem prejuízo da ação penal que no caso couber.

§ 2º A contribuição do subscritor que ultrapassar o valor nominal constituirá reserva de capital (artigo 182, § 1º).

O valor patrimonial da ação é o resultado da divisão do patrimônio líquido da companhia pelo número de ações. Esse critério de valorização da ação é utilizado, por exemplo, quando o acionista exerce o seu direito de recesso. Esse valor patrimonial da ação, em muitos casos, não corresponde ao valor nominal da ação. Dependendo dos lucros obtidos pela companhia no exercício da atividade empresarial, ou seja, se a sociedade obtiver sucesso no desenvolvimento da sua atividade, o valor patrimonial poderá ser muito superior ao valor nominalmente atribuído à ação no momento da sua constituição.

Por sua vez, o valor de negociação da ação é preço obtido pela ação na bolsa de valores. Esse valor é alcançado pelas regras de mercado, ou seja, quanto maior a procura por esse título, maior será o seu valor e vice-versa. É claro que esse valor não é determinado apenas pela vontade das partes no momento da negociação, mas dependerá das perspectivas da companhia. Ademais, muitos aspectos irão influenciar na composição desse valor. Apenas para dar um exemplo, uma companhia que porventura não esteja obtendo grandes sucessos no seu ramo de atuação, mas possui uma marca de alto renome, certamente terá um acréscimo econômico adicionado ao seu título.

O valor econômico da ação é alcançado por um procedimento contábil complexo de verificação. Esse critério avaliativo, realizado por técnicos, procura revelar qual o valor que essa ação alcança no mercado. De um modo geral, quanto um investidor, com conhecimento médio no mercado mobiliário, pagaria por essa ação? É utilizado, muitas vezes, o chamado método do fluxo de caixa descontado para se determinar esse valor. Esse critério é de suma importância para se determinar eventuais responsabilidades dos administradores quando da alienação de ações.

Por derradeiro, o preço de emissão da ação é aquele valor pago pelo acionista no momento da subscrição da ação. É importante observar que esse valor é aquele despendido pelo acionista quando da aquisição da ação pela sociedade. Essa operação, é bom que se diga, ocorre no mercado primário, quando a aquisição é feita diretamente da sociedade pelo adquirente. Se a negociação é realizada no mercado secundário, ou seja, de um acionista para um terceiro interessado, isso é denominado simplesmente de compra de ação e não subscrição. Esse valor de subscrição é fixado unilateralmente pela companhia, que pode ocorrer, no momento da sua constituição ou havendo aumento do capital social.

Estabelecidos esses critérios avaliativos que podem ser utilizados para se determinar o valor da ação, devemos classificar as ações, quanto à espécie, em ações ordinárias, preferenciais ou de fruição. Essa classificação encontra-se exposta no art. 15[50] da LSA.

---

50. Art. 15. As ações, conforme a natureza dos direitos ou vantagens que confiram a seus titulares, são ordinárias, preferenciais ou de fruição.

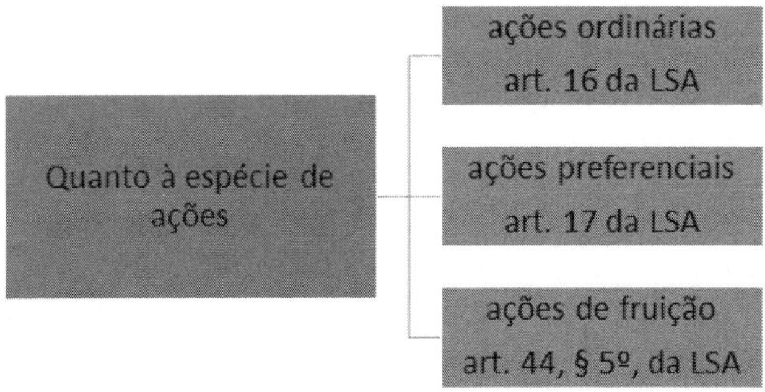

Fonte: elaborado pelo autor.

Ação ordinária

As ações ordinárias são ações comuns. Essas ações não oferecem nem vantagem, nem desvantagens ao seu detentor. Apenas os chamados direitos essenciais, aqueles direitos que todos os acionistas, independentemente da espécie de ação que possuam, devem deter. Esses direitos essenciais, como o nome diz, são da essência da condição de acionista. Tendo em vista a importância desses direitos, é de rigor analisá-los em profundidade.

Os **direitos essenciais** estão previstos no art. 109[51] da Lei da LSA. Estão divididos em cinco categorias:

I – Participar dos lucros sociais

Conforme analisados quando do estudo dos requisitos do contrato plurilateral, não pode haver sócio ou acionista privado do direito de participar da distribuição dos lucros sociais. Cada um tem direito de participar da distribuição dos lucros, conforme a sua contribuição para o capital social. Quem contribuiu com mais, terá direito de um montante maior; quem contribuiu com menos, terá direito a um montante menor.

No tocante às companhias, nosso legislador adotou a regra do dividendo obrigatório no art. 202[52] da LSA. Trata-se de uma garantia estabelecida a favor do

---

51. Os direitos essenciais dos acionistas se encontram no art. 109 da Lei 6404/76 e assim dispõe:
Nem o estatuto social nem a assembléia geral poderão privar o acionista dos direitos de:
I – participar dos lucros sociais;
II – participar do acervo da companhia, em caso de liquidação;
III – fiscalizar, na forma prevista nesta Lei, a gestão dos negócios sociais;
IV – preferência para subscrição de ações, partes beneficiárias conversíveis em ações, debêntures conversíveis em ações e bônus de subscrição, observado o disposto nos artigos 171 e 172;
V – retirar-se da sociedade nos casos previstos nesta Lei.

52. Art. 202. Os acionistas têm direito de receber como dividendo obrigatório, em cada exercício, a parcela dos lucros estabelecida no estatuto ou, se este for omisso, a importância

acionista minoritário que, antes de ingressar na companhia, saberá qual a porcentagem do lucro que a sociedade deverá obrigatoriamente distribuir para os acionistas. É claro que essa distribuição de dividendos dependerá dos lucros obtidos, pois se a companhia não auferir lucros, nada terá que distribuir. Essa obtenção ou não de lucros faz parte do risco inerente à atividade empresarial.

Essa regra dos dividendos obrigatórios teve origem nos Estados Unidos, em uma disputa judicial entre a Ford Motor Company vs. The Dodge Brothers, que ocorreu na Michigan Supreme Court[53]. Os irmão John F. Dodge e Horace E. Dodge ingressaram com uma ação judicial em face da Ford Motor Company, alegando que a companhia estava se recusando a distribuir dividendos, sob a alegação de que esses valores estavam sendo destinados para um novo empreendimento, sendo que esse negócio iria contribuir para a redução do preço dos automóveis. Na verdade, Henry Ford se recusava a distribuir dividendos porque sabia que os irmãos Dodge iriam usar esses recursos para expandir a sua fábrica de automóveis e, com isso, competir com a Ford Motor Company na venda de veículos automotores. A corte de Michigan deu ganho de causa para os irmãos Dodge. Dessa decisão nasce a obrigatoriedade de distribuir dividendos para os acionistas minoritários, conhecidos no direito norte-americano de *mandatory dividends*.

O *mandatory dividends* inspirou a elaboração do art. 202 da LSA. Nesse dispositivo, o legislador estabelece:

> **"Os acionistas têm direito de receber como dividendo obrigatório, em cada exercício, a parcela dos lucros estabelecida no estatuto ou, se este for omisso, a importância determinada de acordo com as seguintes normas: (Redação dada pela Lei nº 10.303, de 2001) (Vide Medida Provisória nº 608, de 2013) (Vide Lei nº 12.838, de 2013)".**

A companhia deverá distribuir uma parcela dos lucros obtidos em cada exercício. Trata-se, como podemos perceber, de uma garantia para o acionista minoritário. Ademais, funciona como um mecanismo de fomento para que o investidor ingresse, com seus recursos, no mercado mobiliário. Se o estatuto social for omisso, a companhia deverá obrigatoriamente distribuir, no mínimo, cinquenta (50%) por cento do lucro líquido. Veja o que determina o inciso primeiro:

> **I – metade do lucro líquido do exercício diminuído ou acrescido dos seguintes valores: (Redação dada pela Lei nº 10.303, de 2001).**

---

determinada de acordo com as seguintes normas: (Redação dada pela Lei nº 10.303, de 2001) (Vide Medida Provisória nº 608, de 2013) (Vide Lei nº 12.838, de 2013).

53. Plaintiff shareholders, Dodge et al., brought an action against Defendant corporation, Ford Motor Company, to force Defendant to pay a more substantial dividend, and to change questionable business decisions by Defendant.

Contudo, o estatuto social poderá estabelecer um percentual menor, desde que não seja inferior a 25% (vinte e cinco por cento) do lucro líquido. Veja a redação do parágrafo segundo:

> **§ 2º Quando o estatuto for omisso e a assembléia-geral deliberar alterá-lo para introduzir norma sobre a matéria, o dividendo obrigatório não poderá ser inferior a 25% (vinte e cinco por cento) do lucro líquido ajustado nos termos do inciso I deste artigo. (Redação dada pela Lei nº 10.303, de 2001).**

Essas regras poderão sofrer alterações em situações extraordinárias que justifiquem a supressão momentânea desse direito do acionista minoritário. Logo, se os administradores informarem à assembleia geral ordinária que a situação financeira da companhia não comporta a distribuição de dividendos, essa distribuição não ocorrerá naquele exercício. Contudo, quando se tratar de companhia aberta, o conselho fiscal deverá emitir um parecer sobre essa situação, bem como os administradores deverão encaminhar para a CVM um relatório minucioso explicando o motivo pelo qual a distribuição de dividendos não ocorreu.

Sem dúvida que essa regra que cuida da distribuição obrigatória de dividendos visa proteger o acionista minoritário em face de eventuais arbitrariedades cometidas pelo acionista controlador. Não existe regra similar no capítulo que cuida da sociedade limitada no Código Civil; contudo, em face do art. 1.053, parágrafo único, do citado diploma legal, que permite a aplicação subsidiária das regras da sociedade anônima em relação à sociedade limitada, é possível estender essa regra às limitadas, desde que esteja expressamente prevista no contrato social.

II – Participar do acervo da companhia, em caso de liquidação

Havendo a liquidação da companhia, seja essa voluntária, seja ou litigiosa, os acionistas terão direito de participar do acervo da companhia. Para que isso seja possível, todos os credores deverão ter sido pagos. Mesmo na hipótese de falência, os sócios serão considerados credores subordinados, conforme o art. 83, inciso VIII, letra b, da Lei 11.101/05, ou seja, o crédito dos sócios ou administradores sem vínculo empregatício.

III – Fiscalizar os negócios sociais

A companhia, mormente a aberta, é regida pelo princípio do *full disclosure*. Em outras palavras, como essa sociedade realiza uma série de negócios em face da coletividade, oferecendo ao público ações e outros valores mobiliários, os seus administradores devem informar ao mercado qualquer fato considerado relevante que possa ter impacto no valor das ações da companhia. Essa publicidade é inerente à companhia e, consequentemente, permite uma maior transparência desse ente.

Contudo, mesmo diante da visibilidade oferecida pela sociedade anônima, os acionistas possuem o direito de fiscalizá-la direta e indiretamente. A fiscalização indireta é exercida por meio de um órgão denominado conselho fiscal, previsto no art. 161 da LSA. Esse órgão tem como função primordial o dever de fiscalizar os atos praticados pelos administradores. Como é o acionista que escolhe o membro desse conselho, essa é uma forma indireta do acionista exercer o seu direito de fiscalização.

Entretanto, o acionista tem o direito de exercer uma fiscalização direta em face da companhia. Não é um poder absoluto que possa comprometer o bom andamento da companhia. Esse direito deve ser exercido de acordo com certas regras para que não se torne arbitrário e nem interfira na administração. Portanto, o legislador ajustou o poder de fiscalização concedido aos acionistas a certos pressupostos de legalidade. Por exemplo, não pode um acionista exigir judicialmente que a companhia exiba integralmente, em juízo, os seus livros obrigatórios, sob o pretexto de fiscalizá-los. Esse é uma medida drástica que pode comprometer a atividade empresarial. Mas, se acionistas, que representem pelo menos 5% (cinco por cento) do capital social, entenderem que tal medida se faz necessária, esses acionistas podem exigir que a companhia exiba integramente seus livros em juízo. Esse poder está previsto no art. 105 da LSA com a seguinte redação: "A exibição por inteiro dos livros da companhia pode ser ordenada judicialmente sempre que, a requerimento de acionistas que representem, pelo menos, 5% (cinco por cento) do capital social, sejam apontados atos violadores da lei ou do estatuto, ou haja fundada suspeita de graves irregularidades praticadas por qualquer dos órgãos da companhia".

IV – Preferência para a subscrição de ações, partes beneficiárias conversíveis em ações, debêntures conversíveis em ações e bônus de subscrição conversíveis em ações, observado o disposto nos artigos 171 e 172.

Importante apenas observar que o direito essencial de preferência, previsto nesse inciso, somente existe quando se tratar de subscrição, ou seja, quando a companhia for aquela que estiver alienando as suas ações. Isso pode acontecer em dois momentos, o da constituição da companhia e em futuro aumento de capital social. Essas são operações que ocorrem no chamado mercado primário. Não existe direito de preferência no chamado mercado secundário, quando um acionista aliena as suas ações para um terceiro.

Explicando melhor, se uma determinada companhia, com um capital social de um milhão de reais, tendo como acionistas, Alberto com 40% de ações, Barbosa também com 40% das ações e Carlos com 20% das ações, resolver aumentar seu capital social para dois milhões. Nesse caso, os acionistas Alberto, Barbosa e Carlos terão direito de preferência na subscrição dessas novas ações. A companhia deverá, então, oferecer as novas ações para aqueles que já possuem a condição de acionistas, sendo que esse direito de preferência deve ser exercido, levando em conta a quantidade de ações que os acionistas já possuem na companhia. Por exemplo, Alberto terá o direito de subscrever 40% (quarenta por cento) das novas ações.

Esse direito de preferência pode ser cedido a terceiros pelo seu titular. Conforme veremos mais adiante, quando a sociedade emite o chamado bônus de subscrição, que concede ao seu subscritor o direito de preferência, caso esse valor mobiliário não seja adquirido pelo acionista, esse cede seu direito de preferência a quem os adquirir.

V – Retirar-se da sociedade nos casos previstos em lei

Na verdade, o legislador está se referindo ao direito de recesso. Esse direito surge quando o acionista dissente de algumas deliberações tomadas pela sociedade em assembleia. Algumas deliberações, em virtude da sua magnitude, podem provocar mudanças na estrutura da companhia, dando ensejo para que o acionista possa exercer o seu direito de recesso. O acionista dissidente terá direito ao reembolso do valor de suas ações. As hipóteses de recesso estão previstas nos arts. 136 e 137 da LSA[54].

É importante observar que o direito de voto, também chamado de direito político, não é um direito essencial. Logo, o estatuto social pode estabelecer que algumas espécies de ações não atribuirão ao seu detentor esse direito. Contudo, a ação ordinária sempre dará ao seu detentor o direito de voto. O estatuto social não poderá privar o detentor dessa ação do direito de votar nos conclaves.

Se o acionista ordinarialista sempre possui o direito de votar nas deliberações, pode se concluir que, para ser considerado o acionista controlador, a pessoa deverá deter um certo número dessas ações. Aliás, no art. 116 da LSA, o legislador nos oferece um conceito do que se deve entender por acionista controlador. Segundo esse dispositivo, entende-se por acionista controlador a pessoa, natural ou jurídica, ou o grupo de pessoas vinculadas por acordo de voto, ou sob controle comum, que é titular de direitos de sócio que lhe assegurem, de modo permanente, a maioria dos votos nas deliberações da assembleia geral e o poder de eleger a maioria dos administradores da companhia.

A doutrina passou a entender que, para ser considerado acionista controlador, era necessário que a pessoa, nas três últimas assembleias, tenha obtido maioria de votos. Não precisa deter a maioria das ações com direito de voto, basta que

54. O direito de recesso pode ser utilizado em situações descritas pelo legislador na Lei 6.404/76. O acionista pode exercer esse direito de recesso nas hipóteses do art. 137 c/c o art. 136, I a VI e IX, ambos da legislação do anonimato. O direito de retirada deverá ser exercido em até trinta dias da publicação da ata da assembleia. Quando o direito de retirada for exercido em razão da mudança do objeto social ou da redução do dividindo obrigatório, não há necessidade de o acionista demonstrar o prejuízo sofrido para estar legitimado a se retirar.

tenha obtido a maioria de votos nas deliberações. Contudo, não é só isso, para ser considerado acionista controlador a pessoa deve o poder para eleger a maioria dos administradores. Esses requisitos são cumulativos são cumulativos.

O professor Modesto Carvalhosa, em seu Comentários à Lei de Sociedades Anônimas, quando da análise do art. 116 da LSA, entendeu que esses dois requisitos não são cumulativos, aduzindo que o controle interno da companhia poderia ser exercido com a presença de apenas um dos requisitos. Não entendemos assim, o legislador não deixou dúvidas no tocante à necessidade da presença dos dois requisitos, basta uma leitura do dispositivo para verificar a intenção do legislador.

Ainda no tocante às ações ordinárias, essas com direito de voto que lhe são atreladas, e, também, com o conceito de acionista controlador, que ora acabamos de analisar, convém abordarmos um tema constante em concursos públicos que é conhecido pela expressão em inglês: *tag along*. Esse instituto foi disciplinado no art. 254-A[55], da LSA e diz respeito à alienação do poder de controle na companhia aberta. A redação do dispositivo é a seguinte: "a alienação, direta ou indireta, do controle de companhia aberta somente poderá ser contratada sob a condição, suspensiva ou resolutiva, de que o adquirente se obrigue a fazer oferta pública de aquisição das ações com direito a voto de propriedade dos demais acionistas da companhia, de modo a lhes assegurar o preço no mínimo igual a 80% (oitenta por cento) do valor pago por ação com direito a voto, integrante do bloco de controle".

O legislador entendeu, nesse dispositivo, que quando o acionista controlador aliena um montante de ações, que representará para o adquirente a aquisição do poder de controle da companhia, esse conjunto de ações será alienado por um valor superior ao valor alcançado por cada uma dessas ações avaliadas individualmente. Em outras palavras, se na bolsa de valores cada ação ordinária vale R$ 5,00 (cinco reais), essas ações, quando pertencentes ao bloco de controle, terão um sobrevalor, valendo, por exemplo, R$ 10,00 (dez reais) cada uma delas, pois, além de parcela do capital social, atribuirá o poder de controlar a companhia ao adquirente.

Portanto, parte da doutrina passou a entender que o sobrevalor alcançado por essas ações ordinárias, quando pertencentes ao bloco de controle, não são do domínio apenas do acionista controlador, mas pertencem a todos os acionistas, pois nesse valor majorado, agregam-se, por exemplo, o prestígio da sociedade

---

55. Art. 254-A. A alienação, direta ou indireta, do controle de companhia aberta somente poderá ser contratada sob a condição, suspensiva ou resolutiva, de que o adquirente se obrigue a fazer oferta pública de aquisição das ações com direito a voto de propriedade dos demais acionistas da companhia, de modo a lhes assegurar o preço no mínimo igual a 80% (oitenta por cento) do valor pago por ação com direito a voto, integrante do bloco de controle. (Incluído pela Lei nº 10.303, de 2001).

empresária, a reputação da marca, o prestigio do nome empresarial, bem como outros bens incorpóreos que agregam valor ao poder de controle.

Diante disso, foi editado o art. 254-A, da LSA, que passou a entender que esse sobrevalor, quando da alienação do poder de controle, deve ser distribuído a todos, impondo que o adquirente, para poder efetivar aquisição, deverá fazer uma oferta pública a todos os acionistas ordinarialistas, oferecendo a esses, no mínimo 80% (oitenta por cento) do valor que fora pago por ação integrante do bloco de controle. Logo, se o adquirente ofereceu ao alienante do poder de controle, o valor de R$ 10,00 (dez reais) por ação, para efetivar essa aquisição o adquirente terá que oferecer a todos os acionistas ordinarialista minoritários o valor de R$ 8,00 (oito reais) no mínimo. Ou seja, um ganho de três reais por ação se comparado com o valor de mercado que é de R$ 5,00 (cinco reais). Portanto, distribuiu-se o sobrevalor alcançado pelo alienante do poder de controle a todos os acionistas da companhia.

Pode-se dizer que o *tag along*[56], que em inglês quer dizer ir junto, é o poder do acionista minoritário, quando da alienação do poder de controle, de também alienar as suas ações para o adquirente e deixar a companhia.

Esse sistema adotado pelo nosso legislador pode, a princípio, parecer mais justo, pois distribui os supostos lucros que o acionista controlador obteria com a alienação do controle entre todos os acionistas com direito de voto. Contudo, o sistema por nós adotado, além de dificultar a alienação do poder de controle, é injusto, pois o acionista controlador possui responsabilidades que o minoritário não possui, por exemplo, o acionista controlador responde por atos praticados com abuso de poder, conforme previsto no art. 117 da LSA. Esse dispositivo contém várias modalidades do que se deve entender por abuso de poder.

Tendo em vista as dificuldades ocasionadas pela adoção do *tag along* pela legislação brasileira, mormente no tocante à alienação do poder de controle, o legislador criou uma alternativa, prevista no § 4º do art. 254-A, da LSA, permitindo que o adquirente possa oferecer aos acionistas minoritários a opção de permanecer na companhia, mediante o pagamento de um prêmio que consistirá na diferença entre o valor de mercado da ação e o valor pago por ação integrante do bloco de controle. Nesse caso, o adquirente poderia dispor de um valor menor para adquirir o poder de controle. Trata-se de uma proposta que, para ter eficácia, precisa ser aceita pelo acionista minoritário. Aproveitando o exemplo acima exposto, sendo

56. A tag-along right is a legal concept in corporate law. It aims to assure that if the majority shareholder sells his stake, minority holders have the option to sell their stake at the same terms and conditions as would apply to the majority shareholder. In this manner, the rights of minority shareholders are protected. Tag-along rights are often included in shareholders agreements. (Legal definition).

o valor de mercado da ação R$ 5,00 (cinco reais) e o valor pago por ação R$ 10,00 (dez reais), em vez de receber R$ 8,00 (oito reais) para ir embora da companhia, o minoritário receberia R$ 5,00 (cinco reais) e permaneceria na companhia.

É importante observar que a aquisição do poder de controle deve ser previamente autorizada pela assembleia geral da companhia que pretende fazer a aquisição, conforme o art. 256 da LSA.

A legislação ainda possibilita que o poder de controle seja adquirido por meio de uma oferta pública realizada pelo interessado, conforme possibilita o art. 257[57] da LSA. Essa oferta deverá ser realizada por intermédio de uma instituição financeira reconhecida pela CVM. O ofertante deverá indicar o número de ações que pretende adquirir, o preço que pretende pagar e o modo de pagamento, o número mínimo de aceitantes necessários para que a oferta tenha eficácia, o procedimento que os aceitantes deverão adotar caso aceitem a proposta e o prazo de validade da oferta, que não poderá ser inferior a vinte dias. A CVM, em sua Instrução Normativa nº 361, disciplinou o procedimento que deve ser adotado pelo ofertante que deseja adquirir o poder de controle.

Apenas a título de informação, o art. 8º do Regulamento do Novo Mercado de Capitais prevê que as companhias que queiram participar desse novo seguimento da BOVESPA devem ter o seu capital social composto exclusivamente por ações ordinárias, sendo que o direito de voto deve ser atribuído a todos os acionistas. Além do que, o *tag along* deve ser de 100% e não de apenas 80% conforme prevê a legislação do anonimato. Há outras diretrizes impostas às sociedades que do novo mercado desejem participar.

Esse novo mercado é composto pelas companhias que tiverem o melhor nível de governança corporativa. As ações dessas companhias terão uma maior liquidez e aceitação pelos investidores tendo em vista a transparência de gestão e o respeito aos direitos dos minoritários.

Ações preferenciais

As ações preferenciais estão previstas no art. 17 da LSA. Essas ações oferecem ao seu detentor uma vantagem de natureza patrimonial, tendo em vista que, em regra, o seu detentor fica privado do direito de votar nos conclaves. De acordo com a legislação, uma ação é considerada preferencial quando ela oferecer prioridade no recebimento de dividendos ou prioridade no reembolso do capital, com ou sem prêmio ou com o acúmulo das duas vantagens anteriores.

Essas ações preferencias, com salientamos, podem não atribuir ao seu detentor o direito de voto. Diante dessa característica dessas ações algumas questões

57. Art. 257. A oferta pública para aquisição de controle de companhia aberta somente poderá ser feita com a participação de instituição financeira que garanta o cumprimento das obrigações assumidas pelo ofertante.

se tornaram habituais nos concursos públicos. Primeiro aspecto interessante diz respeito à quantidade de ações preferenciais, sem direito de voto, que a companhia poderia emitir. A companhia somente pode emitir até o limite de 50% (cinquenta por cento) do capital social, conforme o art. 15, § 2º, da LSA.

Embora essas ações não atribuam o direito de votar, o preferencialista tem direito de participar das deliberações, pois, de acordo com o art. 125, parágrafo único, da LSA, o acionista preferencialista possui om direito de discutir as matérias que serão votadas pelos demais. Esse direito é chamado de direito de voz.

Ainda, o preferencialista, privado do direito de votar, pode votar nas seguintes situações:

a) na assembleia de constituição, conforme permite o art. 87, § 2º, da LSA;

b) para a escolha de um membro do conselho fiscal, conforme o art. 161, § 4º, letra a, da LSA;

c) para a escolha de um membro do conselho de administração, de acordo com o art. 141, § 4º, inciso II, da LSA.

Além dessas hipóteses acima previstas, o acionista preferencialista sem direito de voto, adquirirá esse direito, quando a companhia, pelo prazo previsto no estatuto social, que não poderá ser superior a três exercícios consecutivos, deixar de pagar os dividendos fixos ou mínimos a que faz jus, direito esse que conservará até o pagamento, se tais dividendos não forem cumulativos ou até que sejam pagos os cumulativos.[58] Nada mais justo, se o preferencialista não receber os direitos patrimoniais que a ação preferencial lhe concede, que esse passe a votar em todas as deliberações, até que sejam pagos os seus direitos pela companhia.

Se isso acontecer pode haver uma alteração em relação ao poder de controle na companhia. Imaginemos que um determinado acionista, que detém 40% (quarenta por cento) do capital social, composto exclusivamente de ações preferenciais sem direito de voto, permanece, por três exercícios consecutivos, sem usufruir de

58. Art. 111. O estatuto poderá deixar de conferir às ações preferenciais algum ou alguns dos direitos reconhecidos às ações ordinárias, inclusive o de voto, ou conferi-lo com restrições, observado o disposto no artigo 109.

§ 1º As ações preferenciais sem direito de voto adquirirão o exercício desse direito se a companhia, pelo prazo previsto no estatuto, não superior a três exercícios consecutivos, deixar de pagar os dividendos fixos ou mínimos a que fizerem jus, direito que conservarão até o pagamento, se tais dividendos não forem cumulativos, ou até que sejam pagos os cumulativos em atraso.

§ 2º Na mesma hipótese e sob a mesma condição do § 1º, as ações preferenciais com direito de voto restrito terão suspensas as limitações ao exercício desse direito.

§ 3º O estatuto poderá estipular que o disposto nos §§ 1º e 2º vigorará a partir do término da implantação do empreendimento inicial da companhia.

suas prerrogativas patrimoniais. A partir do exercício subsequente, esse acionista passará a ter o direito de voto. Se as ações ordinárias encontrarem se dispersas no mercado, o preferencialista passará a assumir a condição de acionista controlador, podendo alterar a composição dos membros do conselho de administração e, consequentemente, da diretoria.

Logo, a emissão de uma grande quantidade de ações preferenciais no mercado pode vir a causar dissabores se a companhia não conseguir pagar os dividendos a que estes acionistas têm direito.

Para que as ações preferenciais, sem direito de voto, possam ser negociadas no mercado, a companhia deverá atribui-las pelo uma das vantagens previstas no art. 17, § 1°, incisos I, II e III, da LSA. Ou seja, essas ações somente podem ser negociadas na bolsa de valores ou no mercado de balcão se uma das vantagens previstas nos incisos for atribuída a essa ação. Podemos citar como exemplo o direito a receber dividendo diferencial, no mínimo, 10% (dez por cento) maior que o das ações ordinárias ou ainda o direito ao *tag along*, previsto no art. 254-A, da LSA.

Uma questão recentemente indagada no concurso da procuradoria diz respeito à chamada *golden share*, prevista no art. 17, § 7°, da LSA. Trata-se de uma ação preferencial de classe especial, de propriedade exclusiva do ente desestatizante, sendo que o estatuto social lhe poderá conferir poderes especiais, mormente o poder de vetar certas deliberações sociais relacionadas a determinadas matérias especificadas no contrato social.

A necessidade de disciplinar a *golden share* surgiu quando o governo do presidente Fernando Henrique resolveu privatizar algumas estatais. A intenção do governo federal era, com a privatização, delegar para a iniciativa privada algumas estatais que o governo não tinha mais competência e interesse em gerir. Ademais, com a alienação das ações, o governo obteria um considerável proveito econômico e, assim, poderá investir em outras áreas de maior interesse para o governo. Contudo, o governo federal tinha alguns interesses estratégicos nessas estatais e não queria perder o controle sobre elas; portanto, foram incorporadas na legislação do anonimato, as chamadas *golden shares*. Essas ações atribuíam o poder de vetar determinadas matérias que o governo tinha interesse em continuar controlando, por exemplo, mudanças ou alterações no objeto social ou em outros temas relevantes.

A *golden share* teve origem na Inglaterra, na década de 30, sendo utilizada de forma mais expressiva nos anos 1970 pelo governo inglês quando resolveu privatizar várias companhias estatais. Por meio dessa espécie de ação, o governo inglês pode manter um papel regulatório no tocante às companhias privatizadas. Em síntese, pode se dizer que a *golden share* permite que o Estado, mesmo sem possuir grande participação no capital social, possa manter o controle de companhias de seu interesse.

A empresa Vale S/A, que fora objeto desestatização, inseriu em seu estatuto social[59] as matérias que podem ser objeto de veto. O estatuto da Vale S/A não utilizou a nomenclatura *golden share*, referindo-se apenas às ações de classe especial em sua cláusula sétima. Eis algumas das matérias que podem ser vetadas:

> I – alteração da denominação social;
>
> II – mudança da sede social;
>
> III – mudança no objeto social no que se refere à exploração mineral;
>
> IV – liquidação da sociedade;
>
> V – alienação ou encerramento das atividades de qualquer uma ou do conjunto das seguintes etapas dos sistemas integrados de minério de ferro da sociedade: (a) depósitos minerais, jazidas, minas; (b) ferrovias; (c) portos e terminais marítimos;
>
> VI – qualquer modificação dos direitos atribuídos às espécies e classes das ações de emissão da sociedade previstos neste Estatuto Social;
>
> VII – qualquer modificação deste artigo sétimo ou de quaisquer dos demais direitos atribuídos neste Estatuto Social à ação de classe especial.

A Embraer S/A, que também fora objeto de desestatização, em seu estatuto social também disciplinou a *golden share*, chamando-a de ação ordinária de classe especial[60], em seu art. 9º. Perceba que não há um consenso no tocante à natureza

---

59. No art. 7º do Estatuto Social da Vale S/A, está assim disposto: "A ação de classe especial terá direito de veto sobre as seguintes matérias: I – alteração da denominação social; 5/28; II – mudança da sede social; III – mudança no objeto social no que se refere à exploração mineral; IV – liquidação da sociedade; V – alienação ou encerramento das atividades de qualquer uma ou do conjunto das seguintes etapas dos sistemas integrados de minério de ferro da sociedade: (a) depósitos minerais, jazidas, minas; (b) ferrovias; (c) portos e terminais marítimos; VI – qualquer modificação dos direitos atribuídos às espécies e classes das ações de emissão da sociedade previstos neste Estatuto Social; VII – qualquer modificação deste Artigo 7º ou de quaisquer dos demais direitos atribuídos neste Estatuto Social à ação de classe especial." (grifo do original)

60. O art. 9º do estatuto social da Embraer assim dispõe: Ação ordinária de classe especial confere à União poder de veto nas seguintes matérias:

    I. Mudança de denominação da Companhia ou de seu objeto social;

    II. Alteração e/ou aplicação da logomarca da Companhia;

    III. Criação e/ou alteração de programas militares, que envolvam ou não a República Federativa do Brasil;

    IV. Capacitação de terceiros em tecnologia para programas militares;

    V. Interrupção de fornecimento de peças de manutenção e reposição de aeronaves militares;

    VI. Transferência do controle acionário da Companhia;

    VII. Quaisquer alterações: (i) às disposições deste artigo, do art. 4, do *caput* do art. 10,

jurídica da *golden share*, sendo considerada para alguns uma ação ordinária e para outras uma ação preferencial.

Contudo, como se pode perceber, essa espécie de ação é uma exceção à vedação do voto plural, bem como fere o princípio da deliberação por maioria nas assembleias. Sem mencionar que a *golden share* afronta o princípio da soberania da assembleia no tocante as deliberações.

Importante mencionar que a nossa legislação proibiu o chamado voto plural. A vedação está expressa no § 2° do art. 110 da LSA[61]. O voto plural seria a preferência conferida a determinadas ações, permitindo que essas pudessem representar um maior número de votos nas deliberações. Logo, procurando estabelecer equidade de poderes entre todos os acionistas da companhia, o nosso legislador estabeleceu que cada ação corresponderá a um voto (One mano one vote representing political egalitarianism where members of a society are of equal standing in terms of political power or influence).

Ação de fruição ou de gozo

Essa ação é de rara incidência no mercado mobiliário brasileiro. Essas ações são atribuídas aos ordinarialista ou preferencialistas que tiveram as suas ações amortizadas. A amortização é o valor que a sociedade antecipa ao acionista, levando em conta o que esse receberia caso a sociedade fosse liquidada. É importante observar que, após a amortização, a ação não representa mais parcela do capital social, mas apenas parte do patrimônio da sociedade.

Em suma, as ações de fruição estão previstas no art. 44, § 5°[62], da LSA que preceitua: "as ações integralmente amortizadas poderão ser substituídas por ações de fruição, com as restrições fixadas pelo estatuto ou pela assembleia geral que deliberar a amortização; em qualquer caso, ocorrendo liquidação da companhia, as ações amortizadas só concorrerão ao acervo líquido depois de assegurado às ações não amortizadas valor igual ao da amortização, corrigido monetariamente".

---

dos arts. 11, 14 e 15, do inciso III do art. 18, dos parágrafos 1°. e 2°. do art. 27, do inciso X do art. 33, do inciso XII do art. 39 ou do Capítulo VII; ou ainda (ii) de direitos atribuídos por este Estatuto Social à ação de classe especial.

61. Art. 110 LSA. A cada ação ordinária corresponde um voto nas deliberações da assembléia-geral.
[...]
§ 2° <u>É vedado atribuir voto plural a qualquer classe de ações.</u>

62. As ações integralmente amortizadas poderão ser substituídas por ações de fruição, com as restrições fixadas pelo estatuto ou pela assembléia geral que deliberar a amortização; em qualquer caso, ocorrendo liquidação da companhia, as ações amortizadas só concorrerão ao acervo líquido depois de assegurado às ações não amortizadas valor igual ao da amortização, corrigido monetariamente.

Os direitos concedidos ao detentor dessa ação dependerão do que dispuser o estatuto social, mas os titulares dessas ações não podem ser privados dos seus direitos essenciais, previstos no art. 109 da LSA.

Das ações nominativas e escriturais

Para finalizar esse tópico a respeito do valor mobiliário denominado ação, é importante mencionarmos que as ações, quanto ao meio pelo qual circulam, podem ser nominativas ou escriturais, sendo que as ações ao portador e as ações endossáveis foram extirpadas do nosso sistema em virtude da Lei 8.021/90, lei essa conhecida como Plano Collor. Foram revogados os arts. 32 e 33 da LSA.

As ações nominativas são aquelas que são representadas por meio de uma cártula ou um certificado e a sua transferência se opera por meio de transcrição em livro obrigatório mantido pela companhia. Está prevista no art. 31 da LSA[63]. Essas ações circulam de uma maneira mais lenta por causa da necessidade de transcrever essas operações nos livros.

Por sua vez, as ações escriturais não são representadas em certificados ou em títulos emitidos pela companhia. A sua transferência se opera por meio de lançamentos efetuados por instituições financeiras em seus livros, a débito da conta do alienante e a crédito na conta do adquirente. Essa operação se realiza mediante ordem escrita efetuada pelo alienante. As ações escriturais estão previstas no art. 35[64] da Lei 6.404/76.

---

63. Art. 31. A propriedade das ações nominativas presume-se pela inscrição do nome do acionista no livro de "Registro de Ações Nominativas" ou pelo extrato que seja fornecido pela instituição custodiante, na qualidade de proprietária fiduciária das ações. (Redação dada pela Lei nº 10.303, de 2001)

    § 1º A transferência das ações nominativas opera-se por termo lavrado no livro de "Transferência de Ações Nominativas", datado e assinado pelo cedente e pelo cessionário, ou seus legítimos representantes.

    § 2º A transferência das ações nominativas em virtude de transmissão por sucessão universal ou legado, de arrematação, adjudicação ou outro ato judicial, ou por qualquer outro título, somente se fará mediante averbação no livro de "Registro de Ações Nominativas", à vista de documento hábil, que ficará em poder da companhia.

    § 3º Na transferência das ações nominativas adquiridas em bolsa de valores, o cessionário será representado, independentemente de instrumento de procuração, pela sociedade corretora, ou pela caixa de liquidação da bolsa de valores.

64. Art. 35. A propriedade da ação escritural presume-se pelo registro na conta de depósito das ações, aberta em nome do acionista nos livros da instituição depositária.

    § 1º A transferência da ação escritural opera-se pelo lançamento efetuado pela instituição depositária em seus livros, a débito da conta de ações do alienante e a crédito da conta de ações do adquirente, à vista de ordem escrita do alienante, ou de autorização ou ordem judicial, em documento hábil que ficará em poder da instituição.

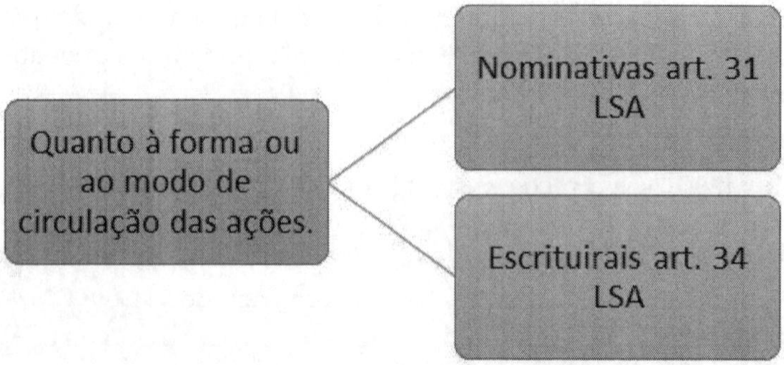

6.6.5.2. Debêntures

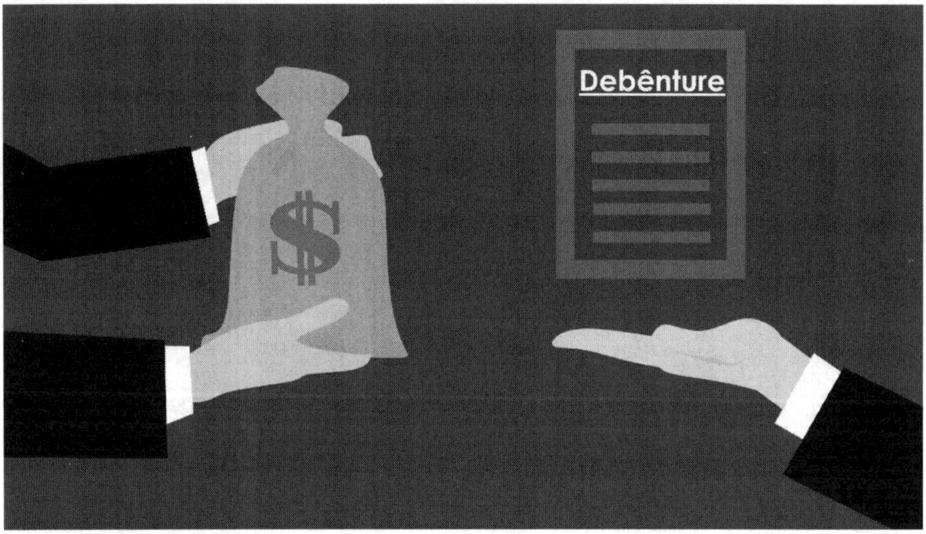

Fonte: https://www.suno.com.br/artigos/debentures/.

A debênture[65] é um valor mobiliário que atribui a condição de credor ao seu detentor. Portanto, o debenturista possui um crédito em face da companhia, diferentemente do acionista que é um participante em face da sociedade. A doutrina costuma equiparar a debênture a um contrato de mútuo, em que o mutuante seria o debenturista e a mutuária seria a sociedade empresária.

65. Art. 52. da Lei 6.404/76. A companhia poderá emitir debêntures que conferirão aos seus titulares direito de crédito contra ela, nas condições constantes da escritura de emissão e, se houver, do certificado.

Ademais, a debênture é considerada um título executivo extrajudicial de acordo com o art. 784 do Código de Processo Civil. Portanto, se não for honrado na data de vencimento, esse título poderá aparelhar um processo de execução em face da sociedade devedora.

A debênture serve de mecanismo eficiente para a captação de recursos no mercado, pois permite que a companhia lance mão desse título e, assim, possa obter recursos suficientes para determinado empreendimento, sendo que a devolução desses valores somente será efetuada após um prazo de 10 (dez) a 15 (quinze) anos. O vencimento desses títulos, em regra, ocorre após o decurso de um longo período. Porquanto, esse título é um mecanismo apto e eficaz para financiar grandes empreendimento, que demanda uma soma elevada de recursos.

Durante o decurso desse prazo até o vencimento, as sociedades devem corrigir o valor das debêntures, além do que haverá o pagamento de juros, durante o transcurso desse prazo. A atualização do valor desse título, por meio da correção monetária, e o pagamento de juros é de rigor para que esse título possa ser atrativo para os investidores. O art. 54, § 1º [66], da LSA prevê a correção monetária e a incidência de juros fixos ou variáveis encontra se no art. 56[67] da LSA. Mas não é só, no intuito de tornar esse título mais atrativo, a sociedade poderá prever que o debenturista terá direito de participação nos lucros da companhia e prêmio de reembolso. Ou seja, esse título pode ser um investimento atrativo para os interessados.

A debênture deve possuir um valor nominal expresso em moeda nacional, salvo nas hipóteses permitidas em lei em que o pagamento deve ser efetuado em moeda estrangeira, conforme o art. 54 da LSA. Às vezes, esse título é negociado por um valor inferior ao nominal, sendo que, no dia do vencimento, a sociedade pagará o valor estipulado no título. Esse acréscimo denomina-se prêmio no reembolso.

Questão interessante e muitas vezes indagadas em concursos públicos diz respeito as chamadas debêntures perpétuas, também conhecidas como debênture Open End. Na verdade, essa nomenclatura induz o candidato em erro, pois nenhuma debênture é perpétua no sentido de não haver vencimento. Denomina se perpétua

66. Art. 54. A debênture terá valor nominal expresso em moeda nacional, salvo nos casos de obrigação que, nos termos da legislação em vigor, possa ter o pagamento estipulado em moeda estrangeira. § 1º A debênture poderá conter cláusula de correção monetária, com base nos coeficientes fixados para correção de títulos da dívida pública, na variação da taxa cambial ou em outros referenciais não expressamente vedados em lei. (Redação dada pela Lei nº 10.303, de 2001).

67. Art. 56. A debênture poderá assegurar ao seu titular juros, fixos ou variáveis, participação no lucro da companhia e prêmio de reembolso.

a debênture que o seu vencimento está condicionado a um determinado fato. No art. 55, § 4º [68], da LSA, o legislador permitiu que a debênture tenha o seu vencimento ocasionado pela inadimplência da companhia de pagar juros ao debenturista ou se ocorrer a dissolução da companhia, bem como outras circunstâncias previstas no título. Um exemplo de outra circunstância prevista no título, podemos nos socorrer de uma questão que fora indagada no concurso da magistratura de São Paulo. Uma determinada companhia, precisando obter recursos para a criação de um parque industrial em uma cidade vizinha, emitiu debêntures, estipulando como a data do vencimento o término da obra. A debênture perpétua é justamente para situações como essa, em não se tem uma data certa para efetuar a devolução do numerário.

As debêntures, conforme permite o art. 58[69] da LSA, podem ser de várias espécies. Na verdade, essas espécies somente terão importância no processo falimentar, pois dependendo da garantia vinculada à debênture, esse valor mobiliário será classificado de maneira diferente no quadro geral de credores. Portanto, as debêntures podem possuir garantia real, garantia flutuante[70], podem ser sem garantias (quirografárias) ou, ainda, subordinadas. Não devemos olvidar que, quanto mais risco maior o proveito econômico alcançado.

Para finalizar, as debêntures podem possuir a cláusula conversível em ação. Em outras palavras, no dia do vencimento, o debenturista poderá optar entre a restituição dos valores emprestados, com os acréscimos devidos ou, se preferir, converter as debêntures em ações da companhia, tornando-se acionista, conforme o que dispuser na escritura de emissão. Essa também é uma prerrogativa concedida ao debenturista que torna esse investimento mais atraente.

---

68. § 4º A companhia poderá emitir debêntures cujo vencimento somente ocorra nos casos de inadimplência da obrigação de pagar juros e dissolução da companhia, ou de outras condições previstas no título. **Debênture Perpétua.**

69. **Art. 58.** A debênture poderá, conforme dispuser a escritura de emissão, ter garantia real ou garantia flutuante, não gozar de preferência ou ser subordinada aos demais credores da companhia.

    § 1º A garantia flutuante assegura à debênture privilégio geral sobre o ativo da companhia, mas não impede a negociação dos bens que compõem esse ativo.

    § 2º As garantias poderão ser constituídas cumulativamente.

    § 3º As debêntures com garantia flutuante de nova emissão são preferidas pelas de emissão ou emissões anteriores, e a prioridade se estabelece pela data da inscrição da escritura de emissão; mas dentro da mesma emissão, as séries concorrem em igualdade.

    § 4º A debênture que não gozar de garantia poderá conter cláusula de subordinação aos credores quirografários, preferindo apenas aos acionistas no ativo remanescente, se houver, em caso de liquidação da companhia.

70. As debentures com garantia flutuante são considerados créditos com privilégio geral na falência, ou seja, esses créditos vêm após os trabalhistas, garantias reais, fiscais, privilégios especiais. São pagos antes dos quirografários e subquirografários.

Os debenturistas serão representados por um agente fiduciário, que representará e cuidará dos interesses dos debenturistas. Quando houver subscrição pública das debêntures, a nomeação do agente fiduciário é obrigatória. Esse agente pode ser pessoa física ou jurídica, sendo pessoa jurídica, esse agente deve possuir a qualidade de uma instituição financeira.

Assim como as ações, as debêntures podem ser negociadas com terceiros. Para tanto basta que haja acordo entre o debenturista e o adquirente do título. A debênture pode ser, quanto à forma, nominativa ou escritural. Quando a debênture for nominativa a transferência se opera mediante registro em livro mantido pela companhia ou por qualquer outra forma aprovada pela autarquia responsável. Essa debenture é instrumentalizada por meio de um título emitido pela companhia.

Por sua vez, quando a debênture assumir a forma escritural, a sua transferência se opera mediante simples registro operado na instituição financeira responsável pela negociação do título.

A companhia pode atuar no mercado secundário adquirindo e negociando as suas debêntures. Não há, na legislação, vedação estabelecida como ocorre com as ações, pois as debêntures possuem natureza jurídica distinta das ações da companhia.

6.6.5.3. Partes beneficiárias

As partes beneficiárias[71] são títulos negociáveis que não possuem valor nominal expresso e são estranhos ao capital social. Portanto, esses títulos atribuem ao seu detentor um crédito eventual em face da sociedade, ou seja, uma vantagem patrimonial que, no entanto, só será devida se a sociedade obtiver lucro naquele determinado exercício. Esses valores mobiliários não poderão atribuir outros direitos ao seu detentor, por exemplo, o direito de voto e o direito de preferência. Contudo, os detentores desses títulos possuem o direito de fiscalizar a gestão da companhia. Está previsto no art. 46 da LSA.

Esses títulos são conhecidos como título do fundador, pois eram distribuídos para os fundadores como retribuição pelos esforços que esses empreenderam para que a companhia tivesse êxito. Surgiram em meados do século XIX, em uma companhia denominada Canal de Suez, sendo que esses títulos eram distribuídos para pessoas que tinham contribuído para que a sociedade pudesse construir o canal de Suez.

Esse título perdeu a sua importância, pois está vedada a possibilidade de as companhias abertas emitirem esse valor mobiliário, conforme determina o art. 47, parágrafo único, da LSA. O prazo de existência desses títulos não poderá ser

71. Art. 46. A companhia pode criar, a qualquer tempo, títulos negociáveis, sem valor nominal e estranhos ao capital social, denominados "partes beneficiárias".

superior a 10(dez) anos, quando esses títulos forem ofertados como contrapartida por serviços prestados.

6.6.5.4. Bônus de subscrição

É[72] um valor mobiliário emitido pela companhia com a finalidade de captar recursos no mercado. O detentor desse título tem o direito de subscrever, com preferência, ações, quando do aumento do capital social. Em outras palavras, o adquirente desse título terá direito prioritário de adquirir as novas ações que a sociedade irá emitir, conforme autorizado no estatuto social. Esse direito de preferência será exercido mediante a apresentação do título à sociedade emissora.

Contudo, somente as sociedades anônimas de capital autorizado poderão emitir esse título. Essas sociedades estão previstas no art. 168[73] da LSA. Segundo esse dispositivo, a companhia de capital autorizado é aquela em que a autorização para o aumento do capital social está previamente disciplinada no contrato social.

Quando a companhia emitir bônus de subscrição, esses títulos precisam ser oferecidos primeiramente para aqueles que já são acionistas; se não houver interesse desses na aquisição, esses títulos serão oferecidos a terceiros. Nesse momento, esses terceiros que adquiriram o bônus de subscrição passam a ter prioridade na compra das ações que serão emitidas pela companhia. Ou seja, nesse caso, pode-se dizer que o direito de prioridade, que é um direito essencial, pode ser cedido a terceiros.

6.6.5.5. *Commercial paper*

Este título[74] se assemelha à debênture, pois o detentor desse valor mobiliário é, assim como o debenturista, considerado um credor diante da companhia emissora. Trata-se de um valor mobiliário, muito utilizado pelas companhias, para buscarem

---

72. Art. 75. A companhia poderá emitir, dentro do limite de aumento de capital autorizado no estatuto (artigo 168), títulos negociáveis denominados "Bônus de Subscrição". Parágrafo único. Os bônus de subscrição conferirão aos seus titulares, nas condições constantes do certificado, direito de subscrever ações do capital social, que será exercido mediante apresentação do título à companhia e pagamento do preço de emissão das ações.

73. Art. 168. O estatuto pode conter autorização para aumento do capital social independentemente de reforma estatutária.

74. A Resolução nº 1.723 do Bacen regulamentou a oferta pública de notas promissórias ou *commercial papers* para captação de recursos pelas companhias, ao considerá-la como um valor mobiliário. A empresa emitente pode ser uma companhia de capital aberto ou fechado, diferentemente das debêntures que só podem ser emitidas por companhias abertas. Ademais, as debêntures possuem data de vencimento longos, enquanto o *commercial paper* possui prazo de vencimento diminuto.

recursos no mercado para a realização de determinados empreendimentos. Ocorre que, essa nota promissória, que chamamos de *commercial paper*, tem um prazo diminuto de vencimento. Portanto, esses valores devem ser restituídos em um lapso temporal reduzido.

De acordo com a Instrução Normativa 566/15 da CVM, para as companhias abertas ou fechadas a data de vencimento deve ser no máximo de 360 dias a partir da emissão desse titulo.

Logo se percebe que esses títulos resolvem problemas momentâneos de fluxo de caixa e para o cumprimento de obrigações pontuais.. Não são títulos aptos a financiar grandes empreendimentos como acontece com as debêntures, que possuem um prazo vasto de vencimento, podendo chegar, em alguns casos, a 15 ou 20 anos.

Esse título só pode ser endossado em preto, o endossatário deve ser identificado. Só é possível o endosso sem garantia, ou seja, o endossante não se torna um coobrigado cambiário. Para poder circular no mercado, deve haver prévio registro na CVM. Ademais, esses títulos não podem ser negociados pela própria companhia, que, se os adquirir antes do vencimento, devem ser liquidados.

6.6.5.6. ADR e BDR

Os ADR ou American Depositary Receipts[75] foram idealizado pelo banqueiro norte-americano J. P. Morgan, que desejava propiciar para seus clientes, residentes nos Estados Unidos, a possibilidade de adquirirem títulos de uma companhia inglesa, denominada Sefridge's, sem, contudo, se submeterem à legislação inglesa. Para tanto, idealizou esse título que seria emitido nos Estados Unidos e seria um título-espelho, como assim é denominado pela doutrina, de um título semelhante emitido pela companhia inglesa.

Como funciona: uma companhia inglesa emitiria um valor mobiliário; esse valor mobiliário seria adquirido por uma instituição financeira do mesmo país, que os mantém em custódia. Essa instituição financeira custodiante mantém vínculos negociais com uma instituição financeira norte-americana. Essa última emitirá valores mobiliários que representam os títulos que estão custodiados na Inglaterra e serão conhecidos como ADR e negociados nos Estados Unidos.

Esses títulos, diante da grande aceitação nos Estados Unidos, alastraram-se por outros países, chagando ao Brasil, onde foram normatizados pela Instruções Normativas 317, 331 e 332 da CVM. Com isso, surgiu o chamado BDR ou Brazilian Depositary Receipts.

75. An American depositary receipt (ADR) is a negotiable certificate issued by a U.S. depository bank representing a specified number of shares—or as little as one share—investment in a foreign company's stock. The ADR trades on markets in the U.S. as any stock would trade.

6.6.6. *Órgãos da companhia*

Como já mencionamos anteriormente, a pessoa jurídica foi idealizada com o intuito de facilitar o desenvolvimento da atividade empresarial, permitindo que pessoas pudessem se reunir em torno de um ente constituído e comungar esforços para a realização de determinados objetivos. A pessoa jurídica, assim como a pessoa física, precisa de órgãos para poder expressar a sua vontade no mundo fático. Assim como os órgão da pessoa física, que lhe permitem entabular negócios jurídicos e expressar a sua vontade, a pessoa jurídica também conta com órgãos que lhe permitem atuar no mundo fático.

Podemos elencar quatro órgãos essenciais para que a companhia possa desenvolver adequadamente a sua atividade empresarial. Existe um órgão deliberativo que reúne todos os acionistas para que a sociedade possa externar uma vontade única; por sua vez, existe um órgão de direção que executa o que fora decidido nas reuniões dos acionistas internamente e outro órgão que comunica essa vontade perante terceiros e, por fim, há que haver um órgão de controle, que fiscaliza aqueles que devem conduzir a sociedade para que essa alcance o seu fim social. De certo modo, podemos comparar esses órgãos societários com a ideia de tripartição de poderes elaborado por Montesquieu, pois os órgãos da companhia também têm por escopo contrabalancear os poderes e os interesses internos da companhia, funcionando como um sistema de freios e contrapesos.

No infográfico abaixo podemos analisar os quatro órgãos que atuam nas companhias e os principais aspectos de cada um desses órgãos.

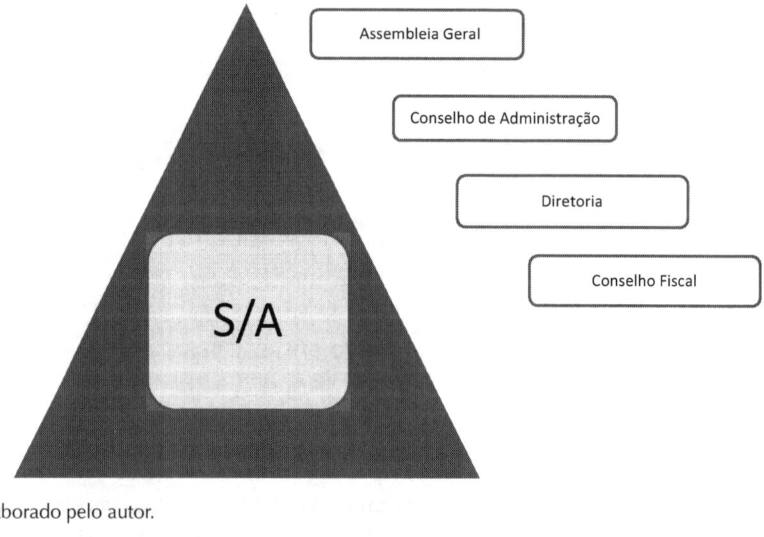

Fonte: elaborado pelo autor.

6.6.6.1. Assembleia geral

A assembleia geral é o órgão deliberativo máximo dentro da estrutura organizacional da companhia[76]. É por meio desse órgão que a companhia externaliza a sua vontade. No Brasil, a assembleia geral é soberana, ou seja, não existe matéria que não possa ser deliberada pela assembleia geral. Está prevista no art. 121 da LSA. As matérias que, segundo o legislador, podem alterar a estrutura da companhia ou certas matérias que necessitam da anuência dos acionistas devem ser deliberadas exclusivamente pela assembleia geral e não podem ser delegadas para outros órgãos da companhia.

A assembleia geral tem competência privativa para deliberar sobre a reforma do estatuto social; eleição e destituição dos administradores e dos membros do conselho fiscal; verificar as contas anuais apresentadas pelos administradores e, ainda, deliberar a respeito das demonstrações financeiras; aprovar a emissão de debêntures e partes beneficiarias; deliberar sobre a suspensão do direito dos acionistas; verificar e avaliar os bens que foram conferidos para o capital social; aprovar qualquer operação societária como fusão, transformação, incorporação; autorizar a companhia a pedir a recuperação judicial ou a falência etc. Essas matérias, como se pode notar, não são matérias rotineiras e devem ser decididas pelos acionistas por meio do conclave. O elenco de competências da assembleia está descrito no art. 122 da LSA.

Na assembleia todos os acionistas se reúnem para a vontade da companhia possa ser formada em relação a determinada matéria que está sendo decidida. Ocorre que nem todos os acionistas podem individualmente compor, por meio do voto, a vontade da companhia, apenas aqueles não foram privados desse direito. Diante disso, surge a pergunta, o preferencialista, sem direito de voto, têm direito de participar das assembleias? E a resposta é sim, pois embora ele não possa votar, o preferencialista tem o direito de comparecer e discutir a matéria que está sendo posta em discussão. Esse direito é conhecido como o direito de voz.

Outra questão que tem sido frequentemente solicitada em provas discursivas diz respeito ao art. 120 da LSA. Esse dispositivo permite que a assembleia geral possa suspender o exercício dos direitos do acionista que deixar de cumprir obrigação imposta pela lei ou pelo estatuto da companhia, cessando, no entanto, a suspensão tão logo cumprida a obrigação. Naturalmente, essa sanção possui natureza coativa e não sancionatória. A suspensão dos direitos do acionista tem a função de obrigá-lo

76. Art. 121 da LSA. "A assembléia-geral, convocada e instalada de acordo com a lei e o estatuto, tem poderes para decidir todos os negócios relativos ao objeto da companhia e tomar as resoluções que julgar convenientes à sua defesa e desenvolvimento". Esse dispositivo demonstra que esse é órgão deliberativo máximo que atua nas companhias, sejam estas abertas ou fechadas.

a cumprir uma obrigação legal ou estatutária. Assim que o acionista cumprir a sua obrigação, a sanção é levantada.

Existe acirrada e acalorada discussão em torno desse dispositivo. Uma primeira corrente entende que somente direitos não essências podem ser suspenso. Comunga dessa ideia o prof. Fran Martins. Então, se, por exemplo, um acionista não cumpriu a obrigação legal de integralizar as suas ações, de acordo com essa primeira corrente o acionista remisso poderia ter o seu direito de voto suspenso, ou, ainda, ser privado de comparecer às assembleias, pois esses direitos não são essenciais. Mas, a assembleia não poderia privá-lo do recebimento dos dividendos a que faz jus, pois esse é essencial. Essa corrente, que é predominante na jurisprudência, entende que os direitos essenciais são regras estabilizadoras das relações de poder no interior da companhia e permitir a sua suspensão seria desestabilizar as relações internas de poder.

Assim, entendia o festejado lente Waldemar Ferreira que afirmava que nem o estatuto social e nem a assembleia geral poderão privar quaisquer acionistas dos direitos elencados no vetusto art. 78 do Decreto-Lei nº 2.627/40 (atual art. 109 da atual Lei 6.404/76), argumentando que a previsão dos direitos essenciais teve por objetivo conter o arbítrio de deliberações majoritárias abusivas ou facciosas. Ademais, enfatizava que a assembleia geral não pode privar qualquer acionista de participar dos lucros sociais, não pode excluí-lo de participação no acervo social na liquidação da sociedade, nem do direito de fiscalizar a gestão dos negócios sociais e, muito menos, da preferência para a subscrição de ações no caso de aumento do capital social ou do direito de ceder a terceiro tal preempção. E, em hipótese alguma, do direito de recesso nas hipóteses previstas na lei societária.

A segunda corrente, por sua vez, capitaneada por nada menos do que Trajano de Miranda Valverde, entende que a assembleia geral, como órgão soberano que é, pode sim suspender os direitos essenciais do acionista que deixar de cumprir obrigação imposta pelo estatuto social ou pela lei. Assim, também, entendia Francisco Cavalcanti Pontes de Miranda.

Por sua vez, o professor do Largo de São Francisco Modesto Carvalhos entende que os direitos essenciais também podem ser suspensos pela assembleia geral. De acordo com o festeja lente, a assembleia geral poderá suspender os direitos do acionista constituído em mora. Essa suspensão poderá atingir o direito de voto e o próprio direito de comparecimento às assembleias. Pode, ainda, atingir o direito de recebimento de dividendos e de bonificações. Ademais, o acionista em mora perde o direto de fiscalização enquanto estiver em mora, inclusive o direito de recesso. A suspensão não é automática, havendo necessidade da expressa manifestação da assembleia.

É importante frisar que as penalidades impostas pela assembleia devem abranger todos os acionistas em mora e não pode atingir apenas alguns dos acionistas. A assembleia deve utilizar o princípio da equidade entre os acionistas, não podendo estabelecer privilégios para uns em detrimento dos outros.

Essa corrente entende que o art. 109 da LSA veda que o estatuto social ou a assembleia geral possam privar o acionista de seus direitos essenciais; contudo, o art. 120 da mesma legislação permite que o a assembleia geral pode suspender o direito do acionista que deixou de cumprir obrigação imposta pelo estatuto social ou pela lei para obrigá-lo a cumprir o seu dever.

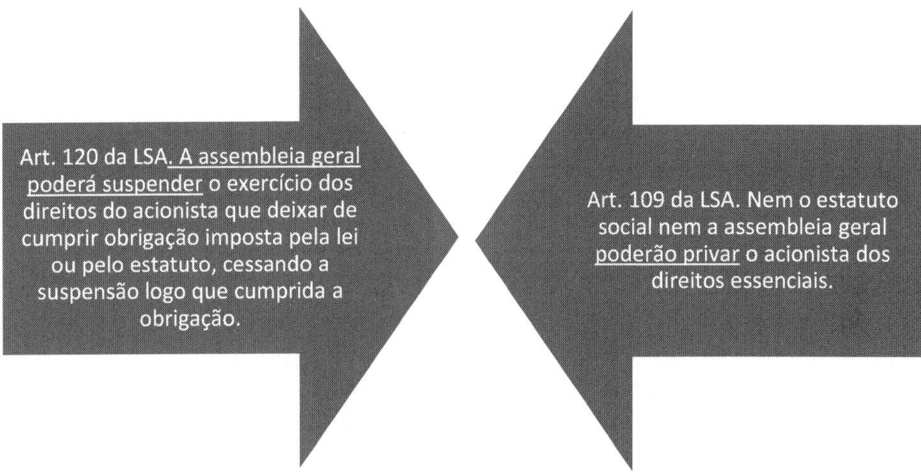

Fonte: elaborado pelo autor.

A redação do art. 120 da LSA assim dispõe: "A assembleia-geral poderá suspender o exercício dos direitos do acionista que deixar de cumprir obrigação imposta pela lei ou pelo estatuto, cessando a suspensão logo que cumprida a obrigação" (grifos nosso). Por sua vez, o art. 109 do mesmo estatuto legal dispõe: "Nem o estatuto social nem a assembleia geral poderão privar o acionista dos direitos de:

> I – participar dos lucros sociais;
>
> II – participar do acervo da companhia, em caso de liquidação;
>
> III – fiscalizar, na forma prevista nesta Lei, a gestão dos negócios sociais;
>
> IV – preferência para subscrição de ações, partes beneficiárias conversíveis em ações, debêntures conversíveis em ações e bônus de subscrição, observado o disposto nos artigos 171 e 172; (Vide Lei nº 12.838, de 2013)
>
> V – retirar-se da sociedade nos casos previstos nesta Lei" (grifo nosso).

Cotejando esses dois dispositivos, nos parece ser de uma clareza cristalina que a assembleia não pode privar o acionista de seus direitos essenciais, mas não lhe fora impossibilitada de suspender os direitos essenciais do acionista. Não se pode contra-argumentar que privar é sinônimo de suspender, sob pena de comprometer todo o nosso vocabulário. Privar significa despojar, destituir alguém de um poder. Tem o sentido de abolir por completo esse direito. Por sua vez, o termo suspender significa interromper, impedir algo por um certo período. Enfim, permite-se que a assembleia suspenda um direito essencial, ou seja, impeça o acionista de utilizá-lo, por um certo período. É temporária essa sanção até que o acionista cumpra a sua obrigação. O que não se permite, e não se poderia admitir, é privar o acionista de um direito essencial, pois se isso fosse possível, estar-se-ia aniquilando por completo um direito irrefutável e inalienável do acionista. Nesse caso, estaríamos subvertendo a estrutura interna de poder.

As assembleias podem ser de duas espécies. Há assembleias que se realizam anualmente, chamadas de assembleias gerais ordinárias (AGO), e há assembleias que podem se realizar de acordo com a necessidade da companhia, denominadas de assembleias gerais extraordinárias (AGE). Cada uma desses conclaves possuem competências próprias e quóruns próprios para serem convocadas e para a aprovação das matérias.

A assembleia pode ser ordinária, conhecida como AGO. Essa assembleia ocorre uma vez por exercício nos primeiros quatro meses (cada exercício corresponde a um ano de acordo com o calendário gregoriano). Como o nome já sugere essa assembleia cuida de assuntos rotineiros que devem ser decididos anualmente, como as matérias previstas no art. 132 da LSA. A competência da AGO se restringe a apenas quatro matérias, que são:

> **I – tomar as contas dos administradores, examinar, discutir e votar as demonstrações financeiras;**
>
> **II – deliberar sobre a destinação do lucro líquido do exercício e a distribuição de dividendos;**
>
> **III – eleger os administradores e os membros do conselho fiscal, quando for o caso;**
>
> **IV – aprovar a correção da expressão monetária do capital social.**

Importante questão que deve ser custodiada pelo candidato refere-se ao prazo para anular deliberação que aprovou, sem reservas, as contas do administrador que tinham sido apresentadas com fraude perante o conclave. Essa ação prescreve em 2(dois) anos, contados da deliberação, de acordo com o art. 286 da LSA.

A competência da AGO é taxativa, portanto, basta que o aluno decore essas competências, sendo que qualquer outra matéria será obrigatoriamente da competência da AGE. Por exemplo, é usual, nas primeiras fases dos concursos públicos, chamado de fase objetiva, questões indagando a respeito da competência da AGO e da AGE. Então, são da competência da AGE, as deliberações a respeito da emissão de debêntures, para a redução do dividendo obrigatório, para a criação de ações preferenciais, cisão da companhia e outras matérias que porventura possam surgir durante a existência da companhia. Não devemos olvidar que devido à excepcionalidade dessas matérias, essas deliberações poderão atribuir o direito de recesso ao acionista que dissidente. A AGO pode ser realizada a qualquer tempo e quantas vezes for necessário.

A AGO e AGE poderão ser convocadas cumulativamente e realizadas na mesma data, horário e local e, ainda, escrituradas em uma mesma ata, sem que isso gere qualquer nulidade.

6.6.6.2. Conselho de administração

O conselho de administração é o órgão de intermediação entre a assembleia de acionistas e a diretoria da companhia. As companhias são administradas pelo conselho de administração (*Board of Directors*) e pela diretoria. Essa administração, compartilhada por dois órgãos, é denominada de sistema bipartido ou dualista. Quando, no entanto, a administração é exercida por um único órgão, denominamos esse sistema de unitário. No tocante às companhias abertas, o Brasil adotou o sistema dualista. Já no tocante às companhias fechadas, permite-se que essas possam escolher entre o sistema unitário ou bipartido conforme a estrutura da companhia.

O conselho de administração está previsto no art. 138 da LSA. É essencialmente um órgão com funções programáticas, fiscalizatórias e administrativas propriamente ditas. O conselho fixa diretrizes para serem alcançadas pela companhia; cabe ao conselho fiscalizar os diretores, que representam a companhia perante terceiros e, ainda, o conselho exerce funções administrativas quando escolhe os membros da diretoria.

O conselho de administração é um órgão obrigatório nas companhias abertas, nas companhias de capital autorizado e nas sociedades de economia mista. Esse órgão será composto por, no mínimo, 3 (três) membros, eleitos pela assembleia e destituíveis, a qualquer tempo, por esse mesmo órgão. Importante observar que não há mais a necessidade de os membros do conselho serem acionistas. Contudo, de acordo com art. 146 da LSA, os membros do conselho devem obrigatoriamente ser pessoas físicas. Não se admite pessoa jurídica no conselho de administração.

O mandato de cada conselheiro não pode ser superior a 3(três) anos, admitindo se uma reeleição.

A competência do conselho de administração encontra se no art. 142 da LSA. Essa competência não pode ser delegada para outro órgão. Trata-se do princípio da indelegabilidade das funções que norteia a legislação do anonimato. As principais funções do conselho são. fixar a orientação geral dos negócios da companhia; eleger e destituir os diretores; fiscalizar a gestão dos diretores, bem como examina os livros sociais, solicitar informações sobre contratos realizados pela companhia e deliberar, se assim permitir o estatuto social, sobre a emissão das ações ou sobre bônus de subscrição.

No intuito de assegurar a representação a vários seguimentos, o legislador estabeleceu algumas regras para que todos sejam representados nesse órgão. O primeiro critério é o do chamado voto múltiplo, previsto no art. 141 da LSA. Segundo esse dispositivo, os titulares de 10% das ações com direito de voto podem requerer a adoção do processo de voto múltiplo, que consiste em atribuir a cada acionista tantos votos quantos sejam os membros do conselho. Mas não é só, o estatuto social poderá, ainda, prever a participação de empregados no conselho de administração. Ademais, os detentores de pelo menos 15% do capital votante, nas companhias abertas, terão direito de eleger um membro em votação em separado. E, por fim, os preferencialistas, que não possuem direito de voto, titulares de no mínimo 10% do capital social, terão direito de eleger um membro em separado.

6.6.6.3. Diretoria

A diretoria é órgão obrigatório nas companhias abertas e fechadas. A função primordial desse órgão é representar externamente a companhia perante terceiros. São os diretores que representam a companhia, praticando todos os atos necessários ao bom andamento dos negócios sociais.

A diretoria será composta por (2) dois ou mais membros, eleitos e destituíveis a qualquer tempo pelo conselho de administração, ou, se inexistem esse, pela assembleia geral. O número mínimo de dois diretores é estabelecido por lei, sendo que o número máximo de diretores será determinado pelo estatuto social. Somente podem fazer parte da diretoria pessoas físicas e, desde que, residentes no país. Podem ser eleitos para integrar a diretoria até 1/3 dos membros do conselho de administração.

O mandato dos diretores será de 3(três) anos, podendo ser reeleitos para o cargo. A remuneração dos diretores deverá ser fixada pela assembleia geral, cabendo, ainda, a esse órgão, fixar os benefícios de qualquer natureza, bem como o valor das verbas de representação, levando em conta o valor pago no mercado por serviços semelhantes.

6.6.6.4. Conselho Fiscal

O conselho fiscal é um órgão encarregado do assessoramento técnico e de fiscalização. O conselho fiscal será composto de no mínimo 3 (três) e no máximo 5(cinco) membros, acionistas ou não, eleitos pela assembleia geral. Somente pessoas físicas poderão integrar o conselho fiscal. O conselho é órgão obrigatório nas companhias. É obrigatório a previsão do conselho fiscal no estatuto social, mas o funcionamento desse órgão só ocorrerá se assim deliberar a assembleia geral. É da competência da AGO a escolha do membro do conselho fiscal.

Nas sociedades de economia mista o conselho fiscal é órgão de funcionamento obrigatório, tendo em vista que a maior parte do capital social pertence ao Estado, conforme determina o art. 240 da LSA.

As funções atribuídas ao conselho fiscal não podem ser delegadas a outro órgão.

Não podem integrar o conselho fiscal os administradores (membros do conselho de administração e da diretoria), os empregados da companhia ou de sociedade por ela controlada, ou, ainda, pertencente ao mesmo grupo e o cônjuge do administrador, bem como qualquer parente até terceiro grau. Não se pode admitir que aquele a quem compete fiscalizar tenha qualquer espécie de vínculo com as pessoas são fiscalizadas.

Os membros do conselho fiscal são eleitos pelos acionistas em assembleia geral ordinária. A eleição desses membros ocorrerá da seguinte maneira: a) um membro poderá ser eleito pelos preferencialistas sem direito de voto; b) os ordinarialista poderão eleger um membro do conselho fiscal, desde que detenham pelo menos 10% do capital social; c) os demais acionistas, também, terão direito de eleger membros para o conselho fiscal, em número igual aos eleitos pelos ordinarialista minoritários e pelos preferencialistas sem direito de voto e com o acréscimo de um membro.

6.6.7. *Deveres do administrador*

Como é sabido e consabido, todo cargo de direção possui prerrogativas para que a pessoa possa bem desempenhar a sua função. Em contrapartida a essas prerrogativas, há, para o administrador da companhia, uma série de deveres que devem ser atendidos, sob pena desse ser responsabilizado.

O primeiro dever imposto ao administrador é o dever de diligência, previsto no art. 153 da LSA. Trata se do chamado *duty of care* do direito norte-americano. De acordo com o dever de diligência, o administrador deve empregar, no exercício de suas funções, todo o cuidado e a diligência que todo homem ativo e probo costuma empregar na condução de seus próprios negócios. Em outras palavras, o administrador deve agir, no exercício das suas funções, como se estivesse administrando seu próprio negócio. Trata-se de obrigação de meio e não de resultado.

O segundo dever imposto ao administrador é o dever de lealdade. O administrador deve ser leal à companhia que administra. É corolário desse dever de lealdade algumas vedações estabelecidas no art. 155 da LSA. Porquanto, o administrador não deve obter benefícios, para si ou para outrem, vantagens pessoais em virtude do cargo que exerce. O administrador não pode omitir-se na defesa de interesses da companhia, visando com isso a obtenção de vantagem. É, ainda, vedado, ao administrador adquirir ou vender com lucro, bem ou direito, que sabe ser necessário à companhia.

Por sua vez, há o dever de sigilo. De acordo com esse dever, o administrador deve, mormente nas companhias abertas, manter certas informações pertinentes à companhia em sigilo, pois essas informações, se tornadas públicas, poderão influenciar nas decisões dos investidores no tocante à compra e venda de valores mobiliários. Esse dever de sigilo obriga o administrador a manter certas informações confidenciais mesmo em relação aos outros funcionários da companhia.

Esse encargo, imposto primordialmente ao administrador, é essencial para que se possa manter a lisura e a equidade entre os agentes que atuam no mercado de capitais. Se certos investidores obtiverem informações privilegiadas em detrimento de outros, a credibilidade que deve permear o mercado mobiliário estará comprometida. Se a credibilidade do mercado mobiliário estiver maculada, os investidores não terão segurança para realizarem investimentos, e sem investimentos, as companhias não terão recursos para ampliar ou mesmo desenvolver as suas atividades. Esse quadro fatalmente provocará consequências danosas para a economia nacional.

Portanto, as informações, quando for necessário, devem ser divulgadas ao mercado de modo paritário. Em outras palavras, todos os agentes que atuam no mercado devem ter acesso a essas informações para que não haja pessoas obtendo informações em detrimento de outras. Por exemplo, mais adiante iremos analisar o dever de informar. Iremos verificar que o administrador, ao mesmo tempo que tem o dever de manter certas informações em sigilo, possui, por outro lado, o dever de divulgar certas informações para o mercado. Essas informações devem ser divulgadas justamente para que os agentes possam atuar de acordo com realidade fática do mercado e igualdade de condições. Essa transparência que se exige das companhias torna o mercado mobiliário mais seguro e confiável.

Diante dessa preocupação em fortalecer o mercado mobiliário brasileiro, o legislador, no intuito de dar maior eficácia e fortalecer o dever de sigilo, resolveu tipificar a conduta do administrador, que divulga informações privilegiadas ao mercado, transformando um mero ilícito civil em crime sancionado com uma pena de reclusão de um a cinco anos e multa de até três vezes o valor da vantagem obtida indevidamente.[77] O *nomen juris* do delito é conhecido na doutrina como *insider trading*.

Posteriormente, a CVM, com supedâneo legal que lhe fora ofertada pelo art. 9º, IV, da Lei 6.385/76, editou a Instrução Normativa 34/81, que estendeu o dever de sigilo para quaisquer pessoas que, em razão do cargo ou função, tenham acesso a tais informações consideradas privilegiadas. Com isso, cria-se um mercado mobiliário mais estável e confiável para os agentes que nele atuam. Posteriormente, a Lei 10.303/01 estendeu esse dever de sigilo a todos as pessoas que tenham acesso a informações consideradas privilegiadas. Diante desse aparato legal oferecido pelo ordenamento jurídico brasileiro procurou-se coibir essa prática danosa e, assim, resguardar e fortalecer, nosso direito mobiliário.

---

77. Art. 27-D, da Lei 6385/86 Utilizar informação relevante de que tenha conhecimento, ainda não divulgada ao mercado, que seja capaz de propiciar, para si ou para outrem, vantagem indevida, mediante negociação, em nome próprio ou de terceiros, de valores mobiliários: Pena – reclusão, de 1 (um) a 5 (cinco) anos, e multa de até 3 (três) vezes o montante da vantagem ilícita obtida em decorrência do crime.

Há, ainda, o dever de informar que, de acordo com o art. 157 da LSA, pode ser dividido em três modalidades que são o dever de declaração, o dever de revelação e o dever de divulgação. Há, primeiramente, o dever de o administrador declarar, no livro de posse, quais os valores mobiliários que possui da sociedade que irá administrar, bem como de sociedades por essa controlada ou do grupo de sociedades de que essa faça parte.

Há, também, o dever de o administrador revelar à assembleia geral ordinária, a pedido de acionista que representem pelo menos 5% do capital social, as seguintes informações:

a) o número dos valores mobiliários de emissão da companhia ou de sociedades controladas, ou do mesmo grupo, que tiver adquirido ou alienado, diretamente ou através de outras pessoas, no exercício anterior;
b) as opções de compra de ações que tiver contratado ou exercido no exercício anterior;
c) os benefícios ou vantagens, indiretas ou complementares, que tenha recebido ou esteja recebendo da companhia e de sociedades coligadas, controladas ou do mesmo grupo;
d) as condições dos contratos de trabalho que tenham sido firmados pela companhia com os diretores e empregados de alto nível;
e) quaisquer atos ou fatos relevantes nas atividades da companhia.

E, por fim, temos o dever de divulgação, que consiste na obrigação de o administrador informar à bolsa de valores e para a imprensa qualquer informação que possa influenciar na cotação das ações no mercado mobiliário. Está última modalidade é corolário do chamado *disclosure* do direito norte-americano.[78]

Por fim, no art. 156 da LSA, o legislador adequadamente impede que o administrador participe de negócios jurídicos em que haja conflito de interesses. O administrador não pode participar de negócios da companhia que sejam conflitantes com interesses pessoais seus. Havendo a participação do administrador, que atua como representante da companhia, em negócios que sejam evidentemente conflitantes com interesses pessoais seus, há que se considerar esse negócio como anulável, pois há evidente conflito de interesses.

---

78. Disclosure laws are designed to protect investors through the disclosure of business and financial information that could be considered relevant to making an investment decision. Since private companies do not raise money from the investing public, they are not subject to the same disclosure laws as public companies. Investors in private companies are considered to be sufficiently well informed about their investment decisions so as not to require the protection of disclosure laws. Read more: https://www.referenceforbusiness.com/encyclopedia/Dev-Eco/Disclosure-Laws-and-Regulations.html#ixzz6OTZjgvwk.

6.6.8. Responsabilidade dos administradores

A responsabilidade imputada aos administradores da companhia encontra-se descrita no art. 158 da Lei do Anonimato. Esse dispositivo está assim redigido:

> **Art. 158 da LSA. O administrador não é pessoalmente responsável pelas obrigações que contrair em nome da sociedade e em virtude de ato regular de gestão; responde, porém, civilmente, pelos prejuízos que causar, quando proceder:**
>
> **I – dentro de suas atribuições ou poderes, com culpa ou dolo;**
>
> **II – com violação da lei ou do estatuto.**

Primeiramente, há deve se observar que o administrador não responde pelas obrigações que contrair em nome da companhia oriundas de ato regular de gestão. Aliás, nem poderia ser outra a determinação legislativa, pois agindo com diligência as obrigações devem ser cumpridas pela pessoa jurídica e não pelo órgão que agiu em seu nome. Portanto, no atual cenário jurídico, mesmo que o administrador aja com excesso de poderes, esse fato não pode ser oposto a terceiros, excluindo a responsabilidade da companhia. Não se aplica a teoria *ultra vires* no tocante às companhias.

Essa teoria, com já analisamos anteriormente, proporciona insegurança jurídica aos agentes que atuam no mercado e esse fator é incompatível com as operações realizadas pelas companhias. Ademais, não se pode utilizar uma teoria, que foi abandonada em quase todas as normas mundiais, inclusive na Inglaterra onde surgiu e que, no Brasil, disciplina a sociedade simples, uma sociedade de cunho não empresarial, no tocante às companhias que possuem legislação própria.

Voltando ao dispositivo sob análise. A responsabilidade do administrador, portanto, é perante a companhia por eventuais danos causados durante a sua administração. O administrador responderá perante a companhia pelos prejuízos proporcionados à companhia quando esses danos ocorreram por culpa ou por dolo. Nesse caso, o prejudicado deverá demonstrar o dolo ou, ao menos, a culpa do administrador para imputar-lhe responsabilidade civil.

No tocante ao inciso I, cuida-se de responsabilidade subjetiva em que devem estar presentes: conduta do administrador e o nexo causal com o resultado produzido, bem com a má-fé ou a negligência, imperícia ou imprudência desse. Em outras palavras, para que o administrador seja obrigado a reparar o dano ocorrido durante o seu mandato, o postulante deverá demonstrar o dolo ou culpa do mandatário. Trata-se de uma hipótese de responsabilidade subjetiva clássica.[79]

---

79. Art. 927 do Código Civil. Aquele que, por ato ilícito (arts. 186 e 187), causar dano a outrem, fica obrigado a repará-lo.

Não devemos olvidar que o administrador pode se valer das causas excludentes da responsabilidade, tais como o caso fortuito e a força maior, para excluir a sua responsabilidade. Ademais, o juiz poderá excluir a responsabilidade do administrador se ficar provado a sua boa-fé e que agiu no interesse da companhia.[80]

Contudo, no inciso II, o legislador preceituou que o administrador é, também, responsável quando esse violar regras estabelecidas no estatuto social da companhia ou violar dispositivos legais. Nessa hipótese, alguns doutrinadores sustentam tratar-se uma hipótese de responsabilidade objetiva em que o dolo ou a culpa seriam dispensáveis para a responsabilização do administrador. O professor de direito comercial Modesto Carvalhosa entende que o inciso II da art. 158 da LSA é uma hipótese de responsabilidade objetiva.

Há, contudo, autores que sustentam que o inciso II do art. 158 da LSA. estabelece uma hipótese de culpa subjetiva com presunção de culpa. Cuida-se de uma culpa subjetiva, exigindo a presença do elemento subjetivo, mas há uma inversão no ônus da prova. Logo, cabe ao administrador provar que o fato não ocorreu ou que não houve dolo ou culpa em sua administração.

É de rigor deixar consignado que a chamada culpa subjetiva com inversão do ônus da prova foi uma evolução do sistema clássico. Em algumas situações, entendeu o legislador que o ressarcimento da vítima deve ser facilitado e, portanto, esse sistema inverte ônus da prova, exigindo do administrador o dever de provar que não houve violação do estatuto social ou da lei.

Enfim, as hipóteses previstas no art. 158 da Lei 6.404/76 cuidam da responsabilidade subjetiva do administrador. Não assiste razão para aqueles que sustentam que o inciso II do mencionado dispositivo seria uma hipótese de responsabilidade sem culpa ou objetiva. Quando o legislador determina que o agente deva responder mesmo que a sua conduta esteja despida de culpa, ele o faz por razões de ordem pública ou para a tutela do hipossuficiente. Na responsabilidade objetiva, o ganho obtido pelo agente suportara as perdas advindas do ressarcimento. Quando o legislador imputa ao fornecedor responsabilidade objetiva em virtude da atividade desenvolvida por esse, o faz por uma questão de equidade, pois a prova em face do fornecedor muitas vezes será impossível de ser produzida pelo consumidor[81].

Ademais, qual seria o fundamento lógico para se imputar ao administrador uma responsabilidade objetiva em virtude de sua administração. Primeiro, esse não teria capacidade econômico para indenizar uma companhia, acionistas ou eventuais

80. § 6º do art. 159 da LSA. O juiz poderá reconhecer a exclusão da responsabilidade do administrador, se convencido de que este agiu de boa-fé e visando ao interesse da companhia.

81. De acordo com Nicola Framarino Dei Malatesta, a prova impossível de se produzir, por exemplo, a prova de um fato negativo, seria uma prova diabólica.

prejudicados. Ademais, importar tamanha responsabilidade ao administrador, pessoa física, é inverter as raízes histórica-jurídicas que ensejaram o surgimento dessa responsabilidade sem culpa.

A própria legislação norte-americana, berço do direito societário moderno e paradigma da nossa legislação, caminhou nesse sentido, impondo ao administrador uma responsabilidade de cunho eminentemente subjetiva. A jurisprudência norte-americana, com supedâneo no Business Judgement Rule[82], assim entendeu no tocante a responsabilidade do administrador.

Pelo que se percebe, o direito norte-americano caminha no sentido de sempre presumir a boa-fé do administrador e que os seus atos são praticados em benefício da sociedade. Desse modo, o administrador pode desenvolver o seu *métier* em toda a sua plenitude. Nesse sentido caminhou o legislador quando da edição do art. 159[83], § 6º, da Lei 6404/76.

---

82. Business judgment rule is a legal principle that makes officers, directors, managers, and other agents of a corporation immune from liability to the corporation for loss incurred in corporate transactions that are within their authority and power to make when there is sufficient evidence to show that the transactions were made in good faith. It is presumed that the directors of the company carry along with them a bona fide regard for the interests of the corporations. Therefore in most cases the court refuses to review the actions of the directors of a corporation unless there is an allegation on the conduct that the directors violated their duty of care to manage the corporations to the best of their ability. The best judgment rule specifies that the court will not review the business decisions of the directors who perform their duties: 1. in good faith; 2. with care that an ordinary prudent person in a like position would exercise under similar circumstances; and 3. in a manner the directors reasonably believe to be in the best interests of the corporation. The business judgment rule is very difficult to overcome and courts will not interfere with directors unless it is clear that they are guilty of fraud or misappropriation of the corporate funds or in other similar situations. In effect, the business judgment rule creates a strong presumption in favor of the Board of Directors of a corporation, freeing its members from possible liability for decisions that result in harm to the corporation. The rule also prohibits transactions of self interest. To satisfy the best judgment rule, the directors of the corporation should: 1. act on an informed basis; 2. act in good faith; 3. act in the best interests of the corporation; 4. not involve self-interest _duty of loyalty concept plays a role here_; 5. not be wasteful. The following is an example of a case law defining business judgment rule: The business judgment rule is a presumption that in making a business decision, the directors of a corporation acted on an informed basis, in good faith and in the honest belief that the action taken was in the best interests of the company _Smith v. Van Gorkom, 488 A.2d 858, 864 _Del. 1985.
83. Art. 159 LSA. Compete à companhia, mediante prévia deliberação da assembléia geral, a ação de responsabilidade civil contra o administrador, pelos prejuízos causados ao seu patrimônio. § 6º O juiz poderá reconhecer a exclusão da responsabilidade do administrador, se convencido de que este agiu de boa-fé e visando ao interesse da companhia. Grifo nosso.

Logo, não se pode imputar, como quer Modesto Carvalhosa, responsabilidade objetiva ao administrador que violar a lei ou ao estatuto social. Há que se provar a vontade livre e consciente do administrador em violar a lei ou infringir o contrato social ou, ainda, que esse agiu com negligência, imprudência ou imperícia. Sem esse elemento subjetivo, não se pode imputar responsabilidade ao administrador por resultados que ocorrem durante a atividade empresarial, pois poderíamos chegar ao ponto de responsabilizar o administrador por qualquer perda suportada pela companhia.

Por sua vez, a medida judicial em face do administrador (ação de responsabilidade) deve ser aprovada pela assembleia geral ordinária (AGO) ou, ainda, pela assembleia geral extraordinária se a matéria for incluída na pauta do dia ou se for consequência direta de matéria que será discutida na (AGE)[84]. Logo, a manifestação do conclave é condição de procedibilidade para a ação de responsabilidade em face do administrador da companhia ou dos administradores.

Uma vez autorizada a propositura da ação em face do administrador pela assembleia, esse estará impedido de continuar a exercer as suas funções na companhia e deverá, *incontinenti*, ser substituído na mesma assembleia por outra pessoa. Importante observar que o afastamento do administrador do cargo é uma consequência da deliberação da assembleia e não depende de nenhuma medida judicial.[85]

Uma vez aprovada pela assembleia, a companhia deverá promover a respectiva ação de indenização em face do administrador responsável pelo dano. Se essa ação não for intentada em três meses, contados da deliberação da assembleia, qualquer acionista[86] estará legitimado a ingressar com a ação. Trata-se, segundo a doutrina, de substituição processual derivada.

Por sua vez, a assembleia pode deliberar por não responsabilizar o administrador. Nesse caso, se os acionistas que detiverem pelo menos 5% do capital social entenderam o contrário, poderão ingressar com a ação de responsabilidade[87]. Trata-se, nesse caso, de substituição originária.

---

84. Art. 159 LSA. Compete à companhia, mediante prévia deliberação da assembléia geral, a ação de responsabilidade civil contra o administrador, pelos prejuízos causados ao seu patrimônio.

    § 1° A deliberação poderá ser tomada em assembléia- ordinária e, se prevista na ordem do dia, ou for conseqüência direta de assunto nela incluído, em assembléia geral extraordinária.

85. Previsto no § 2° do art. 159 da LSA. O administrador ou administradores contra os quais deva ser proposta ação ficarão impedidos e deverão ser substituídos na mesma assembléia.

86. Previsto no § 3° do art. 159 da LSA. Qualquer acionista poderá promover a ação, se não for proposta no prazo de 3 (três) meses da deliberação da assembléia geral.

87. Previsto no § 4° do art. 159 da LSA. Se a assembléia deliberar não promover a ação, poderá ela ser proposta por acionistas que representem 5% (cinco por cento), pelo menos, do capital social.

Por fim, o respeitado professor de direito do Largo de São Francisco Paulo Fernando Salles de Toledo entende que na hipótese dos administradores das instituições financeiras, reguladas pela Lei 6.024/74[88], a responsabilidade destes administradores passaria a ter a natureza objetiva, quando a instituição financeira estiver sob o regime da intervenção, da liquidação extrajudicial ou sob o regime de administração temporária. Também comungam desse entendimento Rubens Requião e o prof. Newton de Lucca.

Contudo, esse entendimento está longe de estar pacificado, encontrando valiosos argumentos em sentido contrário. A nosso ver, o argumento mais preciso para refutar a tese acima exposta é a de que o art. 40 da Lei 6.024/74 não prevê expressamente que o administrador deverá ser responsabilizado, independentemente de dolo ou culpa; portanto, vigora o regime geral da responsabilidade que é a subjetiva. Ademais, o art. 40 da legislação especial deve ser interpretado juntamente com a Lei 6.404/76, que cuida das companhias, tendo em vista que as instituições financeiras são, por força de lei, constituídas sob a forma de sociedades anônimas. Logo, não se pode simplesmente interpretar um dispositivo como se fosse um fim em si próprio. O art. 40 da Lei 6.024/74 deve ser entendido, sob a Lei 6.404/76 e, ainda, diante das regras do Código Civil que cuida da responsabilidade civil.

Há que se elaborar uma interpretação sistemática para podermos alcançar um resultado equitativo em relação ao nosso ordenamento jurídico. Desse modo, continuamos a entender que a responsabilidade objetiva imputada ao administrador de instituição financeira, sem a presença do elemento subjetivo, não encontra suporte legal ou nexo axiológico capaz de validar esse entendimento.

6.6.9. Da sociedade de economia mista

A sociedade de economia mista, como o próprio nome sugere, é uma companhia formada em parte com o capital público e privado. Essa sociedade deve sempre ser constituída sob a forma de sociedade anônima e será disciplinada pela Lei 6.404/76 com os temperos da legislação que a institui e, mormente pelo interesse público. Pode-se dizer que a sociedade de economia mista se sujeita aos ditames do direito público, bem como à lei que cuida das companhias. O exemplo clássico de sociedade de economia mista é a Petrobras S/A.

De acordo com Hely Lopes Meireles, a sociedade de economia mista é <u>pessoa jurídica de direito privado</u> com a participação do Poder Público e de particulares em seu capital social, bem como na sua administração para a realização de atividade econômica organizada ou serviço de interesse público outorgado ou delegado pelo

88. **Art. 39 da Lei 6.024/74.** Os administradores e membros do Conselho Fiscal de instituições financeiras responderão, a qualquer tempo, salvo prescrição extintiva, pelos atos que tiverem praticado ou omissões em que houverem incorrido.

Estado. De acordo com o festejado administrativista, são espécies de paraestatais. Integram a administração indireta e funcionam com mecanismo de descentralização de serviços públicos.

Importante observar que a sociedade de economia mista pode realizar atividade econômica organizada, ou seja, realizar uma atividade tipicamente empresarial e com isso competir com as outras sociedades que também desenvolvem atividade semelhante ou pode realizar uma atividade estatal como fornecimento de água, gás ou de energia elétrica. Percebam que haverá um tratamento jurídico diferenciado conforme a atividade desenvolvida pela paraestatal. Veja o gráfico abaixo:

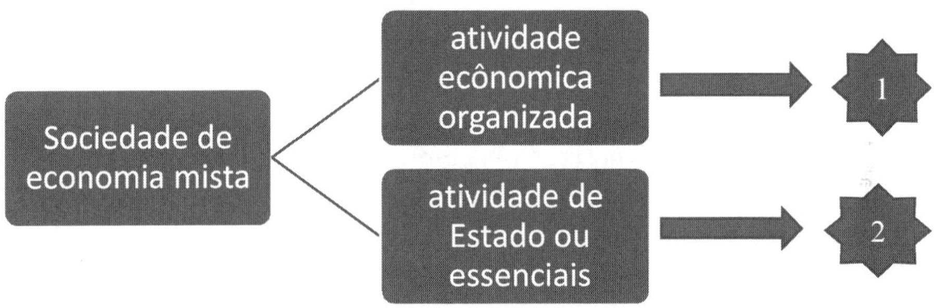

Fonte: elaborado pelo autor.

1) Quando a sociedade de economia mista desenvolve atividade econômica organizada, ela deve se sujeitar ao mesmo regime jurídico das sociedades empresárias, não podendo receber privilégios ou vantagens até por uma questão de equidade. A Constituição Federal em seu art. 173, § 1º, inciso II preceitua que a sociedade de economia mista se sujeita ao regime jurídico próprio das empresas privadas, inclusive quanto aos direitos e às obrigações civis, comerciais, trabalhistas e tributárias. Logo, o legislador infraconstitucional não pode estabelecer diferenças entre as sociedades de economia mista e as outras sociedades empresárias que operam no mercado. Nesse caso, a sociedade de economia mista se sujeita à falência, pois o art. 2º, inciso I, da Lei 11.101/05 não se lhe aplica.

2) Contudo, quando a sociedade de economia mista explora atividade típica do Estado, o legislador poderá lhe conceder prerrogativas para melhor desenvolver o serviço público que justificou a sua criação. Não existe inconstitucionalidade caso essas paraestatais venham a receber benefícios tributários ou de natureza empresarial. Por exemplo, quando a sociedade de economia mista desenvolve atividade de Estado ela não sujeita à falência, conforme determina o art. 2º, inciso I, da Lei 11.101/05.

Ademais, a Constituição Federal determina expressamente que o legislador infraconstitucional deverá editar o Estatuto Jurídico da Empresa Pública e das Sociedade de Economia Mista. Essa Legislação já fora editada e recebeu o nº 13.303/16.[89]

Com é cediço, em virtude de seu viés público e do interesse estatal subjacente, o estudo da sociedade de economia mista é relegado ao direito público, mormente ao direito administrativo; contudo, em virtude do regime misto que tutela essa sociedade, é de rigor que cuidemos, ainda que perfunctoriamente, dos aspectos mercantis dessa paraestatal.

Primeiramente, o capital social dessa sociedade deverá pertencer majoritariamente ao Poder Público, que deterá pelo menos 51% (cinquenta e um por cento). O restante do capital social poderá ser distribuído entre os agentes que atuam no mercado, sejam esses pessoas físicas, sejam jurídicas. Essa sociedade se sujeita às regras expedidas pela Comissão de Valores Mobiliários.

O objeto social da sociedade de economia mista deverá constar da Lei que a criou, embora o seu objeto seja sempre empresarial, por força do art. 2º, § 1º, da Lei 6404/76.

O Poder Público que controla a sociedade de economia mista está sujeito aos deveres e responsabilidades do acionista controlador, previstos nos art. 116 e 117 da legislação do anonimato.

A sociedade de economia mista terá obrigatoriamente Conselho de Administração e o Conselho Fiscal, e Conselho Fiscal, sendo este último de funcionamento obrigatorio. Os deveres. Os deveres e responsabilidades dos administradores da sociedade de economia mista serão os mesmos dos administradores das companhias abertas.

É deveras importante não olvidarmos dos ensinamentos de Tulio Ascarelli quando menciona que esse ente estatal, quando veste a roupagem do direito privado, procura-se aproveitar da rapidez e do informalismo do direito empresarial.

Os empregados da sociedade de economia mista são contratados de acordo com a legislação trabalhista (celetistas). Não haverá, em regra, a necessidade da elaboração de concurso público para a contratação de mão de obra. Isso, sem dúvida, agilizará as atividades desenvolvidas por essa Estatal. Contudo, os empregados da sociedade de economia mista se sujeitam a algumas regras aplicáveis aos funcionários públicos, inclusive na esfera penal.

Uma questão interessante abordada no concurso da procuradoria do estado, refere-se à chamada empresa estatal de segundo grau prevista no art. 235, § 2º, da Lei 6404/76. A redação do dispositivo é o seguinte teor:

---

89. A Lei 13.303/16 deve ser consultada para aqueles que pretendem ingressar nas procuradorias da Fazenda Nacional, nas Procuradorias Estaduais e Municipais, bem como o art. 173 da Constituição Federal. Além é claro dos arts. 235 a 240 da Lei 6.404/76.

> As companhias de que participarem, majoritária ou minoritariamente, as sociedades de economia mista, estão sujeitas ao disposto nesta Lei, sem as exceções previstas neste Capítulo.

Trata-se de uma situação em que uma sociedade é controlada por uma sociedade de economia mista, sendo que essa sociedade estará igualmente sujeita ao regime especial previsto no capítulo XIX da legislação em comento. Essa sociedade também deverá demonstrar a presença do interesse público para a sua constituição.

6.7. Da sociedade em comandita por ações

Essa sociedade está prevista no art. 1.090 do Código Civil. É uma sociedade personificada e de capital, regida pelos arts. 280 a 284 da Lei 6.404/76, com as especificações que lhe foram efetuadas pelas normas previstas no Código Civil. O seu capital social é dividido em ações, sendo que a responsabilidade dos acionistas é mista. Nessa espécie societária, o acionista que exerce cargo na diretoria possui responsabilidade solidaria e ilimitada. O Código Civil não utiliza termo responsabilidade ilimitada dos sócios diretores, mas o legislador dispôs que, havendo mais de um diretor, todos são solidariamente responsáveis, depois de exauridos os bens sociais. Diante dessas expressões, extrai-se que a responsabilidade do acionista diretor é ilimitada. Já o acionista que não possui cargo na diretoria responde até o limite de suas ações. Portanto, a responsabilidade nessa sociedade é mista.

O nome empresarial pode ser livremente escolhido pelos acionistas, ou seja, pode ser tanto firma social quanto denominação. Não devemos olvidar que somente essa sociedade e a sociedade limitada possuem essa prerrogativa de escolher a espécie de nome que irão utilizar.

A questão mais importante no tocante a essa sociedade diz respeito à soberania da assembleia geral. Conforme estudado anteriormente, a assembleia geral é o órgão deliberativo máximo nas companhias. Não existe limitação quanto ao seu poder de atuação. Contudo, nessa sociedade a assembleia geral não detém poderes absolutos para deliberar sobre toas as matérias, devido à responsabilidade ilimitada dos acionistas diretores. Por essa razão, o art. 1.092 do Código civil assim dispõe: "**a assembléia geral não pode, sem o consentimento dos diretores, mudar o objeto essencial da sociedade, prorrogar-lhe o prazo de duração, aumentar ou diminuir o capital social, criar debêntures, ou partes beneficiárias.**

Portanto, matérias que poderão onerar a sociedade, como a emissão de debêntures, somente terão eficácia se, após ter sido aprovada pela assembleia, tiverem a anuência dos diretores, pois se a sociedade não conseguir resgatar as debêntures, na data de vencimento, os acionistas diretores responderiam com seu patrimônio pessoal diante dessas obrigações sociais.

7

DA SOCIEDADE SIMPLES (ARTS. 997 A 1.038 DO CÓDIGO CIVIL)

Antes de mais nada, a sociedade simples é uma sociedade não empresarial, destinada a abrigar as atividades intelectuais, bem como as atividades rurais. Portanto, toda atividade não empresarial que for oferecida, sob a forma de sociedade, deve, necessariamente, ser realizada por meio da sociedade simples.

Contudo, mesmo não possuindo natureza empresarial, a sociedade simples poderá adotar um dos tipos empresariais estabelecidos pela legislação societária brasileira, por exemplo, se a sociedade simples quiser adotar a forma de sociedade limitada isso será possível. Nesse caso, teríamos uma sociedade simples limitada, ou seja, uma sociedade não empresarial que adota a forma de limitada.

Transcrevo emente do Tribunal de Justiça do Paraná que de forma lapidar cuidou da natureza jurídica da sociedade simples:

> **A sociedade simples tem duas opções no que diz respeito à escolha do regime jurídico aplicável às suas relações jurídicas: adotar o regime jurídico próprio das sociedades simples (art. 997 a 1.038 do Código Civil) ou adotar o regime próprio a um dos tipos de sociedade empresária (art. 1.039 a 1.092 do CC), se submetendo às normas ali expostas, sem que isso lhe desnature a natureza não empresarial ou altere o registro notarial no qual seus atos devem ser registrados – qual seja, o Registro Civil das Pessoas Jurídicas, conforme o art. 1150 do Código Civil brasileiro. Tribunal de Justiça do Estado do Paraná (TJPR – 17ª câmera cível – ac – 1192828-6 – Astorga – rel.: Fernando Paulino da Silva Wolff Filho Votação unânime, data do julgamento 25.02.2015).**

Por não ser uma sociedade empresarial, mesmo que adote a forma de uma sociedade empresarial, essa espécie de sociedade não se sujeita à falência e não pode se utilizar da recuperação judicial para renegociar as suas dívidas com os seus credores. Outrossim, a sociedade simples não será registrada na Junta Comercial e, portanto, não necessitará manter escrituração mercantil.

Por sua vez, pode-se afirmar que a sociedade simples é uma sociedade de pessoas, assim, podemos afirmar que a alienação das cotas não é livre. Nessa sociedade, a presença da *affectio societatis* é elemento crucial para a constituição desse ente. Haja vista a dicção do art. 1003 do Código Civil que determina que a cessão total ou parcial de cotas, com a correspondente modificação do contrato social, deve ser aprovada por todos os sócios, caso contrário, não terá eficácia contra a sociedade e contra os demais sócios. Em outras palavras, o negócio jurídico é valido, mas simplesmente não tem o condão de produzir efeitos em face da sociedade e dos demais sócios. Ademais, nessa sociedade, falecendo um dos sócios, os herdeiros não ingressam automaticamente.[1] Nesse caso, as cotas serão, a princípio, liquidadas, salvo se houver outra deliberação dos sócios.

Outrossim, sendo uma sociedade personalística, é possível que um sócio seja excluído, sob a alegação de quebra da *affectio societatis*. Sendo esse um elemento ou requisito essencial para a formação do quadro societário, desaparecendo esse elemento, rompe-se o vínculo contratual em relação àquele determinado sócio. Em outras palavras, é possível a chamada resolução parcial da sociedade simples. Contudo, essa resolução parcial, com a respectiva apuração de haveres, deve ser realizada pelo juízo civil comum, ou seja, não deve ser realizada nas varas especializadas de direito empresarial.

É por demais oportuno mencionar que, em 5 de dezembro de 2017, o Tribunal de Justiça de São Paulo, a exemplo de outros tribunais estaduais, como o do Rio de Janeiro, com o intuito de oferecer mais precisão e técnica, além de maior celeridade aos seus jurisdicionados, instalou duas das três Varas Empresariais e de Conflitos Relacionados à Arbitragem na Comarca da Capital, com os respetivos ofícios judiciais e cargos de juízes de direito, criados pela Lei Complementar 1.149/11, com competência territorial abrangente de toda a Capital. Vale, também, lembrar que o Tribunal de Justiça de São Paulo já tinha instalado, em 9 de junho de 2005, duas varas especializadas, das três criadas na Capital, da Câmara especial em Falências e Recuperação Judicial, unidades instituídas com escopo de promover a interpretação da então nova Lei nº 11.101/05, que cuida da recuperação judicial e da falência do empresário e da sociedade empresária.

Contudo, como se trata de matéria de distribuição interna de competência, o regimento interno de cada tribunal poderá determinar quais as matérias da competência dessas varas. Por exemplo, o Tribunal de Justiça do Distrito Federal, em seu regimento interno, determinou que a Vara de Falência, Recuperações Judiciais, Insolvência Civil e Litígios Empresariais é competente para processar e julgar a ação de dissolução parcial de sociedade simples, com a apuração de haveres, conforme art. 2º, II e V, da Resolução nº 23/2010 do mencionado tribunal.

Postas essas ideias complementares a respeito da sociedade simples, no que diz respeito a personificação dessa sociedade dessa sociedade, essa ocorrerá quando

---

1. Art. 1.028. No caso de morte de sócio, liquidar-se-á sua quota, salvo:
   I – se o contrato dispuser diferentemente;
   II – se os sócios remanescentes optarem pela dissolução da sociedade;
   III – se, por acordo com os herdeiros, regular-se a substituição do sócio falecido.

o contrato social for registrado no Cartório de Registro Civil das Pessoas Jurídicas. Nesse momento, a sociedade simples adquirirá a qualidade de sujeito de direito.

No tocante ao nome da sociedade simples, existe, hoje em dia, um grande impasse, em virtude do art. 997, II, do Código Civil, pois esse dispositivo, talvez por defeito redacional, estabeleceu que o contrato social dessa pessoa jurídica deverá mencionar a sua denominação. Diante disso, alguns doutrinadores passaram a entender que essa sociedade deverá adotar denominação. A nosso ver, a palavra denominação nesse dispositivo não foi utilizada como uma espécie de nome empresarial ao lado da firma social. A palavra denominação foi aqui utilizada como sinônimo de nome. Portanto, a sociedade simples poderia adotar como nome empresarial tanto a firma quanto a denominação. Ademais, sendo a sociedade simples, não teria cabimento privá-la da utilização da firma.

Por sua vez, a responsabilidade dos sócios dependerá do que dispuser o contrato social. No art. 997, VIII, encontramos cláusula permitindo que os sócios possam, livremente, estabelecer como serão as suas responsabilidades perante terceiros. Esses podem ou não responder subsidiariamente pelas obrigações sociais. Portanto, para saber se os sócios responderão ou não por débitos da sociedade, o credor deverá, antes de pactuar, perquirir no contrato social.

Na sociedade simples, os sócios poderão integralizar as suas cotas com serviços.[2] Essa é uma das poucas sociedades em que se há integralização das cotas com serviços. Nas sociedades empresárias, não existe a possibilidade da integralização do capital social com serviços. O novo Código Civil não recepcionou a vetusta sociedade de capital e industrial.[3]

É de rigor que o concurseiro conheça as regras que disciplinam a sociedade simples, pois essas regras funcionaram como legislação subsidiária para as sociedades de pessoas, mormente para a sociedade limitada, por força do art. 1.053[4] do Código Civil. Portanto, as regras previstas no art. 997 a 1.038 do Código Civil deverão ser utilizadas toda vez que houver lacunas na legislação que cuida das sociedades de pessoas. Por exemplo, quando o contrato social for omisso,

---

2. Art. 997. A sociedade constitui-se mediante contrato escrito, particular ou público, que, além de cláusulas estipuladas pelas partes, mencionará: [..] V – as prestações a que se obriga o sócio, cuja contribuição consista em serviços.
3. Nessa sociedade denominada de Capital e Industria, um sócio contribui unicamente com trabalho, sendo que o outro sócio, denominado de capitalista, ingressa na sociedade com recursos financeiros e, consequentemente, responderá perante terceiros pelas obrigações contraídas.
4. **Art. 1.053.** A sociedade limitada rege-se, nas omissões deste Capítulo, pelas normas da sociedade simples.

   Parágrafo único. O contrato social poderá prever a regência supletiva da sociedade limitada pelas normas da sociedade anônima.

no tocante à regência supletiva, aplicar-se-ão as regras da sociedade simples no tocante à administração, obrigações dos sócios, das relações com terceiros e quanto à dissolução da sociedade.

É realmente de se estranhar que o legislador tenha escolhido uma sociedade civil para servir de legislação supletiva para as sociedades empresária. Essa opção legislativa foi muito criticada pelo professor Rubens Requião, com razão. Ademais, inserir as regras que cuidam da sociedade civil no título que cuida das sociedades empresárias pode resultar, aos menos avisados, em interpretações teratológicas. Em um determinado exame da ordem, o examinador entendeu que a sociedade simples se sujeitava à falência.

Independentemente das críticas que o legislador possa merecer, cabe a nós, para fins de concurso público, apenas acatar as determinações legais.

Para finalizar é importante observar que sendo a sociedade simples uma sociedade não empresarial, essa não é detentora de um estabelecimento empresarial. Logo, não se pode aplicar as regras previstas nos arts. 1.142 e seg. do Código Civil em relação à sociedade simples. Não há, portanto, de se aplicar o art. 1.147[5] do Código Civil a um consultório médico, por exemplo. Imaginemos a seguinte hipótese, um consultório médico, localizado na rua Brigadeiro Luiz Antônio, alienou todo o seu complexo de bens, inclusive com a venda do imóvel para uma outra sociedade simples que atua no mesmo ramo. A sociedade de médicos que alienou o imóvel acompanhado de todo o maquinário, um mês depois da alienação, se restabelece em um imóvel nas frente daquele alienado. Nesse caso, não incidiria a regra prevista no mencionado dispositivo, pois esse complexo de bens não pode ser considerado um estabelecimento empresarial.

A nosso ver, as partes, no entanto, poderiam estabelecer, por se tratar de um direto patrimonial disponível, uma cláusula de raio, vedando a atuação do alienante em determinada localidade e por um certo período.

5. **Art. 1.147.** Não havendo autorização expressa, o alienante do estabelecimento não pode fazer concorrência ao adquirente, nos 5 (cinco) anos subsequentes à transferência. **Parágrafo único.** No caso de arrendamento ou usufruto do estabelecimento, a proibição prevista neste artigo persistirá durante o prazo do contrato.

Acesse as questões on-line

8

QUESTÕES OBJETIVAS

No concurso de ingresso na magistratura, o examinador elaborou duas questões interessantes:

1. (TJ-SP) Assinale a alternativa incorreta.

(A) Na sociedade limitada, em que o capital social ainda não estiver integralizado, a designação de administrador não sócio depende da aprovação unânime dos sócios.

(B) Exceto se houver expressa autorização no contrato social, na sociedade limitada, um sócio não pode ceder quotas a outro quotista sem o consentimento dos demais.

(C) Nas sociedades limitada, a responsabilidade dos sócios é restrita ao valor das suas quotas, salvo quanto à obrigação de integralização do capital, que é solidária.

(D) Na sociedade simples, a contribuição do sócio pode consistir apenas em serviços.

Comentários à questão.

A letra a está correta, pois se o capital social não estiver integralizado a nomeação de um administrador não sócio, tem que ser aprovada por todos, diante da solidariedade que existe entre eles. Essa determinação está expressa no art. 1061 do Código Civil.

A letra b está incorreta, pois o art. 1057 do Código Civil permite que na omissão do contrato social o sócio poderá ceder as suas cotas a um outro sócio, sem a necessidade da anuência dos demais, mas para poder cedê-las a terceiros não poderá haver a oposição de mais de ¼ do capital social. Logo, omisso o contrato social essa cessão é possível.

A letra c também está correta, regra prevista no art. 1052 do Código Civil.

A letra d está correta. Trata-se de uma sociedade não empresarial é verdade, mas, muitas vezes, as questões relacionadas a essa espécie societária são elaboradas dentro do tópico referente ao direito empresarial. Essa sociedade é uma das únicas que se admite que o sócio possa contribuir para o capital social apenas com serviços. No art. 997, V, do Código Civil[1] encontramos essa regra.

Obs. Quando a questão solicitar que o candidato assinale a alternativa incorreta, sempre de destaque a palavra incorreta, pois o nosso cérebro está treinado para sempre localizar a alternativa correta. Perder pontos por ter se distraído e assinalado a alternativa correta quando a questão exigia que se assinalasse a incorreta é imperdoável.

2. (TJ-RO) Assinale a alternativa correta.

a) A Assembleia Geral Ordinária (AGO) pode ser realizada várias vezes no ano e tem competência para tratar de quaisquer assuntos os do interesse da companhia.

b) O capital social de uma Sociedade Anônima pode ser composto por ações ordinárias e preferenciais. As ações ordinárias sempre dão a seu titular o direito de voto. Já as preferenciais nunca conferem aos seus titulares o direito de voto, mas sim, vantagens de natureza política ou econômica em relação às ações ordinárias.

c) O agente fiduciário é o legitimado para a propositura de medidas judiciais em caso de inadimplemento, pela companhia emissora, de debêntures emitidas em subscrição pública por Sociedade Anônima de capital aberto.

d) A competência para a eleição e destituição dos Diretores, em uma Sociedade Anônima de capital aberto, é da Assembleia Geral.

e) O Conselho Fiscal, caso detecte alguma irregularidade nas operações da Diretoria de uma Sociedade Anônima, não tem competência para convocar Assembleia.

Comentários à questão

A letra a está incorreta, pois de acordo com o art. 132[2] da LSA, a assembleia geral ordinária será realizada uma vez por ano para cuidar de matérias previamente determinadas pelo legislador. Quem tem competência para analisar quaisquer matérias relacionadas à companhia é a assembleia geral extraordinária, que pode ser realizada várias vezes ao ano.

---

1. **Art. 997 do Código Civil.** "A sociedade constitui-se mediante contrato escrito, particular ou público, que, além de cláusulas estipuladas pelas partes". Sendo que inciso quinto prevê que "as prestações a que se obriga o sócio, cuja contribuição consista em serviços;"
2. **Art. 132 da LSA.** Anualmente, nos 4 (quatro) primeiros meses seguintes ao término do exercício social, deverá haver 1 (uma) assembleia-geral [...].

A letra **b** também está incorreta, pois as ações preferenciais podem não atribuir o direito de voto, dependendo do que dispuser o estatuto social. Essa regra está descrita no art. 111 da LSA.[3] No entanto, uma afirmação está correta, as ações ordinárias sempre atribuirão ao seu detentor o direito de voto.

A letra **c** está correta, sendo que caberá ao agente fiduciário propor ações em face da companhia no caso de inadimplência no pagamento das debêntures. O agente fiduciário está previsto no art. 66 da LSA.

Por sua vez, a letra **d**, também, está incorreta, pois a sociedade anônima aberta sempre contará com o conselho de administração e, portanto, nesse caso, a competência para eleger e destituir os membros da diretoria caberá a esse órgão.[4] Quando, no entanto, se tratar de sociedade anônima fechada, em que o conselho de administração é um órgão facultativo, a competência poderá ser atribuída à assembleia geral.

A letra **e** está incorreta, pois o conselho fiscal, caso entenda necessário, diante da gravidade do fato, poderá convocar uma assembleia geral extraordinária.

---

3. **Art. 111 da LSA.** O estatuto poderá deixar de conferir às ações preferenciais algum ou alguns dos direitos reconhecidos às ações ordinárias, inclusive o de voto, ou conferi-lo com restrições, observado o disposto no artigo 109.
4. **Art. 143 da LSA.** A Diretoria será composta por 2 (dois) ou mais diretores, eleitos e destituíveis a qualquer tempo pelo conselho de administração, ou, se inexistente, pela assembleia-geral, devendo o estatuto estabelecer: [...].

Parte III
TÍTULOS DE CRÉDITO

1
CONCEITO E CARACTERÍSTICAS

De acordo com o professor da Universidade de Roma Cesare Vivante, o título de crédito é um documento necessário para o exercício do direito literal e autônomo nele mencionado. Essa é uma definição clássica e que, além de precisa e acurada, nos permite extrair os três princípios cambiários, que nos auxiliarão na compreensão e no estudo dessa matéria.[1]

É de rigor mencionarmos que, do ponto de vista econômico, o título de crédito fomenta a atividade econômica, permitindo que o crédito circule entre os agentes que atuam no mercado com rapidez e segurança. Já do ponto de vista jurídico, o título de crédito permite que negócios jurídicos possam ser entabulados sem que as pessoas tenham esse crédito materializado. Explicando melhor, os negócios podem ser realizados sem que haja necessidade de que as pessoas tenham em mãos o dinheiro, bastando que elas tenham um crédito, ou seja, uma expectativa futura de materialização desse crédito. Logo, um advogado pode adquirir um computador sem, contudo, ter recebido de seu cliente o pagamento de seus honorários.

Enfim, o título de crédito, assim como a moeda, permite que negócios possam ser realizados; no entanto, os títulos não são de circulação forçada como a moeda. Ninguém é obrigado a receber um título como forma de pagamento. O título pode ser recusado pelo vendedor sem que esse tenha que justificar a recusa.

Postas essas ideias iniciais, os títulos de crédito possuem algumas características que lhe são próprias e que os distinguem de outros documentos. Primeiramente, podemos apontar que os nossos títulos de crédito são tingidos pela executividade. Em outras palavras, os títulos que iremos abordar são chamados de títulos executivos extrajudiciais, pois permitem ao seu detentor iniciar, de imediato, uma ação de execução sem a necessidade de um processo de conhecimento prévio.

Como é sabido, o processo de conhecimento, pela sua natureza e estrutura, é deveras vagaroso, pois nessa espécie de relação jurídica processual o juiz precisa conhecer os fatos que lhe são apresentados pelo autor e, após dar ciência da demanda ao réu, adequar os fatos à norma posta. Se houver a adequada subsunção, o juiz julgará a demanda procedente. Contudo, para realizar esse processo de subsunção,

1. Cambial é sinônimo de título. Portanto, o direito cambiário estuda as letras de câmbio, as notas promissórias e os demais títulos de crédito.

há que haver um processo de cognição ampla e isso demanda um lapso temporal extenso. No final desse longo processo de conhecimento, o autor, se vitorioso, terá em mãos um título executivo judicial.

Por sua vez, os títulos de crédito que iremos analisar já possuem essa característica de força executiva. Esses títulos permitem ao seu detentor iniciar o processo de execução de imediato. Esse processo de execução é, em outras palavras, a efetivação do direito já previamente demonstrado pelo autor. Nesse processo, o réu é citado, não para se defender, mas para que seja ofertado um bem para a realização da penhora. Ou seja, haverá uma constrição judicial sobre um determinado bem para que esse já garanta o direito postulado pelo demandante. É mais célere do que o processo de conhecimento, pois não há prova a ser produzida em juízo.

Somente se inicia esse processo de execução com a apresentação do título, ou seja, sem título não há execução (*nulla executio sine título*). Portanto, uma das mais importantes características do direito cambiário é a força executiva que esses títulos possuem. Contudo, nem todos os documentos possuem força executiva.

Uma questão que amiúde surge em sala de aula refere-se à força executiva dos contratos. É importante que o candidato elimine essa dúvida da mente: os contratos, em regra, não são títulos executivos extrajudiciais. Somente podem ser considerados títulos executivos os contratos em que o legislador expressamente atribuiu força executiva, por exemplo, o contrato de honorários advocatícios, o contrato de penhor e o contrato de hipoteca. Essa regra é corolário do princípio da tipicidade.

Os contratos aos quais o legislador não atribuiu força executiva não podem ser considerados títulos executivos extrajudiciais, mesmo que sejam assinados por duas testemunhas. O professor Candido Rangel Dinamarco nos ensina que documento particular assinado por duas testemunhas é aquele documento que possui, por si só, liquidez, certeza e exigibilidade, por exemplo, a confissão de dívida assinada por duas testemunhas. Os contratos não possuem essas caraterísticas e, portanto, não se amoldam ao descrito no art. 784, III[2], do Código de Processo Civil.

Uma outra característica dos títulos de crédito é a sua natureza *pro solvendo*. Sabemos que, segundo a doutrina, os títulos de crédito podem ser *por soluto* ou *pro solvendo*. Se entendermos que o título é *pro soluto*, entregando esta cambial ao credor, o negócio jurídico que deu causa à emissão do título estaria extinto. Por exemplo, na compra e venda de um automóvel, o comprador, para efetuar o pagamento, entrega ao vendedor um cheque. A obrigação que deu causa ao cheque estaria extinta, o carro fora pago e está extinta a compra e venda. Por sua vez, entendendo que o título possui natureza por solvendo, entregando o cheque

---

2. Art. 784 do Código de Processo Civil assim dispõe: “São títulos executivos extrajudiciais: [...] III – o documento particular assinado pelo devedor e por 2 (duas) testemunhas”

ao vendedor, pela aquisição do veículo, a obrigação não estará extinta até que o cheque esteja compensado.

A nosso ver, deve-se entender que o título possui natureza *pro solvendo*. A simples entrega da cambial ao credor não tem o condão de extinguir o negócio jurídico subjacente. Logo, se o vendedor perder o cheque, pode, ainda, exigir que o comprador efetue o pagamento do veículo por meio de uma ação judicial.

Outra característica que podemos destacar é o informalismo existente no direito cambiário. Essa característica permite que o título circule com segurança e rapidez e sem o formalismo do direito civil. Na verdade, os títulos de crédito nascem para que, por meio deles, o crédito possa circular entre os agentes do mercado com a rapidez que se faz necessária para que os negócios mercantis possam ser entabulados. Um exemplo disso é a maneira pela qual um credor transfere o seu crédito a outrem. No direito cambiário essa transmissão é efetuada por meio de uma simples assinatura lançada no verso do título, que se denomina de endosso. Por sua vez, a transferência do crédito, no direito civil, é efetuada por meio da cessão de crédito, que envolve uma série de providências formais que são incompatíveis com a celeridade que o direito empresarial exige. Na cessão de crédito, o cedente deve comunicar o cedido para que a cessão possa ter eficácia em relação a este último.[3]

Pode-se afirmar ainda que os títulos de crédito contêm uma obrigação quérable. Nessas obrigações é o credor que deve procurar o devedor para receber. Aliás, a regra não poderia ser diferente no direito cambiário, pois diante da incerteza de quem é o credor, cabe a esse procurar o devedor principal para que a obrigação possa ser cumprida. Não se poderia exigir que a obrigação cambiaria tivesse a natureza de *portable*. Essa obrigação ocorre quando é o devedor quem deve procurar o credor para efetuar o pagamento da cambial.

Por fim, Pontes de Miranda[4] aponta uma outra característica dos títulos de crédito. Segundo o renomado jurista, as cambiais podem ser conhecidas como títulos de resgate; essa característica ocorre por força do art. 39 do Dec. 57.663/66, anexo II, conhecido como Lei Uniforme de Genebra. De acordo com esse dispositivo, quando o devedor efetuar o pagamento de um título, como cautela, o devedor deve exigir que o credor lhe de quitação, na própria cártula, e, posteriormente, lhe entregue a cambial como forma de prova do pagamento.

---

3. Art. 290 do Código Civil. A cessão do crédito não tem eficácia em relação ao devedor, senão quando a este notificada; mas por notificado se tem o devedor que, em escrito público ou particular, se declarou ciente da cessão feita.
4. Pontes de Miranda menciona essa característica em seu Tratado de Direito Cambiário.

2
PRINCÍPIOS CAMBIÁRIOS

O primeiro princípio cambiário é denominado de cartularidade.

Esse termo tem a sua origem na palavra cártula, papel, documento escrito. A cartularidade pode ser representada na necessidade de o credor estar na posse física do título para poder exercer o seu direito de crédito. Ademais, é um direito do devedor exigir que o credor lhe exiba o título para que, com isso, se encontre obrigado a efetuar o pagamento.

O festejado João Eunápio Borges não utiliza o termo cartularidade, ele e o substitui pela palavre incorporação. Com todo o respeito ao professor da Universidade Federal de Minas Gerais, esse termo carrega consigo uma patologia grave, pois não se pode entender que o direito de crédito se incorpora à cambial. O direito de crédito está, como já observava Vivante, mencionado no título e não nele contido, pois se assim não se entender, chegaríamos à conclusão de que, se o credor perder o título, ele também perderia o direito de crédito.

Aliás, o art. 887 do Código Civil, quando resolveu conceituar os títulos de crédito, também enveredou por caminhos tortuosos que podem levar o exegeta a conclusões erradas. Eis literalmente o dispositivo: "**o título de crédito, documento necessário ao exercício do direito literal e autônomo <u>nele contido</u>, somente produz efeito quando preencha os requisitos da lei**" (grifo nosso). O legislador resolveu inovar, onde, a nosso ver, não cabia inovação, pois o conceito de títulos de crédito ofertado por Vivante não merece retoque. Quando o legislador utilizou o termo nele contido, deu a entender que o crédito está contido no título e, como já vimos, essa noção é equivocada.

Enfim, para que o processo de execução se inicie, há necessidade da juntada da cártula, no original, à exordial. Como diz o conhecido brocado: sem título não há execução. Contudo, a duplicata mercantil, título genuinamente nacional, é uma exceção ao princípio da cartularidade, pois o credor poderá promover a ação de execução da duplicata sem que esteja de posse da cártula, bastando que tenha em mãos o protesto por indicações acompanhado do comprovante de entrega das mercadorias.

Não se trata de exceção ao princípio da cartularidade, mas se a cambial estiver apensada em outro processo, o credor poderá instruir a inicial como uma cópia da cambial, esclarecendo que a original encontra-se apensada a outro processo. Podemos oferecer o seguinte exemplo: se o credor de uma nota promissória estiver promovendo a sua habitação na falência do emitente e, para tanto, juntou o original do título no processo falimentar, resolver promover o processo de execução em face do avalista, poderá juntar uma fotocópia da nota promissória, explicando para o juiz que a original está anexada à falência do emitente.

O segundo princípio cambiário é a literalidade.

Pode ser entendida da seguinte maneira: todas as relações jurídicas devem estar apostas no título para produzir efeitos cambiários. Portanto, se um devedor, para saldar uma dívida, emite um cheque e, no intuito de trazer mais segurança ao credor, informa a esse que haverá um avalista nesse título, no momento em que o credor receber esse título, ele deverá verificar se consta alguma assinatura além daquela efetuada pelo emitente. Se não houver, o título não possui a garantia de um terceiro, pois o aval, assim como qualquer outro ato cambiário, deve estar expressamente descrito no título.

Uma questão usualmente solicitada em concurso público é a seguinte: um determinado credor, que não estará no Brasil na data do vencimento de uma nota promissória, vai até um cartório e, por instrumento público, nomeia um advogado como seu procurador, com fins específicos para cobrar, dar quitação, realizar protestos e ingressar com a ação de execução. No dia do vencimento, esse procurador, munido da nota promissória e da procuração efetuada por instrumento público, procura o devedor e esse se recusa a efetuar o pagamento alegando que o procurador não tem poderes para receber e dar quitação. O devedor está correto em não efetuar o pagamento da cambial? De acordo com o princípio da literalidade, outra conduta não se poderia esperar do devedor. Essa procuração não atribui poderes para que esse mandatário possa efetuar a cobrança de um título de crédito. Essa procuração deveria ter sido efetuada no próprio título, por meio do chamado endosso mandato.

O endosso mandato é, como veremos, uma espécie de endosso impróprio. Essa espécie de endosso é aquela em que o endossante mandante nomeia um endossatário mandatário para que esse possa representá-lo na prática de determinados atos cambiários. Por exemplo, cobrar o devedor, ou, caso o título não seja pago, protestá-lo por falta de pagamento. O endosso mandato deve ser lançado no verso do título com os seguintes dizeres: *pague-se, por meio desse endosso mandato, a fulano de tal*.

O princípio da literalidade deve ser mitigado em virtude da incidência de algumas regras legais. Logo, a incidência de juros de mora deverá incidir em face do devedor que não cumpriu a obrigação no prazo estipulado na cártula. Esse acréscimo monetário é de amplo conhecimento de todos e, ainda, previsto na legislação. Portanto, mesmo não estando estipulado no título a incidência da espécie de juros, eles serão devidos sem que haja ofensa ao princípio da literalidade. Alguns autores denominam esse fenômeno de literalidade indireta, ou seja, o cumprimento de obrigações não previstas no título, mas previstas em lei e de pleno conhecimento do devedor.

O terceiro princípio é denominado de autonomia.

É esse princípio que possibilita a livre circulação do crédito que se faz necessária para que os negócios jurídicos possam ser realizados com segurança e rapidez. Esse princípio permeia cada obrigação cambiaria de autonomia, entendendo que eventuais vícios ou defeitos que porventura contaminem uma relação jurídica antecedente não têm o condão de contaminar a relação jurídica subsequente. Pode-se dizer que as relações cambiarias são autônomas, diferentemente do que ocorre no direito civil. Vamos dar um exemplo para deixar mais clara essa questão. Um determinado sujeito A emite um cheque, entregando-o para o beneficiário B; este, por sua vez, endossa para um terceiro C, que posteriormente também endossa o título para D, que por sua vez endossa para E. Este último deposita o cheque, que retorna sem fundos. O credor, portanto, promove a ação de execução em face do emitente, sendo que esse, por meio de embargos, sustenta que o título contém uma nulidade, pois quando C realizou o endosso era absolutamente incapaz e estava sem representante legal.

A (emitente) ⟶ B ⟶ C ⟶ D ⟶ E (credor)

Fonte: elaborado pelo autor.

Embora possa ter havido nulidade na relação entre C e D, essa nulidade, de acordo com as regras cambiarias, não contaminaram a relação jurídica estabelecida entre D e E. As relações cambiarias são independentes e autônomas, porquanto os embargos interpostos pelo executado devem ser rejeitados com a penhora de bens e a satisfação do crédito de exequente.

Se não fosse esse princípio os títulos de crédito simplesmente não circulariam, pois se o credor E tivesse que se preocupar com as relações jurídicas previamente estabelecidas, por pessoas que provavelmente não conhece, dificilmente aceitaria receber esse título. Isso comprometeria um dos escopos do direito cambiário que é, justamente, garantir a livre circulação do crédito entre os agentes do mercado.

O princípio da autonomia, talvez o mais importante dos princípios do direito cambiário, possui duas vertentes que possuem reflexos na seara processual, mas decorrem do direito material que são: a chamada abstração e a inoponibilidade das exceções pessoais ao terceiro de boa-fé.

A abstração, considerada por Vivante como uma das características mais marcantes do direito cambiário, ocorre quando o título circula além das partes originárias. Segundo o festejado professor, quando o título de crédito circula, esse se desvincula do negócio jurídico que lhe deu causa. Em outras palavras, quando a cambial é endossada pelo credor, o título se purifica de eventuais vícios que possam tê-lo contaminado. O endossatário recebe o título purificado e, assim, pode transmiti-lo para outrem. Por exemplo: se um determinado aluno vai até uma loja de eletrônicos e adquire um computador e, para tanto, emite um cheque para efetuar o pagamento e, após a venda, o vendedor endossa esse cheque para outro lojista para saldar uma dívida que possuía com este, nesse momento a cambial não mais estará vinculada ao negócio jurídico subjacente. O novo credor receberá esse título purificado e assim circulará.

Apenas para esclarecer, chamamos de negócio jurídico subjacente aquele negócio que deu causa à emissão da cambial. Toda cambial emitida possui uma causa e essa causa é o que denominamos de negócio jurídico subjacente. Alguma causa. No exemplo que escolhemos, a causa que ocasionou a emissão do cheque foi a compra e venda do computador. A maioria dos títulos de créditos não possuem uma causa previamente determinada pelo legislador, por isso são denominados de títulos não causais. Há, contudo, títulos de crédito que só podem ser emitidos ser houver uma determinada causa prevista na lei, como a duplicata mercantil, que só pode ser emitida ser houver uma compra e venda mercantil ou uma prestação de serviços.

Por sua vez, a inoponibilidade das exceções pessoais ao terceiro de boa-fé consiste na impossibilidade de o devedor, se executado por um terceiro, discutir com este último questões ou matérias às quais só poderia discutir com a pessoa com quem celebrou o negócio jurídico subjacente. No mesmo exemplo ofertado anteriormente, se o lojista que recebera o cheque, por endosso do primeiro lojista, vier a prover a ação de execução em face do aluno, este não pode, em embargos, alegar que não vai cumprir a obrigação, pois o cheque, que aparelhou a execução, foi emitido em razão da aquisição de um computador, sendo que esse não funciona em virtude de vícios redibitórios que comprometem o seu funcionamento. Os embargos deverão ser rejeitados pelo juiz, baseado na abstração e na inoponibilidade.

Por mais razão que o aluno possa ter, essas alegações são de ordem pessoal e só poderiam ser opostas ao vendedor, ou seja, aquele com quem o devedor inicialmente contratou; no momento que o cheque circulou, ocorreu a chamada abstração, que, na verdade, nada mais é do que reflexo da autonomia de ordem processual. Veja bem, o aluno poderia discutir a presença de vícios redibitórios no computador em face do lojista que lhe vendera o eletrônico, mas quando resolveu emitir um título de crédito deveria saber que, se esse título circulasse, contra o terceiro de boa-fé não se poderia discutir problemas no negócio jurídico subjacente.

Na verdade, trata-se um dos pilares do direito cambiário e não havia necessidade de o legislador explicitar em texto de lei a inoponibilidade das exceções pessoais ao terceiro de boa-fé. Contudo, talvez tenha previsto por receio dessa regra não ser aplicável ao cheque, pois alguns autores entendem que o cheque não é propriamente um título de crédito, mas seria, no dizer de Pontes de Miranda, um título cambiariforme, ou seja, um título que se assemelha aos títulos cambiários propriamente ditos. Diante disso, no art. 25 da Lei 7.357/85 (Lei do Cheque), o legislador preceituou: "**Quem for demandado por obrigação resultante de cheque não pode opor ao portador exceções fundadas em relações pessoais com**

o emitente, ou com os portadores anteriores, salvo se o portador o adquiriu conscientemente em detrimento do devedor."

Contudo, há técnicas cambiárias que podem aniquilar a abstração e, consequentemente, dificultar, mas não impedir a circulação da cambial. Se o aluno tivesse inserido a cláusula não à ordem no título, haveria, nesse caso, uma mudança do regime cambiário para o regime do direito civil, sendo que o endosso estaria proibido mas não a cessão civil. Agora, se o título circular, ele obrigatoriamente irá circular pelo regime previsto no Código Civil; em outras palavras, com a cláusula não à ordem, o título circula por meio da cessão de crédito, com as regras previstas nos arts. 286 e segs. do Código Civil. Na cessão de crédito, tudo que o cedido pode alegar contra o cedente, poderá ser oposto em face do cessionário. Em outras palavras, tudo que o aluno pode alegar em face do vendedor poderia ser oposto em face do lojista que recebeu o cheque por endosso. Por meio da cláusula não à ordem, o aluno se resguardaria em face do terceiro de boa-fé, podendo discutir com esse eventuais problemas que possam aparecer no negócio jurídico subjacente.

Uma outra maneira de mitigar a abstração cambiaria, que já fora reconhecida como eficaz pela jurisprudência, é anotar, no verso do título, o negócio jurídico subjacente. Feito isso pelo emitente, o negócio subjacente acompanhará o título quando esse for transmitido a terceiros. Portanto, se o aluno tivesse anotado, no verso do cheque, que esse título estava sendo emitido como pagamento de um computador, marca, modelo etc., a compra e venda estaria vinculada ao título, e caso fosse transmitida a terceiros, o emitente poderia discutir com esses problemas envolvendo o negócio jurídico subjacente.

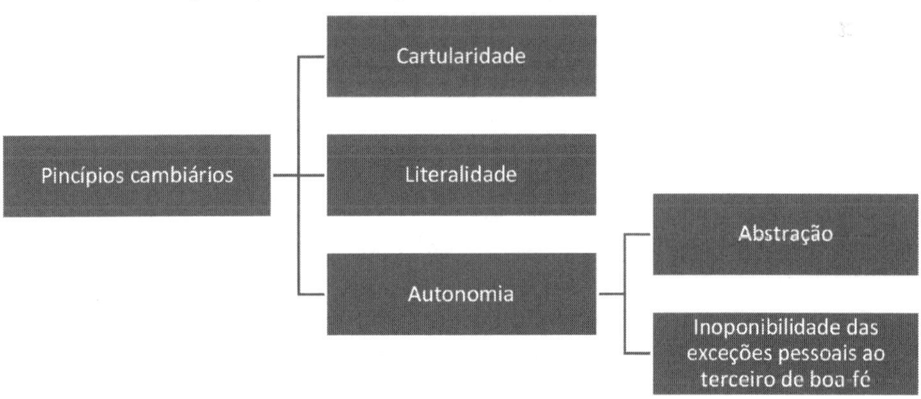

Fonte: elaborado pelo autor.

3
TÍTULOS TÍPICOS E ATÍPICOS

O Código Civil, no Livro I, Título VIII, art. 887 e segs. resolveu disciplinar os chamados títulos de crédito atípicos com o nítido propósito de permitir que o espírito inovador do empresário pudesse criar títulos novos[1], que pudessem substituir as nossas velhas e, talvez, desatualizadas cambiais. Se analisarmos com cuidado, poderemos perceber que muitas das nossas cambiais encontram-se divorciadas da realidade fática.

Como costumamos dizer em aula, esses dispositivos referentes aos títulos de crédito atípicos podem ser deixados de lado pelo aluno. Não existem títulos atípicos circulando em nosso economia e provavelmente nunca existirão. Afirmamos isso tendo em vista que esses títulos não são passíveis de protesto e muito menos podem aparelhar uma ação de execução, podendo, dependendo do caso, servir para que o credor possa ingressar com uma ação monitória. Logo, esses títulos carecem de tutela judicial apropriada e, portanto, pouco interesse despertam nos agentes que atuam no mercado.

Ademais, nos concursos públicos não temos verificado questões a respeito dos títulos atípicos e, quando são alvos de perguntas geralmente são passiveis de anulação devido à confusão entre as regras contidas no Código Civil e aquelas estabelecidas nas leis especiais.

1. Peço vênia para transcrever uma palestra do professor Newton de Lucca: "Mas o Professor Mauro Brandão Lopes, autor da parte dos títulos de créditos, dizia que o propósito do anteprojetista, que era ele naquela ocasião, era permitir a livre criação de títulos atípicos. Ele não tinha como propósito regular subsidiariamente a nota promissória, o cheque, a duplicata e a letra de câmbio. Mas simplesmente ele queria criar uma disciplina normativa que previsse a possibilidade de emissão de novos Títulos. E por que ele fazia esse raciocínio? Baseado na seguinte consideração: quem inventou os títulos de crédito, os senhores sabem? Foi algum jurista? Foi Vivante, quando disse que título de crédito é o documento necessário para o exercício do direito literal e autônomo nele mencionado? Não. Não. Os juristas tiveram a genialidade de sistematizar, em princípios científicos, toda a matéria dos títulos de crédito. Mas, efetivamente, quem inventou os títulos de crédito foram os comerciantes, foram os comerciantes que inventaram. Surgiu de uma necessidade histórica, era preciso que existisse um instrumento que, com agilidade, permitisse a circulação da riqueza, não da mesma forma com que se operava uma compra e venda de um bem imóvel, sujeito a todo aquele regramento que os Senhores sabem, como é mais complicado, comprar ou vender um imóvel, do que adquirir um Título de Crédito por simples endosso, não é?"

As questões nos concursos públicos têm como foco os títulos típicos, que estão todos previstos e regulados em leis especiais e, como é cediço, *lex posterior generalis non derogat priori specialis*. Em outras palavras, a lei geral posterior não tem o condão de revogar lei especial anterior; portanto, não foram revogadas as leis especiais em virtude da edição do Código Civil, que contém normas de aplicação geral. Continuam sendo aplicadas as normas especiais aos seguintes títulos típicos: letra de câmbio, nota promissória, cheque, duplicata mercantil e conhecimento de depósito e *warrant*.

Aproveitando essa questão das antinomias das normas jurídicas, trazemos à colação as lições de Norberto Bobbio, em seu livro de leitura obrigatória denominado Teoria do Ordenamento Jurídico. Nesse compêndio, o renomado jurista estabelece vários critérios para solução do conflito de normas. Amiúde o aluno se depara com várias normas regulando o mesmo tema. Nos concursos públicos, mormente em provas discursivas, o examinador costuma estabelecer questões que somente podem ser resolvidas com os critérios estabelecidos por Bobbio.

No tocante ao conflito entre normas, o festejado jurista peninsular estabelece três critérios, sendo eles o critério cronológico, o critério hierárquico e o critério da especialidade. Pelo primeiro critério, a lei posterior derroga a lei anterior. Por exemplo, o atual Código Civil de 2002 derrogou o vetusto Código Civil de 1916. Deve-se entender que a norma mais nova regulará melhor as questões. É cediço o brocado latino *lex posterior derrogat priori*.

O segundo critério é o hierárquico. De acordo com esse critério, quando houver duas normas incompatíveis, a norma superior deve prevalecer em detrimento da norma inferior, ou seja, *lex superior derrogat infer*iori. Por exemplo, se a Constituição Federal, que é a norma que se encontra no ápice do nosso ordenamento jurídico, estabelecer que uma norma infraconstitucional não pode criar prerrogativas ou estabelecer privilégios para uma sociedade de economia mista em detrimento de uma sociedade anônima sem participação governamental, havendo conflito prevalece a norma hierarquicamente superior.

Por sua vez, de acordo com o terceiro critério, havendo conflito entre uma norma geral posterior e uma norma especial anterior, deve-se entender que a norma especial anterior prevalecerá mesmo diante da norma posterior geral. Nesse caso, não se deve utilizar o critério de que a norma posterior derroga a norma anterior, pois a norma anterior possui conteúdo especial. A norma especial, segundo Bobbio, regulará melhor a situação fática por ser norma de conteúdo específico. Por exemplo, as Leis que cuidam do cheque e da duplicata mercantil prevalecem sobre as regras previstas no Código Civil. Nesse caso, a legislação posterior geral pode ser aplicada subsidiariamente.

Postas essas ideias de suma importância, vamos, ainda que perfunctoriamente, tecer alguns comentários a respeito dos títulos atípicos que podem ser úteis aos candidatos. Primeiramente, conforme já salientamos, o conceito de título de crédito ofertado pelo legislador andou na contramão, mencionando que o crédito está contido no título e não mencionado nele, conforme advertiu Vivante. Já verificamos que esse conceito não corresponde com o entendimento mais acurado da doutrina.

Outra observação que se faz necessária é que, para a validade do título de crédito atípico, é necessário que estejam presentes todos os requisitos legais. Se esses estiverem omissos, a validade do título fica comprometida, conforme previsto no art. 891, *caput*, do Código Civil. Essa regra não se aplica aos títulos típicos em razão do Dec. 57.663/66 e da Súmula 387 do STF.[2]

No art. 892 do mesmo diploma temos a figura chamada de declaração sucedânea, em o signatário, sem poderes para tanto, coloca-se no lugar do mandante. Não se trata da figura do endosso mandato, que é uma espécie de endosso impróprio.

No art. 897, parágrafo único, do Código Civil, o legislador expressamente vedou o aval parcial. Essa regra não se aplica aos títulos típicos. Aliás, essa indagação é rotineira entre as questões objetivas nos certames públicos. A Lei Uniforme de Genebra permite expressamente o aval parcial em seu art. 30 (anexo I). Ademais, o aval, de acordo com o Código Civil, não pode ser ofertado sem a anuência do cônjuge, salvo no regime de separação absoluta de bens, conforme determina o art. 1.647, inciso III. Conforme veremos mais adiante, essa regra também não se aplica ao aval dado nos títulos atípicos.

No art. 900 do Código Civil temos um dispositivo que preceitua que o aval posterior produz os mesmos efeitos do anteriormente dado, salvo a duplicata mercantil que, por força do art. 12, parágrafo único, da Lei 5.474/68, aos demais títulos aplica esse dispositivo, pois não há normas especiais cuidando do tema.

No art. 903 do Código Civil encontramos uma regra de total inutilidade, estabelecendo que as regras contidas nesse capítulo aplicam-se supletivamente aos títulos que estão regulados em leis especiais. Dificilmente isso ocorrerá, tendo em vista as discrepâncias entre a norma geral e a normas especiais.

No art. 906 encontramos a regra da inoponibilidade das exceções pessoais ao terceiro de boa-fé. Trata-se de uma das características advindas do princípio da autonomia. O dispositivo está assim redigido: "o devedor só poderá opor ao portador exceção fundada em direito pessoal, ou em nulidade de sua obrigação".

Nos arts. 910 ao 920 do Código Civil encontramos algumas regras peculiares a respeito do endosso. Normas essas que subvertem o que está contido nas leis especiais. Primeiramente, o endosso deve ser ofertado pelo endossante, quando possível, no verso do título. O Código Civil permite que seja efetuado no anverso

2. A cambial emitida ou aceita com omissões, ou em branco, pode ser completada pelo credor de boa-fé antes da cobrança ou do protesto.

e no verso. Contudo, é no art. 914 que encontramos dispositivo de conteúdo revolucionário, estabelecendo que o endossante não se torna obrigado cambiário em virtude do endosso. Temos, portanto, um endossante que transfere o título, mas não se responsabiliza pelo pagamento.

No art. 920 do mesmo diploma legal, encontramos referência ao endosso denominado pela doutrina como póstumo, tardio ou impróprio. O endosso levado a efeito após o vencimento produz os mesmos efeitos que o endosso efetuado antes do vencimento. Todavia, o endosso efetuado após o protesto por falta de pagamento produz os efeitos de uma cessão de crédito.

Essas são as principais observações que se fazem necessárias no tocante aos títulos de crédito atípicos.

4
CLASSIFICAÇÃO DOS TÍTULOS DE CRÉDITO

Vamos apenas cuidar das principais classificações, que de alguma maneira possam interessar ao concurseiro. Logo, não iremos elencar todas as classificações utilizadas pela doutrina, pois a maioria delas são inúteis e em nada auxiliam no estudo do direito cambiário. No intuito de cumprir esse objetivo, iniciamos, como a primeira e talvez mais importante classificação, dividindo os títulos de créditos quanto à sua natureza.

Quanto à natureza dos títulos, esses podem ser não causais e causais.

Os primeiros são aqueles em que o legislador não elenca uma determinada causa para que o título possa ser criado pelo emitente. Explicando de outro modo, o legislador não vincula o surgimento do título a um determinado negócio jurídico subjacente. A maioria dos nossos títulos de crédito são não causais, pois podem ser livremente criados pelas partes sem que estas levem em conta um determinado negócio. A letra de câmbio, a nota promissória e o cheque são exemplos desses títulos.

Os títulos causais, por sua vez, dependem de um determinado negócio jurídico subjacente para que possam ser criados pelas partes. Não é livre, portanto, a sua criação. O exemplo clássico de um título causal é a nossa duplicata mercantil, sendo que, para o seu surgimento, o legislador impôs os seguintes negócios subjacentes: uma compra e venda mercantil ou uma prestação de serviços. Se esses negócios não estiverem presentes estará vedada o saque da duplicata mercantil. O conhecimento de depósito também se insere na categoria dos títulos causais.

É importante deixar consignado que a causalidade que proporciona o surgimento de alguns títulos, como a duplicata mercantil, não impede a aplicação do princípio da autonomia e, consequentemente, da abstração. Quando a duplicata mercantil é criada, em virtude de uma compra e venda mercantil e, posteriormente é posta em circulação pelo sacador vendedor, a cambial se desvincula do negócio jurídico que lhe deu causa. Eventuais defeitos que envolveram o sacador vendedor e o sacado comprador não podem ser opostos por este em face do terceiro de boa-fé. Enfim, o negócio jurídico não se vincula ao título por força do art. 25 da Lei 5.474/68. Aliás, é esse o entendimento de Pontes de Miranda e Tullio Ascarelli.

O STJ, recentemente, pacificou o entendimento a respeito do princípio da autonomia e, consequentemente, da abstração em relação à duplicata mercantil, entendo que o devedor não pode opor ao terceiro de boa-fé exceções pessoais, tais como a compra e venda mercantil ou a prestação se serviços.[1]

Ha autores que assim não pensam, sustentando que nos títulos causais o negócio jurídico que deu causa ao título comprometerá a sua autonomia cambiária. Esse entendimento sepultaria a livre circulação dessa cambial, que, por ser eminentemente um título de natureza empresarial, comprometeria a sua função primordial.

Os títulos podem ser classificados quanto à sua estrutura.

Nesse caso, os títulos podem ser ordens de pagamentos ou promessa de pagamentos. Nos primeiros, uma pessoa, denominada de sacador, dá uma ordem para que uma outra, chamada sacado, cumpra uma ordem sua e efetue o pagamento para um terceiro. Nas ordens de pagamentos surgem três relações jurídicas entre três pessoas: sacador, sacado e tomador. Em suma, toda vez que o título de crédito tiver a presença do sacado será uma ordem de pagamento. A letra de câmbio, o cheque e a duplicata mercantil são ordens de pagamentos.

Na promessa de pagamento, uma pessoa promete pagar para outrem uma determinada quantia em uma determinada data. Nesse título o emitente assume o dever de pagar uma certa quantia a outrem. Nas promessas aparecem apenas duas relações jurídicas. A nota promissória e a cédula de crédito são exemplos de promessas de pagamento.

Quanto ao modelo, os títulos podem ser vinculados e livres.

Os títulos de modelo vinculados são aqueles padronizados pelo legislador. Nesses, as partes não possuem autonomia para criá-los, simplesmente atendendo os requisitos legais. O cheque e a duplicata mercantil são títulos de modelo vinculado. Nos títulos de modelo livre, basta que as partes atendam aos requisitos previstos em lei para que a cambial tenha validade. Não há um modelo previamente determinado pelo legislador. A letra de câmbio e a nota promissória são títulos de modelo livre.

Quanto modo de circulação das cambiais, como outrora já propalamos, os títulos de crédito nascem com a finalidade de transportar a riqueza de uma pessoa para outra, facilitando as trocas e as operações entre os agentes que atuam no mercado. Levando em conta o modo de circulação, a regra geral é a de que os títulos sejam à sua ordem, ou seja, que possam circular por endosso. Essa cláusula encontra-se naturalmente inserida em todos os títulos de crédito. Veja, por exemplo, o cheque,

---

1. STJ – EMBARGOS DE DIVERGÊNCIA EM RESP Nº 1.439.749/RS (2011/0222365-6). A duplicata mercantil, apesar de causal no momento da emissão, com o aceite e a circulação adquire abstração e autonomia, desvinculando-se do negócio jurídico subjacente, impedindo a oposição de exceções pessoais a terceiros endossatários de boa-fé, como a ausência ou a interrupção da prestação de serviços ou a entrega das mercadorias.

que como já analisamos é um título de modelo vinculado, em que essa cláusula vem estampada no corpo da cambial. Veja no modelo exposto abaixo.

Fonte: Depositphotos.

Além dos títulos à sua ordem, existem os títulos não à ordem. Esse últimos não podem circular por meio de endosso. Logo, a circulação desses títulos se opera por meio da cessão de crédito. Como há uma alteração do regime aplicável a esses títulos, ou seja, do regime cambiário para o regime do direito civil, aos títulos que circulam com a cláusula não à ordem não se aplicam as regras da abstração e da inoponibilidade das exceções pessoais ao terceiro de boa-fé.

Por derradeiro, ainda há os títulos ao portador. Na verdade, o único título que pode ser ao portador, ou seja, sem o nome do beneficiário, é o cheque no valor inferior a R$ 100,00 (cem reais), por força do art. 69[2] da Lei 9.069/95. Todos os demais títulos obrigatoriamente devem ser emitidos com o nome do portador. Quando formos cuidar do chamado endosso em branco voltaremos a abordar essa questão.

2. O art. 69 da Lei 9.069/95 assim dispõe: A partir de 1º de julho de 1994, fica vedada a emissão, pagamento e compensação de cheque de valor superior a R$ 100,00 (cem REAIS), sem identificação do beneficiário. Parágrafo único. O Conselho Monetário Nacional regulamentará o disposto neste artigo. Em outras palavras, todo cheque deve, obrigatoriamente, conter o nome do beneficiário se o valor da cártula for superior a R$ 100,00 (cem reais). (grifo nosso).

5
TÍTULOS EM ESPÉCIE

Itens do Capítulo	**Teoria**	**Revisão**	**Questões**
5.1. Letra de câmbio	☐	☐	☐
5.1.1. Do aceite	☐	☐	☐
5.1.2. Do endosso	☐	☐	☐
5.1.3. Do aval	☐	☐	☐
5.1.4. Do vencimento	☐	☐	☐
5.1.5. Do pagamento	☐	☐	☐
5.1.6. Do protesto	☐	☐	☐
5.1.7. Da prescrição	☐	☐	☐
5.2. Da nota promissória	☐	☐	☐
5.2.1. Atos cambiários	☐	☐	☐
5.3. Do cheque (Lei 7.357/85)	☐	☐	☐
5.3.1. Dos prazos do cheque	☐	☐	☐
5.3.2. Da sustação	☐	☐	☐
5.3.3. Do protesto do cheque	☐	☐	☐
5.4. Da duplicata mercantil (Lei 5.474/68)	☐	☐	☐
5.4.1. Noções gerais	☐	☐	☐
5.4.2. Do aceite	☐	☐	☐
5.4.3. Do protesto	☐	☐	☐
5.4.4. Da ação cambial	☐	☐	☐
5.4.5. Dos atos cambiários	☐	☐	☐
5.5. Do conhecimento de depósito e *warrant* (Dec. nº 1.102, de 1903)	☐	☐	☐

Nesse tópico vamos abordar os principais títulos de crédito para fins de concurso público. Iniciaremos com a letra de câmbio, que é conhecido como o título de crédito por excelência. Neste título poderemos analisar todos os atos cambiários e, depois, transportá-los para as outras cambiais. Após a análise da letra de câmbio, analisaremos a nota promissória, para depois analisarmos o cheque e, por fim, a duplicata mercantil, sem, contudo, nos olvidarmos de tecermos alguns comentários a respeito do conhecimento de depósito e *warrant*. Esta última cambial é de rara incidência, contudo alguns certames ainda elaboram questões a seu respeito.

Primeiro analisaremos o título propriamente dito, o seu conceito, estrutura e disciplina legal para, posteriormente, estudarmos os atos cambiários, como aceite, endosso, aval, vencimento, pagamento, protesto e a prescrição.

5.1. Letra de câmbio

Esse título de crédito surgiu na idade média juntamente com a codificação do direito comercial. Nessa época, os mercadores costumavam transitar grandes distâncias entre as cidades e as feiras. Nesse trajeto era muito comum que os mercadores fossem vítimas de assaltos, pois os saqueadores tinham conhecimento dos valores transportados pelos mercadores.

Em virtude disso, surgiu a letra de câmbio, em que um determinado comerciante localizado na cidade A emita uma ordem para um outro comerciante localizado na cidade B, determinando que este pagasse um determinado valor para o mercador portador da cambial. Esse mercador saia da cidade A, portando o título de crédito e, chegando à cidade B, apresentava o título para o comerciante que lá residia e solicitava o aceite desse. Uma vez aceita a cambial, o mercador realizava as compras das especiarias e retornava a sua cidade. Esse trajeto, portanto, era realizado sem que o mercador tivesse que portar as moedas.

Enfim, a letra de câmbio é uma ordem de pagamento, efetuada por uma pessoa denominada de sacador, em face de uma outra chamada de sacado, determinando que este pague ao tomador determinada quantia em determinada data. Esse conceito é de uma letra de câmbio com dia certo de vencimento. Portanto, temos uma pessoa denominada sacador que é o emitente do título e, também, a pessoa que dá a ordem de pagar. Temos, também, a pessoa a quem a ordem é dirigida, que é o sacado. E, por fim, temos o tomador que é o credor dessa letra de câmbio. Veja o esquema a seguir:

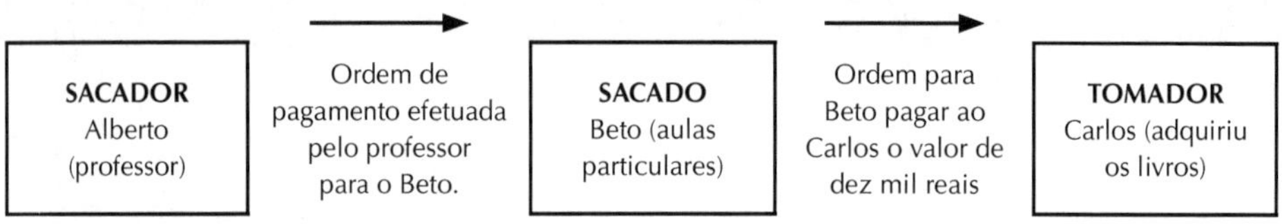

Fonte: elaborado pelo autor.

Vamos dar um exemplo utilizado em aula para que esse título possa ser compreendido. Feito isso, utilizaremos o exemplo fornecido para elucidar e compreender todos os atos cambiários. Alberto é professor de direito comercial e está lecionando aulas particulares, duas vezes por semana, para o aluno Beto. Esse se prepara para concurso da magistratura e depois pretende lecionar. O professor Alberto combina com o aluno três meses de aulas pelo valor de R$ 10.000.00 (dez mil reais). As aulas iniciam em janeiro de 2019 e o pagamento será efetuado no dia 10 (dez) de março do mesmo ano.

Ao final de uma aula, o aluno Carlos, querendo agradar o professor Alberto, informa para o professor que viaja muito para a Argentina e que o seu irmão é proprietário da Livraria Jurídica Buenos Aires. O aluno pergunta para o professor se ele precisa de algum livro, pois na Argentina os preços são mais em conta do que no Brasil. O professor anota cinco livros em um papel e entrega para o aluno e o agradece pela gentileza.

Na semana subsequente, no dia 15 de fevereiro, antes do início de uma aula, o aluno Carlos procura o professor com os livros que foram encomendados. E informa ao mestre que o valor dos livros foi R$ 10.000.00 (dez mil reais). O professor, por sua vez, pergunta ao aluno se o aluno receberia uma letra de câmbio como forma de pagamento. O aluno responde que receberia sim e, *incontinenti*, transmitira a cambial para a livraria como forma de pagamento dos livros, pois essa precisa pagar a editora.

O professor pergunta para Carlos se o vencimento da cambial poderia ser para o dia 10 (dez) de março e o aluno concorda. O professor então emite[1] a letra de

1. Esse ato de emitir a cambial é denominado de saque pela doutrina.

câmbio, no dia 15 de fevereiro de 2019, sendo o vencimento para o dia 10 (dez) de março. O mesmo dia que iria receber o pagamento de Beto pelas aulas particulares ministradas. Para tanto, o professor emite uma letra de câmbio com os seguintes dizeres: aos dez dias do mês de março do ano de dois mil e dezenove pagará Vossa Senhoria, por esta única via de Letra de Câmbio a Carlos de Tal, CPF nº 55.555.555-55, ou a sua ordem, a quantia de dez mil reais, na praça de São Paulo.

Ademais, o professor coloca os dados pessoais do Beto (sacado) e, ainda, em que localidade poderá ser encontrado o aluno Beto (sacado), deixando do lado esquerdo do título um espaço para que este possa assinar com os dizeres de aceitante do título. Por fim, o professor, na parte inferior do título, assina a letra, inserindo o seu CPF, e entrega a cártula ao Carlos (tomador).

Percebam um dado importante nesse nosso exemplo: por meio desse título, o professor pôde adquirir e usufruir dos livros de que necessita já no dia 15 de fevereiro, um mês antes de ser devido o pagamento pelo aluno Beto. Pode-se afirmar, portanto, que é possível usufruir de bens da vida de que se necessita sem que o crédito esteja materializado em nossas mãos. E, por sua vez, o tomador (Carlos) pôde efetuar o pagamento do título antes da data de vencimento para o proprietário da livraria Buenos Aires.

A seguir, apresentamos um modelo de letra de câmbio que servirá para que o aluno possa visualizar e melhor compreendê-la.

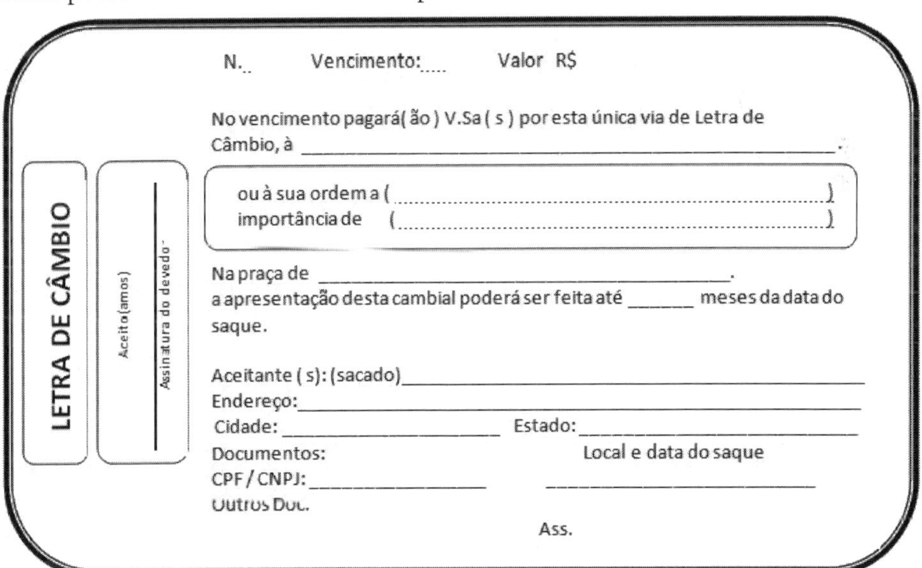
LETRA DE CÂMBIO

Aceito(amos)

Assinatura do devedor

N.. Vencimento:.... Valor R$

No vencimento pagará(ão) V.Sa (s) por esta única via de Letra de Câmbio, à ______.

ou à sua ordem a (......)
importância de (......)

Na praça de ______.
a apresentação desta cambial poderá ser feita até ______ meses da data do saque.

Aceitante (s): (sacado)______
Endereço:______
Cidade: ______ Estado: ______
Documentos: Local e data do saque
CPF / CNPJ: ______ ______
Outros Doc.

Ass.

Fonte: modelo de letra de câmbio comercializada em diversos estabelecimentos do nosso país feita para preenchimento de dados.

Antes de prosseguirmos com a análise da letra de câmbio é importante mencionarmos a legislação aplicável às letras de câmbio e às notas promissórias.

Podemos, primeiramente, dizer que o Brasil é signatário da Convenção de Genebra, no qual se buscava uniformizar a legislação cambial, tendo em vista o fracasso da Convenção de Haia em 1910. O Brasil somente aderiu à Convenção de Genebra em 1942, sendo que esse tratado ingressou no ordenamento brasileiro com o Dec. nº 57.663/66. Esse decreto é dividido em duas partes: anexo I é o texto da Lei Uniforme de Genebra, ou seja, a legislação uniforme a respeito das letras e das notas promissórias; no anexo II, estão contidas as reservas feitas pelo Brasil ao anexo I. O Brasil fez reservas aos seguintes dispositivos: 2, 3, 5, 6, 7, 9, 10, 13, 15, 16, 17, 19 e 20. Essas reservas estão elencadas na lei Uniforme de Genebra, então não há necessidade de anotá-las.

Mas para complicar um pouco, ainda vige no Brasil o Dec. nº 2.044/08, conhecido como Lei Saraiva. Esse decreto, que disciplinava as letras de câmbio e as notas promissórias antes da entrada em vigor do Dec. 57.663/66, ainda está vigente de acordo com o STF. Portanto, o Dec. 2.044/08 ainda está em vigor e aplica-se às letras de câmbios e às notas promissórias na parte em que o Brasil fez reservas ao Dec. 57.663/66.

Enfim, o concurseiro deve assim proceder se tiver alguma questão discursiva envolvendo letra de câmbio ou nota promissória. São quatro etapas que devem ser percorridas. Na maioria das questões apresentadas, basta consultar a Lei Uniforme de Genebra que essa lei é o bastante para solucionar o problema. Contudo, se houver dúvidas, deve-se seguir, rigorosamente, essas quatro etapas:

a) abrir a Lei Uniforme de Genebra (Dec. 57.663/66) no anexo I e verificar no art. 1º quais as reservas efetuadas pelo Brasil;

b) ir até o anexo II e verificar quais as reservas que o Brasil adotou, são elas: 2, 3, 5, 6, 7, 9, 10, 13, 15, 16, 17, 19 e 20. Se o Brasil adotou reservas, alguns dos dispositivos do anexo I não terão aplicação no Brasil, pois se entendeu que essas matérias mereciam um tratamento específico pela nossa legislação. Por exemplo, o Brasil adotou a reserva do artigo 9º do anexo II. Portanto, não se aplica o artigo 44 do anexo I. Esse dispositivo cuida do protesto, ou seja, o Brasil não adotou todo o conteúdo desse dispositivo.

c) ir até o Dec. 2.044/08 e verificar o conteúdo dessa legislação, analisar os dispositivos que cuidam do protesto, pois no tocante a essa questão aplica-se esse decreto. Uma observação importante: nesse caso específico há uma agravante, pois a aluno teria que, após analisar o Dec. 2.044/08, analisar a Lei 9.492/97, que é uma lei especial que cuida do protesto das cambiais.

d) por fim, se o Dec. 2.044/08 não cuidar especificamente da questão, o aluno deve verificar os arts. 887 a 903 do Código Civil para verificar se essa matéria encontra-se disciplinada. Se estiver, aplica-se o Código Civil.

Posto essas ideias a respeito da legislação aplicável à letra de câmbio, vamos voltar à análise dessa cambial. O aluno Carlos encontra-se com o título em mãos, sendo que até o presente momento existe apenas a obrigação assumida pelo professor em face do aluno Carlos. É importante, frisar que a letra de câmbio já existe, ou seja, o aluno Carlos que está de posse de um título executivo extrajudicial em face do professor. Contudo, o aluno Beto ainda não se encontra obrigado, pois esse ainda não se manifestou a respeito da ordem de pagamento efetuada pelo professor Alberto. Logo, caberá ao credor a obrigação de procurar o Beto para saber se ele aceita ou não a ordem. Aqui surge um ato cambiário denominado aceite.

Uma observação importante que já fora questionada em recente prova discursiva da magistratura paulista: é possível que o sacador e o sacado sejam identificados na mesma pessoa. Por exemplo, se o Alberto for ao mesmo tempo sacador e sacado, na verdade o sacador está dando uma ordem para si mesmo para beneficiar o tomador. Nesse caso, como bem observa Rubens Requião, a letra de câmbio assumirá feições de uma nota promissória.

Outrossim, a Lei Uniforme de Genebra ainda permite que possa haver identidade entre o sacado e o tomador. Nesse caso, devemos trazer à colação o pensamento esposado por Pontes de Miranda, nas palavras do festejado Ricardo Negrão, que assim entende: *"a preocupação de certo segmento da doutrina alemã porque 'o tomador poderia, como sacado, não aceitar e, no entanto, dar circulação à letra de câmbio, sem qualquer responsabilidade sua, se fosse ao portador o título'. Resistindo à vedação, Pontes de Miranda assevera que, embora seja correto o raciocínio, o portador terá direito contra o sacador que se obriga pela emissão."*

Por fim, há ainda a possibilidade que sacador, sacado e tomador estejam representados pela mesma pessoa. Nesse caso, se não houver o aceite por parte do sacado e o título for endossado sem garantia, ainda assim será responsável pelo pagamento como sacador.

5.1.1. Do aceite

O aceite é a manifestação do sacado (Beto) concordando com a ordem efetuada pelo sacador. Essa manifestação de vontade emitida pelo sacado somente ocorre após o saque do título pelo sacador. É importante frisar que o aceite é um ato facultativo na letra de câmbio. Isso significa que o sacado pode assinar e, assim, manifestar a sua concordância, ou, simplesmente, se negar a assinar, o que equivale a sua não concordância.

O aceite se materializa com a simples assinatura do sacado no título. A letra de câmbio possui, do lado esquerdo do título, um espaço em branco com os dizeres "aceito" ou "aceitamos", como se pode observar no modelo anteriormente exposto. O sacado lança a sua assinatura nesse espaço e, com isso, passará a se denominar de aceitante. Logo, o aceitante é o sacado que manifestou a sua anuência, assinando a cambial.

Então, o Beto, que é o sacado, pode assinar ou não assinar a cambial quando essa lhe for apresentado por Carlos. Não se deve confundir aceite com o pagamento. Estamos ainda no dia 16 de fevereiro, ou seja, um dia após o saque efetuado pelo professor; o pagamento só será exigível no dia 10 de março, que é o dia do vencimento do título. Se o sacado concordar com a ordem efetuada pelo professor, o sacado será considerado o obrigado principal do título. Isso significa que é ele que deverá ser procurado para pagar no dia do vencimento. O professor não se exime do dever de pagar, apenas se torna um obrigado de segunda classe, vamos denominá-lo de coobrigado.

Caso o sacado se recuse a efetuar o aceite, ocorrerá o vencimento antecipado da cambial. Se o aluno Beto, por algum descontentamento com as aulas ministradas pelo professor Alberto, não queira assinar a cambial, o título será exigível, de imediato, em face do professor Alberto. Contudo, para comprovar que o título fora apresentado ao sacado e esse se recusara a efetuar o aceite, haverá necessidade de realizar um ato cambiário denominado protesto por falta de aceite. O sacado será notificado, pelo Cartório de Protesto de Títulos e Documentos, indagando-lhe se aceita ou não a cambial. Caso não aceite, será lavrada uma certidão comprovando a recusa do aceite pelo cartório. Com o título em mãos, acompanhado da certidão do protesto por falta de aceite, o Carlos estará apto a exigir judicialmente o valor mencionado no título do professor Alberto.

O aceite, nas letras de câmbio com dia certo de vencimento, pode ser realizado até o dia do vencimento. Como esse ato beneficia exclusivamente o tomador (credor), é facultativo, servindo apenas para que o credor tenha certeza ou não de que o pagamento será efetuado pelo sacado, no dia do vencimento do título. Há, contudo, dependendo da espécie de vencimento da cambial, prazos estipulados para que a cártula seja apresentada ao sacado para que esse efetue o aceite. Por exemplo, quando a letra de câmbio for emitida com vencimento a 120 dias da vista, o prazo para o tomador apresentar esse título ao sacado será de um ano contado da emissão do título. Apenas para esclarecer, o prazo para o vencimento da cambial emitida com vencimento a certo termo da vista somente se inicia após o aceite do sacado. Quando abordarmos o vencimento da letra de câmbio, cuidaremos das espécies de vencimentos possíveis na letra de câmbio.

Uma questão de ordem apenas: o protesto por falta de aceite somente poderá ser efetuado até a data do vencimento da cambial; após essa data, somente será possível realizar o protesto por falta de pagamento. Essa regra encontra-se esculpida no § 2º do art. 21 da Lei 9.492/97. "**Após o vencimento, o protesto sempre será efetuado por falta de pagamento, vedada a recusa da lavratura e registro do protesto por motivo não previsto na lei cambial**".

Por sua vez, uma questão muito solicitada diz respeito à cláusula não aceitável. Se inserida essa cláusula na letra de câmbio, ela obrigará o tomador ou quem estiver com o título a somente procurar o sacado, para o aceite, no dia do vencimento. No dia do vencimento, o sacado irá se manifestar a respeito do aceite, podendo aceitá-la ou recusá-la. Como se pode perceber, essa cláusula apenas evita o vencimento antecipado do título para o sacador.

Outra questão que nos deparamos nos concursos públicos seria: em que consiste o prazo de respiro, na letra de câmbio? O prazo de respiro consiste na possibilidade do sacado, quando lhe fora apresentado o título pelo tomador, exigir que esse título lhe seja reapresentado no dia seguinte. Essa permissão encontra-se no art. 24 da LUG (anexo I), que estabelece que o sacado pode pedir que a letra lhe seja apresentada uma segunda vez no dia seguinte ao da primeira apresentação.

A Lei Uniforme de Genebra permite, ainda, que o sacado possa realizar a chamada recusa parcial[2] do título. Essa consistirá na alteração ou na modificação de algum dado aposto no título pelo sacador. Contudo, a Lei Uniforme de Genebra preceitua que a recusa parcial gera os mesmos efeitos da recua, ou seja, o vencimento antecipado do título para o sacador, conforme determina o art. 26, segunda parte, da LUG (anexo I). Logo, se o sacado alterar algum dado no título, essa alteração provocará o vencimento antecipado da cambial para o sacador ou para outras pessoas que participarem da cambial.

Essa recusa parcial pode ser de duas espécies: a) modificativa ou b) limitativa.

a) Modificativa. A recusa parcial modificativa ocorrerá quando o sacado alterar alguma cláusula aposta no título que não diga respeito ao valor estipulado na cártula pelo sacador. O exemplo mais comum de aceite modificativo ocorre quando o sacado altera a data de vencimento. Logo, o Beto (sacado), informa ao Carlos (tomador) que tinha combinado com o professor de somente pagá-lo no dia 10 (dez) de abril e não no dia 10 (dez) de março, portanto vai modificar a data do vencimento para essa data. Logo, o título vencerá imediatamente para o professor Aberto, que terá que pagar o valor do título ao Carlos imediatamente. Após efetuado esse pagamento, o professor, que agora está na posse do título, pois pagou ao Carlos, deverá, no dia 10 (dez) de abril, cobrar o Beto pelas aulas administradas e aceitas por meio desse título.

b) Limitativa. A recusa parcial limitativa ocorrerá quando o sacado limita o valor do aceite. Por exemplo, o título é no valor de R$ 10.000,00 (dez

2. Art. 26. LUG: "O aceite é puro e simples, mas o sacado pode limitá-lo a uma parte da importância sacada. Qualquer outra modificação introduzida pelo aceite no enunciado da letra equivale a uma recusa de aceite. O aceitante fica, todavia, obrigado nos termos do seu aceite". Portanto, o aceite parcial é o que denominamos de recusa parcial.

mil reais), mas o sacado aceita pagar somente R$ 5.000,00 (cinco mil reais). Voltando a utilizar o nosso caso, quando o título for apresentado ao Beto (sacado), esse assina a cambial, colocando ao lado de sua assinatura os dizeres "aceite no valor de R$ 5.000,00 (cinco mil reais), pois entende que só foram lecionadas metade das aulas. Nesse caso, duas correntes procuram a melhor solução:

b1) o título vence imediatamente para o sacador (professor), no valor total do título. O sacador efetua o pagamento para o tomador (Carlos) e retém o título consigo. Após efetuar o pagamento na totalidade para o tomador, aliás, que lhe era devido, o sacador irá cobrar, no dia do vencimento, o sacado (Beto), somente no valor por esse aceito. Se o professor entender que o aluno lhe devia o valor total pelas aulas ministradas deverá ingressar com uma ação própria provando que ministrou essas aulas. Essa ação não possui natureza cambial. Se entender que realmente somente ministrou a metade das aulas combinadas, não haverá nada a reclamar de Beto.

b2) a segunda corrente, por sua vez, adota uma outra solução para o caso, entendendo que o título venceria de imediato para o professor, mas somente no montante não aceito pelo sacado (Beto, que, no exemplo, aceitou metade do valor). Diante disso, o tomador-credor deverá cobrar imediatamente apenas R$ 5.000,00 (cinco mil reais) do sacador (professor) e depois, no dia do vencimento cobrar o restante do sacado (Beto). Essa segunda solução traz apenas um inconveniente: no momento em que o professor efetuar o pagamento parcial para o Carlos, o professor não poderá reter o título consigo para provar o pagamento, pois o Carlos terá que manter a cambial consigo para poder cobrar o Beto no dia do vencimento. No tocante à questão, levantada por alguns, em haver duas datas de vencimento, não vemos nenhum problema nisso, pois o Carlos irá receber o valor total, os R$ 10.000,00 (dez mil reais), no dia que fora combinado, ou seja, dia 10 de março de 2019.

Recentemente, um aluno me procurou informando que na prova oral da magistratura do Paraná o examinador lhe havia indagado o que seria o aceite domiciliado. Eu respondi que o aceite domiciliado é aquele em que, no dia do aceite, o sacado informa ao portador lugar diverso para efetuar o pagamento do que aquele determinado pelo sacador. A nosso ver, é uma espécie de recusa parcial modificativa. Logo, esse aceite domiciliado gera o vencimento antecipado do título.

5.1.2. Do endosso

O endosso é o ato cambiário pelo qual o endossante transmite o seu crédito, por meio de uma assinatura lançada no verso do título, para o endossatário.

O endosso ocorrerá após a entrega da cambial ao endossatário. Nesse momento surge um novo credor da cambial. Diferentemente da cessão de crédito existente no direito civil, no endosso o endossante não precisa comunicar o devedor dessa transferência. O endosso tem como característica, que é essencial para o direito cambiário, o informalismo e a celeridade na prática dos atos cambiários.

Importante asseverar que o endosso tem por finalidade transmitir o crédito, contudo, esse ato cambiário traz uma consequência para o endossante, qual seja, o torna coobrigado cambiário. No momento então que o endossante transmite a cambial para o endossatário, ele se insere na cadeira de coobrigados. Logo, a livraria Buenos Aires, se assim desejar, poderá cobrar o Carlos pela quantia estipulada no título. Contudo, não sendo a finalidade do endosso criar um garantidor, essa consequência pode ser extirpada desse ato com a cláusula sem garantia. Inserindo essa cláusula ao lado de sua assinatura, no verso do título, o crédito será transmitido normalmente, mas o endossante não se tornará um coobrigado. Não devemos olvidar que todas essas cláusulas dependem de prévia negociação entre as partes.

Outro ponto importante que deve ser observada é o de que não se admite o chamado endosso parcial do título. Esse, segundo o art. 12[3] da Lei Uniforme de Genebra, é nulo. Aliás, outra não poderia ser a regra a ser adotada, pois se o endosso pressupõe a entrega do título ao endossatário, não seria possível transmitir a esse uma parcela do crédito mencionado na cártula. A principal diferença entre o endosso e a cessão de crédito é a de que, nesta última, o devedor (cedido) pode opor ao cessionário as exceções pessoais que tiver contra ele, bem como as exceções pessoais que tiver contra o cedente, no momento em que tomou conhecimento da cessão. Essa regra se encontra no art. 294 do atual Código Civil.[4]

Uma outra questão que já fora tratada anteriormente, mas devido a sua incidência nos concursos públicos merece ser mencionada novamente diz respeito à cláusula não à ordem. Se essa cláusula for inscrida no título estará vedado o endosso. Veja bem, essa cláusula não impede a circulação do título, apenas impede que esse circule por endosso, permitindo, contudo, a sua circulação por cessão de crédito. A cessão, como é cediço, possui regras diferentes do endosso.

Então, neste momento, nossa cambial possui a seguinte estrutura, tendo em vista a inserção de mais um participante por meio do endosso. Veja o infográfico abaixo.

3. Art. 12 da LUG: "O endosso deve ser puro e simples. Qualquer condição a que ele seja subordinado considera-se como não escrita. O endosso parcial é nulo". O endosso ao portador vale como endosso em branco.
4. O art. 294 do Código Civil Brasileiro assim preceitua: "O devedor pode opor ao cessionário as exceções que lhe competirem, bem como as que, no momento em que veio a ter conhecimento da cessão, tinha contra o cedente".

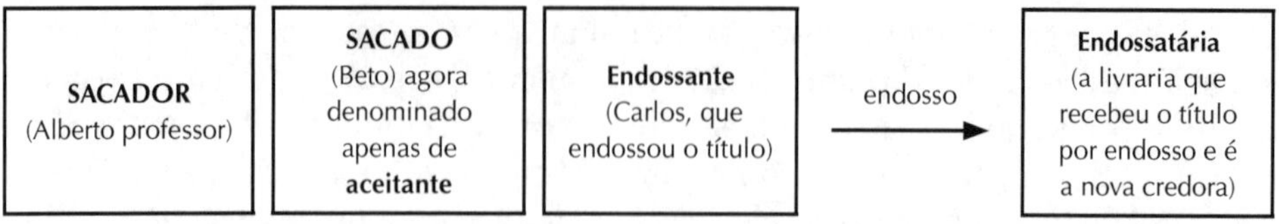

Fonte: elaborado pelo autor.

Por seu turno, o endosso pode ser de duas modalidades, ou seja, pode ser efetuado em preto ou em branco. No endosso em preto, o endossante identifica quem é o endossatário. Portanto, se o Carlos (endossante), ao lado se sua assinatura no verso, inserir o nome do endossatário, esse endosso foi em preto. A livraria somente poderá transmiti-lo por meio de outro endosso, pois o seu nome se encontra expressamente inserido na cambial. Por outro lado, o endossante poderia, ao endossar o título, simplesmente omitir o nome do endossatário. Se assim proceder, esse endosso será em branco. Nesse momento duas consequências podem ser apontadas: primeira consequência, será considerado credor aquele que estiver de posse do título no dia do vencimento. Pode-se afirmar que isso nada mais é do que corolário do princípio da cartularidade, que afirma ser credor aquele que estiver de posse do título. Segunda consequência, a cambial passará a ser transmitida por mera tradição (o domínio dos bens móveis é transmitido por meio da simples tradição, ou seja, basta entregar a posse do bem a outrem.[5]

Portanto, quando o título é endossado em branco a sua transferência se opera pela simples entrega do título de uma pessoa para outra. Em outras palavras, a cambial passa a ser ao portador. Nesse ponto surge uma discussão em virtude do art. 19[6] da Lei 8.088/90, tendo em vista que essa lei estabeleceu que todos os valores mobiliários e cambiais serão emitidos sempre sob a forma nominativa, sendo que as transmissões somente serão efetuadas por meio do endosso em preto. Portanto,

---

5. O art. 1.267 do Código Civil Brasileiro assim preceitua: "A propriedade das coisas não se transfere pelos negócios jurídicos antes da tradição.

   Parágrafo único. Subentende-se a tradição quando o transmitente continua a possuir pelo constituto possessório; quando cede ao adquirente o direito à restituição da coisa, que se encontra em poder de terceiro; ou quando o adquirente já está na posse da coisa, por ocasião do negócio jurídico."

6. Art. 19. Todos os títulos, valores mobiliários e cambiais serão emitidos sempre sob a forma nominativa, sendo transmissíveis somente por endosso em preto.

   § 1º Revestir-se-ão de forma nominativa os títulos, valores mobiliários e cambiais em circulação antes da vigência desta lei, quando, por qualquer motivo, reemitidos, repactuados, desdobrados ou agrupados.

   § 2º A emissão em desobediência à forma nominativa prevista neste artigo torna inexigível qualquer débito representado pelo título, valor mobiliário ou cambial irregular.

   § 3º A Comissão de Valores Mobiliários regulamentará o disposto neste artigo em relação aos valores mobiliários.

foram proibidos os títulos ao portador por motivos fiscais. Ademais, o § 2º desse dispositivo acoimou de inexigível qualquer crédito representado por cambial que não tenha sido emitida sob a forma normativa.

Diante da edição da Lei 8.088/90, alguns autores passaram a sustentar que não seria mais possível a possibilidade do endosso em branco, pois, nesse caso, a cambial passaria a ser ao portador e, portanto, tornar-se-ia inexigível de acordo com a mencionada legislação. Contudo, parece-nos que não foi esse o propósito da norma. A intenção, aliás, sufragada pelo Superior Tribunal de Justiça, era proibir somente a criação do título de crédito ao portador, mas permitia-se que, após a sua criação, a cambial pudesse despir-se da forma nominativa e passar a circular ao portador, quando endossada em branco.

Portanto, entendeu-se que a cambial obrigatoriamente deve, no momento da sua criação, indicar o nome do beneficiário, por força da Lei 8.088/90, da Lei 8.021/90 e, também, da Lei Uniforme de Genebra (Dec. 57.663/66), que exige, como requisito obrigatório para a elaboração da letra de câmbio e da nota promissória, o nome do beneficiário. Esse é um dos requisitos essenciais para a criação dessas cambiais.

Em síntese, não é possível, diante do nosso regime cambial, título de crédito constituído ao portador, salvo o cheque de valor inferior a R$ 100,00 (cem reais). Essa regra vale para a letra de câmbio, a nota promissória e o cheque e duplicata mercantil. No entanto, após a sua criação, todas essas cambiais comportam o endosso em branco e assim podem circular.[7]

Isso quer dizer que uma cambial emitida sem o nome do beneficiário ou omitindo algum elemento essencial será acoimada de algum vício insanável que impeça o credor de boa-fé de postular o seu crédito em juízo? A resposta só poderia ser negativa, até porque se adotássemos essa regra estaríamos criando um obstáculo à circulação do crédito. Nesse sentido, o STF editou a Súmula 387, que preceitua "a cambial omitida ou aceita com omissões, ou em branco, pode ser completada pelo credor de boa-fé antes da cobrança ou do protesto."

No concurso para o ingresso na magistratura de São Paulo, em uma questão discursiva, foi indagado do candidato se poderia haver letra de câmbio ao portador. Pergunta muito bem elaborada que exigia um conhecimento amplo do direito cambiário do candidato. O candidato deveria, inicialmente, citar a Lei Uniforme de Genebra, em seu artigo 1º, nº 6, informando que é requisito essencial que a letra contenha o nome da pessoa a quem ou à ordem de quem deve ser paga a cambial. Posteriormente, deveria informar ao examinador que, se a letra for endossada em

---

7. STJ – REsp 204.595/GO e REsp 329.996/SP ambos possuem como Ministro relator Barros Monteiro. Nesses julgados o STJ reconheceu a força executiva dos cheques que foram emitidos ao portador e entregues ao credor de boa-fé.

branco, a cambial passaria a ser ao portador. E, se houvesse espaço poderia citar a Súmula 387 do STF.

Por sua vez, o endosso pode ser utilizado para fins diversos que o de transmitir o crédito. Por vezes, o endossante não deseja transmitir o seu crédito, mas precisa legitimar um terceiro na posse do título para a prática de determinados atos cambiários. Com isso, surge o chamado endosso impróprio. Este, por seu turno, pode ser de duas espécies: o endosso-mandato e o endosso-caução.

No endosso-mandato, o endossante mandante confere poderes ao endossatário mandatário para que esse esteja legitimado para praticar atos que beneficiem o endossante. Logo, o endossatário mandatário poderá, no dia do vencimento, exigir do sacado o pagamento e, se o pagamento não for efetuado, o endossatário mandatário poderá efetuar o protesto e, posteriormente, promover a competente ação de execução em face do sacado ou de outros coobrigados cambiários. Por meio do chamado endosso improprio, o endossante mandante pode conservar e proteger seus interesses sem, contudo, dispor de seu crédito.

Como o endossatário mandatário não é titular do crédito, mas apenas possuidor paras fins específicos, não lhe é possível transferir a cártula por endosso. Contudo, lhe será permitido realizar um outro endosso da mesma natureza do primeiro. Então, o endossatário mandatário poderia transmitir a cártula por outro endosso mandato. O endosso mandato está disciplinado no artigo 18[8] da Lei Uniforme de Genebra (anexo I).

Por sua vez, se o endossatário mandatário, por culpa própria, causar danos a terceiros, deverá ser responsabilizado. Contudo, se no exercício regular de suas funções algum dano for ocasionado, a responsabilidade será do endossante mandante.

Nessa toada foi editada a Súmula 476 do STJ que preconiza o seguinte entendimento: "o endossatário de título de crédito por endosso-mandato só responde por danos decorrentes de protesto indevido se extrapolar os poderes de mandatário."

Esse entendimento já se encontra pacificado nos tribunais inferiores. Contudo, esses mesmos tribunais entendem que caso o endossatário mandatário extrapole os poderes que lhe foram conferidos pelo endossante mandante, o mandatário assumirá o dever de indenizar o devedor. Veja o conteúdo da ementa oriunda do Tribunal de Justiça de Minas Gerais.

8. Art. 18 da LUG: Quando o endosso contém a menção "valor a cobrar" (*valeur en recouvrement*), "para cobrança" (*pour encaissement*), "por procuração" (*par procuration*), ou qualquer outra menção que implique um simples mandato, o portador pode exercer todos os direitos emergentes da letra, mas só pode endossá-la na qualidade de procurador. Os coobrigados, neste caso, só podem invocar contra o portador as exceções que eram oponíveis ao endossante. O mandato que resulta de um endosso por procuração não se extingue por morte ou sobrevinda incapacidade legal do mandatário. (grifo nosso).

"EMENTA: INDENIZAÇÃO POR DANOS MORAIS ENDOSSO MANDATO PROTESTO INDEVIDO. INSTITUIÇÃO FINANCEIRA. ILEGITIMIDADE PASSIVA. PODERES DO MANDATO. OBSERVÂNCIA.

1. O endossatário de título de crédito por endosso-mandato só responde por danos decorrentes de protesto indevido se extrapolar os poderes de mandatário (Súmula 476 do STJ).

2. Agindo como mera apresentante do título levado a protesto, é de se reconhecer a ilegitimidade passiva da instituição financeira para figurar no polo passivo da ação em que se discutem os prejuízos sofridos pelo sacado."

Essa questão já foi solicitada na prova discursiva do Ministério Público Paulista, que indagou em que hipótese o endossatário mandatário poderia ser responsabilizado em face do protesto do devedor do título? O concurseiro poderia transcrever a sobredita súmula que a questão estaria respondida.

Por sua vez, no endosso caução, também chamado de endosso pignoratício, o endossante transfere o título para que esse sirva de garantia em uma determinada obrigação. A letra de câmbio servirá de penhor para garantir um determinado negócio jurídico. Essa espécie de endosso está prevista no art. 19[9] da Lei Uniforme de Genebra.

Se o endossatário pignoratício praticar atos que possam causar danos ao devedor, por exemplo, realizando um protesto indevido, o endossatário pignoratício deverá ser responsabilizado, pois age em nome e proveito próprios.

É importante observar que nesse caso não se pode responsabilizar o tabelião, que apenas formaliza o protesto. O responsável pelo protesto é aquele que apresenta o título ao cartório. Excepcionalmente, caso haja defeito no tocante ao serviço prestado, o tabelião poderá ser responsabilizado, desde que tenha agido com dolo ou culpa no exercício de suas funções.

Por fim, é usual, nos concursos públicos, a questão a respeito do endosso póstumo. Esse endosso é aquele realizado após o protesto por falta de pagamento ou após o prazo para a efetivação do protesto e, segundo o artigo 20[10] da Lei Uniforme de Genebra, produz os efeitos de uma cessão de crédito.

---

9. Art. 19 da LUG: Quando o endosso contém a menção "valor em garantia", "valor em penhor" ou qualquer outra menção que implique uma caução, o portador pode exercer todos os direitos emergentes da letra, mas um endosso feito por ele só vale como endosso a título de procuração. Os coobrigados não podem invocar contra o portador as exceções fundadas sobre as relações pessoais deles com o endossante, a menos que o portador, ao receber a letra, tenha procedido conscientemente em detrimento do devedor.

10. Art. 20 da LUG: O endosso posterior ao vencimento tem os mesmos efeitos que o endosso anterior. Todavia, o endosso posterior ao protesto por falta de pagamento, ou feito depois de expirado o prazo fixado para se fazer o protesto, produz apenas os efeitos de uma cessão ordinária de créditos. Salvo prova em contrário, presume-se que um endosso sem data foi feito antes de expirado o prazo fixado para se fazer o protesto.

5.1.3. Do aval

O aval é o ato cambiário pelo qual uma pessoa, denominada avalista, garante o pagamento de um título de crédito, colocando-se na mesma posição cambiaria do avalizado. Portanto, o aval é uma espécie de garantia pessoal ofertada no anverso de uma cambial. Não se confunde com a fiança, que é uma garantia pessoal, prevista no Código Civil, e deve ser efetuada em contratos. Ademais, como veremos mais adiante, ambos são garantias, mas com regimes jurídicos diversos.

O art. 30 da Lei Uniforme de Genebra assim dispõe: **"O pagamento de uma letra pode ser no todo ou em parte garantido por aval. Esta garantia é dada por um terceiro ou mesmo por um signatário da letra."**

No dispositivo subsequente o legislador assim dispôs:

> **"O aval é escrito na própria letra ou numa folha anexa. Exprime-se pelas palavras "bom para aval" ou por qualquer fórmula equivalente; e assinado pelo dador do aval. O aval considera-se como resultante da simples assinatura do dador aposta na face anterior da letra, salvo se se trata das assinaturas do sacado ou do sacador.**
>
> **O aval deve indicar a pessoa por quem se dá. Na falta de indicação, entender-se-á pelo sacador."**

Uma observação importante a respeito do art. 31 da Lei Uniforme de Genebra; não se admite aval em folha anexa, o aval deve ser escrito no anverso da própria cambial. Não devemos olvidar que nem todos os dispositivos foram recepcionados pelo legislador pátrio.

Todas as cambiais podem ser garantidas por aval. Admite-se, portanto, o aval na letra de câmbio, na nota promissória, no cheque, na duplicata mercantil e outros títulos de crédito.

A primeira questão que devemos abordar é a de que, diferentemente do endosso, o aval, nos títulos típicos, pode ser parcial. Admite se, portanto, o aval parcial[11]. Logo, o garantidor pode limitar o valor da sua garantia. Por exemplo, o título foi emitido no valor de R$ 10.000,00, mas o avalista limita a sua garantia em R$ 5.000.00. Essa possibilidade de limitar a garantia é importante nos títulos que possuem valores elevados em que é possível obter-se vários avalistas que juntos podem garantir o valor total.

Muito cuidado com as normas inseridas no Código Civil, que cuidam dos títulos de crédito atípicos, pois para os títulos atípicos o aval parcial é vedado.

---

11. Enunciado 39 da I Jornada de Direito Comercial: É admitido o aval parcial para os títulos de crédito regulados em lei especial. Não se aplica a vedação do art. 897, parágrafo único, do Código Civil, aos títulos de crédito regulados por lei especial, nos termos do seu art. 903, sendo, portanto, admitido o aval parcial nos títulos de crédito regulados em lei especial.

O art. 897, *caput*, assim dispõe: "O pagamento de título de crédito, que contenha obrigação de pagar soma determinada, pode ser garantido por aval". Contudo, no parágrafo único, o legislador assim preceituou: "É vedado o aval parcial".

O aval possui três características essenciais. Primeiramente, o aval é autônomo. Pode-se, portanto, afirmar que eventuais vícios ou defeitos que possam surgir na relação jurídica estabelecida entre o avalizado e o terceiros não comprometerá a obrigação assumida pelo avalista. Por exemplo, quando o tomador (Carlos) for endossar esse título para a endossatária (Livraria Buenos Aires), essa, que não conhece os demais coobrigados, impõe como condição para receber a cambial que o endossante (Carlos) providencie um avalista que possa garanti-la. Carlos procura um outro aluno de nome Dionísio para ser avalista, que aceita. Acompanhe, conforme o gráfico a seguir:

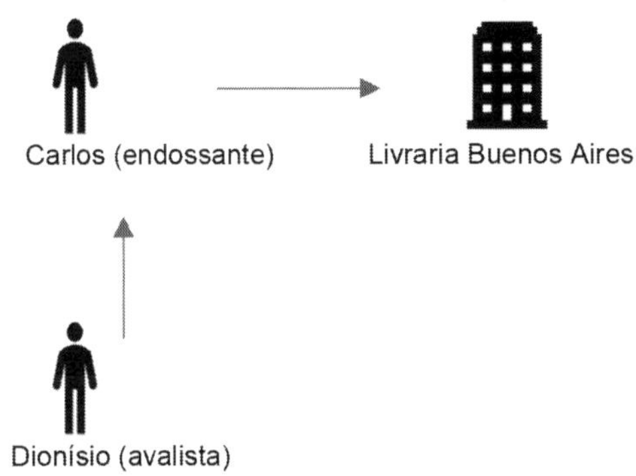

Fonte: elaborado pelo autor.

Portanto, se Carlos estiver comprometido por uma incapacidade superveniente, em virtude de uma doença mental que comprometeu o seu discernimento, e estiver sem representante legal (curador) no momento de endossar a cambial para a Livraria Buenos Aires, essa relação jurídica será acoimada de nula. Contudo, essa nulidade estabelecida entre a relação cambiaria entre Carlos endossante e Livraria endossatária não tem o condão de contaminar a relação jurídica estabelecida entre Dionísio avalista e Carlos avalizado. As relações cambiarias são autônomas.

A segunda característica no aval é a de que não existe benefício de ordem no aval. Logo, o credor (Livraria), se assim desejar, poderá acionar o avalista (Dionísio) antes de acionar o avalizado (Carlos).

E a terceira característica é a de que o aval é equivalente, ou seja, o avalista se equipara à figura do avalizado. De acordo com Rubens Requião, o avalista se coloca na mesma posição cambiaria em que se encontra o avalizado.

Uma questão interessante foi levantada pelo prof. João Eunápio Borges em sua tese de doutorado a respeito do aval. Segundo o estudioso sobre o tema, o aval deve ser considerado um ato gratuito. O avalista o realiza por liberalidade. Ousamos discordar desse pensamento, pois não é compatível com as premissas do direito comercial a ideia de que os agentes econômicos possam atuar por liberalidade. Na seara empresarial, os atos de natureza gratuitos são vistos com desconfiança pelo legislador. O aval, quando ofertado, visa, por parte do avalista, ainda que obscuro, algum proveito econômico.

Ademais, entendendo que o aval é um ato gratuito, isso impediria que o avalista pudesse se habilitar na falência do avalizado, pois o art. 5º, inciso I, da Lei 11.101/05, preceitua que não são exigíveis na falência e na recuperação judicial os atos de natureza gratuita. Enfim, se porventura a Livraria Buenos Aires exigir do Dionísio o pagamento do título e esse efetuar o pagamento, se ocorrer a falência de Carlos, supondo ser esse empresário, o Dionísio não poderia habilitar o seu crédito na falência. É verdade que o Dionísio seria considerado credor quirografário e, como é de costume, nada receberia no concurso de credores. Mesmo assim não concordamos com o posicionamento do festejado professor.

Analisados esses aspectos preliminares a respeito do aval, devemos, nesse momento, distinguir a aval em branco e aval em preto, assim como fizemos com o endosso em branco e em preto. No chamado aval em preto, o avalista lança a sua assinatura no anverso do título e, ao lado de sua assinatura, insere o nome do avalizado. Por outro lado, no aval em branco, o avalista lança a sua assinatura no anverso da cambial, mas omite o nome do avalizado. Nesse caso, temos um problema para resolver, o aval em branco irá beneficiar quem?

A Lei Uniforme de Genebra soluciona essa dúvida, estabelecendo que o aval em branco beneficiará o sacador na letra de câmbio, bem como o emitente na nota promissória e, também, no cheque. Na duplicata mercantil, no entanto, temos uma regar especial que estabelece que o aval em branco beneficiará a pessoa cuja assinatura estiver sobreposta à do avalista. Não havendo assinatura sobreposta ao avalista, o aval em branco beneficiará o sacado comprador.

Nesse ponto temos uma questão interessante diante da Súmula 189 do STF. De acordo essa orientação, avais em branco e superpostos consideram-se simultâneos e não sucessivos. Em outras palavras, na letra de câmbio, quando houver vários avais em branco, um sobre o outro (superpostos) deve se entender isso como um aval só. Por exemplo, Everton, Fernando e Gustavo são avalistas em branco na letra de câmbio, ou seja, entende-se que todos são avalistas do professor Alberto (sacador). Veja o desenho a seguir.

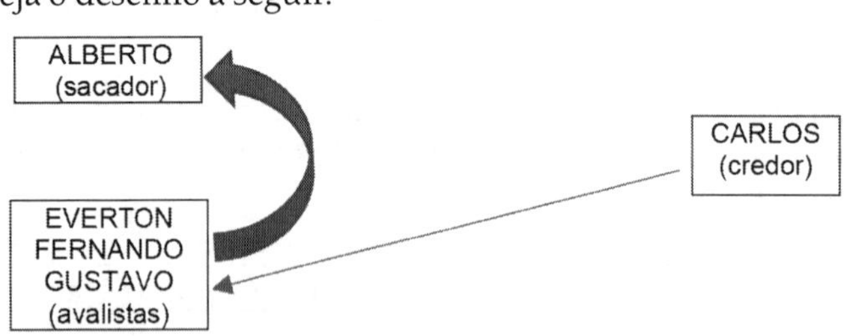

Fonte: elaborado pelo autor.

Portanto, deve se entender que Everton, Fernando e Gustavo efetuaram um aval só para o Alberto, que é o sacador. Se não houvesse a orientação da Súmula 189 do STF, entenderíamos que os avais seriam sucessivos, ou seja, o Gustavo avalizou o Fernando, que por sua vez avalizou o Everton. A súmula alterou essa regra cambiaria.

Contudo, essa súmula não repercute no direito de crédito do Carlos. Esse pode cobrar a totalidade da dívida do avalista que escolher, mas, uma vez paga a totalidade da dívida pelo devedor que for escolhido, esse somente poderá cobrar a cota-parte dos outros dois avalistas, pois a aval é simultâneo. Se o aval fosse considerado sucessivo, o credor continuaria com a prerrogativa de cobrar a totalidade da dívida de quem fosse escolhido, mas, em ação de regresso, o avalista que efetuou o pagamento poderia cobrar o valor total dos outros avalistas em branco. Logo, a súmula do STF repercute apenas no direito de regresso entre os avalistas em branco, mas não em face do direito do credor.

Há, na doutrina nacional, dissenso a respeito do aval posterior. O festejado J. X. Carvalho de Mendonça entendia que o aval ofertado após o vencimento do título não produzia nenhum efeito. Outros autores, como o querido Marlon Tomazette, entendiam que o aval prestado após o vencimento da cártula só produziria efeito se o avalizado ainda estivesse obrigado a pagar o título. Se o aval for prestado em face de um avalista que não possui mais obrigação cambiária, esse aval seria inexistente.

Dificilmente iremos recorrer subsidiariamente ao Código Civil em matéria cambiária, entretanto, no tocante a esse tópico, a sua presença se faz necessária. Em seu art. 900, o legislador determinou que o aval prestado posteriormente ao vencimento produzirá os mesmos efeitos do aval prestado antes do vencimento. Ou seja, o avalista daquele título que já vencera, ficará responsável pelo pagamento da mesma maneira que o avalista que prestou a garantia antes de vencida a cambial. Aliás, a nosso ver, não poderia ser outra a solução a ser adotada nesse caso, pois o avalista anterior ou posterior assume o dever de pagar o título nas mesmas condições do avalizado, não importa o momento da constituição da garantia cambiária.

Com o advento do Código Civil, emergiu na doutrina, bem como na jurisprudência, discussão envolvendo a necessidade da autorização do cônjuge para a validade do aval. Como é cediço, para a validade da fiança sempre houve a necessidade do consentimento do cônjuge; contudo, no tocante ao aval, a outorga uxória ou autorização marital, dependendo do cônjuge que concedesse, sempre foi prescindível, pois esse ato cambiário exigia celeridade e informalismo para se tornar eficaz. A atividade empresarial não podia ficar adstrita a exigências burocráticas que comprometessem o desenvolvimento do tráfego mercantil. A necessidade da outorga uxória para a validade do aval não se coadunava com a empresa, ou seja, com a produção ou a circulação de bens ou serviços. Imagine a seguinte situação: uma sociedade limitada necessitando urgentemente de capital para a finalização de uma determinada obra. Porquanto, realiza um contrato de mútuo com uma instituição financeira e, para tanto, o banco exige que o mutuário obtenha um avalista para garantir a emissão de uma cambial. A sociedade oferece um dos sócios, que possui condição patrimonial favorável, como avalista. Só que esse sócio é casado e a sua esposa se encontra viajando no exterior. Logo, a sociedade não poderá obter esse numerário até que a esposa do avalista retorne de viagem. Essa demora em obter esses valores poderá trazer prejuízos irremediáveis para a sociedade.

Essa celeuma teve origem na redação do art. 1.647[12], inciso III, do Código Reale, pois, de acordo com esse dispositivo, nenhum dos cônjuges pode, sem autorização do outro, salvo no regime de separação absoluta, prestar fiança ou aval. É evidente que essa norma visa proteger o patrimônio familiar, evitando que esse patrimônio possa ser delapidado por um dos cônjuges. Para garantir a existência desse patrimônio, sem, contudo, impossibilitar que possa vir a ser alienado, o legislador exige que ambos os cônjuges concordem com a alienação.

Logo, há evidentemente um conflito de normas na seara do direito privado. De um lado temos o legislador civilista preocupado com a proteção do patrimônio familiar e, de outro lado, o legislador cambiário preocupado com a atividade mercantil. Ambos os interesses legítimos e dignos da preocupação legislativa. Portanto, teremos que cotejar esses interesses, sem, contudo, aniquilá-los.

Primeiramente, a Lei Uniforme de Genebra, em seu artigo 31, terceira parte, dispõe que o aval é resultante da simples assinatura do avalista, lançada no anverso do título. Não se exige, *a priori*, qualquer outro requisito para a realização do aval. Já o novel dispositivo editado pelo atual Código Civil dispõe que haverá necessidade da vênia conjugal para a eficácia do aval e da fiança. Bom, a nosso ver, a solução não poderá destoar das boas práticas da hermenêutica.

Portanto, o art. 1.647, inciso III, do Código Civil andou mal em não estabelecer claramente uma distinção entre o aval e a fiança. Não são institutos assemelhados e possuem aplicação em instrumentos diferentes. A fiança é garantia efetuada em contratos; já o aval é garantia ofertada em cambiais. Esse dispositivo, para tentar salvá-lo da inaplicabilidade total, deverá ser aplicado – somente – em relação aos títulos atípicos, pois no tocante aos títulos típicos há regra especial disciplinando

---

12. **Art. 1.647.** Ressalvado o disposto no art. 1.648, nenhum dos cônjuges pode, sem autorização do outro, exceto no regime da separação absoluta:

    I – alienar ou gravar de ônus real os bens imóveis;

    II – pleitear, como autor ou réu, acerca desses bens ou direitos;

    III – prestar fiança ou aval;

    IV – fazer doação, não sendo remuneratória, de bens comuns, ou dos que possam integrar futura meação.

    Parágrafo único. São válidas as doações nupciais feitas aos filhos quando casarem ou estabelecerem economia separada.

a matéria e, assim, regra geral, ainda que posterior, não derroga regra especial anterior. Logo, para os títulos atípicos, quando houver a presença de um avalista, haverá necessidade da assinatura do cônjuge do garantidor, sob pena dessa garantia ser atingida pela anulação, de acordo com o art. 1.649, *caput*, do Código Civil.

Nesse ponto, a doutrina e a jurisprudência também não se entendem, resultando em uma confusão de ideias sem precedentes. Uma parte da doutrina entende que o aval prestado sem a anuência do cônjuge deve resultar em sua anulação; contudo, essa anulação deve atingir somente a meação do cônjuge que não consentiu, sendo, portanto, válida a garantia em relação ao cônjuge que ofertou a garantia (avalista). Esse entendimento tem prevalecido nos tribunais estaduais, mormente de São Paulo, Rio Grande do Sul e Rio de Janeiro.

A sobredita interpretação da invalidação parcial da garantia tem por intuito proteger o terceiro de boa-fé, que muitas vezes concedeu determinado crédito em razão da suposta garantia ofertada e, depois, essa garantia é extirpada da cambial em virtude da sua anulação.

Embora esse seja um motivo louvável, o STJ não tem entendido assim em relação à fiança, editando a Súmula 332, que contém o seguinte enunciado: "A fiança prestada sem autorização de um dos cônjuges implica na ineficácia total da garantia." Tendo prevalecido esse entendimento em relação à fiança com a edição de súmula, esse entendimento deve orientar os ministros em relação ao aval.

Em suma, para os títulos de créditos típicos, como a letra de câmbio, a nota promissória, o cheque e a duplicata mercantil, o aval não necessitará da vênia conjugal, pois se assim não se entender, comprometer-se-á a existência desse instrumento no regime cambiário, provocando-se um caos.

Andou bem o Ministro Paulo de Tarso Sanseverino em alterar a sua posição no Recurso Especial nº 1.526.560/MG (2015/0079837-4):

> "Aval. Outorga uxória ou marital. Interpretação do art. 1647, Inciso III, do CC À Luz do Art. 903 do mesmo édito e, ainda, em face da natureza secular do instituto cambiário do aval. Revisão do entendimento deste relator. 1. O Código Civil de 2002 estatuiu, em seu art. 1647, inciso III, como requisito de validade da fiança e do aval, institutos bastante diversos, em que pese ontologicamente constituam garantias pessoais, o consentimento por parte do cônjuge do garantidor. 2. Essa norma exige uma interpretação razoável sob pena de descaracterização do aval como típico instituto cambiário. 3. A interpretação mais adequada com o referido instituto cambiário, voltado a fomentar a garantia do pagamento dos títulos de crédito, à segurança do comércio jurídico e, assim, ao fomento da circulação de riquezas, é no sentido de limitar a incidência da regra do art. 1647, inciso III, do CCB aos avais prestados aos títulos inominados regrados pelo Código Civil, excluindo-se os títulos nominados regidos por leis especiais. 4. Precedente específico

da Colenda 4ª Turma. 5. Alteração do entendimento deste relator e desta Terceira Turma. 6. RECURSO ESPECIAL DESPROVIDO."

Para finalizarmos este tópico, devemos cuidar da validade do chamado aval antecipado. Inicialmente, o aval antecipado é aquele efetuado pelo avalista antes do sacado (avalizado) ter se manifestado a respeito do aceite ou, ainda, antes do endossante endossar a cambial. Em relação a essa última situação, a solução não apresenta dificuldades, pois se o endossante não efetuar o endosso, esse aval não terá efeito algum, pois a garantia fora efetuada em relação ao credor. A polêmica, entretanto, surge no tocante ao aval antecipado, como veremos em seguida. Acompanhe de acordo com o infográfico a seguir.

Aval antecipado

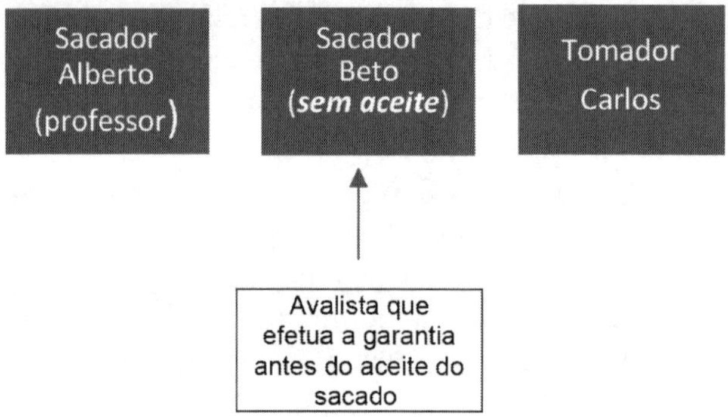

Fonte: elaborado pelo autor.

Como ficaria esse aval se o sacado recusasse o aceite? Essa questão é muito usual nos concursos públicos. Como sempre há duas correntes que procuram oferecer a exata explicação. Para a primeira corrente, esse aval seria inexistente, pois não poderia haver um garantidor sem a figura do garantido. Contudo, a nosso ver, essa corrente envereda por um raciocínio defeituoso, explicando o que aconteceria se o sacado se recusar a efetuar o aceite. Mas e se o sacado conceder o aceite? Nesse caso, teríamos a presença do avalista e, consequentemente, a do avalizado. Agora, o aval seria válido?

Mesmo entendendo que para a realização do aval devem estar presentes a figura do avalista e do avalizado, não se pode afirmar que esse aval seria inválido porque o sacado-avalizado ainda não se manifestou a respeito do aceite. Estaríamos diante de um aval com uma condição resolutiva. O aval seria válido e eficaz até que o avalizado recusasse o aceite.

A segunda corrente nos parece mais lógica em relação ao regime cambiário. O aval é válido e eficaz mesmo que ocorra a recusa do aceite por parte do sacado-avalizado, tendo em vista o princípio da autonomia. Considerando o aval autônomo, mesmo que o avalizado seja incapaz ou não exista, a obrigação assumida pelo avalista é válida e eficaz. Logo, nesse caso, o avalista que efetuar o aval antecipado assumirá o risco de ter que pagar o título sem que haja a possibilidade de, posteriormente, cobrar o avalizado. O avalista será considerado o obrigado principal da cambial.

Não devemos olvidar que é por meio do princípio da autonomia que a circulação do crédito se mostra eficaz, permitindo que as partes possam efetuar negócios jurídicos com segurança e celeridade. Desconsiderar essa característica do regime cambiário é, a nosso ver, comprometer todo um sistema de crédito essencial para o desenvolvimento econômico de um país.

5.1.4. Do vencimento

Nós estamos analisando uma letra de câmbio com vencimento em dia certo, ou seja, aquela em que o sacador emite a cambial com um determinado dia para que seja exigível. Essa letra é a mais usual em concurso público, pois permite a análise de todos os atos cambiários. Contudo, é importante que o concurseiro tenha ciência de que há mais três espécies de vencimentos permitidos pela Lei Uniforme de Genebra.

O Decreto 57.663/66 prevê quatro espécies de vencimentos nos artigos 33[13] ao 37. O primeiro é o vencimento pagável num dia fixado. Esse, conforme já dissemos, é o mais usual. Nessa espécie, o emitente sacador fixa um dia certo para que o título se torne exigível pelo credor. No vencimento em dia certo, o sacador poderá estabelecer que o título vencerá no princípio, meado ou no fim do mês. Nesse caso, as datas de vencimento ocorrerão no primeiro dia do mês, no decimo quinto dia do mês ou no último dia do mês.

A segunda espécie de vencimento é o vencimento à vista. Nessa espécie, a cambial se encontra vencida quando o credor a apresentar ao devedor. Conforme preceitua a LUG, a letra pagável à vista é pagável à apresentação, sendo que deve ser apresentada a pagamento dentro do prazo de um ano a contar de sua emissão. Esse prazo pode ser reduzido ou até ampliado pelo sacador.

A terceira espécie é denominada de vencimento a certo termo da data. Nessa espécie, o título vencerá após certo tempo da data da emissão, por exemplo, 30 (trinta) ou 60 (sessenta) dias contados da data de emissão da cártula. Para o início da contagem do prazo, desconsidera a data da emissão do título, iniciando a contagem do dia seguinte posterior.

Por fim, temos o vencimento a certo termo da vista. Nessa espécie, a contagem para o vencimento da cambial inicia-se com o aceite pelo sacado. Por exemplo, a cambial vence a 60 (sessenta) dias do aceite ou da vista. A apresentação do título para o aceite, nesse caso, faz -se necessária para o início do prazo.

---

13. Art. 33 da LUG: Uma letra pode ser sacada: à vista; a um certo termo de vista; a um certo termo de data; pagável num dia fixado. As letras, quer com vencimentos diferentes, quer com vencimentos sucessivos, são nulas.

Para fins de concurso público, a principal questão, no tocante ao vencimento do título, diz respeito à inserção da cláusula de juros na cambial. A Lei Uniforme de Genebra permite a inclusão da cláusula de juros nas letras de câmbio à vista ou a certo termo de vista.[14] Trata-se de juros compensatórios e não juros moratórios. Estes últimos são devidos em todas as cambiais, pois, na verdade, os juros moratórios são considerados uma sanção em decorrência do atraso no pagamento.

A nossa Lei Uniforme de Genebra não normatizou a possibilidade de o credor prorrogar a data de vencimento do título. Se o fizer, o faz por liberalidade e poderá haver consequências danosas para o credor, por exemplo, a perda do direito de acionar os coobrigados se o protesto na for realizado em tempo hábil.

Conforme fora estudado alhures, estão também previstas na Lei Uniforme de Genebra (Dec. 57.663/66) algumas hipóteses de vencimento antecipado do título. Na letra de câmbio, o vencimento antecipado ocorrerá em duas situações: quando houver a recusa total ou parcial do título e nas hipóteses de falência do sacador. Essas duas situações provocam o vencimento, de imediato, da cambial.

5.1.5. Do pagamento

O pagamento é um modo de extinção das relações cambiarias. Para que o pagamento seja eficaz, o devedor deve tomar duas cautelas. Primeiro, exigir que o credor lhe entregue o título mediante o pagamento.[15] Com isso, o devedor retira o título de circulação. Uma outra providência que se faz necessária, o devedor deve exigir quitação por parte do credor no corpo da cambial.

A letra de câmbio deve ser paga no domicílio do devedor, que, nesse caso, é o domicílio do sacado. Não devemos olvidar que as cambiais possuem a natureza de dívida quesível ou quérable, ou seja, é o credor que deve procurar o devedor para receber o pagamento.

Há, contudo, a chamada letra domiciliada[16], sendo essa a cambial em que o sacador estipula um lugar diverso do domicílio do sacado para que o credor lhe

14. Art. 5º da LUG: Numa letra pagável à vista ou a um certo termo de vista, pode o sacador estipular que a sua importância vencerá juros. Em qualquer outra espécie de letra a estipulação de juros será considerada como não escrita. A taxa de juros deve ser indicada na letra; na falta de indicação, a cláusula de juros é considerada como não escrita. Os juros contam-se da data da letra, se outra data não for indicada.
15. Art. 39 da LUG: O sacado que paga uma letra pode exigir que ela lhe seja entregue com a respectiva quitação. (primeira parte)
16. Art. 27 da LUG: Quando o sacador tiver indicado na letra um lugar de pagamento diverso do domicílio do sacado, sem designar um terceiro em cujo domicílio o pagamento se deva efetuar, o sacado pode designar no ato do aceite a pessoa que deve pagar a letra. Na falta dessa indicação, considera-se que o aceitante se obriga, ele próprio, a efetuar o

apresente o título para pagamento. O sacador pode, se assim desejar, indicar uma outra pessoa para realizar o pagamento em lugar do sacado, essa será denominada domiciliatária.

Na letra de câmbio, o título deve ser apresentado ao sacado (aceitante) no dia do vencimento. Já na nota promissória, o credor deve apresentá-la ao emitente, conforme veremos mais adiante. Se o dia de vencimento não for dia útil, o título vencerá no primeiro dia útil subsequente, conforme determina o art. 20, *caput*, do Decreto nº 2.044, de 1908. Esse decreto é também conhecido como Lei Saraiva.

Novamente utilizando nosso exemplo, o credor deve apresentar a cambial ao sacado (Beto) no dia estabelecido pelo sacador. O sacado deverá efetuar o pagamento da quantia aposta no título, de acordo com o princípio da literalidade; contudo, não viola esse princípio o eventual acréscimo de encargos, como juros, correção monetária, bem como outros encargos previstos pelas partes, desde que permitidos pela legislação cambiária.

Não devemos olvidar que o título deve ser sempre apresentado ao obrigado principal, e o obrigado principal na letra de câmbio é o sacado (aceitante), e não ao sacador, que é aquele que emitiu a cambial. Se não houver o aceite, o obrigado principal passará a ser o sacador.

Importante que o concurseiro tenha em mente que há duas espécies de juros. Existem, inicialmente, os juros moratórios, que terão incidência, independentemente de estipulação pelas partes, sempre que houver o descumprimento da obrigação de pagar por parte do devedor. Portanto, não havendo o pagamento no dia aprazado, os juros moratórios serão devidos pelo devedor. Não há, nesse caso, necessidade da notificação do devedor, pois a mora é *ex re*, que se caracteriza pelo simples descumprimento da obrigação.

Os juros moratórios são uma sanção imposta à parte pelo descumprimento da obrigação. Esses juros estão previstos nos arts. 48 e 49 do Dec. 57.663/66 (anexo I). Logo, esses juros incidirão em qualquer espécie de letra de câmbio.

Por sua vez, os juros compensatórios são uma compensação pela utilização do capital alheio. Se uma instituição financeira, por meio de um contrato de mútuo, me fornece determinado numerário, sobre esse valor incidirão juros compensatórios, tendo em vista a indisponibilidade desse capital pelo banco, como se fosse um aluguel pago por aquele que utiliza capital alheio. Essa espécie de juros deve ser convencionada pelas partes e, quando estipulado entre particulares, não pode ser superior a 12% ao ano.

---

pagamento no lugar indicado na letra. Se a letra é pagável no domicílio do sacado, este pode, no ato do aceite, indicar, para ser efetuado o pagamento, um outro domicílio no mesmo lugar.

Essa espécie de juros somente pode ser convencionados nas letras de câmbio à vista e a certo termo da vista; nas letras com dia certo de vencimento não é possível inserir cláusula que preveja a incidência de juros compensatórios.

Uma regra importante que o aluno deve ter em mente é a de que, no direito cambiário, o pagamento parcial é um direito do devedor e não pode ser recusado pelo credor, conforme previsto no art. 39 do Dec. 57.663/66 (anexo I). O pagamento parcial oferecido pelo devedor, não apenas o beneficiará, pois a mora incidirá tão somente em relação ao montante não pago, mas beneficiará os demais codevedores que, se forem acionados pelo credor, terão que pegar um valor menor.

Se o credor recusar o pagamento parcial não poderá exigir dos codevedores o montante que o devedor lhe ofereceu com parte do pagamento. Por exemplo, se o título é de 8 (oito) mil reais e o devedor lhe ofereceu 3 (três) mil como pagamento parcial que fora recusado pelo credor, esse somente poderá exigir dos codevedores o valor de 5 (cinco) mil reais. Pelo que se percebe, mesmo que o pagamento parcial tenha sido recusado pelo credor, o só oferecimento já beneficiará os codevedores.

Essa questão sobre o pagamento parcial foi indagada pela magistratura bandeirante. A banca perguntou ao candidato se o portador do cheque estava obrigado a receber o pagamento parcial, caso esse fosse oferecido pelo banco. A resposta não poderia ser outra, se o cheque é uma cambial, deve se sujeitar as suas regras; portanto, cabe ao portador aceitar esse valor.[17]

Contudo, o pagamento parcial é um direito do devedor, mas o pagamento antecipado não o é. O credor não é obrigado a receber o pagamento antecipado da cambial, por exemplo, com abatimento dos juros compensatórios nas letras à vista ou a certo termo da vista.

Embora a regra do pagamento parcial seja de importância capital para o direito cambiário, existe uma regra posta acima das outras regras. Talvez possamos entendê-la como o princípio da liberação dos devedores posteriores, que regerá o pagamento nos títulos de crédito, ou seja, o devedor que efetuar o pagamento, liberará todos os devedores que o seguirem. Em outras palavras, aquele que paga libera os devedores posteriores do dever de pagar.

Para entendermos esse princípio, devemos compreender bem o que seja devedor anterior e devedor posterior. Em toda cambial existe uma sequência de pagamento. Essa sequência leva em conta a ordem cronológica em que as obrigações surgiram na cambial. Por exemplo, no cheque, o primeiro devedor que surge é o obrigado principal, ou seja, o emitente que entrega a cártula ao beneficiário.

17. Art. 38, parágrafo único, da Lei 7.357/85: O sacado pode exigir, ao pagar o cheque, que este lhe seja entregue quitado pelo portador. **Parágrafo único. O portador não pode recusar pagamento parcial, e, nesse caso, o sacado pode exigir que esse pagamento conste do cheque e que o portador lhe dê a respectiva quitação.**

Esse poderá endossar o cheque para uma outra pessoa e assim por diante. Logo, poderemos ter a seguinte sequência de codevedores no cheque. Acompanhe o gráfico a seguir:

Fonte: elaborado pelo autor.

O primeiro que surge no cheque é o obrigado principal, ou seja o **A**. Em seguida, surge **B**, como beneficiário e ao mesmo tempo endossante e assim por diante, até que o cheque chega às mãos do **E**. Se porventura, o credor **C** efetuar o pagamento para o **E**, esse pagamento liberará da cadeia de coobrigados o **D**, pois esse se encontra após o **C**; contudo, os coobrigados anteriores **B** e **A** não estarão liberados do pagamento. Enfim, se o aluno souber a sequência em que as obrigações foram surgindo, basta numerá-los e verificar quem efetuou o pagamento.

A dúvida poderá surgir na letra de câmbio, pois não devemos olvidar que o aceitante é o obrigado principal, portanto, inicia a cadeia de codevedores. Veja o gráfico a seguir:

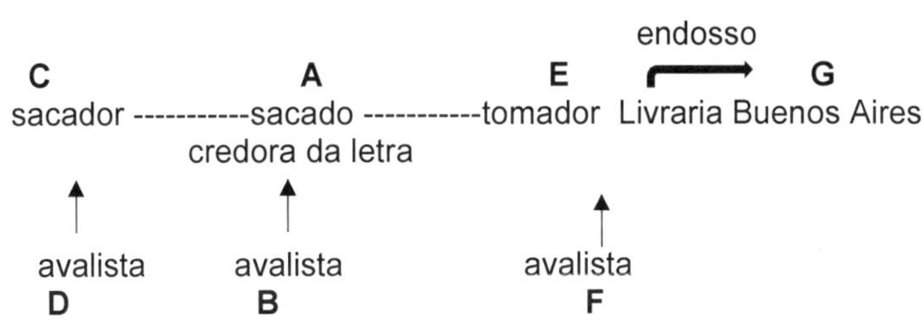

Fonte: elaborado pelo autor.

Na letra de câmbio, não é quem emite o título que é o obrigado principal, mas sim quem aceita a cambial. Por isso, o sacado será o primeiro na cadeia de codevedores, recebendo a designação de obrigado principal da cambial. É esse que deverá ser cobrado no dia do vencimento. Depois do aceitante vem o seu avalista, que segue a sorte do avalizado, seguido do sacador e do avalista em branco. Por fim, o endossante **E** e seu avalista **F** e a livraria que titulariza.

5.1.6. Do protesto

De acordo com a Lei 9.492/97[18], o protesto é o ato formal e solene pelo qual se comprova o descumprimento de uma obrigação cambiária ou a inadimplência.

18. Art. 1°, *caput*, da Lei 9.492/97: Protesto é o ato formal e solene pelo qual se prova a inadimplência e o descumprimento de obrigação originada em títulos e outros documentos de dívida.

A legislação, a nosso ver de modo equivocado, admite o protesto de outros documentos de dívida, permitindo até que alguns contratos possam ser objeto de protesto. Diante dessa discrepância, surgiu a indústria do protesto, bem como de supostos órgãos de proteção de crédito que obtém significante proveito econômico em detrimento de abusos praticados, mormente por instituições financeiras.

O protesto é um ato eminentemente cambiário, que tem por finalidade comprovar o descumprimento de uma obrigação ou a inadimplência de uma cambial por parte do devedor para fins exclusivamente jurídicos. Portanto, admitir o protesto de outros documentos é um ato meramente emulativo, pois não produz efeitos jurídicos para o credor.

Nesse diapasão é importante mencionar que a Quinta Turma do Superior Tribunal de Justiça negou recurso em mandado de segurança interposto com a finalidade de anular o cancelamento do protesto de um contrato de locação, afastando, com isso, norma do Tribunal de Justiça que permitia esse protesto. A maioria dos ministros entendeu que não estavam presentes os requisitos necessários que autorizam o protesto, quais sejam: a certeza do débito, a exigibilidade da dívida e a liquidez, que é o exato valor da dívida. Andou bem a 5ª Turma, embora a Corte tenha se posicionado justamente em sentido contrário, proibindo essa prática que, a nosso ver, é um ato emulativo e sancionado de acordo com o art. 187[19] do Código Civil.

Aliás, a anuência concedida pelos nossos tribunais, permitindo que o cheque, já prescrito, possa ser objeto de protesto cambial é, para dizer o menos, estapafúrdia e teratológica, pois a prática de tal ato não produz nenhum benefício ao credor, apenas produzindo consequências danosas para o devedor. Ademais, permitir que o protesto sirva como meio de cobrança é desvirtuar o instituto. Esse ato praticado pelo credor é abusivo e deve ser sancionado. O credor que busque os meios legais para satisfazer o seu crédito. O que não se pode admitir é abuso de direito. Talvez os novos magistrados que assim entendam modifiquem a jurisprudência arcaica e ultrapassada que assola boa parte dos nossos tribunais.

Como já vimos, há várias espécies de protestos possíveis no direito cambiário. O protesto pode ser efetuado por falta de aceite, por falta de devolução da cambial ou, ainda, por falta de pagamento. Cada um desses protestos irá produzir efeitos diversos, por exemplo, o protesto por falta de aceite produz o vencimento antecipado da cambial. Contudo, o protesto por falta de pagamento merece uma abordagem mais cuidadosa.

Novamente retornando ao exemplo por nós utilizado.

19. Art. 187 do Código Civil: Também comete ato ilícito o titular de um direito que, ao exercê-lo, excede manifestamente os limites impostos pelo seu fim econômico ou social, pela boa-fé ou pelos bons costumes.

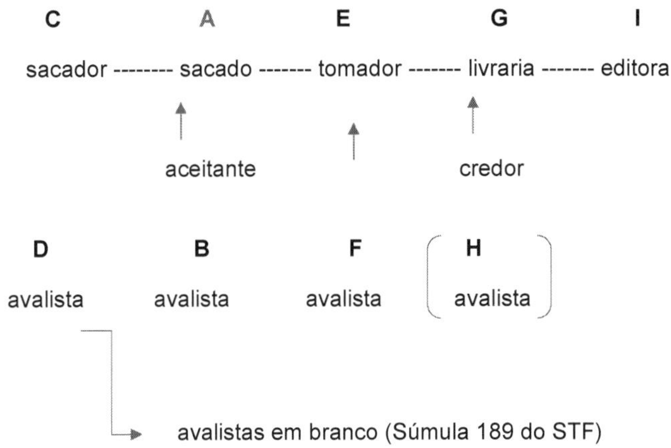

Fonte: elaborado pelo autor.

No dia do vencimento, o credor **I** deve obrigatoriamente cobrar o **A**, que é o obrigado principal. Esse pagando, todos os coobrigados posteriores estarão liberados – **B, C, D, E, F, G, H e I**. Contudo, se não houver o pagamento no dia do vencimento, o credor deverá providenciar o protesto por falta de pagamento dentro do prazo de 2 dias úteis contados do vencimento. É, como se pode notar, um prazo exíguo. Esse prazo está previsto no art. 44, linha terceira, do Dec. 57.663/66 (anexo I).

Se, entretanto, o protesto não for solicitado dentro do prazo de 2 (dois) dias úteis contados do vencimento, o credor perderá o direito de cobrar todos os codevedores, ou seja, o sacador, os endossantes e os respectivos avalistas. Esse estarão automaticamente liberados do dever de pagar. Mas o credor não perderá o direto de executar o obrigado principal e seu respectivo avalista. Em outras palavras, o credor não perde o direito de ação em face do sacado-aceitante e de seu respectivo avalista. Logo, o protesto possui uma função essencial para o direito cambiário, ou seja, garante o direito de ação em face do sacador, endossantes e respectivo avalistas.

No tocante ao prazo de dois dias estabelecidos na LUG, parte da doutrina entende que como o Brasil fez reserva ao art. 44, linha 2, do Dec. 57.663/66, deverá prevalecer o art. 28, *caput*, do Dec. 2.044/08, que, por sua vez, determina que o protesto deve ser efetuado em 1 (um) dia útil contado do vencimento do título. O prof. Marlon Tomazette, em seu Curso de Direito Empresarial, assim entende.

Já o prof. Fran Martins entende que o Brasil fez reserva ao art. 44, linha 2, da LUG, mas como não editou nenhuma lei posterior, deve prevalecer o disposto na LUG.

Observação importante merece comentário, não devemos confundir o prazo para o credor de uma letra de câmbio efetuar o protesto cambial que, conforme expusemos será de dois dias úteis contados do vencimento, previsto na Lei Uniforme de Genebra, com o prazo de 3 (três) dias previstos no art. 12, *caput*, da Lei 9.492/97, que cuida do prazo para que o Cartório de Protesto de Títulos e Documentos concretize esse ato notarial.

Por derradeiro, o art. 46 da LUG (anexo I) permite que os efeitos do protesto possam ser alterados conforme interesse das partes. Se for inserida a cláusula sem protesto ou sem despesas, o protesto torna-se facultativo. Por exemplo, se o sacador emitir a letra de câmbio sem despesas, o credor ficará dispensado de realizar o protesto se assim desejar e, não o fazendo, não perderá o direito de acionar os codevedores. Logo, essa cláusula torna o protesto facultativo.

Na verdade, dependendo de quem está sendo acionado o protesto pode ser necessário ou facultativo. Se o devedor principal for acionado o protesto, e facultativo; se for um codevedor o protesto e necessário para iniciar a execução. Se o credor da cambial acionar o sacador, por exemplo, o protesto do sacado é necessário para que o sacador possa ser acionado. Entretanto, se o sacado for acionado pelo credor, o seu protesto é dispensável para o ajuizamento da ação de execução.

Apenas como observação, o protesto por falta de pagamento somente pode ser efeito uma vez só e somente em face do sacado. Os demais codevedores não podem ser protestados. Os efeitos do protesto do sacado repercutirão na esfera jurídica dos demais participantes.

Não podemos olvidar que o art. 202, III, do Código Civil[20] criou uma regra nova ao direito cambiário segundo a qual o protesto cambial, que só pode ser realizado uma vez, agora interrompe o prazo da prescrição. Essa regra geral se aplicará aos títulos típicos que se encontram regulados em leis especiais, pois esses diplomas não cuidaram da interrupção da prescrição. Logo, está cancelada a Súmula 153 do STF que previa que o simples protesto cambiário não interromperia a prescrição. Essa regra, como iremos ver mais adiante, terá importância para o portador do cheque, que possui um prazo prescricional exíguo.

A letra de câmbio poderá conter a cláusula sem despesas ou sem protesto. Essa cláusula pode ser inserida pelo sacador ou por alguns dos coobrigados. Inserida essa cláusula, o protesto torna-se desnecessário pelo credor. Contudo, essa cláusula não dispensa o credor de apresentar a cártula para pagamento no dia do vencimento.

5.1.7. Da prescrição

A prescrição pode ser conceituada como a perda do direito de ação em virtude da inercia de seu titular. O instituto da prescrição tem por fim por apazigua os conflitos de interesses que fazem parte do convívio social. Não há como eliminar esses conflitos que são inerentes ao ser humano, mas pode-se colocar um fim a

20. Art. 202. do Código Civil: A interrupção da prescrição, que somente poderá ocorrer uma vez, dar-se-á:

[...]

III – por protesto cambial;

essa litigiosidade. Esse apaziguamento social é a razão da existência da prescrição. Portanto, durante um certo tempo, o credor terá a possibilidade de acionar a máquina estatal para satisfazer seu crédito. Depois de um certo decurso de prazo, essa possibilidade se extingue.

A letra de câmbio possui três prazos prescricionais, dependendo de quem está cobrando quem. Primeiramente, será de três anos o prazo para que o credor possa acionar o obrigado principal e o respectivo avalista. Logo, a editora terá o prazo de três anos para ingressar com a ação de execução em face do sacado (Beto) e seu avalista. Esse prazo iniciar-se á no dia do vencimento.

I – 3 anos

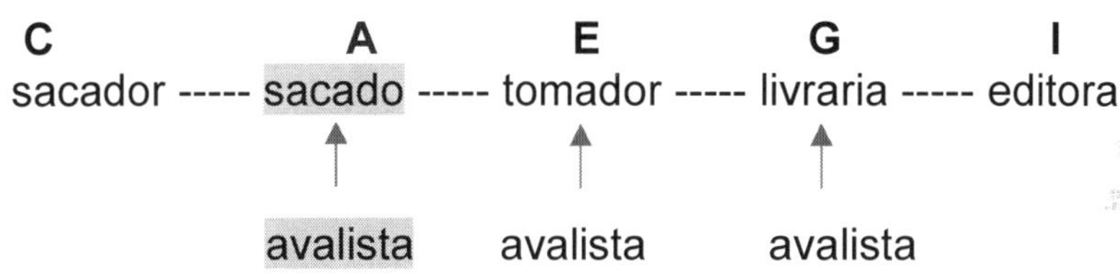

Fonte: elaborado pelo autor.

O segundo prazo prescricional existente na letra de câmbio é de um ano. Será de um ano o prazo para que o credor possa acionar os codevedores. A editora terá um ano para acionar o Alberto (professor), o Carlos e a livraria, bem como os avalistas desses. Esse prazo tem início quando o sacado for protestado por falta de pagamento.

II – 1 ano

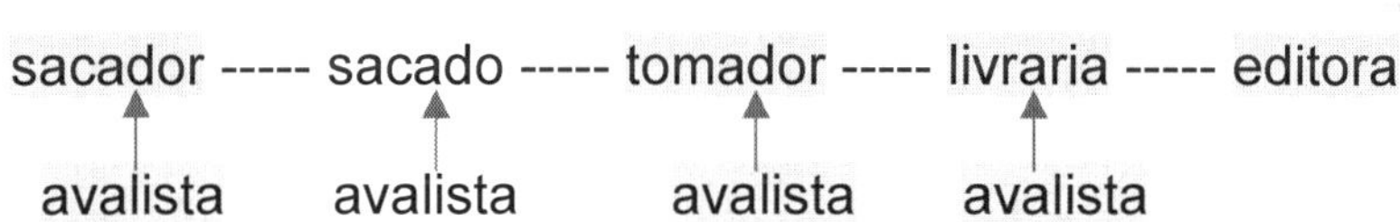

Fonte: elaborado pelo autor.

O terceiro prazo prescricional na letra de câmbio é de seis meses. Portanto, será de seis meses o prazo para aquele que pagou ingressar com a respectiva ação de regresso em face de um coobrigado anterior. Em outras palavras, o prazo para um codevedor cobrar outro codevedor será de seis meses, contados do dia em que o codevedor efetuou o pagamento. Logo, se o avalista **H** for acionado pela editora **I** e efetuar o pagamento para essa, **H** poderá, em ação de regresso, cobrar um codevedor que se encontrar antes dele na cadeia de coobrigados. Veja o exemplo no gráfico a seguir.

III – 6 meses

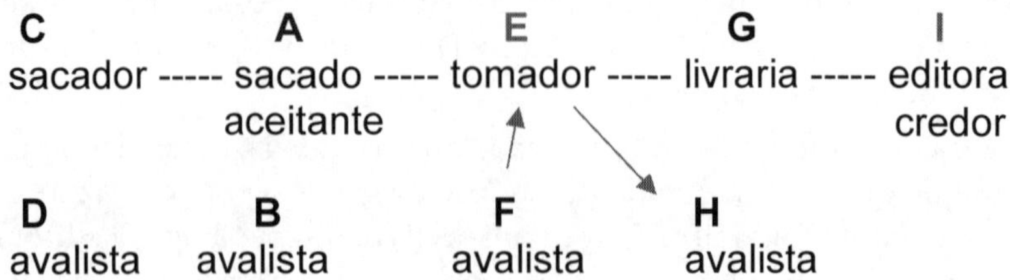

Fonte: elaborado pelo autor.

Enfim, **H** poderá cobrar **E**, dentro do prazo de seis contados do dia que pagou. Consequentemente, **E** poderá cobrar **D**, contados seis meses da data que efetuou o pagamento e assim por diante. Importante prestar atenção a certos detalhes. Não falamos qual o prazo para um codevedor ingressar com ação em face do obrigado principal.

Por uma atecnia legislativa, o prazo para acionar o sacado e o respectivo avalista é de três anos, contados do vencimento do título, independentemente de quem esteja propondo a ação. Logo, a prescrição em relação ao sacado estará em curso em face dos coobrigados sem que esses estejam aptos a propor a ação de execução.

5.2. Da nota promissória

Exemplo de nota promissória

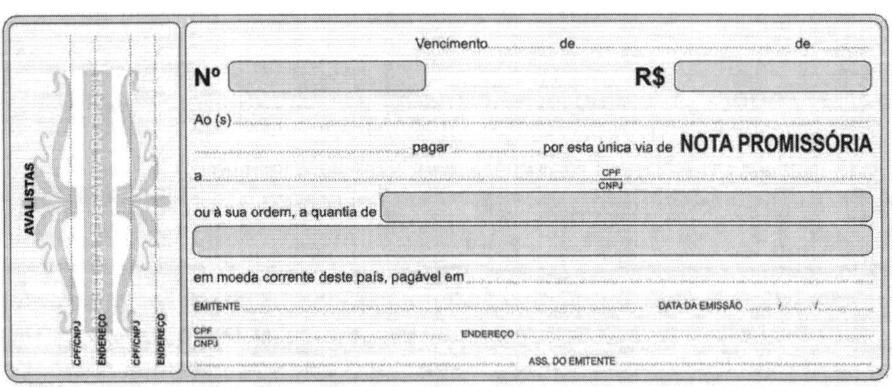

Fonte: https://cobrarsimples.jusbrasil.com.br/artigos/305950452/requisitos-essenciais-da-nota-promissoria.

A nota promissória é uma promessa de pagamento em que o emitente do título promete pagar a outrem uma certa soma em dinheiro em uma data futura. Ou seja, o emitente promete pagar ao beneficiário uma determinada quantia em uma data aposta na cambial. Veja o gráfico a seguir.

Fonte: elaborado pelo autor.

A doutrina costuma denominar a nota promissória de título menor, pois o título maior seria a letra de câmbio. A nota promissória também está regulada pela Lei Uniforme de Genebra, que foi incorporada em nosso ordenamento pelo Dec. 57.663/66. Portanto, será esse diploma que disciplinará esse título.

A Lei Uniforme de Genebra estabelece que são requisitos essenciais da nota promissória:

a) a denominação de nota promissória;

b) a promessa de pagar determinada quantia;

c) o nome do beneficiário;

e) a data em que a cártula foi emitida;

f) a assinatura do emitente do título.

Logo, assim como dissemos em relação da letra de câmbio, não pode haver nota promissória ao portador. Também se aplica à nota promissora a Súmula 387 do STF, que permite que o portador de boa-fé possa completar a cambial em branco ou contendo omissões. É, portanto, permitido que o beneficiário possa inserir alguns desses requisitos essenciais se porventura não forem apostos pelo emitente.

Outrossim, havendo o endosso em branco da cambial, permite-se que a nota possa circular por meio de tradição. Logo, não pode haver nota promissória criada ao portador, mas permite-se que ela se torne ao portador caso seja endossada em branco.

Uma outra questão que possui grande repercussão nos concursos públicos diz respeito à possibilidade de se vincular a nota promissória a um contrato de concessão de crédito por uma instituição financeira. Em outras palavras, o banco pode condicionar a concessão de um crédito à emissão de uma nota promissória vinculada ao contrato de mútuo? A resposta é sim. Aliás, essa prática sempre foi utilizada pelas instituições financeiras para atribuir força executiva ao contrato de mútuo, pois, em regra, os contratos não possuem executividade. Por esse mecanismo jurídico, se o mutuário não cumprir o contrato, o banco, que está de posse da cambial, iniciará o processo de execução com a penhora de bens. Essa penhora irá indisponibilizar parte do patrimônio do devedor, impedindo que ele possa frustrar o crédito do banco.

No intuito de evitar o chamado excesso de penhora, o STJ editou a Súmula 258, que estabelece que "**a nota promissória vinculada a contrato de abertura de crédito não goza de autonomia em razão do título que a originou**". Na verdade, a súmula contém uma imprecisão, pois a nota promissória carece de liquidez em virtude do contrato que a originou, pois a nota não teve como suporte fático um outro título, mas sim o contrato de concessão de crédito.

Posto isso, é importante observar que a súmula não discute se é ou não possível a vinculação, apenas estabelece que a nota promissória vinculada ao contrato de concessão de crédito perde a executividade por falta de liquidez. Logo, a orientação do STJ teve por intuito apenas evitar gravames ocasionados pelo excesso de penhora.

Explicamos: quando o banco verificava a inadimplência do devedor no contrato de mútuo, a instituição financeira, de imediato, ingressava com o processo de execução, solicitando a penhora de bens. Ocorre que essa execução iniciava-se com base na nota promissória, sendo que nessa cambial constava o valor total da dívida contraída, mesmo que o devedor já tivesse pagado certa quantia. Porquanto, a penhora tinha como parâmetro o valor total da dívida.

Esse excesso só era corrigido por ocasião dos embargos propostos pelo devedor. Contudo, a penhora que fora efetuada, levando em conta valores superiores aos devidos pelo mutuário, muitas vezes traziam prejuízos ao devedor. Por exemplo, foram penhorado dois apartamentos do devedor, sendo que apenas um dos apartamentos já seria suficiente para garantir o juízo. Esse excesso impediu que o devedor alienasse um dos imóveis para um interessado que estava disposto a adquiri-lo por valor superior ao de mercado.

A orientação do Superior Tribunal de Justiça veio corrigir esse equívoco, somente permitindo que a execução tenha início depois que o valor da dívida seja apurado em um processo de liquidação proposto pelo banco. Enquanto isso não for realizado, a cambial encontra-se despida da liquidez.

Ademais, quando se vincula a nota promissória a qualquer contrato, mencionando o negócio jurídico no verso da cambial, essa vinculação irá, segundo nossa jurisprudência, aniquilar a abstração e a inoponibilidade das exceções pessoais ao terceiro de boa-fé. Então, se eu vou comprar um veículo ou adquirir um apartamento e escrevo na cambial o negócio jurídico subjacente, esse negócio acompanhará a cambial mesmo que essa seja transferida por endosso, permitindo que o emitente possa discutir com terceiros eventuais problemas que tivera com quem havia contratado.

A vinculação do negócio jurídico subjacente ocorrerá com a menção do negócio no verso do título, por exemplo, na compra do veículo X, marca e modelo Y, de placa Z. A compra e venda do veículo acompanha a cártula caso essa seja transferida a terceiros.

5.2.1. Atos cambiários

O art. 77[21] do Dec. 57.663/66 determina que todos os atos cambiários previstos para a letra de câmbio e que forem compatíveis com a nota promissora disciplinarão esse título. Logo, todos os atos cambiários analisados quando do estudo da letra de câmbio e que forem compatíveis com a promessa de pagamento da nota promissória devem ser aplicados a este último. Vamos, então, verificar quais os atos cambiários que disciplinam a nota promissória.

Primeiramente, o aceite é a manifestação do sacado, concordando com a ordem efetuada pelo sacador. Só se pode falar em aceite quando alguém emite uma ordem de pagar direcionada a outrem. Na nota promissória, não existe ordem, mas sim uma pessoa prometendo pagar uma certa quantia para outra. O aceite, portanto, é incompatível com a nota promissória.

No tocante ao endosso, esse ato cambiário que tem por finalidade transmitir o crédito, por meio de uma simples assinatura lançada no verso do título, é perfeitamente compatível com a nota promissória. O beneficiário, que detém o crédito, se quiser pode endossar a cambial para o endossatário. Portanto, tudo que fora estudado a respeito do endosso na letra de câmbio aplica se à nota promissória.

O aval também se aplica à nota promessa sem qualquer restrição. Apenas há que se adequar o ato cambiário à estrutura da cambial. Por exemplo, o aval em branco beneficia o emitente do título. A Súmula 189 do STF aplica-se, também, a essa cambial.

No tocante ao vencimento, aplicam-se as mesmas regras previstas para a letra de câmbio. Aliás, importante observar que o vencimento a certo termo da vista é aplicável à nota promissória. A afirmativa, em um primeiro momento, parece estranha, tendo em vista que o prazo para que ocorra esse vencimento se inicia no momento em ocorre o aceite. Nesse caso, o início do prazo para o vencimento ocorrerá com uma segunda assinatura lançada no título pelo próprio emitente. Na verdade, essa segunda assinatura não pode ser equiparada à aceite, mas alguns autores assim entendem. Por isso que alguns sustentam que existe aceite na nota promissória.

As regras a respeito do pagamento, do protesto e da prescrição, analisados quando estudamos a letra de câmbio, também se aplicam *in totum* na nota promissória; contudo, deve-se apenas adequar esses atos à cambial. No que diz respeito ao pagamento, é importante observar o art. 78 da LUG (anexo I), que nos informa que o emitente da nota promissória é responsável da mesma maneira que o aceitante

---

21. Art. 77 da LUG: São aplicáveis às notas promissórias, na parte em que não sejam contrárias à natureza deste título, as disposições relativas às letras e concernentes: endosso (artigos 11 a 20); (...).

da letra de câmbio. Diante disso, a nota promissória deve ser apresentada a este para efetuar o pagamento no dia do vencimento. Se esse não efetuar o pagamento voluntário, o credor deverá providenciar o protesto por falta de pagamento em dois dias úteis contados do vencimento, sob pena de perder o direito de ação em face dos endossantes e dos respectivos avalistas. Como o emitente é equiparado ao aceitante, o protesto para acioná-lo é facultativo.

Os prazos prescricionais[22] na nota promissória são os mesmos previstos para a letra de câmbio, ou seja, 3 (três) anos para acionar o emitente e respectivo avalista, contados do vencimento do título; 1 (um) ano para acionar os endossantes e respectivos avalistas, contados do protesto do emitente; e, por fim, 6 (seis) meses para aquele que pagou intentar ação de regresso em face de coobrigado anterior, prazo esse que se inicia com o pagamento da cambial.

5.3. Do cheque (Lei 7.357/85)

Modelo básico de cheque emitido no Brasil

Fonte: Depositphotos.

A doutrina discute a respeito da origem do cheque. Concordamos com o professor Rubens Requião de que esse título teria origem na Inglaterra como uma variante da letra de câmbio. Poderíamos dizer que o cheque é uma letra de câmbio à vista, sacada em face de um banqueiro, tendo como beneficiário determinada pessoa. Já Francisco Cavalcante Pontes de Miranda atribui a origem do cheque aos banqueiros holandeses e aos ourives ingleses na emissão da chamadas *goldsmiths notes*.

22. Art. 70 (LUG): Todas as ações contra o aceitante relativas a letras prescrevem em 3 (três) anos a contar do seu vencimento. As ações do portador contra os endossantes e contra o sacador prescrevem num ano, a contar da data do protesto feito em tempo útil, ou da data do vencimento, se trata de letra que contenha cláusula "sem despesas". As ações dos endossantes uns contra os outros e contra o sacador prescrevem em 6 (seis) meses a contar do dia em que o endossante pagou a letra ou em que ele próprio foi acionado.

Independentemente da origem dessa cambial, o cheque foi a maior contribuição que o direto cambiário ofereceu para a vida econômica, sendo emitido, na maioria das vezes, por não empresários. Esse título fomentou a atividade econômica moderna como nenhum outro título, permitindo que muitos negócios jurídicos fossem entabulados por empresários e por não empresários.

O cheque é uma ordem de pagamento à vista efetuada pelo emitente, em razão de provisão que esse possui com o sacado, em virtude de um contrato de conta-corrente, estabelecido previamente entre o subscritor e a instituição financeira, tendo como beneficiário da cártula uma determinada pessoa escolhida pelo emitente. Veja o gráfico a seguir:

Fonte: elaborado pelo autor.

Importante observar, no gráfico, que entre o emitente e o banco sacado existe uma relação contratual. Porquanto, para que o emitente tenha a possibilidade de emitir cheques, este deverá abrir uma conta-corrente no sacado. Estabelecido esse contrato entre o emitente e o banco, este último fornecerá ao emitente os talonários para confecção da cártula. Os cheques são de modelo vinculado, ou seja, essa cambial possui um modelo previamente confeccionado pelo banco que será fornecido para o emitente. Não pode adotar qualquer modelo, como a nota promissória e a letra de câmbio, que são títulos de forma livre, podendo ser confeccionados em qualquer base instrumental, desde que observem os requisitos essenciais.

Pode-se, portanto, perceber que o banco sacado não participa diretamente das relações cambiarias. Em outras palavras, o sacado no cheque assume uma posição completamente diferente do sacado na letra de câmbio. Por isso, colocamos o sacado em uma posição inferiorizada em nosso gráfico. Aliás, o próprio legislador não quer que o banco participe diretamente da relação de crédito e débito; por isso o banco não pode dar aceite, por força do art. 6º[23] da Lei 7.357/85. Se o banco fosse considerado aceitante no cheque, a instituição financeira seria obrigada a pagar eventual cheque sem fundos emitido pelo cliente.

Muito cuidado com o conhecido cheque visado, previsto no art. 7º da Lei 7.357/85, pois não se trata de aceite. O cheque visado é aquele em que o banco atesta, no verso da cártula, que há fundos disponíveis, durante o prazo de

23. Art. 6º da Lei 7357/85: O cheque não admite aceite considerando-se não escrita qualquer declaração com esse sentido.

apresentação. Essa declaração elaborada pelo banco deve ser solicitada pelo cliente. Essa declaração, é bom que se diga, não torna o banco responsável pelo pagamento. Quando o banco atesta que há fundos disponíveis na conta corrente do cliente, esse valor será retido pelo banco até que tenha escoado todo o prazo de apresentação.

Continuando a análise do cheque, o legislador também proibiu que o banco pudesse endossar o cheque. A proibição teve por objetivo impedir que o banco pudesse se inserir na cadeia de coobrigados. Como é cediço, o endossante, quando endossa, torna-se codevedor da cambial. Nesse sentido, o art. 18, § 1º[24], da Lei do Cheque determinou expressamente que são nulos o endosso parcial, bem com o endosso do sacado.

Outrossim, ainda com o objetivo de não permitir que o banco se inserirá na cadeia de coobrigados, o art. 29[25] da Lei 7.357/85 dispõe que não se admitirá o aval no cheque por parte do banco. Esse mecanismo evita que a instituição financeira possa ser compelida a pagar o cheque caso o cliente não tenha fundos disponíveis para efetuar o pagamento.

Uma outra questão inicial importante que convém mencionar diz respeito ao popular cheque pré-datado. Embora seja uma prática usualmente aceita no mercado nacional, o art. 32, *caput*, da legislação em comento determinou que o cheque é ordem de pagamento à vista e qualquer anotação feita na cártula com o intuito de descaracterizar essa ordem é considerada não escrita.[26] Essa determinação não torna o cheque pré-datado um título viciado e, portanto, nulo. Essa afirmação tem como destinatário a instituição financeira que deve pagar o cheque, quando esse lhe for apresentado, ou, se não houver fundos disponíveis, devolver a cártula pela alinha 11 (insuficiência de fundos). Não pode o banco, sob o pretexto de ser pré-datado, pedir para o portador que o apresente em data futura. Deve, *incontinenti*, realizar a liquidação do cheque.

Em síntese, para o direito cambiário não existe a figura do cheque pré-datado, embora sejamos sabedores de que o descumprimento do acordo realizado entre o emitente e o lojista ensejará o pagamento de perdas e danos em face do prejudicado. Aliás, é nesse sentido a Súmula 370 do STJ, que determina ser cabível indenização pela apresentação extemporânea do cheque pré-datado. Esse entendimento, hoje em dia, está pacificado em nossos tribunais superiores.

---

24. Art. 18 da Lei 7.357/85: O endosso deve ser puro e simples, reputando-se não-escrita qualquer condição a que seja subordinado. § 1º São nulos o endosso parcial e o do sacado.
25. Art. 29 da Lei 7.357/85: O pagamento do cheque pode ser garantido, no todo ou em parte, por aval prestado por terceiro, exceto o sacado, ou mesmo por signatário do título.
26. Art. 32 da Lei do Cheque assim dispõe: O cheque é pagável à vista. Considera-se não--estrita qualquer menção em contrário.

Embora o banco sacado não esteja autorizado a conceder o aceite, realizar endosso ou, ainda, garantir o cheque como avalista, a Lei 7.357/85, em seu art. 9º, permite que o banco possa emitir cheque, sendo que nesse caso, o banco é, ao mesmo tempo, emitente e sacado. Esse cheque recebe o nome de cheque administrativo. Esse cheque é solicitado pelo cliente do banco que, ao solicitar esse serviço, indica quem deve ser aposto como beneficiário. O cheque administrativo não pode ser endossado e permite que o beneficiário tenha mais segurança quanto ao cumprimento da ordem.

O prof. Fabio Konder Comparato, com muita astúcia, entendeu que o cheque administrativo não é uma ordem de pagamento, pois ninguém pode dar uma ordem para si mesmo. Esse título melhor se assemelha a uma promessa de pagamento.

Não devemos olvidar que o pagamento parcial é um direito do devedor. Essa regra, conforme já nos manifestamos alhures, também se aplica ao cheque, conforme o art. 38, parágrafo único, da legislação especial.

5.3.1. Dos prazos do cheque

Posto essas ideias iniciais, vamos abordar um dos temas mais relevantes a respeito do cheque: os prazos do cheque. Podemos dividir os prazos do cheque em três momentos. Inicialmente, temos o chamado prazo de apresentação. Esse é um prazo extrajudicial. Após esse prazo inicial, temos o prazo de execução judicial. E, por fim, temos um prazo denominado de cobrança judicial. Observe o infográfico a seguir:

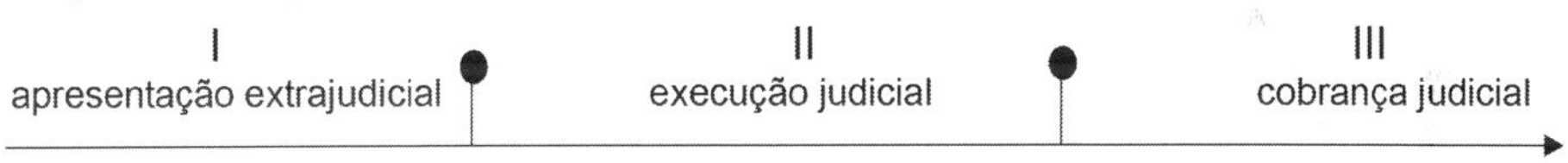

Fonte: elaborado pelo autor.

O primeiro prazo é o de apresentação do cheque ao banco sacado. O legislador estipulou um prazo para que o portador do cheque o apresente ao banco sacado. Esse prazo está esculpido no art. 33, *caput*, da Lei do Cheque e será de 30 (trinta) dias, quando o cheque for emitido no mesmo lugar onde deve ser pago; e de 60 (sessenta) dias quando emitido em lugar diverso do qual deve ser pago. Por exemplo, a agência de Alberto é no município de São Paulo; se o cheque for emitido em São Paulo, o credor deverá apresentar o cheque ao Banco dentro do prazo de 30 (trinta) dias; se, contudo, Alberto estiver no Rio de Janeiro e emitir o cheque nesse município, o portador, nesse caso, terá o prazo de 60 (sessenta) dias para apresentá-lo ao banco sacado.

Se, entretanto, o portador desrespeitar o prazo de apresentação, ele perderá o direito de promover ação de execução em face dos endossantes e dos respectivos avalistas. Logo, se Alberto emitir o cheque e entregá-lo ao Beto, sendo que esse o endossa ao Carlos, que não observa o prazo de apresentação, este último perderá o direito de acionar Beto. Essa sanção encontra se no art. 47, inciso II, da Lei 7.357/85.[27]

Portanto, será sancionado o credor que desrespeitar o prazo de apresentação do cheque. Mas é importante notar que o credor somente perderá o direito de promover a ação de execução, continuando com a possibilidade de acionar o endossante e o respectivo avalista por meio da ação monitoria. Diferentemente da perda do prazo do protesto na letra de câmbio, em que o portador perdia, por completo, o direito de acionar os endossantes e os respectivo avalistas.

Um outro detalhe que deve ser observado é que o credor que desrespeitar o prazo de apresentação não perderá o direito de acionar o emitente do cheque, somente os endossantes e os respectivos avalistas. Nesse sentido é a orientação da súmula 600 STF, que assim dispõe: "cabe ação executiva contra o emitente e respectivo avalistas, ainda que não apresentado o cheque no prazo legal, desde que não prescrita a ação cambiaria."

Embora a regra geral determine que o desrespeito ao prazo de apresentação não impossibilita o portador de promover a ação de execução em face do emitente, há, contudo, uma exceção. As exceções são as questões preferidas pelos examinadores.

No art. 47, § 3º, da legislação que cuida do cheque, o legislador resolveu sancionar o portador desidioso, que não apresentou o cheque em tempo hábil, com a perda do direito de execução em face do emitente. O portador que não apresentar o cheque em tempo hábil, perde o direito de execução contra o emitente, se este tinha fundos disponíves durante o prazo de apresentação e os deixou de ter, em razão de fato que não lhe seja imputável. Nessa situação peculiar, o portador perderá o direito de acionar o emitente.

O que poderia ser considerado um fato que não possa ser imputado ao emitente? O exemplo clássico, e acredito que um dos únicos, é a liquidação extrajudicial de instituição financeira, prevista na Lei 6.024/74, usualmente denominada falência do banco. Imagine a seguinte situação, Alberto, portador do cheque, não apresenta a cambial ao banco, durante o prazo de apresentação; contudo, Beto, o devedor, possuía dinheiro na conta-corrente durante esse prazo, sendo que, após o seu decurso, o Alberto, ao se dirigir ao banco, encontra a agência fechada com um interventor. O Alberto não terá mais a possibilidade de promover a ação de execução em face do Beto.

---

27. Art. 47 da Lei do Cheque: Pode o portador promover a execução do cheque: I – contra o emitente e seu avalista; II – contra os endossantes e seus avalistas, se o cheque apresentado em tempo hábil e a recusa de pagamento é comprovada pelo protesto ou por declaração do sacado, escrita e datada sobre o cheque, com indicação do dia de apresentação, ou, ainda, por declaração escrita e datada por câmara de compensação.

Fonte: elaborado pelo autor.

Após o prazo de apresentação, o credor terá o prazo de seis meses para promover a ação de execução de acordo com o art. 59 da Lei Especial. Esse é o grande trunfo daquele que é detentor de um título executivo. De posse de um título executivo, o credor garante efetividade ao seu direto de crédito, que está mencionado na cambial, podendo, com isso, adotar medidas de constrição judiciais em face do patrimônio do devedor. Em outras palavras, o devedor na execução é citado para pagar e não para se defender, como ocorre na ação de conhecimento. Na verdade, no processo de execução o devedor não possui defesa e o credor pode efetivar o seu direto de crédito.

Esse prazo de seis meses que o credor possui no cheque não é longo como na letra de câmbio ou na nota promissória, em que o prazo para promover o processo de execução é de 3 (três) anos em face do obrigado principal. Portanto, o credor deverá agir com cautela para que não ocorra a prescrição. Uma das medidas acautelatórias que pode auxiliar o credor é om protesto cambial.

Conforme já verificamos, o art. 202, inciso III, do atual Código Civil nos contemplou com uma regra cambiaria nova, estabelecendo que o protesto cambial possui o condão de interromper o curso da prescrição. Esse dispositivo, que se aplica aos títulos típicos, como o cheque, poderá interromper o curso exíguo executório do cheque, desde que efetuado antes da prescrição efetiva da cambial. Uma vez realizada o protesto cambial, o credor lhe terá à disposição um prazo de seis meses inteiramente novo.

Para entender a interrupção da prescrição, vamos verificar quando essa ocorre no cheque. De acordo com o STJ, a prescrição do cheque ocorre de acordo com a tabela abaixo:

Tabela do STJ para a prescrição do cheque

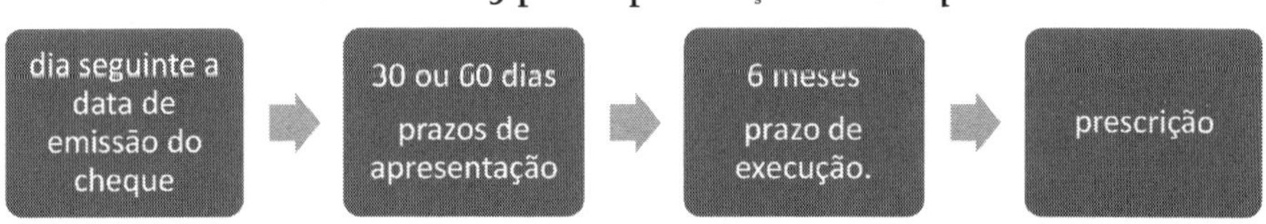

Fonte: elaborado pelo autor.

Para calcular a data em que o cheque perde força executiva, inicia se a contagem do dia seguinte à data de emissão, contando 30 (trinta) ou 60 (sessenta) dias corridos e depois a contagem deve ser efetuada em meses. Na data fatal, o cheque perderá a sua força executiva.

Apenas para deixar claro uma questão referente à contagem dom prazo de prescrição do cheque. Na verdade, a tabela oferecida pelo STJ encontra-se, a nosso ver, incompleta, pois imagine a seguinte situação: um determinado credor, que possui 30 (trinta) dias para apresentar o cheque ao banco, resolve apresentá-lo no segundo dia. Apenas *ad argumentandum*, imaginemos que o banco lhe devolve a cártula, no mesmo dia, com a indicação de não haver fundos disponíveis para efetuar o pagamento. Sendo o cheque uma ordem de pagamento à vista, o credor, de imediato, promove a ação de execução. Logo, a partir do segundo dia, nesse nosso exemplo, o credor já está legitimado a propor a ação de execução. Portanto, a prescrição deve ser contada quando o titular está legitimado a agir e não o faz. Inicia-se o prazo com a recusa do pagamento pela instituição financeira.

Embora seja dessa maneira que se deva contar o prazo prescricional do cheque, a tabela do STJ deve ser aplicada quando o portador apresentar o cheque ao banco, após o prazo de apresentação. Imaginemos a seguinte situação: o portador somente leva a cártula ao banco decorridos 30 (trinta) dias mais 5 (cinco) meses e 15 (quinze) dias. O banco devolve o cheque por insuficiência de fundos. Nesse caso, não se leva em conta a data da devolução do cheque pelo banco, mas sim a tabela do STJ, ou seja, faltam 15 (quinze) dias para que ocorra a prescrição.

O Enunciado nº 40 da I Jornada de Direito Comercial, realizada pela Justiça Federal, assim entendeu: O prazo prescricional de 6 (seis) meses para o exercício da pretensão à execução do cheque pelo respectivo portador é contado do encerramento do prazo de apresentação, tenha ou não sido apresentado ao sacado dentro do referido prazo. No caso de cheque pós-datado apresentado antes da data de emissão ao sacado ou da data pactuada com o emitente, o termo inicial é contado da data da primeira apresentação.

Embora possamos entender que a posição adotada pelo supramencionado enunciado ou, que a contagem efetuada pelo STJ, não esteja correta, pois inicia-se contagem da prescrição (perda do direito de acionar) antes que o titular esteja autorizado para propor ação. A doutrina e a jurisprudência entendem que o prazo prescricional é contado após o prazo de apresentação.

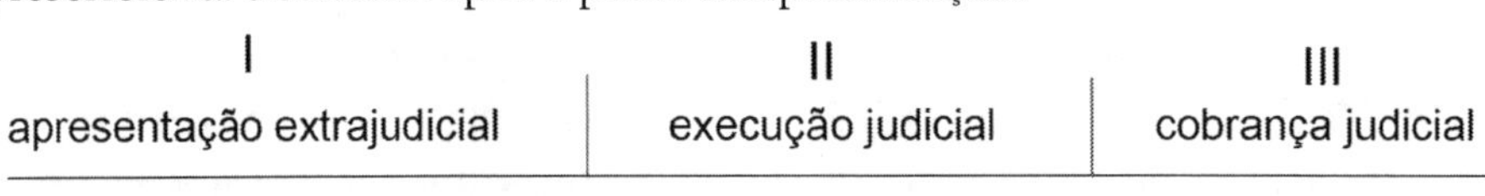

Fonte: elaborado pelo autor.

A terceira espécie de prazo contemplado na legislação do cheque está prevista no art. 61,[28] que cuida da chamada ação de enriquecimento ilícito ou injusto. O prazo para que o credor possa manejar essa ação é de 2 (dois) anos, contados da

28. Art. 61 Lei do Cheque: A ação de enriquecimento contra o emitente ou outros obrigados, que se locupletaram injustamente com o não-pagamento do cheque, prescreve em 2 (dois) anos, contados do dia em que se consumar a prescrição prevista no art. 59 e seu parágrafo desta Lei.

data em que ocorrer a prescrição. Há divergência doutrinária a respeito da natureza jurídica dessa ação. A nosso ver, cuida se de uma ação cambial de cognição ampla.

É importante deixar claro que, de acordo com a Lei do Cheque, após o prazo de execução, o credor somente terá a sua disposição a ação de enriquecimento sem causa do art. 61. Embora essa afirmação seja verdadeira, devemos entender que, devido a sua natureza de processo de conhecimento, essa ação é raramente utilizada pelo credor. Ademais, o Código de Processo Civil incorporou em nosso ordenamento jurídico uma tutela mais eficiente e adequada para os títulos prescritos, relegando a ação de enriquecimento ilícito ao purgatório jurídico. Estamos falando da ação monitória, prevista no art. 700, I[29], e segs., do Código de Processo Civil.

A ação monitória é, a nosso ver, inicialmente, uma ação de execução em que o devedor é citado para pagar e, se o fizer, ficará isentos das custas processuais; contudo, se o devedor oferecer embargos (contestar o pedido), o processo monitório seguirá o rito ordinário do processo de conhecimento. Enfim, a ação monitória é a maneira mais eficiente e célere do credor, que não possui mais título, obter a satisfação de seu crédito.

A grande polêmica que envolvia a ação monitória dizia respeito ao prazo para o credor ingressar com essa ação. Havia autores que sustentavam que era de 2 (dois) anos, outros sustentavam que seria de 5 (cinco) anos e havia até aqueles que entendiam que era de 10 (dez) anos. O STJ pacificou a questão editando Súmula 503, que preceitua o seguinte: "**o prazo para ajuizamento de ação monitória em face do emitente de cheque sem força executiva é quinquenal, a contar do dia seguinte à data de emissão estampada na cártula.**"

Inicialmente, é importante entender o teor dessa súmula que pode trazer algumas dificuldades de entendimento. De acordo com essa orientação do STJ, haverá, em regra, dois prazos correndo juntos, mas o credor só poderá utilizar um desses prazos. Veja bem, o prazo para o portador ingressar com a ação de execução se inicia no dia seguinte à data de emissão, contando-se 30 ou 60 dias mais o prazo de seis meses. Durante esse prazo, o cheque tem força executiva. Contudo, o prazo para utilização da ação monitória também se inicia do dia seguinte à data da emissão e é de cinco anos. Então, nos primeiros 30 ou 60 dias mais o prazo de seis meses haverá dois prazos correndo juntos, mas enquanto o título possuir força executiva, o credor só poderá ingressar com a ação de execução. Decorridos esse prazo, o credor poderá ingressar com a ação monitória.

Essa maneira de estabelecer a contagem de prazo da ação monitória foi justamente para permitir que se o credor, de posse de um cheque que porventura não tenha força executiva desde o momento de sua criação, pudesse se utilizar da

29. Art. 700. A ação monitória pode ser proposta por aquele que afirmar, com base em prova escrita sem eficácia de título executivo, ter direito de exigir do devedor capaz: I – o pagamento de quantia em dinheiro;

ação monitória. Por exemplo, um cheque que em virtude de um vício intrínseco o contaminasse de tal maneira a lhe retirar a força executiva quando fora emitido. O credor poderia se utilizar da ação monitória para reclamar o seu crédito.

Essa mesma regra foi adotada pelo STJ mediante a edição da Súmula 504, que assim dispõe: "**O prazo para ajuizamento de ação monitória em face do emitente de nota promissória sem força executiva é quinquenal, a contar do dia seguinte ao vencimento do título.**"

O STJ adotou o mesmo raciocínio estabelecendo prazos que se iniciam na mesma data, ou seja, o prazo para a ação monitória é de cinco anos contados do dia seguinte ao do vencimento da nota promissória, e o prazo para o credor promover a ação de execução é de três anos contados do dia seguinte ao do vencimento da cambial. Portanto, nos primeiros três anos, tendo força executiva a cambial, o credor só poderá ingressar com a ação de execução, sendo que somente após esse prazo é que a ação monitória lhe estaria disponível se precisasse.

Em suma, nesse caso, pode se afirmar que quem tem o mais não precisa do menos. Se o credor está munido da ação de execução, não necessita da ação monitória. Essa só lhe será útil quando não estiver mais disponível a ação adequada.

Ademais, é importante deixar consignado que a ação monitória não é uma ação cambial, portanto, nessa demanda somente o obrigado principal poderá ser demandado. Não caberia, por exemplo, ação monitória em face de avalista. E caso haja embargos por parte do devedor, o credor deverá demonstrar qual foi o negócio jurídico que deu causa à cambial. A nosso ver, a demonstração da chamada *causa debendi* é essencial para o sucesso da demanda. Essa questão é controvertida na jurisprudência pátria.

O STJ entende que a *causa debendi* pode ser alvo de discussão em sede de ação monitória; contudo, se o negócio jurídico subjacente for alvo de discussão pelas partes, caberá ao devedor trazer à baila a discussão em juízo. O credor pode somente exigir o pagamento sem precisar discutir com o devedor o motivo pelo qual o cheque foi emitido. Muito peculiar esse entendimento, pois não entendemos como, em uma ação de cognição ampla, pode se discutir crédito desvinculado da causa.

5.3.2. Da sustação

A sustação do cheque é a maneira pelo qual o devedor, que possui justa causa para tanto, impede que o título seja liquidado pela instituição financeira. A sustação pode ser realizada por meio da revogação ou da oposição.

A revogação, também chamada de contraordem, está disciplinada no art. 35[30] da Lei 7.357/85. A revogação só pode ser efetuada pelo emitente do cheque e, de

30. Art. 35 Lei do Cheque: O emitente do cheque pagável no Brasil pode revogá-lo, mercê de contraordem dada por aviso epistolar, ou por via judicial ou extrajudicial, com as

acordo com o dispositivo mencionado, deve vir acompanhada das razões pelas quais se deseja impedir a liquidação da cártula pela instituição financeira. Ocorre que os efeitos pretendidos pelo solicitante da revogação somente serão produzidos após o prazo de apresentação. Em outras palavras, se o credor não apresentar o cheque ao banco em tempo hábil, após esse prazo o portador não receberá o montante aposto no cheque, pois a revogação impedirá que o banco efetue o pagamento.

Essa espécie de sustação não se aplica àquele que pretende impedir, de imediato, a liquidação do cheque, como nos casos de furto, roubo ou extravio do talonário. Na verdade, a revogação é um ato cambiário que obriga o credor a efetuar a apresentação do cheque dentro do prazo de apresentação, sob pena de não recebimento de seu crédito.

Já a segunda maneira de impedir a liquidação do cheque é a chamada de oposição, prevista no art. 36[31] da Lei do Cheque. Está pode ser solicitada tanto pelo emitente como pelo legitimo portador do cheque. Portanto, o beneficiário do cheque, caso perca a cártula, possui legitimidade para realizar a oposição em face do banco. Além do que, a oposição produzirá efeitos imediatos, impedindo o pagamento do cheque assim que for realizado.

A oposição deve ser elaborada por escrito e encaminhada à instituição financeira. Pode, entretanto, ser realizada por *e-mail*, desde que ratificada por escrito em dois dias úteis após a comunicação. A oposição deve ser fundamentada em relevantes razões de direito, não cabendo ao banco juízo de valores sobre a motivação ofertada pelo solicitante. A instituição financeira somente possui o direito de exigir que a solicitação seja efetuada por escrito. Em caso de furto, roubo ou extravio, a o art. 5º, § 1º da Resolução 3.972/11 – CMN, exige a apresentação de um boletim de ocorrência.

Essa exigência é absurda e não pode se sobrepor à letra da lei. O art. 36 da Lei 7.357/85 não condiciona a oposição à apresentação de um comunicado policial. Trata-se de uma exigência burocrática que visa apenas tutelar a instituição financeira contra eventuais demandas judiciais. Contudo, se o banco não acatar a ordem de oposição, elaborada pelo solicitante, sob o argumento da necessidade da apresentação de um boletim de ocorrência e, em virtude disso, houver danos, o banco deverá ser responsabilizado pelos prejuízos suportados pelo solicitante.

---

razões motivadoras do ato. Parágrafo único - A revogação ou contraordem só produz efeito depois de expirado o prazo de apresentação e, não sendo promovida, pode o sacado pagar o cheque até que decorra o prazo de prescrição, nos termos do art. 59 desta Lei.

31. Art. 36 da Lei do Cheque: Mesmo durante o prazo de apresentação, o emitente e o portador legitimado podem fazer sustar o pagamento, manifestando ao sacado, por escrito, oposição fundada em relevante razão de direito. § 1º A oposição do emitente e a revogação ou contraordem se excluem reciprocamente. § 2º Não cabe ao sacado julgar da relevância da razão invocada pelo oponente

5.3.3. Do protesto do cheque

Primeiramente, o protesto do cheque é desnecessário para que o credor possa promover a ação de execução em face do emitente ou dos coobrigados.[32] Aliás, para que o credor possa promover a ação de execução em face do emitente basta que não tenha ocorrido a prescrição da cambial. Nesse sentido é o art. 47, inciso II, da legislação e a Súmula 600 do STF.

Contudo, para que o credor possa ingressar com a ação de execução em face dos coobrigados, o cheque deve ter sido apresentado ao banco sacado antes de findo o prazo de apresentação, ou seja, dentro do prazo de 30 (trinta) ou 60 (sessenta) dias contados da data de emissão da cártula.

Observe que a data de apresentação do cheque ao sacado é condição para que o credor possa ingressar com a ação de execução em face dos coobrigados; por sua vez, o prazo para o protesto da letra de câmbio e da nota promissória será de dois dias úteis contados do vencimento do título. Portanto, o prazo de apresentação do cheque funciona quase como se fosse o prazo para o protesto da letra de câmbio e nota promissória. Veja bem, os efeitos são similares, mas não idênticos. No cheque, a inobservância do prazo de apresentação impede que o credor promova a competente ação de execução, não estando, entretanto, impedido de prover, por exemplo, ação de enriquecimento ilícito em face dos coobrigados. Já na letra de câmbio e na nota promissória, o desrespeito ao prazo do protesto impede que o credor acione os coobrigados, ou seja, não cabe ação de execução nem qualquer outra demanda em face dos coobrigados. Nesse caso, rompe-se qualquer vínculo entre o credor e os coobrigados (endossantes e respectivos avalistas).

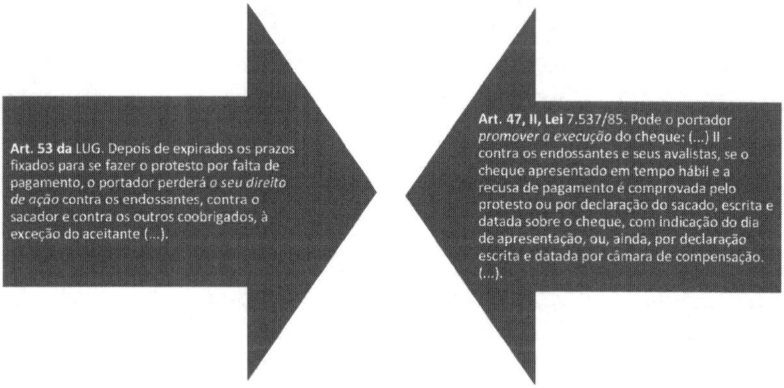

Fonte: elaborado pelo autor.

---

32. Art. 48 da Lei do Cheque: O protesto ou as declarações do artigo anterior devem fazer-se no lugar de pagamento ou do domicílio do emitente, antes da expiração do prazo de apresentação. Se esta ocorrer no último dia do prazo, o protesto ou as declarações podem fazer-se no primeiro dia útil seguinte. (...).

Por fim, em vários artigos em revistas especializadas nos manifestamos no sentido de que o protesto do cheque efetuado após o prazo de apresentação é um ato emulativo, pois realizado apenas para causar danos a terceiros sem, contudo, trazer nenhum benefício ao credor[33]. Sustentamos, ainda, que esse ato, causando danos a terceiros, deve ser indenizável pelo credor que assim agiu. Nesse sentido já se manifestou o STJ em vários acórdãos. Veja o AgRg nº 270.557-RJ (2012/0264166-5).

> **Nos casos de protesto indevido de título de crédito, o dano moral se configura *in re ipsa*. Precedentes. O cheque prescrito não se reveste de certeza e exigibilidade, pois apenas se caracteriza como princípio de prova da relação jurídica subjacente que deu ensejo a sua emissão. Mostra-se devida a indenização pelos danos morais suportados pelo autor, sendo de rigor a reforma do acordão local. E, nos termos do art. 257 do RISTJ, é possível, nesta Corte, a fixação de valores devidos a título de indenização pelo abalo moral sofrido pelo ora recorrente, aplicando-se o direito à espécie. Levando-se em consideração as peculiaridades do caso e na linha dos precedentes desta Corte em casos análogos, é razoável a quantia de R$ 10.000,00 (dez mil reais) pelo dano moral decorrente do protesto indevido, acrescidos de juros de mora a partir da citação e correção monetária da data da publicação da presente decisão. Agravo regimental não provido.**

A nosso ver, o protesto de cheque prescrito caracteriza abuso de direito e, portanto, deve ser indenizado pelo portador do cheque. Aliás, o Enunciado 37 da I Jornada de Direito Civil promovida pelo Conselho da Justiça Federal entendeu que "a responsabilidade civil decorrente do abuso de direito independe de culpa e fundamenta-se somente no critério objetivo-finalístico".

Contudo, esse entendimento não é pacífico. A doutrina majoritária entende que o protesto é um direito do credor que pode realizá-lo antes ou depois da ocorrência da prescrição. Portanto, o protesto do cheque prescrito não é considerado abuso de direito e não proporcionaria indenização por parte do portador.

5.4. Da duplicata mercantil (Lei 5.474/68)

A duplicata mercantil, foi denominado de "príncipe dos títulos do direito brasileiro" pelo professor catedrático da Universidade de Roma Tulio Ascarelli.

33. Iacomini, Marcello Pietro. **O protesto cambial e o cancelamento da Súmula 153 do Supremo Tribunal Federal em relação aos títulos de crédito**. Disponível em http://www.trabalhosfeitos.com/ensaios/Direito/645352.html>. Acesso em: 29 abr. 2013.

Duplicata mercantil sacada em virtude de compra e venda mercantil

DUPLICATA MERCANTIL SUA RAZÃO SOCIAL LTDA	**SUA RAZÃO SOCIAL LTDA** Rua do seu Endereço, 9999 Sua cidade – Estado Telefones : (51) 99999-9999 CNPJ : 02.022.022/02222-22 Inscrição Estadual : 013/333333 Data do processamento : 22/08/2016

FATURA					
Nota Fiscal	**Data de Emissão**	**Duplicata**	**Valor R$:**	**Vencimento**	Para uso da Instituição Financeira
	22/08/2016			17/08/2016	

Assinatura Emitente	**Nome do Sacado:**				
	Endereço de Cobrança			**Bairro**	
	Cidade	**Estado**	**CEP**	**Telefone**	**Praça de Pagamento**
	CNPJ		**Inscrição Estadual**		

VALOR	O VALOR POR EXTENSO REAIS E CENTAVOS

Reconhecemos a exatidão desta DUPLICATA DE VENDA MERCANTIL/PRESTAÇÃO DE SERVIÇOS na importância acima que pagaremos à **SUA RAZÃO SOCIAL LTDA** ou à sua ordem na praça e vencimentos acima indicados.

Em 22/08/2016
Data do Aceite

Assinatura do Sacado

5.4.1. Noções gerais

A duplicata mercantil é uma ordem de pagamento efetuada pelo sacador em face do sacado, determinando que esse pague a um terceiro uma determinada quantia, em uma determinada data e em virtude de uma compra e venda mercantil ou de uma prestação de serviços. Em regra, o sacador é um empresário ou uma sociedade empresária que vende mercadorias e o sacado, por sua vez, é alguém que adquire essas mercadorias. A Lei 5.474/68 permite que a duplicata mercantil possa ter como suporte fático uma compra e venda mercantil ou uma prestação de serviços. Ademais, como veremos no decorrer da análise dessa cambial, haverá outros agentes econômicos que se beneficiarão do saque da duplicata mercantil, como o banco e a sociedade empresária que realiza serviços de factorização.

No gráfico a seguir, podemos ter uma ideia dos agentes que gravitam em torno dessa cambial e dos interesses econômicos desses agentes:

Duplicata mercantil

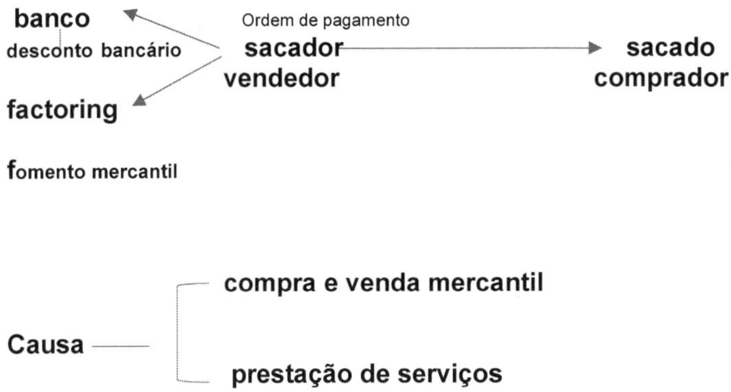

Fonte: elaborado pelo autor.

Observando o infográfico, podemos verificar que o sacador é o empresário que vende as mercadorias e, portanto, aquele que dá a ordem de pagar para aquele que adquiriu as mercadorias, que é o sacado. Também observamos que a causa da duplicata é a compra e venda e a prestação de mercadorias. Veja bem, a duplicata é emitida pelo vendedor e não pelo comprador, sendo que o vendedor, após a emissão da duplicata, realiza outros dois negócios jurídicos com o banco ou com a *factoring*.

Esses negócios jurídicos entabulados pelo sacador vendedor com o banco ou com a *factoring* não são negócios cambiais, mas sim contratos realizados entre as partes. O objetivo visado pelo sacador é o recebimento, de imediato, do valor que esse receberia, em data futura, do sacado comprador. Tanto no desconto bancário como no contrato de fomento mercantil, o sacador busca materializar o seu crédito para poder manter constante o exercício da atividade empresarial.

O contrato de desconto bancário e o fomento mercantil são contratos que possuem estrutura jurídica distintas. Esses contratos serão analisados no tópico referente aos contratos mercantis. Por ora, basta saber que esses contratos permitem que o empresário vendedor possa continuar a atividade empresarial sem que haja interrupções por falta de liquidez.

Ademais, é um título de crédito criado pelo empresário brasileiro que possibilita a esse obter o valor da venda imediatamente e, ainda, vender a prazo para o sacado comprador. Este último, por sua vez, possui o benefício de efetuar o pagamento, por exemplo, em 30 (trinta), 60 (sessenta) e 90 (noventa) dias, recebendo, também, de imediato, as mercadorias adquiridas. E, por fim, aqueles que irão adiantar o crédito ao sacador vendedor também se beneficiarão economicamente desses negócios de maneira diferente. O banco ganha pela realização do desconto, cobrando juros compensatórios; a *factoring* experimenta ganhos econômicos com a prestação de serviços que realiza, chamados de administração do crédito. Enfim, todos os envolvidos se beneficiam desse complexo de relações econômico-jurídico.

É importante entender que, se existir duplicatas circulando, é porque houve, necessariamente, uma compra e venda ou uma prestação de serviços, pois emitir duplicatas que não possuam causa é incidir no crime previsto no art. 172 do Código Penal, denominado de duplicatas simuladas.[34]

Esse termo causal, utilizado pela doutrina, poderá produzir algumas ideias conflitantes, pois o termo causal somente significa que, para a emissão da cártula deve estar presente uma determinada causa subjacente, sem a qual o título não pode ser criado. Nesse caso específico a causa seria uma compra e venda ou uma prestação de serviços. Como se pode notar, nenhum dos títulos estudados até aqui eram causais. Não verificamos causas, previamente determinadas pelo legislador, para a emissão da letra de câmbio, nota promissória ou do cheque.

Contudo, é importante não confundir títulos causais com a abstração ou com a inoponibilidade das exceções pessoais ao terceiro de boa-fé. Esses conceitos não se confundem. Quando a duplicata mercantil é endossada pelo sacador-vendedor, a cambial se desvincula do negócio jurídico que lhe deu causa e, portanto, não pode ser discutida pelo sacado-comprador em face do terceiro de boa-fé. Ou seja, aplica-se, *in totum*, a abstração e a inoponibilidade às duplicatas mercantis. Essa ideia é capitaneada por Pontes de Miranda e por outros festejados comercialistas.

Contudo, há autores que assim não pensam e, por entenderem que o negócio jurídico causal se vincula à duplicata, assim como a tatuagem se vincula à pele do tatuado, propagam a ideia de que o devedor sacado poderá opor ao terceiro de boa-fé defesas de natureza pessoais. A nosso ver, esse entendimento é, para dizer o menos, aniquilar com umas principais funções atribuídas ao direito cambiário, ou seja, o de fomentar a atividade econômica por meio da circulação do crédito.

Sustentar que a causalidade da duplicata mercantil compromete a sua abstração é simplesmente acabar com a circulação dessa cambial, impedindo que o sacador-vendedor possa antecipar o seu crédito em face do sacado-comprador, pois sabendo que o endossatário poderá ser alvo de discussões relacionadas ao negócio jurídico subjacente, esse provavelmente não tenha interesse em receber esse título do endossante.

É importante também asseverar que a emissão da chamada fatura é obrigatória para toda a venda de mercadorias com prazo de pagamento não inferior a 30 dias contados da entrega das mercadorias, de acordo com o art. 1º, *caput*, da Lei 5.474/68. A fatura é uma síntese do contrato de compra e venda ou da prestação de serviços. A fatura servirá para que o sacador possa emitir a duplicata mercantil.

---

34. Art. 172 do Código Penal Brasileiro contém o seguinte preceito: emitir fatura, duplicata ou nota de venda que não corresponda à mercadoria vendida, em quantidade ou qualidade, ou ao serviço prestado. Pena – detenção, de 2 (dois) a 4 (quatro) anos, e multa. (...).

Contudo, a emissão da duplicata mercantil é facultativa. O empresário somente emite esse título se assim desejar. Contudo, se o empresário resolver emitir as duplicatas mercantis, esse deverá, por força de lei, registrar a emissão das duplicatas, em um livro mercantil compulsório, denominado Livro de Registro de Duplicatas Mercantis. Em outras palavras, a emissão da duplicata é facultativa, mas a sua escrituração é compulsória, sob pena do empresário, caso venha a falir, incidir nas penas previstas para o crime de omissão de documentos obrigatórios, previsto no art. 178 da Lei 11.101/05.

Uma outra observação inicial importante: a duplicata também pode ser extraída em virtude de serviços prestados. No tocante a essas duplicatas, o legislador, no art. 20 da Lei das Duplicatas, permitiu que não empresários, se assim desejarem, possam emitir duplicatas em razão dos serviços prestados. Assim, permitiu que fundações, sociedades civis (as sociedades civis não existem mais, sendo que, hoje em dia, as atividades não empresárias são desenvolvidas pelas sociedades simples, prevista no art. 997 do Código Civil) possam também, na forma desta lei, emitir fatura e duplicata.

O art. 22 da Lei em comento, dispõe que os profissionais liberais e aqueles que prestam serviços eventuais também poderão emitir duplicatas em razão de serviços prestados a terceiros. Alguns autores rejeitam o termo duplicatas de serviços para os profissionais liberais, afirmando que esses podem, entretanto, emitir as chamadas contas de serviços que, se registradas em cartório de títulos e documentos, podem assumir características semelhantes às duplicatas mercantis.

O advogado, por força do art. 42, inserido em seu Código de Ética, não pode sacar duplicata de serviços, seja advogado autônomo, seja sociedade de advogados, em relação aos seus serviços profissionais. Aliás, esse dispositivo proíbe que o advogado emita qualquer título de crédito em relação aos seus serviços profissionais; contudo, pode, se assim desejar o seu cliente, emitir fatura de serviços, vedado, entretanto, o protesto da fatura.[35]

Por fim, no art. 2º, *caput*,[36] da Lei Especial, o legislador determina que, no ato da emissão da fatura, se o sacador assim desejar, ele poderá emitir uma duplicata mercantil para documentar o seu crédito advindo da compra e venda e não poderá

35. Art. 42 do Código de Ética: O crédito por honorários advocatícios, seja do advogado autônomo, seja de sociedade de advogados, não autoriza o saque de duplicatas ou qualquer outro título de crédito de natureza mercantil, exceto a emissão de fatura, desde que constitua exigência do constituinte ou assistido, decorrente de contrato escrito, vedada a tiragem de protesto.

36. Art. 2º, *caput*, da LD: No ato da emissão da fatura, dela poderá ser extraída uma duplicata para circulação como efeito comercial, não sendo admitida qualquer outra espécie de título de crédito para documentar o saque do vendedor pela importância faturada ao comprador.

emitir outra cambial para representar esse negócio jurídico subjacente. Em outras palavras, o sacador não pode emitir outro título que não seja a duplicata, mas o sacado comprador pode emitir a cambial que desejar. Por exemplo, o sacado – comprador pode emitir uma nota promissória para representar a sua dívida diante do sacador – vendedor.

5.4.2. *Do aceite*

O aceite é a manifestação do sacado concordando com a ordem efetuada pelo sacador. O sacador vendedor emite uma ordem para o sacado comprador, determinando que esse pague o valor que ambos avençaram pelo valor das mercadorias.

O aceite na duplicata mercantil é obrigatório, diferentemente do aceite na letra de câmbio, que é facultativo. Quando a doutrina afirma que é um ato obrigatório, não se está afirmando que não pode ser recusado pelo sacado. A recusa do aceite é um direito do sacado. É obrigatório no sentido de que, para recusá-lo, o sacado devedor obrigatoriamente deverá justificar a sua recusa em uma das hipóteses previstas em lei. As hipóteses de recusa encontram previstas no art. 8º[37] da Lei 5.474/68.

No sobredito dispositivo, o legislador elegeu três hipóteses possíveis para que o sacado devedor possa recusar o aceite na duplicata mercantil. Vamos analisar cada uma dessas hipóteses. A primeira hipótese ocorre quando o sacado verifica avaria nas mercadorias ou quando essas não lhe forem entregues no prazo combinado. A avaria é um dano aparente nas mercadorias. Se houver mercadorias que lhe forem entregues danificadas, a recusa pode ser efetuada pelo sacado. Ademais, se não foi o comprador que assumiu a obrigação de transportar as mercadorias, enquanto essas não lhe forem entregues, a recusa pode ser ofertada pelo sacado.

A segunda hipótese em que a recusa pode ser ofertada ocorrerá quando houver vícios, defeitos e diferenças na qualidade e na quantidade das mercadorias, devidamente comprovados. Se as mercadorias não corresponderem exatamente à qualidade adquirida, o aceite pode ser recusado. Imagina que o comprador tenha adquirido mercadorias de uma determinada qualidade ou de uma determinada marca e lhe foi entregue algo diferente. Ou, ainda, a quantidade das mercadorias não corresponde ao que fora combinado.

A última hipótese de recusa ocorre quando houver divergência nos prazos ou nos preços avençados. Se o valor não corresponder ao que fora inicialmente

---

37. Art. 8º da LD: O comprador só poderá deixar de aceitar a duplicata por motivo de:
I – avaria ou não recebimento das mercadorias, quando não expedidas ou não entregues por sua conta e risco;
II – vícios, defeitos e diferenças na qualidade ou na quantidade das mercadorias, devidamente comprovados;
III – divergência nos prazos ou nos preços ajustados.

combinado entre o vendedor e o comprador, cabe, também, o aceite por parte do adquirente; se, por sua vez, houver divergência nos prazos de pagamento, caberá a recusa por parte do sacado.

Pode-se verificar que há um nexo causal entre todas as hipóteses de recusa. Todas as recusas apresentam algum problema em relação à compra e venda das mercadorias. Há problemas relacionados à entrega das mercadorias, ao valor ou aos prazos de pagamento das mercadorias e à qualidade ou à quantidade das mercadorias. Enfim, para que se torne possível a recusa, deve haver algum vínculo entre a recusa e a compra e venda ou, quando se tratar de serviços, com a prestação de serviços. A recusa, quando se tratar de serviços prestados, encontra-se no art. 21[38] da legislação especial.

Muitas vezes o examinador, quando elabora questões a respeito da recusa do aceite, insere, como uma das hipóteses de recusa, a falência ou a recuperação judicial do vendedor. O candidato fica na dúvida, pois pensa que se o sacado comprador tiver notícias da falência do sacador vendedor ele não estará obrigado a adquirir as mercadorias do falido. Muito cuidado com esse raciocínio. Na verdade, o sacado comprador já adquiriu as mercadorias no momento em entabulou o contrato de compra e venda. Portanto, não é possível a recusa do aceite na hipótese de falência ou mesmo de recuperação judicial do sacador.

A duplicada mercantil comporta três espécies de aceite devido a sua estrutura jurídica diferenciada. Existe o aceite chamado ordinário. Esse se realiza por meio de uma simples assinatura lançada no anverso da cambial. Para que possa haver o aceite ordinário, a cambial deve ser emitida pelo sacador e enviada para o sacado. Essa espécie de aceite não é a mais usual na atividade empresarial.

Há, também, o aceite por comunicação, em que o sacado comprador retém o título consigo e, *incontinenti*, comunica para a instituição financeira intermediária, por escrito, que aceitou a cambial. Está prevista no art. 7º, § 1º, da legislação que cuida das duplicatas. Essa espécie de aceite também não é usual.

A terceira espécie é denominada de aceite por presunção. Esse é o aceite mais usual e utilizado pelos grandes empresários. Nessa espécie, não ocorre o saque da duplicata mercantil. Com isso já se atribui celeridade à atividade empresarial, além de proporcionar economia para o empresário, que não necessitará de um setor contábil só para a emissão de duplicatas. Imagina uma sociedade empresária que realiza 100 (cem) vendas por dias em seu estabelecimento.

---

38. Art. 21 da LD: O sacado poderá deixar de aceitar a duplicata de prestação de serviços por motivo de: I – não correspondência com os serviços efetivamente contratados; II – vícios ou defeitos na qualidade dos serviços prestados, devidamente comprovados; III – divergência nos prazos ou nos preços ajustados.

No aceite por presunção, a cambial não é emitida pelo sacador vendedor, contudo lhe serão enviadas as mercadorias, bem como o comprovante de entrega. O sacado, quando recebe as mercadorias, deverá obrigatoriamente assinar comprovante de entrega colocando ao lado de sua assinatura a data e o número de seu documento (RG ou CPF). Com isso, ocorre o chamado aceite por presunção, ou seja, diante da retenção das mercadorias pelo sacado e da sua assinatura comprovando o recebimento, presume-se que esse aceitou a cambial.

5.4.3. Do protesto

O protesto, como já vimos anteriormente na letra de câmbio, é o modo formal e solene pelo qual se dá publicidade de que um devedor cambiário deixou de cumprir uma obrigação como, v.g., na falta de aceite, ou que o obrigado principal deixou de efetuar o pagamento no dia aprazado. Contudo, é esse ato cambiário que permite que o credor possa preservar direitos cambiários essenciais.

No art. 13[39] da Lei 5.474/68, o legislador estabeleceu três espécies de protestos na duplicata mercantil. A duplicata poderá ser por falta de aceite do sacado. Ademais, poderá ser protestada por falta de devolução da cambial e, por derradeiro, por falta de pagamento.

O protesto por falta de aceite produz o vencimento antecipado da duplicata mercantil da mesma maneira que ocorria na letra de câmbio. Já o protesto por falta de devolução da duplicata mercantil apenas comprova que o sacado não irá efetuar o aceite do título, mas não produz efeitos específicos. Porém, o protesto por falta de pagamento produzirá efeitos importantes para o credor em face dos codevedores.

O protesto por falta de pagamento deve ser efetuado dentro do prazo de 30 (trinta) dias a contar do vencimento da cambial. Por se tratar de um título de crédito genuinamente mercantil, somente o empresário pode emitir esse título, diferentemente das outras cambiais em que o emitente não precisa necessariamente possuir a qualidade de empresário. O prazo para o protesto foi ampliado em relação à letra de câmbio e à nota promissória. A extensão do prazo do protesto na duplicata

---

39. Art. 13 da LD: A duplicata é protestável por falta de aceite de devolução ou pagamento.

§ 1º Por falta de aceite, de devolução ou de pagamento, o protesto será tirado, conforme o caso, mediante apresentação da duplicata, da triplicata, ou, ainda, por simples indicações do portador, na falta de devolução do título.

§ 2º O fato de não ter sido exercida a faculdade de protestar o título, por falta de aceite ou de devolução, não elide a possibilidade de protesto por falta de pagamento.

§ 3º O protesto será tirado na praça de pagamento constante do título.

§ 4º O portador que não tirar o protesto da duplicata, em forma regular e dentro do prazo da 30 (trinta) dias, contado da data de seu vencimento, perderá o direito de regresso contra os endossantes e respectivos avalistas.

mercantil foi medida acertada, pois o empresário não poderia ficar sujeito às regras da LUG, que estabelece um prazo exíguo de dois dias úteis a contar do vencimento.

Se, contudo, esse protesto não for realizado dentro do prazo de estabelecido pelo legislador, o credor perderá o direito de ingressar com a ação de execução em face dos coobrigados. Essa regra também fora adotada para a letra de câmbio e nota promissória. Veja a dicção do art. 13, § 4º, da Lei 5.474/68 que assim dispõe: **"O portador que não tirar o protesto da duplicata, em forma regular e dentro do prazo da 30 (trinta) dias, contado da data de seu vencimento, perderá o direito de regresso contra os endossantes e respectivos avalistas."**

Em uma prova oral da magistratura da São Paulo, um aluno nosso estava sendo inquerido por um desembargador que lhe indagou o seguinte: na letra de câmbio, o protesto intempestivo acarretará a impossibilidade de o credor intentar ação de execução em face do sacador, endossantes e respectivos avalista. Essa regra também se aplica à duplicata mercantil? O aluno, sem titubear, responde que sim, salvo o prazo para o protesto que seriam diferentes. Mas os efeitos em face dos coobrigados eram idênticos. Diante dessa resposta, o desembargador pediu para o candidato abrir o Código Comercial, na lei que cuida das duplicatas, em seu art. 13, § 4º, e ler em voz alta esse dispositivo. O candidato assim procedeu e, após o término da leitura, o examinador perguntou: o dispositivo determina que o protesto intempestivo impossibilitará que o credor acione os endossantes e respectivos avalistas, mas não menciona o sacador. Afinal de contas, o protesto intempestivo permitirá que o credor acione o sacador? O candidato ficou atônito e não soube responder.

Pergunta capciosa é verdade, mas a resposta não era assaz complicada. Bastava lembrar que, diferentemente do sacador na letra de câmbio que assume a posição de devedor em face do credor, o sacador vendedor na duplicata mercantil assume a posição de credor quando emite essa cambial. Logo, ou o sacador é o credor quando está de posse do título ou, se transferiu para terceiros, o fez como endossante. Por essa razão o sacador não foi mencionado nesse dispositivo.

Postas essas ideias, convém anotarmos algumas linhas a respeito do protesto por indicações, que é uma peculiaridade dessa cambial. Esse protesto é realizado por meio de simples indicações de dados fornecidos ao Cartório de Protesto de Títulos e Documentos. O credor comparece ao cartório e informa todos os dados que deveriam estar na duplicata mercantil, que não foi sequer criada pelo sacador. De posse dessas informações, o cartório notifica o devedor para que compareça e efetue o pagamento. Não comparecendo, é extraída uma certidão de protesto por indicações.

Esse protesto encontra amparo legal no art. 13, § 1º, da Lei de Duplicatas. Contudo, de acordo com a letra da lei, somente seria possível a realização do protesto por indicações quando a cambial fosse enviada para o sacado e esse não a devolvesse.

Diante desse dispositivo, a confusão encontrou campo fértil para contaminar a doutrina e, consequentemente, o Judiciário. Para os legalistas, que se preocupam apenas com uma interpretação literal da lei, sem analisarem os resultados produzidos por essa exegese, não seria possível a realização do protesto por indicações quando a cambial não fosse emitida e retida pelo sacado. Para esses, o dispositivo não autoriza o protesto por indicações das chamadas duplicatas virtuais.

Uma segunda corrente, que procura dar uma interpretação finalística ao dispositivo, entende que o dispositivo em comento é apenas exemplificativo, sendo que, mesmo que a cambial não seja enviada e retida pelo sacado, o protesto por indicações seria possível. De acordo com esse pensamento, seria possível esse protesto na hipótese da duplicata virtual.

A nosso ver, a segunda corrente é a que deve prosperar no intuito de se permitir a desmaterialização da cártula e, mediante esse processo, oferecer a celeridade e o informalismo necessários que a atividade empresarial requer. E sabido e consabido que a atividade empresarial deve ser dinâmica, célere e informal. Regras que dificultam a livre circulação do crédito devem ser extirpadas do direito cambiário. As regras que disciplinam a atividade empresarial em todo o mundo moderno seguem essas orientações. Somente desse modo a economia nacional poderá alcançar toda a sua plenitude. Entender de maneira diferente é estar na contramão do desenvolvimento econômico.

5.4.4. Da ação cambial

O sacador vendedor, após realizar venda de mercadorias ao comprador, imediatamente comunica à instituição financeira a respeito desse negócio jurídico. Essa, por sua vez, realiza o contrato de desconto bancário e deposita o valor devido ao sacador vendedor. O banco, no intuito de facilitar o pagamento por parte do sacado comprador, envia a ele boletos bancários que correspondem com o vencimento das duplicatas. Esse, em regra, efetua o pagamento, solvendo a sua dívida perante o banco. Nesse caso, a duplicata mercantil não foi emitida e o crédito circulou com a celeridade e o informalismo necessários para o desenvolvimento do comércio. Além do que, a desmaterialização da cártula eliminou custos desnecessários nessa transação, contribuindo para o meio ambiente.

Contudo, podemos estar diante de um quadro patológico, em que, por algum motivo, o sacado comprador não possa efetuar o pagamento da cártula. Nesse caso, algumas medidas deverão ser tomadas para a satisfação desse crédito. Primeiramente, o credor deverá providenciar o protesto, dentro do prazo de 30 dias, para que não ocorra consequências indesejadas como a perda do direito de ação em face dos endossantes e respectivos avalistas. Esse protesto deverá ser efetuado por meio de indicações, pois o sacador vendedor não emitiu a cambial. O credor, portanto, dirige se ao cartório e indica esses dados que deveriam estar na duplicata que não fora emitida. O cartório, de posse dessas informações, comunica o devedor para que compareça e efetue o pagamento. Não comparecendo, será lavrada uma certidão atestando o não pagamento.

De posse dessa certidão de protesto por indicações, o credor ainda necessita de outro documento para estar de posse de um título executivo extrajudicial. Haverá, portanto, necessidade da juntada do comprovante de recebimento das mercadorias pelo sacado comprador. Agora, de posse desses dois documentos, o credor poderá ingressar com a ação de execução em face do devedor ou, se for o caso, efetua o pedido de falência[40] se o sacado for empresário ou sociedade empresária.

Em suma, pode afirmar que a duplicata mercantil é uma exceção ao princípio da cartularidade, pois o processo de execução pode ser iniciado sem que o credor esteja de posse da cártula. Sem falar que o protesto também pode ser realizado sem a cambial.

Alguns juízes de primeiro grau e tribunais estaduais, talvez apegados a fórmulas burocráticas sem sentido, exigem que o credor apresente a cártula na execução da duplicata mercantil. Essa exigência é desconhecer a realidade fática dessa cambial e prestigiar a burocracia, de forma que não produz nenhum benefício para o jurisdicionado e, muito menos, para a atividade empresarial.

5.4.5. Dos atos cambiários

O aval é o ato cambiário pelo qual o avalista se compromete a pagar o título nas mesmas condições do avalizado. Esse ato cambiário é perfeitamente compatível com a duplicata mercantil. Contudo, é importante observar que o aval em branco beneficiará aquele cuja assinatura estiver sobreposta à do avalista. O aval em branco beneficia aquele que está acima do avalista. Se não houver nenhuma assinatura localizada acima da do avalista, o aval em branco beneficiará o sacado comprador, conforme determina o art. 12[41] da Lei 5.474/68.

Por sua vez, os prazos prescricionais na duplicata mercantil podem ser divididos em três categorias, dependendo de quem está acionando quem.

---

40. Súmula 248, STJ: "Comprovada a prestação dos serviços, a duplicata não aceita, mas protestada, é título hábil para instruir pedido de falência". Podemos acrescentar a essa súmula, além da prestação de serviços, comprovada a entrega das mercadorias, por meio da assinatura do canhoto de recebimento e desde que haja o protesto por indicações, isto também é considerado título executivo extrajudicial para fins de execução ou para aparelha o pedido de falência. Não devemos olvidar que a duplicata mercantil é exceção ao princípio da cartularidade.

41. Art. 12 da LD: O pagamento da duplicata poderá ser assegurado por aval, sendo o avalista equiparado àquele cujo nome indicar; na falta da indicação, àquele abaixo de cuja firma lançar a sua; fora desses casos, ao comprador. Parágrafo único. O aval dado posteriormente ao vencimento do título produzirá os mesmos efeitos que o prestado anteriormente àquela ocorrência.

O primeiro prazo é de 3 (três) anos para que o credor possa promover a ação de execução em face do sacado e do respectivo avalista. Esse prazo tem início com o vencimento do título. Para ingressar com essa ação, o protesto é desnecessário ou, como querem alguns, facultativo.

O segundo prazo é de 1 (um) ano para que o credor possa ingressar com a ação de execução em face dos endossantes e dos respectivos avalistas. Esse prazo inicia-se com o protesto do sacado.

O terceiro prazo é de 1 (um) ano para que o codevedor que efetuou o pagamento possa ingressar com a ação de regresso em face de outro codevedor. Esse prazo tem início do dia em que aquele que foi acionado efetivar o pagamento.

Apenas uma observação final: os prazos prescricionais na letra de câmbio são 3 anos, 1 ano e 6 meses. Na duplicata mercantil, os prazos são de 3 anos, 1 ano e 1 ano.

5.5. Do conhecimento de depósito e *warrant* (Dec. nº 1.102, de 1903)

De acordo com J. C. Sampaio de Lacerda em seu ensaio clássico denominado Dos armazéns-gerais seus títulos de crédito, a origem desses dois títulos deve ser conferida ao direito inglês. O renomado professor nos ensina que foi a partir do século XVII, na Inglaterra, que se inicia a construção das chamadas *docks,* compostas por fundações portuárias complexas constituídas por armazéns gerais. Nesse momento, os armazéns começam a circular documentos que depois seriam denominados de conhecimento de depósito e *warrant*.

Os armazéns gerais são empresários que têm por principal atividade a guarda e a conservação de mercadorias que são depositadas por outros empresários. A legislação exige que os armazéns gerais estejam matriculados na junta comercial. Exige-se também que o titular do armazém apresente uma série de documentos, como o local onde irá realizar a sua atividade, que espécies de mercadorias pretende depositar, um regime interno do armazém e da sala de vendas públicas, bem como as tarifas que pretende cobrar dos depositantes.

O depositante das mercadorias, se assim desejar, poderá solicitar que o armazém lhe emita dois títulos conhecidos como conhecimento de depósito e o *warrant*, que são títulos de créditos passiveis de circulação, conforme determina o art. 15 do Dec. 1.102, de 1903. Portanto, o valor das mercadorias depositadas não ficará imobilizado, pois o proprietário poderá negociar esses valores com terceiros sem precisar alienar as mercadorias. Esses títulos serão emitidos unidos, mas por representarem direitos diferentes podem circular separadamente. Veja o gráfico a seguir.

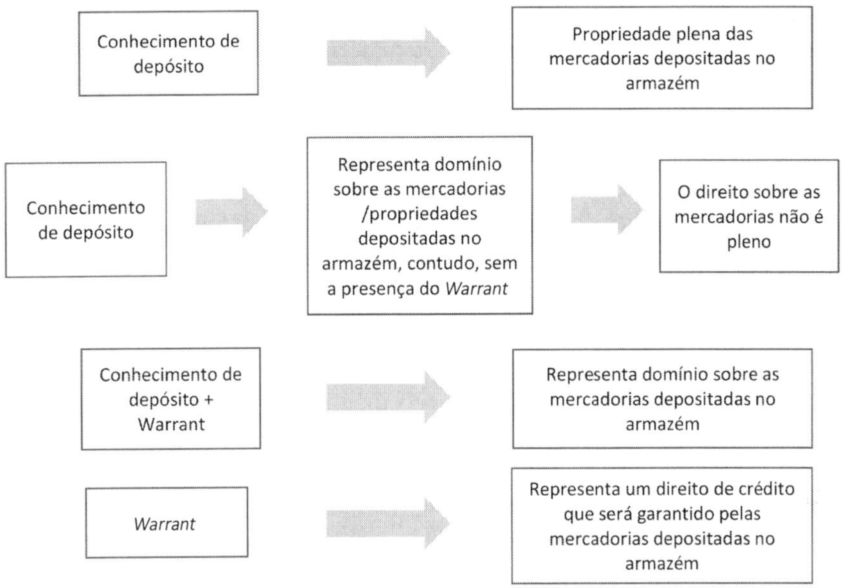

Fonte: elaborado pelo autor.

Após a emissão desses títulos pelo armazém geral, ocorrerá um fenômeno denominado imunidade patrimonial, pois esses bens estarão protegidos de qualquer constrição judicial, como a penhora etc.

O conhecimento de depósito e o *warrant*, quando estão unificados, oferecem ao seu titular o domínio pleno das mercadoras. Aquele que estiver de posse dois títulos poderá dispor das mercadorias depositadas conforme melhor lhe convier. Mas, os títulos detidos separadamente atribuem poderes diversos ao seu titular.

Por exemplo, aquele que estiver de posse somente do conhecimento de depó sito detém o domínio sobre os bens depositados no armazém geral, mas trata-se, na verdade, de um direito de propriedade limitado, pois essas mercadorias servem de garantia para aquele que estiver de posse do *warrant*. Por sua vez, aquele que detém o *warrant* possui um direito de crédito com uma garantia real sobre as mercadorias depositas no armazém geral.

O art. 18 do Dec. 1.102/1903 nos oferece, de modo claro e preciso, os direitos dos portadores dos títulos. No § 2º o legislador assim se manifestou:

a) o endosso dos títulos unidos confere ao cessionário o direito de livre disposição da mercadoria depositada;

b) o do *warrant* separado do conhecimento de depósito, o direito de penhor sobre a mesma mercadoria;

c) o do conhecimento de depósito, a faculdade de dispor da mercadoria, salvo os direitos do credor, portador do *warrant*.

Para que fique mais claro vamos dar um exemplo desses títulos. Uma sociedade empresária denominada Alcateia importou matéria-prima de Singapura para vender aqui em São Paulo para a sociedade denominada Cardume. A sociedade Cardume ficou de adquirir essa matéria-prima por um preço acima do valor de mercado, no mês de agosto. A sociedade alcateia recebeu a matéria-prima muito antes do esperado no Porto de Santos, por volta de fevereiro. Assim que a mercadoria chegou, a empresa Alcateia depositou as mercadorias em um armazém geral, pois tinham por volta de cinco meses até a venda final desses bens.

Essas mercadorias foram pagas à vista pela sociedade Alcateia, que por isso estava descapitalizada, e só receberia de volta o que fora pago quando as mercadorias fossem adquiridas pela Cardume, no mês de agosto. Logo, a Alcateia solicitou ao armazém geral em Santos que emitisse o conhecimento de depósito e o *warrant*. A Alcateia endossou o *warrant* para uma instituição financeira pelo valor das mercadorias e colocou a data de vencimento para o mês de agosto, no mesmo dia que receberia da Cardume. Na data combinada a Alcateia foi paga pela Cardume, sendo que, após esse pagamento, a empresa Alcateia pagou o banco e resgatou a *warrant*. Agora de posse dos dois títulos, conhecimento de depósito e *warrant*, a Alcateia retirou as mercadorias do armazém e as entregou para a Cardume.

Enfim, mesmo com as mercadorias depositadas no armazém geral, a Alcateia conseguiu se capitalizar e, com isso, manter a sua atividade empresarial, entabulando outros negócios com outros empresários. Esses títulos permitem que mercadorias, que porventura estejam imobilizadas e que o depositante não queira dispor delas, possam ser utilizadas com garantia para que o depositante possa se capitalizar se necessário.

No art. 22 do Dec. nº 1.102/1903, o detentor do conhecimento de depósito, que não estiver de posse do *warrant*, pode liberar as mercadorias depositadas, antes do vencimento do *warrant*, desde que deposite em consignação o principal e os juros até o vencimento e pagando os impostos fiscais, armazenagem vencidas e mais despesas (*caput*). Esse pagamento é exigido para que o detentor do conhecimento de depósito possa liberar as mercadorias, pois as mercadorias servem de garantia para o detentor do *warrant*. Logo, a Alcateia poderia liberar as mercadorias depositadas, antes do vencimento do *warrant*, desde que consignasse os valores exigidos por lei.

Se o portador do *warrant*, que no dia do vencimento não for pago e não achar os valores consignados no armazém geral pelo portador do conhecimento de depósito, deverá realizar o protesto, em dois dias úteis, seguindo as mesmas regras aplicáveis às letras de câmbio.

Após realizado esse protesto, o portador do *warrant* poderá, por meio de um leiloeiro ou corretor de sua escolha, vender as mercadorias que constarem do *warrant*, independentemente das formalidades jurídicas. A venda das mercadorias se fará por meio de um leilão extrajudicial.

Por fim, no art. 14 do mencionado decreto, o legislador atribuiu o direito de retenção das mercadorias, caso o armazém geral não seja pago pelas despesas que efetuou com a guarda e a conservação dos objetos depositados e pelas demais despesas que houvera despendido para o cumprimento do contrato.

A seguir temos um modelo de conhecimento de depósito emitido por um armazém geral:

(Dados Relativos à Firma Emitente) **NOTA FISCAL** **SÉRIE A-1**
Nº 1023

ARMAZÉM GERAL "A"

Natureza da Operação OUTRAS SAÍDAS - REMESSA POR CONTA E ORDEM DE TERCEIROS - 5.99

Data

DESTINATÁRIO DA MERCADORIA

Nome da Firma COMÉRCIO DE MÁQUINAS X
Endereço ____
Município ____ Estado ____
Inscrição no C.G.C. (M.F.) nº ____ Inscrição Estadual nº ____

UN.	QUANT.	DESCRIÇÃO DOS PRODUTOS	CLAS. FISCAL	PREÇO UNITÁRIO	CR$ TOTAL	%	IPI
Pç.	02	Máquinas Modelo Omega Mercadorias depositadas por "y", localizado à Rua ____ nº ____, inscrito no CGC (MF) sob nº ____, e Inscrição Estadual nº ____, NF nº ____ série/subsérie, data Emitida conf. art. 302 do RIPI/82 "O recolhimento do IPI é de responsabilidade do armazém geral"	8432.00.0000	2.000,00	4.000,00	5	200,00
				TOTAIS CR$	4.000,00		200,00

DESPESAS ACESSÓRIAS
Frete ____
Seguro ____
Total ____

Valor Total da Nota 4.200,00

Imposto de Circulação de Mercadorias e de Prestação de Serviços já incluído no preço (____%)

Nome do Transportador: ____
Endereço: ____
Placa do Veículo: ____ Estado: ____ Município: ____

CARACTERÍSTICAS DOS VOLUMES

MARCA	NÚMERO	QUANTIDADE	ESPÉCIE	UNITÁRIO	TOTAL

Acesse as questões on-line

6
QUESTÕES OBJETIVAS A RESPEITO DO DIREITO CAMBIÁRIO

1. Questão elaborada pela Escola da Magistratura de Santa Catarina.

Com relação ao cheque, é correto afirmar-se que[1]:

a) o sacado responde solidariamente com o emitente pelo pagamento do cheque;
b) ao estabelecimento de crédito é facultado avalizar o cheque contra si sacado;
c) o sacado pode endossar a terceiro o cheque contra si emitido;
d) o local de emissão do cheque é requisito essencial à sua validade;
e) o endosso do cheque após o prazo para a sua apresentação gera os efeitos de cessão civil de crédito.

Como ocorre com as provas elaboradas pela Magistratura Santa Catarinense, as suas provas são bem elaboradas. A pergunta envolve o cheque. A letra **a** está errada, o sacado (banco) nunca responde solidariamente com o emitente pelo pagamento. O banco eventualmente poderia responder pelo pagamento da cártula no chamado cheque administrativo. Já a letra **b** também está errada, pois é vedado ao Banco avalizar o cheque. O sacado também não pode endossar o cheque anteriormente estudado. Alais, banco não pode dar aceite, endossar o avalizar o cheque. O local da emissão não é requisito essencial no cheque. A resposta correta é a letra **e**.[2] O endosso, após o prazo de 30 ou 60 dias, produz o efeito de cessão civil de acordo com Lei do Cheque.

2. (MAG/SP Concurso 188º) A ausência de indicação de data de emissão em nota promissória:

(A) Torna-a inexigível como título executivo judicial.

1. Prova para ingresso na Magistratura referentes à matéria de Direito Comercial. Prova de 13 de outubro de 2002
2. Art. 27 da Lei 7357/85. O endosso posterior ao protesto, ou declaração equivalente, ou à expiração do prazo de apresentação produz apenas os efeitos de cessão. Salvo prova em contrário, o endosso sem data presume se anterior ao protesto, ou declaração equivalente, ou à expiração do prazo de apresentação.

(B) Torna-a inexigível como título executivo extrajudicial.

(C) Não gera qualquer consequência.

(D) Extingue o crédito.

A nota promissória é uma promessa de pagamento e um título executivo extrajudicial. A ausência da data de emissão nesse título, que é considerada um requisito extrínseco essencial, tona o título inexigível como título executivo extrajudicial. Ou seja, a nota promissória perde a força executiva. A resposta correta é a letra b. Contudo, permite-se que essa nota promissória serva como prova escrita para aparelhar uma ação monitória.

3. (Juiz Federal 2003) No que concerne aos títulos de crédito, assinale a alternativa correta[3]:

a) O endosso é ato unilateral de declaração de vontade e deve ser lançado em separado do título de crédito.

b) O endosso em branco é meio de transferência de propriedade do título, também conhecido como endosso pleno, que traz a indicação do nome do favorecido.

c) Os títulos de crédito podem ser transmitidos pela tradição ou pelo endosso.

d) O endosso tardio, também conhecido como póstumo, não isenta o endossante da vinculação cambial, quer seja posterior ao vencimento da letra quer seja posterior ao protesto por falta de pagamento[4].

Esta questão foi elaborada pela magistratura federal. A primeira assertiva está incorreta, pois, de acordo com o princípio da literalidade, todos os atos cambiários devem ser lançados na cártula. Não se admite atos cambiários em documentos apartados. A letra b também está incorreta. O endosso em branco é justamente aquele que não indica quem é o endossatário. A letra c está correta. Os títulos podem ser transmitidos ou por tradição (simples entrega do título) ou por endosso (assinatura lançada no verso da cambial). A letra d está incorreta. O endosso realizado após o protesto por falta de pagamento ou realizado após o prazo para realizar o protesto produz efeito de cessão de crédito e isenta o endossante da vinculação cambial.

3. VIII concurso público para provimento de cargos de juiz federal substituto da 3ª região.

4. O endosso posterior ao vencimento tem os mesmos efeitos que o endosso anterior. Todavia, o endosso posterior ao protesto por falta de pagamento, ou feito depois de expirado o prazo fixado para se fazer o protesto, produz apenas os efeitos de uma cessão ordinária de créditos. Salvo prova em contrário, presume-se que um endosso sem data foi feito antes de expirado o prazo fixado para se fazer o protesto. Art. 20 LUG. (Grifo nosso).

4. (MAG/SP) Quais dos títulos de crédito abaixo é necessariamente causal.

a) O cheque.

b) A letra de câmbio.

c) A duplicata Mercantil.

d) A nota promissória.

Esta questão não ofereceu grande dificuldade para o candidato desde que ele tenha conhecimento do que causalidade. O título de crédito é causal quando, para ser criado, a cambial necessita de uma determinada causa. Ou seja, o título é causal quando o legislador elege uma determinada situação fática para o seu nascimento. A maioria das cambiais são consideradas não causais. A letra de câmbio, nota promissória e cheque são títulos não causais. Já a duplicata mercantil é causal, pois esse título só pode ser emitido se houver uma compra e venda mercantil ou uma prestação de serviços. Portanto, a resposta correta é a letra c.

Obs.: a causalidade da cambial não se confunde com a abstração ou a inoponibilidade das exceções pessoais ao terceiro de boa-fé. Por exemplo, quando a duplicata mercantil, que é um título causal, circula, além do vendedor e comprador, este não pode discutir com terceiros de boa-fé questões referentes a este negócio jurídico subjacente.

PARTE IV

FALÊNCIA E RECUPERAÇÃO JUDICIAL

1
DA FALÊNCIA

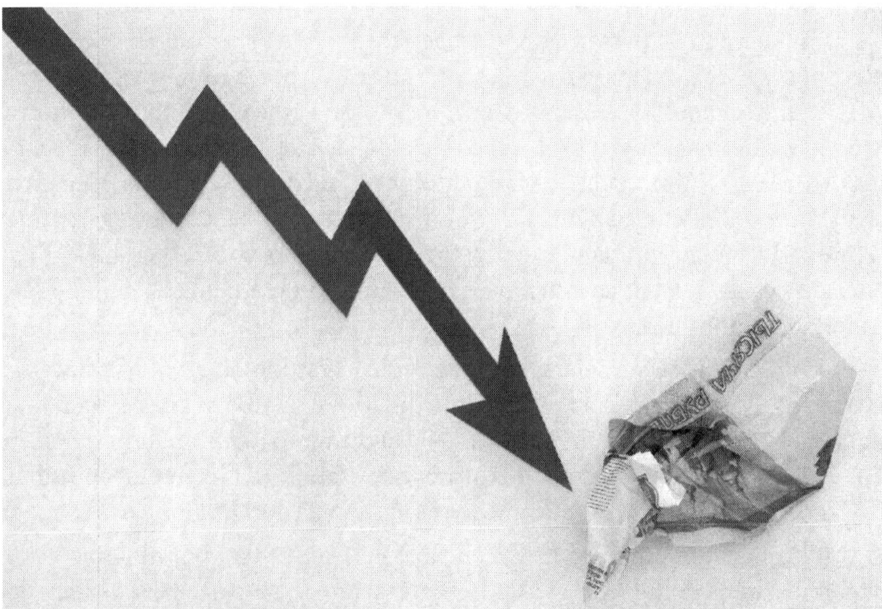

Fonte: depositphotos.com.

Lei nº 11.101, de 09 de fevereiro de 2005.

1.1. Conceito e finalidade da falência

A Lei 11.101/05 cuida da falência, bem como da recuperação judicial. São dois institutos destinados às empresas em crise; contudo, são institutos com objetivos diversos e que não se confundem.

A atual legislação é conhecida como Lei de Recuperação de Empresas, pois, diferentemente do Dec. 7.661/45, que era conhecido como Lei de Falência, a legislação atual tem como objetivo precípuo recuperar as empresas[1] que estejam em

1. Embora a legislação atual que cuida da falência e da recuperação judicial mereça elogios e, sem qualquer dúvida, é um avanço em relação à legislação anterior, houve, como sói

crise econômico-financeira, e não promover a liquidação desses agentes econômicos. Portanto, é importante ter em mente que a grande novidade trazida pela atual legislação foi justamente criar mecanismos para preservar a atividade empresarial, mesmo que não seja possível preservar o empresário ou a sociedade empresária. Não devemos olvidar que a atividade empresarial, se preservada, fortalece e conserva os três alicerces básicos da nossa economia, que são: o emprego dos trabalhadores, o recolhimento de tributos por parte do Estado e, por fim, os interesses da sociedade, que terá mais e melhores bens e serviços à sua disposição.

Enfim, para deixar assentado, o âmago da atual legislação é preservar o que está posto e não delapidar a estrutura econômica que, por alguma razão, mostrou-se deficiente. Embora esse seja o pensamento que rege quase todas as normas modernas ocidentais; por outro lado, as sociedades que não podem mais atuar no mercado devem ser liquidadas, de imediato, sob pena de causar danos irreparáveis à estrutura econômica e ao mercado. Quem não tem mais condições de atuar deve ser eliminado, o mais rapidamente possível, do mercado, com a decretação de sua falência. Às vezes, a falência também se apresenta como um mecanismo de tutela da atividade econômica.

Postas essas ideias iniciais, vamos dividir o estudo da atual legislação em dois tópicos. Por uma questão meramente didática e, também, por ter uma maior incidência nos concursos públicos, vamos, em primeiro lugar, analisar o instituto da falência. Após a análise desse instituto, analisaremos a recuperação judicial, permitindo, com isso, um entendimento completo da atual legislação.

A falência é um processo de execução coletiva que tem por objetivo arrecadar todos os bens do falido, seja esse empresário (pessoa física), seja sociedade empresária (pessoa jurídica), com a finalidade de promover a realização do ativo e, assim, satisfazer o passivo, respeitando a ordem de preferência e os privilégios estabelecidos entre os credores. O processo falimentar inaugura o chamado concurso de credores.

Desse conceito podemos extrair algumas ideias iniciais importantes:

A primeira ideia que podemos extrair é a de que falência é um instituto próprio do empresário ou da sociedade empresária.

A segunda ideia é a de que somente pode falir, de acordo com o nosso sistema, quem tiver a qualidade de empresário ou de sociedade empresária: essa qualidade de empresário ou de sociedade empresária é atribuída àquele que pratica atividade

---

acontecer, algumas imprecisões terminológicas que poderiam ser evitadas. Novamente, o conceito de empresas foi aqui utilizado em seu perfil subjetivo como sinônimo de sociedade empresária, pois a *nomen juris* da legislação é : Lei da Recuperação Judicial, Extrajudicial e Falência do empresário e da sociedade empresária.

empresarial, e não pelo registro na junta comercial, salvo para o exercente de atividade rural.

A última ideia que podemos extrair é a de que a finalidade da falência, embora a tenhamos denominado de execução coletiva, não é promover o pagamento daquele credor que solicitou a abertura do processo falimentar, mas, sim, dar início ao chamado ***par conditio creditorum***.

Para alguns autores, o *par conditio creditorum* é o princípio que orienta todo o processo falimentar. Esse princípio pode ser entendido como aquele pelo qual se oferece um tratamento igualitário entre os credores.

Em outras palavras, uma vez iniciado o processo falimentar, todos os credores devem se dirigir ao chamado juízo universal da falência, conforme previsto no art. 76 da Lei 11.101/05, para que possam ser organizados em classes, conforme uma lista previamente elaborada pelo legislador.

Os pagamentos serão efetuados de acordo com cada classe. Aqueles que, segundo o legislador, forem detentores de preferências ou de privilégios receberão antes dos que não possuem essas prerrogativas. Com isso, procura-se estabelecer uma igualdade entre os credores, pois todos os credores que forem iguais receberão do mesmo modo, sendo que os credores que não forem iguais receberão um tratamento diferenciado com o intuito de igualá-los. Por exemplo, todos que possuírem créditos trabalhistas e acidentários receberão em pé de igualdade e utilizando o mesmo critério de pagamento, ou seja, o chamado *pro rata* (por rateio).

É por meio do princípio *par conditio creditorum* que se estabelece a igualdade fática entre os credores concursais, justificando a existência do processo falimentar no direito empresarial. Aliás, devido a sua importância, esse princípio não se aplica apenas ao processo falimentar, mas também à recuperação judicial. Por exemplo, no plano de recuperação judicial, o empresário em crise econômico-financeira, quando da elaboração do plano, deve observar o mencionado critério de igualdade entre os credores. Por outro lado, o plano pode estabelecer tratamento diferenciado entre os credores, desde que esse tratamento diferenciado tenha por finalidade a preservação da empresa.

Nesse mesmo sentido entendeu o Enunciado 81 da II Jornada de Direito Comercial da Justiça Federal, que exarou o seguinte entendimento: "aplica-se à recuperação judicial, no que couber, o princípio da *par conditio creditorum*". Ou seja, quando possível, esse princípio deve ser observado pelo devedor em crise econômico-financeira quando da elaboração de seu plano com os credores.

2
PRESSUPOSTOS DA FALÊNCIA

Itens do Capítulo	**Teoria**	**Revisão**	**Questões**
2.1. Empresário ou sociedade empresária	☐	☐	☐
2.2. Da insolvência	☐	☐	☐
2.2.1. Da impontualidade	☐	☐	☐
2.2.2. Da execução frustrada	☐	☐	☐
2.2.3. Dos atos de falência	☐	☐	☐
2.3. Da sentença que decreta a falência	☐	☐	☐

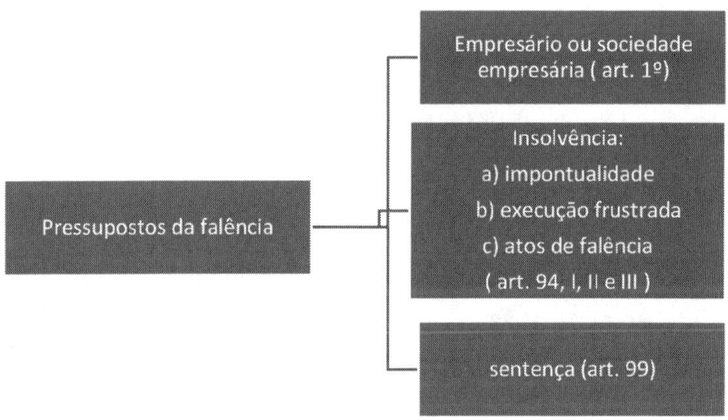

Fonte: elaborado pelo autor.

Para que o processo falimentar possa ser iniciado, devem estar presentes três pressupostos. O primeiro pressuposto é estarmos diante de um empresário ou de uma sociedade empresária. Só se poderá falar em falência quando o devedor for considerado empresário ou sociedade empresária. O art. 1º da Lei 11.101/05 é justamente nesse sentido quando preceitua que falência, recuperação judicial e recuperação extrajudicial são institutos destinados ao empresário e à sociedade empresária.

É importante não olvidar que a legislação tem como destinatários o empresário e a sociedade empresária, e não o sócio ou o acionista desta última. Portanto, o sócio cotista da sociedade limitada ou o acionista da companhia não serão considerados falidos. Isso não ocorrerá com o sócio de responsabilidade ilimitada, de acordo com o art. 81 da Lei. Esses sócios também serão considerados falidos, portanto, os sócios da sociedade em nome coletivo e os sócios da sociedade em comum serão tingidos pela pecha de falidos. Em tese, o sócio comanditado na sociedade em comandita simples e o acionista diretor na sociedade em comandita por ações também devem ser considerados falidos por possuírem responsabilidade ilimitada.

2.1. Empresário ou sociedade empresária

Diante desse primeiro pressuposto, devemos recordar quem não é empresário ou atividades que, a princípio, não são consideradas empresariais para que possamos dar continuidade ao estudo da falência. Antes, contudo, devemos deixar consignado que utilizaremos o termo empresário em sentido amplo, ou seja, açambarcando tanto a pessoa física que exerce atividade empresarial como a pessoa jurídica. Em regra, no mundo fático, quando falamos de falência ou recuperação judicial, pensamos nas sociedades Ltda. ou nas S/As, mas, para fins de concurso público, precisamos ampliar o nosso espectro de análise.

Não são empresários ou não são atividades empresariais:

a) As atividades que não visam lucro. Conforme já mencionamos alhures, toda atividade ou obrigação a título gratuito é vista com desconfiança pelo legislador. Aliás, o art. 5º, I, da Lei 11.101/05 é nesse sentido quando preceitua que não são exigíveis do devedor na falência ou na recuperação judicial as obrigações a título gratuito. Enfim, as atividades desenvolvidas por associações, fundações etc.;

b) As cooperativas também não são sociedades empresárias, embora, por força do art. 32, II, *a*, da Lei 8.934/94, os seus atos constitutivos devem ser arquivados na junta comercial;

c) As sociedades simples, previstas no art. 997 do Código Civil;

d) Aqueles que realizam atividades rurais, salvo se registrados na junta comercial (arts. 971 e 984, ambos do Código Civil);

e) As atividades intelectuais, salvo quando constituírem um elemento de empresa (art. 966, parágrafo único, Código Civil).

Todos esses entes anteriormente descritos estão alijados da falência e da recuperação judicial, por força do art. 1º da Lei 11.101/05, pois não são considerados empresários.[1] No entanto, no art. 2º[2] da lei especial, o legislador, por razões diversas, excluiu, tanto da falência como da recuperação judicial, algumas sociedades empresárias. Essas sociedades são empresariais, mas não se sujeitam à lei. Vamos

1. Art. 1º da Lei 11.101/05. Esta Lei disciplina a recuperação judicial, a recuperação extrajudicial e a falência do empresário e da sociedade empresária, doravante referidos simplesmente como devedor.

2. Art. 2º Esta Lei não se aplica a:

I – empresa pública e sociedade de economia mista;

II – instituição financeira pública ou privada, cooperativa de crédito, consórcio, entidade de previdência complementar, sociedade operadora de plano de assistência à saúde, sociedade seguradora, sociedade de capitalização e outras entidades legalmente equiparadas às anteriores.

verificar os motivos pelos quais essas sociedades não podem falir ou sequer solicitar o benefício da recuperação judicial.

No art. 2º, I, da Lei 11.101/05, o legislador determinou que as sociedades de economia mista e as empresas públicas estão alijadas da incidência da presente legislação especial. Primeiramente, podemos observar que a maior parte do capital social, na sociedade de economia mista, ou a totalidade do capital social, na empresa pública, pertence ao Estado. Se pudessem falir, estaríamos distribuindo recursos estatais entre entes privados. Entretanto, esse não é o principal motivo pelo qual o legislador excluiu essas entidades do processo concursal. O motivo pelo qual essas entidades foram excluídas do alcance dessa Lei Especial é porque a sociedade de economia mista e a empresa pública são considerados um braço do aparato Estatal, prestando serviços de natureza pública, como fornecimento de água, luz, limpeza de rua, entre outros.

Não se poderia admitir que esses entes, que prestam serviços públicos, pudessem ter as suas atividades paralisadas em virtude da falência. Isso geraria um caos social e paralisaria outras atividades privadas. Logo, esses entes encontram-se afastados da falência.

Por sua vez, boa parte da doutrina entende que o art. 2º, I, da Lei 11.101/05 está em confronto com o art. 173, § 1º, II, da Constituição Federal[3] e, portanto, esse dispositivo seria inconstitucional, diante da determinação constitucional de que os entes da Administração Pública indireta devem se sujeitar ao mesmo regime da iniciativa privada, não podendo obter vantagens de nenhuma natureza. O professor Haroldo Malheiros Verçosa sustenta que o dispositivo contido na Lei Especial é flagrantemente inconstitucional, pois afastar da falência um ente que exerce atividade privada é privilegiar esse agente público em detrimento de outros agentes que atuam no mercado.

Já o professor Modesto Carvalhosa entende que o art. 2º, I, da Lei 11.101/05 é uma hipótese de exclusão absoluta plenamente justiçável diante do interesse

---

3. **Art. 173.** Ressalvados os casos previstos nesta Constituição, a exploração direta de atividade econômica pelo Estado só será permitida quando necessária aos imperativos da segurança nacional ou a relevante interesse coletivo, conforme definidos em lei.

§ 1º A lei estabelecerá o estatuto jurídico da empresa pública, da sociedade de economia mista e de suas subsidiárias que explorem atividade econômica de produção ou comercialização de bens ou de prestação de serviços, dispondo sobre: (Redação dada pela Emenda Constitucional nº 19, de 1998)

[...]

II – a sujeição ao regime jurídico próprio das empresas privadas, inclusive quanto aos direitos e obrigações civis, comerciais, trabalhistas e tributários; (Incluído pela Emenda Constitucional nº 19, de 1998).

público a ser protegido pela legislação especial. Portanto, não haveria nenhuma hipótese de inconstitucionalidade em razão do interesse a ser protegido.

Parece-nos que os constitucionalistas abordam o tema corretamente, entendendo que, se a sociedade de economia mista ou a empresa pública explorar atividade de natureza pública, como fornecimento de água, luz e outros serviços essenciais à coletividade, ela se sujeitaria ao regime jurídico próprio das empresas públicas e, consequentemente, não poderiam falir nem requerer recuperação judicial. Por outro lado, se essas mesmas empresas explorarem atividade privada de produção ou comercialização de bens ou serviços, elas estariam sujeitas ao mesmo regime das empresas privadas, sujeitando-se à Lei 11.101/05.

Em seguida, o legislador excluiu do alcance da lei as instituições financeiras (bancos). Na verdade, as instituições financeiras estão parcialmente afastadas da falência, pois essas instituições se sujeitam, inicialmente, a um regime jurídico próprio, denominado de liquidação extrajudicial de instituição financeira, previsto na Lei 6.024/74. Há, inicialmente, uma fiscalização efetuada por parte do Banco Central, que poderá dar início a um dos regimes especiais previstos na lei. Pode ser iniciada a intervenção, a liquidação extrajudicial ou, ainda, o regime de administração especial temporária. Neste último regime especial não existe a possibilidade de um pedido de falência; contudo, esse regime poderá desembocar na liquidação extrajudicial, em que o pedido de falência será possível, mediante autorização do Banco Central. Importante deixar consignado que pedido de recuperação judicial ou extrajudicial nunca será possível.

Ademais, não podem falir as seguradoras, as sociedades de capitalização, os consórcios, as sociedades operadoras de planos de saúde e as entidades da previdência privada.

Observação importante: na prova oral do concurso 169 da magistratura de São Paulo, o desembargador indagou se poderia haver falência com a presença de apenas um credor. Sim. Embora seja denominado de concurso de credores, pois, em regra, uma grande quantidade de credores aporta no processo falimentar, é possível, ainda que teoricamente, haver a falência em que apenas um credor se habilite. Em outras palavras, é possível a decretação da falência com um único credor.

2.2. Da insolvência

O segundo pressuposto para o início do processo falimentar é a insolvência. Trata-se de um critério jurídico, e não econômico. Não se analisa, portanto, nesse momento, a situação patrimonial do empresário, apenas se verifica a ocorrência de uma das hipóteses de insolvência. As hipóteses de insolvência encontram-se no art. 94 da Lei de Recuperação. São elas: a impontualidade, a execução frustrada e os atos de falência.

Ademais, cuida-se de uma presunção relativa (*juris tantum*) que pode ser afastada, por exemplo, pelo depósito elisivo no momento da contestação.

Veja a brilhante manifestação do ministro do Superior Tribunal de Justiça Luis Felipe Salomão no pedido de falência efetuada em face Lojas Americanas S/A no recurso especial nº 1.433.652/RJ (2013/0200388-3):

> Os dois sistemas de execução por concurso universal existentes no direito pátrio – insolvência civil e falência –, entre outras diferenças, distanciam-se um do outro no tocante à concepção do que seja estado de insolvência, necessário em ambos. O sistema falimentar, ao contrário da insolvência civil (art. 748 do CPC), não tem alicerce na insolvência econômica.
>
> 2. O pressuposto para a instauração de processo de falência é a insolvência jurídica, que é caracterizada a partir de situações objetivamente apontadas pelo ordenamento jurídico. No caso do direito brasileiro, caracteriza a insolvência jurídica, nos termos do art. 94 da Lei n. 11.101/2005, a impontualidade injustificada (inciso I), execução frustrada (inciso II) e a prática de atos de falência (inciso III).
>
> 3. Com efeito, para o propósito buscado no presente recurso que é a extinção do feito sem resolução de mérito –, é de todo irrelevante a argumentação da recorrente, no sentido de ser uma das maiores empresas do ramo e de ter notória solidez financeira. Há uma presunção legal de insolvência que beneficia o credor, cabendo ao devedor elidir tal presunção no curso da ação, e não ao devedor fazer prova do estado de insolvência, que é caracterizado ex lege.

2.2.1. Da impontualidade

A impontualidade do empresário se verifica quando esse, sem relevante razão de direito, não paga, no vencimento, obrigação liquida materializada em título ou títulos executivos protestados cuja soma ultrapasse o montante de 40 (quarenta) salários mínimos na data do pedido de falência. Para caracterizar a impontualidade, o credor deve estar de posse de um título vencido e não pago. Esse título pode ser judicial ou extrajudicial. Em regra, os pedidos de falência são aparelhados em títulos executivos extrajudiciais, como a nota promissória ou duplicata mercantil, mas nada obsta que o pedido seja efetuado em razão de uma sentença judicial que não foi cumprida pelo devedor.

A impontualidade deve ser caracterizada por meio do protesto obrigatório. O art. 94, § 3º, da legislação especial exige um protesto para fim falimentar. Portanto, seria um protesto específico que informasse ao devedor que o não pagamento poderá dar ensejo a um pedido de falência. Esse protesto específico é uma garantia de que o devedor tenha ciência da gravidade do não pagamento da dívida. Embora o legislador exija esse protesto específico, a jurisprudência tem entendido que um protesto para fins cambiais é o suficiente para caracterizar a impontualidade, não haveria necessidade de se efetuar outro protesto.[4]

Importante observar que não importa a espécie de título executivo que seja utilizado para instruir o pedido de falência, o protesto é sempre obrigatório; mesmo que estejamos diante de uma sentença judicial, o protesto será necessário. O protesto da sentença judicial também deverá ser efetuado em um Cartório de Protesto Títulos e Documentos em livro especial.

A legislação, no art. 94, § 3º, da Lei 11.101/05, quando cuida do protesto para a caracterização da impontualidade, exige que o protesto seja efetuado para fins específicos de falência. Quem milita na seara falimentar sabe que essa providência é de extrema valia para quem exerce atividade empresarial, pois é um direito do empresário ter ciência antecipada da providência que o credor pretende tomar. Pense no seguinte exemplo, um determinado empresário está com dificuldade de caixa, mas possui condições de continuar a operar no mercado. Sabe que possui vários credores; contudo, pretende continuar o exercício de sua atividade, pagando esses conforme puder. Esse empresário possui quatro credores, todos os credores realizam protestos comuns de seus títulos. Nesse caso, o empresário aguarda a propositura das respectivas execuções, pois essas não lhe trarão grandes prejuízos e, durante o curso da demanda, o empresário poderá fazer um acordo. Contudo, um dos credores ajuíza um pedido de falência. Somente com a distribuição do pedido de falência esse empresário terá dificuldades em continuar a obter crédito no mercado, pois a maioria dos credores sabe que, se a falência vier a ser decretada, os seus créditos serão considerados quirografário, ou seja, não recuperarão esses valores.

No entanto, se o empresário souber que o protesto foi realizado para aparelhar um pedido de falência, poderá buscar empréstimos para, se for o caso, realizar o depósito elisivo, ou, ainda, procurar esse credor para tentar realizar um acordo antes do ajuizamento da demanda.

Contudo, a jurisprudência pátria não entendeu desse modo e praticamente pacificou o assunto, determinando que o simples protesto cambial é suficiente para atribuir legitimidade ao credor para que ele efetue o pedido de falência.

Veja a seguinte emenda do Tribunal de Justiça do Paraná:

> O que autoriza a decretação de falência do empresário individual ou sociedade empresária no ordenamento jurídico brasileiro é a insolvência jurídica (isto é, a ocorrência de alguma das situações previstas nos incisos do art. 94 da Lei nº 11.101/05), sendo de todo irrelevante sua insolvência econômica/

4. Art. 94 § 3º, da Lei 11.101/05. Na hipótese do inciso I do *caput* deste artigo, o pedido de falência será instruído com os títulos executivos na forma do parágrafo único do art. 9º desta Lei, acompanhados, em qualquer caso, dos respectivos instrumentos de <u>protesto para fim falimentar nos termos da legislação específica. (grifo nosso).</u>

> patrimonial. Daí porque é inadequado condicionar o exercício do pedido de falência, desde que configurada uma das hipóteses do art. 94 da Lei nº 11.101/05, à comprovação ou demonstração de indícios de insolvência econômica da ré ou de outros credores. A questão da proporcionalidade/adequação processual, ou não, do pedido de falência já foi objeto de sopesamento pelo legislador ao fixar o patamar mínimo de 40 salários-mínimos para a declaração de falência com base no art. 94, I, da Lei nº 11.101/2005 e, uma vez ultrapassado esse patamar, deve ser processado e julgado o pedido de falência.
>
> Em casos de pedidos de decretação de falência fundados na impontualidade do adimplemento de obrigações constantes em títulos de crédito (art. 94, I da Lei nº 11.101/05), é desnecessário o protesto específico para fins de falência, sendo suficiente o protesto cambial comum por falta de pagamento do título (TJPR – 17ª C.Cível – AC – 1533729-Curitiba Relator Fernando Paulino da Silva Wolff Filho votação unânime J. 31.08.2016).

Diante dessa postura adotada, pode-se, sem qualquer receio, responder que a exigência do protesto específico para fins falimentares tornou-se "letra morta", pois o protesto cambial já seria suficiente para aparelhar o pedido de falência por impontualidade (art. 94, inciso I, e § 3º, da Lei 11.101/05).

A nosso ver, essa postura adotada pelos tribunais não se coaduna com os princípios emanados pela Lei de Recuperação Judicial, mormente em face do princípio da preservação da empresa, que tem por objetivo preservar a atividade empresarial. O empresário tem direito de ser informado antecipadamente do pedido de falência para, com isso, poder se acautelar. Ademais, está expresso na legislação que o protesto é para fins de falência.

Por derradeiro, o título executivo deve possuir um valor nominal, na data do ajuizamento, que ultrapasse o montante de 40 (quarenta) salários mínimos. Não se admitirá que o credor acresça ao valor nominal do título juros moratórios, correção monetária e outros encargos. Admite-se, entretanto, a soma de títulos ou mesmo que os credores possam se reunir em litisconsórcio ativo para ultrapassar o valor mínimo exigível.

2.2.2. Da execução frustrada

A segunda espécie de insolvência é a chamada execução frustrada, prevista no art. 94, II, da Lei 11.101/05. Na execução frustrada, o empresário é réu em uma ação de execução e, após ser citado, não paga, não deposita e não nomeia bens à penhora suficientes. Diante da passividade demonstrada pelo executado, o legislador presumiu que esse deve ser insolvente e, portanto, passível de ser colocado no polo passivo do pedido de falência. É importante, para caracterizar essa passividade, a chamada tripla omissão (não pagamento, o não depósito e, também, a não nomeação de bens suficientes para garantirem o juízo).

O atual Código de Processo Civil, Lei 13.105, de 06 de março de 2015, alterou a citação na execução, prevendo que o executado será citado para que, em três dias, efetue o pagamento. Se, após esse prazo, o executado não pagar ou não nomear bens à penhora suficientes para garantir o juízo, deve-se entender que a execução é considerada frustrada.

Nesse caso, o credor poderá, de posse de uma certidão expedida pelo juízo da execução que comprove a tripla omissão acompanhada do título executivo que aparelhou a execução, dirigir-se ao juízo falimentar e requerer a falência do empresário por execução frustrada.

Alguns juízes condicionam o processamento do pedido de falência à prova do encerramento definitivo do processo de execução. A nosso ver, o processo de execução não precisa estar extinto, o exequente poderá apenas sobrestar o feito.

Por sua vez, na execução frustrada não há necessidade do protesto do título, pois já houve uma ação de execução prévia em face do empresário. Não devemos olvidar que a ação de execução pode ser promovida, sem a necessidade de protesto, quando a execução for intentada em face do obrigado principal e seu avalista ou em face dos codevedores quando o título contiver a cláusula sem despesas.

Também não há necessidade de que o título contenha um valor mínimo, como ocorre na impontualidade. Pode ser, se for o caso, um título de valor ínfimo. Aliás, a magistratura de São Paulo indagou, em uma questão objetiva, se o pedido de falência poderia ser aparelhado com um título com valor ínfimo? Sim, quando a falência tiver como fundamento a execução frustrada ou, também, na hipótese de atos de falência, conforme veremos no próximo tópico.

2.2.3. Dos atos de falência

A terceira espécie de insolvência é denominada atos de falência. Trata-se de situações, eleitas pelo legislador que, se ocorrerem, farão presumir que o empresário é insolvente. Essas situações estão elencadas no art. 94, III, nas letras *a* a *g* da Lei Especial.

O legislador escolheu sete hipóteses que farão presumir que o empresário é insolvente. Pode-se notar que, pela simples leitura dos fatos descritos a seguir, a ocorrência de qualquer desses fatos é, para dizer o menos, ensejadora do decreto de quebra imediato, pois a prática reiterada desses atos, certamente, permitirá que o empresário esvazie os ativos de seu patrimônio, prejudicando, assim, a massa de credores.

São considerados atos de falência as condutas descritas a seguir:

a) Proceder à liquidação precipitada de seus ativos ou lançar mão de meio ruinoso ou fraudulento para realizar pagamentos. Essa situação é chamada de liquidação precipitada. Consiste na alienação de bens essenciais com a intenção de frustrar o pagamento de credores.

b) Realizar ou, por atos inequívocos, tentar realizar, com o objetivo de retardar pagamentos ou fraudar credores, negócio simulado ou alienação de parte ou da totalidade de seu ativo a terceiro, credor ou não. Nessa segunda espécie de ato de falência, o empresário utiliza de meios fraudulentos procrastinando o cumprimento de obrigações anteriormente assumidas. Realiza negócios simulados com o objetivo fraudar credores e evitar pagamentos. A desordem patrimonial e a crise econômico-financeira são evidentes e a decretação de falência é de rigor.

c) Estabelecimento a terceiro, credor ou não, sem o consentimento de todos os credores e sem ficar com bens suficientes para solver seu passivo. Trata-se da chamada transferência irregular da azienda. Essa transferência, realizada desse modo, também nos induz a presunção de que a situação patrimonial do empresário se encontra em crise. É também chamado de trespasse irregular.

d) Simular a transferência de seu principal estabelecimento com o objetivo de burlar a legislação ou a fiscalização ou para prejudicar credor. Nessa hipótese, o empresário simula a transferência do principal estabelecimento para dificultar o recebimento do crédito. Por exemplo, altera o local do principal estabelecimento para modificar competência, pois o juízo competente para decretar a falência é o do principal estabelecimento, conforme determina o art. 3º da Lei 11.101/05.

e) Dar ou reforçar garantia a credor por dívida contraída anteriormente sem ficar com bens livres e desembaraçados suficientes para saldar seu passivo. É a chamada garantia simulada ou falsa garantia, que é estabelecida com o intuito de prejudicar credores.

f) Ausentar-se sem deixar representante habilitado e com recursos suficientes para pagar os credores, abandonar estabelecimento ou tentar ocultar-se de seu domicílio, do local de sua sede ou de seu principal estabelecimento. Também conhecida como abandono de estabelecimento empresarial, que ocorre com a nitida intençao de frustrar o pagamento aos credores.

g) Deixar de cumprir, no prazo estabelecido, obrigação assumida no plano de recuperação judicial. Nesta última situação, o empresário deixa de cumprir uma obrigação que havia assumido, quando da elaboração do plano de recuperação judicial. O descumprimento do plano, também, é ensejador da falência.

O problema com os atos de falência é que são atos praticados na clandestinidade e de difícil visualização por parte dos credores. Ademais, quais os credores que teriam interesse em realizar uma investigação para caracterizar a prática desses atos? Acredito que somente as instituições financeiras poderiam realizar essa investigação que, certamente, demandaria um grande dispêndio financeiro por parte de quem já está no prejuízo.

Importante deixar aqui anotado que, para o pedido de quebra com supedâneo nos atos de falência, basta estar legitimado como credor; não há necessidade de o título estar vencido. Na verdade, o pedido de falência fundamentado em atos é justamente para proteger aquele credor que, vendo o devedor delapidar o seu patrimônio, ingressa com o requerimento para sustar essa prática.

2.3. Da sentença que decreta a falência

O terceiro pressuposto necessário para o início do processo falimentar é a sentença declaratória falimentar, prevista no art. 99 da Lei Especial.

Trata-se de uma sentença judicial que, entretanto, possui algumas peculiaridades específicas. Entre as mais importantes estão: o juiz deve fixar o termo legal; o juiz deve nomear o administrador judicial; explicitará o prazo para a habilitação do crédito, que hoje em dia é realizada pelo Administrador; deve mandar publicar por edital eletrônico a íntegra da sentença e a relação nominal dos credores apresentada pelo falido. Vamos analisar as questões mais importantes.

Antes, contudo, faz-se necessário esclarecer uma questão assaz importante, que é a natureza jurídica da sentença que decreta a falência. Talvez influenciados pelo Dec. 7.661/45, muitos autores ainda utilizam o termo sentença declaratória de falência. Esse termo declaratório está sendo utilizado no sentido de que a sentença é um divisor de águas entre o empresário em crise e o falido. Na verdade, a sentença que decreta a falência possui natureza constitutiva, pois é a sentença que transforma o empresário em falido, possuindo natureza constitutiva, e não meramente declaratória.

O termo legal é, sem dúvida, um dos temas mais relevantes para fins de concurso público. O termo legal é um período suspeito, que antecede a sentença que decreta a falência, em que, alguns atos praticados pelo empresário, embora sejam válidos, podem ser considerados ineficazes, caso advenha um decreto de quebra. Para fixar o termo legal, o juiz não poderá retroagir por um período superior a 90 dias, tendo como termo inicial o requerimento da falência, do requerimento da recuperação judicial ou do primeiro protesto válido, excluindo-se os protestos que foram cancelados. Por exemplo, na hipótese do pedido de falência por impontualidade, o juiz deverá utilizar o critério do primeiro protesto válido e, assim, fixar o termo legal a partir dessa da data retroagindo por um período de 90 (noventa) dias.

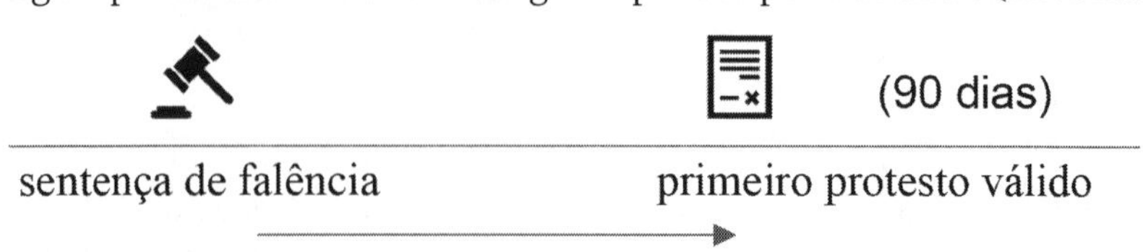

Fonte: elaborado pelo autor.

Nesses noventa dias contados do primeiro protesto válido, alguns atos que foram praticados nesse período poderão ser acoimados de ineficazes; são considerados válidos, mas se advier a sentença de falência serão ineficazes perante a massa falida. Imagine o seguinte fato, durante o período suspeito dos 90 dias, o empresário paga um título não vencido com desconto de 50% (cinquenta por cento). Veja bem, não há nesse momento nem requerimento de falência ajuizado. O empresário está provavelmente em crise econômico-financeira, mas não está procurando prejudicar nenhum credor. O negócio é fechado.

Após um ano desse fato, o empresário é declarado falido e o juiz verifica, ao determinar o termo legal na sentença, que o desconto desse título não vencido ocorreu dentro desse prazo. O juiz declara o pagamento efetuado pelo empresário ineficaz com base no art. 99, inciso II, combinado com o art. 129, inciso I,[5] ambos da Lei 11.110/05. Entende-se, nesse caso, que esse negócio, embora não tenha havido má-fé do empresário, trouxe prejuízos para credores, pois aquele que recebeu o valor adiantado é, com certeza, um credor quirografário. Embora não tenha recebido o valor total de seu crédito, acabou recebendo metade do valor da cambial. Se não tivesse feito o negócio, provavelmente não receberia nada. Esse negócio é considerado ineficaz perante a massa falida.

Por outro lado, se não ocorrer a falência, o negócio realizado entre o empresário e o terceiro credor será considerado válido e eficaz, pois não houve qualquer fato que pudesse comprometer a validade do negócio realizado.

Enfim, o termo legal deve ser fixado pelo juiz na sentença, pois esse período servirá de parâmetro para se averiguar a ineficácia de certos atos praticados pelo falido, antes da sentença de falência. Há, certamente, outras situações previstas no art. 129 da Lei que também utilizam o termo legal como parâmetro, como o pagamento de dívidas vencidas e exigíveis por qualquer forma que não a prevista no contrato. O empresário, nesse caso, é obrigado a efetuar o pagamento de uma prestação em dinheiro, mas, como não possui o numerário, oferece um maquinário seu como forma de pagamento. Ou seja, oferece o maquinário como dação em pagamento. Esse negócio, embora válido, será certamente atingido pela ineficácia, advindo o decreto de quebra.

Há acirrada discussão doutrinária se haveria a possibilidade, diante de novos fatos, de se alterar o termo legal, fixado pelo juiz, na sentença. No revogado

---

5. São ineficazes em relação à massa falida, tenha ou não o contratante conhecimento do estado de crise econômico-financeira do devedor, seja ou não intenção deste fraudar credores:
I – <u>o pagamento de dívidas não vencidas realizado pelo devedor dentro do termo legal, por qualquer meio extintivo do direito de crédito, ainda que pelo desconto do próprio título</u>; (grifo nosso).

Dec. 7.661/45, que cuidava da falência, o juiz poderia alterar o termo legal fixado na sentença. Admitia até que o juiz fixasse o termo legal após a prolação da sentença. A nova legislação silenciou no tocante a essa possibilidade; contudo, levando em conta os princípios gerais do direito e o dever inerente ao magistrado de oferecer ao jurisdicionado a mais justa e eficiente prestação jurisdicional, o juiz poderá, evidentemente, modificar o termo legal, diante de um novo contexto probatório que surgiu após a sentença.

Outra consequência importante que o juiz deverá determinar na sentença de quebra é a suspensão de todas as ações e execuções em curso em face do agora falido, salvo aquelas previstas no art. 6º, §§ 1º e 2º, da Lei. Ou seja, as ações devem ser suspensas e todos os credores devem se dirigir a juízo concursal para se inserir em suas classes respectivas e, assim, aguardar o pagamento. Isso, com vimos, é consequência do *par condicio creditorum*, que apregoa o princípio da igualdade entre os credores no processo concursal.

É verdade que nem todas as ações podem ser suspensas, pois algumas dessas ações ainda estão em curso discutindo a natureza ou o mérito do crédito. Logo, não podem ser suspensas a ações que demandam quantia ilíquida. Essas ações deverão ser ultimadas para que, somente depois, o seu autor possa comparecer ao juízo universal falimentar e habilitar o seu crédito. Não há como suspender uma ação que não pode ser reclamada no processo falimentar.

Há, contudo, outras ações que não poderão ser obstadas pela sentença de falência, como as ações trabalhistas, as ações fiscais, aquelas ações em que a massa falida seja autora ou litisconsorte ativa e as ações em que a União for parte. Essas ações são conhecidas com exceções ao juízo universal da falência. Quando tratarmos da competência do juízo falimentar, elaboraremos um gráfico para que o candidato possa visualizar melhor as exceções.

Importante observar que o artigo 6º foi alterado pela Lei 14.112/2020:

> Art. 1º A Lei nº 11.101, de 9 de fevereiro de 2005, passa a vigorar com as seguintes alterações:
>
> "Art. 6º A decretação da falência ou o deferimento do processamento da recuperação judicial implica:
>
> I – suspensão do curso da prescrição das obrigações do devedor sujeitas ao regime desta Lei;
>
> II – suspensão das execuções ajuizadas contra o devedor, inclusive daquelas dos credores particulares do sócio solidário, relativas a créditos ou obrigações sujeitos à recuperação judicial ou à falência;
>
> III – proibição de qualquer forma de retenção, arresto, penhora, sequestro, busca e apreensão e constrição judicial ou extrajudicial sobre os bens do devedor, oriunda de demandas judiciais ou extrajudiciais cujos créditos ou obrigações sujeitem-se à recuperação judicial ou à falência.

....

§ 4º Na recuperação judicial, as suspensões e a proibição de que tratam os incisos I, II e III do caput deste artigo perdurarão pelo prazo de 180 (cento e oitenta) dias, contado do deferimento do processamento da recuperação, prorrogável por igual período, uma única vez, em caráter excepcional, desde que o devedor não haja concorrido com a superação do lapso temporal.

§ 4º-A. O decurso do prazo previsto no § 4º deste artigo sem a deliberação a respeito do plano de recuperação judicial proposto pelo devedor faculta aos credores a propositura de plano alternativo, na forma dos §§ 4º, 5º, 6º e 7º do art. 56 desta Lei, observado o seguinte:

I – as suspensões e a proibição de que tratam os incisos I, II e III do caput deste artigo não serão aplicáveis caso os credores não apresentem plano alternativo no prazo de 30 (trinta) dias, contado do final do prazo referido no § 4º deste artigo ou no § 4º do art. 56 desta Lei;

II – as suspensões e a proibição de que tratam os incisos I, II e III do caput deste artigo perdurarão por 180 (cento e oitenta) dias contados do final do prazo referido no § 4º deste artigo, ou da realização da assembleia-geral de credores referida no § 4º do art. 56 desta Lei, caso os credores apresentem plano alternativo no prazo referido no inciso I deste parágrafo ou no prazo referido no § 4º do art. 56 desta Lei.

§ 5º O disposto no § 2º deste artigo aplica-se à recuperação judicial durante o período de suspensão de que trata o § 4º deste artigo.

....

§ 7º (Revogado).

§ 7º-A. O disposto nos incisos I, II e III do caput deste artigo não se aplica aos créditos referidos nos §§ 3º e 4º do art. 49 desta Lei, admitida, todavia, a competência do juízo da recuperação judicial para determinar a suspensão dos atos de constrição que recaiam sobre bens de capital essenciais à manutenção da atividade empresarial durante o prazo de suspensão a que se refere o § 4º deste artigo, a qual será implementada mediante a cooperação jurisdicional, na forma do art. 69 da Lei nº 13.105, de 16 de março de 2015 (Código de Processo Civil), observado o disposto no art. 805 do referido Código.

§ 7º-B. O disposto nos incisos I, II e III do caput deste artigo não se aplica às execuções fiscais, admitida, todavia, a competência do juízo da recuperação judicial para determinar a substituição dos atos de constrição que recaiam sobre bens de capital essenciais à manutenção da atividade empresarial até o encerramento da recuperação judicial, a qual será implementada mediante a cooperação jurisdicional, na forma do art. 69 da Lei nº 13.105, de 16 de março de 2015 (Código de Processo Civil), observado o disposto no art. 805 do referido Código.

§ 8º A distribuição do pedido de falência ou de recuperação judicial ou a homologação de recuperação extrajudicial previne a jurisdição para qualquer

> outro pedido de falência, de recuperação judicial ou de homologação de recuperação extrajudicial relativo ao mesmo devedor.
>
> § 9º O processamento da recuperação judicial ou a decretação da falência não autoriza o administrador judicial a recusar a eficácia da convenção de arbitragem, não impedindo ou suspendendo a instauração de procedimento arbitral.
>
> § 10. (VETADO).
>
> § 11. O disposto no § 7º-B deste artigo aplica-se, no que couber, às execuções fiscais e às execuções de ofício que se enquadrem respectivamente nos incisos VII e VIII do caput do art. 114 da Constituição Federal, vedados a expedição de certidão de crédito e o arquivamento das execuções para efeito de habilitação na recuperação judicial ou na falência.
>
> § 12. Observado o disposto no art. 300 da Lei nº 13.105, de 16 de março de 2015 (Código de Processo Civil), o juiz poderá antecipar total ou parcialmente os efeitos do deferimento do processamento da recuperação judicial.
>
> § 13. (VETADO)." (NR)

Ademais, na sentença de falência caberá ao juiz, conforme previsto no art. 99, inciso IX, da legislação especial, a nomeação do administrador judicial. O administrador judicial é uma pessoa idônea e de confiança do juiz. Diferentemente do antigo síndico, que se entendia deveria ser escolhido entre os maiores credores, o administrador judicial, a nosso ver, de ser um órgão imparcial para que possa desempenhar melhor a sua função. É verdade que não há óbice para que o juiz escolha um credor como administrador judicial, ainda mais nas comarcas longínquas e de pequena estrutura, mas, havendo a possibilidade, um administrador imparcial nos parece mais consentâneo com a presente legislação. Voltaremos a abordar o administrador judicial em capítulo próprio.

Na sentença que decreta a quebra, o juiz deverá se pronunciar a respeito da continuidade da atividade empresarial. Em regra, com a sentença de falência, o juiz determina a cessação das atividades e a lacração do estabelecimento. Contudo, em situações excepcionais, deve o magistrado determinar a continuidade da atividade para que certos negócios específicos possam ser ultimados. Por exemplo, o falido precisa terminar a confecção de determinados produtos que se encontram inacabados para que possam ser alienados por um valor maior.

Essa possibilidade de haver a continuidade da atividade por parte da sociedade falida será efetuada sob a administração do administrador judicial. O administrador da sociedade empresária é afastado de seu cargo com a decretação da quebra. Não se poderia deixar que o administrador da sociedade falida continuasse a orientar a atividade da falida nesse período.

Presentes os três pressupostos, inicia-se de fato o chamado concurso de credores ou, se quiserem, o processo falimentar propriamente dito.

3
DO DEPÓSITO ELISIVO

Conforme já deixamos consignado, o processo falimentar não é um processo destinado a satisfazer o direito de crédito do postulante. O processo falimentar visa dar início ao *par condicio creditorum*. Embora essa afirmação seja verdadeira, em algumas situações excepcionais o credor poderá ter o seu crédito satisfeito no processo falimentar. Isso poderá ocorrer no chamado depósito elisivo, previsto no art. 98, parágrafo único, da legislação.

Se o empresário devedor assim desejar, a insolvência poderá ser afastada *ab intitio*, durante o prazo de contestação. Durante esse prazo, que é de 10 (dez) dias, o empresário poderá, juntamente com a sua contestação, ofertar o chamado depósito elisivo. Como o próprio nome sugere, esse depósito elide o pedido de falência, permanecendo, entretanto, a mesma base processual. O depósito elisivo não é causa para a extinção do processo falimentar.

Nessa toada, transcrevo manifestação do ministro Luis Felipe Salomão, no pedido de falência efetuado diante da Lojas Americanas S/A, no recurso especial nº 1.433.652/RJ 2013-0200388-3. O ministro assim se manifestou a respeito do depósito elisivo realizado pelo renomado magazine:

> "o depósito elisivo realizado da falência, por óbvio, não é fato que autoriza o fim do processo. Elide-se o estado de insolvência presumida, de modo que a decretação da falência fica afastada, mas o processo converte-se em verdadeiro rito de cobrança, pois remanescem as questões alusivas à existência e exigibilidade da dívida cobrada."

A nosso ver, como o depósito elisivo tem o condão de afastar o estado de insolvência do devedor, permitindo que a atividade de produção ou circulação de bens ou serviços não sofra interrupção, entendemos que não há motivos para não admitir que esse depósito possa ser efetuado extemporaneamente, desde que antes da sentença. O princípio da preservação da empresa fundamentaria essa decisão.

Há, contudo, julgados que admitem o depósito elisivo mesmo após a sentença que decreta a falência com supedâneo no princípio da preservação da empresa.

> TJ-SP – AI: 20849095320148260000 SP 2084909-53.2014.8.26.0000, Relator: Tasso Duarte de Melo, Data de Julgamento: 06/02/2015, 2ª Câmara Reservada de Direito Empresarial, Data de Publicação: 06/02/2015. Voto nº 14433 FALÊNCIA. Pedido de falência fundamentado no art. 94, inc. I,

da LFRE. Depósito elisivo após a sentença de quebra. Admissibilidade, na espécie. Precedentes deste E. Tribunal. Afastamento da presunção relativa de insolvência. Princípio da preservação da empresa. Parecer do MP favorável à revogação. Decreto de quebra revogado. Recurso provido.

Importante observar que o depósito elisivo deverá corresponder ao valor total do crédito, acrescido de juros, correção monetária e honorários advocatícios. Não se admite outra forma da caução. Recebido o depósito elisivo, o pedido de falência é afastado, não se podendo mais discutir essa questão nessa ação. Se o postulante sair vencedor na ação, será entregue a ele o valor depositado pelo empresário. Se, porventura, a demanda for julgada improcedente, o devedor poderá levantar a quantia depositada em juízo. Contudo, uma coisa é certa, a falência não será mais objeto de discussão.

O legislador colocou um basta em antiga discussão doutrinária, estabelecendo que somente será possível o depósito elisivo quando o pedido de falência tiver por pressuposto a impontualidade ou de execução frustrada. Não será possível efetuar o depósito quando o pedido tiver por fundamento atos de falência.

A nosso ver, andou bem o legislador em não permitir que o depósito elisivo fosse efetuado quando o pedido fosse embasado nos atos de falência, pois, como fora visto anteriormente, os atos de falência são, de um modo geral, atos clandestinos e insidiosos, que, se praticados, proporcionarão vantagens econômicas ao empresário. Certamente, esse terá recursos financeiros para efetuar o depósito, diante dos atos fraudulentos que está praticando. Permitir que o empresário inescrupuloso possa efetuar o depósito e assim afastar a falência é premiá-lo pela atividade ilícita que está praticando.

Os autores que postulam, *contra legem*, o contrário, entendendo que princípio da preservação da empresa justificaria esse entendimento, a nosso ver, estão divorciados da realidade fática. Ademais, em nosso sistema jurídico não se pode admitir entendimento que viole letra de lei.

4

DA LEGITIMIDADE ATIVA

Antes de mais nada, é importante deixar consignado que não é possível a decretação da falência *ex officio* por parte da autoridade judiciária. Caberia, no entanto, ao juízo concursal, agir, independentemente de provocação, quando, por exemplo, o empresário não apresente, no prazo de 60 (sessenta) dias, o plano de recuperação judicial em juízo, de acordo o art. 53 da legislação pertinente ou nos casos de convolação da recuperação judicial em falência.

No art. 97 da Lei 11.101/05, o legislador elencou quem possui legitimidade ativa para requerer a falência. Inicialmente, podemos destacar que o próprio devedor possui legitimidade ativa para requerer a sua autofalência. Instituto importante, mas pouco utilizado pelo empresário brasileiro, que, em virtude de questões de índole pessoais e sociais, dificilmente requer a sua autofalência. A autofalência está disciplinada no art. 105 da Lei Especial.

A legislação determina que o empresário que se encontrar em crise econômico-financeira e verificar que não atende aos requisitos para requerer a sua recuperação judicial, deve obrigatoriamente requerer a sua autofalência. Trata-se de um dever, mas que o legislador não impôs sanção pelo seu descumprimento.

Na verdade, esse dispositivo tem irradiado consequências fora do juízo falimentar, pois muitos juízes têm entendido que, se o empresário requer os benefícios da justiça gratuita é porque se encontra em crise econômico-financeira e, portanto, por força do art. 105 da legislação em comento, deve requerer a sua recuperação judicial ou, se não puder, a sua autofalência. Portanto, o pedido de justiça gratuita é negado em virtude da sobredita norma.

É evidente que esse posicionamento não pode prosperar. O pedido de justiça gratuita não pode induzir o magistrado ao entendimento de que o empresário está em crise econômico-financeira e, portanto, obrigá-lo ao recolher custas processuais ou, ainda, o que é pior, obrigá-lo a requerer a sua autofalência.

Em seguida, o dispositivo atribui legitimidade para o cônjuge sobrevivente, qualquer herdeiro do devedor ou o inventariante. Esse dispositivo cuida da morte da pessoa física do empresário, atribuindo legitimidade para o seu cônjuge, herdeiro ou inventariante.

No inciso subsequente, o legislador atribui legitimidade para o sócio ou acionista do devedor de acordo com a lei, o contrato social ou o estatuto social.

Ou seja, essa legitimidade atribuída ao sócio da sociedade empresária deve possuir fundamento legal ou autorização contratual. Não confundir essa situação com a autofalência da sociedade empresária. Por exemplo, quando o art. 122, IX, da Lei 6.404/76, que cuida das companhias, preceitua que compete à assembleia geral autorizar o administrador a pedir falência ou a requerer recuperação judicial. Isso é autofalência, pois a própria sociedade está solicitando a sua falência por meio de um de seus órgãos.

Já na hipótese do art. 97, inciso III, da Lei 11.101/05, não é a sociedade que requer a sua própria falência, mas o sócio ou acionista da sociedade em crise econômico-financeira. Por exemplo, o contrato social poderá prever que sócios que detenham pelos menos 2/3 do capital social poderão pedir a falência da sociedade.

A última hipótese prevista na legislação especial atribui legitimidade para o credor. Essa, sem dúvida, é a hipótese mais usual. Quem requer falência é o credor. Para estar legitimado, o credor não precisa possuir a condição de empresário ou de sociedade empresária; contudo, se o for, deverá apresentar certidão de inscrição na junta comercial. O empresário que não for inscrito no órgão competente carecerá de legitimidade para requerer a falência.

Conforme estudado alhures, se o empresário ou a sociedade empresária não estiverem inscritos na junta comercial, eles ficarão privados de algumas prerrogativas que o ordenamento jurídico oferece para os empresários ou sociedades empresárias inscritas.[1] Em outras palavras, para gozar dos privilégios legais, o empresário deve cumprir as obrigações que lhe são impostas. Logo, a sociedade em comum, prevista no art. 986 do Código Civil, por não possuir inscrição na junta comercial, não poderá requerer a falência de outra sociedade empresária. Poderá, se quiser, intentar a respectiva ação de execução por possuir capacidade para estar em juízo, mas não possui legitimidade ativa para iniciar o processo falimentar.

Interessante questão que, na vigência do Dec. 7.661/45, despontava frequentemente nos concursos públicos dizia respeito à legitimidade da sociedade de fato. Essa sociedade, que ainda existe, não tinha, como não tem hoje em dia, legitimidade para requerer a falência de uma outra sociedade empresária, pois, como é cediço, essa sociedade não possui inscrição no órgão competente. Contudo, a doutrina sustentava que, em virtude de um dispositivo idêntico ao atual art. 105, IV, da Lei 11.101/05, a sociedade de fato podia requerer a sua autofalência. Esse entendimento decorria da circunstância de o legislador ter mencionado que, aquele que requer a autofalência, deve apresentar prova da condição de empresário, contrato social ou estatuto social em vigor ou, se não houver, a indicação de todos os sócios, endereços

1. É obrigatória a inscrição do empresário no Registro Público de Empresas Mercantis da respectiva sede, antes do início de sua atividade, conforme determina o art. 967 do Código Civil.

e relação dos bens pessoais desses. Se a sociedade não tiver contrato social, será uma sociedade de fato.

A nosso ver, a sociedade de fato continua a possuir legitimidade ativa para requerer a sua autofalência, diante do sobredito dispositivo legal; inclusive, deve-se atribuir essa prerrogativa à sociedade em comum. Não há por que se negar essa prerrogativa a esta última.

Outra questão tormentosa que se discutia na vigência da legislação anterior e ainda tem gerado fervorosos debates na doutrina diz respeito à legitimidade da Fazenda Pública. O festejado professor Rubens Requião negava essa possibilidade à Fazenda Pública, aduzindo, para tanto, que, por essa possuir um procedimento próprio, não sujeito ao concurso de credores, não haveria interesse econômico ou moral para a Fazenda Pública assim agir.

O enunciado nº 56 da I Jornada de Direito Comercial do Conselho da Justiça Federal adotou a posição do renomado professor, assim prescrevendo: "A Fazenda Pública não possui legitimidade ou interesse de agir para requerer a falência do devedor empresário."

Comunga desse entendimento o não menos festejado Trajano de Miranda Valverde, que, em síntese, também entende que falta interesse de agir para a Fazenda Pública, que não se sujeitaria ao concurso universal de credores em face do devedor comerciante.

Assim entendeu o Superior Tribuna de Justiça no recurso especial nº 164389/MG 1998/0010726-6, relator: ministro Castro Filho:

> PROCESSO CIVIL. PEDIDO DE FALÊNCIA FORMULADO PELA FAZENDA PÚBLICA COM BASE EM CRÉDITO FISCAL. ILEGITIMIDADE. FALTA DE INTERESSE. DOUTRINA. RECURSO DESACOLHIDO. I – Sem embargo dos respeitáveis fundamentos em sentido contrário, a Segunda Seção decidiu adotar o entendimento de que a Fazenda Pública não tem legitimidade, e nem interesse de agir, para requerer a falência do devedor fiscal. II – Na linha da legislação tributária e da doutrina especializada, a cobrança do tributo é atividade vinculada, devendo o fisco utilizar-se do instrumento afetado pela lei à satisfação do crédito tributário, a execução fiscal, que goza de especificidades e privilégios, não lhe sendo facultado pleitear a falência do devedor com base em tais créditos.

Por sua vez, o professor Fabio Konder Comparato entendeu justamente o contrário, aduzindo, em parecer exarado nos anos 1970, que a Fazenda Pública possui interesse de agir como qualquer outro credor e, portanto, estaria apta a manejar a ação falimentar se assim entendesse razoável.

Para aqueles que prestarão concurso para a procuradorias (Procurador da Fazenda Nacional, procuradorias estaduais e municipais), há vários argumentos que podem ser expostos para sustentar que a Fazenda Pública possui legitimidade. Primeiro, a legislação, quando atribui legitimidade para o credor, não faz nenhuma ressalva quanto aos entes públicos. Ademais, o interesse de agir pode ser demonstrado mediante a necessidade de se declarar determinados atos praticados pelo empresário como ineficazes. Somente com a declaração de falência isso seria possível.

Não devemos olvidar que o interesse de agir pode ser representado pela fórmula: necessidade mais adequação. O procedimento solicitado pelo demandante é necessário para a proteção de seu direito material? Sem esse provimento, o autor poderá perder a sua pretensão? Se a resposta for positiva, haverá necessidade do provimento. Ademais, a via utilizada pelo demandante é adequada para a conservação de sua pretensão? Se a resposta for positiva, estará presente a adequação.

O interesse de agir da Fazenda Pública também poderá ser demonstrado pelo art. 195 da Lei 11.101/05. Nesse dispositivo, o legislador estabeleceu que a decretação das falências das concessionárias de serviços públicos implica a extinção da concessão. Logo, se a Fazenda Pública, que delegou determinado serviço público, solicitar a falência de uma de suas concessionárias, isso implicaria, por força da lei, a extinção do contrato de concessão, com a retomada dos serviços pelo Poder Público delegante, sem que este tenha que indenizar a concessionária.

Apenas para recordar alguns conceitos exarados pelo professor Hely Lopes Meirelles, o festejado lente entende que a concessão é uma delegação contratual da execução de um serviço, na forma autorizada e regulamentada pelo Poder Público. É um contrato administrativo que permite ao particular explorar serviços públicos em benefício da coletividade. Como se trata de um contrato, diferentemente da permissão ou da autorização, esse negócio jurídico goza de uma certa estabilidade e, portanto, a Fazenda Pública não pode simplesmente retomar a serviço sem fundamentação.

Por fim, o credor que não tiver domicílio no Brasil deverá prestar caução para estar legitimado no pedido de falência. Essa garantia deverá abranger as custas do processo, bem como a eventual indenização prevista no art. 101 da Lei. Esse dispositivo determina que o credor que solicitar a falência de outrem por dolo deverá indenizar o demandado. Entende o legislador que, se o postulante não tiver domicílio no Brasil, a caução será necessária para garantir que o empresário seja indenizado em virtude de o pedido ter sido feito somente com o intuito de prejudicá-lo.

5
DA COMPETÊNCIA

Itens do Capítulo	Teoria	Revisão	Questões
5.1. Exceções ao juízo universal da falência	☐	☐	☐
5.1.1. Das ações trabalhistas	☐	☐	☐
5.1.2. Execução fiscais	☐	☐	☐
5.1.3. Ações que demandam quantia ilíquidas	☐	☐	☐
5.1.4. Ações em que a massa falida seja autora ou litisconsorte ativa	☐	☐	☐
5.1.5. Ações em a União for parte	☐	☐	☐

A competência do juízo concursal encontra-se no art. 3º da legislação ora analisada e está assim disposta: "É competente para homologar o plano de recuperação extrajudicial, deferir a recuperação judicial ou decretar a falência o juízo do local do principal estabelecimento do devedor ou da filial de empresa que tenha sede fora do Brasil." O legislador seguiu antiga tradição legislativa e adotou o principal estabelecimento empresarial como critério para se determinar o juízo competente.

Ensina-nos Oscar Barreto Filho que o principal estabelecimento empresarial para fins de falência e de recuperação judicial é o do local em que empresário realiza o maior volume de negócios relacionados à sua atividade. É conhecido como o critério quantitativo-econômico, de acordo com o professor da velha academia de São Paulo.

Recentemente, em uma prova objetiva da magistratura de São Paulo, foi indagado em que local deveria se decretar a falência de uma sociedade empresária estrangeira com sede fora do Brasil. A resposta é o local em que estiver situada a filial da empresa[1] estrangeira no Brasil.

Pode-se afirmar com segurança que se trata de competência em razão da matéria e, portanto, de natureza absoluta. Logo, se o pedido de falência for intentado em juízo diverso do que aquele previsto no art. 3º da legislação em comento, a incompetência pode ser declarada de ofício pelo juiz. Ademais, sendo absoluta a competência, não há que se falar em prorrogação.

No art. 76 da presente legislação encontramos um dispositivo correlato ao dispositivo que cuida da competência. Esse dispositivo é de suma importância

1. Empresa, nesse dispositivo, como em vários outros inseridos na Lei 11.101/05, é utilizada como sinônimo de sociedade empresária. A nosso ver, o legislador poderia ter sido mais técnico, adequando a nova legislação à Teoria Moderna da Empresa. Parece-nos que o descaso também se apresenta no legislativo de forma endêmica.

para o conhecimento do processo falimentar. Segundo o legislador, o juízo da falência, também conhecido como juízo falimentar, "é indivisível e competente para conhecer todas as ações sobre bens, interesses e negócios do falido, ressalvadas as causas trabalhistas, fiscais e aquelas não reguladas nesta Lei em que o falido figurar como autor ou litisconsorte ativo". Podemos extrair desse dispositivo que o juízo falimentar funcionará como um imã, atraindo todas as ações, bens, interesses e negócios do falido para poder realizar o *par condicio creditorum* de modo eficaz.

Portanto, essa *vis attractiva* exercida pelo juízo falimentar, atraindo todas as ações e interesses do falido para o mesmo juízo, pode ser explicitada pelo princípio da universalidade do juízo da falência. Assim, decretada a falência do empresário, todas as ações em curso deverão ser suspensas, e os autores dessas ações deverão se dirigir ao juízo falimentar para comprovar a existência de seus créditos. Esse processo de comprovação do crédito na seara falimentar denomina-se habilitação e será realizado perante o administrador judicial.

Contudo, nem todas as ações serão suspensas; há exceções ao juízo universal da falência que precisamos analisar. Algumas ações devem continuar no juízo em que foram propostas e, somente depois de ultimadas, é que os credores poderão comparecer ao juízo falimentar.

5.1. Exceções ao juízo universal da falência

5.1.1. Das ações trabalhistas

A primeira exceção são as ações de natureza trabalhistas. Essas ações deverão permanecer no juízo específico até serem ultimadas. Depois de findas essas ações, os credores trabalhistas deverão, munidos do título executivo extrajudicial, dirigirem-se até o juízo falimentar e habilitarem os seus respectivos créditos. Contudo, o juízo falimentar deverá observar o disposto no art. 6°, caput, da presente lei. Esse dispositivo encontra-se assim redigido: "A decretação da falência ou o deferimento do processamento da recuperação judicial suspende o curso da prescrição e de todas as ações e execuções em face do devedor, inclusive aquelas dos credores particulares do sócio solidário." Este artigo foi alterado pela lei 14.112/20, que não prevê mais a suspensão das ações trabalhistas pela decretação da falência ou deferimento da recuperação judicial. Já o § 2° possui o seguinte teor: "É permitido pleitear, perante o administrador judicial, habilitação, exclusão ou modificação de créditos derivados da relação de trabalho, mas as ações de natureza trabalhista, inclusive as impugnações a que se refere o art. 8° desta Lei, serão processadas perante a justiça especializada até a apuração do respectivo crédito, que será inscrito no quadro geral de credores pelo valor determinado em sentença."

Esse parágrafo nos apresenta um detalhe importante em relação ao Dec. 7.661/45, pois o legislador, no intuito de prestigiar a coisa julgada, determinou que o juiz da falência falimentar deve incluir no quadro geral de credores o valor que fora determinado na sentença pelo juiz trabalhista. O juiz da falência não pode mais alterar valores porventura atribuídos ao trabalhador pela Justiça do Trabalho. Nesse sentido entendeu a juíza relatora Dora Maria da Costa TST 17397520105150014. Vela a ementa:

> **RECURSO DE REVISTA. EXECUÇÃO FISCAL. FALÊNCIA. EXAURIMENTO DA COMPETÊNCIA DA JUSTIÇA DO TRABALHO. HABILITAÇÃO DO CRÉDITO NO JUÍZO FALIMENTAR.** Decretada a falência ou deferido o processamento da recuperação judicial, a competência da Justiça do Trabalho para executar créditos contra a massa falida ou empresa em recuperação judicial estende-se até a individualização e quantificação do crédito, após o que cabe ao credor habilitá-lo no Juízo Universal da Falência. Inteligência do art. 6º, caput e § 2º, da Lei nº 11.101/2005. Nesse contexto, escorreita se mostra a decisão recorrida que determinou a expedição de certidão de crédito, referente à multa administrativa aplicada à executada por descumprimento da legislação trabalhista, para habilitação no Juízo Falimentar. Recurso de revista não conhecido.

Na vigência do Dec. 7.661/45, o juiz da falência podia cindir a sentença, entendendo que alguns valores inseridos na sentença trabalhistas não eram de natureza estritamente trabalhista. Logo, se na sentença trabalhista contivesse, por exemplo, a condenação por danos morais, que não são considerados verbas de natureza trabalhistas para fins de falência, esses valores podiam ser relocados para uma outra categoria a critério do juiz da falência.

5.1.2. Execução fiscais

As execuções fiscais não se sujeitam ao concurso de credores. Portanto, essas ações devem ser ultimadas no juízo próprio sem permitir, contudo, que a Fazenda Pública satisfaça seu crédito. Após a consolidação do crédito fiscal, a Fazenda Pública deve, assim como os outros credores, dirigir-se ao juízo universal falimentar para aguardar o momento exato do recebimento desses valores. Não devemos olvidar que a Fazenda Pública encontra-se elencada em terceiro lugar na classificação dos créditos, prevista no art. 83 da Lei Especial, após os créditos de natureza trabalhistas e acidentários e dos créditos com garantia real. Logo, se a Fazenda Pública pudesse satisfazer seu crédito fora do juízo falimentar, certamente haveria um desrespeito à legislação falimentar e uma quebra na ordem estabelecida pelo legislador.

Portanto, mesmo havendo a penhora de bens por parte da Fazenda Pública, uma vez decretada a falência, a Fazenda Pública perderá o seu direito de preferência sobre esse bem penhorado e eventuais frutos produzidos derivados dessa penhora deverão ser remetidos para o juízo falimentar. Caso assim não se entenda, estar-se-ia desrespeitando a ordem de pagamento prevista na Lei 11.101/05.

É verdade que a Fazenda Pública não precisa habilitar o seu crédito no concurso de credores, mas, por outo lado, não pode haver desrespeito à ordem de pagamento estabelecida pelo legislador na presente lei. O que se poderia discutir seria o critério kafkiano utilizado pelo nobre parlamentar na elaboração da lista, que deu preferência para os bancos (credores com garantia) em detrimento da Fazenda Pública.

5.1.3. Ações que demandam quantia ilíquidas

Nessas ações, em regra ações de conhecimento, o autor está ainda constituindo o seu crédito, portanto, essas demandas devem ser ultimadas para que, somente depois, o autor possa se dirigir ao juízo universal e habilitar o seu crédito. Por exemplo, uma ação de indenização ajuizada em face de um montador de automóveis em que o postulante está discutindo defeitos em relação ao produto vendido. Enquanto não se apurar se houve ou não culpa do fornecedor, não se poderá atribuir ao autor um determinado valor indenizatório.

5.1.4. Ações em que a massa falida seja autora ou litisconsorte ativa

Nessas ações, a massa falida, representada pelo administrador judicial, encontra-se no polo ativo da demanda. Essa ação, também, não pode ser suspensa, sob pena de prejudicar eventual crédito pertencente à massa falida. Se a ação for procedente, a massa falida receberá o valor pleiteado e aumentará o ativo.

5.1.5. Ações em a União for parte

Por força do art. 109, I, da Constituição Federal, aos juízes federais compete processar e julgar as causas em que a União, entidade autárquica ou empresa pública federal forem interessadas na condição de autoras, rés, assistentes ou oponentes, exceto as de falência. Se a União for parte, a competência se deslocará para a justiça federal.

Conforme já nos manifestamos, a ação tramitará no juízo competente da justiça federal até ser ultimada. A satisfação do crédito da União deverá ser realizada no juízo universal falimentar. Esse eventual crédito poderá possuir naturezas diversas, conforme a sua origem. Nada obsta que a União titularize créditos quirografários.

6
ADMINISTRAÇÃO DA FALÊNCIA

Itens do Capítulo	Teoria	Revisão	Questões
6.1. Do administrador judicial	☐	☐	☐
6.2. Do comitê de credores	☐	☐	☐
6.3. Da assembleia geral de credores	☐	☐	☐

A falência, de acordo com a visão adotada pela Lei 11.101/05, é um processo eminentemente judicial que procura oferecer uma prestação jurisdicional para a coletividade de credores, sem olvidar, contudo, da necessidade de manter organizado o estabelecimento empresarial para, assim, preservar a atividade empresarial. Essa preocupação com a preservação da atividade empresarial pode ser percebida em virtude das regras que disciplinam a realização do ativo, mormente pela regra prevista no art. 140, II, da Lei 11.101/05.

Para alcançar esse objetivo traçado pela legislação, o juiz, que preside o feito, necessita de auxiliares, diante da complexidade de questões que surgem durante as etapas do processo falimentar, muitas dessas etapas de cunho administrativo. Enfim, nesse emaranhado de questões judiciais e administrativas, o juízo falimentar precisa contar com o auxílio de órgãos. O legislador, ciente dessa necessidade, estabeleceu a presença de três órgãos auxiliares: o administrador judicial, o comitê de credores e a assembleia geral de credores. Vamos analisá-los em seguida.

Antes de analisar os órgãos que atuaram na falência, precisamos tecer alguns comentários a respeito da atuação do Ministério Público. Andou bem o chefe do executivo, no tocante ao veto oferecido ao art. 4º da nova legislação, que procurou atribuir uma função minimalista ao Ministério Público no processo falimentar. Na vigência da legislação anterior, pudemos observar que a participação do *parquet* em todos os atos da falência não trazia benefícios algum, somente procrastinando a conclusão do feito. A atuação do Ministério Público deve ser mínima, somente quando a sua participação for realmente necessária.

Na sentença de falência, art. 99, XIII, da Lei 11.101/05, o legislador determinou que, com a decretação da quebra, o juiz deverá intimar o *parquet* apenas para que tome ciência da falência. Importante observar que, todas as intimações serão feitas de forma eletrônica, por forca da Lei 14.112/20. Não haverá necessidade de notificá-lo de todos os demais atos realizados no processo falimentar. O *parquet* atuará como *custos legis* a partir da sentença e, quando necessário, poderá ser chamado a auxiliar o juízo.

Além dessa função, o *parquet* estará legitimado para propor, quando necessário, a ação revocatória. Essa legitimidade foi oferecida ao Ministério Público pelo art. 132 da Lei em comento. Essa ação visa declarar revogáveis de atos praticados com má-fé e que prejudicaram a massa falida.

Posto isso, podemos visualizar a participação de três órgãos no processo falimentar. Esses órgãos também atuarão na recuperação judicial, conforme veremos mais adiante. É verdade que esses órgãos atuaram diferentemente na falência e na recuperação judicial, mas a presença deles é essencial para o bom andamento desses dois procedimentos.

Acompanhe o gráfico a seguir. No processo falimentar temos o juiz de direito, que preside o feito; auxiliado, logo adiante, pelo membro do *parquet*, que atua como fiscal da lei. Logo mais temos os três órgãos que atuarão tanto na falência como na recuperação judicial. É preciso que o candidato saiba as principais funções de cada um desses órgãos e como são compostos.

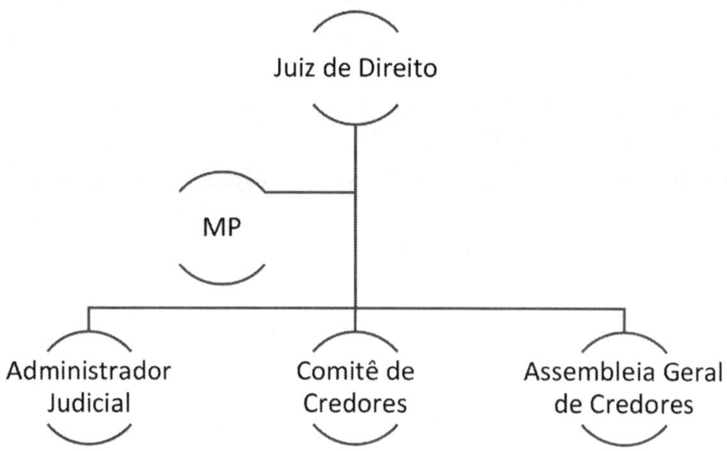

Fonte: elaborado pelo autor.

6.1. Do administrador judicial

O administrador judicial está previsto no art. 21 da legislação. É um órgão unipessoal, imparcial e obrigatório. É uma pessoa física ou jurídica escolhido livremente pelo juiz presidente do feito. O dispositivo mencionado nos oferece uma ideia de quem deve ser administrador, ou seja, uma pessoa idônea, de preferência advogado, economista, administrador de empresas ou contador, podendo ainda ser pessoa jurídica especializada. Percebe-se, nitidamente, que implicitamente o legislador quer um profissional imparcial exercendo essa função. Não se deseja mais, como estabelecia o vetusto Decreto 7.661/45, que o administrador seja escolhido entre os maiores credores na falência.

Outrora, entendia-se que o maior interessado no processo falimentar e, portanto, aquele que teria o maior zelo e preocupação com o patrimônio arrecadado, seria aquele que tivesse o maior crédito para receber na falência. Logo, esse deveria ser escolhido como síndico na falência. Essa premissa se mostrou divorciada da realidade mercantil. O maior credor não tinha interesse nesse encargo, e mais, a remuneração oferecida ao síndico não correspondia aos valores pagos para os profissionais, que, no setor privado, exerciam as mesmas funções. Sem falar que o síndico, na legislação revogada, recebia depois dos créditos trabalhistas e fiscais. É verdade que a Súmula 219 do STJ veio corrigir esse absurdo, estabelecendo que os créditos dos serviços prestados à massa falida, inclusive a remuneração do síndico, gozam dos privilégios próprios dos créditos trabalhistas.

A nova lei corrigiu alguns defeitos contidos na legislação revogada, adequando as funções do administrador judicial a uma nova etapa do processo concursal. Nesse diapasão, o administrador é uma pessoa de confiança do juízo, ou seja, é um órgão imparcial e, em muitos casos, um profissional habilitado para conduzir de maneira adequada o processo falimentar. Isso, certamente, contribuirá para melhorar a eficiência e dar mais celeridade ao processo concursal. No art. 22, III, nas letras "*a*" a "*s*", o legislador elencou as principais obrigações do administrador judicial na falência. Vamos, em apertada síntese, comentar as principais atividades desse auxiliar do juízo falimentar.

Inicialmente, o administrador judicial deverá, logo após a decretação da quebra, dirigir-se até o estabelecimento empresarial do devedor e arrecadar todos os bens que estiverem na posse do falido. Não caberá ao administrador avaliar se os bens pertencem ou não ao falido; deve arrecadar o que for encontrado em poder do falido. Para aqueles que tiverem bem seu arrecadado em processo falimentar de outrem, caberá ação de restituição intentada no próprio juízo da falência.

Ademais, o administrador representará a massa falida ativa e passivamente em juízo, bem como caberá a esse a administração, guarda e tutela dos bens do falido. Não seria prudente deixar os bens do falido sob a sua guarda ou mesmo sob a guarda do administrador da sociedade empresária falida.

Por fim, o administrador judicial é responsável pela verificação dos créditos, conforme previsto no art. 7º da presente lei, que assim preceitua:

> "A verificação dos créditos será realizada pelo administrador judicial, com base nos livros contábeis e documentos comerciais e fiscais do devedor e nos documentos que lhe forem apresentados pelos credores, podendo contar com o auxílio de profissionais ou empresas especializadas.
>
> § 1º Publicado o edital previsto no art. 52, § 1º, ou no parágrafo único do art. 99 desta Lei, os credores terão o prazo de 15 (quinze) dias para apresentar ao administrador judicial suas habilitações ou suas divergências quanto aos créditos relacionados.

> § 2º O administrador judicial, com base nas informações e documentos colhidos na forma do caput e do § 1º deste artigo, fará publicar edital contendo a relação de credores no prazo de 45 (quarenta e cinco) dias, contado do fim do prazo do § 1º deste artigo, devendo indicar o local, o horário e o prazo comum em que as pessoas indicadas no art. 8º desta Lei terão acesso aos documentos que fundamentaram a elaboração dessa relação."

Esse dispositivo transcrito é de suma importância, tendo em vista tratar-se de uma novidade legislativa, pois essa função é de competência do magistrado que presidia o feito. A habilitação deve ser realizada perante o administrador judicial. Esse será responsável pela elaboração e publicação de um edital com a relação de credores. Essa lista é elaborada com os dados fornecidos pelo falido, pelos credores e com análise da escrituração mercantil. Se precisar, o administrador poderá contar com o auxílio de um contador para a realização desse trabalho.

Não havendo impugnações em relação à lista de credores elaborada pelo administrador judicial, o juiz homologará essa lista como quadro geral de credores, conforme determina o art. 14 da presente lei. Este dispositivo foi alterado pelo artigo 14 da lei 14.112/20 com a seguinte redação: *Caso não haja impugnações, o juiz homologará, como quadro-geral de credores, a relação dos credores de que trata o § 2º do art. 7º, ressalvado o disposto no art. 7º-A desta Lei." (NR)*

Nessa fase, a participação do juiz somente ocorrerá se houver necessidade de uma decisão de mérito. Como na impugnação, conforme determina o art. 13 da legislação. Cada impugnação será autuada em separado com as provas necessárias para que o juiz possa se manifestar.

Outro aspecto importante é no tocante à remuneração atribuída ao administrador judicial. De acordo com o art. 24, o valor dos serviços prestados pelo administrador judicial levará em conta a complexidade, o desempenho e, principalmente, os valores utilizados pelo setor privado. Contudo, não poderá exceder a 5% (cinco por cento) do valor de venda dos bens na falência. Ademais, esse crédito é considerado extraconcursal. Isso acabou com um grande problema que existia no Dec. 7.661/45, pois o crédito do síndico somente era pago após o pagamento dos créditos trabalhistas e acidentários e créditos fiscais. Exigia-se dedicação do síndico, mas o seu pagamento somente era efetuado depois de pagos todos os credores trabalhistas e credores fiscais.

O legislador, na presente legislação, resolveu essa questão oferecendo um tratamento mais adequado à remuneração do administrador judicial. A atual legislação dividiu os créditos em duas categorias. Os créditos denominados concursais e os créditos denominados extraconcursais. Os primeiros são aqueles que surgem antes da declaração de falência e estão previstos no art. 83 da Lei; os segundos são aqueles que surgem depois da declaração da quebra e estão, por sua vez, descritos no art. 84 da legislação especial.

Por uma questão de mera administração da falência, os créditos concursais, que surgem antes da quebra, são pagos depois dos créditos extraconcursais, que surgem depois da falência. Expliquemos, os créditos extraconcursais precisam ser pagos com precedência para que o processo falimentar possa se desenvolver em toda a sua plenitude. Por exemplo, no art. 84, I-D, com a redação dada pela Lei 14.112/20, o legislador elencou a remuneração do administrador judicial como um crédito extraconcursal. Logo, o administrador deve ser pago antes dos credores previstos no art. 83. Assim, o administrador deve receber antes dos credores trabalhistas e acidentários, dos credores com garantia real, dos credores fiscais, dos credores com privilégio geral e privilégio especial, dos credores quirografários e credores subordinados. Observação importante: a Lei 14.112/20 revogou o inciso 4º e 5º do artigo 83, sendo que os créditos privilegiados devem ser considerados quirografários.

Aliás, não poderia ser de outra maneira, pois aqueles que estão prestando serviços para a massa falida, se não forem pagos com precedência, certamente não desenvolverão um trabalho adequado e isso prejudicará o pagamento dos credores concursais.

Uma questão frequentemente indagada em concurso público diz respeito à substituição e à destituição do administrador judicial. São institutos que têm por objetivo afastar o administrador judicial de suas funções. A substituição é o afastamento do administrador de seu cargo por questões meramente administrativas que impõem o afastamento, como o falecimento do administrador ou a sua renúncia. Pode, ainda, ocorrer a substituição por solicitação do Ministério Público por motivos de conveniência do processo. Como não se trata de sanção, havendo a substituição, o administrador fara jus à sua remuneração proporcionalmente aos serviços realizados. Contudo, a renúncia imotivada ocasionará a perda da remuneração. Entende-se que se trata de um desrespeito à justiça e ao concurso de credores.

Já a destituição é o afastamento do cargo em caráter sancionatório, em virtude da desídia, negligência ou desrespeitos aos preceitos legais. O administrador judicial que não elabora o quadro provisório de credores está sujeito à destituição do cargo. Por se tratar de sanção, a destituição ocasionará a perda do direito à remuneração.

Por fim, é importante deixar consignado que em recente concurso de ingresso para a magistratura paulista, o examinador indagou como se denomina a falência, quando na fase de arrecadação, o administrador não encontra bens suficientes para solver às custas do processo. Isso se denomina falência frustrada.

Muita atenção: não se deve confundir o termo falência frustrada, que é a carência de bens durante o processo falimentar, com a chamada execução frustrada, que ocorre quando o devedor é citado em uma ação de execução e não paga, não deposita ou não nomeia bens suficientes para garantir a execução. É a chamada tripla omissão que poderá ensejar um pedido de falência.

Na falência frustrada, o administrador judicial deve *incontinenti* informar ao juízo concursal que a massa falida não possui bens suficientes para que o processo falimentar possa se ultimar. Diante disso, o juiz deve encerrar a falência, declarando-a frustrada.

Nesse mesmo sentido entendeu o Tribunal de Justiça do Rio Grande do Sul na apelação nº 70061774675, da lavra da relatora Maria Claudia Cachapuz, da Quinta Câmara Cível:

> APELAÇÃO CÍVEL. HABILITAÇÃO DE CRÉDITO. EXTINÇÃO DO FEITO POR PERDA DO OBJETO. FALÊNCIA FRUSTRADA POR INEXISTÊNCIA DE BENS A SEREM ARREMATADOS NA AÇÃO FALIMENTAR. MANUTENÇÃO DA SENTENÇA. RECURSO DESPROVIDO.

6.2. Do comitê de credores

O comitê de credores está previsto no art. 26 da presente legislação. Pode-se dizer que é um órgão parcial, colegiado e facultativo. É parcial, pois é composto dos credores do falido; é colegiado, por sua vez, pois composto de vários integrantes; por fim, é facultativo, tendo em vista que o legislador não entendeu que esse órgão deveria ser compulsório na falência e na recuperação judicial em virtude de suas funções.[1]

O comitê de credores deverá ser constituído por vários integrantes, sendo que a escolha desses integrantes será determinada pelos credores em conclave. Primeiro, a classe dos credores trabalhistas escolherá um representante com dois suplentes. Em seguida, a classe dos credores com garantia real <u>ou</u> com privilégios especiais deverá escolher um representante com dois suplentes. Por derradeiro, a classe dos credores quirografários <u>e</u> a classe de credores com privilégio gerais deverá, em conjunto, escolher um representante para participar desse órgão, também, acompanhado de dois suplentes. Em regra, o comitê de credores será composto de três integrantes, podendo, contudo, funcionar com menos integrantes.

A Lei Complementar nº 147, de 2014, inseriu mais um representante escolhido pelos credores microempresários e empresários de pequeno porte, acompanhado por dois suplentes. Esses credores são aqueles que possuem uma determinada renda anual bruta diminuta. Não devemos olvidar que a Constituição Federal determina que a microempresa e as empresas de pequeno porte devem receber um tratamento diferenciado, levando em conta a sua estrutura diminuta.

---

1. Art. 28 da Lei 11.101/ 05, estabeleceu que não havendo Comitê de Credores, caberá ao administrador judicial ou, na incompatibilidade deste, ao juiz exercer suas atribuições. Na maioria das falências ou mesmo na recuperação judicial não verificamos a presença desse órgão.

Os membros do comitê de credores não terão direito à remuneração de acordo com o art. 29 da lei especial falimentar e as eventuais despesas que tiverem só lhes serão restituídas se a massa falida comportar. Dispositivo divorciado da realidade social, jurídica e mercantil do nosso país. Data *maxima venia*, antes da entrada em vigor da presente lei, em seminário realizado no Largo São Francisco, nós já havíamos sustentado que dificilmente algum credor aceitaria esse encargo sem a correspondente remuneração. A realidade forense atual mostra que estávamos com razão, pois a quase totalidade das falências não contempla a participação desse órgão, que não podemos deixar de consignar, é órgão fundamental para o bom andamento do concurso de credores.

A principal função desse órgão na falência é fiscalizar a atividade desenvolvida pelo administrador judicial. Portanto, percebam, o administrador é escolhido pelo juiz e fiscalizado pelos credores.

6.3. Da assembleia geral de credores

A assembleia é, sem dúvida, o órgão deliberativo máximo dentro do processo falimentar, bem como o órgão mais atuante na recuperação judicial. É um órgão parcial, colegiado e obrigatório. Está previsto no art. 35 e segs. da legislação especial. É composto dos credores do falido e dividido em classes, de acordo com o art. 41, da seguinte maneira:

a) credores trabalhistas e acidentários;

b) credores detentores de garantias reais;

c) credores quirografários, com privilégio especial e geral e subordinados;

d) credores que sejam microempresas ou empresas de pequeno porte.

Alguns credores não participam do conclave, como a Fazenda Pública. A nosso ver, não encontramos explicação razoável para não permitir que a Fazenda Pública possa participar desse órgão deliberativo, até porque muitas das deliberações afetarão diretamente a Fazenda Pública. Se os credores alterarem a forma de realização do ativo, essa decisão afetará diretamente os interesses da Fazenda Pública.

Na falência, a assembleia não possui muitos poderes, pois esse órgão só tem competência para deliberar sobre as formas de realização do ativo, conforme prevê o art. 145 da Lei 11.101/05. Em outras palavras, os credores poderão decidir qual a melhor maneira de alienação dos bens do falido, desde que essa alteração tenha sido aprovada por voto dos credores que representem pelo menos 2/3 dos créditos presentes a assembleia. A assembleia também poderá deliberar sobre a constituição do comitê de credores, órgão esse raramente existente na falência. O legislador alterou o art. 145 da lei atribuindo mais poderes a assembleia geral, conforme nova redação dada pela Lei 14.112/20.

Na verdade, se pudermos apontar a principal mudança proporcionada pela Lei 11.101/05 em face do Dec. 7.661/45, diremos, sem sombra de dúvidas, que foi a instituição de um tratamento realmente eficaz que pudesse debelar a patologia da falência. A nova terapia da recuperação judicial, que substituiu a ineficaz concordata, foi a pedra angular da nova legislação. Mas não foi somente isso que a nova legislação trouxe de novidades. A Lei 11.101/05 resolveu permitir que as leis de mercado possam, por si só, resolver a velha problemática entre o interesse do credor e do devedor, atribuindo a análise do mérito da recuperação judicial aos credores. É claro que deve haver concessões recíprocas entre as partes envolvidas, mas uma coisa é certa, a interferência do judiciário é mínima, cabendo ao juiz a chamada cognição sumária.

O art. 35, I, *a*, da nova Lei de Recuperação de Empresas institui a desjudicialização mitigada do processo de recuperação judicial, atribuindo poderes para a assembleia geral aprovar, modificar ou rejeitar o plano de recuperação judicial apresentado pelo empresário devedor. É verdade que, ocorrendo a hipótese do art. 58, § 1º, da Lei em comento, o juiz poderá conceder a recuperação judicial que tenha sido rejeitada pelos credores. Esse dispositivo é resquício do instituto denominado *cramdown* do direito norte-americano.[2] Pode-se dizer que o art. 58-A, da legislação é a normatização do princípio da preservação da empresa.

Contudo, para que o magistrado possa conceder o plano de recuperação judicial, em face de um plano que tenha sido rejeitado pelos credores em assembleia, é necessário que na mesma assembleia estejam presentes três requisitos cumulativamente, ou seja, o voto favorável de credores que representem mais da metade do valor de todos os créditos presentes à assembleia, independentemente de classes; a aprovação de 2 (duas) das classes de credores nos termos do art. 45 desta Lei ou, caso haja somente 2 (duas) classes com credores votantes, a aprovação de pelo menos 1 (uma) delas; na classe que o houver rejeitado, o voto favorável de mais de 1/3 (um terço) dos credores, computados na forma dos §§ 1º e 2º do art. 45 da Lei. Somente nessa hipótese o magistrado poderá se sobrepor à vontade dos credores. A Lei 14.112/20 inseriu o inciso 2 no artigo 58 com a seguinte redação:

> II – a aprovação de 3 (três) das classes de credores ou, caso haja somente 3 (três) classes com credores votantes, a aprovação de pelo menos 2 (duas) das classes ou, caso haja somente 2 (duas) classes com credores votantes, a aprovação de pelo menos 1 (uma) delas, sempre nos termos do art. 45 desta Lei;

2. A cramdown is the imposition of a bankruptcy reorganization plan by a court despite any objections by certain classes of creditors. Cramdown and Chapter 11 of the Bankruptcy Code: https://www.jstor.org/stable/40686562?seq=1.

7
DO PEDIDO DE RESTITUIÇÃO

Itens do Capítulo	Teoria	Revisão	Questões
7.1. Do pedido ordinário e dos embargos de terceiros	☐	☐	☐
7.2. Do pedido de restituição extraordinário (excepcional)	☐	☐	☐
7.3. Outras hipóteses de restituição	☐	☐	☐

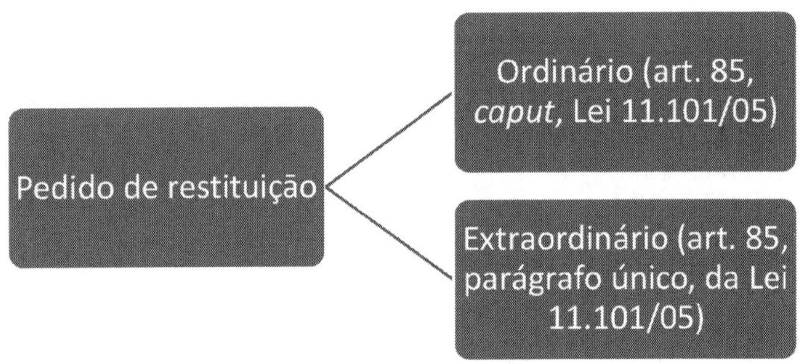

Fonte: elaborado pelo autor.

7.1. Do pedido ordinário e dos embargos de terceiros

Como afirmamos anteriormente, com a sentença falimentar, o administrador judicial deve arrecadar todos os bens que estiverem na posse do falido. Não caberá a esse analisar a quem pertence o domínio desses bens. Uma das funções do administrador é arrecadar bens para a chamada massa falida objetiva. Contudo, nesse momento arrecadatório, alguns abusos podem porventura ocorrer e, com isso, prejudicar terceiros. Imagine que um fornecedor esteja descarregando mercadorias no estabelecimento empresarial do falido, quando, de inopino, o administrador judicial, munido da sentença de falência, determina a lacração da casa mercantil com o caminhão do fornecedor. O veículo não pertence ao falido e não poderá ser alienado para o pagamento dos credores.

Nesse caso, caberá ao proprietário de veículo o manejo da ação de restituição para liberar o seu bem da apreensão realizada em virtude da falência de terceiros. Enfim, o pedido de restituição caberá àquele que, em virtude da falência de outrem, teve um bem seu apreendido em processo falimentar. Essa ação encontra-se disciplinada no art. 85, *caput*, da respectiva legislação. O dispositivo assim dispõe: "O proprietário de bem arrecadado no processo de falência ou que se encontre em poder do devedor na data da decretação da falência poderá pedir sua restituição."

Esse pedido é conhecido na doutrina como pedido de restituição ordinário, por cuidar das hipóteses mais corriqueiras. Essa ação deve ser intentada no próprio juízo falimentar e é de cognição ampla, permitindo que o autor prove o seu domínio por todos os meios admitidos pelo direito. Comprovando a sua titularidade sobre o bem, o magistrado lhe restituirá o bem apreendido. Essa ação correrá em autos apartados no juízo falimentar, pois está vinculada ao processo falimentar.

Importante deixar expressamente consignado que, muitas vezes, temos nos deparado com perguntas cotejando o art. 85, *caput*, e o art. 93 da Lei 11.101/05. O primeiro é o chamado pedido de restituição ordinário, que caberá àquele que tiver o domínio do bem. Já no art. 93 da lei o legislador assim se manifestou: "Nos casos em que não couber pedido de restituição, fica resguardado o direito dos credores de propor embargos de terceiros, observada a legislação processual civil". Em que casos não caberia o pedido de restituição, mas sim os embargos de terceiros?

A nosso ver, o dispositivo apresenta várias imperfeições técnicas. Primeiramente, o legislador atribui legitimidade ativa apenas para o credor, sendo que, em muitas situações, aquele que necessita dos embargos poderá não ser o credor. Os embargos serão reservados para aqueles que, detendo a propriedade ou mesmo a posse, estejam sofrendo turbação.

Para deixar mais visível a utilização dos embargos de terceiros, trazemos à colação um exemplo ofertado pelo professor Amador Paes de Almeida: imagine um determinado indivíduo que, de boa-fé, adquire um veículo de um vendedor com falência decretada. Em decorrência da sentença de falência, o juiz expede mandado de apreensão para que esse bem seja arrecadado e passe a integrar a massa falida. Nesse caso, não caberia o pedido de restituição, pois não houve a apreensão do veículo; contudo, o adquirente está na iminência de perder a posse desse bem, ou seja, está caracterizada a turbação. É uma hipótese da utilização dos embargos.

É evidente que, nesse caso, o adquirente do veículo estará legitimado mesmo que não possa ser considerado credor. O conceito de credor merece uma interpretação ampla para que não seja violado o princípio de acesso à justiça previsto no art. 5º, XXXV, da Constituição Federal.

7.2. Do pedido de restituição extraordinário (excepcional)

Se o pedido de restituição ordinário possui a finalidade de purificar a massa falida, retirando bens que porventura não pertençam ao falido, o pedido de restituição extraordinário tem por objetivo coibir a má-fé do empresário que adquire bens, em período próximo à falência, mantendo esses bens consigo sem os revender. A intenção do adquirente é abastecer a massa falida e, ao mesmo tempo, prejudicar o alienante das mercadorias que passará a ser considerado credor. Vamos, então, analisar o art. 85, parágrafo único, da legislação pertinente.

O pedido de restituição extraordinário, também chamado de excepcional, caberá àquele que tiver vendido coisa a crédito e entregue ao devedor nos

15 (quinze) dias anteriores ao requerimento de sua falência, se ainda não alienada. Nesses casos, o vendedor poderá solicitar a devolução das mercadorias alienadas. Veja bem, o alienante não possui mais o domínio das mercadorias, pois já houve a tradição. Mesmo assim, o legislador lhe permite retomar as mercadorias vendidas. A retomada, nesses casos, somente é possível para coibir a má-fé do comprador e, também, evitar por parte desse a locupletação indevida.

Na verdade, se não houvesse o art. 85, parágrafo único, na legislação falimentar brasileira, o alienante deveria se habilitar como credor quirografário e aguardar o momento adequado para o recebimento de seu crédito.

Em síntese, para que o vendedor possa manejar o pedido de restituição extraordinário, devem estar presentes quatro requisitos:

a) mercadorias vendidas a crédito;
b) entregues ao falido dentro de 15 dias do requerimento da falência;
c) mercadorias que não foram alienadas antes da sentença de falência;
d) sentença de falência.

Uma questão de ordem prática: somente será possível o pedido de restituição após a sentença de falência. Ou seja, entre a entrega das mercadorias (15 dias do requerimento) e a sentença, pode haver um lapso de tempo razoável, dependendo da comarca. Se houver um interregno de um ano, dificilmente essas mercadorias ainda estarão na posse do adquirente no momento da falência. Portanto, dificilmente esse pedido é interposto pelo alienante, que, nesses casos, terá que habilitar o seu crédito na falência e, sendo credor quirografário, dificilmente receberá.

Por derradeiro, o prazo de 15 (quinze) dias antes do requerimento da falência deve ser contado a partir da entrega das mercadorias e não da data da remessa. Em outras palavras, se as mercadorias foram encaminhadas ao adquirente, dentro do prazo de 15 dias anteriores ao requerimento da falência, mas somente aportaram no estabelecimento após esse prazo, não haverá possibilidade de o vendedor se utilizar do pedido de restituição extraordinário. Nesse sentido a Súmula 193 do STF, editada sobre a vigência do Dec. 7.661/45, mas que possui o mesmo alcance diante da Lei 11.101/05. A orientação da Corte Suprema entendia que, para a restituição extraordinária, conta-se o prazo de 15 (quinze) dias da entrega da coisa, e não da sua remessa.

7.3. Outras hipóteses de restituição

No art. 86 da legislação[1] que ora se comenta, o legislador permite que a restituição possa ser efetuada em dinheiro em algumas situações específicas. O dispositivo

1. Art. 86. Proceder-se-á à restituição em dinheiro:
I – se a coisa não mais existir ao tempo do pedido de restituição, hipótese em que o requerente receberá o valor da avaliação do bem, ou, no caso de ter ocorrido sua venda, o respectivo preço, em ambos os casos no valor atualizado;

permite que a instituição financeira possa, de imediato, requerer a devolução do valor que fora adiantado para o empresário exportador em virtude do contrato de adiantamento de câmbio, contrato este conhecido como ACC (adiantamento do contrato de câmbio). Nota-se claramente que o legislador, mais uma vez, permite que a instituição financeira possa obter vantagens, desrespeitando o chamado *par condicio creditorum*. Essas vantagens são sempre oferecidas aos bancos sob o argumento de que os bancos retribuirão essas vantagens mediante a concessão de créditos com taxa de juros menores. Contudo, como sabemos, essas vantagens prometidas pela instituição financeira nunca são honradas.

Ademais, permite-se a restituição em dinheiro, também, na hipótese de o bem não estar mais em poder da massa falida quando do momento da restituição.

E, por fim, tem direito à restituição em dinheiro o terceiro de boa-fé na hipótese de ineficácia do negócio jurídico. Veja bem, o art. 86, III, da legislação falimentar menciona que o terceiro de boa-fé terá direito a restituição em dinheiro nas hipóteses de revogação ou ineficácia do contrato. Como já nos manifestamos anteriormente, não é possível haver terceiro de boa-fé na hipótese de revogação que é atacada por meio da ação revocatória, pois essa ação exige o conluio entre as partes.

II – da importância entregue ao devedor, em moeda corrente nacional, decorrente de adiantamento a contrato de câmbio para exportação, na forma do art. 75, §§ 3º e 4º, da Lei 4.728, de 14 de julho de 1965, desde que o prazo total da operação, inclusive eventuais prorrogações, não exceda o previsto nas normas específicas da autoridade competente;

III – dos valores entregues ao devedor pelo contratante de boa-fé na hipótese de revogação ou ineficácia do contrato, conforme disposto no art. 136 desta Lei.

IV – às Fazendas Públicas, relativamente a tributos passíveis de retenção na fonte, de descontos de terceiros ou de sub-rogação e a valores recebidos pelos agentes arrecadadores e não recolhidos aos cofres públicos.

Parágrafo único. (Revogado).

8

DA INEFICÁCIA E DA REVOGAÇÃO DOS ATOS NA FALÊNCIA

Itens do Capítulo	Teoria	Revisão	Questões
8.1. Da ineficácia objetiva	☐	☐	☐
8.2. Ineficácia subjetiva	☐	☐	☐

Qualquer ato ou negócio jurídico praticado pelo falido, após a sentença que decretou a sua falência, é nulo. Após a decretação da quebra, o falido não mais pode exercer atividade empresarial. E, mesmo que haja permissão para a continuidade da atividade empresária, em regra, para que o falido possa ultimar alguns negócios que trarão proveito para a massa falida, esses negócios serão ultimados pelo administrador judicial. Conforme vimos, a decretação da falência provoca o fenômeno chamado desapossamento. O falido perde a posse e a administração de seus bens.

Contudo, antes da sentença de falência, não há óbice para que o falido possa desenvolver o seu mister; pelo contrário, o empresário, nesse momento, deve desenvolver a sua atividade em toda a sua amplitude, justamente para que possa ultrapassar esse momento pré-falimentar de crise econômico-financeira. Contudo, nesse momento que antecede a falência, alguns atos, embora sejam válidos, poderão ser considerados ineficazes, conforme veremos mais adiante. Ademais, alguns atos que prejudicaram a massa falida podem ser considerados revogáveis e atacados pela ação revocatória falimentar.

Tanto a ação de ineficácia como a ação revocatória são meios legais para que a massa falida, que foi indevidamente delapidada, possa ser recomposta e, com isso, possa se restabelecer o tratamento igualitário aos credores, ou melhor, o *par condicio creditorum*, finalidade precípua do concurso de credores. Portanto, essas ações visam preservar esse tratamento.

Para fins de concurso público, vamos dividir a ineficácia em duas espécies:

- A primeira é a ineficácia objetiva
- A segunda é a ineficácia subjetiva

Ambas se referem a atos praticados antes da decretação de falência. São atos válidos, mas que não produzem efeito perante a massa falida.

8.1. Da ineficácia objetiva

A ineficácia objetiva está prevista no art. 129 da Lei 11.101/05 e, também, no art. 45, § 8º, da Lei 6.404/76, conhecida como lei das sociedades anônimas. O dispositivo da Lei 11.105/05 reza que são considerados "ineficazes em relação à massa falida, tenha ou não o contratante conhecimento do estado de crise econômico-financeira do devedor, seja ou não intenção deste fraudar credores".

O legislador deixou evidente que, para a declaração da ineficácia, não há necessidade da comprovação da má-fé do contratante em prejudicar os credores; nem há necessidade de o contratante ter conhecimento do estado de crise econômico-financeira que atinge a outra parte. O legislador simples presumiu que esses atos elencados a seguir estão permeados de nocividade, pois prejudicaram alguns credores, rompendo com o *par condicio creditorum*.

No art. 129, incisos I ao VII, da legislação falimentar encontramos uma lista taxativa de atos que serão considerados ineficazes perante a massa falida. Conforme dissemos anteriormente, não há necessidade de se comprovar o conluio entre as partes nem o prejuízo para a massa falida. A ocorrência desses atos, por si só, já os macula de ineficácia, diante da presunção absoluta de que houve desrespeito ao *par condicio creditorum*. Por isso, a ineficácia pode ser declarada de ofício pelo magistrado. Admite-se também que a ineficácia possa ser pronunciada por meio de ação própria, por meio de defesa ou incidentalmente no processo.

Os atos ineficazes estão elencados em sete incisos do art. 129 da legislação falimentar. As três primeiras hipóteses descritas pelo legislador podem ser facilmente decoradas pelo aluno, pois há um elo entre elas: o chamado termo legal. Conforme dissertamos anteriormente, o termo legal é um período suspeito que antecede o processo falimentar, mas, devido à sua conexão intrínseca com o momento de quebra, os atos praticados nesse período são acoimados de ineficácia perante a massa falida. São elas:

a) o pagamento de dívidas não vencidas realizado pelo devedor **dentro do termo legal**, por qualquer meio extintivo do direito de crédito, ainda que pelo desconto do próprio título.

b) o pagamento de dívidas vencidas e exigíveis realizado **dentro do termo legal**, por qualquer forma que não seja a prevista pelo contrato.

c) a constituição de direito real de garantia, inclusive a retenção, **dentro do termo legal**, tratando-se de dívida contraída anteriormente; se os bens dados em hipoteca forem objeto de outras posteriores, a massa falida receberá a parte que devia caber ao credor da hipoteca revogada.

Nos incisos IV e V do art. 129 há, também, uma conexão entre ambos, que é o período de dois anos e a realização de atos incompatíveis com o próprio direito empresarial, ou seja, atos de natureza gratuitos. Esses atos são a prática de atos a título gratuito, desde **2 (dois) anos** antes da decretação da falência e a renúncia à herança ou a legado, até **2 (dois) anos** antes da decretação da falência.

Já no inciso VI do mesmo dispositivo o legislador previu a chamado trespasse irregular. No art. 1.145 do Código Civil nós já estudamos norma de conteúdo semelhante. Adotou o mesmo raciocínio o legislador falimentar, acoimando de ineficaz "a venda ou transferência de estabelecimento feita sem o consentimento expresso ou o pagamento de todos os credores, a esse tempo existentes, não tendo restado ao devedor bens suficientes para solver o seu passivo, salvo se, no prazo de 30 (trinta) dias, não houver oposição dos credores, após serem devidamente notificados, judicialmente ou pelo oficial do registro de títulos e documentos".

A última hipótese prevista na legislação especial cuida da chamada averbação imobiliária irregular. Esse registro realizado após o decreto falimentar é tido como suspeito, na medida em que procura retirar da massa falida bens que deverão ser utilizados para o pagamento de credores. Portanto, são ineficazes os registros de direitos reais e de transferência de propriedade entre vivos, por título oneroso ou gratuito, ou a averbação relativa a imóveis realizados após a decretação da falência, salvo se tiver havido prenotação anterior. Uma questão de ordem aqui se impõe, pois o art. 215 da Lei 6.015/73, que cuida dos Registros Públicos, estabelece que são nulos os registros efetuados após a sentença de falência ou do termo legal nele fixado, salvo se a apresentação for realizada antes da sentença de falência.

Essa discussão já existia na vigência do art. 52, VIII, Dec. 7.661/45. O professor Rubens Requião entendia que o art. 215 da Lei de Registro Públicos tinha revogado o art. 52, VIII, da Lei de Falências. Esse entendimento tinha por fundamento o art. 2º, § 1º, da Lei de Introdução às Normas do Direito Brasileiro, que estabelece que "a lei posterior revoga a anterior quando expressamente o declare, quando seja com ela incompatível ou quando regule inteiramente a matéria de que tratava a lei anterior". A lei especial posterior revoga a lei especial anterior, devendo, portanto, prevalecer o disposto na Lei de Registro Públicos.

Esse entendimento não foi sufragado pelo STJ, que, em várias decisões, entendeu que os dois dispositivos convivem em harmonia; para tanto, trazemos à colação um trecho do recurso especial nº 246689 da lavra do ministro Waldemar Zveiter, da terceira turma, em que consta o seguinte: *"Lendo-se a regra do art. 52 mencionado, ocorre a ineficácia do ato de transferência de propriedade entre vivos de bem imóveis, seja por título oneroso ou gratuito, "após a decretação do sequestro ou a declaração da falência, a menos que tenha havido prenotação anterior". A norma é taxativa e não dá ensancha a dúvida. Tanto isso é verdadeiro, que nos itens que a precedem (I, II, III do art. 52) há citação expressa ao termo legal da falência. E o próprio item VII, sob análise, abre a exceção para a hipótese de prenotação anterior. Esta, sim, é que não pode ser dentro do termo legal, levando em consideração que se prenota para fraudar. Aliás, antes da vigência da Lei nº 6.015, de 31 de dezembro de 1973, Lei de Registros Públicos, em razão de seu art. 215, dúvida não havia sobre a matéria. Todavia, ante a defeituosa redação do mencionado artigo, veio a surgir. Entretanto, a boa hermenêutica dos textos legais, sua* ratio essendi, *está a demonstrar que não houve derrogação do artigo 52, inciso VII, da Lei de Falências."*

Apenas para deixar assentado que o art. 52, incisos I ao VIII, do Dec. 7.661/45 era equivalente ao atual art. 129, incisos I ao VII, da Lei 11.101/05.

Com todo o respeito ao caloroso debate encetado entre o professor Rubens Requião e a jurisprudência pátria, a nosso ver a discussão enveredou por caminhos obscuros e tortuosos. Na verdade, os dispositivos cuidam de situações completamente diversas. A Lei de Registro Públicos, em seu art. 215, cuida do negócio jurídico efetuado após a decretação da falência e, consequentemente, o seu registro. Esse ato é nulo, tendo em vista a perda da posse e da administração dos bens pelo falido. Essa posse e administração agora competem ao administrador judicial, conforme já estudamos anteriormente. Contudo, se o negócio jurídico for realizado antes da falência, mas o seu registro tenha sido efetuado depois da falência, esse ato de disposição é válido, mas ineficaz diante do art. 129, VII, da Lei 11.101/05.

A última hipótese de ineficácia objetiva está prevista no art. 45, § 8°, da Lei 6.404/76, que cuida do chamado reembolso das ações ao acionista dissidente. Conforme já estudado anteriormente, o acionista dissidente, aquele que não concordou com determinadas deliberações sociais, se previsto em lei, pode exigir o reembolso do valor de suas ações da companhia. Ocorre que, se a companhia houver efetuado o reembolso para o acionista dissidente, e esse não houver ainda sido substituído por outro acionista, não havendo recursos para pagar os credores da companhia em caso de falência, esse pagamento será considerado ineficaz perante a massa falida.[1]

O sobredito dispositivo aduz que essa ineficácia objetiva será atacada por meio da ação revocatória. Na verdade, a medida judicial correta para atacar a ineficácia objetiva é a ação de ineficácia, pois a ação revocatória foi reservada para a declaração da ineficácia subjetiva, conforme veremos em seguida.

Por fim, os atos previstos nos incisos I, II, III e VI do caput do art. 129 desta lei, que tenham sido praticados durante a recuperação judicial, não serão declarados ineficazes ou revogados por determinação do art. 131 da presente lei.

---

1. **O art. 45 da Lei 6404/76 assim dispõe:** " O reembolso é a operação pela qual, nos casos previstos em lei, a companhia paga aos acionistas dissidentes de deliberação da assembléia-geral o valor de suas ações."

   O seu § 8° determina o seguinte: "Se, quando ocorrer a falência, já se houver efetuado, à conta do capital social, o reembolso dos ex-acionistas, estes não tiverem sido substituídos, e a massa não bastar para o pagamento dos créditos mais antigos, caberá ação revocatória para restituição do reembolso pago com redução do capital social, até a concorrência do que remanescer dessa parte do passivo. A restituição será havida, na mesma proporção, de todos os acionistas cujas ações tenham sido reembolsadas. (Incluído pela Lei n° 9.457, de 1997)."

8.2. Ineficácia subjetiva

A ineficácia subjetiva, por sua vez, ocorre quando determinado ato é praticado antes da falência pelo falido em conluio com terceiro, e desse ato resulta prejuízo para a massa falida. Portanto, diferentemente da ineficácia objetiva, na ineficácia subjetiva exige-se o conluio entre as partes (*consilium fraudis*) e o prejuízo causado à massa falida (*eventos damni*). Na ineficácia subjetiva não existe uma lista taxativa de atos elencados pelo legislador; qualquer ato praticado, antes da falência, que contenha esses dois requisitos, é passível de revogação, de acordo com o art. 130 da Lei 11.101/05. Há, contudo, uma imprecisão nesse dispositivo, pois o ato não será passível de revogação; não se trata de nulidade ou de anulabilidade, mas sim de ineficácia. Até por que, se não houver sentença de falência, esse ato será considerado válido, podendo, entretanto, ser atacado pela Ação Pauliana.

J. X. Carvalho de Mendonça, de modo preciso e acurado, elenca uma série de atos em que a fraude é o elemento caracterizador desses negócios jurídicos, como a quitação sem o devido pagamento, alienações fraudulentas em que o bem permanece com o devedor, simulação de negócios jurídicos etc. Todos esses atos causaram prejuízo para a massa falida. Já o conluio é caracterizado quando ambas as partes estejam de má-fé; o comportamento do devedor que agrava a sua situação de insolvente e o conhecimento desse fato pelo terceiro contratante são indícios suficientes para caracterizar o *consilium fraudis*

A ineficácia subjetiva deve ser atacada por meio da chamada ação revocatória. É por meio dessa medida processual que esses atos podem ser declarados ineficazes. E, para tanto, o autor da ação deve comprovar o conluio entre as partes, bem como o prejuízo causado para a massa falida. O campo probatório na ineficácia subjetiva demanda um esforço maior daquele que postula a declaração de ineficácia, pois, como é cediço, esses atos são praticados na clandestinidade e as partes sempre utilizam de artifícios ardis para que o ato assuma uma roupagem de legal.

Como a ineficácia subjetiva requer um conjunto de provas que deve ser produzido pelo autor da ação, o juiz não pode declará-la de ofício. Contudo, no intuito de corrigir eventuais atos que possam prejudicar a massa falida e, assim, comprometer a realização do *par condicio creditorum*, finalidade precípua no concurso de credores, o legislador ampliou a possibilidade de essa ação ser intentada. Estão, portanto, legitimados a propor a ação revocatória, o administrador judicial, qualquer credor ou, ainda, o Ministério Público. Essa ação deve ser ajuizada dentro do prazo de três anos contados da decretação da falência. Esse prazo é de decadência, não comportando interrupções.

Comungamos com o posicionamento do nosso querido colega Manuel Justino Bezerra Filho, segundo o qual o prazo de três anos deve ser contado a partir do conhecimento da fraude, e não da data da decretação da falência. Embora a legislação tenha expressamente determinado o *dies a quo,* a melhor solução para coibir eventuais fraudes perpetradas pelo falido seria entender que esse prazo de três anos deva ser contado do momento em que se tem conhecimento da fraude, e não da sentença. Até porque, na maioria dos casos, os credores, o administrador judicial ou mesmo o membro do *parquet* somente terão ciência desses atos fraudulentos quando o processo concursal já tiver em fase adiantada de desenvolvimento. Somente depois da verificação dos créditos e da análise da escrituração do falido é que se poderá vislumbrar a ocorrência de atos que tenham prejudicado a massa falida. Ademais, penalizar os credores ou os outros legitimados com a perda de um direito em virtude da inércia sem que essa tenha ocorrido não nos parece a melhor maneira de entender esse instituto.

Em regra, a ação revocatória deverá ser proposta contra o falido e o terceiro que participaram do ato fraudulento. Quando a sociedade empresária for a falida, deverá figurar no polo passivo da ação revocatória aquele que realizou o ato fraudulento em nome da sociedade, em regra o administrador. Quando o falido for empresário, pessoa física, deverá figurar no polo passivo da demanda. No art. 133 da presente legislação existe a possibilidade da inserção de outras pessoas, que se beneficiaram do ato, no polo passivo da ação revocatória. Essa ação deverá ser ajuizada no próprio juízo falimentar e seguirá o rito ordinário em autos apartados.

Importante deixar consignado a imperfeição inserida no art. 136 da atual legislação. Eis o dispositivo na íntegra:

> **"Reconhecida a ineficácia ou julgada procedente a ação revocatória, as partes retornarão ao estado anterior, e o contratante de boa-fé terá direito à restituição dos bens ou valores entregues ao devedor."**

O estudioso percebe claramente que o legislador andou mal ao formular o presente dispositivo. Difícil conceber a quantidade de erros que a nossa legislação empresarial consegue acumular, sendo esse dispositivo mais um exemplo. Alguns autores, por meio de interpretações fantasiosas, procuram corrigir os equívocos legislativos. Nesse dispositivo, o legislador preceitua que julgada procedente a ação revocatória, as partes retornarão ao estado anterior, e o contratante de boa-fé terá direito à restituição dos bens ou valores entregues ao devedor.

Ocorre que, na ação revocatória, não existe a possibilidade de ela ser julgada procedente se houver a presença de um terceiro de boa-fé, pois o conluio entre as partes é requisito, *sine qua non*, para que a ação revocatória possa prosperar. Portanto, nunca estaríamos diante de um terceiro de boa-fé e uma ação revocatória ser julgada procedente. Deve, portanto, para que se possa utilizar esse dispositivo que estabelece uma regra importante em face do contratante de boa-fé, simplesmente abstrair a referência à ação revocatória. Entende-se que ela só se aplicaria à ação de ineficácia, prevista no art. 129, parágrafo único, da mesma lei.

9
DOS CONTRATOS DO FALIDO

No tocante aos contratos do falido há uma regra geral, estabelecida pelo art. 117 da presente legislação falimentar. Os contratos bilaterais não se resolvem com a falência. Os contratos bilaterais ou sinalagmáticos são aqueles em que, após o consenso das partes e formalizado o pacto, haverá obrigações para ambas as partes. Podemos citar como exemplo clássico o contrato de compra e venda em que há obrigações para o vendedor e para o comprador. Enfim, de acordo com esse dispositivo, a sentença que decreta a falência, por si só, não rescindirá os contratos bilaterais, que poderão ser cumpridos a critério do administrador judicial, desde que a continuidade desses contratos reduza ou evite o aumento do passivo da massa falida. Pode, ainda, ser cumprido quando for necessário à manutenção e à preservação dos ativos da massa falida, mediante autorização judicial.

Como sustentamos anteriormente, a prática tem nos mostrado que a presença do comitê de credores é de rara existência, portanto, caberá ao administrador judicial decidir se o contrato bilateral será ou não cumprido. É claro que o administrador judicial deverá levar em conta os benefícios que o cumprimento desse contrato trará para a massa falida. É, a nosso ver, um ato discricionário regido pela conveniência e oportunidade, mas sempre fundamentado nas premissas estabelecidas pelo legislador.

Costuma-se indagar do candidato se aquele que realizou o pacto com o falido possui a prerrogativa de interpelar o administrador judicial para saber se esse vai ou não cumprir o contrato. Essa pergunta é muito frequente nos concursos públicos, mormente os das magistraturas estaduais. A resposta é sim. O contratante possui o prazo de 90 dias (noventa), contados da assinatura do termo de posse, para que o faça. Feita a notificação extrajudicial, o administrador judicial terá 10 (dez) para responder. Se o administrador judicial disser que não vai cumprir ou simplesmente não se manifestar, o contratante terá direito à indenização prevista no § 2º do art. 117 da lei. A indenização será considerada crédito quirografário.

Contratante ⟶ Administrador Judicial

90 (noventa) dias para interpelar

Contratante ⟵ Administrador Judicial

10 (dez) dias para responder

Fonte: elaborado pelo autor.

É muito usual, na seara contratual, que as partes insiram a chamada cláusula resolutiva expressa em determinados contratos. Primeiramente, essa cláusula depende de um prévio consenso entre as partes envolvidas. Se inserida no contrato, opera a resolução do contrato com a ocorrência do fato resolutivo, independentemente da necessidade de interpelação judicial, que somente seria exigível no caso de cláusula resolutiva tácita. É verdade que o STJ já entendeu que no compromisso de compra e venda que possua cláusula resolutiva expressa há necessidade de haver interpelação judicial. Trazemos à colação um trecho de uma decisão da lavra do Ministro Luís Felipe Salomão: "é imprescindível a prévia manifestação judicial na hipótese de rescisão de compromisso de compra e venda de imóvel para que seja consumada a resolução do contrato, ainda que existente cláusula resolutória expressa, diante da necessidade de observância do princípio da boa-fé objetiva a nortear os contratos"[1].

Posto isso, há discussão acalorada na doutrina, bem como nos tribunais, se essa cláusula teria eficácia em sede de processo falimentar. As partes poderiam prever que, ocorrendo a falência de uma das partes, esse fato resolveria o contrato? A primeira corrente entende que, por força do art. 117 da legislação especial, que é uma norma cogente, essa cláusula não surtiria efeito em face de uma regra de ordem pública. Ou seja, as partes não poderiam, mediante a inserção de uma cláusula resolutiva expressa, resolver o contrato, afastando a possibilidade de uma análise mais acurada do administrador judicial; ademais, essa cláusula, caso seja admitida, prejudicaria a massa falida e, consequentemente, os credores do falido. Sem falar que essa cláusula atentaria contra a viga mestre do processo falimentar que é o *par condicio creditorum*.

Admitindo-se a cláusula resolutiva expressa, em sede de falência, estaríamos permitindo que as partes detenham o poder de decidir se cumprirão ou não o contrato, afastando a discricionariedade do administrador judicial, prestigiando o interesse privado em detrimento do interesse público.

Contudo, a segunda corrente, com poucos argumentos convincentes, entende que a autonomia de vontades deve ser prestigiada, somente prevalecendo o disposto no art. 117 da Lei 11.101/05 no silêncio do contrato. Se esse entendimento prevalecer, essa cláusula deve se tornar obrigatória em todos os negócios que envolvam empresários.

Em relação aos contratos unilaterais, pode-se afirmar que esses negócios jurídicos são aqueles em que há obrigações para apenas uma das partes como, por exemplo, no contrato de mútuo, em que só o mutuário possui deveres ou obrigações. Ou como na doação em que uma das partes, por liberalidade, transfere de seu patrimônio bens ou vantagens para uma outra pessoa. As obrigações ou os deveres se localizam apenas em um dos polos da relação contratual.

---

1. STJ; AgRg-REsp 1.337.902; Proc. 2012/0167526-0; BA; Quarta Turma; Rel. Min. Luis Felipe Salomão; Julg. 07/03/2013; DJE 14/03/2013.

No art. 118 da legislação falimentar, o legislador determinou que caberá ao administrador judicial, mediante autorização do Comitê de Credores, dar cumprimento ao contrato unilateral se esse fato reduzir ou evitar o aumento do passivo da massa falida ou, ainda, caso seja necessário para a manutenção e a preservação dos ativos da massa falida. Logo, o administrador judicial possui poderes discricionários, levando em conta a conveniência e a oportunidade, para decidir quais contratos devem ser cumpridos. O festejado professor Spencer Vampré entendia que os contratos unilaterais ativos, ou seja, aqueles em que o falido ocupa a posição de credor, devem ser cumpridos. Já os contratos unilaterais passivos, aqueles em que o falido é devedor, serão resolvidos pela declaração da falência.

A nosso ver, os contratos unilaterais podem ser cumpridos se isso for de interesse da massa falida, assim, alguns contratos unilaterais passivos devem ser cumpridos se isso trouxer benefício para a massa falida. Portanto, a regra proposta pelo renomado professor da escola de São Paulo não é absoluta.

Contudo, assim como no diploma anterior, o legislador estabeleceu algumas regras especiais em relação a alguns contratos mais usuais. O primeiro desses contratos é a compra e venda. No art. 119, I, o legislador cuidou da compra e venda em que as mercadorias estejam em trânsito. O dispositivo está assim descrito: "**o vendedor não pode obstar a entrega das coisas expedidas ao devedor e ainda em trânsito, se o comprador, antes do requerimento da falência, as tiver revendido, sem fraude, à vista das faturas e conhecimentos de transporte, entregues ou remetidos pelo vendedor.**" Esse dispositivo é conhecido pela expressão em inglês: *the right of stoppage in transitu*, ou, se quiserem, com o direito de obstar a entrega de mercadorias que estejam em trânsito.

Muita atenção na leitura desse dispositivo, pois, aos menos avisados, poderá dar a entender que o vendedor não pode, quando, na verdade, o vendedor pode obstar a entrega de mercadorias que estejam em trânsito ao ter conhecimento da falência do comprador, desde que esse não as tenha alienado, sem fraudes, antes do requerimento da falência. A venda dessas mercadorias pode ter sido efetuada com o conhecimento de transporte ou outra mercadoria. É necessário que as mercadorias tenham sido vendidas a crédito para que possa ser obstada a entrega.

O vendedor alienou determinada quantidade de mercadorias ao comprador. Este último deve ser obrigatoriamente empresário ou uma sociedade empresária. A venda fora realizada a crédito. Ao encaminhar as mercadorias, o vendedor tem ciência da falência do comprador. As mercadorias estão sendo transportadas ao comprador, ou seja, não foram entregues ao falido. Se as mercadorias forem entregues, ocorrerá a tradição e o vendedor perderá o seu domínio sobre elas, passando a ser considerado credor. Logo, como credor, terá apenas a possibilidade de se habilitar no processo concursal como quirografário. Dificilmente receberá o seu crédito. Contudo, se as mercadorias estiverem em trânsito, o vendedor poderá determinar que elas não sejam entregues até que o administrador judicial se manifeste sobre o cumprimento ou não do contrato. Esse poder de não entregar as mercadorias é denominado *right of stoppage in transitu*.

No tocante ao exercício desse direito, não há discussão doutrinária perante a redação do art. 119, I, da legislação falimentar. A celeuma doutrinária surge após o exercício desse direito. Em outras palavras, após determinar que as mercadorias não sejam entregues, o vendedor, de imediato, deverá notificar o administrador judicial, indagando-o se cumprirá ou não o contrato. Nesse caso, o administrador judicial poderá dizer cumpro o contrato ou não cumpro o contrato. Caso o administrador judicial se negue a cumprir o contrato, o vendedor determinará à transportadora que as mercadorias lhe sejam devolvidas. Se, no entanto, o administrador judicial disser que cumprirá o contrato, o vendedor poderá exigir o pagamento das mercadorias como condição para que estas lhe sejam entregues.

Há autores que interpretam diferentemente o art. 119, I, da Lei 11.101/05, entendendo que, se o administrador judicial disser que cumprirá o contrato, o vendedor deverá realizar a entrega das mercadorias. Ou seja, o vendedor obsta a entrega das mercadorias apenas para indagar do administrador judicial se cumpre ou não o acordo, mas, se esse disser que cumprirá o contrato, a entrega das mercadorias será compulsória. Com o devido respeito aos que assim pensam, não faz o menor sentido esse entendimento, chegando a ser teratológico. Qual o vendedor que, estando de posse de suas mercadorias, entregá-las-ia ao falido para depois se habilitar em processo falimentar. Muito melhor responder por perdas e danos perante a massa falida. Qual o advogado que orientaria o seu cliente a realizar a entregas das mercadorias. A nosso ver, somente após o pagamento é que o vendedor entregará as mercadorias. Nesse caso, caberá à vendedora a possibilidade da utilização da *exceptio non adimpleti contractus*, prevista no art. 476 do Código Civil.[2] É perfeitamente possível a utilização de uma regra geral quando não houver regra especial disciplinando o tema.

Por outro lado, alguns doutrinadores poderiam sustentar que esse pagamento ofenderia o *par condicio creditorum*, permitindo que o vendedor obtivesse um tratamento privilegiado. Logo, o correto seria exigir que o vendedor entregasse a mercadoria e se habilitasse como credor na falência. O professor Fabio Ulhoa Coelho e o amigo Marlon Tomazzete assim entendem.

No art. 119, II, encontramos a venda de mercadorias compostas, em que o legislador assim preceituou: "se o devedor vendeu coisas compostas e o administrador

---

2. Art. 476 do Código Civil. Nos contratos bilaterais, nenhum dos contratantes, antes de cumprida a sua obrigação, pode exigir o implemento da do outro.
O instituto da **exceptio non adimpleti contractus** autoriza o contratante prejudicado a suspender o cumprimento da sua prestação até que a outra parte realize a contraprestação. Instituto esse conhecido desde o direito romano e presente entre nós até os dias de hoje.

judicial resolver não continuar a execução do contrato, poderá o comprador pôr à disposição da massa falida as coisas já recebidas, pedindo perdas e danos". Nesse caso, o crédito do comprador será considerado de natureza quirografária.

Outro contrato que merece atenção especial diz respeito à locação. Nesse contrato, poderá ocorrer a falência do locador, bem como do locatário. Ocorrendo a falência do locador, o contrato não se resolve. Nesse caso, se o contrato não for resolvido pelo administrador judicial, o locatário deverá efetuar o pagamento dos aluguéis à massa falida. Havendo, no entanto, a falência do locatário, em regra, o contrato será resolvido, pois não interessará à massa falida manter a locação.

Na falência do locatário, havendo aluguéis que não foram pagos ao locador, antes da decretação da falência, esses créditos serão considerados concursais de natureza quirografária. Contudo, se o administrador judicial der continuidade ao contrato de locação, o crédito do locador passará a ser crédito extraconcursal.

Um contrato muito solicitado nos concursos públicos é o de conta-corrente. Em virtude da perda da administração pelo falido, os contratos de conta-corrente são encerrados em virtude da falência. O numerário arrecadado nessas contas integrará a massa falida objetiva. Essa regra encontra-se no art. 121 da Lei 11.101/05.

Na alienação fiduciária em garantia, conforme estudaremos, temos que o devedor fiduciante transfere a propriedade resolúvel ao credor fiduciário, sob condição resolutiva, em virtude de uma certa quantia em dinheiro que este último cedeu ao primeiro.[3] Havendo a falência do fiduciante devedor, o contrato deve ser cumprido pela massa falida, caso contrário o fiduciário pode formular pedido de restituição ordinária no juízo falimentar solicitando a devolução do bem com fundamento no art. 7º do Decreto-Lei 911/69 combinado com ao art. 85, *caput*, e art. 117, ambos da Lei 11.101/05.

No tocante ao contrato de arrendamento mercantil, também conhecido como *leasing*, o arrendador é o proprietário do bem que é cedido ao arrendatário, inicialmente, a título de locação com a possibilidade de compra finda a locação. Ocorrendo a falência da arrendatária, o arrendador pode se valer do pedido de restituição do art. 85, *caput*, da Lei 11.101/05 para recuperar a posse de seu bem que se encontra em poder do falido.

---

3. O art. 1.361 do Código Civil assim prescreve: "Considera-se fiduciária a propriedade resolúvel de coisa móvel infungível que o devedor, com escopo de garantia, transfere ao credor.

§ 1º Constitui-se a propriedade fiduciária com o registro do contrato, celebrado por instrumento público ou particular, que lhe serve de título, no Registro de Títulos e Documentos do domicílio do devedor, ou, em se tratando de veículos, na repartição competente para o licenciamento, fazendo-se a anotação no certificado de registro. § 2º Com a constituição da propriedade fiduciária, dá-se o desdobramento da posse, tornando-se o devedor possuidor direto da coisa. § 3º A propriedade superveniente, adquirida pelo devedor, torna eficaz, desde o arquivamento, a transferência da propriedade fiduciária."

10

DOS CRÉDITOS CONCURSAIS E DOS CRÉDITOS EXTRACONCURSAIS

Antes, contudo, de abordarmos os créditos concursais e os créditos extraconcursais, vamos elaborar uma lista da ordem de pagamento dos credores. Os manuais não trazem essa listagem, que é muito importante para que o concurseiro tenha ideia de como os pagamentos devem ser efetuados na falência.

Em primeiro lugar, devem ser pagos os créditos previstos no art. 151 da Lei, que determina o pagamento, *incontinenti*, dos créditos trabalhistas, de natureza salarial, vencidos nos 3 (três) meses anteriores à decretação da falência, até o limite de 5 (cinco) salários mínimos. Trata-se de um pagamento emergencial realizado em benefício dos empregados.

Indagava-se, em uma banca da magistratura bandeirante, se os valores recebidos por força do art. 151 da legislação falimentar seriam depois descontados do pagamento efetuado por força do art. 83, I, da mesma legislação, tendo em vista serem da mesma natureza. Ou seja, se o trabalhador recebeu 5 (cinco) salários mínimos por determinação do art. 151 da legislação; depois, ele só teria direito a 145 salários quando do pagamento dos créditos concursais? A resposta é negativa. Esse trabalhador fará jus ao pagamento total de seu crédito até o teto de 150 salários mínimos se a massa comportar esse pagamento.

Após o pagamento dos créditos estritamente trabalhistas, até o limite de 5 (cinco) salários mínimos por trabalhador, devem ser efetuados os pagamentos previstos no art. 86 da legislação falimentar, que podem ser de quatro categorias. Por exemplo, a restituição em dinheiro em virtude do ACC e a restituição em dinheiro ao contratante de boa-fé em caso de ineficácia objetiva.

Logo depois, devem ser pagos os créditos extraconcursais, previstos no art. 84 da legislação pertinente, aqueles créditos que surgem depois da decretação da falência.

Por fim, deve-se efetuar o pagamento dos créditos denominados concursais, elencados no art. 83 da Lei 11.101/05. Portanto, o pagamento aos credores deve ser efetuado na seguinte ordem:

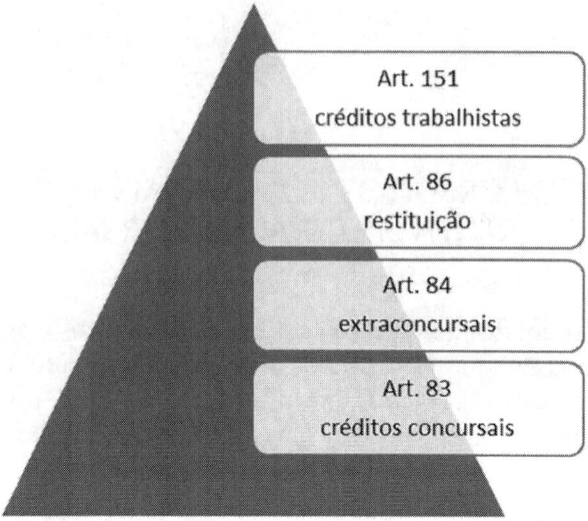

Fonte: elaborado pelo autor.

Conforme já havíamos comentado, o legislador da vigente lei resolveu, de maneira sábia, estabelecer uma diferença clara entre os créditos que surgem antes da sentença de falência e dos créditos que surgem depois da sentença de falência. Os primeiros são denominados créditos concursais, os últimos são os créditos extraconcursais.

Os créditos concursais estão previstos no art. 83 da Lei 11.101/05[1]. A Lei 14.112/20 extinguiu os créditos privilegiados, revogando o inc. 4º e 5º do art. 83. O legislador determina que esses créditos devem ser pagos da seguinte maneira:

---

1. **Art. 83.** A classificação dos créditos na falência obedece à seguinte ordem:

   I – os créditos derivados da legislação trabalhista, limitados a 150 (cento e cinquenta) salários-mínimos por credor, e aqueles decorrentes de acidentes de trabalho;

   II – os créditos gravados com direito real de garantia até o limite do valor do bem gravado;

   III – os créditos tributários, independentemente da sua natureza e do tempo de constituição, exceto os créditos extraconcursais e as multas tributárias;

   IV – (Revogado)

   a) (Revogado)

   b) (Revogado)

   c) (Revogado)

   d) (Revogado)

   V – (Revogado)

   a) (Revogado)

   b) (Revogado)

   c) (Revogado)

   VI – os créditos quirografários, a saber:

I – os créditos de natureza trabalhista, até o limite de 150 (cento e cinquenta) salários mínimos, e créditos acidentários. Estes últimos não estão adstritos ao teto de 150 (cento e cinquenta) salários mínimos.

Andou bem o legislado em limitar o teto ao montante de 150 (cento e cinquenta) salários mínimos, o que não ocorria diante do Decreto-Lei. 7.661/45. Como não havia teto na vetusta legislação, era muito comum que os sócios forjassem altos valores de créditos de natureza trabalhistas e, com essa manobra, conseguiam esvaziar boa parte de ativos da massa falida. Hoje esse crédito está restrito ao valor de 150 (cento e cinquenta) salários mínimos por trabalhador.

Algumas questões importantes: primeiro, o valor que ultrapassar o teto será considerado crédito de natureza quirografária. Por derradeiro, o pagamento nessa categoria deve obedecer ao critério *pro rata*. Esse critério propõe que, se a massa falida não puder efetuar o pagamento de todos os credores trabalhistas, eles devem ser pagos proporcionalmente em relação aos seus créditos. Expliquemos com um exemplo, se houver três credores trabalhistas e a massa falida não puder efetuar o pagamento de todos eles, o administrador judicial deve eleger um percentual para o pagamento desses três credores. Se a massa falida puder pagar somente 10% (dez por cento) do crédito de cada um dos credores trabalhista, cada credor terá direito a 10% (dez por cento) em relação ao crédito de cada um. Logo, se o credor Alberto titularizar 100, o credor Bruno titularizar 50 e o credor Carlos titularizar 10, cada

---

a) aqueles não previstos nos demais incisos deste artigo;

b) os saldos dos créditos não cobertos pelo produto da alienação dos bens vinculados ao seu pagamento; e

c) os saldos dos créditos derivados da legislação trabalhista que excederem o limite estabelecido no inciso I do *caput* deste artigo;

VII – as multas contratuais e as penas pecuniárias por infração das leis penais ou administrativas, incluídas as multas tributárias;;

VIII – os créditos subordinados, a saber:

a) os previstos em lei ou em contrato; e

b) os créditos dos sócios e dos administradores sem vínculo empregatício cuja contratação não tenha observado as condições estritamente comutativas e as práticas de mercado; e

IX – os juros vencidos após a decretação da falência, conforme previsto no art. 124 desta Lei.

§ 1º Para os fins do inciso II do *caput* deste artigo, será considerado como valor do bem objeto de garantia real a importância efetivamente arrecadada com sua venda, ou, no caso de alienação em bloco, o valor de avaliação do bem individualmente considerado.

§ 2º Não são oponíveis à massa os valores decorrentes de direito de sócio ao recebimento de sua parcela do capital social na liquidação da sociedade.

§ 3º As cláusulas penais dos contratos unilaterais não serão atendidas se as obrigações neles estipuladas se vencerem em virtude da falência.

§ 4º (Revogado).

um terá 10% (dez por cento) do valor de seu crédito. É evidente que quem possui mais crédito receberá mais, mas, por outro lado, também perderá mais.

Por sua vez, a remuneração devida ao representante comercial, prevista na Lei 8.420/92, é equiparada a crédito trabalhista, desde que esse crédito seja titularizado por uma pessoa física. Quando se tratar de representante comercial pessoa jurídica, o seu crédito será considerado quirografário. Esse é o entendimento que prevalece no Tribunal de Justiça de São Paulo.

Em seguida, temos os créditos gravados com direito real de garantia até o limite do valor do bem gravado. Esses créditos são aqueles em que as partes, de comum acordo, vinculam determinado bem ao cumprimento da obrigação. Por exemplo, o credor hipotecário, o credor pignoratício ou o debenturista com debênture com garantia real. Todos esses credores possuem como garantia de seus créditos um determinado bem.

Nessa classe de credores, encontram-se as instituições financeiras.

Aspecto interessante em que os concurseiros devem ficar atentos é que os créditos com garantias reais precedem os créditos fiscais na ordem de pagamento. Em outras palavras, os bancos terão seus créditos satisfeitos antes que o Poder Público receba seu crédito. Realmente, essa inversão na ordem de pagamento é algo teratológico. Não existe explicação plausível para se privilegiar os bancos em detrimento dos créditos fiscais. Talvez reflexo de um país de terceiro mundo dominado por oligarquias financeiras institucionais. Lamentável.

De acordo com alguns doutrinadores, a intenção do legislador foi propiciar o barateamento do crédito oferecido pelas instituições financeiras e, com isso, fomentar a atividade econômica. Os bancos se comprometeram a diminuir a taxa de juros se houvesse a diminuição dos riscos por eles suportados. Ocorre que a taxa de juros não foi alterada.

Nessa classe, cada credor receberá de acordo com o valor do bem dado em garantia. Por exemplo, se o credor Alberto for credor hipotecário de 100 e o bem dado em garantia for alienado por 100, Alberto receberá todo o seu crédito; entretanto, se esse mesmo imóvel for alienado por 50, Alberto receberá apenas 50, sendo que os outros 50 serão reclassificado como quirografários.

Após o pagamento dos credores com garantia real, devem ser pagos os créditos fiscais. A Lei 11.101/05 se refere a créditos tributários, independentemente da sua natureza ou tempo de sua constituição, com exceção as multas tributárias. Preferimos a expressão créditos fiscais, pois há créditos que não são propriamente tributários, mas são equiparados aos créditos tributários. Veja o disposto no § 4º da Lei 6.830/80, que assim dispõe: "aplica-se à Dívida Ativa da Fazenda Pública de natureza não tributária o disposto nos artigos 186 e 188 a 192 do Código Tributário Nacional". Logo, se a dívida de natureza não tributária for incluída na dívida ativa da Fazenda Pública, esse passivo será considerado de natureza tributária.

Uma questão que tem ensejado acalorados debates doutrinários e mesmo jurisprudenciais refere-se ao disposto no art. 187[2] do Código Tributário Nacional, que dispõe a respeito da maneira pela qual devem ser pagos os entes da federação. De acordo com esse dispositivo, o concurso de preferências somente se verifica entre pessoas jurídicas de direito público na seguinte ordem: primeiro, devem ser satisfeitos todos os créditos da União; após, devem ser pagos os créditos dos Estados e do Distrito Federal, conjuntamente e *pro rata*; e, por fim, devem ser pagos os créditos dos Municípios, conjuntamente e *pro rata*.

Prima facie, esse dispositivo nos apresenta como inconstitucional, pois fere o pacto federativo que estabelece o princípio da igualdade entre os entes da federação. O professor Paulo de Barros Carvalho professa esse entendimento.[3]

Contudo, de acordo com o mesmo autor, não há mais essa ordem de preferência diante da Lei Complementar 118, de 2015. A nosso ver, esse entendimento deve

---

2. Art. 187. A cobrança judicial do crédito tributário não é sujeita a concurso de credores ou habilitação em falência, recuperação judicial, concordata, inventário ou arrolamento. (Redação dada pela LCP nº 118, de 2005)

   Parágrafo único. O concurso de preferência somente se verifica entre pessoas jurídicas de direito público, na seguinte ordem:

   I – União;

   II – Estados, Distrito Federal e Territórios, conjuntamente e pró rata;

   III – Municípios, conjuntamente e pró rata.

3. O tacitamente revogado art. 187, parágrafo único, do Código Tributário Nacional, prescrevia o seguinte: O concurso de preferência somente se verifica entre pessoas jurídicas de direito público, na seguinte ordem: I – União; II – Estados, Distrito Federal e Territórios, conjuntamente e pró rata; III – Municípios, conjuntamente e pró rata. Em edições anteriores, em face do dispositivo transcrito, argumentamos: "Sua inconstitucionalidade ressalta ao primeiro súbito de vista. É flagrante, insofismável e vitanda, sob qualquer ângulo pelo qual pretendamos encará-la. Fere, de maneira frontal e grosseira, o magno princípio da isonomia das pessoas políticas de direito constitucional interno, rompendo o equilíbrio que o Texto Superior consagra e prestigia. Discrimina a União, em detrimento dos Estados, e estes, juntamente com o Distrito Federal, em prejuízo dos Municípios, quando sabemos que estão juridicamente parificados, coexistindo num clima de isonomia. E, como se isso não bastasse, dá preferência aos Territórios, que não têm personalidade política, com relação aos Municípios. Lamentavelmente, a ordem preferencial que o art. 187, parágrafo único, cristaliza na redação de seu texto vem sendo passivelmente acolhida e cordatamente aplicada, sem que o meio jurídico nacional se dê conta da manifesta inconstitucionalidade que encerra no seu significado em face do sistema do direito positivo brasileiro. Exclamam algumas vozes, como as de Geraldo Ataliba, Michel Temer, Roque Carrazza e pouco mais, sem que delas façam eco os pronunciamentos do Poder Judiciário".

prevalecer, pois não existe motivo plausível para estabelecermos distinção entre os entes da federação. Importante observar que a Lei 14.112/20 excluiu os créditos com privilegio especial e geral, transformando-os em quirografários.

Boa parte dos créditos com privilégio especial e com privilégio geral está descrita nos arts. 964 e 965 do Código Civil ou em Leis Especiais, como no caso das debêntures com garantia flutuante, previstas no 58, § 1°, da Lei 6.404/76, que possuem privilégio geral. Hoje estes créditos são considerados quirografários.

Os credores quirografários são aqueles que não possuem nem uma espécie de garantia ou privilégio, são créditos comuns. Nessa categoria estão os credores trabalhistas que excederam o limite de 150 (cento e cinquenta)..

Boa parte dos créditos com privilégio especial e com privilégio geral está descrita nos arts. 964 e 965 do Código Civil ou em Leis Especiais, como no caso das debêntures com garantia flutuante, previstas no 58, § 1°, da Lei 6.404/76, que possuem privilégio geral.

Pagos os credores detentores de privilégios, devem ser pagos os credores quirografários. Essa classe certamente comportará a maior parte dos credores. Os credores quirografários são aqueles que não possuem nem uma espécie de garantia ou privilégio, são créditos comuns. Nessa categoria estão os credores trabalhistas que excederam o limite de 150 (cento e cinquenta).

Uma vez um aluno me indagou após uma aula de falência: o credor quirografário, quando postula o decreto de quebra, assume alguma posição especial no concurso de credores? A resposta é negativa. Ele continuará a ser considerado quirografário com poucas chances de receber o seu crédito. Na verdade, a decretação da falência para o credor quirografário talvez não seja uma boa alternativa.

A nova legislação ainda estabeleceu mais duas classes após os créditos quirografários. As chamadas multas contratuais e os créditos subordinados. As multas são sanções impostas em virtude do descumprimento de cláusulas inseridas nos contratos, inclusive contratos públicos. Os créditos subordinados, por sua vez, são aqueles assim determinados pelas partes ou por texto de lei. Por exemplo, os créditos dos sócios ou dos acionistas, sem vínculo empregatício, em face da sociedade da qual eles fazem parte, conforme determina o art. 83, VIII, letra *b*, da Lei 11.101/05.

A sobredita determinação legal recebeu muitas críticas da doutrina, pois inviabilizou qualquer forma de empréstimo, por parte dos sócios, beneficiando a sociedade, pois, se advier a falência, esse crédito dificilmente lhe será devolvido.

É essencial deixar bem assentado que os créditos concursais (art. 83) serão pagos após o pagamento dos créditos extraconcursais (art. 84). Portanto, vamos analisar, ainda que perfunctoriamente, esses créditos. No art. 84, o legislador elencou, em sua maior parte, os créditos que surgem após a decretação da falência, mas que, por motivos meramente administrativos, devem ser pagos antes dos créditos concursais.

São considerados como créditos extraconcursais[4]:

I – a remuneração do administrador judicial e os créditos trabalhistas e acidentários oriundos de fatos que sujem após o decreto de falência. No tocante a esses créditos, não há o que se discutir, esses indivíduos precisam ser pagos antecipadamente para continuar a fornecer serviços essenciais ao desenvolvimento do processo concursal. Ademais, no tocante a esses créditos trabalhistas, o legislador não os limitou ao teto de 150 salários mínimos;

II – as quantias fornecidas pelos credores à massa falida. Vamos dar um exemplo para que fique claro essas quantias fornecidas pelos credores. Imaginemos que uma montadora de automóveis está com a sua falência decretada e, no momento da quebra, o juízo concursal determinou a paralisação de suas atividades. Contudo, alguns automóveis ficaram parados no processo de montagem, pois estavam aguardando a aquisição de determinadas peças. Se os credores adquirirem essas peças, após a sentença de falência, para que os veículos possam ser montados e vendidos por um valor maior, esses créditos serão fornecidos à massa falida e não para a sociedade falida;

Observação importante: uma vez declarada a falência de uma sociedade empresária, essa não se extingue. A sociedade falida entra em um processo de liquidação,

---

4. Art. 84. Serão considerados créditos extraconcursais e serão pagos com precedência sobre os mencionados no art. 83 desta Lei, na ordem a seguir, aqueles relativos:

I – (revogado);

I-A – às quantias referidas nos arts. 150 e 151 desta Lei;

I-B – ao valor efetivamente entregue ao devedor em recuperação judicial pelo financiador, em conformidade com o disposto na Seção IV-A do Capítulo III desta Lei;

I-C – aos créditos em dinheiro objeto de restituição, conforme previsto no art. 86 desta Lei;

I-D – às remunerações devidas ao administrador judicial e aos seus auxiliares, aos reembolsos devidos a membros do Comitê de Credores, e aos créditos derivados da legislação trabalhista ou decorrentes de acidentes de trabalho relativos a serviços prestados após a decretação da falência;

I-E – às obrigações resultantes de atos jurídicos válidos praticados durante a recuperação judicial, nos termos do art. 67 desta Lei, ou após a decretação da falência;

II – às quantias fornecidas à massa falida pelos credores;

III – às despesas com arrecadação, administração, realização do ativo, distribuição do seu produto e custas do processo de falência;

IV – às custas judiciais relativas às ações e às execuções em que a massa falida tenha sido vencida;

V – aos tributos relativos a fatos geradores ocorridos após a decretação da falência, respeitada a ordem estabelecida no art. 83 desta Lei.

§ 1º As despesas referidas no inciso I-A do **caput** deste artigo serão pagas pelo administrador judicial com os recursos disponíveis em caixa.

§ 2º O disposto neste artigo não afasta a hipótese prevista no art. 122 desta Lei." (NR)

que consistirá na venda de seu ativo para a satisfação de seu passivo; contudo, em seu lugar surge um ente despersonalizado denominado massa falida da sociedade liquidante. Essa massa falida será representada pelo administrador judicial, pois o administrador da sociedade falida será afastado *incontinenti* da administração no momento da decretação da quebra. É importante entender esse mecanismo, pois a sociedade falida, se assim desejar, poderá vir a exercer atividade empresarial após a sua reabilitação.

III – as despesas com arrecadação, administração, realização do ativo e distribuição do seu produto, bem como custas do processo de falência;

No tocante a esses créditos, não há muito o que se comentar. Esses créditos serão considerados de natureza extraconcursal.

IV – as custas e despesas judiciais em razão da sucumbência da massa falida em juízo;

Se a massa falida estiver litigando com terceiros e vier a sucumbir em eventual demanda, o crédito da parte vencedora será considerado crédito extraconcursal.

V – neste inciso quinto temos duas espécies de créditos, os créditos oriundos de tributos cujo fato gerador tenha ocorrido após a decretação da falência e, por sua vez, os créditos surgidos durante a recuperação judicial nos termos do art. 67 da legislação em comento. Estes últimos são créditos surgidos durante a recuperação judicial, ou seja, são créditos que surgem antes da decretação da falência. Essa é a única hipótese de créditos extraconcursal que tive a sua origem antes da sentença de falência.

Portanto, devido a sua importância, precisamos entender o disposto no art. 84, inciso V, combinado com o art. 67,[5] ambos da Lei 11.101/05. Primeiramente, esses créditos são considerados extraconcursais, contudo têm origem antes da declaração da falência. Houve, portanto, uma quebra na regra adotada pelo atual legislador. Vejamos:

O legislador, sabedor de que o empresário, que se encontra em recuperação judicial, provavelmente encontrará dificuldades em obter crédito ou, ainda, em

---

5. Art. 67 da Lei 11.101/05. Os créditos decorrentes de obrigações contraídas pelo devedor durante a recuperação judicial, inclusive aqueles relativos a despesas com fornecedores de bens ou serviços e contratos de mútuo, serão considerados extraconcursais, em caso de decretação de falência, respeitada, no que couber, a ordem estabelecida no art. 83 desta Lei.

Parágrafo único. plano de recuperação judicial poderá prever tratamento diferenciado aos créditos sujeitos à recuperação judicial pertencentes a fornecedores de bens ou serviços que continuarem a provê-los normalmente após o pedido de recuperação judicial, desde que tais bens ou serviços sejam necessários para a manutenção das atividades e que o tratamento diferenciado seja adequado e razoável no que concerne à relação comercial futura.

adquirir bens ou serviços a prazo, tendo em vista a desconfiança do mercado em face de quem está em crise econômico-financeira, estabeleceu uma regra salutar, no art. 67, *caput*, da Lei 11.101/05. Todo credor que mantiver negócios com o recuperando, fornecendo-lhe crédito, bens ou serviços, durante a recuperação judicial. Caso o recuperando venha a falir, esse crédito será considerado extrajudicial. Logo, ocorrendo a falência, esses credores terão prioridade no recebimento.

Ademais, com crédito, bens e serviços haverá grande probabilidade de o recuperando ter sucesso no cumprimento do plano apresentado aos credores; e, se isso acontecer, será benéfico para os trabalhadores, que manterão seus empregos, para o Estado, que continuará a receber seu crédito, e, por fim, para os consumidores, que continuarão a ter mais um agente fornecedor de bens ou serviços no mercado. Ou seja, todos se beneficiarão com essa situação.

Por sua vez, o parágrafo único do art. 67 ganhou nova redação:

> "O plano de recuperação judicial poderá prever tratamento diferenciado aos créditos sujeitos à recuperação judicial pertencentes a fornecedores de bens ou serviços que continuarem a provê-los normalmente após o pedido de recuperação judicial, desde que tais bens ou serviços sejam necessários para a manutenção das atividades e que o tratamento diferenciado seja adequado e razoável no que concerne à relação comercial futura." (NR)

Ou seja, os credores que continuarem a prover bens ou serviços ao recuperando, terão tratamento diferenciado.

O crédito fornecido ao recuperando, durante a recuperação judicial, independentemente de sua natureza, caso haja falência, deve ser considerado como crédito extraconcursal.

Por fim, há que se mencionar entendimento esposado pelo Superior Tribunal de Justiça, no sentido de que, em caso de decretação de falência, serão considerados extraconcursais os créditos decorrentes de obrigações contraídas pelo devedor entre a data em que se defere o processamento da recuperação judicial e a data da decretação da falência, inclusive aqueles relativos a despesas com fornecedores de bens ou serviços e contratos de mútuo. Assim, são extraconcursais os créditos originários de negócios jurídicos realizados após a data em que foi deferido o pedido de processamento de recuperação judicial. **STJ. 4ª Turma. REsp 1.399.853-SC, Rel. originária Min. Maria Isabel Gallotti, Rel. para acórdão Min. Antonio Carlos Ferreira, julgado em 10/2/2015 (Info 557). STJ. 3ª Turma. REsp 1.398.092-SC, Rel. Min. Nancy Andrighi, julgado em 6/5/2014.**

11
DA RECUPERAÇÃO JUDICIAL

Itens do Capítulo	Teoria	Revisão	Questões
11.1. Do conceito	☐	☐	☐
11.2. Da legitimidade ativa e passiva	☐	☐	☐
11.3. Dos requisitos legais	☐	☐	☐
11.4. Da competência	☐	☐	☐
11.5. Do processamento do pedido de recuperação judicial	☐	☐	☐
11.6. Do plano especial de recuperação judicial	☐	☐	☐
11.7. Alterações introduzidas pela Lei 14.112 de dezembro de 2020	☐	☐	☐

11.1. Do conceito

A recuperação judicial é o meio legal posto à disposição do empresário ou da sociedade empresária para que esses possam, por meio da apresentação de um plano, superar a crise econômico-financeira que compromete o exercício da sua atividade. Em outras palavras, se a falência é o fim da atividade; a recuperação judicial é o remédio para combater a patologia. O cerne da nova legislação é, sem dúvida, a recuperação judicial. O que se busca é evitar a falência e o desenvolvimento e a continuidade da atividade empresarial.

O legislador brasileiro utilizou o *chapter* 11 do *United States Bankruptcy Code* como paradigma, instituto esse que se mostrou eficaz no direito empresarial norte-americano, permitindo que sociedades empresariais pudessem se reorganizar e, assim, evitar a instauração do processo falimentar. O legislador americano percebeu que, preservando a atividade empresarial (empresa), estar-se-á protegendo o tripé do sistema econômico: o emprego do trabalhador, os interesses do Estado e direitos dos consumidores.

O art. 47 da Lei 11.101/05 nos oferece um conceito aprimorado desse instituto. Vamos transcrevê-lo para que posamos analisá-lo. O dispositivo está assim redigido:

> **"A recuperação judicial tem por objetivo viabilizar a superação da situação de crise econômico-financeira do devedor, a fim de permitir a *manutenção da fonte* produtora, do emprego dos trabalhadores e dos interesses dos credores, promovendo, assim, a preservação da empresa, sua função social e o estímulo à atividade econômica"** (grifo nosso).

É importante notar que o legislador estabeleceu uma ordem valorativa no dispositivo que pode ajudar o aluno, durante a prova, na resolução de algumas questões. O legislador estabeleceu, como prioridade da recuperação judicial, a manutenção da fonte produtora, ou seja, a preservação da empresa. Apenas para lembrar, a empresa está sendo utilizada em seu sentido funcional. Após estabelecer que a prioridade é preservar a atividade empresarial, o legislador elencou, em segundo plano, o emprego dos trabalhadores e, por fim, o interesse dos credores.[1]

É importante notar um fenômeno denominado de dualismo pendular por Fabio Konder Comparato. De acordo com o professor do Largo São Francisco, as normas falimentares, ao longo do tempo, tendem ora a favorecer os credores, ora os devedores no processo falimentar, funcionando com um pêndulo que oscila de um lado para o outro.

Posto isso, podemos, ao analisar o sobredito dispositivo, verificar que o legislador estabeleceu claramente uma ordem valorativa, elegendo como primordial a manutenção da fonte, que, em outras palavras, pode ser entendida como a proteção do estabelecimento e, consequentemente, da atividade empresarial. Aliás, só para corroborar essa nossa afirmação, podemos mencionar o já estudado parágrafo único do art. 60 da Lei 11.101/05, que determina que, quando houver alienação de estabelecimento empresarial, em sede de recuperação judicial, o adquirente do estabelecimento não responde pelo passivo, inclusive pelos débitos tributários e, como já decidiu o Supremo Tribunal Federal, pelo passivo trabalhista.[2]

É importante que se diga aos menos avisados que um dos principais beneficiados por esse dispositivo é primordialmente o trabalhador. Hoje em dia, essa discussão já se encontra superada na agenda doutrinária ou jurisprudencial e, como salientou o ministro Lewandowski, existe dispositivo semelhante na Espanha, na França, mormente na legislação Italiana.

Apenas para ficar bem registrado que essa Ação Direta de Inconstitucionalidade nº 3.934-2 foi proposta pelo Partido Democrático Trabalhista, que, como todo partido de esquerda no Brasil, ou pela ignorância ou pela má-fé e interesse próprios, questionou dispositivos que beneficiarão os trabalhadores. Por exemplo,

1. Art. 47 da Lei 11.101/05.
2. Assim decidiu o Ministro Ricardo Lewandowski na ação direta de inconstitucionalidade nº 3.934-2. Como é cediço, havia se instaurado um grande debate a respeito desse dispositivo, pois o legislador não mencionou, como deveria ter feito, que o adquirente de estabelecimento empresarial não responderia pelos débitos trabalhistas, como havia feito no art. 141, II, da mesma legislação. Diante disso, pedimos vênia para transcrever um trecho do voto do Ministro: "**Por essas razões, entendo que os arts. 60, parágrafo único, e 141, II, do texto legal em comento mostram-se constitucionalmente hígidos no aspecto em que estabelecem a inocorrência de sucessão dos créditos trabalhistas, particularmente porque o legislador ordinário, ao concebê-los, optou por dar concreção a determinados valores constitucionais, a saber, a livre de cujas manifestações a empresa é uma das mais conspícuas – em detrimento de outros, com igual densidade axiológica, eis que os reputou mais adequados ao tratamento da matéria.**"

fora questionado o limite de 150 (cento e cinquenta) salários mínimos estabelecidos como teto para o trabalhador receber.

Voltemos à análise do art. 47 da mencionada legislação. Após a preocupação com a estrutura produtora da sociedade, o legislador estabeleceu uma preocupação com o emprego dos trabalhadores e, por fim, com a preservação dos direitos dos credores.

A nosso ver, andou bem o legislador ao editar as sobreditas regras, fortalecendo, desse modo, o instituto da recuperação judicial que substituiu a vetusta e já natimorta concordata (que nunca deu certo, por vários motivos que demonstraremos ao longo dessa obra).

11.2. Da legitimidade ativa e passiva

Postas essas ideias iniciais, precisamos analisar a legitimidade ativa para requerer a recuperação judicial. A nossa legislação, diferente de algumas outras normas modernas, não atribuiu legitimidade ativa para o credor. O que, a nosso ver, andou bem. A Lei 11.101/05[3] atribuiu legitimidade basicamente para o devedor, seja esse empresário, seja pessoa física, seja sociedade empresária, quando se tratar de pessoa jurídica. Contudo, também atribuiu legitimidade para cônjuge sobrevivente, herdeiros do devedor, o inventariante, quando se tratar de empresário pessoa física. E, quando se tratar de sociedade empresária, permitiu que o sócio remanescente também possa solicitar a medida.

Devido às reformas efetuadas recentemente no Código Civil, a figura do empresário deverá desaparecer, bem como a figura do sócio remanescente na sociedade limitada. Logo, a legitimidade deverá ser exclusiva do devedor sociedade empresária

Os bancos públicos ou privados não têm direito à recuperação judicial em nenhuma hipótese. Lembre-se, os bancos estão parcialmente excluídos do processo falimentar, ou seja, podem se sujeitar à falência, mas nunca poderão requerer recuperação judicial.

Outrossim, em nenhuma hipótese podem se beneficiar da recuperação judicial as sociedades de economia mista e empresas públicas, consórcios, cooperativas de crédito, sociedade operadora de saúde e entidade da previdência privada.

É interessante prestar muita atenção a dois dispositivos inseridos na legislação que estamos examinando, pois têm sido alvo de muitas questões em concursos

3. O parágrafo primeiro do art. 48 da Lei 11.101/05 assim dispõe: "A recuperação judicial também poderá ser requerida pelo cônjuge sobrevivente, herdeiros do devedor, inventariante ou sócio remanescente. (Renumerado pela Lei nº 12.873, de 2013)"

públicos, são eles os arts. 198 e 199[4]. O primeiro dispositivo, de forma imperativa, determina que todos os comerciantes que estavam alijados do processo concordatário também não podem requerer a recuperação judicial. Entretanto, o dispositivo subsequente permite que as companhias aéreas possam se utilizar da recuperação judicial. Se analisarmos com precisão, quem mais utilizou desse instituto foram justamente as companhias aéreas. As duas maiores companhias aéreas brasileiras tentaram evitar a falência se utilizando do processo recuperatório. A empresas aérea Gol estava com a sua recuperação judicial pronta para ser protocolada, mas foi socorrida por meio de uma fusão com uma companhia americana; a TAM também esteve perto da quebra, mas se fundiu com uma empresa aérea chilena que injetou capital para que ela não precisasse solicitar esse benefício. Esse setor da aviação no Brasil é muito sensível devido à concorrência internacional e aos preços praticados no Brasil.

Não há propriamente um sujeito passivo na recuperação judicial, pois a medida protetiva é solicitada pelo credor, para um juízo competente, mas sem um sujeito passivo. A recuperação judicial não é proposta em face dos credores, ou melhor, não se trata de um litígio contra os credores. Não há lide, ou, segundo Francesco Carnelutti, não se pode falar em um conflito de interesses qualificado por uma pretensão resistida. Na verdade, os interesses dos envolvidos são, na sua grande maioria, sempre convergentes.

Ao nosso entender, o processo de recuperação judicial é um acordo estabelecido entre o devedor e os credores, em que o juízo falimentar possui cognição sumária, analisando, apenas, a legalidade de pedido, mas o mérito é relegado aos credores. O Ministério Publico participa dessa fase apenas como fiscal da lei.

Embora nem todos os credores estejam sujeitos a recuperação judicial e haja algumas balizas legais a serem obedecidas pelo devedor e pelos credores, mesmo assim é correto afirmar que a negociação entre o devedor e os credores é ampla. O legislador permitiu que os envolvidos possam negociar livremente. Diante disso, há um funcionamento melhor desse instituto se comparado com a concordata, prevista no Dec. 7.661/45.

11.3. Dos requisitos legais

No art. 48 da Lei 11.101/05, o legislador estabeleceu alguns requisitos para que o empresário[5] possa solicitar a recuperação judicial. O primeiro dos requisitos

---

4. Art. 198. Os devedores proibidos de requerer concordata nos termos da legislação específica em vigor na data da publicação desta Lei ficam proibidos de requerer recuperação judicial ou extrajudicial nos termos desta Art. 199. Não se aplica o disposto no art. 198 desta Lei às sociedades a que se refere o art. 187 da Lei no 7.565, de 19 de dezembro de 1986.
5. Estamos utilizando o termo empresário em seu sentido amplo (*lato sensu*).
   Logo, quando o aluno for ler empresário, deve entender empresário, pessoa física, ou sociedade empresária, pessoa jurídica.

nós verificamos quando do início dos nossos estudos. Para poder usufruir das regras protetivas do direito comercial, o empresário deve cumprir uma obrigação imposta a todo empresário, que é se inscrever na Junta Comercial. Portanto, o empresário deve estar inscrito na Junta Comercial há mais de dois anos. Exige-se uma inscrição prévia de 2 (dois) anos.

Em seguida, o legislador exige que o empresário não tenha sido declarado falido e, se o for, deve estar reabilitado. Muita atenção a essa informação, pois quem não pode ter sido declarado falido é o empresário, pessoa física, ou a sociedade empresária que, em regra, é pessoa jurídica. Contudo, se a sociedade for declarada falida, os sócios não serão considerados falidos e, portanto, podem requerer recuperação se forem empresários. Espero que essa informação tenha ficado suficientemente clara.

Uma observação de suma importância, caberá o pedido de recuperação judicial durante o prazo de contestação[6] ao requerimento da falência. Por exemplo, se Alberto pede a falência de Carlos, Carlos pode contestar no prazo dez dias,[7] contudo, se, em vez de contestar, oferece o pedido de recuperação judicial, isso somente será possível porque o juízo falimentar e o da recuperação judicial são os mesmos.

Por outro lado, a doutrina entende que o empresário não poderia contestar e, ao mesmo tempo, requerer a sua recuperação judicial por serem pedidos antagônicos. Ou seja, ou contesta o pedido e, se sair vencedor, continua a sua atividade empresária ou solicita, durante o prazo da contestação, a sua recuperação judicial.

A nosso ver, esse posicionamento parece correto, pois, se o empresário se encontra em crise econômico-financeira, não há por que repudiar o requerimento da falência. Por outro lado, se o empresário não se encontra em crise econômico-financeira, não há por que solicitar a sua recuperação judicial. Logo, não são compatíveis a defesa com a solicitação do benefício.

O legislador, também, exige que o empresário não tenha se utilizado do benefício nos últimos 5 (cinco) anos. Exige-se, portanto, um interstício quinquenal entre a concessão do benefício e a nova solicitação. Nada mais razoável, pois não tem cabimento impor aos agentes econômicos o dever de suportar o ônus da recuperação judicial constantemente. Se o empresário não consegue se caminhar com as suas próprias pernas, não haverá outra solução do que lhe impor a falência e, consequentemente, paralisar a sua atividade empresarial.

Por derradeiro, o empresário não pode ter sido condenado por crime falimentar ou, quando se tratar de sociedade empresarial, os administradores ou o sócio

6. Art. 95. Dentro do prazo de contestação, o devedor poderá pleitear sua recuperação judicial.
7. Art. 98 da Lei 11.101/05 Citado, o devedor poderá apresentar contestação no prazo de 10 (dez) dias.

controlador não pode ter sido condenado por crime falimentar. O legislador quis limitar o acesso ao benefício apenas para o devedor de boa-fé.

Esse dispositivo recebeu muitas críticas da doutrina, pois o legislador fez uma imperdoável confusão entre a sociedade, aquela que pleiteia o benefício legal, e os administradores e o sócio controlador. Essa confusão talvez seria perdoável em face do acadêmico do primeiro ano de direito, mas não em face do legislador, que possui assessores para tanto. A sociedade não se confunde com os administradores, que integram um órgão social, muito menos com os sócios que integram outro órgão societário que é a assembleia.

Não há motivos para impedir que a sociedade possa requerer recuperação judicial, somente porque o componente de um de seus órgãos foi condenado por crime falimentar, conforme prevê o art. 48, inc. 4º da Lei 11.101/05. Olvidou-se o legislador de que a sociedade não se confunde com os seus administradores, muito menos com os seus sócios. Total retrocesso e falta de técnica a elaboração desse dispositivo quando cuida da sociedade empresária. Seria, por exemplo, a mesma coisa que o juiz criminal apontar o José com autor de um crime e, ao mesmo tempo, impor uma pena privativa de liberdade para o Bernardo.

Portanto, presentes esses quatro requisitos, o empresário pode ajuizar o seu pedido de recuperação judicial.

11.4. Da competência

O legislador estabeleceu como juízo competente o local do principal estabelecimento empresarial do empresário ou da sociedade empresária, conforme previsto no art. 3º[8] da Lei 11.101/05. Ou seja, o principal estabelecimento é o local em que o empresário desenvolve a sua atividade empresarial. Em outras palavras, é o local em que o empresário realiza o maior volume de atividades relacionados ao seu empreendimento. De acordo com o festejado professor do Largo São Francisco Oscar Barreto Filho, esse critério é denominado de quantitativo econômico.

Em outras palavras, esse juízo é determinado pelo local em que o empresário desenvolve efetivamente o maior volume de negócios relacionados à sua atividade. Por exemplo, uma concessionária na cidade de São Paulo, que, nesse município, aliena os seus veículos, faz reparos nos veículos dos clientes, adquire veículos em troca de novos veículos, mas a sede da sociedade fica em um município vizinho (Barueri) apenas para obter benefícios fiscais. A recuperação judicial deve ser intentada na cidade de São Paulo. É mais conveniente para o juízo falimentar ou da

8. Art. 3º da Lei 11.101/05. É competente para homologar o plano de recuperação extrajudicial, deferir a recuperação judicial ou decretar a falência o juízo do local do principal estabelecimento do devedor ou da filial de empresa que tenha sede fora do Brasil.

recuperação judicial permanecerem mais próximos do estabelecimento empresarial, ou seja, mais próxima dos bens que o empresário utiliza para o desenvolvimento da sua atividade.

Essa competência é denominada absoluta pelos processualistas, pois é fixada em razão da matéria (*ratione materiae*). Portanto, se o juiz entender que o seu juízo não é competente, ele deverá remeter de ofício para o juízo competente. Como é sabido, essa competência não se prorroga e não torna o juízo prevento. Quando a competência é absoluta, jamais ela poderá ser modificada, pois ela é fixada por preceitos de ordem pública. Quando a competência é relativa, as partes podem modificá-la, como na competência territorial ou de foro.

Como estudaremos mais adiante, é importante estabelecer-se um juízo único para recuperação e para a falência, pois, se o devedor não cumprir o plano por ele proposto e acordado pelos credores, o mesmo juízo poderá convolar a recuperação judicial em falência, além, é claro, de outros benefícios que o juízo único poderá proporcionar.

É importante deixar consignado que todos os credores existentes na data do pedido da recuperação judicial, ainda que não vencidos, a ela se sujeitam. Essa regra encontra-se no art. 49 da atual legislação em comento. Conforme veremos mais adiante, alguns credores não se sujeitam ao processo recuperatório, como a Fazenda Pública. Em relação a esses créditos fiscais, a Fazenda Pública, de acordo com o art. 68[9] da lei em comento, poderá conceder parcelamento da dívida para o empresário em sede recuperação judicial.

No intuito de proporcionar esse parcelamento para o empresário ou sociedade empresária que estiverem em recuperação judicial, foi editada a Lei 10.522/02, que em seu art. 10-A permite o parcelamento da dívida do empresário. Esse dispositivo foi alterado pela Lei 14.112/20, permitindo o parcelamento em até 120 parcelas mensais e consecutivas calculadas de acordo com os índices e percentuais, estabelecidas na lei.[10]

---

9. Art. 68. As Fazendas Públicas e o Instituto Nacional do Seguro Social – INSS poderão deferir, nos termos da legislação específica, parcelamento de seus créditos, em sede de recuperação judicial, de acordo com os parâmetros estabelecidos na Lei 5.172, de 25 de outubro de 1966 – Código Tributário Nacional.

10. Art. 10-A. O empresário ou a sociedade empresária que pleitear ou tiver deferido o processamento da recuperação judicial, nos termos dos arts. 51, 52 e 70 da Lei nº 11.101, de 9 de fevereiro de 2005, poderá liquidar os seus débitos para com a Fazenda Nacional existentes, ainda que não vencidos até a data do protocolo da petição inicial da recuperação judicial, de natureza tributária ou não tributária, constituídos ou não, inscritos ou não em dívida ativa, mediante a opção por uma das seguintes modalidades: (Redação dada pela Lei nº 14.112, de 2020)
I – (revogado); (Redação dada pela Lei nº 14.112, de 2020).

Alguns estados resolveram editar normas próprias em relação aos tributos de suas competências. O legislador carioca editou a Lei Estadual nº 8.502/19. Outros Estados da federação também poderão criar regras próprias, prevendo o parcelamento dos débitos fiscais para os empresários em recuperação judicial.

Também não se sujeitam ao plano de recuperação judicial alguns credores-proprietários, previstos no art. 49, § 3º[11], da Lei 11.101/05. Há alguns credores que possuem, na verdade, a condição de proprietário e, diante disso, não se sujeitam ao plano de recuperação judicial. Esses credores são, na sua grande maioria, instituições financeiras. Estão, portanto, alijados do plano de recuperação judicial, o credor fiduciário no contrato de alienação fiduciária em garantia, o arrendador no contrato de arrendamento mercantil, também chamado de *Leasing*, o proprietário no contrato de compra e venda com reserva de domínio, o promitente vendedor no contrato de compra e venda de imóveis e o banco em virtude do adiantamento do contrato de câmbio.

Como dissemos, a grande parte desses credores-proprietários são instituições financeiras e, diante disso, o art. 49, § 3º, da Lei 11.101/05 ficou conhecido como <u>trava bancária</u> no setor financeiro e jurídico. A trava bancária, portanto, é

II – (revogado); (Redação dada pela Lei nº 14.112, de 2020)

III – (revogado); (Redação dada pela Lei nº 14.112, de 2020)

IV – (revogado); (Redação dada pela Lei nº 14.112, de 2020)

V – parcelamento da dívida consolidada em até 120 (cento e vinte) prestações mensais e sucessivas, calculadas de modo a observar os seguintes percentuais mínimos, aplicados sobre o valor da dívida consolidada no parcelamento: (Incluído pela Lei nº 14.112, de 2020)

a) da primeira à décima segunda prestação: 0,5% (cinco décimos por cento); (Incluído pela Lei nº 14.112, de 2020)

b) da décima terceira à vigésima quarta prestação: 0,6% (seis décimos por cento); (Incluído pela Lei nº 14.112, de 2020)

c) da vigésima quinta prestação em diante: percentual correspondente ao saldo remanescente, em até 96 (noventa e seis) prestações mensais e sucessivas; ou (Incluído pela Lei nº 14.112, de 2020) [...].

11. Art. 49. Estão sujeitos à recuperação judicial todos os créditos existentes na data do pedido, ainda que não vencidos. § 3º Tratando-se de credor titular da posição de proprietário fiduciário de bens móveis ou imóveis, de arrendador mercantil, de proprietário ou promitente vendedor de imóvel cujos respectivos contratos contenham cláusula de irrevogabilidade ou irretratabilidade, inclusive em incorporações imobiliárias, ou de proprietário em contrato de venda com reserva de domínio, seu crédito não se submeterá aos efeitos da recuperação judicial e prevalecerão os direitos de propriedade sobre a coisa e as condições contratuais, observada a legislação respectiva, não se permitindo, contudo, durante o prazo de suspensão a que se refere o § 4º do art. 6º desta Lei, a venda ou a retirada do estabelecimento do devedor dos bens de capital essenciais a sua atividade empresarial.

um mecanismo utilizado pelos bancos, quando concedem créditos ou realizam negócios jurídicos com empresários ou com sociedades empresárias, que permite que o banco seja excluído da recuperação judicial e, assim, mantenha o seu crédito intacto mesmo diante de adversidades financeiras que possam atingir o empresário.

Contudo, essas travas bancárias, a nosso ver, violam, de modo descarado o princípio do *par condicio creditorum*. Novamente, é lamentável a subserviência dos nossos legisladores em face dos bancos. Essa atitude compromete todo nosso sistema financeiro. Não há explicação plausível para existência desse § 3º. Esse dispositivo está em total desarmonia com a lei de recuperação, que tem como objetivo primordial permitir que o empresário possa superar a sua crise econômico-financeira e continuar a operar no mercado.

Uma questão que precisa ser tratada com muito vagar está relacionada ao contrato de *leasing* de aeronaves na recuperação judicial. Primeiramente, o contrato de *Leasing* é, na verdade, uma locação com uma opção de compra ao final do contrato. Portanto, o arrendador permite que o arrendatário utilize determinado bem, mediante o pagamento de um aluguel mensal e, ao término da locação, se o arrendatário assim desejar, poderá optar pela aquisição do bem, mediante o pagamento de um residual.

As companhias aéreas utilizam o contrato de *Leasing* para obter a posse de aeronaves e, assim, poder desenvolver a sua atividade de transporte de pessoas e cargas. Esse contrato permite que as companhias possam desenvolver a sua atividade por um custo bem menor do que se tivesse que adquirir as aeronaves. Ademais, permite que as companhias aéreas possam renovar a sua frota de aviões sem ter de alienar os que possui para comprar um modelo mais novo. Contudo, não devemos olvidar que a aeronave pertence ao arrendador, e não ao arrendatário.

Diante dessa situação peculiar, e preocupado com o desenvolvimento da atividade empresarial pelas companhias aéreas, o legislador estabeleceu regra salutar, no próprio dispositivo em comento, determinando que, durante o prazo de suspensão previsto no art. 6º, § 4º, o arrendador, mesmo diante da inadimplência do arrendatário, não pode retomar o bem objeto do arrendamento mercantil, se esse for essencial para o desenvolvimento da atividade do arrendatário. Não há dúvida de que as aeronaves são bens essenciais para o desenvolvimento da atividade das companhias aéreas. Na verdade, essa regra aplica-se a todos os contratos que foram excluídos da recuperação judicial.

Ocorre que, no tocante às companhias aéreas, o legislador estabeleceu uma regra especial, prevista no art. 199, § 1º, da Lei 11.101/05. O legislador determinou que, "na recuperação judicial e na falência das sociedades de que trata o *caput* deste artigo, em nenhuma hipótese ficará suspenso o exercício de direitos derivados de contratos de locação, arrendamento mercantil ou de qualquer outra modalidade de arrendamento de aeronaves ou de suas partes" (grifo nosso). Logo, para as companhias aéreas não se aplica o disposto no art. 49, § 3º, da legislação em comento.

Andou mal o legislador em inserir essa regra no contexto da legislação. A nosso ver, essa regra dificultará o cumprimento do plano de recuperação judicial pelas companhias aéreas e deve ser mitigada pelo Judiciário. O Tribunal de Justiça do Estado do Rio de Janeiro, na decisão AG 2005. 002.23836, da lavra do relator desembargador Reinaldo P. Alberto Filho, da 4ª Câmara Civil, afastou o mencionado dispositivo, prestigiando, assim, a continuidade da atividade empresarial. Assim, também, já entendeu o STF, ao conceder liminar para que a companhia aérea permaneça de posse das aeronaves para que possa cumprir o plano proposto aos credores.

11.5. Do processamento do pedido de recuperação judicial

Neste tópico pretendemos percorrer os principais aspectos a respeito da recuperação judicial por meio de um esquema sequencial bastante didático. Vamos iniciar com o pedido elaborado pelo empresário devedor, no juízo competente, e terminaremos na manifestação dos credores na assembleia geral.

Acompanhe o infográfico a seguir:

1

Art. 51 da Lei 11.101/05

A petição inicial deverá atender aos requisitos previstos no art. 48 da presente legislação. Ademais, o devedor deverá juntar a documentação elencada no art. 51 e, por fim, deve descrever as causas concretas da sua situação patrimonial e das razões de sua crise econômica. O devedor deve, ainda, demonstrar a viabilidade econômica da sua empresa. Esse requisito é de extrema importância, pois somente será merecedor da concessão do benefício aquela atividade que for viável economicamente. Se esse requisito não estiver presente, o juiz indeferirá o pedido.

É importante observar que esse juízo é denominado de juízo de cognição sumária ou exauriente ou, ainda, superficial, ou seja, o juiz deve apenas verificar se estão presentes os requisitos legais para que o pedido possa ser processado, deixando o mérito para que os credores possam analisá-lo no decorrer do procedimento. Enfim, na cognição sumária, o magistrado examina os fatos que lhe são postos com menor verticalidade e profundidade.

O Enunciado nº 78 da II Jornada de Direito Comercial andou bem ao editar a seguinte orientação:

O pedido de recuperação judicial deve ser instruído com a relação completa de todos os credores do devedor, sujeitos ou não à recuperação judicial, inclusive fiscais, para um completo e adequado conhecimento da situação econômico-financeira do devedor.

Embora, nesse momento, estejamos diante de uma cognição superficial exauriente, o empresário não pode deixar de fornecer uma gama exaustiva de elementos para que o magistrado tenha condições de verificar se a atividade desenvolvida é viável economicamente, pois, se a viabilidade econômica não restar evidenciada, o juiz deverá indeferir o pedido de recuperação judicial.

Havendo o indeferimento do pedido de processamento da recuperação judicial, o juiz não é obrigado a decretar a falência do solicitante. Esse entendimento está sedimentado nas diretrizes estabelecidas pela própria legislação, que tem por escopo permitir a recuperação das sociedades empresárias viáveis economicamente. Ademais, se a legislação não determina expressamente que o juiz deveria decretar a falência do empresário caso haja o indeferimento do pedido, não seria razoável impor-lhe tal obrigação.

Quando o legislador quer que a falência seja decretada, essa intenção deve constar expressamente da norma, como quando o empresário não apresenta o plano de recuperação judicial, dentro do prazo de sessenta dias, contados da publicação do despacho que deferiu o processamento da recuperação judicial ou quando o plano é rejeitado pela assembleia de credores. Nesses casos, o legislador impõe a falência.

2

Art. 52 da Lei 11.101/05

Esse dispositivo determina que, estando em ordem a documentação relacionada no dispositivo antecedente, o juiz deferirá o processamento da recuperação judicial. Muito cuidado com essa informação, pois deferir o processamento não é a mesma coisa que conceder a recuperação judicial. Deferir o processamento é apenas uma constatação de que os requisitos legais estão presentes. Contudo, mesmo se tratando de uma decisão interlocutória que somente dará encaminhamento ao pedido efetuado pelo solicitante, essa manifestação do juiz gerará algumas consequências importantes que veremos em seguida.

Na decisão que determina o processamento, o juiz deverá nomear um administrador judicial de acordo com o art. 51, I, da pertinente legislação. Esse administrador judicial é o mesmo da falência, mas com funções diferentes. Na falência, o administrador judicial tinha a função precípua de arrecadar os bens do falido e administrá-los, pois o falido sempre perdia a posse e a administração de seus bens. Não se podia deixar os bens na posse do falido, sob pena de este desviá-los em proveito próprio ou de terceiros. Porquanto, esses bens eram entregues ao administrador judicial até que fossem alienados para o pagamento dos credores. Se esses bens não pertenciam ao falido, caberia, nesse caso, como já analisamos, ao proprietário intentar o pedido de restituição, conforme o art. 85[12] da Lei 11.101/05.

Na recuperação judicial, o administrador da sociedade (ou a pessoa física do empresário quando se tratar de empresário individual) não é afastado de suas funções. Aliás, não poderia ser diferente, pois se o administrador da sociedade, que é um órgão dessa, está propondo um plano capaz de debelar a crise econômico-financeira que aflige a pessoa jurídica, nada mais lógico do que o deixar executar o plano. Não há motivos razoáveis para destituí-lo do cargo. Logo, nesse caso, o administrador judicial terá a função de verificar se o recuperando está cumprindo ou não o plano que propôs em juízo.

Em síntese, podemos dizer que o administrador judicial atuará como "fiscal da lei" na recuperação judicial, fiscalizando as atividades desenvolvidas pelo empresário-devedor.

Importante deixa assentado que a atual legislação[13] não prevê a atuação do Ministério Público[14] no processo de recuperação judicial; contudo, é de bom alvitre que o juiz determine a intimação do membro do parquet para que, se quiser, possa acompanhar processo de recuperação judicial. Após ser intimado, o membro do parquet poderá analisar se a sua participação é ou não necessária de acordo com o interesse público subjacente. É verdade que o membro do parquet deverá participar de recuperações como da Varig ou da Vasp, tendo em vista a importância dessas empresas no cenário brasileiro e o interesse público subjacente.

Importante deixar consignado que <u>a intimação do membro do parquet é obrigatória, conforme determina o art. 52, V, da atual legislação</u>. Logo, o Ministério Público deverá ser intimado da recuperação judicial. Se o membro do parquet participará ou não ativamente do processo de recuperação judicial dependerá de um juízo de mérito efetuado pelo promotor de justiça.

Continuando a análise dos efeitos advindos do despacho que determina o processamento da recuperação judicial, o juiz, também, ordenará a suspensão de todas as ações ou execuções contra o devedor, salvo algumas exceções previstas art. 6º, §§ 1º, 2º e 7º, bem com as do art. 49, §§ 3º e 4º, da legislação em comento. O artigo 6º conforme já comentado, foi alterado pela lei 14.112/20.

---

12. O art. 85 da Lei 11.101/05 assim dispõe "O proprietário de bem arrecadado no processo de falência ou que se encontre em poder do devedor na data da decretação da falência poderá pedir sua restituição."
13. O art. 4º que previa a participação do Ministério Público foi vetado.
14. O STJ já se posicionou a respeito, entendendo que a legislação atual não prevê a atuação do Ministério Público no processo de recuperação judicial. REsp 1.563.550.

Logo, essa suspensão não atingirá as ações que tramitam na justiça do trabalho, as execuções fiscais, as ações que demandam quantia ilíquida e aquelas de competência da justiça federal.

Nesse sentido decisão emanada da justiça laboral:

> A Lei de Recuperação Judicial, no que se refere à suspensão dos processos que tramitam contra o devedor em recuperação, ressalvou expressamente as demandas trabalhistas em fase cognitiva do "automatic stay" ou "stay period". O art. 6º, § 2º, da Lei n. 11.101/2005 buscou a manutenção das ações trabalhistas que não tenham transitado em julgado, transferindo ao Juízo universal apenas a execução da sentença. Além disso, o art. 52, III, da Lei de Recuperação Judicial dispõe expressamente a respeito da não ocorrência de suspensão dos processos trabalhistas em fase conhecimento. Destaque-se que a não suspensão das ações trabalhistas em fase cognitiva não representa violação ao princípio par *conditio crediturum*. É que o credor trabalhista é superprivilegiado, já que seu crédito é de natureza alimentar. Em razão disso, não merece tratamento igualitário em relação aos demais credores, que terão suas demandas suspensas por 180 dias. Há na normogenética do art. 52, III, da Lei de Recuperação Judicial o princípio da isonomia em sua acepção substancial, já que o dispositivo confere tratamento desigual a sujeitos que estão em situação jurídica desigual. Recurso não provido. (TRT-6, Processo: ROT – 0000065-74.2015.5.06.0002, Redator: Fabio Andre de Farias, Data de julgamento: 20/08/2019, Segunda Turma, Data da assinatura: 20/08/2019)

A nova redação do artigo 6º § 4º permite que o prazo de 180 dias seja prorrogado por uma única vez, em caráter excepcional, desde que o devedor não haja concorrido com a superação do lapso temporal.

Contudo, esse prazo tem se mostrado inadequado diante da realidade fática que se apresenta em nossos tribunais. Em muitos casos, há necessidade de se ampliar esse *stay period*. Diante disso, e por haver necessidade de se estabelecer uma interação legislativa entre a Lei 11.101/05 e a Lei 13.105/15, pois, de acordo com o disposto no art. 219 do Código de Processo Civil, a contagem de prazos estabelecidos em dias por força de lei ou por determinação judicial, computar-se-ão somente os dias úteis. Logo, para a contagem do prazo de 180 dias deve-se levar em conta apenas os dias úteis[15].

Nesse sentido é o acórdão da Primeira Câmara Reservada de Direito Empresarial, AI nº 2210315-16.2016.8.26.000, Comarca de Pirangi, relator Desembargador. Hamid Bdine, Agravo de Instrumento. Recuperação Judicial.

15. Embora possamos entender que a contagem dos prazos deve ser efetuada levando em conta apenas os dias úteis, de acordo com o atual Código de Processo Civil. A Lei 14.112/20, que alterou a Lei 11.101/05, pacificou a questão, estabelecendo, em seu art. 189, inciso I, que os todos os prazos previstos na lei de recuperação judicial e na falência devem ser contados em dias corridos. Portanto, o *stay period* deve ser contado em dias corridos.

> "Stay Period. Contagem de prazo de suspensão do art. 6º, § 4º, da lei 11.101/05, que deve ser feita em dias úteis de acordo com o art. 219 do CPC/15. O cômputo dos dias úteis contribui para a segurança jurídica ao estabelecer critério objetivo ao mesmo tempo em que favorece a eficiência da recuperação judicial e maior oportunidade para a recuperanda cumprir os atos processuais que visam à recuperação judicial em prol de sua própria preservação (art. 47 da Lei n. 11.101/05)." Decisão reformada. Recurso provido." (TJSP, 1ª Câmara Reservada de Direito Empresarial, AI n. 2210315-16.2016.8.26.000, Comarca de Pirangi, rel. Des. Hamid Bdine, j. 16.03.2017, data de registro 16.03.2017).

Contudo, é importante deixar consignado que a questão não se encontra pacificada, havendo decisões em sentido contrário. Veja a decisão do mesmo tribunal em sentido contrário:

> "Recuperação judicial. 'Stay period'. Lapso de 180 dias do art. 6º, § 4º, da lei 11.101/2005, de natureza material, de modo que a sua contagem deve se dar em dias corridos. Inaplicabilidade da forma de contagem em dias úteis instituída no art. 219 do CPC/15. Impossibilidade de se ignorar casuisticamente o critério técnico-operacional da lei geral em nome da consecução de duvidoso interesse da Lei nº 11.101/2005 em prolongar o período de reorganização da devedora previamente à discussão do plano. Decisão agravada, que determinou a recontagem do prazo por tal critério, reformada. Agravo de instrumento, interposto por credora, provido" (TJSP, Órgão julgador 2ª Câmara Reservada de Direito Empresarial, AI n. 2200368-35.2016.8.26.0000, Comarca de Santa Cruz do Rio Pardo, rel. Des. Fabio Tabosa, j. 27.03.2017, data de registro 29.03.2017).

Importante verificar que o legislador assim não entendeu, determinando, que no art. 189 da Lei 14.112/20 os prazos previstos nesta lei serão contados em dias corridos e não em dias uteis.

Após o deferimento da recuperação judicial, o empresário não mais poderá desistir do pedido, salvo se obtiver a aprovação da desistência pela assembleia geral de credores. Desistindo do pedido, o empresário retornará ao *status quo ante.*

3

Art. 53 da Lei 11.101/05

Da publicação do despacho que deferir o processamento da recuperação judicial, o empresário terá o prazo improrrogável de 60 (sessenta) dias para apresentar o plano de recuperação judicial. Nesse momento, o empresário dará publicidade do plano que pretender apresentar aos credores.

A vivência prática tem demostrado que, antes da elaboração do plano de recuperação judicial, o empresário já estava em negociação com a maioria dos credores e, provavelmente, já obtivera a anuência desses, pois apresentar o plano em juízo sem antes ter obtido a aprovação dos credores pode se mostrar temerário, conforme verificaremos mais adiante. Logo, essa apresentação é somente para assegurar que todos os credores tenham de fato conhecimento do que o devedor-empresário pretende realizar.

Muita atenção para esse prazo de apresentação de 60 dias, pois o legislador foi claro ao determinar que, se o plano não for apresentado em tempo hábil, o juiz deverá declarar a falência do empresário.

Ademais, nos incisos I, II e III, o legislador elencou alguns requisitos essenciais que devem constar do plano. Primeiramente, o empresário deverá descrever detalhadamente os meios que utilizará para se recuperar, podendo utilizar um dos planos elencados no art. 50 da pertinente legislação.

No art. 50[16], o legislador estabeleceu um elenco, meramente exemplificativo, de propostas que o empresário poderá utilizar. Podemos destacar os mais

---

16. **Art. 50.** Constituem meios de recuperação judicial, observada a legislação pertinente a cada caso, dentre outros:

I – concessão de prazos e condições especiais para pagamento das obrigações vencidas ou vincendas;

II – cisão, incorporação, fusão ou transformação de sociedade, constituição de subsidiária integral, ou cessão de cotas ou ações, respeitados os direitos dos sócios, nos termos da legislação vigente;

III – alteração do controle societário;

IV – substituição total ou parcial dos administradores do devedor ou modificação de seus órgãos administrativos;

V – concessão aos credores de direito de eleição em separado de administradores e de poder de veto em relação às matérias que o plano especificar;

VI – aumento de capital social;

VII – trespasse ou arrendamento de estabelecimento, inclusive à sociedade constituída pelos próprios empregados;

VIII – redução salarial, compensação de horários e redução da jornada, mediante acordo ou convenção coletiva;

IX – dação em pagamento ou novação de dívidas do passivo, com ou sem constituição de garantia própria ou de terceiro;

X – constituição de sociedade de credores;

XI – venda parcial dos bens;

XII – equalização de encargos financeiros relativos a débitos de qualquer natureza, tendo como termo inicial a data da distribuição do pedido de recuperação judicial, aplicando-se inclusive aos contratos de crédito rural, sem prejuízo do disposto em legislação específica;

XIII – usufruto da empresa;

XIV – administração compartilhada;

XV – emissão de valores mobiliários;

XVI – constituição de sociedade de propósito específico para adjudicar, em pagamento dos créditos, os ativos do devedor.

importantes para fins de concursos públicos. No inciso I, encontramos o parcelamento da dívida ou, ainda, o parcelamento com remissão. Essa forma de recuperação é muito utilizada por pequenos empreendedores.

No inciso II, temos a chamada reorganização societária, em que uma companhia, por exemplo, poderá ser absorvida por outra companhia e assim desaparecer (incorporação) ou, ainda, duas companhias poderão se unir para formar uma outra, como ocorre na fusão. A sociedade também poderá se cindir ou se transformar em outra espécie de sociedade. Essas operações estão descritas, de maneira didática, nos arts. 226 ao 229 da Lei 6.404/76.

No inciso III do art. 50, o legislador estabeleceu como um meio de recuperação judicial a alteração do controle da sociedade. Nesse caso, o devedor poderá propor que o controle da companhia seja transferido para os credores, enquanto o devedor se encontrar em recuperação judicial ou, ainda, somente propor a substituição dos administradores do devedor, conforme previsto no IV do citado dispositivo.

Já no inciso VIII do art. 50, o legislador permitiu que o devedor possa, ainda, reduzir o salário de seus empregados, propor a compensação de horários ou até reduzir a jornada de trabalho, desde que seja efetuado por meio de acordo ou

---

XVII – conversão de dívida em capital social;

XVIII – venda integral da devedora, desde que garantidas aos credores não submetidos ou não aderentes condições, no mínimo, equivalentes àquelas que teriam na falência, hipótese em que será, para todos os fins, considerada unidade produtiva isolada.

§ 1º Na alienação de bem objeto de garantia real, a supressão da garantia ou sua substituição somente serão admitidas mediante aprovação expressa do credor titular da respectiva garantia.

§ 2º Nos créditos em moeda estrangeira, a variação cambial será conservada como parâmetro de indexação da correspondente obrigação e só poderá ser afastada se o credor titular do respectivo crédito aprovar expressamente previsão diversa no plano de recuperação judicial.

§ 3º Não haverá sucessão ou responsabilidade por dívidas de qualquer natureza a terceiro credor, investidor ou novo administrador em decorrência, respectivamente, da mera conversão de dívida em capital, de aporte de novos recursos na devedora ou de substituição dos administradores desta.

§ 4º O imposto sobre a renda e a Contribuição Social sobre o Lucro Líquido (CSLL) incidentes sobre o ganho de capital resultante da alienação de bens ou direitos pela pessoa jurídica em recuperação judicial poderão ser parcelados, com atualização monetária das parcelas, observado o seguinte:

I – o disposto na Lei 10.522, de 19 de julho de 2002; e

II – a utilização, como limite, da mediana de alongamento no plano de recuperação judicial em relação aos créditos a ele sujeitos.

§ 5º O limite de alongamento de prazo a que se refere o inciso II do § 4º deste artigo será readequado na hipótese de alteração superveniente do plano de recuperação judicial.

convenção coletiva. A redução de salário é possível de acordo com o art. 7º, VI, da Constituição Federal. Não devemos olvidar que é possível impor sacrifícios aos trabalhadores, pois a preservação da atividade empresarial é o objetivo precípuo da recuperação.

Por fim, há, ainda, a possibilidade da constituição de uma sociedade de credores, usufruto da empresa, administração compartilhada, entre outras possibilidades possíveis. Nada obsta que o devedor elabore um plano próprio em conjunto com os credores. O mais importante é que o devedor e os credores possam transigir e, desse modo, chegar a um acordo que possa viabilizar a continuidade da atividade empresarial.

4

Art. 53, parágrafo único, c/c art. 55, ambos da Lei 11.101/05

Após a apresentação do plano de recuperação judicial pelo devedor, o juiz ordenará a publicação de edital, contendo aviso aos credores de que o plano lhe fora entregue, em tempo hábil, e estabelecendo um prazo para a manifestação dos credores, conforme o art. 53, parágrafo único, da legislação pertinente.

Nesse momento, qualquer credor poderá apresentar a sua objeção em juízo, contados da publicação da relação de credores conforme previsto no art. 55 da lei.

Veja bem, o legislador atribuiu legitimidade para que qualquer credor possa se opor ao plano de recuperação apresentado pelo devedor. Não exigiu que o credor seja possuidor de privilégios ou de nenhuma espécie garantias, podendo, portanto, ser quirografário. Ademais, não exigiu que o credor seja detentor de determinada quantia, admitindo, com isso, que a objeção possa ser ofertada por credor detentor de quantia ínfima.

Andou mal o legislador em permitir que qualquer credor possa oferecer objeção ao plano de recuperação judicial, apresentado em juízo pelo devedor e, desse modo, procrastinar o desenvolvimento do processamento da recuperação. A nosso ver, dependendo da qualidade do credor e do valor de seu crédito, o juiz poderá indeferir a objeção quando o interesse desse credor for apenas causar prejuízos aos demais credores; ou quando se verificar a má-fé do ofertante.

Não podemos esquecer que as ações em face do recuperando estão suspensas pelo prazo de 180 dias para que o plano possa ser proposto e aceito pelos credores. Havendo objeção, o processamento estará obstado até que os demais credores possam votar o plano de recuperação judicial.

5

Art. 56 da Lei 11.101/05

Havendo objeção de qualquer credor ao plano de recuperação judicial, o juiz deverá convocar uma assembleia geral de credores para deliberar a respeito do plano. A nosso ver, a grande alteração elaborada pela atual legislação de recuperação judicial, em relação ao vetusto Decreto-Lei 7.661/45, foi essa, ou seja, a possibilidade de haver um acordo entabulado entre o devedor e os credores sem interferência estatal.

Logo, o devedor pode, ou melhor, deve, manter tratativas com os credores antes mesmo da elaboração do plano de recuperação judicial. Aliás, o plano somente será apresentado em juízo se houver anuência prévia dos credores, pois, certamente, o devedor não apresentará um plano em juízo que, se for rejeitado, ocasionará a decretação da sua falência.

Andou bem o legislador ao permitir que o devedor pudesse, sem interferência estatal, negociar diretamente com os credores e, assim, chegar a um acordo. Dessa maneira, acreditamos que o plano poderá ser mais bem executado pelo devedor, pois contou com a ajuda dos credores na sua elaboração.

É interessante observar que a legislação revogada entendia que a convocação dos credores pelo devedor caracterizava a insolvência e, portanto, era considerada um ato de falência. A doutrina denominava esse fato de concordata branca.[17]

Em suma, se algum credor qualquer se manifestar contra o plano de recuperação judicial, o juiz remeterá o plano para o conclave dos credores para que se manifestam a respeito da objeção. Essa assembleia será convocada dentro do prazo máximo de 150 (cento e cinquenta) dias, contados do deferimento do processamento da recuperação judicial.

É importante observar que basta a objeção de apenas um credor, independentemente do valor ou natureza de seu crédito, para que o juiz seja obrigado a convocar a assembleia de credores[18]. A nosso ver, o legislador andou mal ao permitir que qualquer credor pudesse ensejar a convocação de uma assembleia de credores. A convocação de uma assembleia de credores é custosa e certamente ocasionará a procrastinação do feito. Não se justifica que o descontentamento de apenas um credor possa ensejar a convocação de uma assembleia.

---

17. O art. 2º do Dec.-Lei 7.661/45 assim estabelecia: Caracteriza-se, também, a falência, se o comerciante: [...] III – convoca credores e lhes propõe dilação, remissão de créditos ou cessão de bens.

18. O art. 56 da Lei 11.101/05 assim dispõe: "Havendo objeção de qualquer credor ao plano de recuperação judicial, o juiz convocará a assembleia geral de credores para deliberar sobre o plano de recuperação".

Na assembleia de credores, algumas situações poderão acontecer. Na primeira situação, o plano poderá ser aprovado pelos credores. Para que isso seja possível, o legislador estabeleceu uma forma peculiar para que o plano possa ser aprovado, distribuindo poderes entre todos os credores por meio da utilização da seguinte técnica. Vejamos, como já estudado anteriormente, que o legislador dividiu os credores em quatro classes:

a) os credores trabalhistas e acidentários;

b) os credores detentores de garantias reais;

c) os credores quirografários, os credores com privilégio especial e os credores com privilégio geral e credores subordinados;

d) os credores que sejam considerados microempresas ME ou empresas de pequeno porte EPP. Esta última classe foi incluída pela Lei Complementar 147 de 2014.[19]

Portanto, para que o plano possa ser aprovado, ele deverá ser aprovado pela maioria simples dos presentes na primeira classe, que é composta dos credores trabalhistas e acidentários. A votação nessa classe é por cabeça, isto é, cada trabalhador terá direito a um voto, independentemente do valor de seu crédito. Portanto, o plano precisa obter a concordância da maioria dos trabalhadores.

Já na segunda classe, que é composta dos credores com garantia real, ou seja, as instituições financeiras de um modo geral, o critério utilizado levará em conta dois fatores, a maioria dos credores presentes na assembleia deverá aprovar o plano, bem como a maioria dos créditos detidos pelos credores deverá aprovar o plano. Nesse caso, por exemplo, se nessa classe houver o credor A, B e C, sendo que o credor A detém 80% do crédito nessa classe, sendo que B e C detêm 10% cada um. O plano só será aprovado se pelo menos dois dos credores o aprovarem, levando em conta o critério por cabeça e desde que o credor A aprove o plano de acordo com o critério por crédito.

Na classe terceira, formada por vários segmentos de credores, quirografários, com privilégios geral e especial e subordinados, o critério é igual ao anterior, sendo levado em conta o número de integrantes (por cabeça), bem como a quantidade de créditos.

Já na última classe, composta de microempresários e empresários de pequeno porte, a votação será por cabeça.

Se a recuperação judicial for aprovada pelos credores, o juiz homologará o plano e, nesse momento, inicia-se, de fato, a execução do estabelecido no acordo. O plano será fiscalizado pelo prazo de dois anos. Importante deixar anotado que a fiscalização do plano de recuperação judicial será efetuada pelo prazo de dois anos, mas o plano poderá ter duração superior a dois anos.

19. Vide art. 56 da lei 11.101/2005 após as alterações da lei 14.112/20.

Outra situação que poderá ocorrer na assembleia de credores é a alteração[20] do plano. Contudo, para que essa situação posso ocorrer, exige-se a concordância do devedor. Não se poderia conceber a alteração do plano sem que o solicitante concordasse. Afinal de contas, se o devedor não se dispuser a cumprir o plano alterado, dificilmente se poderia obter êxito.

Ademais, para que o plano possa ser alterado pela assembleia de credores, a modificação não poderá prejudicar exclusivamente os credores que não estejam presentes na assembleia de credores. Em outras palavras, a modificação efetuada no plano não pode agravar a situação somente de quem está ausente. Por exemplo, havendo cinco credores A, B, C, D e E, não comparecendo apenas o credor B na assembleia, a alteração não poderá agravar somente a situação dele, mas poderá agravar a de todos. O legislador quis evitar que houvesse um conluio entre os credores presentes na assembleia para prejudicar o credor ausente.

Ademais, no tocante a possíveis alterações realizadas no plano de recuperação judicial, o Enunciado 77 da II Jornada de Direito Comercial assim prescreveu:

> **As alterações do plano de recuperação judicial devem ser submetidas à assembleia geral de credores, e a aprovação obedecerá ao quórum previsto no art. 45 da Lei nº 11.101/05, tendo caráter vinculante a todos os credores submetidos à recuperação judicial, observada a ressalva do art. 50, § 1º, da Lei nº 11.101/05, ainda que propostas as alterações após dois anos da concessão da recuperação judicial e desde que ainda não encerrada por sentença.**

Por derradeiro, o plano poderá ser rejeitado pelos credores na assembleia e, se isso acontecer, o juiz deverá obrigatoriamente decretar a falência do devedor. Veja bem, o legislador foi enfático ao determinar que a falência do empresário ou da sociedade deve ser decretada.[21]

Contudo, o legislador não se olvidou de que o âmago da nova legislação é criar métodos para a preservação da atividade empresarial, pois, preservando a empresa tutela-se a vida econômica nacional. Desse modo, o legislador incorporou o instituto conhecido como *cramdown*.[22] Esse instituo permite que o juiz, mesmo

---

20. Art. 56. Havendo objeção de qualquer credor ao plano de recuperação judicial, o juiz convocará a assembléia-geral de credores para deliberar sobre o plano de recuperação. § 3º O plano de recuperação judicial poderá sofrer alterações na assembléia-geral, desde que haja expressa concordância do devedor e em termos que não impliquem diminuição dos direitos exclusivamente dos credores ausentes.

21. No art. 56, § 4º, da Lei 11.101/05, o legislador assim dispõe: Rejeitado o plano de recuperação judicial, o administrador judicial submeterá, no ato, à votação da assembleia-geral de credores a concessão de prazo de 30 (trinta) dias para que seja apresentado plano de recuperação judicial pelos credores.

22. A cramdown is the imposition of a bankruptcy reorganization plan by a court despite any objections by certain classes of creditors. A cramdown is often utilized as part of a

havendo a oposição dos credores, possa conceder a recuperação judicial e assim preservar a atividade econômica.

Entretanto, para que o *cramdown* possa ser imposto pelo juiz aos credores, exige-se a presença cumulativa de três requisitos:

I – o voto favorável de credores que representem mais da metade do valor de todos os créditos presentes à assembleia, independentemente de classes;

II – a aprovação de 3 (três) das classes de credores ou, caso haja somente 3 (três) classes com credores votantes, a aprovação de pelo menos 2 (duas) das classes ou, caso haja somente 2 (duas) classes com credores votantes, a aprovação de pelo menos 1 (uma) delas, sempre nos termos do art. 45 desta Lei;

III – na classe que o houver rejeitado, o voto favorável de mais de 1/3 (um terço) dos credores, computados na forma dos §§ 1º e 2º do art. 45 desta Lei.

Na verdade, além dos três sobrepostos requisitos exigidos pelo legislador, o plano somente poderá ser concedido se, na classe que rejeitou o plano, não houver tratamento diferenciado entre estes e os credores.

Por sua vez, o instituto do *cramdown* é um instrumento posto à disposição do magistrado, para que os atos praticados pelos credores possam ser analisados sob a luz da legalidade e do abuso de direito. Não seria aceitável que o plano de recuperação judicial pudesse ser rejeitado em virtude da discordância de apenas um credor intransigente ou que um plano fosse rejeitado por questões de cunho pessoal. Nesses casos, deve o juiz intervir no feito para restaurar a legalidade do procedimento.

O plano de recuperação judicial implicará novação dos créditos anteriores ao pedido e obriga o devedor e os credores a ele sujeito, sem prejuízo das garantias. Apenas para relembrar, a novação é um negócio jurídico pelo qual a obrigação originária é extinta e em seu lugar surge um novo negócio jurídico. Logo, as obrigações anteriores ao plano desaparecem e surgirá uma nova obrigação em seu lugar. Contudo, permanecerão as garantias contratadas em relação aos negócios jurídicos precedentes. Logo, se havia um avalista em relação ao um crédito anterior e esse crédito foi renovado, o avalista permanecerá vinculado como garantidor.

Como o legislador não mencionou quais as espécies de garantias que permanecerão vinculadas ao novo negócio jurídico, deve-se entender que permanecerão intactas tanto as garantias reais como as garantias pessoais. Se o plano de recuperação judicial implicar alienação de bem objeto de garantia real como o penhor, hipoteca ou anticrese, a sua supressão ou substituição deverão contar com a anuência expressa dos credores.[23]

Chapter 13 bankruptcy filing and involves the debtor changing the terms of a contract with a creditor with the help of the court. Cramdown and Chapter 11 of the Bankruptcy Code https://www.jstor.org/stable/40686562?seq=1.

23. Seção IVA – Do Financiamento do Devedor e do Grupo Devedor durante a Recuperação Judicial.

11.6. Do plano especial de recuperação judicial

Atendendo a uma determinação advinda da Constituição Federal, o legislador estabeleceu uma recuperação judicial diferenciada para a microempresário e para o empresário de pequeno porte.[24] O microempresário e o empresário de pequeno porte não são espécies societárias, assim como a sociedade limitada ou a sociedade anônima. A ME e a EPP são definidas pela renda anual bruta auferida. Se a sociedade aufere uma renda anual bruta até R$ 360.000.00 (trezentos e sessenta mil reais), será considerada uma microempresa. No entanto, se a sociedade aufere entre

---

Art. 69-A Durante a recuperação judicial, nos termos dos arts. 66 e 67 desta Lei, o juiz poderá, depois de ouvido o Comitê de Credores, autorizar a celebração de contratos de financiamento com o devedor, garantidos pela oneração ou pela alienação fiduciária de bens e direitos, seus ou de terceiros, pertencentes ao ativo não circulante, para financiar as suas atividades e as despesas de reestruturação ou de preservação do valor de ativos.

Art. 69-B A modificação em grau de recurso da decisão autorizativa da contratação do financiamento não pode alterar sua natureza extraconcursal, nos termos do art. 84 desta Lei, nem as garantias outorgadas pelo devedor em favor do financiador de boa-fé, caso o desembolso dos recursos já tenha sido efetivado.

Art. 69-C O juiz poderá autorizar a constituição de garantia subordinada sobre um ou mais ativos do devedor em favor do financiador de devedor em recuperação judicial, dispensando a anuência do detentor da garantia original.

§ 1º. A garantia subordinada, em qualquer hipótese, ficará limitada ao eventual excesso resultante da alienação do ativo objeto da garantia original.

§ 2º. O disposto no caput deste artigo não se aplica a qualquer modalidade de alienação fiduciária ou de cessão fiduciária.

Art. 69-D Caso a recuperação judicial seja convolada em falência antes da liberação integral dos valores de que trata esta Seção, o contrato de financiamento será considerado automaticamente rescindido.

Parágrafo único. As garantias constituídas e as preferências serão conservadas até o limite dos valores efetivamente entregues ao devedor antes da data da sentença que convolar a recuperação judicial em falência.

Art. 69-E O financiamento de que trata esta Seção poderá ser realizado por qualquer pessoa, inclusive credores, sujeitos ou não à recuperação judicial, familiares, sócios e integrantes do grupo do devedor.

Art. 69-F Qualquer pessoa ou entidade pode garantir o financiamento de que trata esta Seção mediante a oneração ou a alienação fiduciária de bens e direitos, inclusive o próprio devedor e os demais integrantes do seu grupo, estejam ou não em recuperação judicial.

24. O art. 179 da Constituição Federal de 1988 assim dispõe: "A União, os Estados, o Distrito Federal e os Municípios dispensarão às microempresas e às empresas de pequeno porte, assim definidas em lei, tratamento jurídico diferenciado, visando a incentivá-las pela simplificação de suas obrigações administrativas, tributárias, previdenciárias e creditícias, ou pela eliminação ou redução destas por meio de lei."

R$ 360.000.00 (trezentos e sessenta mil reais) e R$ 4.800.000.00 (quatro milhões e oitocentos mil reais), será considerada uma sociedade[25] de pequeno porte.

No intuito de incentivar essas sociedades que possuem uma renda anual não tão expressiva, o legislador constitucional determinou que as leis infraconstitucionais estabeleçam um tratamento diferenciado para a microempresa e o empresário de pequeno porte. Para tanto, o legislador da Lei 11.101/05 estabeleceu um plano especial para eles. Logo, a primeira informação que o concurseiro de guardar é esta: <u>o plano especial de recuperação judicial é reservado apenas para o quem for considerado microempresa ou empresa de pequeno porte.</u>

O plano especial de recuperação judicial encontra-se disciplinado em três dispositivos, no art. 70, 71 em 72 da legislação em comento. Nesses três dispositivos, o legislador procurou estabelecer um plano de recuperação judicial mais célere e simplificado para aqueles considerados microempresas e empresas de pequeno porte.

O produtor rural também poderá se beneficiar do plano especial de recuperação judicial de acordo com o art. 70-A da lei em comento.

Quando a Lei 11.101/05 foi editada, o legislador procurou estabelecer um plano especial de recuperação judicial nos moldes da vetusta e desacreditada concordata. Diante dessa opção legislativa equivocada, alguns autores passaram a denominar o plano especial de a nova concordata, mas, felizmente, o legislador, percebendo o equívoco cometido, alterou esses três dispositivos.

Uma das razões do fracasso da concordata, prevista no Dec.-lei 7.661/45, foi a de que essa medida judicial somente surtia efeitos sobre os credores quirografários. Em outras palavras, a concordata somente obrigava os credores quirografários, mas os demais credores estavam livres para exigir o seu crédito assim que eles vencessem. Não havia uma medida judicial que obrigasse os demais credores a rever os seus créditos em face do empresário devedor. Logo, para o devedor que, por exemplo, tivesse dívidas com os bancos e outros credores com garantias e privilégios, de nada adiantava a concordata. Eles estavam imunes a essa medida judicial.

Diante desse fato, o legislador alterou os arts. 70, 71 e 72 da legislação, adaptando esses dispositivos a uma nova realidade econômica vigente. Por conseguinte, hoje em dia, o plano especial de recuperação judicial proporciona soluções viáveis às microempresas e empresas de pequeno porte.

Vamos, em seguida, de maneira didática, analisar os principais aspectos da Lei:

a) somente a microempresa e empresa de porte possui a possibilidade de optar entre o plano de recuperação judicial e o plano especial. Essa

25. A Lei Complementar 123/06, que cuida da ME e da EPP, utiliza o termo empresa para designar sociedade, chamando a EPP de empresa de pequeno porte. Entenda-se a sociedade empresária ou não empresária.

escolha dependerá da espécie de dívidas e qualidade de credores vinculados às microempresas e à empresa de pequeno porte. Se as dívidas forem em face dos bancos, provavelmente o plano especial de nada adiantará (art. 70 da Lei 11.101/05).

Importante observar que o plano de recuperação judicial é uma faculdade posta à disposição da microempresa e da empresa de pequeno porte. Elas poderão optar entre o plano especial e o plano de recuperação judicial;

b) o plano especial de recuperação judicial abrangerá todos os créditos existentes na data do pedido, ainda que não vencidos, excluídos os créditos fiscais e aqueles previstos no art. 49, §§ 3º e 4º, da legislação em estudo;

c) o plano especial somente poderá propor o parcelamento da dívida em 36 (trinta e seis) parcelas iguais e sucessivas, acrescidas de juros, equivalente à taxa Selic. Além do parcelamento em 36 parcelas, o plano especial ainda poderá propor um abatimento. Nesse ponto, o plano especial se assemelha à concordata, que também podia ser dilatória e remissória;

d) a primeira parcela deverá ser paga, no máximo, em 180 dias (cento e oitenta), contados da distribuição do pedido. Dessa maneira, os credores terão ciência da data do início do pagamento;

e) durante a execução do plano especial haverá necessidade de autorização judicial para que o devedor possa ter aumento de despesas ou contratar empregados. Para tanto, devem ser ouvidos o administrador judicial e, se houver, o comitê de credores.

No art. 72 da legislação especial, o legislador, além de simplificar o procedimento da recuperação especial, atribuiu a ele a necessária celeridade, estabelecendo que, uma vez intentada a recuperação especial, o juiz não convocará a assembleia de credores, podendo conceder a medida se presentes os requisitos legais. Ou seja, o pedido irá para o juiz competente que, se presentes os requisitos legais, concederá a medida; se os requisitos não estiverem presentes, o juiz apenas indeferirá a medida, permanecendo o devedor *status quo ante.*

Contudo, se houver objeções de credores que representem mais da metade em qualquer uma das classes, computados de acordo com o art. 45 desta lei, o juiz decretará a falência do devedor. Nesse caso, o juiz estará obrigado a decretar a falência da microempresa ou da empresa de pequeno porte por força de lei.

11.7. Alterações introduzidas pela Lei 14.112 de dezembro de 2020

Principais alterações para fins de concurso público

Antes de mais nada, para fins de concurso público, sugiro que o aluno se atente às alterações efetuadas no art. 6º da nova legislação, pois essas formam as mais significativas. É verdade que a legislação 11.101/05 foi significativamente alterada, mas o bojo da alteração encontra-se nesse dispositivo, portanto, e atentem-se às nossas anotações que, como sempre, vocês obterão o êxito desejado.

Prorrogação do *stay period*

Inicialmente, o concurseiro deve estar atento à edição da **Lei nº 14.112, de 24 de dezembro de 2020**, que, com a nítida finalidade de combater os efeitos nocivos da pandemia, alterou timidamente a atual legislação.

O importante é que o aluno perceba, quando se deparar com a nova legislação, que o objetivo do legislador foi criar possibilidades para que os empresários e as sociedades empresárias possam superar a estagnação econômica que a pandemia patológica provocou em sede econômica global. Portanto, vamos destacar as principais alterações efetuadas pela nova lei em comento.

Ao final dos nossos comentários, transcreveremos a legislação na sua inteireza, mas abordaremos as principais questões.

A primeira, e mais importante mudança, foi a alteração do art. 6º, § 4º, da atual Lei **11.101, de 09 de fevereiro de 2015**, mormente na questão do chamado *stay period,* que, de acordo com a nova legislação, pode ser prorrogado por mais um período de 180 dias em caráter excepcional e desde que o devedor não tenha concorrido para a superação premeditada do primeiro prazo.

Em síntese, as execuções em face do recuperando ficarão suspensas por um período de 180 dias, podendo ser prorrogado por mais 180 dias somente em casos excepcionais. Os casos excepcionais deverão ser analisados pelo juízo concursal de acordo com a situação fática posta. É claro que a pandemia da Covid-19 é uma situação fática que justifica a prorrogação desse prazo por si só. Contudo, caberá ao empresário, se necessário for, justificar a dilação que vier a necessitar. A doutrina, em muitos casos, já admitia a prorrogação do *Stay period* em certas situações.

Aliás, nesse sentido os tribunais já assim entendiam, considerando que o *stay period* já podia ser prorrogado em certas circunstâncias extraordinárias, como no agravo regimental nº. **1809590-SP/2019/0106704-1 STJ**. Peço vênia para transcrever o presente acórdão muito elucidativo e que sustenta a nossa argumentação.

> PRORROGAÇÃO DO PRAZO DE SUSPENSÃO DE AÇÕES E EXECUÇÕES JUDICIAIS (**STAY PERIOD**). Art. 6º, § 4º, DA LEI 11.101/2005. PRORROGAÇÃO LIMITADA PELO TRIBUNAL DE ORIGEM A 180 DIAS. MATÉRIA FÁTICO-PROBATÓRIA. SÚMULA 7/STJ. ALEGAÇÃO DE FATO NOVO. SUBMISSÃO ÀS INSTÂNCIAS ORDINÁRIAS. AGRAVO INTERNO NÃO PROVIDO. 1. Nos termos da jurisprudência desta Corte, o prazo de suspensão das ações e execuções na recuperação judicial, previsto no art. 6º, § 4º, da Lei 11.101/2005, pode ser prorrogado "caso as instâncias ordinárias considerem que tal prorrogação é necessária para não frustrar o plano de

recuperação" (AgInt no REsp 1.717.939/DF, Rel. Ministro RICARDO VILLAS BÔAS CUEVA, TERCEIRA TURMA, DJe de 06/09/2018). 2. No caso, o Tribunal de origem, ao deferir a prorrogação do prazo legal de suspensão do **stay period**, entendeu, à luz das circunstâncias da causa, por limitá-la a 180 dias, ressalvando, no entanto, a possibilidade "de se postular nova prorrogação na origem, se preenchidos os requisitos para tal". 3. Rever as premissas fáticas que ensejaram tal entendimento exigiria a reapreciação do conjunto fático-probatório dos autos, providência vedada em sede de recurso especial, por força do óbice contido na Súmula 7/STJ. 4. A existência de eventual fato novo relevante a ensejar nova prorrogação do prazo legal deve ser submetida ao Juízo de origem, sob pena de supressão de instância. 5. Agravo interno a que se nega provimento.

Nos Estados Unidos, já se admitia que o período pudesse ser prorrogado em situações que pudessem ser justificáveis, basta consultar os anais da doutrina americana. É verdade que, a nosso ver, o período de 180 dias é suficiente para que o empresário possa apresentar, tê-lo analisado e aprovado ou rejeitado pelos credores. Contudo, por questões estruturais, esse período pode-se estender em nosso país. Por isso, andou bem o legislador permitindo essa possibilidade.

Não devemos olvidar que o chamado *stay period* é justamente o período em que as ações e as execuções são obstadas em face do recuperando para que ele possa ter tranquilidade na elaboração de sua recuperação judicial. Andou bem o legislador em permitir essa prorrogação em face dos acontecimentos patológicos que atingiram principalmente o setor econômico mundial. A prorrogação será determinada pelo juiz, levando em conta a situação fática posta pelo empresário.

Tivemos vários clientes em que, devido à pandemia da Covid-19, ficaram com as atividades paralisadas e não puderam pagar os seus funcionários e muito menos os tributos devidos. Se o governo não elaborar um plano eficaz que permita que o passivo tributário possa ser parcelado e talvez concedendo remissão, o setor econômico será atingido de maneira drástica e irreversível. Como é cediço, a carga tributária é aviltante e não é distribuída de modo a impulsionar a atividade empresarial nacional.

É deveras importante observar que o *stay period* (vamos denominá-lo período de estagnação econômica ou período de reorganização empresarial) se aplica em relação as três hipóteses previstas nos incisos I, II e III do novel dispositivo, que são:

I – *suspensão do curso da prescrição das obrigações do devedor sujeitas ao regime desta Lei;*

II – suspensão das execuções ajuizadas contra o devedor, inclusive daquelas dos credores particulares do sócio solidário, relativas a créditos ou obrigações sujeitos à recuperação judicial ou à falência;

III – proibição de qualquer forma de retenção, arresto, penhora, sequestro, busca e apreensão e constrição judicial ou extrajudicial sobre os bens do devedor,

oriunda de demandas judiciais ou extrajudiciais cujos créditos ou obrigações sujeitem-se à recuperação judicial ou à falência.

Outro cerne da reforma foi, sem sombra de dúvida, os arts. 6°-A e 6°-C, já que o art. 6°-B não foi sancionada pelo chefe do executivo.

Antes de mais nada, é conveniente manifestar que, a nosso ver, a nova legislação deveria ter previsto as suspensões das ações trabalhistas e das execuções fiscais que certamente fazem parte da maior parte do passivo dos empresários, mas, por questões políticas, essas demandas ficaram aquém da atual reforma ou, talvez por questões meramente políticas, foram tratadas timidamente, por receio de represálias eleitorais.

Veja bem, estamos apenas propondo a dilação no tocante a esse passivo, e não a sua total extinção, mormente em relação ao passivo fiscal, que, além de abusivo, é injusto e em nada contribui para o desenvolvimento econômico do país. Para tanto, compare o sistema tributário nacional com o de outros países em que o setor econômico é muito mais significante do que o nosso. Enquanto não se ajustar a reforma tributária, que, aliás, é uma balbúrdia legislativa, o Brasil continuará a fazer parte dos chamados países em desenvolvimento.

Se assim tivesse agido, certamente a reforma teria alcançado o seu objetivo. Não estamos advogando pela extinção desses créditos, mas apenas uma remissão ou dilação no tocante aos créditos fiscais e trabalhistas, para que, com isso, os empresários pudessem se reorganizar diante do panorama mundial. Muitos funcionários foram demitidos, durante a pandemia, diante da inércia legislativa do governo e do parlamento. Tenho certeza de que seria melhor receber parcelado, ainda que com desconto, do que estar hoje desempregado. Feito esse desabafo, vamos analisar apenas as principais questões abordadas pela Lei 14.112, de dezembro de 2020.

Pois bem, vamos, de modo sucinto e lacônico, tentar analisar a legislação que, a nosso ver, poderia ter sido redigida de modo mais didático e perfunctório, mas que sofreu muitas alterações, resultando em imperfeições técnicas e dispositivos no sentido prático.

Vamos lá:

Há na **Lei 14.112, de dezembro de 2020**, que alterou a atual Lei **11.101/05**, algumas questões que o aluno, estudioso ou concurseiro deve ter em mente, pois, certamente, serão alvo de questões em concursos vindouros.

Primeiramente, não menos verdade é que o art. 6°-A, da nova legislação remete o leitor ao § 7°-A do art. 6°, que prevê que "o disposto nos incisos I, II e III do *caput* deste artigo *não se aplica aos créditos referidos nos §§ 3° e 4°*[26] do art. 49 desta Lei,

26. Art. 49, § 3°, da Lei 11.101/05. Tratando-se de credor titular da posição de proprietário fiduciário de bens móveis ou imóveis, de arrendador mercantil, de proprietário ou

admitida, todavia, a competência do juízo da recuperação judicial para determinar a suspensão dos atos de constrição que recaiam sobre bens *de capital* essenciais à manutenção da atividade empresarial durante o prazo de suspensão a que se refere o § 4º deste artigo, a qual será implementada mediante a cooperação jurisdicional, na forma do art. 69 da Lei 13.105, de 16 de março de 2015 (Código de Processo Civil), observado o disposto no art. 805 do referido Código" (grifo nosso).

Já no **§ 7º-B do art. 6º** da novel lei, o legislador foi enfático ao determinar que os incisos I, II e III não se aplicam às execuções fiscais, mas o juízo da execução poderá determinar a substituição de atos de constrição que recaem sobre bens essenciais à manutenção da atividade do empresário até o encerramento da recuperação judicial, de acordo com o art. 69 da Lei 13.105 de 2015, observado o art. 805 do referido Código. Andou bem o legislador em permitir que o juízo concursal possa assim agir para que a atividade empresarial não seja obstada. Ou seja, o juízo da execução deve tomar medidas para que a atividade do empresário não sofra paralisação. Uma espécie de *mea culpa por parte do governo,* que deveria ter obstado as execuções fiscais para permitir que o empresário pudesse retomar as suas atividades e, posteriormente, cumpriria as suas obrigações tributarias. Contudo, não teve coragem de obstar essas ações. Talvez essa medida inviabilize toda essa miscelânea.

Logo, mesmo nas execuções fiscais, o legislador impede que bens essenciais possam ser deslocados do patrimônio do empresário, dificultando o exercício da atividade empresarial durante a recuperação judicial. As execuções fiscais não se suspendem, mas os bens essenciais não lhe são podem ser subtraídos, impedindo assim a continuidade da atividade empresarial, que não pode sofrer constrição judicial, sob pena de acarretar danos maiores à economia.

Ainda, o art. 6º, § 8º, passa a ter a seguinte redação: "a distribuição do pedido de falência ou de recuperação judicial ou a homologação de recuperação extrajudicial previne a jurisdição para qualquer outro pedido de falência, de recuperação judicial ou de homologação de recuperação extrajudicial relativo ao mesmo devedor" (grifo nosso).

Até aqui, nada de novo, pois o art. 3º da Lei 11.101/05 já estabelecia que o juízo competente para ajuizar a falência ou o pedido de recuperação judicial seria

---

promitente vendedor de imóvel cujos respectivos contratos contenham cláusula de irrevogabilidade ou irretratabilidade, inclusive em incorporações imobiliárias, ou de proprietário em contrato de venda com reserva de domínio, seu crédito não se submeterá aos efeitos da recuperação judicial e prevalecerão os direitos de propriedade sobre a coisa e as condições contratuais, observada a legislação respectiva, não se permitindo, contudo, durante o prazo de suspensão a que se refere o § 4º do art. 6º desta Lei, a venda ou a retirada do estabelecimento do devedor dos bens de capital essenciais a sua atividade empresarial. § 4º Não se sujeitará aos efeitos da recuperação judicial a importância a que se refere o inciso II do art. 86 desta Lei.

o principal estabelecimento do empresário ou da sociedade empresária, sendo esse o local em que o empresário realizar o maior volume de negócios relativo à sua atividade empresarial. Isso já havia sido assentado há mito tempo pelo festejado e aclamado Oscar Barreto Filho, que escreveu a obra clássica a respeito da Teoria do Estabelecimento Empresarial, obra já há muito esgotada pelos aficionados do tema.

Por sua vez, o art. 6º, § 9º, determina que "o processamento da recuperação judicial ou a decretação da falência não autoriza o administrador judicial a recusar a eficácia da convenção de arbitragem, não impedindo ou suspendendo a instauração de procedimento arbitral". O legislador incentiva a composição do litígio entre o devedor e os credores por parte do administrador judicial. Logo, múnus público esse que passa assumir um novo papel diante da Lei 14.112/20.

Aliás, nesse sentido, andou bem a reforma, pois permite ao administrador judicial que aja como se fosse uma espécie de mediador, compondo eventuais litígios que porventura possam procrastinar o andamento da recuperação judicial. Mais uma função atribuída a esse auxiliar direto do juiz da falência que exerce uma função de suma importância na falência e recuperação judicial.

O § 11 do art. 6º da Lei 11.101/05 também foi alterado, tendo sido incluído o seguinte preceito: "O disposto no § 7º-B deste artigo aplica-se, no que couber, às execuções fiscais e às execuções de ofício que se enquadrem respectivamente nos incisos VII e VIII do *caput* do art. 114 da Constituição Federal, vedados a expedição de certidão de crédito e o arquivamento das execuções para efeito de habilitação na recuperação judicial ou na falência". Esse múnus público passa assumir uma função de suma importância nesse processo que cuida de bens disponíveis pelas partes.

Importante perceber que a nova legislação incentiva o juiz a antecipar total ou parcialmente os efeitos do deferimento do processamento da recuperação judicial desde que observado o disposto no art. 300 da Lei nº 13.105, de 16 de março de 2015 (Código de Processo Civil).[27]

Se a principal intenção do legislador foi preservar a continuidade da atividade econômico, que foi paralisada pela pandemia da Covid-19, o projeto deveria ter sido mais ousado e incluído no *stay period* as ações trabalhistas e as execuções fiscais

---

27. Art. 300 CPC A tutela de urgência será concedida quando houver elementos que evidenciem a probabilidade do direito e o perigo de dano ou o risco ao resultado útil do processo.

§ 1º Para a concessão da tutela de urgência, o juiz pode, conforme o caso, exigir caução real ou fidejussória idônea para ressarcir os danos que a outra parte possa vir a sofrer, podendo a caução ser dispensada se a parte economicamente hipossuficiente não puder oferecê-la.

§ 2º A tutela de urgência pode ser concedida liminarmente ou após justificação prévia.

§ 3º A tutela de urgência de natureza antecipada não será concedida quando houver perigo de irreversibilidade dos efeitos da decisão.

que, conforme já reiteramos, compõem a maior parte do passivo contraído pelos empresários. Talvez permitindo que o passível fiscal pudesse ser pago de maneira remissória e dilatória.

Não tem o menor cabimento efetuar o pagamento dos débitos com garantia real com precedência aos pagamentos dos créditos fiscais. É uma afronta à soberania nacional o Estado se curvar diante do poderio monetário imposto perlas instituições financeiras que fazem promessa de diminuir o spread bancário, mas isso nunca acontecerá diante da ganância financeira insculpida na cultura econômica nacional. Ademais, os *lobbies* financiados pelos bancos agem de maneira perspicaz e astuciosa, para dizer o menos.

Importante observar que o legislador inseriu um aspecto novo na legislação vindoura no § 4º-A do art. 6º, estabelecendo que, se durante o *stay period* não houver deliberação a respeito do plano, ou se este for rejeitado, os credores poderão apresentar um plano alternativo, de acordo com os §§ 4º, 5º, 6º e 7º *do art. 56* da lei.[28]

No art. 6º-A, incluído pela nova Lei 14.112/20, acertadamente o legislador determinou que, até que o plano de recuperação judicial seja aprovado pelos credores, ficará vedada a distribuição de lucros ou dividendos aos sócios ou acionistas da companhia, sob pena de o infrator responder pelo disposto no art. 168, § 2º, da presente legislação.[29] Esse dispositivo sanciona a chamada contabilidade paralela e a distribuição de lucros.

Os credores terão 30 (trinta) dias para deliberar a respeito do plano, caso contrário, o juiz decretará a falência do empresário. A nosso ver, esse prazo de 30 (trinta) foi demasiadamente curto diante dos debates que devem surgir entre os credores.

---

28. § 4º-A. O decurso do prazo previsto no § 4º deste artigo sem a deliberação a respeito do plano de recuperação judicial proposto pelo devedor faculta aos credores a propositura de plano alternativo, na forma dos §§ 4º, 5º, 6º e 7º do art. 56 desta Lei, observado o seguinte: I – as suspensões e a proibição de que tratam os incisos I, II e III do **caput** deste artigo não serão aplicáveis caso os credores não apresentem plano alternativo no prazo de 30 (trinta) dias, contado do final do prazo referido no § 4º deste artigo ou no § 4º do art. 56 desta Lei; II – as suspensões e a proibição de que tratam os incisos I, II e III do **caput** deste artigo perdurarão por 180 (cento e oitenta) dias contados do final do prazo referido no § 4º deste artigo, ou da realização da assembleia-geral de credores referida no § 4º do art. 56 desta Lei, caso os credores apresentem plano alternativo no prazo referido no inciso I deste parágrafo ou no prazo referido no § 4º do art. 56 desta Lei. § 5º_O disposto no § 2º deste artigo aplica-se à recuperação judicial durante o período de suspensão de que trata o § 4º deste artigo."

29. Art. 168 com a nova redação da Lei 14.112/20 dispõe que a contabilidade paralela e distribuição de lucros ou dividendos a sócios e acionistas até a aprovação do plano de recuperação judicial. § 2º A pena é aumentada de 1/3 (um terço) até metade se o devedor manteve ou movimentou recursos ou valores paralelamente à contabilidade exigida pela legislação, inclusive na hipótese de violação do disposto no art. 6º-A desta Lei.

Ocorre que o legislador olvidou-se de que o plano alternativo, que deve ser apresentado em 30 dias, impreterivelmente, após o *stay período*, só pode ser aprovado com a anuência expressa daquele que o executará, ou seja, o empresário que solicitou a recuperação judicial, pois, se esse não puder realizá-lo, a falência será inevitável.

Ou seja, após o *stay período*, os credores terão o prazo de trinta 30 (trinta) dias para apresentar um plano alternativo ao devedor que não apresentou o plano ou teve seu plano rejeitado durante o período do *stay period*. O prazo de trinta dias não comporta, em hipótese nenhuma, procrastinação, sob pena do juiz decretar a falência.

Outrossim, a nova legislação elaborou algumas alterações que merecem ao menos algumas considerações, como a do art. 10, §§ 7º, 8º, 9º e 10, que cuida da habilitação e verificação de créditos. Esse dispositivo é de suma importância, conforme já havíamos comentado, pois delegou ao administrador judicial a tarefa de verificar a habilitação dos créditos.

É oportuno mencionar o § 10, que permite ao credor apresentar o pedido de habilitação ou reserva do seu crédito, dentro do prazo máximo de três anos, contados da data da publicação da sentença que decretar a falência, sob pena de decadência. A nosso ver, deveria ser uma hipótese de prescrição, e não decadência, pois estamos cuidando de direitos patrimoniais disponíveis. Contudo, o legislador entendeu que o prazo é decadencial, portanto, não se interrompe nem se suspende, são três anos contados da sentença que decretou a falência.

Por sua vez, a Lei 14.112/20, alterou o art. 22, inciso I, que cuida das atribuições do administrador judicial, tanto na falência quanto na recuperação judicial, atribuiu novas funções a esse auxiliar do juízo, inserindo as letras *j*, *k*, *l* e *m*. Logo, hoje, caberá ao administrador judicial estimular a mediação, a conciliação e outros meios alternativos de solução de conflitos entre o devedor e os credores.

Ampliou, também, as funções do administrador judicial, na fase de recuperação judicial, prevista no art. 22, inciso II, nas letras *c*, *e*, *f*, *g* e *h*, bem como as suas funções na falência no inciso III, letras *c*, *j* e *s*.

Contudo, no art. 24, § 5º, o legislador manteve a remuneração do administrador judicial ao porcentual de 2% no caso de microempresas e empresas de pequeno porte e incluiu o produtor rural. Acrescentando que esse poderá apresentar o plano especial de recuperação judicial, desde que o valor da causa não exceda o R$ 4.800.000,00 (quatro milhões e oitocentos mil reais).

Importante, não devemos olvidar que o produtor rural somente será considerado empresário desde que esteja inscrito como tal na junta comercial há pelo menos dois anos antes do requerimento da recuperação judicial, conforme determina os arts. 971 e 984 do Código Civil, combinado com o art. 48 da Lei 11.1010/05. Se o produtor rural não solicitar, com uma antecedência previa de 2 (dois) anos, a sua inscrição, ele não terá direito a pleitear o benefício legal.

É verdade que a nova legislação procurou facilitar a prova do exercício da atividade pelo produtor rural, mas a sua inscrição na junta comercial é requisito necessário.

Outra questão que merece destaque encontra-se no **art. 6º-C**, da legislação reformada, que preceitua que é vedada a atribuição de responsabilidade a terceiros em decorrência do mero inadimplemento de obrigações do devedor falido ou em recuperação judicial, ressalvadas as garantias reais e fidejussórias, bem como as demais hipóteses reguladas por essa Lei.

A nosso ver, esse dispositivo está mal redigido e poderá provocar inusitadas situações a certos fornecedores. É verdade que o art. 67 da legislação garante aos fornecedores que continuarem a fornecer bens ou serviços ao recuperando tratamento diferenciado caso esses bens ou serviços sejam essenciais. Ou seja, se o bem ou serviço não for essencial, será considerado crédito quirografário.

Já no tocante aos créditos concursais, previstos no art. 83, bem quanto aos créditos extraconcursais, previstos no art. 84, houve uma alteração extensiva e que certamente cairá nos próximos concursos públicos. Como a alteração foi expressiva, vamos transcrever apenas a nova redação, pois a redação de outrora já era de conhecimento do concurseiro. Com a nova redação ofertada pela Lei 14.112, de dezembro de 2020, a classificação dos créditos na falência sofreu a seguinte alteração:

I – os créditos derivados da legislação trabalhista, limitados a 150 (cento e cinquenta) salários-mínimos por credor, e aqueles decorrentes de acidentes de trabalho;

II – os créditos gravados com direito real de garantia até o limite do valor do bem gravado

III – os créditos tributários, independentemente da sua natureza e do tempo de constituição, exceto os créditos extraconcursais e as multas tributárias;

Foram, no entanto, revogados os créditos com privilégio especial e os créditos com privilégio geral, que, na verdade nunca eram pagos no concurso de credores previstos no art. 83 da Lei 11.101, de 2005. Apenas fiquem atentos para as questões que podem ser elaboradas com a retirada desses dispositivos.

IV – (Revogado)

a) (revogado);

b) (revogado);

c) (revogado);

d) (revogada);

V – (revogado);

a) (revogado);

b) (revogado);

c) (revogado);

VI – os créditos quirografários, a saber:

[...]

b) os saldos dos créditos não cobertos pelo produto da alienação dos bens vinculados ao seu pagamento; e

c) os saldos dos créditos derivados da legislação trabalhista que excederem o limite estabelecido no inciso I do *caput* deste artigo;

VII – as multas contratuais e as penas pecuniárias por infração das leis penais ou administrativas, incluídas as multas tributárias.

Os créditos fiscais, que são os créditos que têm como fato gerador impostos, taxas e contribuições de melhoria e os créditos não tributários, mas que de acordo com a Lei 6.830/90 passam a ter a mesma natureza dos créditos tributários. É importante observar que estamos nos referindo apenas às multas, ou seja, sanções impostas pelo não pagamento dos tributos, pois o crédito tributário foi inserido logo após os créditos com garantia real.[30]

VIII – os créditos subordinados, a saber:

a) os previstos em lei ou em contrato;

b) os créditos dos sócios e dos administradores sem vínculo empregatício cuja contratação não tenha observado as condições estritamente comutativas e as práticas de mercado (grifo nosso).

Dispositivo mal redigido que provocará discussões e litígios, pois o que são, na verdade, práticas de mercado? Se esse dispositivo fosse retirado teria andado melhor o legislador.

Até por que o sobredito dispositivo impossibilita que, por exemplo, um sócio de uma sociedade limitada possa, no intuito de auxiliar a sociedade da qual faça

30. Veja o disposto no art. 2º da Lei 6.830/90 – Constitui Dívida Ativa da Fazenda Pública aquela definida como tributária ou não tributária na Lei nº 4.320, de 17 de março de 1964, com as alterações posteriores, que estatui normas gerais de direito financeiro para elaboração e controle dos orçamentos e balanços da União, dos Estados, dos Municípios e do Distrito Federal. § 1º – Qualquer valor, cuja cobrança seja atribuída por lei às entidades de que trata o artigo 1º, será considerado Dívida Ativa da Fazenda Pública. § 2º – A Dívida Ativa da Fazenda Pública, compreendendo a tributária e a não tributária, abrange atualização monetária, juros e multa de mora e demais encargos previstos em lei ou contrato.

parte, realizar um contrato de mútuo com essa sociedade, pois, sendo esse crédito considerado subordinado, esse sócio nunca mais receberia esses valores.

IX – os juros vencidos após a decretação da falência, conforme previsto no art. 124 desta Lei.

Os juros vencidos após a prolação da sentença de falência somente serão pagos se todos os demais créditos puderem ser pagos. Os juros compensatórios e moratórios são acréscimos que somente podem ser pagos após o pagamento do principal. Inclusive, não se esqueçam, no tocante aos juros oriundos do não pagamento de tributos;

Importante observar que o § 4º do art. 83 foi revogado. Na verdade, o legislador apenas traduziu para a legislação algo que já era uma prática usual no processo concursal, pois esses créditos eram escassos e nunca eram pagos pelo falido. Andou bem, no § 5º, por ter mantido a regra de que os créditos cedidos a terceiros manterão a natureza no intuito de evitar falcatruas.

§ 5º Para os fins do disposto nesta Lei, os créditos cedidos a qualquer título manterão sua natureza e classificação.

§ 6º Para os fins do disposto nesta Lei, os créditos que disponham de privilégio especial ou geral em outras normas integrarão a classe dos créditos quirografários.

Também nada de novidade, pois esses créditos nada tinham de privilégio a nosso ver.

O art. 84, que cuida dos créditos extraconcursais, aqueles créditos que têm seu nascedouro após a decretação da quebra, mas que por questões administrativas devem ser pagas antes dos créditos concursais, passou a vigorar com a seguinte redação:

Serão considerados créditos extraconcursais e serão pagos com precedência sobre os mencionados no art. 83 desta Lei, na ordem a seguir, aqueles relativos:

I – (revogado);

I-A – às quantias referidas nos arts. 150[31] e 151[32] desta Lei,

I-B – ao valor efetivamente entregue ao devedor em recuperação judicial pelo financiador, em conformidade com o disposto na Seção IV-A do Capítulo III desta Lei;

---

31. **Art. 150.** As despesas cujo pagamento antecipado seja indispensável à administração da falência, inclusive na hipótese de continuação provisória das atividades previstas no inciso XI do *caput* do **art. 99** desta **Lei**, serão pagas pelo administrador judicial com os recursos disponíveis em caixa.
32. **Art. 151.** Os créditos trabalhistas de natureza estritamente salarial vencidos nos três meses anteriores à decretação da falência, até o limite de cinco salários mínimos por trabalhador, serão pagos tão logo haja disponibilidade em caixa.

I-C – aos créditos em dinheiro objeto de restituição, conforme previsto no art. 86 desta Lei;

I-D – às remunerações devidas ao administrador judicial e aos seus auxiliares, aos reembolsos devidos a membros do Comitê de Credores, e aos créditos derivados da legislação trabalhista ou decorrentes de acidentes de trabalho relativos a serviços prestados após a decretação da falência;

I-E – às obrigações resultantes de atos jurídicos válidos praticados durante a recuperação judicial, nos termos do art. 67 desta Lei, ou após a decretação da falência;

II – às quantias fornecidas à massa falida pelos credores;

III – às despesas com arrecadação, administração, realização do ativo, distribuição do seu produto e custas do processo de falência;

IV – às custas judiciais relativas às ações e às execuções em que a massa falida tenha sido vencida;

V – aos tributos relativos a fatos geradores ocorridos após a decretação da falência, respeitada a ordem estabelecida no art. 83 desta Lei.

§ 1º As despesas referidas no inciso I-A do **caput** deste artigo serão pagas pelo administrador judicial com os recursos disponíveis em caixa.

§ 2º O disposto neste artigo não afasta a hipótese prevista no art. 122 desta Lei." (NR)

Por derradeiro, a legislação cuidou da insolvência internacional, tendo em vista o atual cenário internacional que a pandemia ocasionou, no art. 167-A e seguintes, procurando criar mecanismos de cooperação entre as entidades envolvidas pela crise mundial. Nesse dispositivo, percebe-se claramente que o legislador procurou criar mecanismo transacionais para superar a crise internacional.

Ademais, a Lei 14.112, de dezembro de 2020, procurou estabelecer mecanismos de controle e segurança jurídica para o investidor, reconhecendo e dando legitimidade a decisões estrangeiras, conforme prevista no art. 167-H, da legislação vindoura.

Acesse as questões on-line

12

QUESTÕES OBJETIVAS REFERENTES À FALÊNCIA E RECUPERAÇÃO JUDICIAL

1. (TJRJ-MAGISTRATURA) No que se refere à recuperação judicial, assinale a alternativa correta.

   (A) Nos créditos em moeda estrangeira, a variação cambial será substituída por parâmetros de indexação nacionais, em vigor na data do pedido.

   (B) A substituição de bem objeto de garantia real por outro de valor semelhante prescinde de aprovação expressa do credor titular da respectiva garantia.

   (C) Não estão sujeitas à recuperação judicial as importâncias entregues ao devedor, em moeda corrente nacional, decorrentes de adiantamento a contrato de câmbio para importação.

   (D) O crédito de promitente vendedor de imóvel cujo contrato contenha cláusula de irretratabilidade não se submeterá aos efeitos da recuperação judicial.

   (E) Estão sujeitos à recuperação judicial os créditos existentes na data do pedido, desde que vencidos.

Questão complexa da magistratura carioca a respeito de recuperação judicial. A letra **a** está incorreta, diante do disposto no art. 50, parágrafo segundo[1] da Lei 11.101/05. A questão envolvia o conhecimento *ipsis litteris* da lei, pois a legislação menciona que a variação cambial será conservada e não substituída como está na questão. A letra **b** também contém assertiva errada, pois só poderá haver substituição da garantia real diante de expressa manifestação do credor. A letra **c** está incorreta, o chamado (ACC) adiantamento do contrato de câmbio, valor adiante pelo banco para o empresário não se sujeita à recuperação judicial, desde que este valor tenha

---

1. Art. 50 da Lei 11.101/05 Constituem meios de recuperação judicial, observada a legislação pertinente a cada caso, dentre outros:

   § 2º Nos créditos em moeda estrangeira, a variação cambial será conservada como parâmetro de indexação da correspondente obrigação e só poderá ser afastada se o credor titular do respectivo crédito aprovar expressamente previsão diversa no plano de recuperação judicial. (Grifo nosso)

sido entregue ao empresário para exportação, de acordo com o parágrafo quarto do art. 49 c/c art. 86, II, ambos da Lei 11.101/05.[2]

A letra **d** está correta de acordo com o art. 49, parágrafo terceiro da Lei 11.101/05: "Tratando-se de credor titular da posição de proprietário fiduciário de bens móveis ou imóveis, de arrendador mercantil, de proprietário ou promitente vendedor de imóvel cujos respectivos contratos contenham cláusula de irrevogabilidade ou irretratabilidade, inclusive em incorporações imobiliárias, ou de proprietário em contrato de venda com reserva de domínio, seu crédito não se submeterá aos efeitos da recuperação judicial e prevalecerão os direitos de propriedade sobre a coisa e as condições contratuais, observada a legislação respectiva, não se permitindo, contudo, durante o prazo de suspensão a que se refere o § 4º do art. 6º desta Lei, a venda ou a retirada do estabelecimento do devedor dos bens de capital essenciais a sua atividade empresarial."

A letra **e** está incorreta, pois estão sujeitos aos efeitos da recuperação judicial todos os créditos existentes na data do pedido, ainda que não vencidos.

2. (MAG/RJ) Assinale a alternativa que está em consonância com a lei que rege a recuperação judicial, extrajudicial e a falência do empresário ou sociedade empresária.
   a) Estão sujeitos à recuperação extrajudicial todos os créditos existentes na data do pedido, salvo os de natureza tributária, com preferência no pagamento dos créditos derivados da legislação do trabalho ou decorrentes de acidente do trabalho.
   b) É vedado ao devedor, regularmente citado no processo de falência, pleitear sua recuperação judicial dentro do prazo da contestação.
   c) Os coobrigados solventes e os garantes do devedor ou dos sócios ilimitadamente responsáveis podem habilitar o crédito correspondente às quantias pagas ou devidas, se o credor não se habilitar no prazo legal.
   d) A ação revocatória, objetivando a revogação de atos praticados com a intenção de prejudicar credores, deverá ser proposta pelo administrador judicial, por qualquer credor ou pelo Ministério Público, no prazo de 3 anos, contados do pedido de falência.

---

2. Art. 49. Estão sujeitos à recuperação judicial todos os créditos existentes na data do pedido, ainda que não vencidos. § 4º Não se sujeitará aos efeitos da recuperação judicial a importância a que se refere o inciso II do art. 86 desta Lei.

Art. 86, inciso II – da importância entregue ao devedor, em moeda corrente nacional, decorrente de adiantamento a contrato de câmbio para exportação, na forma do art. 75, §§ 3º e 4º, da Lei nº 4.728, de 14 de julho de 1965, desde que o prazo total da operação, inclusive eventuais prorrogações, não exceda o previsto nas normas específicas da autoridade competente. Grifo nosso.

A resposta **a** está incorreta, pois no plano de recuperação judicial podem estar previstos os créditos privilegiados, bem como os créditos trabalhistas e acidentários. Aliás, não podemos olvidar que o plano de recuperação pode haver redução salarial mediante acordo coletivo. A letra **b** está incorreta, pois durante o prazo de contestação ao pedido de falência é possível que o empresário solicite a sua recuperação judicial. A letra **c** está correta, pois é possível que os coobrigados solventes, garantes do devedor ou dos sócios de responsabilidade ilimitada podem habilitar os seus créditos. Já a letra **d** está incorreta apenas em relação ao início do prazo para ação revocatória, que não é contada do pedido de falência, mas sim da decretação da falência.

3. (MAG/PR) Assinale a assertiva falsa a respeito da falência e da recuperação judicial.

a) A decretação da falência ou o deferimento do processamento da recuperação judicial suspende o curso da prescrição e de todas as ações e execuções em face do devedor, mas não as ações ajuizadas em face dos credores particulares do sócio solidário.

b) O administrador judicial será profissional idôneo, preferencialmente advogado, economista, administrador de empresas ou contador, ou pessoa jurídica especializada.

c) Na recuperação judicial, a assembleia-geral de credores terá por atribuições deliberar sobre a aprovação, rejeição ou modificação do plano de recuperação judicial apresentado pelo devedor.

d) Extingue as obrigações do falido, o decurso do prazo de 5 (cinco) anos, contado do encerramento da falência, se o falido não tiver sido condenado por prática de crime previsto nesta Lei.

e) Extingue as obrigações do falido o decurso do prazo de 10 (dez) anos, contado do encerramento da falência, se o falido tiver sido condenado por pratica de crime previsto nesta Lei.

A questão solicita a alternativa incorreta. Não é demais avisar que o candidato deve sempre assinar a palavra incorreta, falsa ou errada antes de iniciar a leitura da questão, pois o nosso cérebro está condicionado a procurar sempre a alternativa correta. Perder pontos por ter assinalada a questão correta, quando deveria ter assinalada a incorreta, pode obstar a sua continuidade no certame.

A alternativa **a** está errada. O erro está na segunda parte da assertiva quando o examinador menciona que a decretaçao da falência não suspende as ações dos particulares em face do sócio solidário. A alternativa **b** está correta no tocante a escolha do administrador judicial.[3] Este é escolhido livremente pelo juiz que

3. Art. 21 da Lei 11.10/05. O administrador judicial será profissional idôneo, preferencialmente advogado, economista, administrador de empresas ou contador, ou pessoa jurídica especializada.

pode acolher a sugestão do legislador se lhe convier ou, ainda, escolher uma outra pessoa idônea. Por sua vez, a alternativa **c** também está correta. Essa foi uma das grandes novidades da atual legislação.[4] As duas últimas alternativas também estão corretas, extinguem as obrigações do falido em 5 (cinco) anos, se este não tiver praticado crime falimentar e em 10 (dez) anos se falido tiver sido condenado por crime falimentar. Ambos os prazos serão contados do encerramento da falência.

4. (MAG/SP 2007) Na falência, são considerados créditos extraconcursais

(A) Os créditos derivados da legislação do trabalho, limitados a 150 (cento e cinquenta) salários-mínimos por credor, e os decorrentes de acidentes de trabalho.

(B) Créditos tributários, independentemente da sua natureza e tempo de constituição, excetuadas as multas tributárias.

(C) Custas judiciais relativas às ações e execuções em que a massa falida tenha sido vencida.

(D) Créditos com garantia real até o limite do valor do bem gravado.

Questão que exige que o candidato tenha conhecimento da sistemática adotada pela Lei 11.101/05, que dividiu os créditos em concursais e extraconcursais. Os primeiros são aqueles créditos que surgem antes da decretação da quebra; já os segundos são aqueles que tem a origem após a decretação da quebra, salvo a hipótese prevista no art. 84, inciso V, da Lei 11.101/05, pois estes são créditos que surgem durante a recuperação judicial, mas mesmo assim são considerados créditos extraconcursais e são pagos com precedência em relação aos créditos concursais.

A letra **a** cuida de créditos concursais (art. 83, I). A letra **b** também cuida de créditos concursais (art. 83, III). Já a letra **c** está correta tendo em vista regular uma hipótese de crédito extraconcursal (art. 84, IV). Por fim, a letra **d** elenca uma hipótese de crédito concursal (art. 83, II).

---

4. Art. 35, inciso I, da Lei 11.101/05 atribui à assembleia a responsabilidade de aprovar, rejeitar ou modificar o plano de recuperação judicial apresentado pelo empresário devedor. Conforme já mencionado anteriormente, essa, a nosso ver, foi a mais significante alteração apresentada pela Lei 11.101/05, que delegou o mérito da recuperação judicial aos credores. Hoje em dia, os credores e devedor deverão transigir para que a falência não seja decretada. Como é cediço, a falência não interesse a ninguém.

PARTE V
CONTRATOS MERCANTIS

1
NOÇÕES GERAIS

Neste tópico iremos abordar apenas alguns contratos considerados empresariais e que possuem importância para o concurseiro, tendo em vista a grande incidência nos concursos públicos. Esses contratos serão abordados sucintamente, mas o suficiente para que o aluno possa obter aprovação nos certames.

Os contratos empresariais, diferentemente dos contratos civis, são aqueles que têm intrinsecamente por escopo fomentar a atividade empresarial. Logo, os elementos da compra e venda civil e da compra e venda empresarial são os mesmos. O que irá diferenciá-las é justamente o escopo almejado pelas partes nesses negócios jurídicos.

Posto isso, podemos dizer que os contratos são negócios jurídicos que têm por finalidade criar, modificar, extinguir direitos ou, quando forem empresarias, fomentar a atividade empresarial.

É importante observar que o contrato, como o próprio nome sugere, é trato com, ou seja, o contrato é sempre um negócio jurídico bilateral. Em outras palavras, não existe contrato realizado por uma única pessoa; no contrato há sempre duas partes. Mesmo que no contrato de compra e venda tenha a presença de 5 (cinco) compradores e 5 (cinco) vendedores, há dois centros de interesses, ou seja, duas partes. Nesse caso, não se leva em conta o número de pessoas, mas o interesse dos envolvidos. Os vendedores querem alienar a coisa pelo maior preço possível e os compradores querem adquirir esse bem pagando o menor preço possível.

Mesmo no chamado contrato consigo[1] há dois centros de interesses, pois a mesma pessoa atua em nome próprio e ao mesmo tempo representa um terceiro em virtude de uma procuração. Esse chamado contrato consigo mesmo é permitido desde que a lei autorize esse negócio jurídico ou que haja autorização expressa do representado.

No intuito de evitar fraudes na transferência de bens imóveis, os cartórios de registro de imóveis têm recusado essa espécie de contrato quando a mesma pessoa

1. Art. 117 do Código Civil: Salvo se o permitir a lei ou o representado, é anulável o negócio jurídico que o representante, no seu interesse ou por conta de outrem, celebrar consigo mesmo.
Parágrafo único. Para esse efeito, tem-se como celebrado pelo representante o negócio realizado por aquele em quem os poderes houverem sido subestabelecidos.

aparece como comprador e, ao mesmo temo, representa o vendedor. Nesse caso, exige-se a presença do vendedor para que a transferência possa se operar.

Para a validade dos contratos é necessário agente capaz, objeto lícito e forma prescrita ou não defesa em lei, de acordo com o art. 104 do Código Civil. Esses requisitos são denominados requisitos de validade.

É importante para o concurso da magistratura que o aluno tenha ciência da chamada escada Ponteana. Essa classificação pode se mostrar útil na prova, por exemplo, de sentença. Vamos, ainda que de modo perfunctório, analisar essa escada ou planos. Pontes de Miranda estabeleceu três planos para o negócio jurídico: da existência, da validade e da eficácia.

No plano da existência, o negócio jurídico ingressa no ordenamento jurídico. Nesse primeiro plano, podemos verificar a presença de quatro requisitos: agente, forma, vontade e objeto. Sem esses requisitos essenciais, o negócio jurídico não é recepcionado pelo ordenamento, ou seja, nem chega a ser judicializado.

Por sua vez, no plano da validade exige-se a presença dos requisitos previstos no art. 104 do Código Civil, ou seja, agente capaz, objeto lícito e forma prescrita ou não defesa em lei.

Nesse plano, o negócio jurídico poderá ser anulável ou nulo dependendo do vício que o contaminou. Por exemplo, se o negócio for realizado por um absolutamente incapaz sem representante legal será considerado nulo. No entanto, se o negócio jurídico for realizado por relativamente incapaz desassistido será anulável.

Já no plano da eficácia, temos os chamados elementos acidentais. São eles: condição, termo e encargo. Esses elementos são dispensáveis; contudo, quando adicionados ao negócio jurídico podem impedir que o negócio produza efeito. Por exemplo, na condição o negócio jurídico não produzirá efeito até que ocorra um evento futuro e certo.

Dependendo do degrau em que estivermos, o negócio jurídico passará por uma determinada análise e produzirá efeitos e consequências diversas. Com essas informações, o aluno poderá chegar mais facilmente a certos resultados.

2
PRINCÍPIOS CONTRATUAIS

Os princípios contratuais são vetores que nos auxiliam a interpretar e a aplicar a legislação da melhor maneira. Poderia dizer que são instrumentos postos à disposição do exegeta para melhor desenvolver seu trabalho. Fazendo uma analogia, são como as fórmulas matemáticas utilizadas pelos engenheiros que os ajudam na hora da elaboração de um projeto.

Portanto, é de rigor que analisemos alguns princípios que poderão auxiliar o aluno ou concurseiro na hora da prova, mormente durante a prova escrita ou na hora de elaborar peças e sentenças.

O princípio da autonomia de vontades é um princípio basilar na seara contratual empresarial, pois estando as partes em equilíbrio, a liberdade de contratar e criar regras novas permite que os empresários possam melhor desenvolver a sua atividade. A possibilidade da elaboração de contratos atípicos permite que novas atividades sejam conhecidas pelo legislador para que, no futuro, possam ser editadas.

Esse princípio, contudo, não é absoluto,[1] sendo limitado pelas regras cogentes e pelo princípio da função social do contrato. Esse princípio é de difícil compressão em um país que, por razões históricas, possui raízes calcadas no individualismo e na absoluta segregação de classes. O princípio da função social[2] propõe que os pactos estabelecidos entre os particulares devem, em seu âmago, ter por objetivo erradicar o individualismo e promover uma harmonização social[3]. Em outras palavras, o contrato não pode ser um instrumento egoístico utilizado pelas partes, mas deve ter por objetivo atender a dignidade da pessoa e o bem-estar social.

1. Enunciado 21 da I Jornada de Direito Comercial: Nos contratos empresariais, o dirigismo contratual deve ser mitigado, tendo em vista a simetria natural das relações interempresariais.
2. Enunciado 26 da I Jornada de Direito Comercial: O contrato empresarial cumpre sua função social quando não acarreta prejuízo a direitos ou interesses, difusos ou coletivos, de titularidade de sujeitos não participantes da relação negocial.
3. A função social do contrato, prevista no art. 421 do Código Civil, não elimina o princípio da autonomia contratual, mas atenua ou reduz o alcance desse princípio quando presentes interesses metaindividuais ou interesse individual relativo à dignidade da pessoa humana. Ver enunciado n. 23 da I Jornada de Direito Civil.

O princípio da *pacta sunt servanda* também tem aplicação excepcional nos contratos empresariais. Dificilmente nesses pactos o juiz poderá modificar ou alterar uma cláusula por entendê-la injusta ou arbitrária, pois estabelecidas entre partes iguais. Não estamos afirmando que esse princípio não possa ser mitigado por força da *rebus sic stantibus*.

O ordenamento jurídico não poderia deixar de intervir, mesmo estando as partes em pé de igualdade, na hipótese da ocorrência de fato extraordinária que viesse a alterar a situação patrimonial das partes, proporcionado ganho excessivo para uma das partes e onerosidade desproporcional para a outra. O próprio princípio da boa-fé dá suporte normativo para que essa situação anormal e injusta possa ser corrigida e adequada à nova realidade fática que se apresenta.

Mesmo na seara empresarial, em que vige o princípio da autonomia da vontade calcada no liberalismo clássico, que estabelece liberdade plena para as partes e intervenção mínima estatal, não se pode tolerar absurdos e injustiças. O ordenamento jurídico deve possuir regras que restabeleçam esse equilíbrio e que permitam que o desequilíbrio seja corrigido de maneira eficaz. Essas ideias são suportadas pelo princípio do equilíbrio contratual existente no direito contratual.

Ademais, não devemos olvidar que outros princípios contratuais oriundos do direito civil podem ser aplicados nos contratos empresariais, como o princípio do consensualismo, o da relatividade contratual etc.

Embora não seja um princípio contratual, não devemos olvidar que os usos e costumes são fontes importantes para o direito comercial moderno e podem auxiliar o exegeta na solução de situações em que a legislação é omissa. Há, ainda, discussões se os costumes assentados na junta comercial poderiam prevalecer contra texto de lei. Veja ementa do Recurso Especial STJ nº 877.074-RJ (2006/0175650-4)

> Comercial. Recurso especial. Ação de cobrança. Prestação de serviço de transporte rodoviário. Cargas agrícolas destinadas a embarque em porto marítimo. Cobrança originada por atraso no desembaraço das mercadorias no destino. Discussão a respeito da responsabilidade do contratante pelo pagamento das 'sobrestadias'. Requerimento de produção de prova testemunhal para demonstração de costume comercial relativo à distribuição de tal responsabilidade. Natureza dos usos e costumes mercantis. Sistema de registro dos costumes por assentamento nas Juntas Comerciais. Costume 'contra legem'. Conflito entre duas fontes subsidiárias de direito comercial (Lei civil e costume comercial) no contexto relativo à vigência do Código Comercial de 1850 e do Código Civil de 1916.

Por fim, não devemos olvidar que há uma série de princípios constitucionais-empresariais que podem auxiliar o intérprete na análise dos contratos mercantis. Apenas para deixar consignado, temos o princípio da livre-iniciativa, o princípio da liberdade de concorrência, o princípio do livre exercício de profissão e o da defesa do meio ambiente.

3
CLASSIFICAÇÃO DOS CONTRATOS

Itens do Capítulo	Teoria	Revisão	Questões
3.1. Momento de formação do contrato	☐	☐	☐
3.2. Obrigações das partes após o aperfeiçoamento do contrato	☐	☐	☐
3.3. Contratos a título gratuito e oneroso	☐	☐	☐
3.4. Contratos principais e acessórios	☐	☐	☐
3.5. Outros contratos	☐	☐	☐

O capítulo que cuida dos contratos possui classificações que mais complicam do que auxiliam. Portanto, vamos apenas recordar algumas classificações úteis para compreensão da matéria, deixando de lado as desnecessárias. Uma das classificações mais sem sentido e que muitas vezes induz o iniciante em erro é a do contrato unilateral e bilateral. Essa classificação sugere que há contratos realizados com uma só pessoa e contratos realizados com duas pessoas. Ledo engano. Essa classificação cuida das obrigações assumidas pelas partes após a conclusão do contrato. A seguir, vamos comentar as classificações que o aluno precisa saber para fins de concursos públicos.

3.1. Momento de formação do contrato

A primeira classificação, talvez a mais importante, diz respeito ao momento em que o contrato se aperfeiçoa e, portanto, torna-se exigível. Nessa classificação, os contratos podem ser consensuais ou reais. Os contratos consensuais são aqueles que se aperfeiçoam com o consenso das partes. Ocorrendo o acordo de vontades, o contrato passa a ser exigível. A maioria dos contratos são, na verdade, consensuais, como a locação, a compra e venda, a alienação fiduciária em garantia e o contrato de sociedade.

Já os contratos reais são aqueles que se formam com a entrega da coisa. Temos como exemplo o contrato de mútuo. Esse contrato se aperfeiçoa com a entrega da coisa. Vamos dar um exemplo do dia a dia: quando uma pessoa se dirige a uma instituição financeira e, por meio do mútuo, realiza um empréstimo. No momento em que o banco entrega o dinheiro ao cliente, o contrato estará aperfeiçoado. Por isso que esse contrato é denominado de unilateral, pois só há obrigação para uma das partes, ou seja, para o mutuário (cliente).

3.2. Obrigações das partes após o aperfeiçoamento do contrato

Essa classificação divide os contratos em unilaterais e bilaterais. Os contratos bilaterais são aqueles em que há obrigações recíprocas entre as partes. Esses contratos são também denominados de sinalagmáticos, que vem do grego sinalagma e quer dizer reciprocidade. Os contratos de compra e venda são um bom exemplo, pois há obrigações para quem vende e, também, para quem compra.

Há, outrossim, contratos unilaterais, que são aqueles em que só uma das partes assume obrigações. O mútuo é o exemplo clássico. Nesse negócio jurídico somente o mutuário possui obrigações. A prestação efetuada pelo mutuante é condição para o aperfeiçoamento do contrato.

Portanto, essa classificação não diz respeito ao número de partes, mas sim às prestações devidas pelas partes. Como afirmamos alhures, os contratos são sempre negócios jurídicos bilaterais. Se o aluno verificar que há apenas uma parte presente, como no testamento, não estaremos diante de um contrato, mas sim de um ato jurídico unilateral.

Essa classificação é assaz importante, pois nos contratos bilaterais o contratante pode se utilizar da *exceptio non adimpleti contratus.*[1] Ou seja, nenhuma das partes pode exigir da outra o cumprimento da sua prestação se, antes, não tiver cumprida a sua prestação.

Ademais, nos contratos bilaterais está implícita a cláusula resolutiva.[2] Essa cláusula permite a resolução do contrato em caso de inadimplência por uma das partes.

3.3. Contratos a título gratuito e oneroso

De acordo com as nossas primeiras aulas de direito comercial, esse ramo do ordenamento jurídico tem como elemento precípuo a busca do ganho econômico ou simplesmente o lucro. O lucro é um dos elementos caracterizadores do empresário, seja esse pessoa física, seja jurídica. Portanto, se a atividade realizada pelo sujeito foi despida desse elemento, tenha cautela em analisá-la, pois o direito comercial vê com desconfiança esses negócios.

Por exemplo, o legislador falimentar não admite a habilitação de crédito oriundo de negócio jurídico gratuito, pois vê esse negócio com desconfiança. De

---

1. Art. 476 do Código Civil: Nos contratos bilaterais, nenhum dos contratantes, antes de cumprida a sua obrigação, pode exigir o implemento da do outro.
2. Art. 475 do Código Civil: A parte lesada pelo inadimplemento pode pedir a resolução do contrato, se não preferir exigir-lhe o cumprimento, cabendo, em qualquer dos casos, indenização por perdas e danos.

acordo com o art. 5º, I, da Lei 11.101/05 não são exigíveis do devedor, na falência ou na recuperação judicial, as obrigações a título gratuito. Enfim, tenha cautela em analisar esses negócios jurídicos gratuitos durante a prova.

Posto isso, podemos assinar que o contrato gratuito é aquele em que uma das partes promete e a outra somente aceita. O exemplo clássico é a doação sem encargo, em que ao donatário só compete aceitar ou não o objeto da doação. No art. 129, IV, da Lei 11.101/05 o legislador acoimou de ineficazes os atos de natureza gratuita até dois anos antes da decretação da falência.[3] Importante relembrar que nesse caso de ineficácia objetiva não se indaga a respeito da má-fé das partes.

Já nos contratos onerosos, as partes transferem reciprocamente direitos. Novamente, a compra e venda pode ser utilizada como exemplo e o contrato de sociedade também. Na constituição das sociedades empresárias, os sócios transmitem direitos entre si e em relação à pessoa jurídica que está surgindo naquele momento. Esses contratos são a regra no direito empresarial.

3.4. Contratos principais e acessórios

Os contratos principais são aqueles que existem por si só, sem dependerem de outro contrato. O contrato de sociedade, compra e venda e franquia são exemplos.

Por sua vez, os contratos acessórios são aqueles em que a sua existência dependerá de outro contrato. O exemplo clássico no direito empresarial é a alienação fiduciária em garantia. Esse contrato dependerá de outro para a sua existência. O sujeito vai até uma concessionaria adquirir um automóvel, mas necessita de um empréstimo por parte de uma instituição financeira para adquirir o veículo. Para tanto, solicita esse valor por meio do contrato de mútuo, mas o banco precisa de uma garantia antes de entregar o dinheiro.

Nesse caso, o banco realiza o contrato de alienação fiduciária em garantia em que a instituição financeira transfere o valor desejado ao cliente e, ao mesmo tempo, exige que a propriedade do veículo lhe seja transferida como garantia. Veja bem, essa alienação fiduciária em garantia é o contrato acessório, sendo que o contrato principal é a compra e venda do veículo. Em outras palavras, o fiduciante devedor só entabulou esse contrato para poder consumar a compra do veículo automotor.

---

3. Art. 129 da Lei 11.101/05: São ineficazes em relação à massa falida, tenha ou não o contratante conhecimento do estado de crise econômico-financeira do devedor, seja ou não intenção deste fraudar credores:

[...]

IV – a prática de atos a título gratuito, desde 2 (dois) anos antes da decretação da falência; (...).

3.5. Outros contratos

Há, também, os chamados contratos de adesão, em que uma das partes apenas adere ou não a pactos previamente confeccionados pela outra parte. O estatuto social nas companhias é exemplo desses contratos. Nas sociedades de capital, diferentemente do que ocorre nas sociedades de pessoas, os acionistas apenas aderem ao pacto que foi previamente confeccionado pelos fundadores e aprovado pela CVM. Não há lugar para negociação individual com os acionistas. Para alguns autores nem mesmo a assembleia de constituição tem poderes para alterar o estatuto social.

Esse é um contrato de adesão por excelência no direito empresarial, mormente no direito societário. A nosso ver, esse é um exemplo de contrato de adesão; contudo, é bom deixar assentado que uma corrente comercialista contemporânea sustenta que o estatuto social não possui natureza jurídica contratual. Trata-se de um ato institucional. Logo, não há que se sustentar que o estatuto social poderia ser entendido como um contrato de adesão.

No tocante à forma dos contratos, o nosso legislador adotou a chamada forma livre, permitindo que, desde que não haja forma prescrita ou forma vedada pela legislação, as partes sejam livres para adotar a forma quem bem desejarem. Citamos aqui o contrato de sociedade, que pode ser realizado por instrumento público ou privado, de forma verbal ou por escrito. O contrato societário é de forma não solene.

Contudo, não devemos olvidar que se esse acordo não for instrumentalizado por escrito, não pode ser registrado na junta comercial. Veja bem, não se trata de uma forma, apenas de uma necessidade de o acordo ser reduzido a escrito para que possa ser registrado na junta comercial e, assim, produzir efeitos jurídicos, como a personificação.

4
CONTRATOS EM ESPÉCIES

Itens do Capítulo	**Teoria**	**Revisão**	**Questões**
4.1. Contrato de compra e venda empresarial	☐	☐	☐
4.2. Contrato de franquia	☐	☐	☐
4.3. Contrato de alienação fiduciária em garantia	☐	☐	☐
4.4. Contrato de arrendamento mercantil (*leasing*)	☐	☐	☐
4.5. Contrato de desconto bancário	☐	☐	☐
4.6. Contrato de fomento mercantil (*factoring*)	☐	☐	☐
4.7. Contrato de locação empresarial	☐	☐	☐
4.8. Contrato de trespasse	☐	☐	☐
4.9. Contrato de representação comercial	☐	☐	☐
4.10. Contrato de comissão mercantil	☐	☐	☐

Vamos, neste tópico, analisar os principais aspectos em relação a cada um dos contratos empresariais. Como dissemos no início, iremos, em uma toada final, apontar as características de cada um deles.

4.1. Contrato de compra e venda empresarial

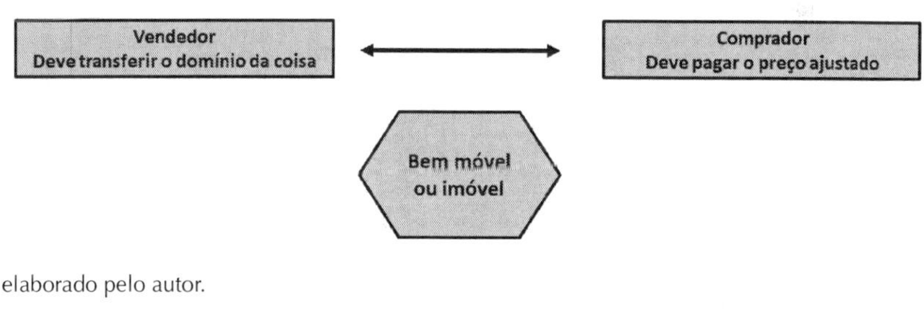

Fonte: elaborado pelo autor.

Desde a idade média esse negócio jurídico é o mais utilizado. É a espécie contratual que predomina entre os empresários, os particulares e os consumidores. Diante disso, essa espécie contratual sofre a incidência de normas contratuais diversas. A compra e venda realizada entre empresários será regulada pelo direito empresarial, sofrendo a incidência de princípios próprios desse ramo de direito. Nesse caso, como as partes se encontram em simetria, a incidência estatal deve ser mínima. Vigoram para a compra e venda empresarial os princípios clássicos do liberalismo, em que a autonomia de vontade deve ser prestigiada pelo ordenamento jurídico.

O mesmo não acontece quando a compra e venda sofre a incidência do Código de Defesa do Consumidor, pois nessa relação jurídica contratual as partes encontram-se em posição dessimétrica, em que uma delas prepondera sobre a outra. Na relação jurídica consumerista, o consumidor é presumidamente vulnerável em face do fornecedor. Nessa relação contratual, a liberdade escraviza e a lei liberta. Portanto, exige a intervenção estatal para restabelecer a simetria preconizada pelo princípio constitucional da isonomia. O Código de Defesa do Consumidor é permeado de normas cogentes que procuram reestabelecer a igualdade entre consumidor e fornecedor. É o chamado modelo reliberalizante.

No tocante à compra e venda pactuada entre particulares, vige o chamado princípio da autonomia de vontade mitigada, em que, de acordo com as condições das partes, o ordenamento jurídico pode intervir para coibir eventuais abusos de uma das partes. As regras neoliberais devem orientar o legislador no momento da elaboração das normas, permitindo a intervenção quando assim for necessário.

Posto isso, vamos analisar apenas as regras que disciplinam a compra e venda empresarial em que as partes se colocam em posição simétrica e vige a autonomia das partes, que tem por objetivo fomentar a atividade econômica.

O vetusto Código Comercial de 1850 disciplinava a compra e venda em seu art. 191. Desse modo: "O contrato de compra e venda mercantil é perfeito e acabado logo que o comprador e o vendedor se acordam na coisa, no preço e nas condições; e desde esse momento nenhuma das partes pode arrepender-se sem consentimento da outra, ainda que a coisa se não ache entregue nem o preço pago. Fica entendido que nas vendas condicionais não se reputa o contrato perfeito senão depois de verificada a condição (...)". Nota-se que o legislador não se preocupou em estabelecer um conceito, preocupando-se com o momento em que o contrato se torna obrigatório.

O atual Código Civil, em seu art. 481, assim estabeleceu: "Pelo contrato de compra e venda, um dos contratantes se obriga a transferir o domínio de certa coisa, e o outro, a pagar-lhe certo preço em dinheiro." Essa redação é certamente mais adequada, pois estabelece uma definição clara e precisa do que seja compra e venda.

Embora a compra e venda, seja de natureza mercantil, seja de natureza civil, utilize o mesmo regramento legislativo, para que possa ser considerada empresarial dois requisitos se fazem necessários. Primeiramente, exige-se a presença de um elemento subjetivo: que as partes sejam consideradas empresárias, ou seja, que exerçam atividade econômica organizada de acordo com o art. 966 do Código Civil. Há necessidade, também, do elemento finalístico, ou seja, que o bem seja adquirido como insumo da atividade econômica do comprador. Em regra, cuida-se de bem móvel, mas nada impede que o objeto da compra e venda possa versar sobre um bem imóvel.

O vetusto Código Comercial de 1850 exigia que o objeto da compra e venda fosse considerado uma mercadoria. Em outras palavras, o objeto tinha que ser um bem móvel. Não devemos olvidar que na fase da teoria dos atos do comércio a compra e venda de imóveis não podia ser considerada mercantil em virtude da natureza desses bens. O imóvel era bem de raiz, que não se coadunava com a atividade comercial.

É importante deixar consignado para aqueles que estão se preparando para os concursos públicos que se a compra e venda for considerada empresarial, as normas sobre concurso de credores incidirão sobre esse negócio jurídico caso haja falência de uma das partes. O art. 117[1] da Lei 11.101/05 determina que os contratos bilaterais não se resolvem com a falência e podem ser cumpridos pelo administrador judicial, ouvidos o comitê de credores, se houver, se isso reduzir o montante do passivo ou evitar o seu aumento.

Não devemos olvidar que a doutrina entende que, se houver cláusula resolutiva no contrato de compra e venda, as partes poderão afastar a incidência do art. 117 da mencionada legislação.

Ademais, cuidando-se de compra e venda mercantil, o vendedor de mercadorias possui o chamado *right of stoppage in transitu*, de acordo com o art. 119, I, da Lei 11.101/05, que permite ao vendedor obstar a entrega de mercadorias que ainda estejam sendo transportadas, desde que não tenham sido revendidas pelo comprador falido antes do requerimento da falência. Portanto, há consequências significantes para as partes dependendo da natureza da compra e venda.

Outrossim, se o empresário vendedor desejar, lhe é permitida a emissão de duplicata mercantil para documentar a compra e venda mercantil, de acordo com o art. 2º, *caput*,[2] da Lei 5.474/68.

A compra e venda exige a presença de três elementos caracterizadores, que são: o preço, a coisa e as condições. O preço é o valor que o comprador deve pagar pela mercadoria. A pactuação desse valor é livremente estabelecida entre as partes. A coisa, em regra, é um bem móvel, mas nada obsta que seja um bem imóvel. Por exemplo, o empresário adquire um imóvel com a intenção de reformá-lo para depois revendê-lo com lucro. As condições são eventos que podem postergar ou suspender a exigibilidade do contrato. As partes podem estabelecê-las livremente. Podem ser suspensivas ou resolutivas.

1. Art. 117. Os contratos bilaterais não se resolvem pela falência e podem ser cumpridos pelo administrador judicial se o cumprimento reduzir ou evitar o aumento do passivo da massa falida ou for necessário à manutenção e preservação de seus ativos, mediante autorização do Comitê.

   § 1º O contratante pode interpelar o administrador judicial, no prazo de até 90 (noventa) dias, contado da assinatura do termo de sua nomeação, para que, dentro de 10 (dez) dias, declare se cumpre ou não o contrato.

   § 2º A declaração negativa ou o silêncio do administrador judicial confere ao contraente o direito à indenização, cujo valor, apurado em processo ordinário, constituirá crédito quirografário.
2. Art. 2º No ato da emissão da fatura, dela poderá ser extraída uma duplicata para circulação como efeito comercial, não sendo admitida qualquer outra espécie de título de crédito para documentar o saque do vendedor pela importância faturada ao comprador.

É lícito ao vendedor alienar coisa futura, ou seja, bem o qual ainda não tenha a posse, desde que a aquisição da coisa seja possível. Se, no entanto, não há condições jurídicas ou fáticas para que o vendedor possa adquirir o domínio da coisa, por exemplo, um bem público, o vendedor pratica ilícito civil e penal.

O contrato de compra e venda é um contrato típico, bilateral e consensual. A compra e venda está minuciosamente regulada nos arts. 481 a 532 do Código Civil. o legislador regulou a venda com reserva de domínio, a retrovenda e a preempção, além de outras questões importantes a respeito desse negócio jurídico. É bilateral pois há nesse acordo obrigações impostas às duas partes. Esse contrato se aperfeiçoa com o acordo das partes no tocante à coisa, ao preço e às condições.

No tocante às obrigações assumidas pelas partes, embora o contrato de compra e venda possa admitir a assunção de várias obrigações não previstas em lei, o vendedor obriga-se a entregar a coisa vendida e responde pelos vícios e pela evicção. O comprador, por sua vez, deve pagar o preço ajustado no contrato.

Uma observação importante: se a coisa vendida contiver vício redibitório, o comprador tem o direito de desfazer o negócio pactuado por meio da chamada ação redibitória ou, se desejar permanecer com a coisa, poderá solicitar, por meio da ação estimatória ou *quanti minoris*, que, devido ao vício oculto, o preço lhe seja reduzido. O comprado possui o prazo decadencial de 30 (trinta) dias para manifestar a sua opção ao vendedor.

É importante deixar consignado que o comprador <u>não tem</u> o direito de exigir que o vendedor elimine o vício do produto ou, ainda, que substitua a coisa por outra, conforme permite o Código do Consumidor.

4.2. Contrato de franquia

Esse contrato é essencialmente empresarial. A nosso ver, o contrato de franquia é uma das formas de organização do estabelecimento empresarial. Conforme já estudado anteriormente, somente poderá haver empresa desde que haja a organização de um estabelecimento empresarial.

A maneira mais segura de organizar o estabelecimento é aquela realizada por meio de um contrato de franquia. Nesse contrato, o franqueado paga um valor substancial ao franqueador, sendo que este proporciona *know-how* (tecnologia) para que aquele possa vender produtos ou oferecer serviços utilizando a marca do franqueador. Nesse contrato temos, de um lado, o franqueador, que é aquele que oferece *know-how* e possibilita que uma outra pessoa possa vender seus produtos ou serviços. O franqueador é aquele detém o domínio da técnica, aquele que soube organizar o seu estabelecimento e, portanto, está habilitado para fornecer sua técnica para terceiros. De outro lado, temos o franqueado, que é aquele que deseja adquirir a técnica do franqueador e, assim, obter o lucro desejado.

Como o próprio vocábulo sugere, a palavra franquia vem de franquear, que significa conceder a outrem algo.

Por exemplo, pensemos em uma franquia norte-americana da Starbucks, que é especializada em vender café, além de outros serviços. Imaginemos, também, que, Pedro de Abreu decide, após se aposentar, vender café, mas nada sabe sobre o produto. Ele entra em contato com os três professores que criaram a rede de venda de café (Jerry Baldwin, Gordon Bowker e Zev Siegel). Após várias tratativas a franquia lhe foi concedida.

FRANQUEADOR
Aquele que detém a técnica: o *know-how* e a marca de alto renome ou notória.

FRANQUEADO
Aquele que paga para obter *know-how* e poder utilizar a marca do franqueador.

Fonte: elaborado pelo autor.

A recente Lei 13.966/19[3], que revogou a Lei 8.955/94, regula minuciosamente o contrato de franquia. Em seu art. 1°, *caput*, o legislador estabeleceu um conceito amplo de franquia que, na verdade, não era necessário; contudo, preceituou que não há vínculo empregatício entre o franqueador e o franqueado, nem entre o primeiro e os funcionários do segundo. Importante para deixar claro para alguns que queriam estabelecer um vínculo entre franqueador e franqueado alegando subordinação e hierarquia.

Importante observar que no art. 2° o legislador estabeleceu quais informações a Circular de Oferta de Franquia deve necessariamente conter sob pena de viciar o contrato.

O contrato de franquia é bilateral, típico, consensual e personalíssimo. A bilateralidade é estabelecida pelas obrigações recíprocas entre as partes. É um contrato típico, pois o art. 1° da nova legislação balizou a sua forma, estabelecendo o seu regramento legal. Ademais, é consensual, formalizando-se por meio do acordo de vontades estabelecido entre as partes. E o mais importante, é um contrato personalíssimo, estabelecido entre as partes que levam em conta elementos subjetivos uma das outras. O franqueado leva em conta elementos pessoais para a escolha do franqueador.

3. Art. 1°, *caput*, da Lei 13.966/19 assim dispõe: Esta Lei disciplina o sistema de franquia empresarial, pelo qual um franqueador autoriza por meio de contrato um franqueado a usar marcas e outros objetos de propriedade intelectual, sempre associados ao direito de produção ou distribuição exclusiva ou não exclusiva de produtos ou serviços e também ao direito de uso de métodos e sistemas de implantação e administração de negócio ou sistema operacional desenvolvido ou detido pelo franqueador, mediante remuneração direta ou indireta, sem caracterizar relação de consumo ou vínculo empregatício em relação ao franqueado ou a seus empregados, ainda que durante o período de treinamento.

Veja bem, entendendo, como entendemos, que o contrato de franquia é personalíssimo, havendo a alienação do estabelecimento empresarial, os contratos personalíssimos não se transferem ao adquirente da azienda.[4] Logo, se um franquiado alienar o seu estabelecimento, que negocia cafés da marca Starbucks, o adquirente não se torna *ex lege* franqueado por ter adquirido esse conjunto de bens. Se o adquirente desejar se tornar franqueado do café Starbucks, deverá negociar diretamente com o franqueador.

A cláusula de raio estabelecida no contrato de franquia é aquela em que o franqueador estabelece um determinado espaço em que o franqueado poderá atuar. De acordo com a jurisprudência pátria, cláusula é legal e muitas vezes estabelecida a favor do próprio franqueado contra ingerências e investidas por parte de outros franqueados.

Contudo, exige-se que essa cláusula seja estabelecida levando-se em conta o princípio da razoabilidade. Em outras palavras, para que a vedação espacial não seja acoimada de potestativa e, portanto, considerada abusiva. Deve haver pertinência temática entre a vedação e a finalidade que se pretende alcançar. É abusiva, por exemplo, a cláusula que estabelece limitação temporal e especial incompatível com o local de atuação do franqueado. Ou, ainda, pode-se utilizar do critério denominado amplitude da clientela. Se a clientela é local, restrita a um determinado bairro, como as *coffee shops* e os postos de gasolina, a cláusula de raio deve ser restrita àquela localidade e não ao território nacional. Contudo, se a clientela tiver uma abrangência nacional, a cláusula poderá ter uma vedação amplificada.

4.3. Contrato de alienação fiduciária em garantia

Fiduciário (credor)	**Fiduciante (devedor)**
Proprietário do bem que detém o domínio resolúvel e posse	Possuidor indireto do bem

Fonte: elaborado pelo autor.

No contrato de alienação fiduciária em garantia, uma pessoa, denominada fiduciante, aliena um bem ao fiduciário em garantia, sendo que este último se obriga

4. Art. 1.148 do Código Civil: Salvo disposição em contrário, a transferência importa a sub-rogação do adquirente nos contratos estipulados para exploração do estabelecimento, se não tiverem caráter pessoal, podendo os terceiros rescindir o contrato em noventa dias a contar da publicação da transferência, se ocorrer justa causa, ressalvada, neste caso, a responsabilidade do alienante.

a devolver-lhe o domínio quando verificado determinado acontecimento. Trata-se, na verdade, de um contrato acessório, pois dependerá de um outro negócio jurídico principal para ser pactuado. O exemplo clássico desse contrato ocorre quando da aquisição de veículos automotores. Por exemplo: Alberto deseja adquirir um veículo em uma determinada concessionaria da capital. Para tanto, necessita de um certo numerário para poder adquirir o veículo pretendido. Contudo, Alberto não possui o valor total para adquirir o veículo. Logo, vai até a sua agência bancária e solicita o valor emprestado. O banco lhe concede o valor, mas desde que o veículo adquirido seja, de imediato, transferido ao banco como garantia do valor. Portanto, realiza-se um contrato de alienação fiduciária em garantia, no qual o banco concede o valor ao cliente, mediante o estabelecimento da garantia real.

De acordo com entendimento sumulado pelo STJ[5], o fiduciante pode transferir um outro bem ao fiduciário, não precisa ser o bem que está sendo adquirindo.

Após cumprido o contrato de mútuo pelo fiduciante, o fiduciário levanta a garantia e o bem retornará ao patrimônio do fiduciante-devedor. Por isso, a propriedade do fiduciário é denominada de resolúvel.

Contudo, se o contrato principal não for cumprido e a mora comprovada, o fiduciário-credor poderá ingressar em juízo, solicitando que o bem seja apreendido, conforme previsto no Decreto-lei 911/69. É importante ter em mente que, com a nova redação oferecida pela Lei 13.043/14, a mora pode ser comprovada pelo simples vencimento da dívida e poderá ser comprovada por carta registrada com aviso de recebimento, não havendo a necessidade de que o aviso de recebimento seja assinado pelo próprio destinatário. Em outras palavras, basta que o credor envie a carta para que a mora esteja comprovada[6]. Parece que o legislador parte do pressuposto de que o devedor sempre estará de má-fé para penalizá-lo dessa maneira. Ou seja, mesmo que a carta seja enviada para um endereço do qual o devedor não mais resida, a mora estará configurada.

A nosso ver, deveria ter sido mantido a exigência da notificação extrajudicial para a comprovação da mora, pois dessa maneira garantiríamos a ciência do devedor a respeito do não pagamento da dívida em virtude das consequências drásticas que advirão desse inadimplemento.

A legislação prevê o prazo exíguo de cinco dias para que o devedor efetue o pagamento, sob pena de ter o seu veículo apreendido em eventual ação de busca

---

5. **Súmula 28/STJ**. O contrato de alienação fiduciária em garantia pode ter por objeto bem que já integrava o patrimônio do devedor.
6. Art. 2°, parágrafo segundo, do Dec.-lei 911/69: A mora decorrerá do simples vencimento do prazo para pagamento e poderá ser comprovada por carta registrada com aviso de recebimento, não se exigindo que a assinatura constante do referido aviso seja a do próprio destinatário.

e apreensão proposta pelo fiduciário. O STF já se pronunciou no sentido de que esse prazo de cinco dias é de natureza material. Portanto, deve ser contado em dias corridos e não somente em dias úteis conforme determina nosso Código de Processo Civil.

O Dec.-lei 911/69, com a nova redação oferecida pela Lei 13.043/14, retirou do texto a expressão purgação da mora, estabelecendo que o devedor, após ser notificado, somente poderá obstar a busca e apreensão e a consequente consolidação da propriedade nas mãos do fiduciário se efetuar o pagamento total da dívida.

No tocante a esse tópico da purgação da mora, mais uma vez o legislador se arroga em defensor das instituições financeiras. Não tem o menor cabimento não se admitir que o devedor possa purgar a mora. Trata-se de um direito do devedor que não pode ser aniquilado por interesses escusos das instituições financeiras. A exigência do pagamento total da dívida é abusiva e não encontra amparo em nosso sistema jurídico. Deve ser admitida a purgação da mora pelo Judiciário.

Acompanhe a redação do art. 2º, § 3º, do Decreto-lei 911/69 com a redação ofertada pela Lei 10.931/04 e 13.043/2014:

> "A mora e o inadimplemento de obrigações contratuais garantidas por alienação fiduciária, ou a ocorrência legal ou convencional de algum dos casos de antecipação de vencimento da dívida facultarão ao credor considerar, de pleno direito, vencidas todas as obrigações contratuais, independentemente de aviso ou notificação judicial ou extrajudicial." (grifo nosso).

Esse dispositivo apresenta-se divorciado das diretrizes encontradas na nossa Carta Magna e nos demais diplomas infraconstitucionais. Considerar vencidas todas as demais prestações em virtude do não pagamento de uma prestação é determinar a perda do bem a favor da instituição financeira. É colocar o particular em uma posição de inferioridade extrema, alçando a instituição financeira à categoria de deusa do Olimpo. Só faltou o legislador impingir ao devedor vinte chicotadas.

Prosseguindo, deve o juiz verificar em que momento a inadimplência ocorreu, pois se o devedor já cumpriu mais de 75% (setenta e cinco por cento) do contrato não caberá busca e apreensão. Nesse caso, deve-se aplicar a teoria do adimplemento substancial a favor do fiduciante. Até porque o bem não pertence mais ao credor fiduciário, mas sim ao devedor que já cumpriu a maior parte do contrato.

Essa teria do adimplemento substancial é corolário do princípio da função social do contrato. De origem inglesa (*substancial performance*), essa teoria entende que não se pode rescindir um contrato se a inadimplência tiver escassa importância e a sua resolução não beneficiará nenhuma das partes.

Os nossos tribunais há muito têm aplicado a teoria do adimplemento substancial para coibir abusos e reequilibrar os centros de interesses nos contratos. Vejamos aresto interessante da lavra do ministro Luis Felipe Salomão no REsp 1.051.270/RS.

> Trata-se de REsp oriundo de ação de reintegração de posse ajuizada pela ora recorrente em desfavor do recorrido por inadimplemento de contrato de arrendamento mercantil (leasing) para a aquisição de 135 carretas. A Turma reiterou, entre outras questões, que, diante do substancial adimplemento do contrato, qual seja, foram pagas 30 das 36 prestações da avença, mostra-se desproporcional a pretendida reintegração de posse e contraria princípios basilares do Direito Civil, como a função social do contrato e a boa-fé objetiva. Ressaltou-se que a teoria do substancial adimplemento visa impedir o uso desequilibrado do direito de resolução por parte do credor, preterindo desfazimentos desnecessários em prol da preservação da avença, com vistas à realização dos aludidos princípios. Assim, tendo ocorrido um adimplemento parcial da dívida muito próximo do resultado final, daí a expressão "adimplemento substancial", limita-se o direito do credor, pois a resolução direta do contrato mostrar-se-ia um exagero, uma demasia. Dessa forma, fica preservado o direito de crédito, limitando-se apenas a forma como pode ser exigido pelo credor, que não pode escolher diretamente o modo mais gravoso para o devedor, que é a resolução do contrato. Dessarte, diante do substancial adimplemento da avença, o credor poderá valer-se de meios menos gravosos e proporcionalmente mais adequados à persecução do crédito remanescente, mas não a extinção do contrato. Precedentes citados: REsp 272.739-MG, DJ 2/4/2001; REsp 1.051.270-RS, DJe 5/9/2011, e AgRg no Ag 607.406-RS, DJ 29/11/2004.

Essa teoria aplica-se, como não poderia deixar de ser, na alienação fiduciária em garantia. Trata-se de um contrato draconiano em que cabe ao Judiciário impedir abusos por parte das instituições financeiras.

Aliás, nesse ponto, concordamos com o festejado e saudoso mestre Waldirio Bulgarelli quando afirmou que a alienação fiduciária em garantia era o negócio jurídico que atribui todas as prerrogativas para o credor e nenhuma ao devedor. O credor tem poderes para reaver o seu bem por meio da busca e apreensão, ingressar com a ação de execução, penhorando bens do devedor e, até pouco tempo atrás, podia requerer a prisão do devedor, pois esse era equiparado ao depositário infiel. Essa última possibilidade não mais existe em nosso ordenamento jurídico em virtude do Pacto de São José da Costa Rica.

E mesmo com todas essas prerrogativas e faculdades de que dispõe, quase sem risco algum, cobra taxa de juros que é equiparada à das máfias italianas que operam na Sicília e nos Estados Unidos. Enquanto houver a ditadura dos bancos dificilmente teremos um país economicamente forte capaz de competir com os demais países capitalistas.

Por fim, hoje temos várias normas que cuidam da alienação fiduciária em garantia, além do decreto ora analisado por nós que cuida dos bens móveis. Há, também, a Lei 9.514/97, alterada pela Lei 13.465/17, que cuida dos bens imóveis. Também não devemos olvidar que o Código Civil de 2002 disciplinou a alienação fiduciária em garantia nos arts. 1.361 a 1.368-B. O Código Civil regula a chamada propriedade resolúvel.

Importante observar que é vedado o chamado **pacto comissório**, cláusula inserida no contrato que permite ao credor se apropriar do bem dado em garantia, caso a dívida não fosse paga. Essa cláusula era muito utilizada outrora na compra e venda de imóveis.

4.4. Contrato de arrendamento mercantil (*leasing*)

O contrato de *leasing* ou de arrendamento mercantil é aquele negócio jurídico pelo qual o arrendador permite que o arrendatário utilize um bem seu mediante o pagamento de um valor, sendo que ao final da locação o arrendatário tem a opção de renovar a locação, adquirir o bem mediante um acréscimo de um valor residual ou simplesmente restituir o bem e encerrar a locação.

Leasing = Locação + Opção de Aquisição.

Esse negócio jurídico é muito utilizado na aquisição de veículos automotores em que o arrendatário possui a posse direta do bem e o arrendador a propriedade. O *leasing* apresenta alguns benefícios tributários para as pessoas jurídicas. Ademais, para alguns empresários é mais vantajoso utilizar o bem em locação do que despender uma alta soma em dinheiro para adquiri-lo.

O *leasing* é um contrato bilateral, consensual e atípico. A doutrina entende que o contrato de *leasing* é atípico pois não há uma legislação descrevendo esse contrato de modo minucioso. Há apenas leis tributárias descrevendo esse negócio jurídico.

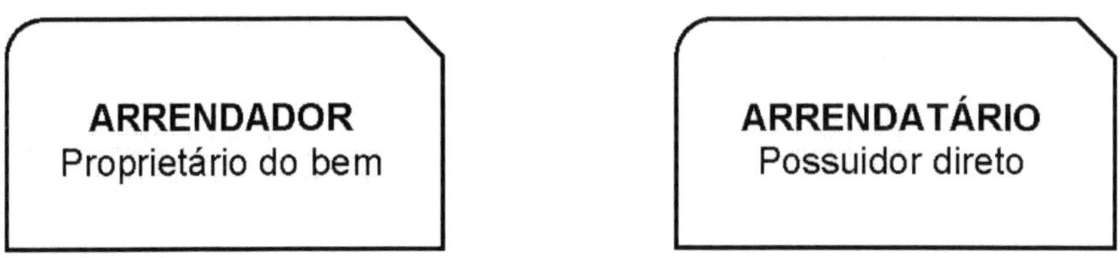

Fonte: elaborado pelo autor.

Há três espécies de *leasing*:

- o *leasing* financeiro,
- o *leasing* operacional
- e o *leasing back* ou de retorno

O primeiro é aquele em que a arrendadora adquire o bem do fabricante e loca esse bem ao arrendatário. Essa modalidade é a mais usual no mercado brasileiro.

No *leasing* operacional, a arrendadora presta assistência técnica ao arrendatário.

Já no *leasing* de retorno, o arrendatário aliena o bem ao arrendador sendo que este loca o bem adquirido ao arrendatário.

As discussões jurídicas a respeito do *leasing* se referem ao pagamento antecipado do **VRG** (valor residual garantido). No *leasing* financeiro, o arrendador loca um bem ao arrendatário cobrando **X** pela locação. Se ao final do contrato o arrendatário quiser adquirir o bem terá que efetuar o pagamento de um residual. Para que esse residual não seja um valor vultoso que torna a compra desinteressante, o arrendador passou a incluir o **VRG** nas prestações mensais, exigindo o pagamento de **X+VRG.**

A doutrina entendia que isso descaracterizava o *leasing*, transformando o arrendamento mercantil em uma compra e venda a prazo e, portanto, não atribuindo-lhe os benefícios fiscais inerentes ao *leasing*. Ademais, se houvesse inadimplemento, o arrendador estaria impossibilitado do manejo da reintegração de posse, instrumento processual que possibilita a retomada imediata do bem, mormente no *leasing* de veículos automotores.

Nesse sentido, TJDF – Ac: 20010110064190, Relatora Vera Andrighi, Data de Julgamento: 03/12/2001, 4ª Turma Cível, Data De Publicação: Data de julgamento 13/03/2002.

> Processo Civil. Comercial. Leasing. Cobrança antecipada do VGR. Reintegração De Posse. Ausência de interesse de agir. I – A Cobrança antecipada do VGR transmuda o contrato de leasing em compra e venda. II – Ausência de interesse de agir pois a pretensão de reintegração de posse carece de anterior rescisão contratual. III – Recurso conhecido e improvido.

Andou bem a relatora em considerar que ao inserir o valor residual garantido nas prestações mensais que o arrendatário deve pagar ao arrendador, ocorrerá uma mutação contratual. Não há mais a opção de compra ao término da locação. Entendimento em sentido contrário não encontra suporte jurídico. Transcrevo trecho da brilhante manifestação da relatora Vera Andrighi.

> "É fato notório que as empresas arrendadoras se utilizam de arrendamento mercantil para financiar aquisição de bens aos consumidores. Há muitas vantagens que justificam este desvio, que configura o que o mestre Nelson Nery chama de reserva mental. A parte sabe que está realizando compra e venda, contudo formalizam instrumento declarando que estão contratando *leasing*. A prova deste fato interno é muito difícil e, especialmente quando não interessa às partes. Contudo, na hipótese em exame há cláusula contratual de antecipação do VGR que dá ao julgador a certeza de que se trata de compra e venda. Aliás, tal pagamento antecipado é incontroverso nos autos."

Contudo, entre idas e vindas, o Superior Tribunal de Justiça se curvou ao *lobby* promovido pelas arrendadoras.[7] Inicialmente, a respeitada corte analisou a questão

---

7. **Súmula 293 STJ**: "A cobrança antecipada do valor residual garantido (VRG) não descaracteriza o contrato de arrendamento mercantil" (grifo nosso). Encontra se cancelada a Súmula 263 do STJ que tinha entendimento diverso. (grifo nosso)

sob a ótica jurídica e entendeu que a cobrança antecipada do VRG descaracterizava o contrato de *leasing*, transformando-o em uma compra e venda a prazo. Desse modo, o contrato de *leasing* era despido das vantagens tributárias que a legislação lhe concedia. Ademais, as prestações pagas pelo arrendatário eram majoradas. Isso não interessava nem ao arrendador nem ao arrendatário e as instituições financeiras não mais realizavam *leasing* de veículos automotores.

Diante disso, as arrendadoras, que em sua grande maioria são bancos, realizaram um grande *lobby* nos poderes constituídos e desse modo alteraram o posicionamento do Superior Tribunal de Justiça, que editou a Súmula 293 entendo que a cobrança antecipada do VRG não descaracterizava o contrato de *leasing*. Posicionamento esse que não encontra amparo legal; contudo, é esse o atual posicionamento no tocante à cobrança antecipada do VRG.

Por fim, no arrendamento mercantil há a necessidade de notificação extrajudicial para caracterizar o arrendatário em mora.[8] Somente após a notificação extrajudicial e a constituição do devedor em mora é que será possível ao arrendador a utilização da reintegração de posse de coisa móvel.

A Legislação admite também o contrato de *leasing* de bens imóveis desde que no término da locação o locatário possa adquirir o imóvel, renovar a locação ou devolver o imóvel sem exercer o direito de aquisição.

Observação final importante: em virtude do § 15 do art. 3º do Decreto-lei 911/69, alterado pela Lei 13.043/14, quando o *leasing* tiver por objeto veículo automotor a medida judicial posta à disposição do arrendador na hipótese de inadimplência não é reintegração de posse, mas a busca e apreensão. Essa é uma questão muito usual em concurso público.

4.5. Contrato de desconto bancário

O contrato de desconto bancário é aquele pelo qual o cliente transfere um título de crédito a uma instituição financeira, sendo que essa lhe adianta um valor previamente acordado, cobrando um valor (juros compensatórios) pela importância adiantada ao cliente. O valor adiantado pelo banco é menos do que o valor nominal do título. Essa operação é muito usual em relação à duplicata mercantil, pois em regra o sacador-empresário sempre tem interesse no adiantamento desse valor para poder continuar o exercício da atividade empresarial. Contudo, o banco pode realizar esse negócio jurídico em relação a outros títulos.

8. **Súmula 369 STJ**. No contrato de arrendamento mercantil (*leasing*), ainda que haja cláusula resolutiva expressa, é necessária a notificação prévia do arrendatário para constituí-lo em mora.

BANCO Descontador Adianta o valor ao cliente e cobra por esse adiantamento	**CLIENTE** Descontário Remunera o banco e assume o risco da inadimplência

Fonte: elaborado pelo autor.

O valor cobrado pelo banco para a realização desse negócio jurídico levará em conta vários fatores, tais como o risco oferecido pelo cliente, o prazo em que o título vencerá, o valor que será adiantado pelo banco ao cliente e se o descontário é pessoa física ou jurídica.

Há dois aspectos importantes que o aluno deve guardar a respeito do desconto bancário. Primeiro, é um contrato bancário típico, ou seja, só pode ser realizado por uma instituição financeira. Em consequência disso, o descontador não está adstrito ao patamar de juros de 12% ao ano. O banco pode cobrar juros que superem esse patamar legal. Conforme dissemos, a taxa de juros dependerá de vários fatores. Por exemplo, o desconto bancário pode variar de 7,19% ao ano pelo banco Votorantim S.A. até 161.68% ao ano em relação ao banco CBSS.

Já os particulares estão adstritos à cobrança de juros de até 12% ao ano, sob pena de incidirem no crime de usura. Essa regra encontra-se esculpida no Decreto nº 22.626/33.[9]

A segunda regra que o concurseiro deve guardar é a de que se o devedor não efetuar o pagamento na data aprazada, o descontário responderá pela inadimplência perante o descontador. Essa regra está implícita ao contrato de desconto bancário. Logo, se o devedor principal não efetuar o pagamento, o devedor que realizou o desconto em face do banco terá que cumprir a obrigação. Veja o gráfico abaixo em relação às duplicatas mercantis.

BANCO descontador	**CLIENTE** sacador	**TERCEIRO** sacado

Fonte: elaborado pelo autor.

Se o sacado-comprador não pagar o credor (banco) na data aprazada, o sacador-descontário terá que efetuar o pagamento, pois nesse contrato está implícita a

9. Art. 1º do Dec. 22.626/33: "É vedado, e será punido nos termos desta lei, estipular em quaisquer contratos taxas de juros superiores ao dobro da taxa legal (art. 1.062 do Código Civil de 1916)". Esse dispositivo mencionado pela Lei de Usura, previa que a taxa de juros deveria ser de 6% ao ano. Embora o decreto se refira ao já revogado Código Civil de 1916, ele continua em vigor.

cláusula de que o descontário responde pela inadimplência do sacado. Portanto, o risco do banco é diminuto e, consequentemente, a taxa de juros deve ser menor. Ou seja, quanto mais risco o negócio jurídico oferece, mais alta deve ser a taxa de juros; no entanto, quanto menor risco a operação oferece, menor deverá ser a taxa de juros.

4.6. Contrato de fomento mercantil (*factoring*)

Um outro contrato que se assemelha, em alguns aspectos, ao desconto bancário é o contrato denominado fomento mercantil ou, para alguns, *factoring*. Trata-se do contrato pelo qual uma determinada pessoa, denominada facturizador, se obriga a adiantar o valor de um crédito e ao mesmo tempo administrar esse crédito, bem como assumir o risco da inadimplência.

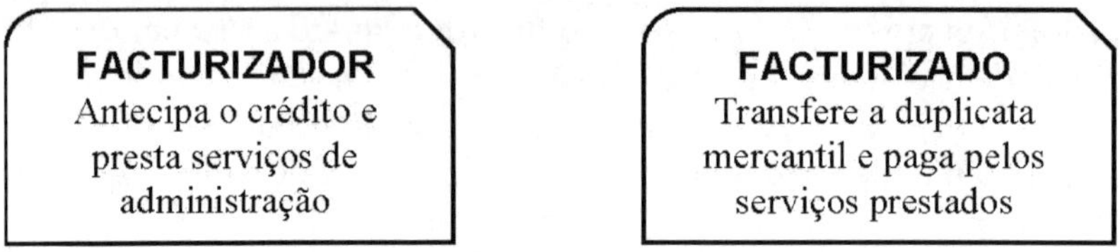

Fonte: elaborado pelo autor.

É um contrato de bancário atípico, pois possui a função precípua de contribuir com a intermediação de recursos financeiros, que é uma atividade exclusiva dos bancos, mas que, por força de lei, pode ser realizada por particulares. Diante disso, alguns estudiosos não entendem algumas diferenças básicas entre os contratos bancários típicos e os atípicos.

Ademais, é um contrato bilateral, consensual, comutativo e de execução continuada. E, de acordo com o Waldirio Bulgarelli é, também, *intuitu personae*. É, ainda, um contrato oneroso.

A primeira diferença é a de que os contratos bancários atípicos estão adstritos à cobrança de juros compensatórios no patamar de 12% ao ano. Como todos os particulares, a cobrança de juros compensatórios não pode ultrapassar o patamar de 12% ao ano, sob pena de incidirem no crime de usura. Logo, no contrato de *factoring*, o facturizador não pode estipular a cobrança de juros que exceda esse patamar.

Outro aspecto importante é que no contrato de fomento mercantil o facturizado somente poderá negociar duplicatas mercantis. Não é contrato de *factoring* a antecipação do pagamento de cheques pré-datados, nota promissórias e outros títulos de crédito. O contrato de *factoring* só pode ter por objeto duplicatas mercantis.[10]

---

10. A magistratura paulista perguntou, na fase objetiva, quais títulos poderiam ser objeto do contrato de *factoring*. A resposta é somente a duplicata mercantil. Já em relação ao desconto bancário, esse contrato pode ter por objeto qualquer título de crédito.

Entretanto, a questão mais interessante no tocante a esse contrato diz respeito à impossibilidade de o facturizador, caso não receba o crédito do terceiro sacado, responsabilizar o facturizado pela inadimplência. Não se trata de desconto bancário, mas sim de fomento mercantil.

É importante observar que o banco somente adianta o valor do crédito ao cliente, mas no contrato de *factoring* o facturizado presta serviços de administração de crédito que incluem, segundo a doutrina e a jurisprudência, assumir o risco pela inadimplência.

Contudo, embora o facturizado não responda pela solvência do título cedido, o facturizado é responsável pela existência do crédito no momento da cessão, pois não se poderia admitir que o facturizado pudesse ceder crédito inexistente. Esse, aliás, é o entendimento dos nossos tribunais.

4.7. Contrato de locação empresarial

Nesse contrato uma pessoa, denominada locador, cede a outrem, denominada de locatário, a utilização de um bem, por tempo determinado, mediante o pagamento de uma quantia mensal conhecida como aluguel.

LOCADOR
Proprietário do bem imóvel
que cede o uso do bem

LOCATÁRIO
Aquele que paga o aluguel
para poder utilizá-lo

Fonte: elaborado pelo autor.

Trata-se um contrato bilateral, consensual e oneroso. É bilateral pois do pacto surgem obrigações para ambas as partes. É, também, consensual porque basta o consenso entre as partes para que o contrato esteja firmado. É oneroso o contrato em que a atribuição patrimonial efetuada a cada uma das partes é correspondente.

A locação empresarial encontra-se regulado nos arts. 51 a 57 da Lei 8.245/91 e se diferencia da locação não empresarial por alguns aspectos. O aspecto mais importante da locação empresarial é o de que, se cumpridos determinados requisitos legais, o locatário terá direito de permanecer no imóvel. Essa possibilidade de permanecer no imóvel é justamente para proteger a atividade empresarial desenvolvida no imóvel.

Portanto, a locação empresarial oferece ao locatário a proteção do chamado ponto, sendo esse o local onde o empresário encontra a sua clientela para vender os seus produtos ou serviços. Logo, essa proteção oferecida ao locatário, por meio da ação renovatória, é na verdade o meio que o legislador encontrou para proteger a atividade empresarial.

Conforme já sustentamos alhures, o contrato de locação é transferido ao adquirente do estabelecimento empresarial quando esse for alienado por força do art. 1.148 do Código Civil, não obstante a existência do art. 13 da Lei de Locações. Esse dispositivo não se aplica quando se tratar de trespasse, pois a norma especial prevalece sobre a norma geral.

Contudo, para que o locatário possa ser mantido no imóvel e não haja interrupção da locação, o legislador exige a presença de três requisitos[11]: a) o contrato deve ser realizado por escrito e por tempo determinado; b) o contrato deve ser celebrado pelo prazo mínimo de 5 (cinco) anos. O legislador admite que contratos com prazos menores possam ser somados para atingirem o prazo de 5 (cinco) anos, desde que não haja interrupção entre eles; c) o locatário-empresário deve exercer a mesma atividade empresarial pelo prazo mínimo e interrupto de 3 (três) anos.

Atendidos esses requisitos, o locatário terá direito de permanecer no imóvel pelo prazo de mais 5 (anos). O locatário será mantido no imóvel, se não houver a concordância do locador, por meio da ação renovatória. Não confundir ação renovatória com a ação revocatória do processo falimentar.

Uma observação final de suma importância para o concurseiro: a Lei 12.744, de 19 de dezembro de 2012, alterou a Lei 8.245/91 (Lei de Locações). Essa legislação regulou uma locação denominada ***built to suit***[12] ou, em português, a locação feita para acomodar o locatário ou segundo a locação de construção ajustada[13]. Trata-se de uma locação imobiliária em que a locação é idealizada pelo locatário e o locador prepara o imóvel de acordo com as orientações determinadas pelo primeiro. Por exemplo, eu quero locar um imóvel que possua uma sala de reuniões e duas outras salas individuais para atender os meus clientes. O locador então reforma ou constrói o imóvel para atender as minhas necessidades e, finda a empreitada, pactuamos uma locação a longo prazo.

---

11. Art. 51 da Lei 8.245/91: Nas locações de imóveis destinados ao comércio, o locatário terá direito a renovação do contrato, por igual prazo, desde que, cumulativamente: I – o contrato a renovar tenha sido celebrado por escrito e com prazo determinado; II – o prazo mínimo do contrato a renovar ou a soma dos prazos ininterruptos dos contratos escritos seja de 5 (cinco) anos; III – o locatário esteja explorando seu comércio, no mesmo ramo, pelo prazo mínimo e ininterrupto de 3 (três) anos. (...).

12. O Tribunal de Justiça do Estado de São Paulo no julgamento da Apelação Civil nº 0220331-98.2009.8.26.0100, relativa à pretensão de revisão de aluguel, acolheu o entendimento adotado pela primeira instância de que "as chamadas operações 'built to suit' (construir para servir), podem ser traduzidas, em síntese, como sendo a construção de um imóvel segundo especificações expressas do inquilino, com recursos exclusivos do proprietário".

13. Art. 54-A da Lei 12.744/12: Na locação não residencial de imóvel urbano na qual o locador procede à prévia aquisição, construção ou substancial reforma, por si mesmo ou por terceiros, do imóvel então especificado pelo pretendente à locação, a fim de que seja a este locado por prazo determinado, prevalecerão as condições livremente pactuadas no contrato respectivo e as disposições procedimentais previstas nesta Lei. (...).

O valor do aluguel deverá açambarcar espécies de despesas: a) o valor pela utilização do imóvel de terceiro; b) o valor das obras efetuadas no imóvel; c) o valor despendido pelo locador para adquirir o imóvel. Portanto, em regra, o valor da locação será maior do que na locação propriamente dita. Contudo, o locatário recebe um imóvel exatamente nas condições de que necessita para poder desenvolver a sua atividade empresarial.

Em relação ao prazo de duração do *built to suit*, a legislação é omissa; contudo, para que o locador possa obter algum proveito econômico, é de se estipular um prazo de 10 (dez) a 20 (vinte) anos. Findo o prazo estipulado pelas partes, o locatário devolve o imóvel ao locador, ou, havendo permissão contratual, o locatário poderá adquirir o domínio do imóvel.

Pode se, portanto, dizer que o contrato *built to suit* é um contrato atípico, bilateral, consensual, comutativo, oneroso e *intuito personae*.

4.8. Contrato de trespasse

O contrato de trespasse é aquele pelo qual uma pessoa, denominada de alienante, transfere a outra, denominada adquirente, o seu estabelecimento empresarial. Apenas para recordar, o estabelecimento não é o local, mas sim o complexo de bens que o empresário utiliza para desenvolver a sua atividade. Quando o titular do estabelecimento empresarial transfere o estabelecimento para outrem estamos, nesse caso, diante do contrato de trespasse.

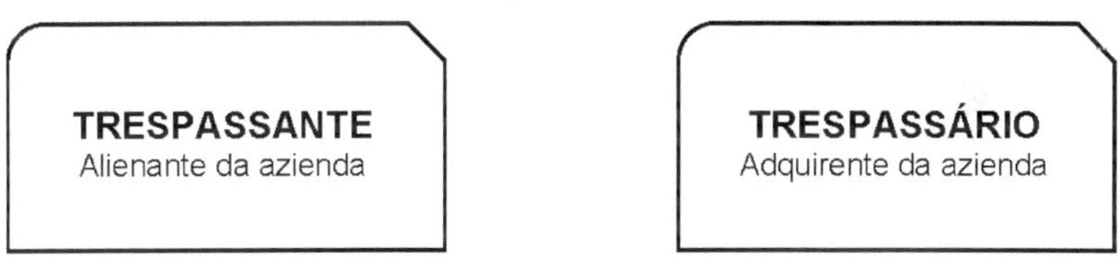

Fonte: elaborado pelo autor.

O contrato de trespasse é consensual, bilateral e comutativo. Não é um contrato solene, mas devido a sua complexidade deve ser realizado por escrito e arquivado na junta comercial para produzir efeitos perante terceiros.[14]

O estabelecimento poder ser arrendado, pode ser cedido em usufruto e pode, ainda, ser alienado. Somente quando se tratar de alienação é que se pode dizer que houve trespasse.

O contrato de trespasse deve possuir algumas cláusulas essenciais. Além da qualificação das partes e da denominação Trespasse, o contrato deve contabilizar

14. Art. 1.144 do CC: O contrato que tenha por objeto a alienação, o usufruto ou arrendamento do estabelecimento, só produzirá efeitos quanto a terceiros depois de averbado à margem da inscrição do empresário, ou da sociedade empresária, no Registro Público de Empresas Mercantis, e de publicado na imprensa oficial.

o passivo referente ao estabelecimento, pois o passivo contabilizado será da responsabilidade tanto do alienante como do adquirente. O alienante poderá ser responsabilizado pelo prazo de 1 (um) ano contado da publicação quanto aos créditos já vencidos; já quanto aos créditos ainda não vencidos, o prazo é de um ano contados do vencimento do título. A dicção do art. 1.146[15] do Código Civil é desastrosa; o legislador poderia ter usado uma linguagem direta mais acessível a todos os destinatários.

Quanto aos débitos regularmente contabilizados haverá solidariedade entre o alienante e adquirente pelo prazo acima exposto. Após o prazo de um ano contado da publicação na imprensa oficial do contrato de trespasse ou do vencimento da dívida, a responsabilidade será exclusiva do adquirente. Portanto, é importante, no momento da elaboração do contrato, verificar o montante do passivo. O passivo não regularmente contabilizado não será da responsabilidade do adquirente.

Outra cláusula que deve constar desse contrato é a chamada cláusula de raio que limitará o espaço de atuação do alienante. Nessa cláusula, as partes podem delimitar qual a localidade em que o alienante não poderá atuar, evitando litígios futuros sobre essa questão.

É também importante que conste no contrato de trespasse cláusula a respeito da responsabilidade do passivo trabalhista e fiscal. Embora o art. 448 e 448-A[16] da CLT e o art. 133[17], I e II, do CTN já cuidem dessa responsabilidade, é importante regular o direito de regresso entre as partes envolvidas. Essa cláusula não produz efeito em face do direito do trabalhador ou em relação à Fazenda Pública.

---

15. Art. 1.146. O adquirente do estabelecimento responde pelo pagamento dos débitos anteriores à transferência, desde que regularmente contabilizados, continuando o devedor primitivo solidariamente obrigado pelo prazo de um ano, a partir, quanto aos créditos vencidos, da publicação, e, quanto aos outros, da data do vencimento.
16. **Art. 448.** A mudança na propriedade ou na estrutura jurídica da empresa não afetará os contratos de trabalho dos respectivos empregados. **Art. 448-A.** Caracterizada a sucessão empresarial ou de empregadores prevista nos arts. 10 e 448 desta Consolidação, as obrigações trabalhistas, inclusive as contraídas à época em que os empregados trabalhavam para a empresa sucedida, são de responsabilidade do sucessor. **Parágrafo único.** A empresa sucedida responderá solidariamente com a sucessora quando ficar comprovada fraude na transferência.
17. **Art. 133 do CTN:** A pessoa natural ou jurídica de direito privado que adquirir de outra, por qualquer título, fundo de comércio ou estabelecimento comercial, industrial ou profissional, e continuar a respectiva exploração, sob a mesma ou outra razão social ou sob firma ou nome individual, responde pelos tributos, relativos ao fundo ou estabelecimento adquirido, devidos até à data do ato: **I** – integralmente, se o alienante cessar a exploração do comércio, indústria ou atividade; **II** – subsidiariamente com o alienante, se este prosseguir na exploração ou iniciar dentro de seis meses a contar da data da alienação, nova atividade no mesmo ou em outro ramo de comércio, indústria ou profissão.

O adquirente não deve olvidar da determinação contida no art. 1.145 do Código Civil, que exige o pagamento de todos os credores ou o consentimento desses para que o negócio jurídico seja considerado eficaz. Os credores deverão ser notificados da alienação, sendo que terão o prazo de 30 (trinta) dias para se manifestarem de modo expresso ou tácito.

Já, no tocante aos contratos do alienante, salvo cláusula em sentido contrário, eles serão sub-rogados ao adquirente, para que esse possa explorar a azienda em toda a sua plenitude. Conforme já vimos, os contratos personalíssimos não são sub-rogados sem o consentimento da outra parte.

Os créditos referentes ao estabelecimento serão transferidos ao adquirente por força do art. 1.149 do Código Civil. De acordo com o prof. Oscar Barreto Filho, se o adquirente responde pelo passivo regularmente contabilizado, nada mais justo que seja destinatário dos créditos referentes ao estabelecimento.

Por fim, é deveras importante que o magistrado possa, com serenidade e tranquilidade, analisar a situação fática que propiciou a elaboração do contrato e, com isso, verificar a real intenção[18] das partes. Não se deve simplesmente analisar o conteúdo das cláusulas para caracterizar o contrato, pois o contrato sob análise muitas vezes se confunde com a compra e venda.

Acompanhe o seguinte aresto do TJDF nº 07051473320198070000-DF, que põe em discussão se houve apenas uma alienação de um determinado imóvel ou se houve realmente trespasse:

> TRESPASSE. SUCESSÃO EMPRESARIAL. DÉBITOS ANTERIORES DO ALIENANTE. RESPONSABILIDADE DO ADQUIRENTE. DISCRIMINAÇÃO. NECESSIDADE. NÃO OCORRÊNCIA. SUCESSÃO IRREGULAR. REQUISITOS ESPECÍFICOS. NÃO PREENCHIDOS. 1. O negócio jurídico sobre o qual pende a controvérsia recursal assume as feições que são comuns à alienação de estabelecimento empresarial, conceituado como o "(...) complexo de bens organizado, para exercício da empresa, por empresário, ou por sociedade empresária". 2. Este complexo de bens, uma vez desmembrado, pode ser objeto de negociações singulares, relativas apenas a alguns de seus elementos, individualmente considerados, ou ainda, alienado de forma unitária, abrangendo a universalidade de fato que representa, o que ocorre por meio do denominado contrato de trespasse. 3. Em se tratando de trespasse, o artigo 1.146 do Código Civil estabelece a necessidade que os débitos anteriores à transferência sejam devidamente discriminados e contabilizados para que, em razão deles, possa ser atribuída ao adquirente

18. De acordo com o art. 112 do Código Civil, nas declarações de vontade se atenderá mais à intenção nelas consubstanciada do que ao sentido literal da linguagem.

> responsabilidade patrimonial. 4. No presente caso, o próprio negócio jurídico prevê a exclusão de responsabilidade por eventuais dívidas pré-existentes, evidenciando não ter havido a contabilização de débitos anteriores, o que infirma a alegação de sucessão empresarial e, desse modo, a assunção de responsabilidade pela empresa indicada pelo exequente. 5. Sequer é possível concluir, de forma inequívoca, que o negócio jurídico controvertido se caracteriza como contrato de trespasse – a partir do qual formalmente se caracterizaria a sucessão empresarial, considerando que não tem por objeto a universalidade de fato em que consiste o estabelecimento empresarial, mas abrange apenas alguns de seus elementos, isoladamente, como maquinário, marca, móveis e mercadorias. (grifos do original)

Essa questão é de suma importância para avaliar as responsabilidades de cada uma das partes em relação aos débitos, a respeito da cláusula de não concorrência e outros tópicos.

Confira a seguinte ementa que também discute qual o objeto da alienação, se houve alienação do imóvel ou se houve alienação de um conjunto de bens que caracterizaria o trespasse. Pelo que se denota da referida decisão, o desembargador, ao analisar a matéria fática, chegou à conclusão de que houvera trespasse. Acompanhe a manifestação do magistrado: "Isso porque, na esteira do que restou assentado pela Instância Ad quem, o que ocorreu, de fato, foi o trespasse do estabelecimento comercial, com a transferência do ponto comercial, aviamento, bens de capital, clientela e outros. E, por não ter havido demonstração da inocorrência desses fatos, os contratos e demais obrigações obviamente são sub-rogados, transformando o adquirente em responsável pelas dívidas, mesmo que anteriores à transferência, seguindo o alienante como devedor solidário pelo prazo de um ano."[19]

Perceba como a questão é de alta complexidade e, de acordo com a análise da situação fática apresentada, chegar-se-á a resultados completamente diferentes, pois as regras que disciplinam o trepasse não são as mesmas que cuidam da compra e venda.

> APELAÇÃO CÍVEL. DIREITO PRIVADO NÃO ESPECIFICADO. EMBARGOS À EXECUÇÃO. ALIENAÇÃO DE EMPRESA. SUCESSÃO EMPRESARIAL. RESPONSABILIDADE DO ADQUIRENTE POR DÉBITO ANTERIOR. PROVA DOS AUTOS QUE CONFIRMA A OCORRÊNCIA DO TRESPASSE. <u>NÃO HÁ SE FALAR DE VENDA APENAS DO IMÓVEL, POSTO QUE O TRESPASSE, NA FORMA EFETIVADA, FAZIA DO IMÓVEL, ONDE SE LOCALIZAVA O ESTABELECIMENTO COMERCIAL, ELEMENTO INTEGRANTE DO FUNDO DE COMÉRCIO. INOVAÇÃO RECURSAL.</u> A INOVAÇÃO DA TESE_EM SEDE DE RECURSO É VEDADA PORQUE

19. TJ-RS Apelacao cível: AC 70050485903 RS.

OFENDE AS GARANTIAS DO DEVIDO PROCESSO E DO DUPLO GRAU DE JURISDIÇÃO, O QUE IMPEDE O CONHECIMENTO. SENTENÇA DE IMPROCEDÊNCIA DOS EMBARGOS MANTIDA. Apelação conhecida em parte e, nesta, negaram-lhe provimento. (Apelação Cível Nº 70050485903, Vigésima Câmara Cível, Tribunal de Justiça do RS, Relator: Glênio José Wasserstein Hekman, Julgado em 26/03/2014). (grifos do original)

4.9. Contrato de representação comercial

O contrato de representação comercial é aquele em que uma pessoa, denominada de representante, desempenha, em determinada localidade previamente ajustada, em caráter habitual, sem relação de emprego, mediação para a realização de negócios pelo representado, recebendo por esse serviço uma determinada remuneração. Esse contrato encontra-se regulado na Lei 4.886/65.

Representado---------------- objeto--------------------------**Representante**

Sociedade empresária ↓ Pessoa física ou jurídica.

(mediação de negócios jurídicos que são realizados em nome do representado com os terceiros)

Fonte: elaborado pelo autor.

Como a própria legislação menciona, a representação é autônoma, ou seja, não há vínculo trabalhista entre o representado e o representante.

Na verdade, o representante, segundo Rubens Requião, é um auxiliar do empresário ou da sociedade empresária. O representante auxilia o representado a desenvolver a sua atividade empresarial e, em virtude disso, recebe em troca uma remuneração pelo seu trabalho.

Trata-se de um contrato típico,[20] consensual, bilateral e oneroso.

Antes do início da atividade, exige a legislação que o representante comercial esteja inscrito no órgão competente, que é o Conselho Regional de Representantes Comerciais. A esse órgão caberá a função de fiscalizar o exercício da atividade, conforme preceitua o art. 6º da Lei 4.886/65.

Contudo, não podem ser representantes comerciais aquelas pessoas que não podem exercer a função de empresários. Portanto, não podem exercer o cargo de

20. AI 5506784400-SP. Art. 1º, *caput*, da Lei 4.886/65: Exerce a representação comercial autônoma a pessoa jurídica ou a pessoa física, sem relação de emprêgo, que desempenha, em caráter não eventual por conta de uma ou mais pessoas, a mediação para a realização de negócios mercantis, agenciando propostas ou pedidos, para, transmití-los aos representados, praticando ou não atos relacionados com a execução dos negócios.

representante os incapazes, nem mesmo por meio de representantes, e aqueles declarados falidos, salvo se reabilitados. Também não podem ser representantes as pessoas condenadas por certos crimes contra o patrimônio ou, ainda, pessoas que perderam o cargo público devido a prática de infração penal. Por derradeiro, não pode exercer a função de representante aquele que teve o seu registro cancelado. Todas essas hipóteses se aplicam ao representante pessoa física.

No entanto, a pessoa jurídica também pode exercer a função de representante comercial. Aliás, cada vez mais as sociedades exigem que os seus representantes tenham a qualidade de pessoa jurídica, pois dessa maneira rompe-se qualquer tentativa por parte do representante de estabelecer um vínculo empregatício.

Ademais, o Tribunal de Justiça de São Paulo já entende que, na falência do representado, a remuneração devida ao representante se equipara ao crédito trabalhista até o limite estabelecido em lei, desde que o representante seja pessoa física. Se o Representante for pessoa jurídica, o seu crédito será considerado quirografário.[21]

Nesse mesmo sentido decidiu o Tribunal de Justiça de São Paulo quando se tratar de representado em recuperação judicial. Veja a ementa que trazemos à colação:

> RECUPERAÇÃO JUDICIAL CLASSIFICAÇÃO DE CRÉDITO. Crédito de representante comercial Pretensão à equiparação aos créditos de natureza trabalhista Magistrado que rejeita o incidente entendendo que o art. 44 da Lei n. 4.886/65 não trata de hipótese de o devedor se encontrar em regime de recuperação judicial e, em segundo lugar, que à pessoa jurídica não se aplica o benefício da equiparação Exegese do art. 44 da Lei n. 4.886/65 à luz

21. Agravo de Instrumento. Impugnação à relação de credores. Crédito decorrente de representação comercial titularizado por sociedade empresária, dotada de personalidade jurídica, não se equipara aos créditos derivados da legislação do trabalho. O artigo 44 da Lei nº 4.886/65 não foi revogado pelo artigo 83, I, da Lei nº 11.101/2005, nem pela Lei Complementar nº 118/2005 que deu nova redação ao artigo 186 do Código Tributário Nacional. No entanto, sua interpretação deve ser feita sob a óptica do artigo 114 da Constituição Federal, com a redação da Emenda Constitucional nº 45/2004, que trata da competência da Justiça do Trabalho para dirimir os conflitos das relações de trabalho, que abrange relações de emprego e relação de trabalho prestado por pessoa física (v.g. representante comercial autônomo). A equiparação do crédito derivado de representação comercial aos créditos decorrentes da legislação de trabalho, na falência e na recuperação judicial (art. 83, I, LRF) só pode ser reconhecida quando o representante comercial for pessoa física ou "firma individual" inscrita no Registro de Empresas. Agravo provido para classificar o crédito derivado de representação comercial, titularizado por pessoa jurídica, como quirografário, para fins de falência e recuperação judicial. (TJSP – AI: 5506784400 SP, Relator: Pereira Calças, Data de Julgamento: 27/08/2008, Câmara Reservada à Falência e Recuperação, Data de Publicação: 08/09/2008).

da Lei n. 11.101/2005 Interpretação teleológica Ratio legis da equiparação Natureza dos créditos bem definida na legislação e na jurisprudência Distinção, contudo, dos créditos decorrentes de contratos firmados pela pessoa natural daqueles prestados pela pessoa jurídica Legitimidade reconhecida a fim de não incorrer em summa injuria Recurso provido em parte (TJ-SP – AI: 3788908201182600000 SP 0037889-08.2011.8.26.0000, Relator: Ricardo Negrão, Data de Julgamento: 24/01/2012, Câmara Reservada à Falência e Recuperação, Data de Publicação: 31/01/2012).

Na verdade o art. 44 da Lei 4.886/65, por si só, que equipara a remuneração do representante ao crédito de natureza trabalhista, não menciona se o representante é pessoa física ou jurídica. Muitas vezes, e hoje isso seria possível diante da nova redação do art. 1.052, parágrafo primeiro, do Código Civil, a pessoa jurídica ser formada por apenas uma pessoa para atender uma exigência do representado. Nesse caso, por um critério de equidade, não se pode deixar de considerar o crédito do representante como equiparado ao crédito trabalhista. Não se pode avaliar o crédito trabalhista apenas na qualidade da pessoa que detém esse crédito. Há que se avaliar outros aspectos além da pessoalidade, como a subordinação, a onerosidade, a alteridade e a não eventualidade.

Aliás, vincular a criação de uma pessoa jurídica à contratação do trabalhador, além de fraude para burlar a legislação, resulta em posterior reconhecimento do vínculo trabalhista. A jurisprudência trabalhista caminha, hoje em dia, nesse sentido, justamente para coibir essa fraude que, a nosso ver, caracteriza crime apenado com pena privativa de liberdade.

Retornando à seara mercantil, se ficar provado que o representado obrigou o representante a constituir uma pessoa jurídica para contratá-lo, o eventual crédito do representado deve ser equiparado ao crédito trabalhista.

No contrato de representação comercial, deve haver cláusula ou não de exclusividade de zona. Em outras palavras, o representado deve determinar se o representante autuará, em determinado território, com exclusividade. Se o contrato for omisso, o representante tem direito à exclusividade, de acordo com o art. 31 da Lei 4.886/65. Logo, se o representado ou o terceiro realizar algum negócio na zona territorial do representante, esse terá direito à remuneração mesmo que não tenha participado do negócio.

Ademais, se não houver cláusula exigindo do representante exclusividade, esse poderá realizar ou intermediar negócios para outros representados.[22]

22. Art. 41 da Lei 4.886/65: Ressalvada expressa vedação contratual, o representante comercial poderá exercer sua atividade para mais de uma empresa e empregá-la em outros mistéres ou ramos de negócios.

A remuneração do representante só será devida depois que o representado aceitar a realização do negócio e que o comprador efetuar o pagamento para este último. Se o pagamento for efetuado pelo comprador ou se não for recusado no prazo legal, o representante terá direito a sua remuneração. O prazo para o representado recusar o negócio pode ser de 15, 30, 60 ou 120 dias, conforme a localidade em que estiver o comprador.

A remuneração do representante também está regulada na Lei 4.886/65.

Prescreve em cinco anos a ação do representante comercial para pleitear a retribuição que lhe é devida e os demais direitos que lhe são garantidos por essa lei.

Por fim, é vedada no contrato de representação comercial a inclusão de cláusulas *del credere*. Essa cláusula responsabilizava o representante por negócios desfeitos, cancelados ou não pagos pelo comprador ao representado. A doutrina sempre entendeu que não era plausível transferir ao representante os riscos da atividade empresarial. Se o representado (empresário ou sociedade empresária) é aquele que aufere a maior proporção dos lucros, nada mais justos de que este suporte os riscos da atividade empresarial. Portanto, não se admite a transferência dos riscos para o representante.

Nessa toada é a jurisprudência pátria, entendendo que a cláusula *del credere* encontra-se vedada no contrato de representação. Recurso ordinário nº 0001220-93.2011.5.04.0201-TRT-4:

> Representação comercial. Cláusula *del credere*. Ilegalidade. O art. 43 da Lei 4.886/65 veda a inclusão de cláusulas *del credere* no contrato de representação comercial, consagrando a ideia de que o risco do negócio é sempre da empresa representada e, sendo assim, o representante comercial não é responsável ou co-responsável por eventuais débitos inadimplidos por clientes. Sob esse prisma, eventuais descontos na remuneração dos representantes, cujo fim seja a cobertura de valores não honrados pelos clientes da representada, devem ser reputados ilícitos, pois vulneram a teleologia do instituto da representação comercial.

4.10. Contrato de comissão mercantil

Preliminarmente é importante asseverar que o contrato de representação mercantil não se confunde com o contrato de comissão mercantil, embora possuam semelhanças.

Esse contrato pode ser conceituado como aquele pactuado entre o comitente e o comissário. É o contrato pelo qual o comissário se obriga a adquirir ou a vender bens móveis, em seu próprio nome, mas por conta do comitente, recebendo para tanto uma remuneração. Esse contrato encontra-se previsto no art. 693 a 709 do Código Civil.

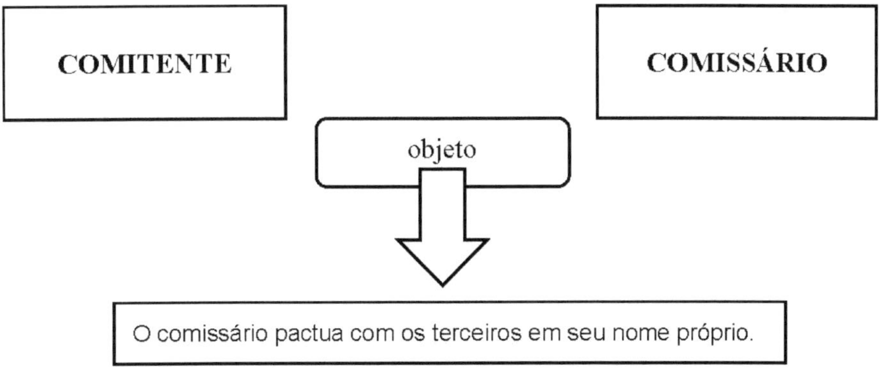

Fonte: elaborado pelo autor.

Trata-se de um contrato típico, consensual, bilateral e oneroso.

Diferentemente do que acontece na representação comercial, na comissão mercantil o comissário contrata com terceiros em seu nome, adquirindo ou vendendo produtos e, por não ter participado do negócio jurídico, as pessoas que contratam com o comissário não podem demandar o comitente[23]. Já na representação comercial, o representante apenas aproxima as pessoas que estabelecem o vínculo jurídico com o representado.

A cláusula *del credere* é vedada na representação comercial, mas é admitida na comissão mercantil.[24] Se essa cláusula for inserida no contrato, o comissário passa a responder solidariamente com o terceiro em face do comitente pela insolvência. Nessa situação, como os riscos são maiores para o comissário, esse terá direito a uma remuneração mais elevada.

Se porventura o comitente vier a ter a sua falência decretada, o eventual crédito do comissário gozará de privilégio geral no concurso de credores.[25] O valor da remuneração do comissário deverá estar expressamente previsto no contrato; caso contrário, haverá arbitramento judicial no qual o juiz se orientará pelos usos e costumes locais.[26]

---

23. Art. 694 do Código Civil: O comissário fica diretamente obrigado para com as pessoas com quem contratar, sem que estas tenham ação contra o comitente, nem este contra elas, salvo se o comissário ceder seus direitos a qualquer das partes.
24. Art. 698 do Código Civil: Se do contrato de comissão constar a cláusula *del credere*, responderá o comissário solidariamente com as pessoas com que houver tratado em nome do comitente, caso em que, salvo estipulação em contrário, o comissário tem direito a remuneração mais elevada, para compensar o ônus assumido. (grifo nosso).
25. Art. 707. O crédito do comissário, relativo a comissões e despesas feitas, goza de privilégio geral, no caso de falência ou insolvência do comitente.
26. Art. 701 do Código Civil. Não estipulada a remuneração devida ao comissário, será ela arbitrada segundo os usos correntes no lugar.

Não devemos olvidar que as Juntas Comerciais possuem assentamentos dos usos e costumes. Os usos e costumes mercantis são práticas reiteradas realizadas pelos empresários que, em virtude da sua habitualidade, servem para regular determinados negócios jurídicos quando não há lei expressa regulando a matéria. Essas práticas devem estar assentadas nas Juntas Comerciais, conforme determina a Lei 8.934/94 em seu art. 8º, inciso VI, e o Dec. 1.800/96.

Aplica-se subsidiariamente à comissão mercantil as regras a respeito do mandato.

Acesse as questões on-line

5

QUESTÕES A RESPEITO DOS CONTRATOS MERCANTIS

1. (MAG/SP 2015) Sobre alienação dos estabelecimentos empresariais, é correto afirmar:

(A) A alienação implica a responsabilidade do adquirente pelos débitos anteriores à transferência, desde que regularmente contabilizados, sem prejuízo da obrigação solidária do devedor primitivo na forma da lei.

(B) O contrato de alienação de estabelecimento produzirá efeitos imediatos entre as partes e perante terceiros, salvo se o alienante e o adquirente exercerem o mesmo ramo de atividades, quando a operação ficará na dependência da aprovação da autoridade de defesa da concorrência.

(C) Exige que o alienante ceda, separada e individualmente, ao adquirente cada um dos contratos estipulados para a exploração do estabelecimento.

(D) Permite que o alienante se restabeleça de imediato se assim desejar, continuando a exploração da mesma atividade, caso não haja expressa vedação contratual no contrato de trespasse.

A questão na verdade cuida do contrato de trespasse. Esse contrato é aquele que tem por escopo a transferência da titularidade do estabelecimento empresarial. A letra a está correta, pois o adquirente responderá pelo passivo, desde que regularmente contabilizado, mas o devedor primitivo (alienante) continuará solidariamente vinculado pelo prazo de um ano.

A letra b está incorreta. O contrato de trespasse só produz efeitos imediatos entre as partes; contudo, após averbado à margem da inscrição do empresário ou da sociedade empresária gera efeitos perante terceiros.

A letra c está incorreta, pois com o trespasse ocorre uma sub-rogação legal em relação aos contratos, ou seja, o alienante transferirá ao adquirente todos os contratos necessários para que este possa explorar, em toda a sua plenitude, o estabelecimento empresarial adquirido. Não serão transferidos ao adquirente os contratos personalismos, ou seja, aqueles contratos em que o elemento subjetivo assuma um papel primordial no momento do pacto.

A resposta d está incorreta, em regra, o alienante de estabelecimento empresarial não pode se restabelecer por um prazo de 5 (cinco) anos, salvo cláusula expressa em sentido contrário.

2. (MAG/SP 2007) No que tange à representação comercial, pode-se afirmar que

(A) O contrato de representação comercial é regido por lei especial; a atividade é fiscalizada pelos Conselhos Federal e os Regionais dos Representantes Comerciais; o crédito de representante comercial em processo falimentar é classificado como trabalhista.

(B) O contrato de representação comercial é regido pela legislação trabalhista; a atividade é fiscalizada pelas Delegacias Regionais do Trabalho e pela Justiça do Trabalho; o crédito de representante comercial em processo falimentar é classificado como trabalhista.

(C) O contrato de representação comercial é regido pelas disposições não revogadas do Código Comercial; a atividade é fiscalizada pela Junta Comercial e pelo Poder Judiciário; o crédito de representante comercial em processo falimentar é classificado como quirografário.

(D) O contrato de representação comercial passou a ser regido pelo Novo Código Civil em vigor; a atividade sob a égide do direito civil passou a ser fiscalizada pelo Poder Judiciário; o crédito de representante comercial em processo falimentar é classificado como privilégio especial.

Questão muito bem elaborada como é de costume nas provas realizadas pela magistratura de São Paulo. A primeira questão está correta. Apenas uma observação devemos fazer. O crédito do representante comercial só será equiparado ao crédito trabalhista quando se tratar de representante comercial pessoa física, pois se o representante comercial for pessoa jurídica, o seu crédito será considerado crédito comum sem garantia ou privilégio. A letra b está incorreta pois o contrato de representação comercial não é regido pela justiça do trabalho. A letra c, também, está incorreta, pois a representação comercial é regulada pela legislação especial e não pelo Código Comercial. Por sua vez, a letra d está incorreta, pois o Código Civil não passou a regular esse contrato que aliás é um contrato tipicamente empresarial.

3. (MAG/SP 2007) O contrato de compra e venda mercantil torna-se perfeito e acabado

(A) quando é pago o preço;

(B) com o pagamento de 50% (cinquenta por cento) do preço;

(C) quando as partes acordam na coisa, no preço e nas condições estabelecidas;

(D) quando é entregue a coisa.

A questão não ofereceu grandes dificuldade para o candidato. O examinador quer apenas saber em que momento o contrato de compra e venda está concluído e a sua execução pode ser exigida pelas partes. Sendo a compra e venda um contrato consensual, a resposta correta é a c. No momento em que as partes acordam sobre a coisa a ser transferida do vendedor para o comprador, o preço a ser pago pelo comprador para o vendedor e as condições, a compra e venda está formalizada ou acabada.

Observação final a respeito da eficácia obrigacional dos contratos

Essa questão da eficácia dos contratos tem sido frequente nos concursos públicos, mormente nos concursos da magistratura federal e estadual. É importante, portanto, essa pequena anotação.

O candidato não deve olvidar que no nosso sistema jurídico os contratos não transferem, por si só, o domínio (propriedade) das coisas. Nós adotamos, portanto, o regime romano-germânico em que o contrato, por si só, não transfere o domínio das coisas, apenas cria um vínculo obrigacional entre as partes. Logo, se me dirijo até uma concessionária e adquiro um automóvel, eu só serei considerado proprietário quando do carro quando este me for efetivamente entregue, pois, no Brasil, a transferência da propriedade móvel ocorre pela tradição e a imóvel pelo registro no cartório de imóveis.

Já no sistema denominado francês de eficácia real, o contrato tem o condão de, por si só, transferir o domínio das coisas. Nesse sistema, o vínculo contratual estabelece uma eficácia obrigacional e, ao mesmo tempo, eficácia real, permitindo a transferência da propriedade.

Logo, no contrato de compra e venda com reserva de domínio, quando o vendedor entrega a coisa ao comprador, ele mantém consigo o domínio até que o preço final seja pago. Nesse caso, como a coisa pertence ao vendedor até que o preço seja pago pelo comprador, se o contrato não for cumprido pelo comprador, o vendedor poderá reaver a coisa que ainda lhe pertence. A redação do art. 521 do Código Civil é de fácil intelecção:

> "Na venda de coisa móvel, pode o vendedor reservar para si a propriedade, até que o preço esteja integralmente pago."

BIBLIOGRAFIA

ABRÃO, Nelson, *Da Ação Revocatória,* 2ª Ed., São Paulo, Leud, 1997.

ALMEDINA, Betyna Ribeiro de, Aspectos da teoria jurídica da empresa, in Revista de Direito Mercantil Industrial, Econômico e Financeiro, vol. CXIX, pp. 236-254.

ASCARELLI, Túlio, *Corso di diritto commerciale – Introduzione e teoria dell'impresa,* Milano, Giuffré, 1962.

_____, *Panorama do Direito Comercial*, São Paulo, Saraiva, 1947.

_____, *Problemas das Sociedades Anônimas e Direito Comparado*, Campinas, Bookseller, 2001.

_____, *Origem do Direito Comercial*, in *Revista de Direito Mercantil, Industrial, Econômico e Financeiro*, vol. CIII, pp. 87-103.

ASCENSÃO, José de Oliveira, *Direito Comercial – Institutos Gerais, vol. I*, Lisboa, Faculdade de Direito de Lisboa, 1998.

ASQUINI, Alberto. *Profili dell'impresa*, in Rivista di Diritto Commerciale V XLI, Milano, Vallardi, 1943.

ATALIBA, Geraldo, *Hipótese de incidência tributária,* 5ª Ed. São Paulo, Malheiro, 1996.

AUTUORI, Luiz, *Fundo de Comércio – Locação Comercial*, 2ª Ed., Rio de Janeiro, Forense, 1957.

AZEREDO SANTOS, Theophilo, Manual de Direito Comercial, 2ª Ed., Rio de Janeiro, Forense, 1965.

BARBOSA, Mário Figueiredo, *Valor da Clientela no Fundo de Comércio*, Rio de Janeiro, Forense, 1989.

BARBOSA, Rui, *As cessões da clientela – e a interdição de concorrência nas alienações de estabelecimentos comerciais e industriais*, in Obras Completas de Rui Barbosa, vol. XL, t. I, Rio de Janeiro, Ministério da Educação e Saúde, 1948.

BARBOSA DE MAGALHÃES, José Maria Vilhena, *Do Estabelecimento Comercial – Estudo de Direito Privado*, Lisboa, Ática, [s.d].

BARRETO FILHO, Oscar, *O Fundo de Comércio nas Desapropriações*, São Paulo, Federação e Centro das Indústrias, 1959.

BARRETO, Tobias, *Estudos de Direito,* Campinas, Bookseller, 2000.

BERNARDES Ricardo, *comentário a artigos da Lei n.º 11.101/05*, in Souza Junior, Francisco Satiro de pitombo, Antônio Sérgio A. de Moraes (coord.),

Comentários à Lei de Recuperação de Empresas e Falência – Lei 11.101/2005, São Paulo, RT, 2007.

BERNARDO DE MELLO, Marcos, *Teoria do fato jurídico- Plano da eficácia, primeira parte*, 4ª Ed., São Paulo, Saraiva, 2008.

BEZERRA FILHO, Manoel Justino, *Lei de recuperação de empresas e falência*, 4ª Ed., São Paulo, RT, 2006.

_____, *Jurisprudência da nova Lei de Recuperação e Falências Comentada*, São Paulo, RT, 2005.

BITTAR, Carlos Alberto, *Contratos Comerciais*, 3ª Ed., São Paulo, Forense Universitária, 2003.

BOBBIO, Norberto, *Teoria da Norma Jurídica*, Bauru, Edipro, Trad. port. M. Celeste, 2001.

_____, *Teoria do ordenamento jurídico*, Trad. Port. Maria Celeste Cordeiro Leite dos Santos, 10ª Ed., Brasília, UNB, 1999.

BOITEUX Fernando Netto, *A Função Social da Empresa e o Novo Código Civil*, in *Revista de Direito Mercantil, Industrial, Econômico e Financeiro*, v. CXXV, pp. 48-57.

BORGES, João Eunápio, *Curso de Direito Comercial Terrestre*, 5ª Ed., Rio de Janeiro, Forense, 1971.

BULGARELLI, Waldírio, *Contratos mercantis*, 13ª. Ed, São Paulo, Atlas, 2000.

_____, *Direito Comercial*, 14ª Ed., São Paulo, Atlas, 1999.

_____, *Estabelecimento Comercial* (verbete), in *Enciclopédia Saraiva do Direito*, v. 33, São Paulo, Saraiva, 1979, pp. 374-387.

_____, *Manual das Sociedades Anônimas*, São Paulo, Atlas, 2001.

_____, *Sociedades Comerciais*, 9ª Ed., São Paulo, Atlas.

_____, *Tratado de Direito Empresarial*, São Paulo, Atlas, 2000.

_____, *Contratos Mercantis*, 13ª Ed., São Paulo, Atlas, 2000.

_____, *A Teoria Jurídica da Empresa – Análise jurídica da empresarialidade*, São Paulo, RT, 1985.

BUONOCORE, Vincenzo, *Trattato di Diritto Commerciale, L'Imprensa*, G. Giappichelli, Torino, 2002.

BUZAID, Alfredo, *Da ação Renovatória – e das demais ações oriundas decorrentes de locação de imóveis destinados a fins comerciais*, vol.I, 2ª Ed., São Paulo Saraiva, 1981.

_____, *Da ação Renovatória – e das demais ações oriundas decorrentes de locação de imóveis destinados a fins comerciais*, vol.II, 2ª Ed., São Paulo Saraiva, 1981.

CARVALHO DE MENDONÇA, José Xavier, *Tratado de Direito Comercial Brasileiro*, vol. VI, 3ª Ed., Rio de Janeiro, Freitas Bastos, 1937.

_____, *Tratado de Direito Comercial Brasileiro*, vol. V, 3ª Ed., Rio de Janeiro, Freitas Bastos, 1938.

CARVALHO SANTOS, José Manuel, *Código Civil Brasileiro Interpretado*, vol. II, Rio de Janeiro, Freitas Bastos, 1988.

CARVALHOSA, Modesto, *Comentários à lei de sociedades anônimas*, vol. IV, São Paulo, Saraiva, 1998.

_____, *Comentários ao Código Civil – Do Direito de Empresa*, vol. 13, 2ª ed., São Paulo, Saraiva, 2005.

CASANOVA, Mario, *Estudios sobre la teoria de la hazienda mercantil*, trad. Esp. J. M. Navas, Madrid [s.d], n.º 46.

_____, *Impresa e azienda*, Turim, Torinense, [s.d].

CERAMI, Pietro e PETRUCCI, Aldo, *Lezioni di Diritto Commerciale Romano*, Torino, Giappichelli, 2002.

CERQUEIRA, João Gama, *Tratado da Propriedade Industrial*, vol. I, 2ª Ed., Rio de Janeiro, RT, 1982.

_____, *Tratado da Propriedade Industrial*, vol. II, 2ª Ed., Rio de Janeiro, RT, 1982.

COASE, Richard H., *The firm, the market and the law*, Chicago (EUA), Chicago Press, 1990.

COELHO, Fábio Ulhoa, *Curso de Direito Comercial*, vol. I, 12ª Ed., São Paulo, Saraiva, 2008.

_____, *Curso de Direito Comercial*, vol. II, 11ª Ed., São Paulo, Saraiva, 2008.

_____, *Curso de Direito Comercial*, vol. III, 8ª Ed., São Paulo, Saraiva, 2008.

COLOMBO, Giovanni E., *L'azienda e il divieto di concorrenza dell' alienante*, in Giovanni E. Colombo Et Al., L'azienda e il mercato, Padova, Cedam, 1979.

_____, *L'azienda ed il suo trasferimento*, in Giovanni E. Colombo *et al.*, *L'azienda e il mercato*, Padova, Cedam, 1979.

COMPARATO, Fábio Konder, *Direito Empresarial – Estudos e Pareceres*, São Paulo, Saraiva, 1990.

_____, *Estado, Empresa e Função Social*, in *Revista dos Tribunais*, v. 732, pp. 38-46.

_____, *Função social da propriedade ds bens de produção*, in Revista de Direito Mercantil, Industrial, Econômico e Financeiro, vol. LXIII, p.71- 77, [s.d].

_____, *O Indispensável Direito Econômico*, in *Revista dos Tribunais*, v. 353, pp. 14-26.

_____, *Sucessões Empresariais*, in *Revista dos Tribunais*, v. 747, pp. 793-799.

CORDEIRO, Antonio Mendes, *Manual de Direito Comercial, vol. I, Coimbra*, Almeidina, 2001.

COSTA, Manuel Vieira da, *Introdução ao Direito Comercial e Fundo de Comércio*, São Paulo, Resenha Universitária, 1984.

COSTA, Philomeno Joaquim da, *Autonomia do Direito Comercial*, [s.d.], 1956.

COUTINHO DE ABREU, Jorge Manuel, As operações comerciais, Coimbra, Almedina, 1988.

_____, *Curso de Direito Comercial*, vol. I, Coimbra, Almedina, 1998.

_____, *Curso de Direito Comercial*, vol. II, Coimbra, Almedina, 1998.

COUTO E SILVA, Clóvis do, *O Conceito de Empresa no Direito Brasileiro*, in *Revista dos Tribunais*, v. 613, pp. 21-31.

COUTO, Sergio da Silva, *Locação Comercial nos Tribunais*, Rio de Janeiro, Forense, 1982.

CRISTIANO, Romano, *Personificação da Empresa*, São Paulo, RT, 1982.

CUNHA, Paulo, *Do Patrimônio: Estudo de direito privado I*, Lisboa, Minerva, 1934.

DE LUCCA, Newton, *A Atividade Empresarial no Âmbito do Projeto de Código Civil*, in SIMÃO FILHO, Alberto – DE LUCCA, Newton (coords.), *Direito Empresarial Contemporâneo*, São Paulo, Juarez de Oliveira, 2000.

_____, e DOMINGUES, Alessandra de Azevedo, *Análise Crítica da evolução do instituto do estabelecimento empresarial*, in Finkelstein, Maria Eugênia Reis, Proença, José Marcelo Martins (coord.), Direito Societário, São Paulo, Série GV Law, 2009, p. 3-77.

DE PLÁCIDO E SILVA, *Vocabulário Jurídico*, (atual. por Nagib Slaibi Filho e Gláucia Carvalho), Rio de Janeiro, Forense, 2006.

DINAMARCO, Cândiro Rangel, *Processo de Execução*, São Paulo, LEUD, 2002.

DINIZ, Maria Helena, *Curso de Direito Civil Brasileiro, Direito de Empresa*, vol. XIII, São Paulo, Saraiva, 2008.

_____, *Dicionário jurídico*, vol. I, São Paulo, Saraiva, 1998.

_____, *Dicionário jurídico*, vol. II, São Paulo, Saraiva, 1998.

_____, *Dicionário jurídico*, vol. III, São Paulo, Saraiva, 1998.

_____, *Dicionário jurídico*, vol. IV, São Paulo, Saraiva, 1998.

_____, *Lei das Locações de Imóveis Urbanos Comentada*, 5ª Ed., São Paulo, Saraiva, 1999.

ESTRELLA, Hernani, *Curso de Direito Comercial*, Rio de Janeiro, José Konfino, 1975.

_____, *De'll Azienda Commerciale nel Diritto Brasiliano*, in Studio in memória di Túlio Ascarelli, Milano, 1968.

FANTANARROSA, Rodolfo, *O Derecho Comercial Argentino*, Buenos Aires, Zavalia, 2001.

FARIA, Luiz Alberto Gurgel de, *O Restabelecimento do Alienante após a Transferência do Estabelecimento*, in *Revista dos Tribunais*, v. 756, pp. 133-141.

FERES, Marcelo Andrade de, *Estabelecimento Empresarial*, São Paulo, Saraiva, 2007.

FERRARI, Giorgio, Vocabolo *Azienda (diritto privato)*, in *Enciclopedia del diritto*, vol. IV, Milano, Giuffrè, 1959, pp. 680-741.

FERRAZ JÚNIOR, Tercio Sampaio, *Da Inexistência de Fundo de Comércio nas Sociedades de Profissionais de Engenharia*, in *Revista de Direito Mercantil, Industrial, Econômico e Financeiro*, vol. CXI, pp. 45-51.

_____, *Introdução ao Estudo do Direito – Técnica, Decisão, Dominação*, São Paulo, Atlas, 1994.

FERREIRA, Waldemar Martins, *Tratado de Direito Comercial*, vol. XI, São Paulo, Saraiva, 1962.

_____, *Instituições de Direito Comercial- O Estatuto do Estabelecimento Comercial*, 5ª Ed., vol. II, São Paulo, Max Limonand, 1956.

FERRER CORREIA, A. de A., *Lições de Direito Comercial*, Lisboa, LEX, 1994.

FERRI, Giuseppe, *Diritto commerciale*, in Enciclopedia del diritto, vol. XII, Giuffre, 1964.

_____, *Manuale di Diritto Commerciale*, 2ª Ed., Turim, Editrice Torinense, 1962.

FONSECA, Humberto Lucena Pereira da, *Alienação da Empresa na Falência e Sucessão Tributária*, in *Revista de Direito Mercantil, Industrial, Econômico e Financeiro*, v. 132, pp. 87-95.

FRANÇA, Erasmo Valladão Azevedo e Novaes, *Empresa, empresário e estabelecimento. A nova disciplina das sociedades*, in *Revista do Advogado da AASP*, n.º 71, agosto de 2003.

FRANCO, Vera Helena de Mello, *Manual de Direito Comercial*, vol. I, 2ª Ed., São Paulo, RT, 2001.

_____, e SZTAJN, Raquel, *Manual de Direito Comercial*, vol. II, 1ª Ed., São Paulo, RT, 2004.

GALGANO, Francesco, *Derecho Comercial- El empresario-* Trad. Esp. De Jorge Guerreiro, 3ª Ed., Colômbia, Temis, 1999.

_____, *Diritto Commerciale – L' imprenditore impresa, Contratti di Impresa, Titoli di Credito, Falliment*, 12ª Ed., Bologna, Zanichelli, 2008.

GARRIGUES, *Joaquin, Curso de Derecho Mercantil*, t.1, Bogotá, Temis, 1987.

GARRONE, *José Roberto, Derecho Comercial*, Buenos Aires, Abeledo- Perrot, 2003.

GHIRON, Mario, *Curso di diritto industriale*, vol. I, Roma, Foro Itatliano, 1935.

_____, *L' imprenditore, L' impresa e l' azienda, Turim, [s.d]*.

GIERKE, Julius Von, *Derecho comercial y de la navegación*, vol. I, Editora Argentina, Trad. Juan M. Semon, Buenos Aires, 1957, p. 130.

GOMES, Orlando, *Introdução ao Direito Civil*, Rio de Janeiro, Forense, 1999.

_____, *Contratos*, 17ª Ed., Rio de Janeiro, Forense, 1997.

GOREN Simon. L.; FORRESTER Ian. S., *The German Commercial Code*, Fred B. Rothman & Co., 1979.

GRAU, Eros Roberto – FORGIONI, Paula, *O Estado, a Empresa e o Contrato*, São Paulo, Malheiros, 2005.

IACOMINI, Marcello Pietro, *Da Alienação do Estabelecimento Comercial*, São Paulo, Livraria Paulista, 2004.

INGLEZ DE SOUZA, Herculano Marcos, *Projecto de Código Commercial*, Rio de Janeiro, Imprensa Nacional, 1913.

_____, *Teoria generale del diritto e problema del mercato*, in *Rivista di diritto civile*, 1999, n.º 1, pp. 1-29.

KALANSKY, Daniel, *A sociedade em comum: um novo tipo societário, in França, Erasmo Valladão Azevedo e Novaes (coord, Direito Societário Contemporâneo I, São Paulo, Quatier Latin, 2009.*

LACERDA, Galeno, *Direito Comercial- Obrigações Mercantis*, Rio de Janeiro, Forense, 2002.

LACERDA, José Cândido Sampaio de, *Curso de Direito Comercial Marítimo e Aeronáutico*, 6ª Ed., Rio de Janeiro, Freitas Bastos, 1963.

LANDES, William M., e POSNER, Richard A., *The Economic Structure of Intellectual Property Law*, Cambridge, Harvard University Press, 2003.

LEÃES, Luiz Gastão Paes de Barros, *A disciplina do Direito de Empresa no Novo Código Comercial Brasileiro*, in *Revista de Direito Mercantil, Industrial, Econômico e Financeiro*, vol. CXXVIII, pp. 7-14.

LEITE, Geral Magela, *A Freguesia – Aspectos Jurídicos*, Dissertação de Mestrado, Faculdade de Direito da Universidade de São Paulo, *mimeo*, [s.d.].

_____, *O Estabelecimento Comercial como Objeto de Negócio Jurídico*, Tese de Doutorado, Faculdade de Direito da Universidade de São Paulo,1982.

LOBO, Jorge, *A Empresa – Novo Instituto Jurídico*, in *Revista do Tribunais*, V. 795, pp. 81- 93.

_____, *Interpretação do Direito Comercial*, in Revista de Direito Mercantil, Industrial, Econômico e Financeiro, vol. CXV, pp. 55-65.

LOPES, Mauro Brandão, *A Cisão no Direito Societário*, São Paulo, RT, 1980.

LOZANO, Mario G., *Os grandes sistemas jurídicos*, trad. Port. Ana Falcão Bastos e Luis Leitão, Editorial Presença, Lisboa [s.d]

GOREN, L.; FORRESTER, I. S., *The German Commercial Code*, Fred B. Rothman Co, 1979.

MARCHI, Eduardo C. Silveira, *Guia de Metodologia Jurídica – Teses, Monografias e Artigos*, Lecce (Itália), Del Grifo, 2002.

MARCONDES MACHADO, Sylvio, *Limitações da Responsabilidade de Comerciante Individual*, São Paulo, [s.d], 1956.

_____, *Problemas de Direito Mercantil*, 2ª tiragem, São Paulo, Max Limonad, 1970.

_____, *Questões de Direito Mercantil*, São Paulo, Saraiva, 1977.

MARIANO, Álvaro A. C., *Estabelecimento empresarial- aspectos negociais e dever de não concorrência*. Dissertação de mestrado, Faculdade da USP, [s.d].

MARTINS, Eliseu, *Atrocidades contábeis no novo Código Civil*, in *Revista do Advogado da AASP*, n.º 68, dezembro de 2002, pp. 87-99.

MARTINS, Fran, *Curso de Direito Comercial*, 22ª Ed., Rio de Janeiro, Forense, 1997.

_____, *Contratos e Obrigações Comerciais*, 8ª Ed., Rio de Janeiro, Forense, 1986.

MAXIMILIANO, Carlos, *Hermenêutica e Aplicação do Direito*, Rio de Janeiro, Forense, 2002.

MENDES, Octávio, *Direito Comercial Terrestre*, São Paulo, Saraiva, 1930.

MESSINEO, Francesco, *Manuale di diritto civile e commerciale*, V. I, 9ª Ed., Milano, 1957.

MIGUEL, Paula Castello, *O Estabelecimento Comercial*, in *Revista de Direito Mercantil, Industrial, Econômico e Financeiro*, vol. CXVIII, pp. 7-61.

MONTEIRO, Washigton de Barros, *Curso de Direito Civil – Direito das Sucessões*, São Paulo, Saraiva, 1966, pp. 1-316.

NEVES, Celso, *Comentários ao Código de Processo Civil*, vol. VIII, Rio de Janeiro, Forense, 1984

NERY JR., Nelson – Nery, Rosa Maria de Andrade, *Código Civil Anotado e Legislação Extravagante*, São Paulo, RT, 2008.

NUSDO, Fábio, *Curso de Economia – Introdução ao Direito Econômico*, São Paulo, RT, 1997.

OLIVEIRA, Jorge Rubem Folena de, *Desenvolvimento da teoria da empresa – fim da distinção entre sociedades civis e comerciais*, in *Revista de Direito Mercantil, Industrial, Econômico e Financeiro*, v. 103, pp. 33-39.

PACIELLO, Gaetano, *A evolução do conceito de empresa no Direito italiano*, in *Revista de Direito Mercantil, Industrial, Econômico e Financeiro*, vol. XXIX, pp. 39-56.

PAES DE ALMEIDA, Amador, *Locação Comercial*, 10ª Ed., São Paulo, Saraiva, 1999.

PEREIRA, Caio Mário da Silva, *Instituições de Direito Civil*, 12ª Ed., vol. I, Rio de Janeiro, Forense, 2000.

PEREIRA, Lafayette Rodrigues, *Direito das Coisas*, 6ª Ed., Rio de Janeiro, Freitas Bastos, 1956.

PINTO, Sergio Martins, *Direito do Trabalho*, 24ª. Ed., São Paulo, Atlas, 2007.

PONTES DE MIRANDA, Francisco Cavalcanti, *Comentários à Constituição de 1946*, São Paulo, Max Limonad, 1953.

REALE, Miguel, *Lições Preliminares de Direito*, 12ª Ed. São Paulo, Saraiva, 1985.

_____, *Projeto de Código Civil*, 2ª Ed., São Paulo, Saraiva, 1999.

REQUIÃO, Rubens, *Aspectos Modernos de Direito Comercial – Estudos e Pareceres*, vol. II, São Paulo, Saraiva, 1976-1980.

_____, *Aspectos Modernos de Direito Comercial – Estudos e Pareceres*, vol. III, São Paulo, Saraiva, 1980.

_____, *Curso de Direito Comercial*, 23ª Ed., São Paulo, 1988.

_____, *Curso de Direito Comercial*, vol. I, 23ª Ed. (atual. por Rubens Edmundo Requião), São Paulo, Saraiva, 2003.

_____, *Curso de Direito Comercial*, vol. II, 23ª ed. (atual. por Rubens Edmundo Requião), São Paulo, Saraiva, 2003.

_____, *Curso de Direito Falimentar*, vol. I, 15ª Ed. 1ª coluna, São Paulo, Saraiva, 1993.

RIPERT, Georges, *Tratado Elemental de Derecho Comercial,* vol. I, Trad. Esp. Felipe de Sola Cañizares, TEA, 1954.

_____, *Tratado Elemental de Derecho Comercial,* vol. II, Trad. Esp. Felipe de Sola Cañizares, TEA, 1954.

_____, *Tratado Elemental de Derecho Comercial,* vol. III, Trad. Esp. Felipe de Sola Cañizares, TEA, 1954.

_____, *Tratado Elemental de Derecho Comercial*, vol. IV, Trad. Esp. Felipe de Sola Cañizares, TEA, 1954.

RIZZARDO, Arnaldo, *Leasing,* 4ª Ed., São Paulo, RT, 2000.

ROCCO, Alfredo, *Princípios de Direito Comercial*, trad. Port. de Ricardo Rodrigues Gama, Campinas, LZN, 2000.

_____, *Princípios de Direito Comercial*, trad. Port. De Ricardo Rodrigues Gama, Campinas, LZN, 2005.

RODRIGUES, Silvio, *Direito Civil – Parte Geral*, vol. I, São Paulo, Saraiva, 1997.

ROQUE, Sebastião José, *Moderno Curso de Direito Comercial*. São Paulo, Ed. Ícone, 2001.

ROTONDI, Mario, *Diritto Industriale*, 5ª Ed. Padova, Cedam, 1965.

RUGGEIRO, Roberto de, *Instituições de Direito Civil*, vol. II, Trad. Port. De Paulo Benase, São Paulo, Bookseller, 1999.

SALOMÃO FILHO, Calixto, *A sociedade unipessoal*, São Paulo, Malheiros, 1992.

_____, *O Novo Direito Societário*, São Paulo, Malheiros, 2002.

_____, *Direito Empresarial Público*, in *Revista de Direito Comercial, Industrial, Econômico e Financeiro*, vol. CXII, pp. 9-18.

SALLES, Jose Carlos de Moraes, *Ação renovatória de locação empresarial*, 2ª Ed., São Paulo, RT, 2002.

SALLES, Marcos Paulo de Almeida, *Estabelecimento, uma universalidade de fato ou de direito*, in *Revista do Advogado da AASP*, n.º 71, agosto de 2003, pp. 73-80.

SANDRONI, Paulo, *Novíssimo Dicionário de Economia*, 12ª Ed., São Paulo, Best Seller, 2003.

SCAFF, Fernando Campos, *Teoria Geral do Estabelecimento Agrário*, São Paulo, RT, 2001.

SCHECHTER, Roger E, *e Thomas, John J., Intellectual Property – The Law of copyrights, Patents and trademarks –, USA, Hornbook, 2003.*

SCOLNI, Miguel, *Transmision de Estabelecimientos Comerciales e Industriales*, 2ª Ed. Buenos Aires, Libreria Juídica, 1955.

SERPA LOPES, Miguel Maria de, *Curso de Direito Civil – Direito das Coisas*, Rio de Janeiro, Freitas Bastos, 2001.

SILVA, Américo Luis Martins da, *Registro Público da Atividade Empresarial*, Rio de Janeiro, Forense 2002.

SILVA, *José Afonso,Curso de Direito Constitucional Positivo*, São Paulo, RT, 6ª Ed., 1990.

SILVEIRA, Pedro Malta da, *A empresa nos centros comerciais e a pluralidade de estabelecimentos*, Coimbra, Almedina, 1999.

SPERCEL, Thiago, *A Teoria da Empresa no novo Código Civil – O Fim da Distinção entre Sociedades Civis e Comerciais*, in *Revista de Direito Mercantil, Industrial, Econômico e Financeiro*, vol. CXXXI, pp. 125-134.

SZTAJN, Rachel, *Comentários a artigos da lei 11.101/05*, in TOLEDO, Paulo Fernando Campos de Salles- ABRÃO, Carlos Henrique (coord.), Comentários à lei de Recuperação de Empresas e falência, São Paulo, Saraiva, 2005, pp. 371-428.

______, *Teoria Jurídica da Empresa*, São Paulo, Atlas, 2004.

TAVARES PAES, Paulo Roberto, *Da Concorrência do Alienante no Estabelecimento Comercial*, São Paulo, Saraiva, 1980.

TELLES JUNIOR, Gofredo, *Iniciação na Ciência do Direito*, São Paulo, 2001.

TOLEDO, Paulo Fernando Campos Salles de, *A Desconsideração da Personalidade Jurídica na Falência*, in *Revista de Direito Mercantil, Industrial, Econômico e Financeiro*, vol. CXXXIV, pp. 222-233.

______, *A Empresa e o Empresário no novo Código Civil*, in Arruda Alvim, Joaquim Portes de Cerqueira César, Roberto Rosas, *Aspectos Controvertidos do novo Código Civil – Escritos em Homenagem ao Ministro José Carlos Moreira Alves*, São Paulo, RT, 2003, pp. 495-506.

_____, *Lei de Falências – Alienação de Estabelecimento da Concordatária*, in *Revista de Direito Mercantil, Industrial, Econômico e Financeiro*, vol. CXXVIII, pp. 275-286.

_____, *O conceito de propriedade e os bens do falido*, in *RT 678*, pp. 57 e ss.

_____, *O Conselho de Administração na Sociedade Anônima*, 2ª Ed., São Paulo, Atlas, 1999.

TOMASETTI JR., Alcides, *A "propriedade privada" entre o Direito Civil e a Constituição*, in *Revista de Direito Mercantil, Industrial, Econômico e Financeiro*, vol. CXXVI, pp. 123- 127.

TOMAZETTE, Marlon, *Curso de direito empresarial- Teoria geral e direito societário, vol. I, São Paulo, ATLAS, 2008.*

VALERY, Giuseppe, *Manuale diritto commerciale,* Firenzi, Casa Editrice, 1945.

VALVERDE, Trajano de Miranda, *Comentários à Lei de Falências*, vol. I, 2ª Ed., Rio de Janeiro, Forense, 1995.

_____, *Comentários à Lei de Falências*, vol. II, 2ª Ed., Rio de Janeiro, Forense, 1995.

_____, *Comentários à Lei de Falências*, vol. III, 2ª Ed., Rio de Janeiro, Forense, 1995.

_____, *Comentários à Lei de Falências*, vol. IV, 2ª Ed., Rio de Janeiro, Forense, 1995.

VAMPRÉ, Spencer, *Tratado Elementar de Direito Comecial*, vol. I, Rio de Janeiro, F. Briguiet & Cia., 1982.

_____, *Concorrência Desleal (Jusrisprudência comentada)*, in *Revista de Direito Mercantil, Industrial, Econômico e Financeiro*, vol. XLI, pp. 126-133.

_____, *O Direito e a "Terceirização" da Economia*, in *Revista dos Tribunais*, v. 688, pp. 27-37.

_____, *Curso de Direito Comercial*, vol. I, São Paulo, Malheiros, 2004.

VIANA, Bonfim, *Estabelecimento (Sucessão das obrigações)* (verbete), in *Enciclopédia Saraiva do Direito*, v. 33, São Paulo, Saraiva, 1979, pp. 358-369.

VILLELA, João Baptista, *Código Civil – O Regime das Universalidades e o Sguardo Unitario de Barbero*, in Alvim, Arruda – César, Joaquim Portes de Cerqueira – Rosas, Rosas, *Aspectos Controvertidos do novo Código Civil – Escritos em Homenagem ao Ministro José Carlos Moreira Alves*, São Paulo, RT, 2003, pp. 371-379.

VIVANTE, Cesare, *Trattato di diritto commerciale*, vol. I, 5ª Ed., Milano, Francesco Vallardi, 1992.

_____, *Tratado de Direito Comercial*, trad. port. de Haroldo Malheiros Duclerc Verçosa, in *Revista de Direito Mercantil, Industrial, Econômico e Financeiro*, v. 102, pp. 134-138.

WALD, Arnoldo, *Comentários ao Novo Código Civil – vol. XIV – Do Direito de Empresa*, coord. Sálvio de Figueiredo Teixera, Rio de Janeiro, Forense, 2005, pp. 725-762.

Diagramação eletrônica:
Linotec Fotocomposição e Fotolito Ltda., CNPJ 60.442.175/0001-80

Impressão e encadernação.
DEK Comércio e Serviços Ltda., CNPJ 01.036.332/0001-99